宣教と受容

明治期キリスト教の基礎的研究

中村博武著

思文閣出版

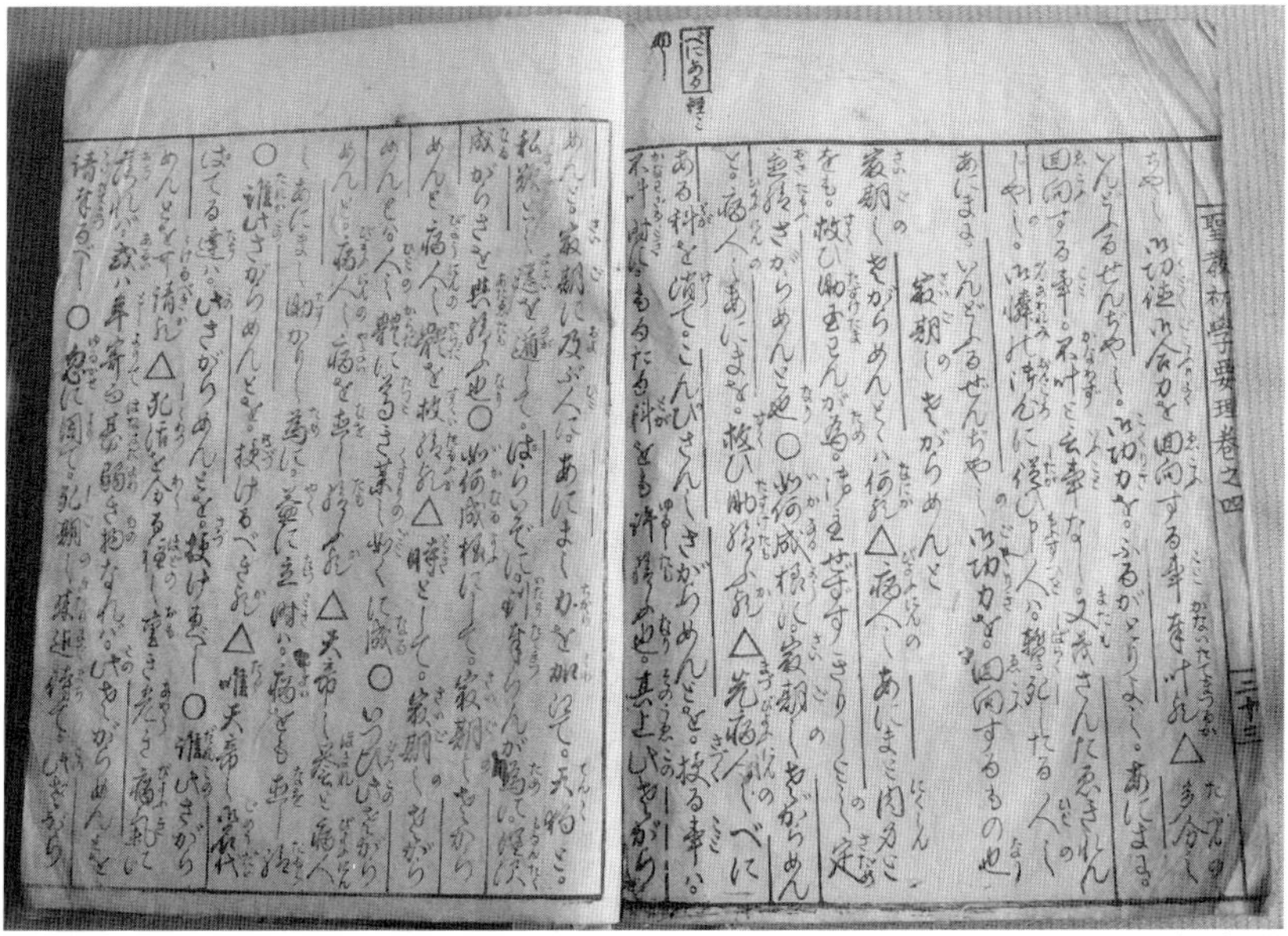

（写真１）

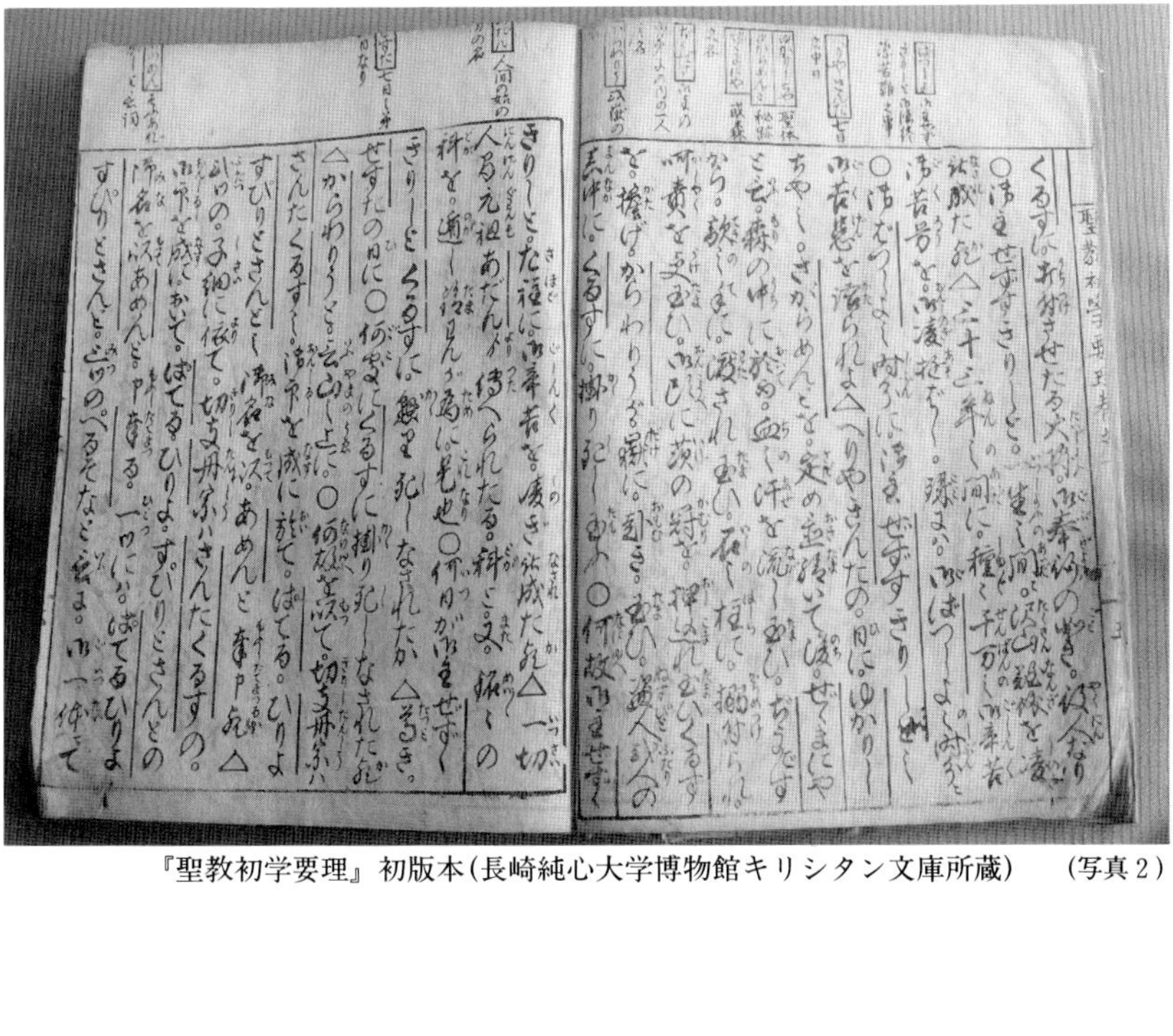

『聖教初学要理』初版本（長崎純心大学博物館キリシタン文庫所蔵）　（写真２）

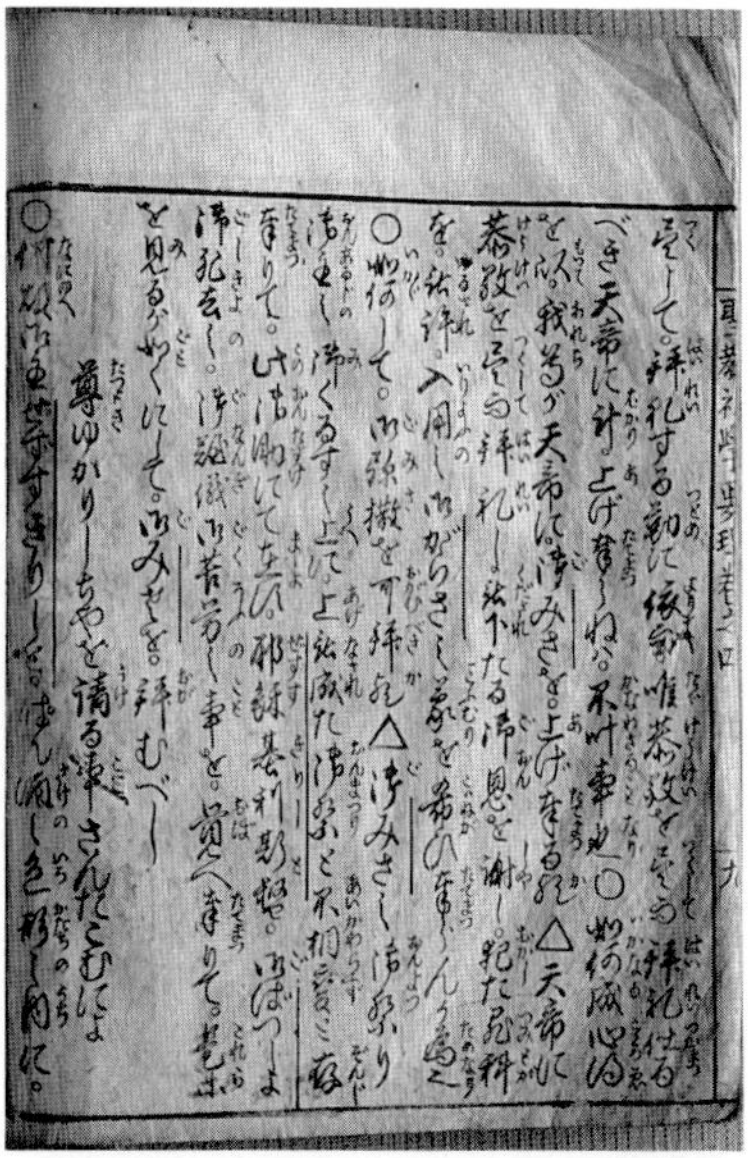

（写真３）

奥野昌綱手沢本『馬太傳福音書』改訂書き入れ草稿

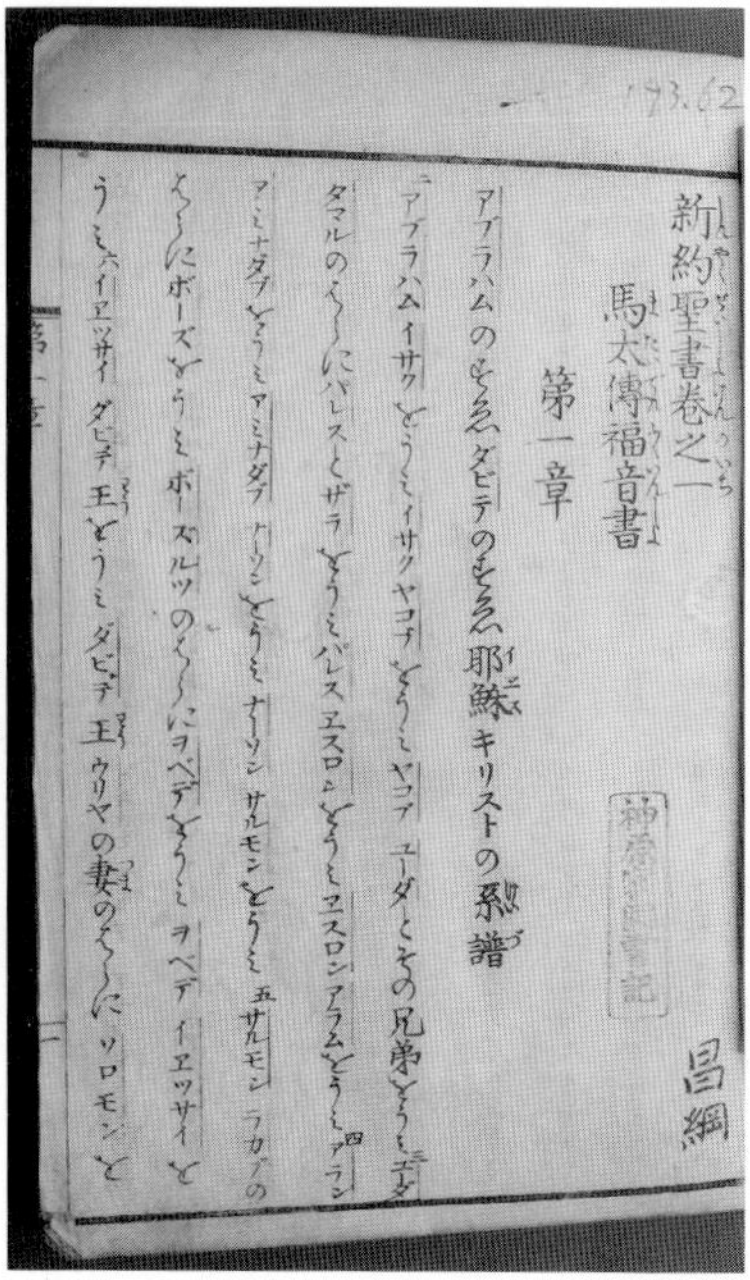

（写真４）

パジェス版『コリャード懺悔録』フランス語書き入れ

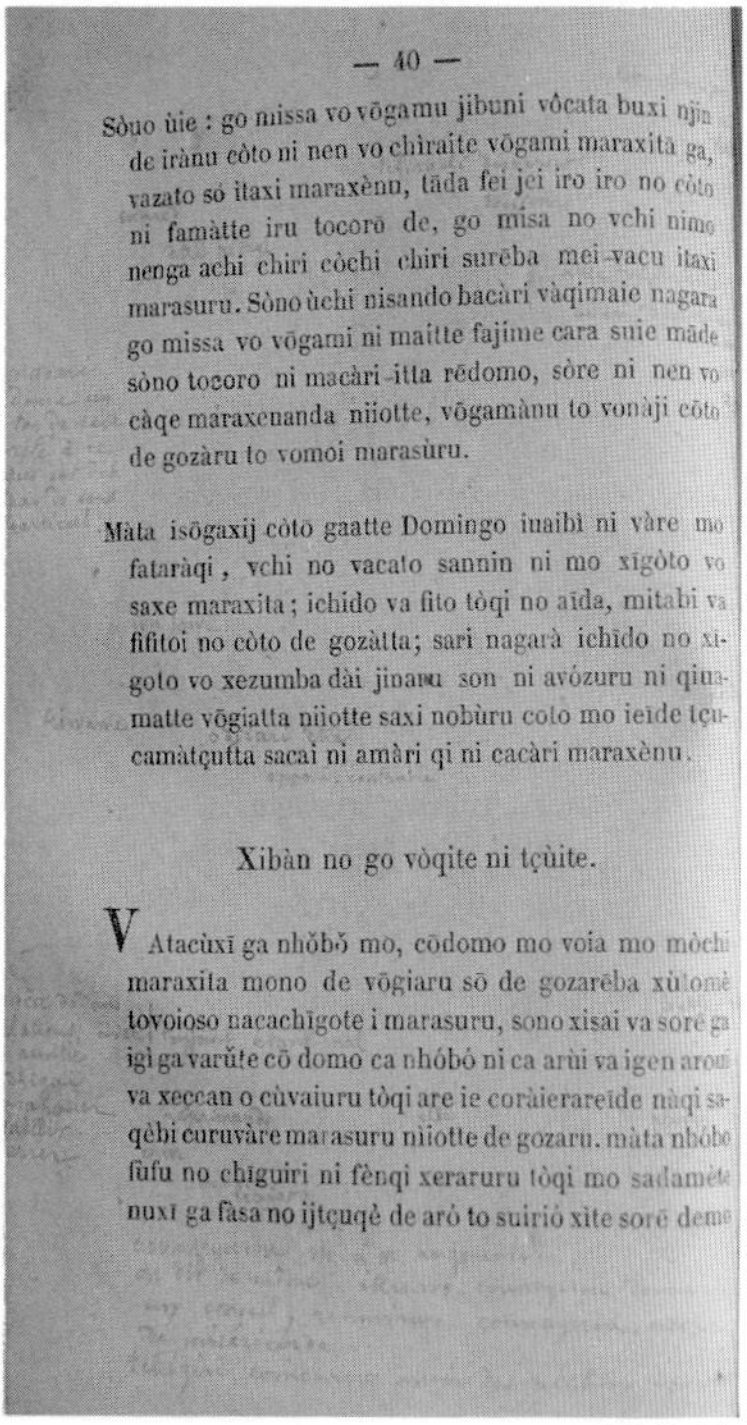

— 40 —

Sòuo ùie : go missa vo vōgamu jibuni vôcata buxi nja de iràuu còto ni nen vo chìraite vōgami maraxità ga, vazato sò itaxi maraxènu, tāda fei jei iro iro no còto ni famàtte iru tocorō de, go misa no vchi nimo nenga achi chiri còchi chiri surēba mei-vacu itaxi marasuru. Sòno ùchi nisando bacàri vàqimaie nagara go missa vo vōgami ni maitte fajime cara suie māde sòno tocoro ni macàri-itta rēdomo, sòre ni nen vo càqe maraxenanda niiotte, vōgamànu to vonàji cōto de gozàru to vomoi marasùru.

Màta isōgaxij còtō gaatte Domingo iuaibì ni vàre mo fataràqi, vchi no vacato sannin ni mo xīgòto vo saxe maraxita ; ichido va fito tòqi no aīda, mitabi va fifitoi no còto de gozàtta; sari nagarà ichīdo no xigoto vo xezumba dài jinaru son ni avózuru ni qiuamatte vōgiatta niiotte saxi nobùru coto mo ieīde tçucamàtçutta sacai ni amàri qi ni cacàri maraxènu.

Xibàn no go vòqite ni tçùite.

V Atacùxī ga nhŏbŏ mo, cōdomo mo voia mo mòchi maraxita mono de vōgiaru sō de gozarēba xùtomè tovoioso nacachīgote i marasuru, sono xisai va sorē ga igi ga varŭte cō domo ca nhóbó ni ca arùi va igen arou va xeccan o cùvaiuru tòqi are ie coràierareìde nàqi saqèbi curuvàre marasuru nìiotte de gozaru. màta nhŏbo fufu no chīguiri ni fènqi xeraruru tòqi mo sadamète nuxī ga fasa no ijtçuqè de arò to suiriò xite sorē deme

（写真６）

（長崎大学附属図書館経済学部分館武藤文庫所蔵）

（香川大学附属図書館神原文庫所蔵）

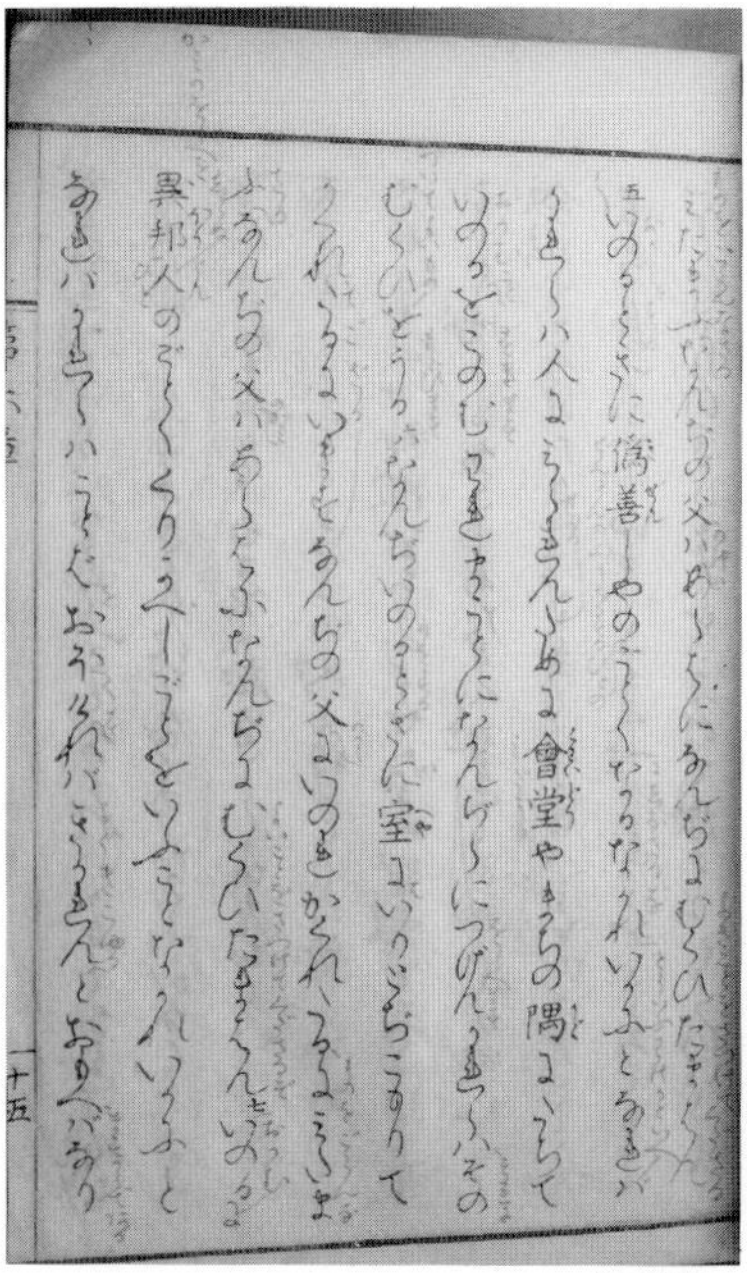

（写真５）

序

本研究の意図は、明治期日本へのキリスト教宣教と受容をめぐる諸問題を、異文化接触・交流の一事例として、日本と西洋の相互方向から実証的に検討することにある。この検討は、日本の側から見れば、その近代化の意味を問い直すことにもなろう。本研究では、キリスト教宣教の問題をより広い比較文明史的視角から、すなわち西洋と東アジアの両文明の接触と相互認識の過程としても考察するように努めた。サミュエル・ハンチントンは『文明の衝突』(1)において、冷戦後の世界では、非西洋世界の西洋文明の普遍主義に対する懐疑と反発が強まるとともに、民族主義と宗教への回帰が進み、文化的アイデンティティが重要性を増し、これが現代の地域紛争の原因を形成していると分析する。この意味で、西洋文明の基盤を構成しているキリスト教の宣教と受容をめぐる諸問題を吟味することは、なお今日的意義を持つと思われる。

エドワード・サイードは『オリエンタリズム』(2)において、西洋のオリエント（中東世界）に対する思考様式、言説を分析し、そこに西洋のオリエントへの支配様式が抜きがたく浸透しているという。そして、オリエントに関するあらゆる陳述を一貫して支配しているオリエンタリズムという思考様式は、オリエントの個々人の現実を捨象した虚像だと批判する。すなわち、西洋の規準でオリエントから一方的に抽出した非合理性、停滞性、劣等性（堕落している）、幼稚性、異常性等を特質とした言説の知的系譜が一貫した範型を持ち、その言説世界が支配ー従属関係を内蔵したものとして再生産される仕組みを問題とする。ただ、この構造はオリエンタリズムに限らず、二項対立的把握にともないがちな陥穽であろう。例えば、男女を二項対立的に把握し、ステロタイプ化された男女像を強調すれば、男女の社会的関係が、肝心な人間としての普遍性や個々人の生のリアリティよりも、その虚像に呪縛される構造と類似する。

ところで、西洋のオリエント評価の根底には、西洋キリスト教の論理が連綿と存在することを見逃すわけにはいかない。世界と歴史を主宰する絶対神に基づく信念体系は、当然のことながら、異教徒に対する絶大な優越性をともなう。ところが、いうまでもなくキリスト教自体もユダヤ教から発展したもので、ヘレニズムの密儀宗教の影響などの地域的特質をとどめている。にもかかわらず、西洋キリスト教はその普遍的絶対性を主張した。オリエンタリズムの背景には、かかるキリスト教の問題もひそんでいよう。

本書第二篇では、如上のオリエンタリズムを念頭において、日中の居留地発行の英字新聞、来日宣教師の書簡等に表出された日中に関する言説を分析し、その実情を検証した。

明治期の英字新聞や欧米の宣教師の書簡には「日本人は不誠実で信頼できず、その精神には野蛮さがのこる」との日本人評が頻出する。この言説にはサイードの指摘する「西洋の文明、非西洋の野蛮」という二項対立的固定観念が認められる。しかし一方で、日本で長期間活動した宣教師や英字新聞編集者にも上述の指摘が少なくないことを思うと、この言説の本質的根拠は、彼我の物質文明の進度の格差ではなく、自我のありかたや行動様式の構造的違いに求められるのではなかろうか。

周知の通り、ローマ・カトリックは西洋に拡大する過程で、政治権力と結び、ゲルマン民族の伝統的慣習や習俗、宗教的世界観を断罪し、キリスト教の教義に基づいた世界観に一元化していった。このゲルマン民族のキリスト教化に大きな力を振るったのは、阿部謹也によれば、八〜一三世紀に数多く成立した『贖罪規定書』である。この文書は告解の手引き書であり、民衆の生活の細部に及ぶまでの詳細な倫理規定を強要したことにより、ゲルマン社会をキリスト教の世界観で再編し、原罪に基づく個人の罪意識を喚起し、個人を単位とする西洋社会の枠組みとなっていったとされる。(3) ミッシェル・フーコーは、「キリスト教の本質は告白にある」という。キリスト教精神は、その聖典、教義、信仰を真理とみなし、それに基づいて自己、魂、心胸を探究、吟味、告白し、自分自身の証人となる義務を信徒に課した。(4) つまり、キリスト教信仰の光のもとでの無際限な自己吟味と告白を通して、西洋的自我は形成されたのである。神を前にした厳格な自己吟味はプロテスタントではさらに徹底化した。そのため西洋人の目には、日本人は迷信的世界に住み、真の神を知らず、倫理の内在化がなされていないとうつったのである。英字新聞や宣教師が、日本人に「誠実、正義、公平さ」が欠けているとしきりに批判するのは、かかる自我観の不在に求められるのではなかろうか。

いうまでもなく、罪意識を媒介とした自我の確立、すなわち宗教倫理に照らして自己吟味し、人格神との内面的関係に基づいて自我を形成する道筋は日本では認められない。日本には集団を超えた価値や権威が希薄で、所属集団における「人と人との間柄」が個我意識に優越する傾向が強い。しかるに、わが国が明治以降摂取した西洋の制度は、この自我を前提としている。それにもかかわらず、日本では間柄に基づく人間関係が優越するため、自我の一貫性を保持しようとすれば葛藤状況に陥り、他方では個人の責任所在の曖昧化等の弊害をまぬがれない。

カトリックはゲルマン民族の自然への恐怖や非合理的な慣習を否定し、宇宙の創造主、主宰者としての絶対神の普遍性に依拠して自然と人間関係を合理化し、人間中心の世界を抽出した。プロテスタントはこれをさらに徹底化し、近代社会の理性的認識の枠組みをかたちづくる。すなわち、絶対神を普遍とし、「そこを起点とした因果律から成る世界の論理性と、その創造主と人間との厳格な区別という客観性」(5) に基づき、近代的思考様式が生成したのである。このような自然や他者と切り離されたキリスト教の自我意識は、祖先や自然にとりまかれた世界に住んでいた近代化以前の日本人にとって、異質なものである。この点に関して本書では、『告解書』の明治初期の日本での成立史と内容を検討する一方、浦上信徒を例に、彼らの個我意識のありようを検証しようと試みた（第一篇第三章・第二篇第一章）。

さて、現在日本で用いられている語彙の多くは、明治以降の急速な近代化の過程で、西洋語を翻訳したものであり、我々はこれら翻訳新造語を数多く用いて、言語空間を構成している。しかし、元来の西洋語はキリスト教から派生したものが少なくない。しかも、これら翻訳新造語には、在華宣教師（新教）の著作から借用された語彙も多い。だが、我々はこれら西洋語の歴史的重層性を抜きにして、翻訳語を用いている。そのため、「自我」に見られるように、意味内容のずれが生じたり、恣意的な使用に堕することさえある。なかでも、これら新造語が日本人の生活体験や伝統的心性に根を持たない場合、その意味内容のずれは不可避ともいえる。

かかる問題は、日本人のキリスト教受容において、より尖鋭的にあらわれる。例えば、西洋キリスト教の基本的概念――「神の愛」「罪」「罪の贖い」などの翻訳語――を理解しようとするとき、それが日本人の生活体験をともなわず、空疎な概念の操作に終わっているとの疑念が強い。人間の内面に深くかかわる宗教用語の場合、その訳語の果たす役割は、一般の翻訳語に比べ、より本質的であろう。むろん、キリスト教の基本的概念にしても、さまざまな文脈で説明され、その意味内容を充実させて、新たな宗教観や人間観を日本にもたらした側面を否定するものではない。また日本人の伝統的宗教観や生活体験に即して、これら翻訳語が主体的・創造的に再解釈され、語義レベルでの文化的変容も進行したであろう。しかしながら、その変容、馴化の程度は、かなり低いのではないか。

西洋キリスト教は、上述の基本的概念に基づいて、世界観・人間観をも包含する教義体系を展開してきた。その教義は理屈としては了解しえても、日本人の伝統的宗教性や生活体験に根差した考え方に根を持っていないところがある。それにもかかわらず、とりわけ一九世紀の主流キリスト教は、その救済体系のあらゆる文化に対する普遍的妥当性を疑うことなく主張した。そもそも、パレスチナの一宗教から地中海世界へと展開したキリスト教の教典を、人類史における神の唯一の啓示と把握し、人類の救済に排他的絶対性を主張するその教義自体に疑念がわく。それでは、パレスチナに固有な宗教的習俗や慣習を人類に普遍的な真理として提示するという矛盾が生じないであろうか。

例えば、キリスト教の教義にはユダヤ教にその源をもつものが少なくない。谷泰は、「出エジプト記」の「過越しの儀礼規定」は、遊牧民がその牧羊管理のため、毎年春先に一歳の雄羊を大量屠殺するという生活経験から導き出されたとの仮説を提示し、実証を試みている。(6) 福音書に出るイエスの受難物語は、この「過越しの儀礼規定」を準拠枠として、解釈・叙述されている。とするなら、キリスト教教義の中枢を担う「イエスの十字架による罪の贖い」の概念は、極論するなら、牧羊の生活体験のない民族には了解困難であろう。それは、森林の民が大木を見て持つ畏敬の念を砂漠の民が理解し難いのと同一レベルの問題である。

実際、日本では罪の赦しに贖いを要請する思想は希薄である。興味深いことには、潜伏キリシタン伝来書である『天地始之事』では「イエスの受難」の意味は正しく把握されず、イエスの誕生に際して、ヘロデが幼児虐殺を行なったための償い、と変容・馴化されている。もちろん、今日の世界的宗教はいずれも民族宗教から展開したもので、その教義に民族的習俗が反映しているから普遍性がないと主張しているわけでも、キリスト教に普遍性がないと主張しているわけでもない。問題は聖書に記されたキリストの啓示の弾力的な再解釈の不可能性の教義にある。種々の歴史的伝統や文化的背景を持つ人々がキリストの啓示を、その文化環境内において主体的に再解釈したり、抜本的に捉え直すことが許されないのなら、キリスト教宣教は一種の内面的な文化的侵略の様相を呈することになろう。マックス・ミュラーは「かつて人類が聖なるものと唱えた聖典はどんなものであれ、その膨大ながらくたの中には黄金の粒が隠されている」と主張した。それなら、逆にキリスト教聖典にも、多くの野蛮で旧弊な因習が温存されているのではないか。だが、キリスト教聖典において、「がらくた」から「黄金の粒」を弁別する作業は、聖書を「神の唯一の啓示」とする神学とは矛盾することになる。

これらの疑問に加えて、日本人の宗教的メンタリティーもキリスト教の教義とは本質的に相容れないところがある。心情の純化や体験に宗教的価値を置く日本人には、キリスト教の、聖典に基づく精緻な教理や神と人との契約概念は、作為的なものと感得されがちであり、了解し難い。このような問題意識を踏まえて、明治期の日本人と西洋人との宗教構造の相違を分析し、宗教の祖型が人間関係や倫理観とどのように関連しているかを考察し、この無理解が彼我の相互誤解の源になっていることの検証を本研究の重要なテーマの一つとした。

本論文の構成は、第一篇では明治期のカトリックとプロテスタントの教典成立史の解明、第二篇では浦上四番崩れ、天津教案、及び内村鑑三のキリスト教理解を素材として、キリスト教宣教と受容をめぐる諸問題を考察した。資料篇は、第一・二篇で用いた新出資料を翻刻し、解説を付したものである。第一篇はキリスト教宣教と受容の基礎的条件を明らかにするものであり、第二篇は宣教と受容の事例研究である。以下に第一・二篇の研究目的と内容の一部について、簡単に触れておきたい。

第一篇では、潜伏キリシタン復活以後、最初に刊行されたカトリック教典であるプティジャン版の成立史を検討し、典拠本の確定と編集経緯の解明を課題とした。また、プロテスタントにおける横浜翻訳委員会訳『馬太傳』の翻訳過程を検証し、この翻訳がいかなる経緯で生まれたのかを解明した。同篇では、キリスト教教典がどのようにして成立したかという、いわばキリスト教宣教と受容の基礎的条件にかかわる課題の解明を目指した。すなわち、教典の翻訳・編集において、キリスト教の基本的概念が日本語に移し入れられた実情を明確化しようとした。いうまでもなく、この翻訳語の問題は、日本人のキリスト教受容のありようと密接に関連するものである。

この第一篇の検討では、プティジャン版と横浜翻訳委員会訳はともに、漢訳教典と西洋語教典の相補的な結合において成立した過程が明らかになった。従来の定説とは異なり、プティジャン版は漢籍教義書を底本の一部とし、漢籍から採った漢語に伝統的キリシタン用語であるポルトガル・ラテン語の音写語を振り仮名としてあて、委員会訳では漢訳聖書の漢語に欽定英訳聖書を『和英語林集成』で訳出した雅訓な振り仮名をあてていることが判明した。かかる翻訳の二重構造において、ともに漢訳教典を和訳の有力な手段として用いている点が注目される。つまり、明治初期のキリスト教教典は、漢籍から漢語を大量に摂取したのである。そのため、日本のキリスト教用語は、その異質性は強調されたが、日常的語彙からはかけ離れたものとなってしまった。例えば、アガペーに近い概念を持つ日本語は、仏教用語の「慈悲」であろうが、キリシタン版では「御大切」と訳出された。キリシタン時代からの伝来書である『こんちりさんのりやく』（慶長八年）では、「御大切」の内容を儒教の忠孝倫理で説明し、それはプティジャン版の『胡無知理佐无之略』（明治二年）にもそのまま収載されている。プティジャン版では、他方でアガペーの訳語に、この「御大切」と並んで、漢籍由来の「愛」をあてている（『聖教初学要理』『聖教日課』）。一方、委員会訳『馬太傳』でも、この訳語に漢訳聖書の「愛」をあてている。ところで、もしアガペーを別の日本の伝統的概念、例えば「まこと」と訳したとするなら、アガペーの概念は「愛」とはまた別のイメージや意味内容を持ち、日本人の生活体験とも接点を持ったかもしれない。

第二篇では、浦上四番崩れ、天津教案を事例として、西洋と日本、中国との宗教観・死生観の構造的相違をさぐり、これらの相違が充分に踏まえられずになされた宣教と受容の問題を論じた。第一章では、浦上四番崩れを惹起した幕府、明治政府の意図と経緯を問い、さらに、このキリスト教迫害に対する西洋各国公使の反応と対応の実情を検証した。またキリスト教宣教に対する神道、仏教側の反応のありよう、並びにこの迫害事件への関与の実情を吟味した。その上で、浦上信徒はいかなる理由で寺請制度を拒否し、流罪に甘んじ、棄教に強く抵抗したのかという疑問を総合的に分析し、彼らの信仰の内実を解明することを目指した。他方で、教義にほとんど通じていない浦上信徒に信仰を表明させ、殉教を推奨した宣教師側の意図を問い、宣教師と浦上信徒との信仰構造の差異を明確化し、また両者の相互理解はいかなる位相で成立したのかを考察した。

さて、浦上信徒は西洋のキリスト教宣教を「祖先の信仰」として肯定的に受容したのであるが、浦上四番崩れ、天津教案は、西洋の衝撃としてのキリスト教宣教に対する日本と中国の拒否反応である。非ヨーロッパ世界の「文明化の使命」を自覚していた日中の居留英国人が、文明化（西洋化）の一翼を担うキリスト教に対する反発に直面して、いかなる反応を示したかを、第二・三章で検討した。なお居留西洋人の反応は一元的に把握できず、貿易商、宣教師、外交官の間に見られる対立と協調の二面性には、各々の立場に基づく利害関心や思惑が反映している。またカトリックとプロテスタント宣教師の敵対関係など、西洋人の間にもキリスト教宣教をめぐり相互に錯綜した関係が認められる。

これらの事情を踏まえて、第二章では、浦上信徒総流罪の直接目撃者である長崎外国人居留地の英字新聞と長崎駐在CMS宣教師の書簡を主な資料として、このキリスト教徒迫害事件に対するプロテスタント系住民の衝撃と対応のありようを検証することを課題とした。この検討の中で、居留地住民の眼に映った、異教徒としての日本人観、日本の宗教への理解や評価をも分析した。さらに、居留民と宣教師との対立と協調の実情、及び宣教師が日本の西洋化とキリスト教化を混同し、宣教に誇大な期待を抱き、浦上四番崩れを信教の自由要求の有効なプロパガンダとして利用するにいたった内情を明らかにした。

日中の英字新聞は、浦上信徒総流罪から半年後に勃発した、中国の天津教案を東アジアにおけるキリスト教宣教の問題と把握し、この両事件をともに居留民の生命を脅かす深刻な事態と認識した。第三章では、上海租界発行の英字新聞と中国側の資料との相互方向から天津教案とキリスト教宣教に対する論説を検討した。そして、宣教師が惹起する騒動にもかかわらず、東アジアの文明化の手段としてキリスト教宣教を位置づけようとしたため、英字新聞の中国理解には大きな歪みが生じざるをえなかった実情を解明した。

これら第二・三章での英国人の論説に共通に認められるのは、キリスト教宣教が東アジアに文明化をもたらすとの楽観的期待、キリスト教の排他的宗教観に終始依拠し、日中両国の宗教文化を判断したため、民衆に根付いている宗教を不当に軽視する傾向に陥った点である。とりわけ、宣教師は西洋文明の中で成育したキリスト教を人類に普遍的な絶対的排他的真理として宣布し続けたのであり、それが種々の誤解や悲劇を生む源になったことを論じた。

第四章では内村鑑三のキリスト教受容のあり方に視点を移し、内村の萬朝報英文欄と英字新聞との論争を分析した。内村はキリスト教を日本の文化的伝統の中で主体的・創造的に受容しようとして、この論争を行なっている。彼は「真の」キリスト者としての立場に立脚し、居留民の不道徳を非難し、彼らのキリスト教化を主張したのである。英字新聞の内村への激しい嫌悪の一端は、内村の高踏的で独善的な非難の仕方が、逆にその文明を自負する居留民のカリカチュア化された姿の鏡像となった点にある。また英語の文体論をめぐる論争にも興味深い異文化交渉が見られた。とりわけ両者の辛辣な皮肉の応酬は見事に噛み合っており、この点では深い相互理解が成立している実情を論じた。

(1) サミュエル・ハンチントン『文明の衝突』(鈴木主税訳、集英社、一九九八年)。
(2) エドワード・W・サイード『オリエンタリズム』(板垣雄三・杉田英明監修/今沢紀子訳、平凡社、一九八六年)。

（3） 阿部謹也『西洋中世の罪と罰』（弘文堂、一九八九年）五―九・一六一頁以下。
（4） J・G・メルキオール『フーコー』（財津理訳、河出書房新社、一九九五年）一九九―二〇〇頁（*London Review of Books*, 21 May–3 June 1981, p. 5 よりの引用）。
（5） 土井隆義「近代的自我の陥穽と仏教的宿命論の地平」（駒井洋編著『脱オリエンタリズムとしての社会知』所収、ミネルヴァ書房、一九九八年）二四一頁。
（6） 谷泰『「聖書」世界の構成論理』（岩波書店、一九八四年）。

目次

序

凡例

＊引用文中の「……」は省略を意味する。

＊とくに注記のない場合、引用文中の〔　〕は引用文の自体の補足を示し、（　）は引用者による補足を示す。

＊一次資料以外の引用にあたっては、原則として、旧漢字を現行の常用漢字体に改めた。

第一篇　明治初期キリスト教教典の成立史

第一章　『聖教初学要理』と『聖教日課』の成立史と典拠

はじめに

プティジャン版と呼ばれる明治初期刊行の教義書の主なものは、『聖教初学要理』（慶応四年八月）『聖教日課』（明治元年一〇月）『御久類寿道行のおらしよ』（明治二年一月）『胡無知理佐无之略』（明治二年二月）『科除規則』（明治二年二月）『玫瑰花冠記録』（明治二年四月）『彌撒拝禮式』（明治二年八月）である。これらは、一般にパリ外国宣教会（La Société des Missions Etrangères de Paris）所属のプティジャン（Petitjean, Bernard Thadée）らが往古のキリシタン版を底本に編んだものとされ、和洋漢語の混合した独特の雰囲気を醸し出していることから、新村出らの注目するところとなり、昭和初期に数多く翻刻された。しかし、その後、研究の中心は、文禄・慶長の古キリシタン版の研究に移行した観があり、プティジャン版の成立経緯や典拠の研究はあまりなされてこなかった。だが、プティジャン版の典拠を確定することは、潜伏キリシタンの伝来文書を確認することになり、延いては潜伏キリシタンの実態分析に資するであろう。これに加えて、日本でのキリスト教用語の継承、創案という観点からも、プティジャン版の果たした役割は無視できず、明治初期の翻訳新造語形成の事例研究としての意義もあろう。これらの理由で、プティジャン版の成立経緯、典拠は検討する意味があると思われる。

プティジャンは、横浜のムニクウ（Mounicou, Pierre）が漢文教義書を直訳した『聖教要理問答』（一八六五年、横浜刊）を長崎の復活信徒に与え、用いることに難色を示した。もし彼が漢文体の教義書を用いれば、復活信徒は先祖伝来のキリシタン用語との異質性を感受し、宣教師から離反することを恐れたためである。この当時、宣教師らは、接触間もないキリシタンの信頼をいまだ勝ち得ていなかった。この事情は、プティジャン、ロケーニュ（Laucaigne, Joseph Marie）らが、「彼らの多くは、司祭が必要であることが分かっておらず(1)」、「彼らの上に私たちが完全な権威を持つどころではありません(2)」と横浜の上長ジラール（Girard, Prudence Seraphin Barthélémy）に訴えている書簡にうかがわれる。

如上の理由に因り、プティジャンは教義書編纂のために、マニラやローマで古キリシタン版を探索し、筆写している(3)。そのため、明治初期プティジャン版の底本は、古キリシタン版か潜伏キリシタン伝来書に求められてきた。すなわち、『科除規則』の典拠は『サルバトル・ムンジ』（一五九八年、国字本）、『玫瑰花冠記録』は『ロザリヨの経』（一六二三年版、ローマ字）などの古キリシタン版であり、また『胡無知理佐无之略』については、一六〇三年刊行の『こんちりさんのりやく』の伝写本が底本であることが判明している。

かくして、「プティジャンが古来の伝統を再び採用した熱意は全く驚嘆に値するものがある(4)」とのラウレスの評価は、研究者に広く受け容れられてきた(5)。そして、このような経緯から、明治初期プティジャン版の典拠として、漢籍教義書は検討対象から除外されてきた。しかし、別の視点も考えられる。

上述のキリシタン用語の採用をめぐる齟齬が発生した一八六五年五月下旬（慶応元年五月上旬(6)）と、プティジャン版刊行の一八六八年（慶応四年）では状況は激変している。すなわち、一八六六年一〇月末（慶応二年九月中旬）、プティジャンは日本駐在教皇代理（代牧）に叙階され、長崎のみならず、日本全体の宣教を考慮すべき立場に置かれた。さらに浦上、外海、五島各地の潜伏キリシタンとの信頼関係も確立しつつあった。[7] そして一八六八年は、なによりも前年七月一五日（慶応三年六月一四日）に勃発した「浦上四番崩れ」の渦中にあり、宣教師はその対応に忙殺されていた。これに加えて、長崎の宣教師たちは、中国での滞在経験がなく、日本での滞在期間も古参のプティジャンでさえ六年程で（彼の横浜上陸は一八六二年一一月）[8]、日本語に熟達していたとは言い難い。[9] しかるに、一八六七年四月（慶応三年三月末）頃より唐通事附筆者の経歴を持つ阿部眞造が加わった。[10] 阿部は、その経歴から漢籍に通暁しており、初期プティジャン版を浄書した人物である。また横浜の宣教師ムニクウは、漢籍に通じ、日本語にも習熟していた。とすれば、漢籍教義書を阿部かムニクウの翻訳で参照、検討し、キリシタン用語で潤色して、プティジャン版に転載した可能性も視野に入れるべきであろう。このような視点も踏まえ、プティジャン版の成立史を検討し、『聖教初学要理』と『聖教日課』の典拠を確定したいと考える。

第一節 『聖教日課』の典拠問題

(一)『聖教日課』の書誌

長崎純心大学キリシタン文庫所蔵本を用いた。[11]

①明治元年版[12]（一冊本、石版刷り、サイズは縦一七・三×横一二センチ）

内題：降生後一千八百六十八年／日本明治元年戊辰十月／新刻／聖教日課／日本司教 伯爾納鐸免許

内容：目録二丁、本文四五丁、七行一八〜二二字詰、罫線有り、袋綴、筆跡は阿部眞造（ただし、目録一丁〜二丁、本文一丁、二丁、四丁は落丁し、筆写で補充）

なお、上智大学キリシタン文庫所蔵本はこの写真版である。

②明治四年版（一冊本、石版刷り、サイズは縦一六・三×横一〇・二センチ）

内題：耶穌降生一千八百七十□□／聖教日課／明治四年辛未孟秋　日本主教べるなるど
内容：目録二丁、本文六五丁、七行一四～一六字詰、袋綴、筆跡は阿部眞造
③明治七年版[13]（一冊本、石版刷り、サイズは縦一五×横九・四センチ）
内題：天主降世一千八百七十四年鋟／聖教日課全／明治七年　准　大日本主教ベルナルド
内容：目次一〇頁（五丁）、本文一六八頁（八四丁）、六行一三字詰、筆跡は阿部眞造のものではない

（2）『聖教日課』の典拠に関する先行研究

『聖教日課』は、三八篇のオラシヨから成る祈禱集であり（「十戒」「教会規則」も含む）、その典拠は、これまで古キリシタン版・潜伏キリシタンの伝来本・ラテン語原典などに求められてきた。

上田敏は「公教会師父の言に拠れば、この『聖教日課』中の祈禱文等は、教会が新らたに翻訳したものでは無く、実はこれら浦上其他の旧信者が世々口碑で語り伝へたものを蒐集して、版にした」ものであり、「遠く文禄慶長と連絡ある国文学上の価値ある一文献」とする。[14]また、新村出は「各経文のテキストは、実は古来迫害の裡に固き信者たちが口々相誦したものであつて、幕末乃至明初の新訳新作ではない」ため、「真に国文学上の価値ある一文献である」と評する。[15]ラウレス、海老沢有道は、『聖教日課』と『聖教初学要理』は、ともに潜伏キリシタンの伝来書を用いて編集されたとする。[16]しかし、これらの説明はいずれも『聖教日課』の紹介的記述であり、その典拠を本格的に精査、考究したものではない。

『聖教日課』の典拠を綿密に検討したものに入江湑の「聖教日課雑考」がある。この論考は、『聖教日課』所収の「おらしよ」二六篇を『聖教初学要理』、『どちりいなきりしたん』（国字、一五九一年加津佐刊、ヴァチカン図書館）、『どちりなきりしたん』（国字、一六〇〇年、長崎刊、カサナテンセ図書館）、『おらしよの翻訳』（一六〇〇年、

長崎刊)、『生月のおらしよ』と比較検討している。その結果、『聖教日課』と『聖教初学要理』(以下『要理』と略)に共載するオラシヨが一八篇で最も多く、それら共載オラシヨの詞章は、その表現・措辞において酷似し、他の諸本の詞章とはやや隔たりのあることが認められた[17]。

さらに入江は『聖教日課』と『要理』共載のオラシヨを検討し、次の諸点を指摘する。『要理』初版本のオラシヨは、「天帝」「くだされ」の語句が定形であり、「い」「ひ」、「ゐ」「へ」の表記が混用されている。しかるに、明治二年刊の『要理』再版本では、前者は「天主」「給へ」に改訂され、後者は原則的に「ひ」「へ」に統一されている。他方、『要理』と共通する『聖教日課』初版本のオラシヨは、「天帝」はそのままであり、「くだされ」と「給へ」、「い」「ひ」の混用が見られ、『要理』初版本と再版本の中間的、橋渡し的位置にある。彼はこれらの措辞の特徴は、『聖教日課』が底本に基づいて翻刻されたことを示唆するという。そして、「きりしたんの伝承するおらしよをプティジャンが集録し、古典的な文体・章句になぞらえて編集し刊行したという新編説」には同意できず、「おらしよ集の伝来本を底本にし、校訂を加えて複《ママ》刻した」と結論づける[18]。

入江論文の前述の指摘に加えて、『要理』『聖教日課』の各初版本には、「おらすしよ」と「おらしよ」の混用が見られるが、両再版本では、それらは「おらしよ」に統一されている。また『要理』再版本(明治二年八月)では、誤字の訂正も散見される(例えば、巻之二の一二丁ウ「御敵」→「怨敵」同一一丁ウ)。

ともかく、入江論文は『聖教日課』の底本が潜伏キリシタンの伝来書にあることを論証しようと試みた、最初の優れた論考である。

元来、教義書と祈禱書はセットで刊行されるのが普通である。『どちりなきりしたん』と『おらしよの翻訳』は、プティジャン版の『要理』と『聖教日課』に比定し得る。そのため『聖教日課』の研究には『要理』の検討も必要不可欠となる。

第二節　『聖教初学要理』と『聖教日課』の成立経緯と典拠

(一)『聖教初学要理』の典拠と成立経緯

『聖教初学要理』(以下『要理』と略)の典拠は、『どちりなきりしたん』(カサナテンセ本)[19]、潜伏キリシタンの伝来書[20]、あるいはこれら両書に求める説があり[21]、確定されるにいたっていない。

ラウレスは、「一八六八《ママ》年三月に草稿(『要理』)が完成した」[22]、「プティジャンがローマで『どちりなきりしたん』(カサナテンセ本)を発見し、それが、彼が長崎で編集した問答形式のカテキズムに類似していた」[23]とのプティジャンの証言をマルナスから引用している。

浦上潜伏キリシタンからの寛政没収教書の転写本である『耶蘇教叢書』所収の「辰正月廿二日、けれと」(天明四年＝一七八四年)[24]と『要理』巻之二は、転訛の訂正を除いては、内容、記載順、表現とも類似している[25]。また慶応三年六月付の長崎奉行所の「探索書」[26]には、「近日上梓ニ致し候趣」として、「切支丹のこきよふきのりやく」「切支丹おんおしゑのりやく」「げれんとふの第一ケ條」が収録されている。これらのうち、後二者は、『要理』巻之二の「切支丹の御教之略」「けれんど第一ケ條之事」に対応し、内容も酷似している(ただし「切支丹おんおしゑのりやく」は一部)。これは、慶応三年六月の時点で、『要理』の草稿は一部完成していたことを示唆するものであろう。

参考のため、以下に①「辰正月廿二日、けれと」、②「探索書」、③『要理』巻之二の一部を対照して例示する(①②③とも句読点は筆者)。

①ケレントノ大一ケシウヲカタリナサレ。三バウシカナイタモ、天地ツクラセタモ、天帝ノ御オヤサマトニシンジタテマツル。△御身天帝サマバンジカナタモウト申奉ハナンノコ、ロゾヤ。万ズノ物ガ御身天帝サマ

ノゴガテシダイニシタカテ、ヤスクテキマニスヨテ、万ジカナイタモウト奉申事。(27)

②けれんとふのたひ一ケ條をかたりなされ。ばんじ叶たもふ、天地をつくらせたもふ、デウスのおんおやまことにしんじ奉る。おん身デウスはんじかないたもふおんものでござるともふし奉るは、なんの心てこさるか。よろつの事ハおん身デウスさまのおんかつてしだひにしたがつて、やすくてきまするによりて、ばんじかないたもふおんかたてこさります事と申奉る。(28)

③○けれんどの第一ケ條を語りなされ△萬事叶玉ふ、天地を作らせ玉ふ、御親天帝、誠に信じ奉る○天帝萬事叶玉ふ御物に有と申奉るハ何之意か△萬の物ハ天帝の御勝手次第に随ひて、易く叶ひ奉るによりて、萬事叶ひ玉ふ御物也と申奉る（二丁オウ、振り仮名は省略）。

①②はほぼ同文であり、それらが『要理』では漢字仮名混じり文に修正されているだけである。そのため、潜伏キリシタン間に寛政没収教書の類本が継承され、それを底本に『聖教初学要理』巻之二が編まれたと推測される。

入江は、諏訪神社の中島広行の蔵書中に、明治初期の迫害期における潜伏キリシタンからの没収教書と推定される『さからめんとの事』（本文四二枚、八～九行一四～一九字詰め）という問答体の教義書を発見し、この書物が『要理』巻之四と酷似している、と報告している。(29)

他方、『要理』の典拠の候補とされる『どちりなきりしたん』の該当箇所と『要理』とを比較すると、全四巻のうち巻之一にはほとんど対応が認められない。また巻之二～四の対応箇所においても、両者の表現にはかなりの隔たりが認められる。さらに、内容においても、『どちりな』には「いであ」「まてりや」（質料）「ほるま」（形相）など、『要理』にないアリストテレス由来の概念が用いられている。

上述のプティジャンの証言、並びに『耶蘇教叢書』所収の「けれんと」、『さからめんとの事』と『要理』との類似は、『どちりなきりしたん』底本説への反証である。

次に『要理』の成立経緯を検討したい。そのためには、信徒発見以後の宣教師の動向を踏まえて、多角的に分析する必要がある。

プティジャンが、一八六五年三月（慶応元年二月）にキリシタンの後裔との出会いを果たして以来、公教要理と祈禱書の編集が焦眉の急となった。キリシタンがプティジャンらに提供した切支丹伝来書は『天地始之事』『こんちりさんのりやく』のほか「十か条」（教義の要約）「ロザリオの禱りの十五の玄義」「神の掟」（十戒）「主禱文」「アヴェマリヤ」「使徒信経」「サルヴェレジナ」など伝統的キリシタン用語で記されたものであった。[30]

プティジャンは「同僚のロケーニュと切支丹同士が使う言葉を用いて、公教要理を編集する仕事を熱心にした」。[31]「このカテキズムの編集には、長い年月を要した。古版を渉猟し、その言い回しや慣用句を真似なければならなかったからである」。[32]しかるに、プティジャンはこれを用いず、独自に要理書編纂を続けた。先述の理由で、プティジャンは横浜のジラールより、漢文体の『聖教要理問答』が送付されてきた。そして、「一八六六年三月前にそれは完成し、その抄録を帳方たちに筆写させ信徒に配布した」。[33]これらのプティジャン書簡の証言により、『要理』の草稿は徐々に形成されてきたことがわかる。

片岡弥吉は、長崎奉行所の『探索書』（慶応三年四月）にある「當時多人数之義ニ付、平野宿大工兼吉と申もの江経文を版木ニ為致数冊摺立拵置、右異宗ニ組入いたし候者とも江相渡候趣ニ相聞申候」（読点は筆者）[34]との記述を根拠に、この時期にすでに木版の『要理』の版木の一部は出来ていたのではないかと推察する。また一八六八年に刊行された「一八六八年歳次戊辰瞻礼記」（一枚刷りの暦）には、プティジャンの献呈の辞が七月一日付で記されており（上智大学キリシタン文庫所蔵の「瞻礼記」）、成立は七月以前と推定される。この「瞻礼記」が石版印刷であるのに、その二か月後に刊行された『要理』が木版であるのは、上記の推察を支持すると片岡は指摘している。(35)確かに、初期プティジャン版で木版刷りは『要理』のみであり、片岡の推測は正鵠を射たものであろう。

この点について、一八六七年六月二一日付（慶応三年五月一九日）のプティジャン書簡には、「我々の宗教書の印刷は少しずつ進捗しよう。間もなく刊行できることを約束する。公教要理の冒頭部分（les premières pages du catéchisme）は、すでに切支丹たちに渡した」(36)とあり、『探索書』の「経文」が『要理』であることが確認できる。しかも、それはすでに印行して、キリシタンの手に渡っていることがわかる。『要理』は全四巻より成るが、丁付が各巻ごとにつけられ、また後述する頭注も各巻ごとに重複して付されている点から見て、松崎實の指摘するように、始めは各巻分冊で頒布したものであろう。(37)これらの証拠はほぼ一致している。すなわち、慶応三年四～五月には『要理』の一部はすでに版木が完成し、印行していたことになる。前述のように阿部眞造は実際には慶応三年三月頃から宣教師と接触しているのが認められるため、この木版には、阿部による添削・補訂が加えられたに違いない。

次に『要理』の頭注を検討したい。

『要理』の頭注は、本文中の「不肉食」の日本語一語を除いて、外来語（羅・葡語の音写であるキリシタン用語）七五に付されている（重複を除く）。妙摩光代は、この頭注の内容を分析し、三つに分類している。(38)人名、地名、国名など固有名詞に関する注記は二三例（あだん→人間始之男之名、あぶらはむ→人名など）、語釈を主とした注記は一九例（あるかんじよす→天神之爵位、御みさ→聖祭也、ひです→純実ナル信徳也など）、漢語を主とした注記は三三例（あにま→霊魂と同じ、あぽすとろ→宗徒と同即御弟子也、おると→品級と同じ、がらさ→聖寵と同じ、さがらめんと→秘跡と同じ、さんちいしまちりにたて→三位一体と同じ、すぴりとさんと→聖神と同じ、ばぷちずも→洗滌と同じ、ゆかりしちや→聖体と同じなど）となっている。

妙摩光代は、長年親しんできたキリシタン用語を、わざわざ耳慣れない漢語を中心とする漢文訓読的文体で注記したのは、プティジャンは当初から外来語を排し、漢語を定着させる意図があったと推論する。(39) その論拠として次の二つがあげられている。第一に『要理』初版本の注記数一五〇（重複含む）は、再版本（明治二年）では二三、第三版本（明治五年）では二四に激減し、頭注も文中の割り注形式に変化している。この注記数の激減は、初版では外来語をひらがなで表記し、頭注を付していたが、再版・第三版本では、初版本のひらがな表記の外来語を漢字に替えている。しかもそれらの漢字の多くは初版の頭注の漢字を文中に移行させ、ひらがな表記を振り仮名にまわしたものである。また、第三版本では、漢語への羅・葡語の振り仮名の幾つかが、漢字の音読みの振り仮名に替えられた事例も見られる（「聖會《さんたゑけれんじや》」→「聖會《せいくわい》」など）(40)。

第二に、『要理』初版本の外来語数は九九語であり、『どちりなきりしたん』（カサナテンセ本）の外来語数一四九語に比べ、外来語を濫用していない。両書に共通する外来語は七二語で、『どちりな』だけに収載されている外来語は七七語ある。このうち、四三語は内容的に『要理』に対応事項がある。従って『要理』ではこの『どちりな』の外来語四三をほかの漢語、語句に訳出したか、省いている。他方『どちりな』になく、『要理』にある外来語は、『要理』独自の増補である「旧約聖書」（『要理』巻之一の「切支丹来歴之事」）に由来する人名が大部分を占め、これらは訳出不能か、あるいは漢字表記が難しいものである。(41)

かくて、『要理』初版本にしても、キリシタン用語（外来語）の使用は最小限にとどめ、それに替わる語としての漢語の訳出が企意されていたのである。

以上の妙摩の指摘は、従来の定説をくつがえす優れた分析であるが、とくに、第二点は『どちりな』を『要理』の底本として想定した上でのものであり、立論に難がある。また、プティジャンが当初から漢語の定着を企意していたとの妙摩の説に立てば、プティジャンがムニクウの『聖教要理問答』の使用を拒否し、ローマで古キリシタン版を筆写した理由が説明されなければならない。

筆者は、プティジャンが、漢語主体の頭注を付した理由を次のように考える。第一に、プティジャンはラテン・ポルトガル訛りの音写語をキリシタンの多くが意味も知らずに暗唱していることを知っていた。(42) そのため、漢語を頭注に加えることで、彼等の暗唱している音写語の意味を理解させる一助としたのではないか。事実『要理』初版本の頭注に見られる漢語は「切支丹」以外は表意文字であり、漢字表記の音写文字（仮借文字）は見当たらない（ただし、文中には「切支丹」「耶穌基利斯督」「彌撒」「羅馬」の四語が認められる）。再版、第三版本の文中の漢語も、ほとんどが表意文字であり、仮借文字は両書で七語にすぎず僅少である。(43)

第二に、これらの漢語は、上掲のように天主教漢籍由来のものが多い。阿部眞造は、慶応三年末に大浦天主堂に住み込むが、ラテン・ポルトガルの音写語を『要理』頭注の天主教の漢籍用語に置き換えるだけの知識はなかったと推測される。とすると、六年間の在華経験があり、漢籍に通じ、「日本語を完全に理解できる唯一の外国人」(44) であったムニクウが候補にあがる。彼は一八六七年四月八日（慶応三年三月四日）～六月二八日（同年五月二六日）まで長崎に応援に来ている。(45) 既述のように、プティジャンは一八六六年一月初旬（慶応元年一一月中旬）、ムニクウが刊行した漢文調の『聖教要理問答』の使用を拒否した。しかし、プティジャンは、同年一〇月二一日（慶応二年九月一三日）に香港で日本の代牧に叙階されるに及び、その帰途、横浜を訪れ、かつての上長ジラール、ムニクウと会見し、このわだかまりを解消しようとしたのであった。(46)『要理』の漢語を主体とした頭注三三例を調べると、そのうち二七例は、ムニクウの『聖教要理問答』に用いられている。これらの諸事実から推考すると、ムニクウが長崎滞在中、頭注の作成に協力した可能性が浮かぶ。プティジャンはムニクウと和解したのち、伝統的キリシタン用語（羅・葡語の音写語）に漢語の頭注を付記することで、ジラール、ムニクウの初発の企図（異教徒への宣教を視野に入れ、キリシタン用語を排した漢語主体の教義書）に歩み寄ったと考えられる。既述のように、代牧に任命されたプティジャンは、長崎の信徒だけではなく、日本全体の宣教も視野に入れるべき立場に置かれたのであり、この歩み寄りは必要不可欠な態度変更であった。

慶応三年七月付「浦上信徒の教皇ピオ九世への書簡草稿」[47]には、末尾に貞方良輔（阿部眞造）の自署があり、「主教《ゑぴすこぽ》」「神父《ぱてる》」「聖會《さんたゑきれじや》」「聖教《せいけう》」「天主教《テンシユケウ》」等の漢籍教義書由来の語彙が用いられている。これらの語彙のうち、「主教」以外はムニクウの『聖教要理問答』にも用いられている（なお「主教」は明治二年版『要理』に採録されている）。この漢籍由来の語彙は、ムニクウが長崎滞在期間中に阿部に教授したとも思われる。

ところで、この書簡は「聖會之御人数ニ召加被下」た以上は、「身命ハ奉捧而何卒御厚恩の萬が一をも奉報度候」と述べ、続けて慶応三年六月に浦上信徒六〇余名が捕縛された事件に言及し、「是等之苦患ハ切支丹人之身ニ於てハ。罪消之ためニして。悦ぶべき事ニ候」という。ここには、「殉教者の子孫」「信仰の勇者」としての模範的信徒像が示されている。しかし、入牢した信徒は、仙右衛門一人を除いて、全員が改宗に応じており、上述のような明瞭な自覚が信徒にあったのかどうか疑問が残る。むしろ、この書簡は宣教師の指導下に書かれたものではなかろうか[48]。

以上の推論から、慶応三年四～五月以前に印行された『要理』には、頭注はなかったと考えられる。その後、ムニクウの指導で、頭注を付加し、印行したのが現存する初版『要理』ではなかろうか。

改めて、『要理』初版本を観察すると、頭注は、本文中に傍線が引かれた語句についてなされている。この頭注は、印字の濃淡が本文と異なる箇所が散見され、のちに埋木した印象を受ける（口絵写真1）。しかも、長い頭注のある頁は下にずらされ、その結果、見開きの左右頁で、枠線（四周単辺）が上下に相当ずれている頁が全巻にわたって数多く見られる（口絵写真2）。これは長崎純心大学本に顕著で、長崎県立図書館本は、上欄余白にスペースを大きくとり、この四周単辺の上下のずれはやや修正されている。これに加えて、本文中の傍線も不自然である。「彌撒」（巻四／八丁ウ）「耶穌基利斯督」（巻四／九丁ウ）など振り仮名が付された語句の場合には、傍線が振り仮名の外側に引かれている。頭注と傍線が始めからの計画であれば、傍線の右に振り仮名を振るのが自然であろう。そのため、振り仮名のある語句とない語句とでは、文中の傍線にずれが認められる。例えば、「耶蘇基利斯督」（振り仮名付き）の傍線は、それに続く「ばつしよ」の傍線と比べ、外側にずれている。しかも、その傍線は、前の行の文字に接触しており、後で加えた印象を受ける（口絵写真3）。

これらの傍証は、すでに完成していた木版の本文に、のちに埋木して頭注を付加し、本文中に傍線を加えたことを裏付けるものである。なお、この頭注は明治二年版では文中の割り注形式に替えられ、四周単辺の上下のずれも解消されている。

以上の検討から、『要理』は慶応三年五月頃から四分冊のうち木版の一部（巻之二）が完成し、順次分冊のかたちで印行していた。これらには頭注はなかった。そしてムニクウの指導で阿部眞造がそれに頭注を加え、刊行したのが慶応四年八月刊行の『要理』であるとの仮説を導くことができる。従って、『要理』初版本には、プティジャンがローマで筆写し、一八六八年六月七日（慶応四年閏四月一七日）に長崎に将来した『どちりなきりしたん』を収録することはできなかったと推測される。

（2）『聖教日課』の成立経緯と典拠

プティジャン書簡によると、キリシタンは「主禱文」「天使祝詞」「使徒信経」を日本語で唱えていたとある。(49)『おらしよの翻訳』には、「右おらしよのうち、ぱあてるなうすてる（主禱文）、あべまりや（天使祝詞）、けれど（使徒信経）、まだめんと（十戒）、この四さまはらちんのくちなりともやはらげなりとも、べつしておぼゆべきものなり」（一八丁ウ）とあり（読点とカッコ内は筆者）(50)、浦上の信徒は、この伝統を引き継いで来たと思われる。プティジャンは、一八六五年六月以来、長崎各地の帳方、信徒から祈禱書の提供を受けている。(51)そして一八六五年末には、これらの祈禱文は手写され、信徒に配布された。[52] これらの事実は、『聖教日課』（初版）の底本に潜伏キリシタン伝来の祈禱書が用いられた背景である。

先述の入江論文は、潜伏キリシタン以来の伝来書である「生月のおらしよ」と『聖教日課』（初版）とを比較し、両者に共通する「おらしよ」が九篇認められることを指摘している。[53] この九篇をさらに検討すると、『聖教日課』所収の「御ばつしよのとなゑ」（三七丁ウ～三九丁オ）は、生月及び外海の各「隠れキリシタンのおらしよ」[54] に符合が見られ、とりわけ外海の「御パッショの祈り」（「松本の『帳』傳承」所載）との類似が顕著である。冒頭と末尾部分を対照して記す。

『聖教日課』：敬白《うやまつてもうす》、如何《いか》に御主ぜずすきりしと、御身《おんみ》は一切人間を救ひ扶け給わんが爲に生れ出さし給ひ、しるこんしそんを受給ひ、じゆでおすに侮られ、謀叛人なるしゆだすより敵之手に渡され玉ひ、搦められながら御科をましまさず羔のごとく曳に被曳さし給ひ……（中略）……天帝罷徳肋《ぱてる》と天帝斯彼利多三多《すぴりとさんと》といつ迄も天之御代を治め給ふものなり御主哉。あめん。（ルビは一部省略、句読点は筆者）

外海（松本の『帳』傳承）：敬つて申す、いかに御主ゼズス・キリスト、御身様はいつさいの人間を助けたまわんために生まれたまい、シルクンシサンをうけこらえ、ユデア人たちよりはあなどられ、謀叛人ユダスより敵の手に渡され、からめられながら、何の科もおかさざる羊のごとくサクリヒチアとしてひかれさせたもうものなり。……（中略）……御身パアテルもスピリト・サントもみなデウスにてましませば、いつまでも天の御世をおさめたもうものなり。[55]

ところで、入江が検討対象から除外している『聖教日課』（初版）のオラシヨは一七篇ある。これら中に、比較的長い詩文から成る「こんちりさんのおらしよ」（三九丁オ～四二丁ウ）と「悲節のおらしよ」（四三丁オ～四五丁ウ）がある。

『聖教日課』の「こんちりさんのおらしよ」は、潜伏キリシタンの伝来書である『こんちりさんのりやく』末尾の「こんちりさんのおらつ所」に酷似している。[56] また、この「こんちりさんのおらつ所」は外海の「松本の『帳』傳承」所載の「コンチリサンのオラシヨ」とほぼ同文である。プティジャンは、浦上の信徒から寄贈された『こんちりさんのりやく』を底本にして、明治二年『胡無知理佐无之略』を印行しており、このオラシヨは当然参照している。

もう一つの「悲節のおらしよ」は、『耶蘇教叢書』所収の「マルチリヨの勧め」の末尾に出るオラシヨと類似している。[57] そして、この「マルチリヨの勧め」のオラシヨもまた、外海の「松本の『帳』傳承」所載の「ごじゆなん　おんみさまのいのり」と酷似している。以下にこれらのオラシヨを対照して示す（冒頭と末尾部分のみ）。

『聖教日課』（「悲節のおらしよ」）：萬事叶ひ給ふ天帝之御前にて、萬事に功力なき拙き悪人と雖、数限なく御與給ひし御志、斯程のおん禮を何とて申上盡し奉る事有べからず。……（中略）……希わくハ此さゝげしものを香ばしき匂ひと御うけとり給ひて、此望をとげ奉らんがためにじゆんたくなる御がらさをあたへ給へと、ひたすらにたのみあげたてまつる。阿免無。（ルビは省き、句読点は筆者）

[マルチリヨの勧め]：如何ニ御主Jx̊、我レハ御前ニ於少ノ功力モ無ク、拙キ悪人也ト雖、数限無ク与ヘ被下レシ万ノ御恩ノ御礼ヲ申上奉ラントスルニ、心モ言モ絶果也……（中略）……願ハクハ、此捧物ヲ香バ敷ク受取玉ヘ、此望ヲ遂奉ランガ為ニ、潤沢ナルガラサヲ与ヘ玉ヘト、ヒトヘニ頼ミ奉。アメン。[58]

[松本の『帳』傳承]：いかに御主ゼズス、われは御前において少しの功力もなく、つたなき悪人なりといえども、数限なく与えくだされしよろずの御恩の御禮を申し上げ奉らんとするに、心も言もたえ果つるなり。……（中略）……ねがわくば、このささげものをかんばしく受取たまい、この望みをとげたてまつらんがために、潤澤なるガラサをあたえたまえとひとえにたのみ奉る。アーメン。[59]

上述の「マルチリヨの勧め」（元和年間成稿）と外海の隠れキリシタンのオラシヨの酷似は、外海の『隠れキリシタンのおらしよ集』は、元和年間のキリシタン時代にまでさかのぼる一証左である。そして、『聖教日課』収載の如上の三篇のオラシヨは、いずれも外海の『隠れキリシタンのおらしよ集』の類本を典拠に編まれたと考えられる。これらは、『聖教日課』の底本の一部が潜伏キリシタンの伝来書である有力な証拠である。

長崎奉行所の「探索書」（慶応三年六月）には、『要理』と酷似する記載があることは既述した。それに加えて、この「探索書」には、さらに一二のオラシヨが収録されている。(60)

「探索書」のオラシヨを以下に収載順に記す（無標題のものは明治元年版『聖教日課』の標題に替え、「　」を付した。また振り仮名は省いた）。

①「天にまします」、②「がらさみちみち」、③けれんど之祈念経、④十箇條之申上、⑤科之祈念経、⑥後悔之祈念経、⑦ひです之祈念経、⑧頼母敷之祈念経、⑨御大切之祈念経、⑩「御ばつしよ之となゑ」、⑪御告之祈念経、⑫さるべれじな、である。①〜⑨までは、『聖教日課』と『要理』に共載し、⑩〜⑫は『聖教日課』にのみ収載されているオラシヨである。「探索書」所載のオラシヨの「振り仮名」に注目すると、わずかな補訂をのぞいて『聖教日課』とほぼ同文である。以下に「探索書」をⓐ、『聖教日課』（明治元年版）をⓑ、『聖教日課』（明治四年版）をⓒとして対照、例示する。

①のⓐ　天《てん》ニ在《ましま》す。我等《われら》之《の》御父《おんおや》。御名者《みなハ》。被　尊《たつとばれたまへ》。御國被爲來《みくにをきたらせたまへ》。於　天者《てんにおいてハ》。思召儘如　成《おぼしめすままなるがごとく》。於　地《ちにおいても》。被爲有度《あらせたまへ》。
日々《にちにち》之《の》御養《おんやしない》。今日《こんにち》。我等《われら》ニ。與被下度《あたゐくだされませ》我等《われら》。如　許　人《ひとにゆるすごとく》。我等《われら》之《の》科《とが》亦《も》御　許可被下《おんゆるしくだされませ》我等《われら》を。誘惑《てんと》に。放　申事《はなしもふすこと》
勿《なか》れ我等《われら》。凶惡《きよふあく》を御遁《おんのがし》。被下度《くだされませ》　あめん

①のⓑ　天にましますわれらのおんおやさま、御名ハたつとばれたまへ、御國をきたらせたまゐ、天においてハおぼしめすまゝ、なるがごとく、ぢにおいてもあらせたまへ。にちにちのおんやしないをこんにちわれら

にあたゑてくだされ。われ人にゆるすごとく、われらかとがもおんゆるしてくだされ。われらをてんとにはなし申事なかれ。われきよふあくをおんのがしくだされませ。あめん。（振り仮名は省略、句読点は筆者）

①のⓒ　天に在す我等之御親、御名ハ尊ばれ給ひ、御國を來らせ給へ、天においてはおぼしめす儘なるがごとく、地においてもあらせ給へ。日々の御養を今日我等に与へたまへ。我等が人に赦すが如く我等の科もおんゆるし給へ。われらを誘惑に放ち申事なかれ。我等凶悪を御遁し給へ。あめん。（振り仮名はⓑとほぼ同一であるため省略。句読点は筆者）

⑦のⓐ　如何《いか》ニ。御身様《おんみさま》ハ。至公ニ在之《かとりかにてまします》。聖會之《さんたゑきれんしやの》御教《おんおしへ》皆不残《をみなのこらす》。奉信《しんじたてまつる》。偽給事《いつわりたもふこと》。不叶給《かなひたまわざる》。御身様《おんみさま》之《の》此御教《このおんおしへ》を。聖會《さんたゑきれんしや》に。言顕被成《いいあらわしなされた》ニ　因而《より》少茂《てすこしも》。不疑《うたがわす》ニ奉信《しんじたてまつる》。あめん。

⑦のⓑ　いかにおんみ天帝ハ、かとりかにてまします。さんたゑきれんじやのおんおしゑを、みなのこらずしんじたてまつる。いつわりたもふ事かないたまわざるおんみ天帝さまハ、このおんおしへを、さんたえ（ママ）きれんじやにいひあらわしなされたによりて、すこしもうたかわずに信じ奉る。（同右）

⑦のⓒ　如何に御身天主ハ公にて在す。聖會之おんおしへを皆のこらずまことに信じたてまつる。偽り給ふ事叶ひ給わざる御身天主ハこの御教をさんたゑきれじやに言顕し給ひしによりて少しもうたがわずにしんじたてまつる。あめん。（同右）

上記の如く、「探索書」は漢字が多いが、その振り仮名と『聖教日課』（明治元年版）はほぼ一致する。また『聖教日課』（明治四年版）の漢字は「探索書」のそれとほとんどが合致する。ここで注目されるのは、「探索書」に漢籍教義書由来の漢語が散見される点である。①～⑫から摘記できる漢語は、「聖人《べあとすさま》」「聖寵《がらさ》」「聖神《すぴりとさんと》」「聖會《さんたゑきれんしや》」「天神《あんじょす》」「童身《びりせん》」「相通《こむによ》」「聖《さん》」「十字架《くるす》」「天堂《はらいそ》」である。探索者は、これらの漢籍教義書由来の宗教用語と音写語の振り仮名に通暁していたとは思われず、書き物から転写したと思われる。(61)

とすれば、探索者が入手した『聖教日課』の類本は、天主教漢籍由来の語彙を含んでいたことになる。なお、上掲の漢語は、「相通」を除き、『聖教初学要理』初版の頭注ないしは本文中に見いだされる。また上掲の漢語はすべてムニクウの『聖教要理問答』に用いられている。

『聖教日課』は、「ほとんど漢字が読めない」信徒の事情を勘案し、平仮名に直して刊行したものであろう。また既述の通り、この「探索書」所載の「げれんとふの第一ケ條」も、『要理』巻之二「けれんど第一ケ條之事」と酷似していた。これらの点から、「探索書」に転写された稿本は、『聖教日課』、『要理』の草稿の一部であったと推論できる。もともと代表的オラシヨは、宣教師との接触以前に多くのキリシタンが暗唱していたもので、大幅な変更は混乱を招く恐れがあり、校訂は最小限にとどめられたと考えられる。

「探索書」のオラシヨを『聖教日課』の収載順に並べると、①→②→③→⑤→⑫→⑦→⑧→⑨→④→⑪→⑥→⑩となり、ほぼ対応する。

以上の検討から、『聖教日課』は、「探索書」の作成された慶応三年六月には一部完成していたことが明らかである。なお、『聖教日課』所載の「御彌撒においておすちやを拝み奉る時のおらしよ」並びに「同かりすを拝み奉るとき乃おらしよ」は、『どちりなきりしたん』（一六〇〇年、長崎刊、カサナテンセ図書館所蔵）所載の該当オラシヨとほぼ同文である。またこの両オラシヨは明治二年八月刊行の『彌撒拝禮式』にも収録されている（第二章参照）。さらにまた『聖教日課』所載の「尊きゆかりしちやを請奉らんニおゐて心得の事」の箇所において、冒頭と末尾にある「心得書き」（二七丁ウ～二八丁ウ、三二丁オウ）は『サルバトル・ムンジ』（一五九八年、長崎刊）の「ゑうかりすちあを受奉る心得」（七丁ウ～八丁オ）とほぼ同文である。

これら古キリシタン版は、プティジャンがローマで筆写し、一八六八年六月七日（慶応四年閏四月一七日）に長崎に将来したものである。『要理』には、その内容から見て、『聖教日課』や『彌撒拝禮式』と同様、これらを収録する必然性があるにもかかわらず、これらが『要理』に載録されていないのは、特記すべき点である。この理由は、『要理』の版木がすでに完成していて、慶応四年八月刊行『要理』への載録ができなかったとしか考えられない。これに対して、『聖教日課』は石版刷りであり、変更は容易であった。

以上の検討により、『聖教日課』は『潜伏キリシタンのオラショ集』を主な底本として編集され、慶応三年六月までに、一部は手写のかたちで流布されていたことが判明した。しかし他方で、『聖教日課』には、漢籍祈禱書からの収録も見られることを以下に示したい。

第三節　『聖教日課』所載「さんたまりやほまれのおらすしよ」の典拠

(一)「さんたまりやほまれのおらすしよ」の先行研究

「さんたまりやほまれのおらすしよ」(以下「マリヤの連禱」と略)は『聖教日課』の全オラショの記載量の一一%を占め、圧倒的に長い詩文からなる。新村出はこの「マリヤの連禱」を「古雅でたたみかけてゆく名句」[62]と評し、「西肥の信徒間に傳誦せられし文句を録してプティジャンが印行した」とする。[63]海老沢有道は、「マリヤの連禱」はラテン語の邦訳であり、[64]「一八六八年という時に、こうした勝れた詩文型が創作されたことは、特筆に価するであろう。これに対し数年後にようやく現われたプロテスタント讃美歌の稚拙な翻訳などは到底問題にもならないと言わねばなるまい[65]」と賛嘆している。

たしかに、『聖教日課』(明治元年版)所載の「マリヤの連禱」には、「雅訓」な表現が見られる。他方、明治四年に再版された『聖教日課』の「マリヤの連禱」には漢籍教義書の漢語を借用した語彙が多く見られる。とはいえ、両者は振り仮名による表音においては、ほぼ同一であるため、むしろ最初に明治四年版の草稿が成立し、それを信徒の便宜のため平仮名に直して明治元年版に収載したのではないかと筆者は推考した。

そこで、「マリヤの連禱」を所載する漢籍祈禱書を調査した結果、「マリヤの連禱」は北京刊『聖教日課』（一八五四年重刊本、一七九五年、亞立山湯［Gouvéa, Alexandre de］准）所収の「聖母徳叙禱文」（Ladainhas）に酷似していることが判明した。『聖教日課』の著者は龍華民（Longobardi, N., 1566-1654）、孟儒望（Monteiro, J.）、陽瑪諾（Diaz, E. J.）ほか多数に及ぶ。

(2)キリシタン史における「マリヤの連禱」

「マリヤの連禱」と呼ばれるものには、種々の形のものがあったが、[66] 一五七一年に教皇ピオ五世が「ロレト(Loreto)の連禱」を公認して以来、これが一般的に「マリヤの連禱」として流布されることとなった。[67]

日本のキリシタン時代の教会では、毎日夕方、ラダイニャ（連禱）が唱えられた。例えば、一五六五年九月二三日付平戸発イルマン・ジョアン・フェルナンデス書簡には、「夜アベ・マリヤの時刻に至り会堂に於てラダイニヤを唱へキリシタン多く此所に集まる」とある。[68] また、一五六六年九月一三日付パードレ・メルショール・デ・フィゲイレド書簡に「（島原では）、児童は毎日二回会堂に来れり。正午は教義の為め、又アベ・マリヤ Ave Maria の時刻には毎日行うラダイニヤを唱する為め」とある。[69] さらに、一五八四年一月二日付ルイス・フロイスの「日本年報」には、有馬では教会に学びに来ている少年たちは、「毎日午後には、アヴェ・マリアの前にヌンク・ディミッティスと聖マリアの連禱を、また祝日には諸聖人の連禱を唱える」[70] と記されている。

一六一二年（慶長一七）の禁教令以後においても、宣教師は信徒の秘密組織を形成し、信仰の保持に努めた。そして、秘密組織の規則も定められた。一六一八年（元和四）にジエロニモ・ロドリゲス（Rodriguez, Jeronymo）がマカオで完成した「日本のきりしたんだあでに於ける我等が御上天のさんたまりやの御組」[71] では、親組→大組→小組のピラミッド型階層制組織を形成し、親組には「我等が元后の尊称」をつけた。「元后の尊称」

は、「マリヤの連禱」に出るマリヤ礼賛の詩句である。そして「組衆相集まる時は、さんたまりやのらだにやすをとなふる」とある。(72)また「高來に於いてパアデレ・ジヤコメ・アントニヨ・ヂヤノネ（Giannone, Jacome Antonio）の編める組の掟」（一六二一年）によると、集会の「すへにはけれど一反とさんたまりやのらだにあすを申(73)」とされている。

これらの次第は、日本の潜伏キリシタン時代において、「マリヤの連禱」が極めて馴染み深い、代表的祈禱のひとつであったことを物語るものである。

キリシタン版『スピリツアル修業』（一六〇七年、長崎刊、ローマ字本）は、明治二年にマニラのフランシスコ会がプティジャンに寄贈したものである。(74)この中に「マリヤの連禱」由来の詩句が用いられている。それらは、「デウスの御家」「天の御門」「天の后妃」「暁の星」「テスタメントのアルカ」（契約の櫃）「ご宝殿」など「マリヤの連禱」に出るマリヤの異称である。(75)しかし、これらの詩句は、その入手時期から見て明治元年版『聖教日課』所載の「マリヤの連禱」には利用しえなかった。

なお、明治三年一二月のプティジャンの「浦上信徒への慰問状(76)」には、「苦痛のなぐさみ」「切支丹のご合力」などマリヤの異称が記されている。これらは、『聖教日課』の「マリヤの連禱」の詩句と一致しており、プティジャンが『聖教日課』から引用したものであろう。

（3）「マリヤの連禱」所載のキリシタン版

「マリヤの連禱」は、『おらしよの翻訳(77)』に「たつときびるぜんまりやのらだいにあす」として収録されている。さらに、『おらしよの翻訳』の写本を所載した『耶蘇教叢書(78)』にも収録され、東京国立博物館所蔵の『耶蘇教写経(79)』にも「さんたまりやのらたにあす」として収載されている。また、『吉利支丹抄物(80)』にも「さんちいしもさからめんとのらたにやす」（首部のみ）が収録され、生月の隠れキリシタン伝承にも「だだんやす」[81]として収められている。これらは、いずれもラテン語の音写であり、翻訳されたものは見当たらない。これらを見る限り、「マリヤの連禱」はラテン語の音写語として伝承されてきたものと思われる。

(4)北京版『聖教日課』の書誌と成立経緯

(ア)北京版『聖教日課』（長崎県立図書館本）の書誌（これ以外の所蔵先は、上智大学キリシタン文庫・長崎純心大学など）

内題：降生後一千八百五十四年　重刊／聖教日課／京都始胎大堂鑒定

内題裏頁：天主降生一千七百九十五年／主教　亞立山湯　准

書物の体裁は、三巻を合冊した一冊本（巻一＝一五五張、巻二＝一〇九張、巻三＝八六張）、罫あり、八行一八字詰、サイズは縦一四・五×横一〇・二センチ、「長崎大浦羅甸校印天主堂」の蔵書印（朱方印）がある。

＊亞立山湯（Gouvêa, Alexandre de）は、フランシスコ会派出身の北京教区司教である。

＊朱方印にある「長崎大浦羅甸校」は一八七四年一一月に開校している。しかし、クゥザンの一八六七年一月五日付書簡には、すでに「ラテン語の生徒」に神学を教授していたとの言及があり、この時期すでに、神学生が存在していた。[82]

(イ)北京版『聖教日課』の成立事情――「マリヤの連禱」を中心に――

祈禱書の訳出は、ルジェリにより一五八三年にはなされていた。このルジェリの訳書をマテオ・リッチは修正し、一五八四年に「主禱文、天使祝詞、十戒」を印刷した。[83] これとは別に、一六〇二年、中国人信徒の要請により、ロンゴバルディ（龍華民）が祈禱書を翻訳した。すなわち彼は支那語にまだ精通してはおらず、信徒の文人の助けを受けて、主にルイス・デ・グラナダの著書から抜粋した『祈禱集』（一六〇二年、韶州刊）を翻訳した。(84)これが『聖教日課』（一六〇二年、韶州刊）である。他方、「聖母徳叙禱文」はこの『聖教日課』とは別に成立し、のちに『聖教日課』に収録されたと考えられる。(85)

さて、一六二八年に最初の総合的祈禱集である『念経總牘』上下二巻（武林刊）が出版された。この上巻第一分冊に、ロンゴバルディ述の「聖教日課」が含まれ、また上巻第二分冊目に「聖人列品禱文」（龍華民述）と「聖母徳叙禱文」が収載されている。(86)「聖母徳叙禱文」には訳者名はないが、「聖人列品禱文」に頁が継続しているので、ロンゴバルディが著者と推測される。(87)

ブルンナーは、「聖母徳叙禱文」の著作（訳出）時期は、一六一六〜一七年の間、龍華民が杭州の楊廷筠方に仮寓した時期と推察する。そして、この禱文の文体が美しいことから、楊廷筠の筆が加わった可能性が高いとする。(88)

フィステルによれば、『聖教日課』は、中国のすべての宣教師の間で非常に流布し、増補・削除・改変がたびたびなされた。また頻繁に重刻された。一七九三年・北京刊、一八〇〇年・北京刊、一八二三年・Gouvêa 准許の改定版、一八三七年・北京刊などがある。(89)長崎県立図書館本のグウベア准許の年代から、少なくとも一七九五年以前には、「聖母徳叙禱文」が『聖教日課』に収録されたのは確かである。

(5)北京版とプティジャン版の比較対照

［マリヤの連禱］

凡　例

×：北京版と隔たりが見られる詩句（音写語を除く）

傍線：『聖教初学要理』の頭注、及びその本文中の漢語（羅・葡語の音写の振り仮名付き）より検出可能な詩句

太字：『日仏辞書』より確認可能な詩句（北京版と措辞が異なる語句に限る）

北京版（巻二、一張オ～五張オ）とラテン語原文[90]	明治元年版（一三丁オ～一七丁ウ）と明治四年版
聖母徳叙禱文	さんたまりや**ほまれ**のおらすしよ
(Litaniae Lauretanae B. Mariae Virginis)	（聖瑪利亞《さんたまりや》頌徳《ほまれ》の禱文《おらしよ》）
天主矜憐我等。	御**主**われらをあわれみたまゑ　同前
(Kyrie, eleison)	（御主我等をあわれみ給へ　同前）
基利斯督矜憐我等。天主矜憐我等。	きりしとわれらをあわれみたまゑ　同前
(Christe eleison, Kyrie eleison)	（基利斯督我等をあわれみたまえ　同前）
基利斯督俯聴我等。	きりしとふしてわれらをきゝたまへ
(Christe, audi nos)	（きりしと俯して我等を聞給へ）
基利斯督垂允我等。	きりしとわれらをきゝとゞけたまへ
(Christe, exaudi nos)	（きりしとわれらを聞届け給へ）
在天天主父者。	天にまします**天帝**おん**おや**　われらをあわれみたまゑ
(Pater de coelis, Deus, miserere nobis)	（天にまします天主御父《でうすおんおや》　我等を憐み給へ）
贖世天主子者。	**せかい**をあがないたもふ**天帝**おん**子**　同右
(Fili Redemptor mundi, Deus, *ditto*)	（世界を贖ひ給ふ天主御子　同右）
聖神天主者。	**天帝**すぴりとさんと　同右

(Spiritus sancte, Deus, *ditto*)
三位一體天主者。矜憐我等。
(Sancta Trinitas, unus Deus, *ditto*)
聖瑪利亞。同右
(Sancta Maria, ora pro nobis)
天主聖母。同右
(Sancta Dei Genitrix, *ditto*)
童身之聖童身者。同右
(Sancta Virgo virginum, *ditto*)
基利斯得之母。同右
(Mater Christi, *ditto*)
天主寵愛之母。同右
(Mater divinae gratiae, *ditto*)
至潔之母。同右
(Mater purissima, *ditto*)
至貞之母。同右
(Mater castissima, *ditto*)
無損者母。爲我等祈。
(Mater inviolata, *ditto*)

(天主すぴりとさんと　同右)
三ツのぺるそな御一體の**天帝**　同右
(三位《みつのぺるそな》御一體の天主　同右)
さんたまりや　×われらのためにねがいたまへ
(聖瑪利亞《さんたまりや》　我等の爲に願給へ)
天帝の**たつとき**御母　同右
(天主之聖《たつと》きおん母　同右)
びるじんの尊びるじん　同右
(童貞《びるじん》之聖き童貞　同右)
きりしとのおんはゝ　同右
(基利斯督の御母　同右)
天帝のがらさのおん母　同右
(天主のがらさ之御母　同右)
いたりて**いさぎよき**おん母　同右
(至りていさぎよき御母　同右)
いたりてびるじんなる御母　同右
(至而童貞《いたりてびるじん》なる御母　同右)
そこなわれざるおん母　同右
(そこなわれざる御母　同右)

無玷者母。　同右
(Mater intemerata, *ditto*)
可愛者母。同右
(Mater amabilis, *ditto*)
可奇者母。同右
(Mater admirabilis, *ditto*)
造物之母。同右
(Mater Creatoris, *ditto*)
救世之母。同右
(Mater Salvatoris, *ditto*)
極智者貞女。同右
(Virgo prudentissima, *ditto*)
可敬者貞女。同右
(Virgo veneranda, *ditto*)
可頌者貞女。同右
(Virgo praedicanda, *ditto*)
大能者貞女。同右
(Virgo potens, *ditto*)
寛仁者貞女。同右

きずなきのおん母　同右
(きずなき之御母　同右)
あいすべきのおん母　同右
(愛すべき之おん母　同右)
ちんちよふなるおんはゝ　同右
(珍重なるおん母　同右)
×**御さくしや**のおん母　同右
(御作者之おん母　同右)
×**御たすけて**のおん母　同右
(御たすけて之御母　同右)
ふかきちゑあるびるじん　同右
(深き智恵有びるじん　同右)
敬ひ奉るべきびるじん　同右
(敬ひ奉るべきびるじん　同右)
ほめあぐるべきびるじん　同右
(ほめあぐるべきびるじん　同右)
大能あるびるじん　同右
(大能あるびるじん　同右)
寛仁大度のびるじん　同右

(Virgo clemens, *ditto*)
大忠者貞女。同右
(Virgo fidelis, *ditto*)
義徳之鏡。同右
(Speculum justitiae, *ditto*)
上智之座。同右
(Sedes sapientiae, *ditto*)
吾樂之縁。同右
(Causa nostrae laetitiae, *ditto*)
妙神之器。同右
(Vas spirituale, *ditto*)
可崇之器。同右
(Vas honorabile, *ditto*)
聖情大器。同右
(Vas insigne devotionis, *ditto*)
玄義玫瑰。同右
(Rosa mystica, *ditto*)
達末敵樓。同右
(Turris Davidica, *ditto*)

(寛仁大度のびるじん　我等の爲に願ひ給へ)
大忠義あるびるじん　我等之爲に願ひ玉へ
(大忠義あるびるじん　同右)
義徳之鑑　われ等の為に願ひ玉へ
(義徳之かゞみ　同右)
上智の御座　われらのために願ひ玉へ
(上智之御座　同右)
わがたのしみの**ゆゑ**　われらのためにねがい給へ
(我たのしみ之故　同右)
靈明のうつわもの　同右
(靈妙之うつわもの　同右)
あがむべきの器もの　同右
(崇むべき之器物　同右)
×愛心を起す大成器物　同右
(愛心を起す大き成器物　同右)
×奥ゆかしきいげぼたん　われらのためにねがい玉へ
(奥ゆかしき玫瑰花《いげぼたん》　同右)
だびどのてきらう　われらのためにねがい給へ
(だびど之敵樓　同右)

象牙寶塔。同右

(Turris eburnea, *ditto*)

黄金之殿。同右

(Domus aurea, *ditto*)

結約之匱。同右

(Foederis arca, *ditto*)

上天之門。同右

(Janua coeli, *ditto*)

暁明之星。同右

(Stella matutina, *ditto*)

病人之痊。同右

(Salus infirmorum, *ditto*)

罪人之托。同右

(Refugium peccatorum, *ditto*)

憂苦之慰。同右

(Consolatrix afflictorum, *ditto*)

進教之佑。同右

(Auxilium Christianorum, *ditto*)

諸天神之后。同右

象牙の宝塔　われらのためにねがいたまへ

(象牙之寶塔　同右)

こがねの**たかどの**　同右

(黄金之高殿　同右)

やくそくのひつ　同右

(約東之櫃　同右)

上天之門　同右

(上天之門　同右)

あけぼの乃ほし　同右

(あけぼの之星　同右)

びよふにんのぜんくわい　同右

(病人之全快　同右)

ざいにんのかけこみ　同右

(罪人之駈込　同右)

くつうのなぐさめ　同右

(苦痛之慰め　同右)

×きりしたんの**御合力**《ごこふりよく》　同右

(切支丹之御合力　同右)

諸の御あんじよすの皇后　同右

(Regina Angelorum, *ditto*)
諸聖祖之后。同右
(Regina Patriarcharum, *ditto*)
諸先知之后。同右
(Regina Prophetarum, *ditto*)
諸宗徒之后。同右
(Regina Apostolorum, *ditto*)
諸爲義致命之后。同右
(Regina Martyrum, *ditto*)
諸精修之后。同右
(Regina confessorum, *ditto*)
諸童身之后。同右
(Regina Virginum, *ditto*)
諸聖人之后。同右
(Regina Sanctorum omnium, *ditto*)
無原罪始胎者后。同右
(Regina sine labe originali concepta, *ditto*)
除免世罪天主羔羊者。主赦我等。

(諸の御天神《あんじよす》の皇后　同右)
諸《もろもろ》の聖《たつとき》先祖《せんぞ》の皇后　同右
(諸の聖き先祖の皇后　同右)
もろ〜の先知の皇后　同右
(もろ〜の先知之皇后　同右)
もろ〜のあぽすとろの皇后　同右
(もろ〜の宗徒《あぽすとろ》之皇后　同右)
諸の義の爲に命を捧たる人の皇后　われらのために願玉へ
(諸の義の爲に命を捧た人の皇后　同右)
×もろ〜の行者の皇后　われらがためにねがいたまへ
(もろ〜の行者之皇后　同右)
もろ〜のびるじんの皇后　同右
(もろ〜の童貞《びるじん》之皇后　同右)
もろ〜の聖人《せいじん》の皇后　同右
(もろ〜の聖人之皇后　同右)
罪科《つみとが》の汚《よごれ》なく孕《やどり》給ふ皇后　同右
(罪科の汚なく孕給ふ皇后　同右)
世界の罪科をのがしたもふ天帝の羊の子　御**主**われらをゆるしたまへ

(Agnus Dei, qui tollis peccata mundi, parce nobis, Domine)	(世界の罪科を遁給ふ天主の羔　御主我等を赦し給へ)
同右　主允我等。	**せかい**のつみとがをのがしたもふ**天帝**の羊の子　御**主**われらをきゝたまへ
(*ditto*, exaudi nos, Domine)	(同右　御主我等を聞給へ)
同右　主憐我等。	**世界**の罪科を遁し玉ふ**天帝**の羊の子　御**主**われらをあわれみたまへ
(*ditto*, miserere nobis, Domine)	(同右　御主我等を憐み給へ)
なし	×天帝の**聖**御母様、われらのために**天帝**にねがいたまへわれらがきりしとの御やくそくを受たてまつるよふに願ひ玉へ　あめん
(Ora pro nobis, Sancta Dei Genitrix, ut digni efficiamur promissionibus Christi)	(天主の聖き御母われら之爲に天主に願ひたまへわれらがきりしと之御約束を受奉るよふにねがいたまへ　あめん)
天神來報聖母瑪利亞。乃因斯彼利多三多受孕。	なし

＊プティジャン版『聖教日課』の漢字には、ほとんどすべてに振り仮名が振られているが、煩雑さを避け、必要最小限にとどめた。

(6)北京版とプティジャン版との比較と分析

北京版「聖母徳叙禱文」とプティジャン版「さんたまりやほまれのおらすしよ」(明治元年版)との対応は明白

であり、北京版の漢語を音読、訓読、意読した詩句が大部分を占め、漢語もよく一致する。また、明治四年版の漢語は北京版とほとんどが合致している。明治四年版の用字法は、幾つかの例外をのぞき、北京版由来の漢語に明治元年版の「平仮名」を振り仮名としてあてたにすぎない。北京版由来の漢語は、明治七年版では、「あわれみ」→「憐ミ」、「聞給へ」→「聴給へ」、「天にまします」→「天ニ在ス」、「いさぎよき」→「潔キ」、「だびど」→「達未」、「きずなき」→「無玷」、「ほめあぐる」→「頌メアグ」、「たのしみ」→「樂ミ」、「あけぼの」→「暁明」（明治四年版→明治七年版）など明治四年版に比べても、なお一層、増加している。

プティジャン版（明治四年版）は、北京版由来の措辞が多く、「敵楼」「上天」「大忠義」「玫瑰」「寛仁大度」「義徳之鏡」「寳塔」「高殿」「先知」などはラテン語からは訳出し難い語句である。[91] またラテン語複数形と omnium が北京版の「諸」（もろもろ）に一致しているが、後述するパジェスの『日仏辞書』では「モロモロ」は tous と訳出され、一方『羅葡日対訳辞書』では yoroz-zu, xiccai, mina と訳出され、どちらの辞書からも「諸」（もろもろ）は検索できず、北京版からの転載と考えられる。ただし、コリャード『羅西日辞典』では omnis より mòro mòro no が検索できる。

しかしながら、プティジャン版（明治元年版）と北京版には、措辞に幾つかの異同も認められる。

第一に、接頭敬辞「御」と補助動詞「給う」の付加である。小島幸枝は『スピリツアル修行』（ローマ字本、一六〇七年、長崎刊）の待遇表現を分析し、「神側に属するものの行為・動作・状態に関しては常に『御』型の尊敬表現をとっていること」が認められ、「神と人との格差を明確にしたいという翻訳上」の意図を指摘している。これは、尊敬の補助動詞「給う」にも該当する。[92] プティジャン版の「御」「給う」も、すべて神の側に属する「行為・動作・状態」に付加されている。反対に主体が人の側の場合、謙譲表現が用いられる傾向がある。[93] 最後の詩句に見える「うけたてまつる」の主体は人であるので謙譲表現「たてまつる」を付加したのであろう。このように、「マリヤの連禱」における「御」「給う」「たてまつる」の付加はキリシタン版の伝統にのっとっている。小島は葡語の形容詞の最上級（-issimo型）の翻訳が「御」で訳出される場合が少なくないと指摘する。[94]明治元年版ではラテン語の絶対的最上級は「御」ではなく、北京版に従い「いたりて」「ふかき」などと正しく翻訳されている。

第二に、伝統的キリシタン用語である葡語の音写語への校訂が見られる。これらは、『聖教初学要理』の頭注から検索できる。「さんた」（聖と同じ）「まりや」（聖母の御名）「すぴりとさんと」（聖神と同じ）「ぺるそな」（位と同じ）「がらさ」（聖寵と同じ）「びりぜん」（不犯と同じ）「あんじよす」（天神と同じ）「あぽすとろ」（宗徒と同じ）など葡語の音写語に変換されている。当然のことながら、この北京版と『聖教初学要理』頭注は、漢語が合致している。なお「びるじん」は、『聖教初学要理』とキリシタン版では「びりぜん」になっている。この頭注は、北京版の「童身」とも一致しないが、ラテン語から容易に推定できよう。これらと反対に、北京版からの転載である「先知」「義の爲に命を捧たる人」「聖人」（せいじん）は、伝統的キリシタン用語である「ぽろへた」「まるちれす」「べあとす」、または「さんとす」（「べあとす」は、『聖教初学要理』頭注に「聖人と同じ」とあり、またプティジャンの信徒への慰問状にも見える）が存在するにもかかわらず、これらキリシタン用語は採用されていない。なお、「聖人」は『日仏辞書』には収載されている。

ところが、これら北京版由来の詩句は、一八七八年刊行の *ORASIYO NARABI NI WOSIHE*（ローマ字本、ロケーニュ准許、長崎刊）では、それぞれ Poroheta, Marutsires, Santos と伝統的キリシタン用語に再校訂されている。[95]

第三に、応唱部分で“Ora pro nobis”に転換する部分は、北京版ではなくラテン原文に合致している。また“audi nos”が「われらをきゝたまえ」と、原文の直訳調になっている。これは明治七年版では、「我ラニ聴給へ」と自然な日本語に補訂されている。これらの点から、「さんたまりやほまれのおらすしよ」がラテン原文を参照しているのは間違いない。

第四に、最後の詩文は、北京版との対応が見られない。しかし、この詩文は同じ『聖教日課』所収の「さるべれしな」「御告のおらすしよ」にほぼ同文があり、ラテン語原文も「マリヤの連禱」と同一である。しかも、この詩文は、「生月山田のおらしよ」にもほぼ同文がある。(96) 従って、この最後の詩文は、潜伏キリシタン伝来書に合致させたものであろう。

第五に、以上の第一～四点以外で、プティジャン版の「御さくしや」「御たすけて」「御合力」などの音写語以外のキリシタン用語の措辞は、北京版と異なる。以下にこれを検討したい。

『コリャード懺悔録』(一六三二年、ローマ刊、ローマ字邦文とラテン文対訳)は、一八六六年、パジェスによりパリで復刻されている。この復刻本を筆者は、長崎大学附属図書館経済学部分館・武藤文庫、上智大学キリシタン文庫、東洋文庫において調査した。武藤文庫架蔵本は古渡り本であり、(97) 各頁にフランス語の訳語、日本語の用例(ローマ字)が四〇〇例ほど鉛筆で書き込まれている(フランス語の訳語は、およそ三四〇語見られる)。これらの訳語・用例を、パジェスによる『日仏辞書』(一八六八年)(98) で吟味したところ、その六五%は、該辞典から検出される仏語及び仏文による用例説明であった(資料篇の資料Ⅰ参照)。また『日仏辞書』にない訳語の幾つかは、ラテン語より直接仏語に訳出している。幾つか例示すると“Atāgo fachi mān”は、ラテン語の Martem から訳出し“Dieu de la guerre”(八八―九頁)となっている。また、五〇頁の一三行目の“tocacu”はラテン語の“in omnibus”から“sous tous les rapports”と訳出され、この訳語は『日仏辞書』からは検出できない。なお、六四頁の三行目の“tocacu”は、ラテン文にその該当語がなく、『日仏辞書』に従い“de quelque manière que ce soit”と訳出され、文脈により訳語が使いわけられている。

上智大学収蔵本には、ローマ字文を文節に区切った箇所が散見され、仏訳語が三語見られる。タイトル・ページ右上にM. A. Salmonと鉛筆による自署が見られた。サルモン（Salmon, Marie Amédée）は、パリ外国宣教会の宣教師であり、一八六八年に来日し、長崎で活動した人物である。

東洋文庫所蔵本は、ローマ字邦語の本文中に下線を引き、ローマ字の訂正、仏訳語（一九例）、ラテン訳語（一〇例）、漢語（二七例）が書き込まれている。また分かち書きの誤りが多くの頁にわたり訂正されている（資料篇の資料I参照）。邦語ローマ字の訂正、漢語への変換、仏訳語、ラテン訳語の的確さからみて、この書き込み者はこれらすべての言語に精通した人物と見られる。パリ外国宣教師の中では、ムニクウが第一に思いうかぶが証拠はない。ともかく、これらの事実から、パリ外国宣教会の宣教師らは、キリシタン用語の研究、学習に『コリャード懺悔録』（パジェスの復刻版）を利用し、『日仏辞書』[99]を用いたとの仮説に導かれる。いうまでもなく『日仏辞書』は、『日葡辞書』（一六〇三年、長崎刊、BN所蔵本）を底本にして、該辞書に欠けた補遺、及び本文中の脱落部分を『日西辞書』（一六三〇年、マニラ刊）で補足し、それぞれの葡語・西語を仏訳したものである。『日葡辞書』は『羅葡日対訳辞書』（一五九五年、天草刊）を改定、増補して編纂されている。プティジャンが『羅葡日対訳辞書』をマニラで入手するのは一八六九年六月初旬であるため、それ以前のプティジャン版の訳出に用いることはできなかったと思われる。[100]

以上を踏まえて、上掲の北京版と措辞が異なるキリシタン用語をパジェス版『コリャード懺悔録』で吟味すると、「マリヤの連禱」と共通するラテン語より、「せかい」「御たすけて」「御合力」「やくそく」「よふに」が検出できる。「御合力」の振り仮名は、明治元年・四年版では、「ごこふりよく」であるが、明治七年版では「ごかうりよく」に改められている。前者の振り仮名は、『日仏辞書』のcǒriocou（『懺悔録』はcoreocu）に従ったものであろう。なお、長崎県立図書館所蔵の『こんちりさんのりやく』写本（注56参照）は「合力」（かうりよく）となっている。

書き込みのある上記の武藤文庫本が直接プティジャン版編集に用いられたとは確定できないが、『懺悔録』が「マリヤの連禱」のラテン語をキリシタン用語に翻訳する際の参照資料として使用された可能性は指摘できる。

また、宣教師はラテン語には習熟していたと考えられるため、『日仏辞書』により日本語の意味（特にキリシタン用語）を理解して、ラテン語の日本語訳を確認することは可能である。北京版とプティジャン版とで、措辞が異なる語句を『日仏辞書』で検索すると、音写語を除いて、その大部分が確認できる。(101)

なおプティジャンが『羅葡日対訳辞書』取得後に刊行された明治四年版の「聖瑪利亞頌徳の禱文」は、明治元年版の平仮名を漢字に直しているのみで、ラテン語原典に依拠した語句の校訂は見当たらない。

以上の検討から、プティジャン版『聖教日課』所載の「さんたまりやほまれのおらすしよ」は、北京版『聖教日課』所収の「聖母徳叙禱文」を典拠とし、ラテン語から検出しうる特に馴染み深いキリシタン慣用語（「御たすけて」「御合力」など）を、所々に交えて編集された経緯が判明した。その際、ラテン語からのキリシタン用語検索には、パジェス版『コリャード懺悔録』と『日仏辞書』が用いられた可能性が高い。

上記第一～五点の変換以外で、漢籍の措辞を日本語に馴染みある表現や漢字に変換しているのは、阿部眞造によるものであろう。「妙神→靈明」、「聖情→愛心を起す」「玄義（佛教用語）→奥ゆかしき」「結約→やくそく」「痊→ぜんくわい」「托→かけこみ」「精修→行者」などが摘記できる。(102)また、「たまへ」を「たまゑ」「玉へ」「給へ」など変化に富ませているのも、阿部の工夫によるものと考えられる。

（7）漢籍由来のキリスト教用語の初出をめぐって

以上検討した『聖教日課』所載の「マリアの連禱」の北京版からの漢語の収録を、キリスト教用語の初出という観点から吟味してみよう。

明治一～二年の初期プティジャン版を類本を含め、刊行順に記すと、『聖教初学要理』（慶応四年八月）『聖教日課』（明治元年一〇月）『御久類寿道行のおらしよ』（明治二年正月）『胡無知理佐无之略』（明治二年二月）『科除規則』（明治二年二月）『夢醒眞論』（明治二年三月）『玫瑰花冠記録』（明治二年四月）『聖教初学要理』（明治二年八月）『彌撒拝禮式』（明治二年八月）となる。

この中で、『胡無知理佐无之略』には、プティジャンの「題言」及び本文に北京版「聖母徳叙禱文」と一部同一の漢語が見られる。「聖瑪利亞《さんたまりや》」「致命諸聖《さんちまるちれす》」「告解《こんぴさん》」「童身《びるじん》」「神父《ぱてる》」「秘蹟《さがらめんと》」「十字架《くるす》」「斯彼利多三多《すぴりとさんと》」などである（傍線部分が「聖母徳叙禱文」と一致）。

なお、「神父」はムニクウの『聖教要理問答』（一八六五年刊）が初出であり、その後、慶応三年七月（一八六七年）の「浦上信徒の教皇ピオ九世への書簡草稿」に見え、『夢醒眞論』『彌撒拝禮式』にも用いられている。またプティジャンが『羅葡日対訳辞書』を底本に編集し、一八七〇年にローマで刊行した『羅日辞典』（*Lexicon Latino-Iaponicum*）にも Sacerdos に「神父」という新訳語が加えられている。

なお、この『羅日辞典』は、長崎には長崎大学附属図書館経済学部分館・武藤文庫、長崎県立図書館、ド・ロ神父記念館に収蔵されている（ド・ロ神父記念館本には W. Urakawa の署名がある）。長崎のフランス人宣教師が重用したものであろう。

「原罪」は、『どちりいなきりしたん』（一五九一年刊、国字、ヴァチカン図書館所蔵）などのキリシタン版では「オリジナル科」として表現されていたが、慶応四年版『要理』（巻之二）では「源罪」（二二丁ウ）となっている。ここで検討した北京版「聖母徳叙禱文」の「原罪」は、明治元年版「マリヤの連禱」では「罪科」と改訂されている。しかし、これ以降のプティジャン版、例えば『夢醒眞論』（阿部眞造著、一丁ウ・二丁オほか）『彌撒拝禮式』（三丁ウほか）『聖教初学要理』（明治二年再版本、巻之二、一一丁オ）には「原罪」と修正されている。なお、ムニクウの『聖教要理問答』には「原罪」は見える。プロテスタントでは、ヘボンの『和英語林集成』の初版本（一八六七年）と再版本（一八七二年）には「原罪」はなく、第三版（一八八六年）にいたって、「英和の部」に“original sin”→genzaiが記載されている。

「あがない（贖い）」は、『羅葡日対訳辞書』『日葡辞書』には見当たらない。『羅葡日対訳辞書』では“Redemptor: Ataiuo idaxite fudai yorijiyǔni nasu fito”となっている。キリスト教用語としての「贖い」は、この北京版「聖母徳叙禱文」からの転載が初出の可能性が高い。なお、ヘボンの上掲辞書の「あがない」の項目で、宗教的な贖罪の意味を含む例文が見られるのは第三版以降である。

「愛する」は、キリシタン版では「思う」「御大切」となっていたが、慶応四年版『聖教初学要理』巻之三所載の「御大切のおらしよ」には、「又御身様に對して。他人を。我が如く愛し奉る」（四丁オ）とある（傍点は筆者、以下同）。さらに、『聖教日課』（初版）所収の祈禱文にも「あいする」は見える。「なのべあとすにむかうとなえ」には「天帝をあいしたてまつる」（九丁オ）、「ごたいせつのおらすしよ」には「おんみさまにたいしてたにんをもわれがごとくあいしたてまつる」（一〇丁ウ）、「天帝の御目前に身をとゞめおきておがむべきとなゑ」には「我の心の底よりおんみを深く愛し奉る又御身に對して他人を我がごとく愛し奉る」（二一丁オ）となっている。また、「探索書」（慶応三年六月）収載の「御大切之祈念経」でも「他人も如我。愛し奉る」とある。これらは漢籍教義書の定型句である「愛人如己」からの収録である可能性が高い。

ただ、北京版『聖教日課』の「愛天主萬有之上。及愛人如己」（巻一、七張ウ）に該当する箇所は、明治元年版では「御一體の天帝をばんじにこゑて御たいせつにうやまいたてまつるべし……わがみのごとくたにんをおもふべし」（一二丁オ）となっていて、伝統的キリシタン用語の「御大切」「おもふ」と合わせられている。このように『聖教日課』『聖教初学要理』では、「御大切」「思う」と「愛する」の混用が認められる。なお「愛する」は、プティジャン自身も使用している。一八七一年二月五日（明治三年一二月一六日）のプティジャンの浦上信徒への慰問状（「口宣」）には、「切支丹人にむかつて、われわれのあいのしるしと、見まいのかわり、おくりもふす」とある。また一八七二年（明治五年正月）、プティジャンは「書添」と共に「信徒への教皇親書」を印行しているが、そこにも、「愛する處の子供達」「愛する處の日本切支丹中」などの翻訳文が見える。

プロテスタント系列においては、これより早く、ベッテルハイム（Bettelheim, B.J.）の『路加伝福音書』（一八五八年、香港刊）に「愛する」の訳語がある。この『路加伝』は漢和対訳であり、「愛する」は例えば、六章二七節「敵爾者、愛之」→「ナンジラニテキスルモノハコレヲ愛シ」のように併記されている。また、すでにメドハースト(Medhurst, Walter Henry)の『英和・和英語彙』(*An English and Japanese and Japanese and English Vocabulary*, Batavia, 1830) には "Love" の訳語に「愛」「愛する」があてられている。

ギュッツラフ（Gützlaff, K. F. A.）の『約翰福音之伝』（一八三七年、シンガポール刊）には、「愛」の代わりに「かわいがる」があてられている。21章15節は「……シモン、アノヒトビトヨリ、ヲマヱワワシヲカワイガルカ、アノヒトワユフタ、ハ井、カシラヒトワシガ　ハナタヲカバウコトシヒテヲル」とあり、注目すべきは、原文の ἀγαπάω（カワイガル）と φιλέω（カバウ）が訳しわけられている点である。

むすび

プティジャン書簡から、プティジャンとロケーニュが『聖教初学要理』と『聖教日課』の編集に当たったことは確かである。しかし彼ら宣教師の日本語力はかなり乏しく、潜伏キリシタン伝来書を正しい日本語に改訂する力はなかったと判断できる。従って、プティジャン版の編集には、阿部眞造の貢献が大きかったと思われる。

『聖教初学要理』と『聖教日課』は、潜伏キリシタン伝来書を底本の一部として編集されたのは確実である。浦上潜伏キリシタンからの寛政没収教書とされる『耶蘇教叢書』所収の「けれと」は、『聖教初学要理』巻之二と、また浦上潜伏キリシタンの伝来書の可能性の高い『さからめんとの事』は、その巻之四と類似している。一方、プティジャンがローマで筆写したとされる『どちりなきりしたん』（一六〇〇年刊、国字本、カサナテンセ図書館所蔵）と『聖教初学要理』とは内容の対応する箇所でも表現に隔たりが認められる。ところが、この『どちりなきりしたん』のオラシヨ二篇が、『聖教日課』と『彌撒拝禮式』には収録され、また、同じくプティジャンがローマで筆写したとされる『サルバトル・ムンジ』（一五九八年刊）の「聖体拝領の心得書き」も『聖教日課』に収録されている。これは、プティジャンが古キリシタン版をローマで筆写し、一八六八年六月に長崎に将来した時点で、『聖教初学要理』の木版は完成しており、それらを採録できなかったためである。

『聖教日課』は潜伏キリシタン伝来祈禱書との類似が顕著であり、なかでも、長い詩文からなるオラシヨは、外海の潜伏キリシタン伝来祈禱書と酷似していた。この外海の祈禱書の中には『こんちりさんのりやく』（一六〇三年刊）や「マルチリヨの勧め」所載のオラシヨと酷似するものが認められた。

『聖教初学要理』と『聖教日課』の成立経緯は以下のように推測される。

長崎奉行所の『探索書』（慶応三年四月）によれば、「経文を版木に摺立て、配布した」とある。シャイエの引用する一八六七年六月二一日付（慶応三年五月一九日）プティジャン書簡には「“catéchisme”の冒頭部分はすでに切支丹たちに渡した」とあり、「経文」は『聖教初学要理』を指すことが確認できた。また、慶応三年六月の「探索書」所載の「切支丹おんおしゑのりやく」「げれんとふの第一ケ條」は『聖教初学要理』巻之二に酷似する。すなわち、この時期に『聖教初学要理』の一部は完成し、木版で刷られ、信徒に配布されていたのである。

『聖教初学要理』の頭注は、文中の印字との濃淡の差異、頭注のために文中に付された傍線の不自然さ、頭注の長短による左右頁の四周単辺の上下の大幅なずれから推測すると、のちに付加されたものであろう。木版への埋木の作業を考え合わせると、慶応三年の『聖教初学要理』の分冊刊行の時点では、頭注は付加されていなかったと推測される。

頭注の約五〇％は、伝統的キリシタン用語であるラテン・ポルトガル語訛りの音写語に、漢籍教義書由来の漢語をあてたものであった。さらに慶応三年六月付の「探索書」の祈禱文にも漢籍教義書由来の語彙が散見される。プティジャン、ロケーニュ、阿部らは、これら漢籍由来の天主教用語には不案内であったと思われる。とすれば、唯一ラテン・ポルトガル訛りの伝統的キリシタン用語を漢籍教義書の語彙に翻訳できる人物は、ムニクウ以外に見当たらない。しかして、『聖教初学要理』頭注の漢語の大部分、及び「探索書」に見られる全ての漢語は、ムニクウの『聖教要理問答』に用いられていた。しかも、ムニクウの長崎滞在時期は、この「探索書」が作成された時期と一致する。

前掲の慶応三年六月付の「探索書」に『聖教日課』の主な祈禱文（一二篇）も記されている。従って、『聖教日課』の一部も、すでに上記「探索書」の作成時期には写本のかたちで流布していたと思われる。「探索書」の記述から推して、この流布冊子には、漢籍由来の語彙が所々用いられ、それにはポルトガル語訛りの振り仮名が振られていた。明治初年刊行の『聖教日課』は信徒の便をはかって、この流布本の漢語の多くをのぞき、その振り仮名を本文として刊行した。その際、プティジャンがローマで筆写した『どりちなきりしたん』と『サルバトル・ムンジ』から新たな祈禱文・説明文を加え、潜伏キリシタン伝来本からもさらに幾つかの祈禱文を付加した。これに加え、音写語のみで伝来されてきた「マリヤの連禱」は、漢籍祈禱書（北京版『聖教日課』）を底本に編集したのであった。なお、明治四年版『聖教日課』の祈禱文の幾つかは、北京版『聖教日課』の祈禱文と詩句レベルでは酷似するものが幾つか認められる。

プティジャン版『聖教日課』所載の「さんたまりやほまれのおらすしよ」は、これまで主張されてきた「潜伏キリシタン伝来書の底本説」も、「ラテン原典の翻訳説」も該当しない。この祈禱文は、漢籍の北京版『聖教日課』所載の「聖母徳叙禱文」を底本にし、幾つかの詩句は、ラテン原文を伝統的キリシタン用語に翻訳するという改訂を経て編集されたものである。キリシタン用語への翻訳、変換に際しては、パジェスよる『懺悔録』復刻本と『日仏辞書』を参照した可能性が高い。

これまで、プティジャン版刊行書で、漢籍教義書の摂取は明治八年刊行の『聖教初学要理』が嚆矢とされ、それが漢文体に改編されて以後、漢語化が本格的に進み、キリシタン述語使用は次第に稀になり、遂には全く姿を消すにいたったとされている。[103] しかし、プティジャン版の初発から漢籍教義書の収載は見られた。『聖教日課』の題目自体が北京版の題目と同一なのは示唆的である。

かくして、新村出・海老沢有道らが高く評価した「マリヤの連禱」は、むしろその底本であった漢籍訳文の秀逸さに由来するのである。

(1) 純心女子短期大学編『プチジャン司教書簡集』(聖母の騎士社、一九八六年)一一四頁。これは、プティジャン書簡を、エリア(Elie)修道女が手写した原稿を翻訳したものである。エリア写本は、現在、長崎純心大学キリシタン文庫に所蔵されている(全四八頁)。

プティジャンの一八六五年五月二九日付、ジラール宛書簡のエリア写本の原文は以下の通り。

Quoi qu'en général ils soient très contents de venir prier dans notre église et s'entretenir avec nous, beaucoup ne comprennent pas encore le besoin qu'ils ont de nous. Avec leur baptême, leur prières, leur actes de contrition durant la vie et à l'heure de la mort, ils croient avoir tout en suffisance pour ce qui regarde la religion.

(2) 純心女子短期大学編『プチジャン司教書簡集』一四七頁。

ロケーニュの一八六五年七月二〇日付、ジラール宛書簡。

(3) F・マルナス『日本キリスト教復活史』(久野桂一郎訳、みすず書房、一九八五年)三五二・四〇九頁。なお、この原著は以下の第二版を本書では用いた。

Marnas, Francisque, *La "Religion de Jésus" ressuscitée au Japon dans la seconde moitié du XIX*[e] *siècle*, Paris, 2 édition, 1931.

また Chaillet, J. B., *Mgr Petitjean et la Résurrection Catholique du Japon au XIX*[e] *siècle*, 1919, pp. 222-223, 256.

(4) ヨハネス・ラウレス「プティジャン司教とキリシタン伝統」(『カトリック研究』第二〇巻二号所収、岩波書店、一九四〇年)九五頁。

(5) 海老沢有道『キリシタン南蛮文学入門』(教文館、一九九一年)七五頁。

海老沢有道『切支丹典籍叢考』(拓文堂、一九四三年)一七六—一八〇頁。

(6) 純心女子短期大学編『プチジャン司教書簡集』一一三—一一四・一四六—一四七頁。

F・マルナス、前掲訳書、二七三—二七四頁。

(7) F・マルナス、前掲訳書、三〇〇頁には、一八六七年三月頃、大村、外海、五島、長崎港外の島々から人々が浦上に集まり、教理を勉強し、宣教師のもとに行き「告解」する自分の順番を待ったと記されている。

海老沢有道は、「幕末明治迫害期における切支丹社会の考察」(『維新変革期とキリスト教』所収、新生社、一九六八年)で「御水帳」(明治初期のカトリック教会の洗礼台帳)を分析している。五島・青方天主堂(中通島)「御水帳」(一八七七年九月記載)の受洗年度別統計表によると、一八六五年八名、一八六六年一六名、一八六七年四〇名、一八六八年一六名となっており(総計二九二名)、一八六七年に受洗者が急増している。これは、一八六七年二月にクゥザン(Cousin, J. A.)が五島に潜入し、洗礼を授けたためである(F・マルナス、前掲訳書、二九三—二九六頁)。ともかく、この統計から、一八六六年頃から五島のキリシタンのカトリックへの復帰が進展を見た様子がわかる。

(8) 一八五五年、琉球にジラール、メルメ・ド・カション(Mermet de Cachon, E. E.)らと上陸したフュレ(Furet, Louis Théodore)が最古参だが、彼は一八六三年の年初に来崎するも翌年帰国している。一八六六年五月七日に長崎に再着任したが、二年半のブランクがあり、信徒の世話はプティジャンに任せ、自らは通訳学校（済美館）の教師をした（F・マルナス、前掲訳書、二八〇—二八一頁）。しかし彼は翌年六月初旬、横須賀に移っている（同前書、三一五頁）。

（9）プティジャンと面識があり、オランダの長崎領事であったボードゥァン（Bauduin, Albertus J.）は、「浦上四番崩れ」を一八六七年七月一八日付、姉宛書簡で次のように報告している。「これは日本人をカトリック信者に仕立て上げようと企んだ、フランス人神父の仕業に違いありません。神父と信徒はほとんど言葉が通じないのですから、日本人の帰依は付け焼き刃で、無効な入信と見なされるべきです」（A・ボードゥァン『オランダ領事の幕末維新』、フォス美弥子訳、新人物往来社、一九八七年、一四三頁）。

宣教師の日本文資料には、主に以下のものがある。

ⓐプティジャンの翻訳文、「サンタマルガリタ（Santa Margarida）のオラシヨ」、慶応年間（姉崎正治『切支丹禁制の終末』、同文館、一九二六年、二三八—二四一頁に翻刻）

ⓑプティジャンの「口宣」（浦上信徒への慰問状）（一八七一年二月五日付）（姉崎正治、前掲書、一六二—一六六頁に翻刻）

ⓒ「プティジャンの書添」（一八七二年）と「教皇ピオ九世の親書」（一八七一年九月二八日付）（両文書とも、姉崎正治、前掲書、一六七—一七〇頁に翻刻。また、後者のラテン語原文は、長崎純心大学キリシタン文庫に所蔵されている）

ⓓロケーニュの「仙右衛門への見舞状」（一八七一年五月二九日付）（高木慶子『高木仙右衛門覚書の研究』サンパウロ、一九九三年、一〇四—一〇八頁に翻刻）

ⓐⓑⓓは、ほとんど平仮名であり、文辞が稚拙、文体不整で、たどたどしい文章である。しかし、ⓒは漢文体の練達した文章であり、ⓐⓑⓓとは文章力がかけ離れている。浦川和三郎は、ⓒをプティジャンの翻訳としているが（『浦上切支丹史』、全国書房、一九四三年、三三二頁）、日本人の手が大幅に入れられているのは間違いない。なお、ⓒの「教皇ピオ九世の親書」の写し（ラテン文、一八七一年九月二八日付）を見ると、「原文と一致する（Concordat cum originali）、神戸、一八七二年一月一七日」とあり、プティジャンの署名が付されている。

以下のⓐ～ⓓの例文から、プティジャン、ロケーニュとも、『聖教初学要理』『聖教日課』を編集・改訂するだけの日本語力はなかったと判断できる。従って、プティジャン版の編集・改訂には阿部眞造の関与が大きかったと推察される。

以下に参考のため、ⓐⓑⓒⓓから一部分のみ引用して例示する。

ⓐゼズのおんこゝろは、あんしんあんらくのみちたるをすてわすれて、このおんこゝろのうちにあがりて、こゝろに天主のおんことばをおだやかにきけよ。おこないさだめ、よのことに、こゝろをちらさだること。

（姉崎正治、前掲書、一三八頁）

ⓑそれがしもハテルたちも、やまずに一心から、はなはだねがいつかまつるそろ。かつまた、この日々のかくだんなるねがいのうちに、そのもとたち、ことごとく壹人ものこらず、死するまで、天主の御おきてを丈夫にまもるよふにと、又壹人も天狗とあくにんのすゝめにだまされて、改心して、インベルノのくるしみのそこにおつ事これあるべからず、とひたすらにねがい致し候……（中略）……それがし長崎え帰てのち、およそ二月あつて、日々に其許どもにてがみをおくらんと思いおり候而も、たゞいままでふでの不足ありて、その事かなわざれども、こんにち、天主のおんかげをもつて日本の切支丹のてをかり、これさいわいとして、このてがみをかゝせ可申候。

（姉崎正治、前掲書、一六三―一六五頁）

ⓒ「プティジャンの書添」：我等主教はじめ、神父達より恐悦の手紙差上候に付、日本切支丹人中よりも、別に一通の書状奉差上候處、此度右御返事として、パッパ様より別紙の通、送り下され、誠に難有仕合に候。之に依て飜譯致し、御覧に入れ候間、皆々能く拜見なされ、パッパ様の御詞のおもむき、深く相わきまへ、彌天主へ難有申上、晝夜不断、此事を忘れず。

（姉崎正治、前掲書、一六七頁）

「教皇ピオ九世の親書」：敬ふ處の兄弟、並愛する處の子供達に冥加相掛候。然れば諸方の切支丹よりの挨拶、大悦に拜受致候處、或は拙者の災難を愁傷し、或は年久しく聖會を掌どり居候祝儀を申述べられ候。

（姉崎正治、前掲書、一六八頁）

ⓓわれら　かなしみのなかに、あなたのことを　きゝましたによりて、たくさんよろこびました。天主さまのがらさをもって、あなたとまたすにんハまだかんしんせずに　おりますこと、天主さまにおふきにありかとふそんじたてまつる。とふぞ　これからもしぬるじぶんまでじよぶなれがし。しまいまで天主さまに　はめておりませねバ、ながくじよふぶになりておりましても、やくにたちますまい。

（高木慶子、前掲書、一〇四―一〇五頁）

(10) 大隈文書〔イ・一四・A四一六〇〕「切支丹探偵、阿部真造履歴書」「同年（慶応三年）三月廿三日より始両三度長崎天主堂江参り竊ニ教授ニ預り度旨申入候」（小畑進『切支丹探偵・阿部真造』所収、新地書房、一九八五年、一四頁所引）

(11) Laures, Johannes, *Kirishitan Bunko*, Sophia University, 1957 に書誌がある。① pp. 135-136 ② pp. 143-144 ③ p. 151.

(12) 吉野作造編『明治文化全集』第一一巻（日本評論社、一九二八年）に翻刻されている（底本は明治元年版）。

(13) 上田敏「聖教日課」（『藝文』第三年第九・第一〇号所収、一九一二年）。また新村出監修『海表叢書』第一巻（更生閣書店、一九二七年）に翻刻されている（底本は京都大学附属図書館所蔵の明治七年版『聖教日課』）。

(14) 上田敏、前掲翻刻の「小引」、二頁。

(15) 新村出監修、前掲書、二〇―二二頁。

(16) Laures, J., *op. cit.*, p. 115.
海老沢有道『切支丹典籍叢考』一七七―一七八頁。

(17) 入江湑「聖教日課雑考」（『国語国文』第三四巻第一号所収、京都大学国語学国文学研究室、一九六五年）一六―二七頁。

(18) 入江、前掲論文、三六―四〇頁。

(19) 小島幸枝「漢訳ドチリナの音訳語について」（『キリシタン研究』第二八輯所収、吉川弘文館、一九八八年）二三〇頁には「プチジャンはキリシタン版のドチリナを下敷きにして『聖教初学要理』『聖教日課』を編んだ」とある。

(20) Laures, J., *op. cit.*, p. 115.
また海老沢有道は、『日本の聖書』（日本基督教団出版局、一九八一年）三四五頁で、『ドチリナ』と『要理』の直接関係はないとする。

(21) 新村出・柊源一校注『吉利支丹文学集1』（平凡社、一九九三年）一四三頁。
「プチジャン司教は、一八六八年（明治元年）一月、ローマの諸文庫を歴訪して吉利支丹版三部を発見し、その中のドチリナ・キリシタンを二月中旬に写し終った。同年八月、彼は吉利支丹伝来本を利用して『聖教初学要理』

を出版したが、ドチリナを参照にしたことは疑ひない」とする。しかし、プティジャンがローマから長崎に帰還するのが同年六月七日であり、『聖教初学要理』の版木は一部（あるいは全部）完成していてドチリナからは収録できなかったと考えられる。この次第は後述する。

(22) Laures, J., *op. cit.*, pp. 134-135.

・ここでの引用は、Marnas, F., *op. cit.*, Tome I, p. 598（前掲訳書、二七四頁）よりのものだが、p. 598には「一八六八年」の記載はない。マルナスは編年体で著述しており、該事項は一八六六年一月～三月の中に含まれる。従って、ラウレスの指摘する一八六八年は、一八六六年の誤認と思われる。

(23) Marnas, F., *op. cit.*, Tome II, p. 79（前掲訳書、三五二頁）。

(24) 姉崎正治『切支丹宗門の迫害と潜伏』（同文館、一九二五年）四四―五〇頁に「解題」があり、三二六―三二九頁に一部翻刻されている。また、戸谷敏之『切支丹農民の経済生活』（伊藤書店、一九四三年）一九―三五頁にも翻刻されている。

(25) 戸谷敏之、前掲書、一九頁、「本資料（ケレド）は、聖教初学要理巻之二と略同文である」。入江、前掲論文、三六頁も同様に指摘している。

(26)「浦上耶蘇宗徒処置一件　二」所載の「探索書」（慶応三年六月）（『続通信全覧　類輯之部』巻二七所収、雄松堂、一九八七年、四二四―四二六頁）。

(27) 戸谷敏之、前掲書、一九頁の翻刻より引用。

(28)「浦上耶蘇宗徒処置一件　二」所載の「探索書」（慶応三年六月）（『続通信全覧　類輯之部』巻二七所収、四二五頁より引用）。

(29) 入江湑「『さからめんとの事』について」（『キリシタン文化研究会会報』第六年第三号所収、一九六二年）一五頁。

入江は「プティジャン刊『とがのぞき規則』雑考」（『キリシタン文化研究会会報』第六年第一号所収、一九六二年）で、『要理』巻之四と『さからめんとの事』を一部分比較対照させているが、それを見ると両者は酷似している。

(30) Marnas, F., *op. cit.*, Tome I, pp. 558-559（前掲訳書、二五五―二五六頁）。

(31) Marnas, F., *op. cit.*, Tome I, p. 595（前掲訳書、二七二—二七三頁）。

(32) Chaillet, J. B., *op. cit.*, pp. 137-138.

(33) Marnas, F., *op. cit.*, Tome I, p. 598（前掲訳書、二七四頁）。

(34) 長崎奉行所公事方御手附『探索書』（慶応三年四月）（長崎県立図書館所蔵、請求番号11/19-1）。これは、「浦上耶蘇宗徒処置一件　一」の「探索書」（慶応三年四月）（『続通信全覧　類輯之部』巻二七所収）にも収録されている（三八四—四〇一頁）。

(35) 片岡弥吉「印刷文化史におけるド・ロ神父」（『キリシタン文化研究会会報』第九年第二号所収、一九六六年）九頁。

(36) Chaillet, J. B., *op. cit.*, p. 188.

(37) 松崎實「天主教の部解題」（吉野作造編『明治文化全集』第一一巻所収）二〇頁。

(38) 妙摩光代「『聖教初学要理』に見る外来語」（東京純心女子短期大学『紀要』創刊号所収、一九八四年）五七—六一頁。

(39) 妙摩、前掲論文、六二—六三頁。

(40) 妙摩、前掲論文、六三—七一頁。

(41) 妙摩、前掲論文、三七—三九・四八—五六・七一—七二頁。

(42) 純心女子短期大学編『プチジャン司教書簡集』一〇八頁。また、F・マルナス、前掲訳書には、神ノ島の帳方ミケルがコンピサン（告解）の言葉の意味を知らず、プティジャンに尋ねたエピソードが記されている（二五六頁）。

(43) 妙摩、前掲論文、六八頁の調査に拠る。

(44) *The Nagasaki Express*, 一八七一年一〇月二八日付「ムニクウの死亡記事」純心女子短期大学編『プチジャン司教書簡集』一四六頁。

(45) F・マルナス、前掲訳書、三〇二、三一五頁。

(46) F・マルナス、前掲訳書、二八三—二八四頁。Chaillet, J. B., *op. cit.*, p. 167.

(47) 長崎純心大学キリシタン文庫所蔵。

(48) この書簡の文面が、殉教を称賛していることから推して、プティジャンら宣教師の筆が加えられているように思えてならない。むしろ、プティジャンらがラテン語で作成した草稿をムニクウが日本文に翻訳し、阿部が補訂を加え、浄書したとも思われる。

(49) 純心女子短期大学編『プチジャン司教書簡集』七三・八七・一一二・一二四頁。

(50) 林重雄編『ばうちずもの授けやう・おらしよの飜譯　本文及び総索引』(笠間書院、一九八一年)の天理図書館本の翻刻を参照した。

(51) 純心女子短期大学編『プチジャン司教書簡集』一二八―一二九・一四三・一五五・一六八頁。書簡の日付は、一八六五年六月~八月のもの。

(52) Marnas, F., *op. cit.*, Tome I, p. 577(前掲訳書、二六三頁)。

(53) 入江「聖教日課雑考」一六―一七頁。助野健太郎『キリシタンの信仰生活』(中央出版社、一九五七年)二一五―二二五頁では、『生月のおらしよ』、文禄と慶長の各『どちりな』、及び『おらしよの翻訳』とを比較している。

(54) 生月は、船原末七他『おらしよ』(新原社、一九六九年)を参照。外海は、片岡弥吉「隠れキリシタンのオラショ」(『日本庶民生活史料集成』一八巻所収、三一書房、一九七二年)九一七―九三七頁に、外海の三つの伝来書(「松本の『帳』傳承」、「黒崎・松尾彌藏舊藏上野七藏本」、「東樫山・入口氏藏本」)が翻刻されている。

(55) 片岡弥吉「隠れキリシタンのオラショ」(『日本庶民生活史料集成』一八巻所収)九一九頁所引。なお、この翻刻は片岡により校正されている

(56) 『キリシタン書・排耶書』(日本思想大系25、岩波書店、一九七〇年)三六二―三八〇頁に、片岡弥吉による「こんちりさんのりやく」校注がある。この底本は、現存する写本の中で最古とされる大浦天主堂所蔵本である。長崎県立図書館には、この大浦天主堂所蔵本の複写本が所蔵されている(請求番号11/1068)。

(57) 姉崎正治『切支丹宗門の迫害と潜伏』二二七―二二八頁。また『キリシタン書・排耶書』三二四―三六〇頁には「マルチリヨの勧め」が「丸血留の道」として翻刻されて

いる。
(58)　H・チースリク・土井忠生・大塚光信校注「丸血留の道」(『キリシタン書・排耶書』所収) 三五九―三六〇頁所引。
(59)　片岡弥吉「隠れキリシタンのオラショ」(『日本庶民生活史料集成』一八巻所収) 九一八頁所引。
(60)　「浦上耶蘇宗徒処置一件　二」所載「探索書」(『続通信全覧　類輯之部』巻二七所収) 四二〇―四二三頁。
(61)　長崎県立図書館所蔵の『邪宗門之儀ニ付内密申上候書付』(請求記号11/22-1) には、「卯四月廿二日浦上村山里字濱口ノ熊吉ト申者申立候異宗門ニ而相唱候経文」として、①～③のオラシヨが記されている。これらも、『聖教日課』と類似性が高い。但し「口寫しニ認メ」ため「文字之違ひ等も可有之」として、漢字を朱で補っている。しかし①で「てんとふ」を「天道」(正しくは、「てんと」→「誘惑」) など誤った宛字も見られる。また、ビリジン、ガラスサ、サンタイキリンジヤ、コンミヨトなどのポルトガル・ラテン語訛りの音写語には、漢字はあてられていない。
(62)　新村出『南蛮更紗』(改造社、一九二四年) 一七五―一七六頁。
(63)　新村出『南蛮広記』(岩波書店、一九二五年) 三七四頁。
(64)　海老沢有道『洋楽伝来史』(日本基督教団出版局、一九八三年) 二七七頁。
(65)　海老沢有道『キリシタン南蛮文学入門』一二三頁。
(66)　『ロザリヨ記録』(一六二二年、マニラ刊) (三橋健・宮本義男翻字註『ロザリヨ記録』[平河出版社、一九八六年] に解題と翻字がある) に "TATTOQI ROSARIONO S. MARIA NO. LETANIA" (詩文はラテン語) があるが、『聖教日課』の「マリヤの連禱」とは異同がある。
(67)　柊源一「東京国立博物館蔵『耶蘇教写経』攷」(『国語国文』第二二巻第一〇号所収、一九五三年) 九五頁。ただし、その後の「マリヤの連禱」にも一、二の詩句の出入りは見られる。
(68)　村上直次郎訳「耶蘇会年報」(『長崎叢書』上所収、長崎市役所、一九七三年、一九二六年の復刻本) 一八九頁。
(69)　村上直次郎訳「耶蘇会年報」二三六頁。
(70)　松田毅一監訳『イエズス会日本報告集』(第Ⅲ期第六巻、同朋舎、一九九一年) 一八八頁。
(71)　J・シュッテ (柳谷武夫訳)「二つの古文書に現はれたる日本初期キリシタン時代に於ける『さんたまりやの御

組』の組織に就いて」(『キリシタン研究』第二輯所収、キリシタン文化研究所、一九四四年)九七・一一〇頁。原文はポルトガル語。この文書の所蔵先は、ローマのイエズス会文書館。

(72) J・シュッテ、前掲論文、一三一頁。

(73) J・シュッテ、前掲論文、一三九頁。原文は日本文。この文書の所蔵先は、ローマのカサナテンセ図書館。

(74) 海老沢有道『切支丹典籍叢考』七一―八〇頁。なお、『スピリツアル修業』は、海老沢有道編著『スピリツアル修業』(キリシタン研究第三一輯、教文館、一九九四年)に翻刻されている。

(75) 海老沢有道編著『スピリツアル修業』六一―九四頁。

(76) 姉崎正治『切支丹禁制の終末』一六二―一六六頁に翻刻されている。

(77) 林重雄編、前掲書、一六八―一七一頁(原文は、二四丁ウ～二六丁オ)。

(78) 姉崎正治『切支丹宗門の迫害と潜伏』四四―五〇頁。

(79) 柊源一「東京国立博物館蔵『耶蘇教写経』攷」九五―一〇九頁に解題と翻刻がある。天草の乱時の没収書と推測されている。

(80) 新村出『南蛮広記』三四四―三八八頁に、解説と翻刻がある。摂津高槻の東藤次郎家から発見されたキリシタンの伝来写本で、新村出により「吉利支丹抄物」と題して、紹介された。慶長末年頃の写本と推定されている。

(81) 田北耕也『昭和時代の潜伏キリシタン』(日本学術振興会、一九五四年)三七一―三七八頁。

(82) F・マルナス、前掲訳書、二八七頁。

(83) 小島幸枝「漢訳ドチリナ二種について(翻訳)」(『キリシタン研究』第二八輯所収、吉川弘文館、一九八八年)二六六―二六七頁。

ここでは、以下のブルンナー論文の翻訳より引用。

Brunner, Paul, *L'euchologe de la Mission de chine-editio princeps 1628 et de'veloppements Jusqu'à nos jours* (contribution à l'Histoire des Livres de prières), pp. 17-83.

(84) 『マッテーオ・リッチ　中国キリスト教布教史　一』(大航海時代叢書第II期8、岩波書店、一九八二年)五五四―五五六頁。

(85) Pfister, Louis, *Notices Biographiques et Bibliographiques sur les Jésuites de l'Ancienne Mission de Chine, 1552-1733*, Tome I, Chang-hai, 1932, pp. 64-65.

(86) 小島、前掲翻訳、二五一頁。
Pfister, L., *op. cit.*, p. 64にも説明がある。
『念経總牘』収蔵先は、ヴァチカン図書館、仏グランドセミナー図書館、パリ国立図書館（下巻のみ）。

(87) 小島、前掲翻訳、二六八—二六九頁。

(88) 小島、前掲翻訳、二六九頁。

(89) Pfister, L., *op. cit.*, p. 64.

(90) ここで用いられているラテン語は、ギリシア語由来のものが幾つか見られる。以下に例示する。
Kyrie eleison→κύριε ἐλέησον, Christe→χριστέ, Angelorum→ἄγγελων, Patriarcharum→πατριάρχων,
Prophetarum→προφητῶν, Apostolorum→ἀπόστολων

(91) Gonsalves, Joachimo Alphonso, *Lexicon Manuale Latino Sinicum*, Macai, 1839. ゴンサルベスはポルトガル出身のラザリスト会宣教師で、マカオのS. Josephカレッジの教師を勤めた。この辞書で検索したが、プティジャン版関連では以下の語彙が摘記できた。
Apostolus（宗徒）、Angelus（天神）、Anima（靈魂）、Catechismus（聖教要理）、Communio（相通）、Confiteor（告解）、Crux（十字架）、Deus（天主、神）、Dominus（天主）、Ecclesia（會堂）、Episcopus（主教）、Eucharistia（聖體）、Gloria（榮華）、Gratia（恩恵、寵愛）、Inferi（地獄）、Jejunium（齋日）、Jesus（耶穌）、Litania（禱文）、Missa（弥撒）、Persona（位）、Passio（苦難）、Rosa（玫瑰）、Sacer（聖者）、Sacerdos（鐸徳、司教）、Tento（誘）、Trias（三位一体）、Virgo（童身）
なお、ゴンサルベスの履歴については、Callery, J. M., が "Notice Biographique sur le père J. A. Gonçalves" (*The Chinese Repository*, Vol. XV, Feb. 1846, pp. 69-80) で詳しく紹介している。

(92) 小島幸枝「『スピリツアル修業』における待遇表現」（『キリシタン研究』第二二輯所収、一九八二年）一六六・二一〇—二一三頁。

(93) 同右、二二一—二二二頁。

(94) 小島、前掲論文(注92)、一六二―一六四頁。

(95) これ以外にも、「珍重なる」→Husigi ni tattoki, 「深き智恵有」→Itatte ts'ts'simu, 「大能ある」→Wisei naru, 「寛仁大度の」→Zihi hukaki, 「上智之御座」→Kasikosa no on utena, 「敵楼」→siro, 「高殿」→ihe, 「上天」→ten, 「苦痛之慰め」→Kurusimu hito no nagusami など漢語を日本語的表現に変えている。

(96) 『聖教日課』(明治元年版)の「さるべれしな」は、「天帝のたつときおんはゝさまにてましますきりしとのおんやくそくをうけたてまつるみとなるよふにつゝしんでたのみあげ奉る」(八丁オ)(「御告のおらすしよ」にも同詩文がある)である。生月山田の当該おらしよは、「たつとき、でうすの、おんははさんたまりや、きりすての、おんやくそくを、うけたてまつりて、みとなるように、たまう、たまいや」である(船原末七他『おらしよ』一〇頁)。

(97) 武藤長蔵「長崎に保存され居る古き翻訳書及び著書中人口を論ずる書籍に就て」(『長崎高商学友会雑誌』26所収、一九一九年)。

(98) Pagès, Léon, *Dictionnaire Japonais-Français*, Paris, 1868.

これは、初めは四分冊として刊行された。第一分冊(一八六二年)、第二分冊(一八六五年)、第三分冊(一八六六年)、第四分冊(一八六八年)である。一八六八年には、これらの分冊本に訂正を加えた訂正合本が刊行されている。

この合本の「序の手引き」には「現在われわれは、この辞書を補足する日本文法書の作成に取り組んでいる」(ロドリゲス編の『日本大文典』を現代風にする)とある。従って、一八六八年の初期に第四分冊は発行されたのであろう。

(99) 長崎県立図書館収蔵の『日仏辞書』には、一箇所仏文の書き込みがある(五六二頁)。

Monoimi の項目に Isagiyôsu. on voir dans le liv. 易 qu'un saint homme à établi cette loi du monoimi. Laver son coeur au moyen d'ablutions, s'appelle monoimi (Taicôyeki) とペン書きしてある。この筆跡が、武藤文庫の『懺悔録』の書き込みの筆跡と酷似している。

(100) この辞書以外にもプティジャンらが利用しやすい羅日辞書は次のものがある。

Collado, Didaco, *Dictionarium siue Thesauri Linguae Iaponicae Compendium*, Romae, 1632.

この辞書の復刻本であるコリャード『羅西日辞典』（臨川書店、一九六六年）で検索したところ、「御さくしや」をのぞき、かなりの語が検索できる。しかし、プティジャンがこの辞書を所持していたか否かは確認できない。
(101)　第三節（5）の北京版とプティジャン版の比較対照参照。
(102)　平田篤胤は『古史傳』一之巻（井上頼圀・角田忠行監修『平田篤胤全集』所収、法文館書店、一九一三年、八―九頁）で、「さて加備と加微は同し言にて。其のいと奇靈しく妙なる事を稱より及びて。造化の事に與り給ふ加微等は申すも更なり、凡て世に奇しく靈しき功徳ある者を加微と云ひ。其をやがて神と書り」と述べている。
　阿部眞造は、平田の著作を愛読していたので、ここで「妙神」に代えて「靈明」（明治四年版は「靈妙」）を用いたのかもしれない。また北京版の「精修」を「精進修業」と理解し、「行者」を導いたとも考えられる。
(103)　ヨハネス・ラウレス「プティジャン司教とキリシタン伝統」九三頁。
　このプティジャンの方針の転換を、海老沢有道は「プティジャンが全日本の司教として、東京、横浜の知識階級に接触し、矢張り漢語の使用を適当と認めた結果」と推測している（『切支丹典籍叢考』二〇二頁）。

　なお、プティジャン版の中で、明治六年頃刊行されたと推測される『聖教理證』がある。これは、同題名の漢籍を書き下したものであるが、刊行地が横浜であるため、長崎で刊行されたプティジャン版とは系列がやや異なる。

第二章　『彌撒拜禮式』の典拠

第一節　先行研究

プティジャン版『彌撒拜禮式』[1]（明治二年八月刊）は、ミサ礼拝の序次に従って、その神学的意味、信徒の心得を逐次解説し、唱えるべき祈禱文を添えたものである。いうまでもなく、ミサはカトリックの典礼の中心を占める。

これまでの研究では、『彌撒拜禮式』の典拠については、ほとんど検討されてこなかった。ラウレス（Laures, J.）の *Kirishitan Bunko* には、『彌撒拜禮式』の典拠への言及はない。[2]姉崎正治は、『彌撒拜禮式』が「何等の序言もなく、由来は分からぬ」としながらも、「オラシヨ等は、成るべく古式によつた事は明である。但しその他の文章も皆慶長體の古雅を保ち、一見しては区別のつかぬ位である。『聖教要理』と同じく、潜伏教徒の間に傳つた文書や、ロマやマニラに残つた文書を参照して編したに違ひない」と推断している。[3]これと反対に、松崎實は、『彌撒拜禮式』は「古書の飜刻ではなく、プチジアン司教が新たに編纂したものであらう。表紙裏に『明治二己巳仲夏新鐫』とあるのを以ても判る」という。また、海老沢有道は「古キリシタン版を参考にして『彌撒

拜禮式』を新編出版した」とする。(4)

他方、長沼賢海は『彌撒拜禮式』の語句を分析し、「萬物《ばんもつ》」「和樂《くわらく》」「くるすの文《もん》」などの呉音読みと「經文《けいぶん》」「聖經《せいけい》」「聖經の文《ぶん》」などの漢音読みが混在し、不統一だと指摘する。そして「ぱらいそ」「がらさ」「けれど」「あんじょす」「ばつしよ」などの洋語、及び「萬事叶ひ給ふ御親」「徳義」「御善徳」「苦患」「御糺明」などの慶長以来の切支丹伝来慣用語がある一方で、「天主《でうす》」「十字架《くるす》」「外教《ぜんちょ》」「神父《ぱてる》」などの新たな熟語も見られることから、長沼は『彌撒拜禮式』は「昔から傳はつて来たものを修正したものか、或は昔の言葉を殊に多く用ひて當時新たに作つたものか、両様に見られる」と結論し、断定を避けている。(5)

すでに第一章で検討した如く、『聖教日課』の「マリヤの連禱」には漢籍祈禱書からの収載が見られた。そこで、『彌撒拜禮式』を詳しく検討すると、天主教漢籍由来の語彙が散見されるため、これも「マリヤの連禱」と同じく、漢籍教義書を翻訳し、それを伝統的キリシタン用語で潤色したものではないかと筆者は推考した。とはいえ、ミサ典礼自体がラテン語原典に基づいた同一の手順で行われており、日本と中国の両教義書の類似は当然のことでもあり、典拠本の確定作業には難しい面がある。また、ミサ典礼関連の漢籍はパリ国立図書館所蔵本だけに限定しても多数の類本が見られ、(6)それらすべてを検討することはできなかった。ここでは、筆者の管見に入った漢籍教義書の中で類似度の高いものを検討することにしたい。

第二節　キリシタン時代のミサ礼拝

巡察師ヴァリニアーノは、自著『インド要録』（一五七七年）において、日本人は「宗教や典礼にきわめて熱心」であり、「外面的祭儀に大いに凝る」と書き残している。(7)そのため、宣教師たちは、仏僧が行う洗練された典礼、特にその典礼の厳粛さ、秩序、清潔さを高く評価し、仏僧の儀礼にできる限り準拠する方針をとった。(8)

また宣教師らは、死者儀礼が日本人の宗教生活に重要な役割を果たしており、故人の供養、なかでも葬儀を盛大、厳粛に挙行することに熱心である点に着目した。[9] そのため、彼らはこの日本人の宗教的心情を重視し、命日、盆などにおける故人のミサや葬儀を荘厳に行うことに意を用いた。[10] その結果、キリシタンの葬礼の荘厳さが衆目の的となり、貧しい人でも、慈悲役の援助により立派な葬礼を行う様子に、人びとは深く感動した。[11] これに加えて、死者ミサは「霊魂の不滅、来世の救い」を説く、またとない機会ともなった。[12]

かくして、日本においては、典礼はキリスト教共同体の育成、及び布教のための、極めて重要な手段として位置づけられたのである。[13]

一六世紀後半、ミサはキリシタン生活の中心を占め、司祭の定住していた地域では、毎日ミサが挙行された。[14] フロイスの『日本史』によれば、早くも一五五五年にミサが挙行されていた。

司祭は平戸で、〔そこの〕キリシタンたちのために、次のような方法で〔布教を〕開始した。彼は彼らのために毎日ミサを捧げた。それが終るとキリシタンたちは皆こぞって、聖なる教会や日本〔国民〕の改宗などのために敬虔に幾つかの祈りを捧げた……四旬節にはジョアン・フェルナンデス修道士が、主禱文や聖体の至聖なる秘蹟の玄義について説いたが、〔キリシタンたち〕はその玄義に対して非常な信仰心を寄せていた。[15]

一六世紀後半の復活祭には、日本各地でキリシタンの聖体拝領者は夥しい数にのぼった。[16]「長崎では、一七世紀初頭の聖母被昇天の祝日には、通常三三〇〇人以上が聖体を拝領」している。[17] またイエズス会の一六一九年度の日本年報には、長崎でのキリシタン弾圧の記述の中で、「彼ら（修道士）は自ら多くの人々を励まし、また他の人々の手助けをして、大勢を援助し、できる限り一回に悔悛と聖体の秘蹟を授けた」とあり、迫害の危機が高まったとき、特にミサの聖体拝領が重視されたことがうかがえる。[18]

ところで、日本ではキリスト教固有の述語を新しく作り出すことが容易ではなく、ポルトガル語とラテン語を導入せざるをえなかった。[19] そのため、典礼書においても、音写語の導入が主で、邦語への翻訳はあまりなされていない。

他方、中国では、金尼閣（Trigault, Nicolas）が中国の天主教のために、祈禱書・聖書の漢訳を教皇パウロ五世に求め、それは一六一五年に許可された。[20] のみならず、教皇は、中国人司祭のために、中国語で祈禱し、秘跡の執行をする特典を与えた。[21] そのため、中国では典礼書の漢訳が進展した。むろん、音写による仮借語は少なからず残ったけれども、日本にくらべラテン語からの翻訳ははるかに先行していた。

例えば、松岡洸司は、『バレト写本』（一五九一年、バレトが日本語学習のため、大村で筆写し編纂したもの）と『天主降生聖經直解』（一七九〇年重刻本、北京刊、初版は一六三六年）との対応箇所を比較検討し、日本での原語主義（ポルトガル語・ラテン語の音写）に対し、中国での訳語主義が顕著に認められると指摘している。[22]

このような、日本と中国における翻訳の進捗度の格差が、延いては漢籍教書からのプティジャン版への収載を可能とする遠因を形成したのである。

第三節　『彌撒拜禮式』の体裁と『彌撒拜禮式』関連のキリシタン伝来書

(一)体裁

『彌撒拜禮式』は、ラウレスの *Kirishitan Bunko* に詳しい書誌がある。『彌撒拜禮式』の所蔵先は、長崎県立図書館、長崎純心大学キリシタン文庫、天理図書館、上智大学キリシタン文庫、津山基督教図書館、京都外国語大学である。ここでは、長崎県立図書館本（四冊収蔵）により、その体裁を記す。

表紙は水色、サイズ二三・一×一七・四センチ、本文は二九丁（図二葉とおらしよ一葉を含む）、二センチほどの幅枠に図柄、九行一八～二一字詰、袋綴。

内題：御出世以來一千捌百陸拾玖年／明治二己巳仲夏新鐫／彌撒《（ママ）》拜禮式／日本司教　伯爾納鐸　准

(2)日本における典礼書の略史

フロイスによれば「キリシタンの教義、掟、洗礼の方法、埋葬の式次第」についての日本語で書かれた覚書が、一五六一年には存在していた。[23] また、一五七一年には教会の秘跡に関する説明が「日本の文字と言葉で」翻訳されていた。[24]

一五九一年までには「主日と祝日のミサ中に朗読、解説される聖書の聖句」の翻訳がなされている。これは、前述のバレトが一五九一年に筆写し、編纂した文書（『バレト写本』）の存在から確証される。[25]

さらに、ゴアで印刷された典礼定式書（ポルトガル語）の一部が、一五九三年に日本で翻訳・刊行された。[26] その一つは、『ばうちずもの授けやうと病者にぺにてんしやを勧むる教化の事』（天草刊）[27]である。

一方、西欧では、トリエント公会議に基づく典礼刷新を盛り込んだ『トレド提要』が一五八三年にサラマンカで刊行された。日本司教ルイス・セルケイラ（Cerqueira, Luis de）は、この『トレド提要』の一五八五年版を底本にして、一六〇五年に『サカラメンタ提要』を長崎で刊行している。この『サカラメンタ提要』では、日本の文化的環境に配慮して、棄子や堕胎の禁止、神道・仏教に対する戒めなど日本独自のものに修正されている項目も見られる。[28] なお、『サカラメンタ提要』は東洋の諸布教地では、トリエント公会議の典礼改革をとりいれた最初の典礼用定式書の一つであった。[29]

(3)現存するミサ関連の典礼書

ⓐ『サカラメンタ提要』(*Manuale ad Sacramenta Ecclesiae Ministranda*)

日本司教セルケイラが一六〇五年に著わした『教会の秘跡執行のための提要』（長崎刊）で、本文はラテン文で四一四頁。北京北堂文庫所蔵の一冊には、ローマ字邦文で「サカラメントとそのほか品々の儀についての教へ」という三三頁の付録が添付されている。(30)

ⓑ『吉利支丹抄物』所収の「御みいさのおかミやう并ニ観念ノ事」

高槻の東藤次郎家より発見された古キリシタンの伝来本で、新村出が如上の仮題を付して紹介した。成立は、慶長末頃と推定されている。(31)

このミサ典礼の序次と解説は『彌撒拝禮式』と大筋で符合するが、直接の対応はない。

ⓒ『御みさへんじ事』

水戸藩が寛永年間に没収した教書の一つで、新村出が「羅甸文平仮名書弥撒唱文及連禱断簡」と仮題を付して紹介した。これは、神父のミサ正文に対するラテン語による応唱部分のみを平仮名書きしたもので、「ローマミサ典礼書」と照応する。(32)

遠藤宏は、この唱文中に見える Beato Francisco から、この『御みさへんじ事』はフランシスコ会派のものと推測している。(33)

神父のミサ正文に対する侍者によるラテン語の応唱式文は、かなり初期に形成されていた。ロペス・ガイは、「初期時代からキリシタン少年の中に侍者グループが編成され、彼らによってミサが挙行されていた」と指摘している。(34)後年、イエズス会士と伝道士の数が増加すると、「イルマン（修道士）がおれば、イルマン二人が、もしいなければ同宿二人がミサ答えをすることが定められた」。(35)

このミサ答えは「委任者によって作成された文書に従う」（一六一二年）(36)旨勧告されており、侍祭用のミサ答えを記した文書が一六一二年以前に存在したのは確実である。

この『御みさへんじ事』は、北京版『聖教日課』（巻三、六五張ウ～七一張オ）に並行箇所がある。北京版もラテン語の音写である。参考のため、冒頭と末尾部分を記す。①は『御みさへんじ事』[37]、②はラテン語原文、③は北京版『聖教日課』を示す。

①□□てうん、きれぢひかつ、□ゆべ□□うてんめあん

② Ad Deum qui laetificat juventutem meam.

③亞徳翁。矩依。勅地費加得。如文都登。黙盎。

①せぷり□なふすあまあろ

② Sed libera nos a malo.

③塞得。理白辣。諾斯。亞瑪樂。

①でをがらしやす

② Deo gratias.

③徳阿。額辣濟亞斯。

ⓓ水戸藩寛永没収教書中の『吉利支丹心得書』（寛永五年＝一六二八筆写）

この書中の「さんたゑけれしやの七つのさからめんとの事」にミサ解説文がある。[38]これには、『彌撒拜禮式』に対応する文辞が見られるため、第六節でふれる。

第四節　『聖教日課』と『彌撒祭義』の構成と特色

(一)『彌撒拜禮式』関連の漢籍

天主教の漢籍教義書を調査した結果、プティジャン版『彌撒拜禮式』の典拠本の可能性が高い二冊の漢籍教義

書を発見した。一つは、北京版『聖教日課』の巻一（一三張オ～三一張オ）に収載されている「與彌撒禮」であり、全般にわたってプティジャン版『彌撒拜禮式』と密接な対応が認められる。いま一つは、『彌撒祭義』であり、これにも酷似する表現が頻出する。

むろん、そもそも「彌撒」の手順、意味づけ自体が、同一ラテン原文に基づいているため、類似は当然ではある。にもかかわらず、この二つの漢籍は『彌撒拜禮式』とその文辞、とりわけ漢語がかなり一致し、『彌撒拜禮式』の典拠本の有力な候補であることは否定できない。

北京版『聖教日課』の書誌は第一章で記したので、『彌撒祭義』のみ書誌を略述する。

内題：降生後一千八百四十九年三月　重刊／　彌撒祭義／　司牧　趙方濟　准

一張オ：尊教規凡譯經書必三次看詳方允付梓茲并鐫訂／閲姓名於後／耶穌會　後學　艾儒畧　述

一張ウ：同會　史百度／費奇規／費樂徳　訂

二一・五×一四・二センチ、九行二一字詰、罫線、袋綴

巻上目録（二張オ～二張ウ）、本文（一張オ～二九張ウ）

巻下目録（一張オ～三張オ）、本文（四張オ～三七張ウ）

なお『彌撒祭義』は一六二九年に初版が刊行されている。

艾儒畧（Aleni, Giulio, 1582-1649）の入華は、一六一三年であり、彼は「彌撒」関連では、この『彌撒祭義』のほかに『聖體要理』（一六四四年初版、一八四九・一八八一年重刊）も著わしている。

艾儒畧の著作で、日本に将来された漢籍は数多くある。この『彌撒祭義』のほか『三山論学紀』『滌罪正規』『西学凡』『景教碑頌註解』『萬物眞原』『職方外紀』は寛永七年の禁書目に指定されている。(39)また、『西学凡』『萬物眞原』『職方外紀』等は朝鮮にも将来されている。(40)

（2）『聖教日課』と『彌撒祭義』の構成と特色

『聖教日課』巻一所収の「與彌撒禮」（一三張オ～三一張オ）は、将祭（一～一八）、正祭（一～九）、撤祭（一～六）に細分されて、各項目に従い、実際の「彌撒」の執行手順とその儀礼の意味が略説されている。さらに、典礼の進行にともない、唱えるべき「祈禱文」が併記されている。

他方、『彌撒祭義』の巻上の目録は、「名義第一」「原始第二」「崇嚴第三」「堂臺第四」「品級第五」「章服第六」「與彌撒禮儀第七」「與彌撒恩報第八」「輔彌撒禮儀第九」「輔彌撒經文第十」で構成されている。

巻下は、「将祭十八節」「正祭九節」「徹祭六節」（四張オ～三七張ウ）からなり、これが『聖教日課』所収の「與彌撒禮」と対応している。『彌撒祭義』は『聖教日課』の「與彌撒禮」にくらべ、ラテン語の音写がより多用され、解説文がはるかに詳細である。しかし『彌撒祭義』には、『聖教日課』に見られる祈禱文が一部をのぞいて付されていない。

なお『聖教日課』の文辞は『彌撒祭義』とほとんど同一であり、前者は後者を要約したものと考えられる。

第五節　『彌撒拜禮式』と『聖教日課』『彌撒祭義』との対応

『彌撒拜禮式』は『聖教日課』と『彌撒祭義』を大幅に意訳、簡約した箇所が散見されるとはいえ、漢籍の訓み下し文に等しい表現、文辞が頻出する。さらに、漢語もかなり一致している。『彌撒拜禮式』は全般的にいえば、『聖教日課』（「與彌撒禮」）を基本に『彌撒祭義』で増補して編集されたと想定できる。

『彌撒拜禮式』と『聖教日課』『彌撒祭義』に共載するキリスト教由来の漢語を摘記すると、「彌撒」「聖經」「天主」「原罪」「贖」「羔」「罪人」「三位一体」「宗徒」「主教」「通功」「栄福」「十字架」等であり、表現の類似性に比し、比較的少ない。これは、漢籍の主要なキリスト教用語をキリシタン伝来用語に翻訳したためと考えられる。その翻訳例は次の通り。

邪魔→てんく、聖號→さんたくるすの御印、鐸徳→神父・父、與彌撒者→おがむもの、聖爵→かりす、經→おらしよ、聖教會→さんたゑきれんしや、定心祝文→心を定むべきおらしよ、解罪經→科のおらしよ、全能→萬事叶ひたもふ、愛慕→御大切、天神→あんじよす、榮福經→ごろりやのおらしよ、麪餅→おふすちや（おすちや）、受難→御ぱつしよ、十字架→くるす、信經→けれどのおらしよ、寵愛・恩寵→がらさ、聖體→ゆかりしちや、煉獄→ふるがとふりよ（ふるがとうりよ）、天主經→天に在すのおらしよ、聖母經→がらさみちみち、靈魂→あにま、聖神→さんとす、大罪→もるたる科、地獄→いんへるの、審判→御糺明、天國・天堂→ぱらゐぞ

また、漢籍の音写語のキリシタン用語への変換も数多く見られる。幾つか例をあげると次の通り。

耶穌→ぜずす、費畧→ひりよ、斯彼利多三多→すぴりとさんと、罷徳肋→ぱてる、瑪竇→まてお、路嘉→るか、若望→じわん、若翰保弟斯大・若望保第斯達→じわんばぷちすた、瑪耳歌→まるこ、如徳亞→じゆでい、窩斯帝亞→おすちや、靈薄→りんぼ

しかし、日本のキリシタン用語に対応が見られない語彙は漢籍からそのまま収録している。例えば、『彌撒拜禮式』の二五丁ウ〜二六丁オでは、ミサを受ける心得を「實領」「神領」「徒領」の三つに区別し、各々に解説を加えているが、これらの用語と説明は『彌撒祭義』の「解正祭」第九節とほぼ合致する（第六節参照）。この例からも、『彌撒拜禮式』が漢籍教義書を参照していることは疑えない。

ところが一方で、鐸徳→神父、非奉教→外教、報喜音→福音（「福音」は「ふくいん」に加えて「サイワイノコヱ」と振り仮名が二重に振られている）など、漢籍教義書由来の漢語間での改変が見られる。ただ、「神父」はプティジャンの『羅日辞典』にも見られ、「福音」も、前掲の陽瑪諾（Diaz, E.J.）訳の『天主降生聖經直解』（一七九〇年重刻、北京刊）には見える。長崎県立図書館に所蔵されている『天主降生聖經直解』（一七九〇年重刻）に

は、巻七に「長崎大浦傳道校印天主堂附属」の朱方印が見られ、墨と鉛筆での書き込みが認められ、阿部眞造が参照した可能性もある。ともかく、これらの漢語間の改変はより馴染み深い漢語の方を採用したものと思われる。

なお、「福音」に関しては、プロテスタント系列では、ヘボンの『和英語林集成』初版本（一八六七年）には「福音」はなく、再版本（一八七二年）の「英和の部」にGospel→Fuku-inが記載されている。もちろん、プロテスタントの漢訳聖書には「福音」の訳語は認められる。例えば、第三章で言及するブリッジマン・カルバートソン訳『新約全書第一巻　馬太傳福音書』（一八六三年版、上海美華書局）に「福音」はみえ、これを参照したヘボン・ブラウン訳『馬太傳福音書』（一八七三年）の本文中にも「福音」は散見される。

さて、『聖教日課』と『彌撒祭義』に対応関係の認められない『彌撒拝禮式』の箇所は、序文（「御みさを拝む心得の大意」：一丁オ〜二丁オ一行目）をのぞけば、ほとんどが短い「オラシヨ」と「説明文」である。以下にそれらを列挙する。

【オラシヨ】

ⓐ五丁ウ五行目〜六行目、ⓑ七丁ウ三行目〜六行目、ⓒ八丁オ九行目〜八丁ウ七行目、ⓓ一一丁オ四行目〜一一丁ウ七行目（但し書きを含む）、ⓔ一五丁オ一行目〜七行目、ⓕ一六丁オ九行目〜一六丁ウ三行目の六箇所が認められる。ただ、ⓐは『古今和歌集』からの引用である。なお、二〇丁ウ九行目〜二一丁オ六行目は、前掲漢籍より、カサナテンセ図書館所蔵本の『どちりなきりしたん』（国字本、一六〇〇年刊）の方がより類似性が高い。また、一七丁ウ八行目〜九行目は、プティジャン版『聖教日課』（明治元年版）からの収載である（第六節参照）。

【説明文】

ⓐ六丁オ三行目、ⓑ一〇丁オ六行目〜八行目、ⓒ一二丁オ三行目〜六行目、ⓓ一三丁オ八行目〜一三丁ウ九行目、ⓔ一九丁ウ三行目〜五行目、ⓕ二〇丁オ六行目〜八行目、ⓖ二〇丁ウ七行目〜九行目、ⓗ二四丁ウ八行目〜九行

目の八箇所が認められる（語句レベルの付加は除く）
上記解説文は⓪を除いて、いずれも極めて短く、内容補足のための付加ともいうべきものである。ただし、ⓓⓔは、水戸藩寛永没収教書の『吉利支丹心得書』に内容・文辞において類似する箇所が見られる（第六節参照）。

第六節　『彌撒拜禮式』と『聖教日課』『彌撒祭義』との比較対照

以下に『彌撒拜禮式』を①、『聖教日課』を②、『彌撒祭義』を③として対照して示した。②と③のうち、①と対応の密接な方を記載した。しかし①が、②③の両書を明らかに参照していると認められるものは、②③の両方を記載した。なお、①が②③を意訳、簡約したと見られる箇所も対応するものとして扱った。そのため文意をそこなわぬよう、②③はやや長く引用したところもある。

注
＊①の翻字においては、振り仮名は全て省略し、句読点を加えた。また、「さんとす〲」などの繰り返し略符号は用いず「さんとすさんとす」とし、「ゟ」は「より」と翻字した。
＊②の祈禱文には、①に応じて△を加えた。
＊□は判読不明の文字。
＊漢籍の漢語はできる限り原文に合わせたが、旧字体・異体字を変更したものもある。
＊③の「天主」「主」の前にある一字分の空白は省いた。
［凡例］
※①の傍線――――は、②③に対応のない箇所に付した。
※波線～～～～は、①と②③の対応の乱れている箇所に付した。ただ、すべてを尽くしてはいない。
※①と②③の音写語が対応している語句は、ゴシックで表記した。

①彌撒拜禮式

御みさを拜む心得の大意

御みさを行ふぱてるも、是を補る徒弟も、拜み奉るきりしたんも、此ときに當りてハ皆一どふに御主天主の御恩澤をうけたてまつりて、御堂内濕ひをなさずといふことなし。喩バ日輪立上りて世界殘らず光をうけるがごとく、今御堂にある程のものハ、萬事叶ひ給ふ御親天主をおがみ奉りて、其限なき御慈悲を以、我覺悟の深淺に隨ひ夫々に御恩をこふむりたてまつるなり。其靈妙なる御冥加の儀ハ、細かに別書に載せたれバ、いま此書にハ只其拜み奉る時の禮規のあらましを記すのミ。揣き肉眼にハ見る事叶わざれども、香臺の左右にハあまたの御あんじよす正しく天降り給ふなり。されバ御みさ拜み奉るべき者ハどみにか、いはひ日ハいふに及ばず、平日も早く起き、手洗ひ、口漱ぎ、うやうやしく御堂に詣り、心を靜め敬ひを盡し、耳目を塞き口を閉ち、手足を正しくして、聖き水を頂き席に即べし。

聖き水をいたゞくおらしよ

御主ハ此聖き御水を以てわが罪をあらひつくし、てんくをとふざけ、惡念を除かせ給へ。あめん。

＊この序文は②③に対応がない。しかし、「聖き水をいたゞくおらしよ」は②の巻一・一張オにある「點聖水經」と一致する。

②吾主以此聖水。滌滅我罪。迸驅邪魔。祓除惡念。

①御みさ始まらんとする時、皆跪きて頭をさけ、敬でさんたくるすの御印をなすべし。神父ハかりすを香臺の正面に載せ置、數足退き給ふ。此義ハ御みさハ限なき聖き御祭りなれバ是を行ふべき徳義に相當らざるとの意を顯わし、且おがむもの丶心を治め謙らしむるがため也。これに依て此時ハ敬ひをもつて、我罪科の身を持ながら、

今この聖き大祭にあう事、神父に比ぶれバいか程か恐れあること丶おもひて、心を定むべきおらしよを唱へるにハ、

△いかに廣大無邊の御慈悲ある御親天帝ゆるし給へ。御獨の御子ハ我等罪人を御救ひ給わんがため、十字架にか丶り捧げ給ひたる尊大の御まつりを、さんたゑきれんしやの中にハ毎日續けたもふて、我等の力を増しめらる。抑此御祭ハ無上の霊妙を以て御寵愛をひらき御冥加を下し給ふ處也。われ大悪の身として此無限御恩澤に逢ひ奉ること、誠に恐れ多しといへども、是全くおん身ぜずすきりしとの御哀憐なりと謹而奉拜。**あめん。**

②與彌撒禮

彌撒將行。皆鞠躬跪拜。作聖號。（以下略）

將祭　一

鐸德詣臺退下者。示謙抑不敢當祭。亦以萃一堂之精神。莫不冲凛也。與彌撒者。此時當致心兢業。思我大罪人。漫與大祭。虔恭比鐸德更當何如。當□定心祝文。

定心祝文

△至慈之大父。共慰之天主。至恕至寛。令惟一聖子。爲救我衆。釘於十字架上。又垂諭以所獻天主最重之禮。毎日復行於聖教會。增益我力。於惟此禮。高厚淵微。能闡主愛。能保我等於眞福。伏惟祐我有事者。專心致敬庶於如是洪恩。定受其賜。爲我等主基利斯督。**亞孟**。

③彌撒祭義卷下

第一（中略）陳聖經聖爵于臺。即退下正中數歩。

此節之意。（中略）即退下者。示德不足。不敢當祭。又以萃一堂之精神。無不謙冲自抑。悚凛反觀也。與彌撒者此時。當致心兢業。既幸躬逢在堂。又慮我何人斯敢以罪大德薄之軀。漫與大祭。而一番提醒。一番虔恭。比鐸德

當更何如。

①神父さんたくるすの御印をなして、ぱてる、ひりよ、すぴりとさんと、三位一体の天主と唱へ給ふ。是ハ天地萬物未だあらざる前より、始め終わりなき御一体の天主のみ在して、三位を含み、御善徳の源、萬事叶ひ給ひ、萬福萬智を以て無處より天地と其外所有ものを作りあらわし給ひ、又夫々のおん計らゐ手にて在すを尊び敬ふの儀也。おがむものハ此時敬しミ信じて、天主我等のために先世界萬物を作り備へて我を養育し給ふ其大恩を考へ、難有心を起し、共に恭しくさんたくるすの御印をなして、

△ぱてる、ひりよ、すひりとさんとの御名を以て、あめん、と唱へるべし。

②二　鐸徳畫聖號。稱天主三位一體之名。以表未有天地之先。獨有一主。而一主内即含三位以其全能全知全善造成萬類。即以其無窮福徳公之於物。使各享受。與彌撒者。至此當敬信感謝天主。造此世界。令我享用。當何等發心奉事乎。〇當隨鐸徳畫聖號　念　聖號經。

③第二　畫聖號稱　天主一體三位云云。

此節之意。蓋指未有天地之先。獨有一主。無始無終。不遷不變。一主之内。即含三位。其體非分。其位不雜。純一靈明之性。自圓自滿。無福不備。無徳不全。因其全能全知全善造成萬類。即以其無窮之徳。公之于物。俾得各享焉。與彌撒者至此當反己敬信。感謝大主爲我等。預備如此大世界。令其享用。我當何等發心事奉吾之大恩主耶。

①神父科のおらしよを唱へ給ふ。是人間ハ都而原罪と、また己れが犯せる罪ある故に、深き後悔なくしてハ除き去る事あたわず。故に拜む者もまた我一生の罪科を後悔して御赦免を蒙り、善心に立歸り、こゝろ、からだを清めて、此御祭りに交るが爲に、御みさを助くる弟子と共に科のおらしよを念ずべし。

神父ハ香臺に進み、左に就て、經文一章を讀誦し給ふ。是ハ御主未だ御出世あらざる前の古聖人達、御扶手ハ早く御出現あらせられて萬民を救ひ贖ひ給へがしと望む處の言葉也。拜むものも經文と心を合せて、御主の御出世は天主の深き御計らいなれバ、我等今の時に生れ出、其御恩を蒙る事を得させ、ぱらゐぞの道に導き給ふ事を厚く辨へ、難有こころを起し、罪科をかなしみ、御すくひをのぞむべし。

②三　鐸徳悔罪誦解罪經。指人生各有原罪。又有自造之罪。必大痛悔方得拔解。與彌撒者。至此當想一生之罪。眞切愧悔。定志遷改。求主赦宥。方敢與祭見天主也。隨輔彌撒者　黙念。解罪經。

四　鐸徳上臺。就臺左誦古經一段。指天主未降生前。古聖祈望天主降生救贖萬民。與彌撒者。當知降生。誠緣不偶。正欲盡開天路。引我等共升。若肯眞心悔罪欽崇。必蒙吾主救拔。當念。

③第三　アダムの堕落が前半に説明されているが、後半は②とほぼ同内容。

第四　骨子は②に類同するが、解説がより詳細。

①神父香臺の正面に就て、**きりゑれいそん**と九遍唱へ給ふ。此詞ハ御主我等を憐みたまへといふ意にして、昔の聖人達、世間の罪科重きが故に御助手早く天降て救ひ給へと三位に向ひ、一位毎に三遍宛、希ふ處也。拜むものも各我罪科をかなしみて、御赦免を望み、また萬事叶ひたもふ天主**ぱてる**にハわれに力を賜ひ、御智恵限りなき天主**ひりよ**にハ、我に智恵分別を賜ひ、御善徳の源なる**すぴりとさんと**にハ、われに御大切頼母しき心を起させ給へとの心當を以て△我等の御主われら罪人を憐み給へ、と三遍となへるべし。

②五　鐸徳就臺中誦經。曰天主矜憐我等。基利斯得矜憐我等九遍。指古聖痛世罪重。哀求眞主。早降臨救世。九遍者。毎位哀求三次。與彌撒者。至此當想己罪種種。求赦于聖三。又求**罷徳肋**全能。賜我力量。求**費畧**全知。賜

我明覺。求斯彼利多三多全善。賜我眞切愛慕之心。
△當念。吾主矜憐我等罪人。三遍。
③第五　就臺中誦基利厄阨勒依算九遍。譯言望主矜憐我等。
前半は、罪根（柔弱無力、昏昧罔知、偏拘懈惰）、罪類（原罪、死罪、微罪）についての説明であり、後半は②とほぼ同様。

①神父ハ両手を開き、ごろりや云々と唱へ給ふ。是ハ御主御誕生の夜、御あんじよす空中より唄ひ給ふ頌の歌の辭にて上の天主ハ榮花萬福、下の善人ハ安堵和樂といふ意也。拝むもの此時ハ御あんじよすと心を合せ、久しく望みし御扶手漸く降生あるによりて罪を洗ひて冥加を失わさる様に勵む心を顯し、ごろりやのおらしよをとなへるにハ、
△いかに天主ハ千代八千代さゞれ石の苔ハむすともかわらずに照し榮る福徳は、めでたかりける其中に、羔となりたもふ御獨の子ぜずすきりしと、我等のために罪科をのがし、せかいを憐み給ふ御功績ハ、尊ぶにも謝するにも猶餘りある事共也。只いつまでも天主父とすぴりとさんと共さかへゆき給ふ御主と、つゝしんで祝し奉るあめん。但神父唱へざる時ハ拝者も唱へず。
②六　鐸徳將手兩開。復合掌。誦欽崇榮福。上則榮福于天主。下則安和于善人。是吾主降生後。天神在空中所歌讃者。與彌撒者。當陪天神讃頌上主。降我人間。務求自新不負主恩也。
當念。榮福經。
△天主受享榮福於天。良人受享太和於世。我等稱頌爾。讃美爾。欽崇爾。顯揚爾爲爾大榮謝爾主。天主。天地全能天主。罷德肋主。惟一費畧耶穌基利斯督主。天主。天主羔羊。罷德肋子。除免世罪者。矜憐我等。除免世罪。

受我等禱。坐罷徳肋右。矜憐我等。葢耶穌基利斯督。爾爲惟一聖。惟一主。惟一至上。偕斯彼利多三多。與天主罷徳肋之榮福。亞孟。

③第六　將手兩開復合掌。誦**厄樂利亞**云云。譯言上則榮福于天主下則安和于善人。此乃吾主降生之夜。天神在空中所歌讚者。故此節之意。指古聖人之哀求通徹于天主。而吾主應其苦求。遂爲降誕救世也。與彌撒者至此。當陪天神讚誦上主。務求自新。凝神奉迓。兢業欽崇。不令眞主徒爲我降生一番也。

＊傍線部分の典拠は、『古今和歌集』の「わかきみはちよにやちよにさゝれいしのいはほとなりてこけのむすまて」である。

①神父身を黐へして**どみぬすおびすこん**と唱給ふ。

是ハ御主御誕生ありて世間に交わり、御教を傳へ給ひしによりて御主ハ汝等と共々に在よがしといふ詞也。拜むものハ此時降生を感謝し、その御恩澤によりて請奉りしがらさを永く失わざるよふにと、又世間何れの人にも此御恩を辨へさせ、御主を慕ひ望むべくあらせ給へと、希ふべし。

②七　鐸徳轉身對衆云。主與爾偕焉。指吾主降生後。傳播于世。爲人類稱慶者。與彌撒者。當感吾主降生大恩。幸沐其教。求主加寵降在我中。永不相離。又求徧人間。人人歸向。當念。謝主賜我得知降臨我心中。更求令普天下之人。盡知殊恩。罔不歸向。

③第七　轉身對衆云。**鐸彌奴斯。阿比斯公**。譯言主與爾輩偕焉。（以下②とほぼ同文）

①神父香臺の左に就きて兩手を開き當日の御祝の文を讀給ふ。

是ハ御主御誕生より四十日目に御母ハぜずすきりしとを抱き、御堂ニ詣り、天主父に捧げ給ふを像る規式にして、拝む者願ふべき事あらバ、何事によらず此時申上べし。依之神父ハ御主の苦像にむかひ、先**おふれむす**と唱へ給ふ也。此意ハ衆人と共に願ひ奉るといふ事にて、神父ハ衆人のために天主に願ふ處也。次に合掌低頭して、おらすしよを唱へらるゝハ、我等自身の功力を以て願ふにあらず、只御主の御功力に對して吾等が願を赦し給わることを謝し奉るにて、又両手を開かるゝ儀ハ、小児の母に向て手を開き求むる情の如く、御哀憐にあまゑて願ふの意也。されバ天主ハ、何れの事ニおいても眞心を顯して願ふときハあたへ給わずと言事なし。只御掟に迦《ママ》れる事ハ願ふべからす、もし頼母敷心を以て願ふといへども、與へ給わざる事あるハ、是必定我が爲に障になるべきがゆへに許し給わずと辨ふべし。又此時心の中にて念ずべきおらしよ△いかに御主おん身御誕生より四十日目に御母ハ御掟に任せて天主父に捧げ給ふ也。何卒我も御掟を守り、天主の臺前に捧げ奉る事を得させ給へ。あめん。

③第八　就臺左開手誦經。隨本日瞻禮之義祈禱。
此節之意。盖指吾主耶穌既誕四十日之後。聖母抱送至堂瞻禮所爲開手者。祈求之時。如小兒向父母開手。有所望也。（中略）先説**阿勒模斯**。譯言請衆同祈。盖鐸徳既爲衆而求于天主。衆人亦宜其求也。又既求之後。必合掌低首向聖像曰。爲我等主契利斯督。云云。亞孟。盖我等凡所求于主者。不敢憑己微功。以冀有得。必頼吾主耶穌。爲我降生無窮之勳勞。無窮之情分。（中略）與彌撒者至此。當申達所願于天主之前。不拘何等祈求。但非惡事皆可求也。要知我所宜得者。天主必以賜我。（中略）吾主若遂應我之求。是反以利我者害我也。（以下略）

①神父ハ聖經の上を撫で、一章讀誦し給ふ。
是ハいにしへの聖人達御主降生の事并御在世中の御行跡をあらかじめ書記し置れし記録ニ符合せし事と又**さんじわんばぷちすた**御主に先達而生れ出、人々に後悔の道を示し、御出世を待しむる處也。拝む者ハ此ときに當りて天主を拝むがための障り聊もあらざるよふに心を清めて御主の御下りを待うけ奉るべし。譬へハ珍客の來臨ある

べきに道を掃除し、座敷を餝るが如く、況や御主の御來臨ハ珍客を敬する如きのミにて足らざる也。此時念ずべきおらしよ△いかに御主おんみ未だ生れ出させ給わざる其以前、人間いまだ御教を請ず、またばぷちすもの御洪恩を蒙り奉らざるが故に、さんじわんばぷちすたを以、後悔の道を諭し、御身の御來りをまち奉らせし也。今我既に御水を戴き、切支丹のうちに加へ給る上ハ、おんがらさを以我のあにまを照し、言顯し置給ふ御教の條々を保たせ給へと願ひ奉る。あめん。

②九　鐸徳按手經上。誦經一段。指古聖所紀。論天主降生事。與後來符合。又指**若翰保弟斯大**。畧在降生前。令人痛改以俟主臨。與彌撒者。當思凡有阻碍于主者。預爲清闢以俟主來。

③第九　按手經上誦古經一段。

此節之意。盖指古教聖人所預先紀録。其論天主降生之事。與降生後所有行跡。如券之合也。又指**若望保第斯達**大聖。畧在吾主降生前爲之先驅。令衆人深悔痛改。整備簡點以俟吾主之臨。無以獲罪也。與彌撒者至此。當思用有阻礙于天主者。爲之清闢其路以俟主來。盖主以我之潔心爲宅。如迎大賓。必灑掃奉接。况吾主豈止大賓而已乎。

①聖經を香臺の右に移して神父讀誦し給ふ。

此聖經ハゑわんじりすた迚、福音と譯し、御主御在世中の御言行をば聖**まてを**、聖**るか**、聖**まるこ**、聖**じわん**此四人筆記せられし聖き記録にて、毎日御みさにおいて、其一篇宛を讀給ふなり。此時の規式八則あり。皆深き義を籠むる。大意凡左の如し。

第一聖經を右に移す事。是香臺の左りハ、**じゆでい**の國にたとへて、此じゆでい國ハ萬民の元祖御作の地にして、天主の御教を始めより保ち傳へしに、御主御出世ありし後ハ、其眞の御教を失ひし故に香臺の右を自餘の諸國に像りて、其聖經を右に移すなり。

第二神父香臺の正面にて身を屈めて拝禮し給ふ事、是ハ此聖經の文ハ此上なき尊き正しき御教なれバ、是を傳へるにおいて、毫末の誤りもあらざるよふに天主の御合力を願ひ給ふ也。

第三拜むものハ何れも立て拜聽する事。是此聖經を承るに及ひて、喩へハ眠りたるもの、起されるがごとく、直に心す、みて御教に從ことを猶豫せざるとの心を顯わすの印也。第四聖經の上に三度香を捧げる事。是は御一體にして三位まします天主に一度宛捧るところにして、又此御おしへハ名香の薫を人ハ好慕ふか如く、御がらさを受保つきりしたんの善德、外に顯われて人々より慕われ、又此香の氣ハ、必らず上に登るがごとく、あにまハ常に天主に向つて上りいつまでも離されとの印なり。

第五精蠟貳座捧げる事。是ハ天主の人に賜る光貳ツあり。壹ツハ本然良能の光、二ツニハ、がらさの光也。又此經文を以て、外ハ耳目を照、内ハこ、ろをてらすのしるしなり。

第六聖經の上并額口胸の三所にさんたくるすの文を結ぶ事。是ハ此經文ハ我爲にさんたくるすを凌ぎ受給ひたる御主の御教なれバ、我等此御印を顯し、心詞仕業ともに背くまじくとのしるし也。

第七讀終りて、口を付、尊び給ふ事。

第八音樂を奏する事。是ハ人の心根を和らげ、浮世の事を忘れ、これハ御教の甘味にいつまでも離れがたきこ、ろを顯す也。

右八則のうち、第四、第五、第八ハ大祝ひ日のミ行ひ、平日にハ是を省く。拜む者立てぱてると同じく、さんたくるすの文を結ぶときの念すべきおらしよ△いかに御主ハじゆでおすの心こわく、御扶手にて在す御主を信じ奉らざるが故に終に是を捨玉ひ、御教を他國に傳へ給ふなり。されハ我等が科の多き故を以て、捨給わずして、永々我心の中にとゞまりたまへとねがひ奉る。あめん。又△いかに御主ハ聖きおん教をぱてるを以て普く弘めさせ給ふが故に、我等罪人までも御恩を蒙る事を得、深く謝し奉る。猶御がらさを以て永遠御教を守、御奉公することをゆるし給へ。あめん。

②（十）　移經臺右。鐸徳奉香誦聖經。約有七端禮儀。各有深義。（以下略）

③第十　移經臺右。奉香。誦萬熱略經。譯言報喜音是即天主降生。所言所行四大聖人**瑪竇路嘉瑪耳歌若望**所紀録者誦其一端毎日各異。

誦此一段經者。有八端禮儀表此經尊貴異常。微妙莫殫。比誦他經不同也。一先請經從臺左移至臺右。二鐸徳至臺中鞠躬祈求天主祐我傳之于人。三衆人站立聽經語。四奉香于經三次。五又奉燭二座。六畫聖號于經上。又畫聖號于額于口于胸。七念畢啓經合口。八奏樂。

何以移經。盖臺左即**如徳亞**國。原係萬民初生祖地。自有天地以來。常存天主聖教。代代相傳不絶者也。臺右者。即天下諸國。向來失傳眞教。今以經自左至右。乃指天主降生後。聖教從如徳亞傳于他國也。

何以至臺中鞠躬。盖天教至尊。恐不意中有誤傳。或傳之輕褻。故先求吾主之佑。潔心浄口。可以潛受天主之寵。密當天主之旨。方敢誦而傳之。

何以衆人站立。盖立者。醒覺承應之義。指忽聞聖教。生難逢之想。勃然從跪而起。必欲遵行無待也。

何以奉香于經三次。盖奉香者尊重其經。三次者奉聖三一主也。又指萬美聖教。猶如奇香馥郁。聞之歡喜。又指奉教之人。當有美徳之香。夫香之爲物。有而必露。不能掩藏。（中略）又指奉彌撒後。皆沾徳馨而歸。内則誠心未息。外則端範猶存。如染香氣者令人可愛也。此景人當默會。不可錯過。

何以奉燭二座。盖指天主賜人之光有二種焉。一爲本性之光。良知良能是也。一爲超性之光。即加庇默祐。令知良知之所不能知。令行良能之所不能行是也。又指天主教中有兩種之照。經典燭人耳目。此外照耳。又以啓導燭人之心。則内照焉。

何以畫聖號于經于額于口于胸。于經者。此經是爲我忍受十字架之主所命者也。以畫經者即畫于額口胸。指不但不可生妄想妄言妄行。而實當時時念之。時時論之。時時行之。念言行。務皆合于經典所命。經與人。庶無二也。

何以啓經合口。蓋聖經之味。至永至甘。食之飽德。起敬起愛。渾如小兒哺乳日相親也。何以奏樂。蓋樂有和義。衆音共暢。主之者其誰。令人己黙想一主之功德。又以示高下清濁。一一全美。一一明白。一一迭運。真是一大乾坤。將人之精神。倶收攝于其中。凡瞻禮者。皆忘卻俗累。心惟天主是注也。（以下略）

①神父香臺の正面に直り、けれどのおらしよを唱へたもふ。是ハ御教ハ萬國に弘まり、随信の者日に増多き證なり。拝むもの我若外教にて居たらバ、此聖き御教を信ぜず、無益の勤をなして、却而終なき苦しみの中に陥るならん事を考へて、神父と同じく心中にてけれどのおらしよを念ずべし。但ぱてる唱へ給はずバ、拝むものもまた念ぜずしてよろし。

②十一　鐸徳就臺中誦信經。指聖教既傳萬國。人人敬服而信從之。與彌撒者。想我若非奉教人。得于何處用功耶。當跪同鐸徳念。

③第十一　就臺中誦信經。

此節之意。蓋指聖教既傳萬國。人人敬服而信從之。（中略）與彌撒者至此。當同鐸徳誦十二信經。又當想我豈非奉教者乎。更于何處着疑耶。

①神父身を飜して、どみぬすおびすこんと唱給ふ。是ハ御教を信ずるにおいてハ御主は我等の心中に止まり、がらさを授け給ふ事を祝する辭にして、御主は汝等と倶に在すといふ義也。依之拝むものハ、其御冥加の大なるを恐れ、自今罪に落て御主に背かざる様にと混すら希ひたてまつるべし。

②十二　又轉身念主。與爾偕焉。上言萬民信從。則眞主在人心内。今鐸徳轉身慶慰衆人。言主在爾冀中矣。與彌撒者。當想既奉教後眞主親臨。不爲無據。又恐此後或逆主命復失其寵。難以稱此語也。醒之醒之。當念

③第十二　又轉身。念**鐸彌奴斯**。**阿比斯公**。譯言前見。

此節乃指吾主降生。宗徒傳教萬民信從。得天主所授寵愛。既逐邪魔。則其本心如成一天主國然。太平安樂。而眞主在萬民心内也。故鐸德傳而慶慰衆人。言主在爾輩中矣。與彌撒者至此。（中略）眞主親臨。又恐此後或復逆吾主。復失其寵。終爲邪窟。難以稱此主在爾輩中之一語也。醒之醒之。

①神父かりすを開き、**おふすちや**を捧げ、又葡萄の酒を酌み、此二品を以て献備し給ふ。

是御主人界を請、生れ出させ給ふ時にして、人間罪重く、みづから償をたて助かる二便なし。依之天主無限御哀隣の上より御子ひりよおん身に萬苦を受て贖ひ給ふにおいて御金言を以て示し玉ふのみならず、種々の奇特靈験を顯し、終にみづからを犠牲として御父天主に献じ給ふて、其御いきどふりを宥めらるなり。されバ此かりすに酌入たる葡萄酒、御聖言を誦へ給ふ端的に變化して、御くるすの上に流し給ひて萬民の罪を洗ひ給ひし聖き御血と成、是に一滴の水を加へしハ御主人界のしるしにて、惣じて天主ハ榮福美善を備へ給ふ純神なれバ、人界を受させられずしてハ、人間罪障の代りに苦患を受給ふ事叶わず。故に萬事叶ひ給ふ御力の上より敵對たる人となり給ふといへども、一滴の水ハ酒と和して、水ハ更になきが如く全く酒に交りしは、御主の人界ハ天主の本性と共に相交りしを辨へさせる義、又壹ツにハ此水切支丹のあにまに象る。きりしたんがらさを蒙るにおいてハ、あにまハ忝くも天主と和合する事を得る也。拝むもの斯程の御恩を受ながら、報ぜざりしをかなしみ、責而ハ身命あにまを捧げて御洪恩の萬一をも報ひ奉らんと思ひ定めて念ずべきおらしよ。

△いかに御主御身ハ此聖きおん血を以て我等を救ひ給ひし事深く辨へ奉るなり。依之我もまた御身のために命を捧ぐることを得バ本望至極にぞんし奉る。あめん。

②十三　開聖爵奉麪餅。又斟葡萄酒于中。以是二品奉獻。指吾主降世贖人。不惟以正言訓人。以聖蹟立表。且願

以己身爲祭品。奉獻于天主。罷德肋。以息義怒。爵中酌酒者。祝聖後。即是吾主聖血。流注于十字架上。爲洗萬罪之寳藥。與彌撒者至此。當想己負重罪。賴主大恩。捨身贖我。我當何如報答。此時當以己身心。倶奉天主。定我一身諸事。悉遵主命。即爲天主致命。亦所不辭。以報主恩於主萬分之一。（中略）

△吾主耶穌基利斯督至仁至慈。慨發重寳。贖我等罪。

吾主以此聖血。救我等罪。倘若爲主致命。所深願焉。

③第十三　開爵。奉**窩斯帝亞**。譯言祭品即麪造者上有印成聖像。又酌葡萄酒于爵中。以是二品奉獻。

此節之意。乃指吾主耶穌降生之時。專見世人罪過深積自不能補。即以至愛之心。欲將身受苦。代贖萬民之罪。故不惟以正言訓人。以聖蹟立表。且願以己之肉軆爲祭品。奉獻于天主罷德肋。以息罷德肋之嚴威。（中略）爵中酌酒者。指吾主常願以己體中聖血。流散于十字架上。成洗萬民之罪之寳藥。（中略）與彌撒者至此。當想自己如負萬金重債。力不能償。（中略）以盡我奉主萬分之一也。

＊傍線部分は②③に対応が見られない。水戸藩寛永没収教書の『吉利支丹心得書』には傍線部分とやや類同する箇所がある。「其後かりすにぶ□う酒をつぎ、〔水〕一てきをくわへ、さけのせうになさるゝ事ハ、酒ハJxの御血と又御功力也。水の一てきハきりしたんのしよさ也。是をJxの御身□なし給ひ□かうへにてましませば、我等をむねにむすび合、御全躰となし給ふ事、彼一てきの水を酒の同性になすよりも猶上也。然者きりしたんしゅハ、いかぼどうけても、Jxにたいし奉りてハ、ミな一て□の水のこと□なり」（海老沢ゼミナール校注『吉利支丹心得書』、聖心女子大学カトリック文化研究所、一九五八年、五八頁）。

①神父指を洗ひ、身を飜して、**おらてふらてれす**と唱へ給ふ。是神父御みさ行ふ前ニ惣身を洗ひ清むるといへども、今又尊きゆかりしちやに手を觸るゝによりて猶再び指頭までも洗ひ給ふなれバ、拝むもの別而たつときゆか

りしちやを授からんものハ、もるたる科を恐るゝのミならず、べにあるとが、纎の垢までもあらひ清めて受奉るべし。右神父の辭ハ人々と倶に心を合せ、愼で願ひ奉るとの意にして、おがむもの我罪を洗ひし上にも猶あらうて、つゝしみへりくだりの眞心をもつて念ずべきおらしよ△いかに御主ぜずす御身ハ謙の鏡を照してあぽすとろの足を洗ひ、からだあにまの汚れを除き給ふ。其御恩ハこゝろ詞にのべ盡しがたし。されば此御功徳を以何卒われも能謙りを守り、御大切の情を顯し、我罪科の汚れを去、あにまを清浄ならしめ給へと願ひ奉る。あめん。又△敬而願ひ奉る。御主ぜずすきりしと御身の聖き御あにまハ我にがらさを蒙らせ、御肉躰はわれをあがない給ひ、御血ハわれを濕し、御脇腹の御水ハ我を清め、御ばつしよ、御死去ハわれを強め給ひ、また御善徳の源なるぜずす、我をば聖き五疵の中に包ませ給ふて永遠放ち棄給わず、敵のために心を犯かさるゝ事を免かれ、死して後御臺前に召出され、御あんじよす、べあとすと共に、果しなき御身の榮福を頂拜み奉る事を許し給へと願ひ奉る。あめん。

＊第一の祈禱文は②③に対応が見られない。第二の祈禱文は次と対応する。

②十四　（中略）

△向耶穌聖霊誦

懇祈吾主耶穌基利斯督。聖靈恩寵我。耶穌聖軀扶佑我。耶穌聖血酣暢我。耶穌聖肋之水潔清我。耶穌苦難聖死堅勵我。嗚呼。伏求全善耶穌垂允。藏我於聖傷中。勿棄我。勿許我離背。望救我於諸惡仇。迄我死後。召我趨赴主臺前。偕諸神聖。讃揚吾主於無窮世。亞孟。

③第十四。盥手指。轉身向衆説。**阿辣得。法徳勒斯。**譯言請衆誠心同禱。

此節之意。盖酒水二缾。一爲備彌撒中奉獻。一爲備鐸徳盥洗。而盥洗止及四指之端盖奉彌撒者。在彌撒前既以本禮濯手。臨臺之後。手將親奉聖體。必再洗四指之端以表敬也。又指領聖體者。不惟心中大罪之汚不可有。即細微之垢亦不可有。所以必淨洗之。與彌撒者至此。當想洗心滌慮。固是我等本分。而一念虔誠。必使洗之又洗。滌之又滌。至于無復可洗可滌。乃爲敬謹之至云。

①神父小聲にておらしよを誦へ給ふ。是御主ぜずす御ばつしよの前、暫他所におわしまして、じゆでいの城下に出給わざる時に像りし事。是併ながら苦難を恐れて隠れ給ふにあらず。未だ時節至らざるを以ての故也。されバ凡人の世に居る事能其時節をはかり、只天主の思召儘に任せ、出るべきにハ出、隠るべきにハ隠れ、其外都て自からの了簡を以生死去就を誤るべからず。拝む者此時念ずべきおらしよ△いかに天主今ぱてるを以て献じ給ふ此大きなる御祭禮ハ、御聖慮に叶ひ、御受納ましまして榮福を重ね給へ。またわれにも、さんたゑきれじやの御利益を加へ給へ。あめん。

②十五　鐸德微聲念經。指吾主未受難前。暫居他方。不顯出於如德亞都城。非爲避難。時未至也。又以訓我等。當亂世出處亦宜相時而行。

③第十五　微聲念經。

此節之意。指吾主未受難前。見如德亞之人。有不認吾主。甚而欲陰害之者。第吾主所定受難之期。其時未至。暫居他方。不顯出于如德亞都城。此非慮不能免。故斂跡避難也。(中略)乃是訓我。世亂之際。自有出處之時。皆當以理斷之。宜出則出。宜處則處耳。

①神父聲を發して誦經ありて、**さんとすさんとすさんとす**と誦へ給ふ。是御主ぜずすきりしと既に御苦難を凌ぎ死し給ふべき期の來るを知し召、五日前にじるざれんの市に入らせ御堂に赴き給ふ時にあたりて、平日御主を信ぜずそねむ者もありしかども、愛し慕ふものも少からず、是等皆御主の御通行を迎ひ奉りて拝見するため、雲霞

の如く路傍に群集し、銘々木の枝を持ち、衣服を敷て尊び、異口同音に**さんとすさんとすさんとす**と譽れの詞をあげし事にて、さんとすとハ聖しと同じ。拜む者ハ此時御主我等のために御苦難に逢ひ給ふ御覺悟ましまし、悦んでおん來り給ひし御恩を謝して、我が臆病微弱なる事を顧み耻ずべき也。去る程にじゆでいの人今日斯の如く御主を譽揚しものも五日の後ハ敵の味方と成て、却而耻辱をあたへ、侮り奉るに至る。扨も人の心の定りなく、世間の浮氣に誘われて堅固ならざること大方斯くの如し。淺間敷事ならずや。されバ唯天主の御合力を頼みて、常に堅固の心を保つべき事を勧めて、微弱の氣を悲しみ嘆きて、

△我誤りなり、わがあやまり、わが深きあやまりなり（ママ）」と唱へて三度胸を叩くべし。

②十六　鐸徳高聲念**三多斯**云云。指吾主近受難之期。自遠方進如徳亞都城。雖有不知而妬害者。其敬者。亦不啻億萬。扼花迎接。高聲讃賀。所念**三多斯**云者。譯言聖聖聖。正是讃賀之言也。與彌撒者。至此當思吾主爲我輩受難。屬其夙願樂爲。而我輩事主最容易者。尚不肯爲。愈可羞愧。又以見事情難定。今日尊敬我之人。即五日後侮慢我之人。正警人不可輕聽浮言。輙自矜眞也。△當拊心三次。默念。

△我罪。我罪。告我大罪。

③第十六　高聲念**三都斯**云。

此節之意指吾主耶穌。既已自定所欲受難之期。于五日前。自遠方進如徳亞之都城。其進也乃有異常景象。蓋其都中之人。雖有不知而妬害者。然其知且敬者。不啻億萬。皆因久不瞻見聖容。又領受聖訓。想慕之深。甚于饑渴。故聞吾主將來。傾城出迎。此時春分。花木正盛。人皆攀花手執擁護前後。又有持花。弁其衣服徧布于地。以待徑行。于時若大若小。歡喜踴躍。高聲讃賀。如出一口。所云**三都斯三都斯**云者。譯言聖聖。正是讃賀感謝之言也。與彌撒者至此。當想吾主在世。容有一二不知不敬者。正欲借此以成就其受難之事也。次到得爲人受難之時。正是降來夙願。如大喜事出于聖心之所樂爲。此時可大發本情。我爲天主作一事。即受大苦。如受大喜一般。乃今容易

者尚不能爲。愈可羞愧。（中略）
試観吾主遇今日之人如此。五日後之人又如彼。雖今日此人本情盡敬吾主。日後惑于不知不敬者。亦遂其爲侮慢。正可警。人不惟不可聴從浮言。漫自矜喜。且自己不可作一浮游之人。又當學吾主任其浮游。而其主張自定也。

＊①のおらしよは、『聖教日課』初版（明治元年十月）の「とがのおらすしよ」の詩句と同文である。

①神父無言にて合掌黙念、是當今の教皇を始め、本國當國の今上皇帝、主教、傳教師、諸の官員并父母親類朋友、其外天下の切支丹の爲に宜く守護あらせ給へと祈願を籠むる處にて、則御主ぜずすきりしと御死去の前夜、尊きゆかりしちやのさがらめんとを定め置て後、ぜつまにやの山園に行玉ひし時に像り、此時宗徒と數百歩離れ、只御壹人杉の林に入らせられ、頓而請給ふ御萬苦ハ全く人間罪障の贖ひに盡し給ふ御功力なるニよりて、夫を御親天主に捧げ給ふために、膝の觀念しておらしよせらるにおいて世間の人々此深き御内證を辨へず、猶も背きて罪科に陥るべしと觀し給ひければ、御苦痛やるせなく、御惣身より御血の汗湧出て地も濕めりしとなり。拜むもの是等の御恩を深く考へ、神父と心を合せ天下の人々心を開き、御洪恩を辨へ御内證に洩ざれと乞ひ奉るべし。但し活たる人、死したる人、病人のためにも此時願ふてよろし。

②十七　鐸徳合掌黙存。祈求天主廣揚聖教會保佑當今教化皇。帝王。本主教。及衆司教諸品者。并父母親友恩人。及普天下之奉教者。此指吾主受難前一晩。在園中默禱罷徳肋。奉己所受諸苦。代民贖罪。又想我縦受苦。尚有不肯感發遷改。辜負我恩者。作如是想。忽然汗血流地。吾主受苦如此。與彌撒者。至此當存想此意。偕吾主。偕鐸徳祈求天主。大開天下人心。使人人不負吾主耶穌至情。當念。（中略）與彌撒者至此。或祈求。爲生者。死者。病者。患難者。

③第十七　合掌黙存。祈求天主爲保祐當今教化主。帝王。及諸司教者。與父母親友普天下之奉教者。

此節之意。指吾主將受難之前一晩。既定聖體之禮。與宗徒別。即與宗徒同至郊外。離御宗徒百歩之地。在園中爲我萬民黙祈于罷徳肋。奉己所將受之諸苦。所以代人贖罪者。故沈想已往現在未來諸人種種之罪。又想我雖受此至苦。尚有不能感發其情。遷改其惡。辜負我拯救之恩者。作如此想。忽然汗血流地。此乃吾主至大之苦。全在身內。（中略）與彌撒者至此。當存想此意。偕吾主偕鐸徳祈求天主。大開天下之心。教化盛行。以至人人不負吾主耶穌至情。得沾其恩。爲生前死後之眞福也。

①神父尊きかりすの上の前後にさんくるすの御印を數多畫き給ふ。是御主の御ばつしよに凌ぎ給ふ御苦患ハ數々なりしとのしるしにて、拜む者此御恩澤を感謝してわれも毎日色々の難儀苦しみを此御くるすの分として凌がせ給へと乞ひ奉るべし。

②十八　鐸徳于聖爵上。先後畫。許多十字。此指吾主受難日。諸般苦痛也。與彌撒者。至此當感謝主恩。即求主賜我日日負我十字架隨從吾主。吾輩毎日遇難忍之事。爲主而忍。又所當行克己之功。皆爲我之十字架也。當念。

＊③は②にくらべ説明が詳細だが骨子は同じである。

①神父尊きゆかりしちや并尊きかりすを高く差あげ給ふ。是御主ぜずすきりしと、くるすに懸り給ひし莫大の御恩の處にして、此時既におふすちやハ御主の御肉身、かりすの葡萄酒ハ御血と變化してあれバ、誠に敬ひ平伏してもふべきハ、此日天地日月其外萬物までも無心ながらかなしみの光景を顯わしけるに、況や我等人としてか丶る御苦患を見て、いかでかかなしまざる事あらんや。扨又十字架の四角なるハ世界の四方に像り御主手を開き給ふ事ハ、御壹人の御身に世界中の罪を引請贖ひ給ふ御印にて、此御内證を賴母敷存じ奉り、御主に近寄ものハ何時も助けあげ給わんと、御手を開き引誘ひ給ふ也。是等の御慈悲一朝一夕に書盡すべき事能わず。依之責而

は我罪科を洗ふて、御志の萬分一にてもつとむべくと勵むべし。又此尊きゆかりしちやを高くさゝげる事、今一ツの義有、御主ぜずすきりしとの一生の間殊ニ御ばつしよ、御死去の御功力限りなきに因て、天上において天主父の御右に備わり、諸々の榮福を保ち、天上地下其御掌握にある御威勢、あんじよ、べあとすより仰がれ給ふ事にも象る儀なれバ、此一段壹ツにハ悲しみ、壹ツにハ喜びを以て御大切の心を催し、神父尊きゆかりしちやを高く捧給ふとき、拜むものハ地に平伏すべし。同くおがみ奉るときのおらしよ△御主ぜずすきりしと、さんたくるすの上において世界を扶け給ひしによりて、つゝしみうやまつておがみ奉る。我等がとがをゆるし給へ。あめん。かりすを拜み奉るときのおらしよ△一切人間を助け給わんがために、くるすの上にて流し給ふ御主ぜずすきりしとの尊き御血拜み奉る。あめん。

②正祭

一　擧揚聖體聖爵。指吾主耶穌。爲我被釘十字架上。莫大之恩也。與彌撒者至此。思吾主受難。即不靈之物。且表其哀情。我輩人類。可不感動發心哀悔改遷乎。又有擧揚之義。因吾主耶穌。甘下受苦辱。將來天主聖父。必與以審判之權。而加諸萬神萬民之上。爲衆瞻仰。與彌撒者。知受難之恩。又知擧揚之義。則悲喜交集。而愛慕。不已矣。

擧揚聖體祝文

(中略)△俯拜稱謝吾主耶穌基利斯督。甘願以此十字聖架。救贖普世。伏祈吾主。赦我等罪。亞孟

擧揚聖爵祝文

(中略)△申爾福。至寶血。吾主耶穌基利斯督。在十字架臺上。爲人永福所流下者。

③解正祭九節之義　第一　擧揚聖體聖爵。

此節之意。指吾主耶穌爲我被釘十字架上莫大之恩也。(中略)與彌撒者至此。當反己而思夫吾主受難。即天地不

靈之物。且表其哀。如不忍見其主之至此。我人類也。尚不感不痛哉。（中略）蓋吾主受難一事。其義甚深。其論甚有味。自在他篇詳之。而繹擧揚聖體聖爵之義。又有二焉。其一高擧者。欲衆人得便瞻仰。且記當時吾主爲我受人高竪十字架上。開其兩手。似有招接提挈之状。與父母開手抱子一般。又以十字架四角。指四方之人。俱爲吾主所俯憫。無一可置之在外而不赦者其二吾主耶穌以一己人性之軆。寧受如此諸般苦辱。以贖萬民諸般罪愆。（中略）則必爲天主所擧揚。與之審判萬民之權。加榮位于萬民萬神之上以補之。（中略）吾主契利斯督。爲吾萬衆聽罷德肋之旨。以至于死以至于釘死。因此天主加其榮福。與之一名號在萬名號上。命凡在天之神。在世之人。與在地獄之魔。一聞耶穌名號。莫不欽敬恐懼而拜伏焉。與彌撒者知受難之恩。而又知擧揚之義則悲喜交集。而愛慕篤摯之情何能已矣。

＊最初の傍線部分は、前掲『吉利支丹心得書』四六頁に類同箇所がある。

「其時まてはんたりしハそくじにJx̊の御色身と成りかわりたまい、又かりすに有〔る〕所のふとうしゆは、Jx̊の御血と成りかわり給ふ事をしんする事かんよう也」

＊上記二祈禱文は、カサナテンセ図書館所蔵本『どちりなきりしたん』（国字、一六〇〇年刊）の「第八たつときゐけれじやの御おきての事」にある次の祈禱文と類似する。

△「御主Jx̊貴き御くるすの道をもて世界をたすけ玉ふによてくぎやうらいはいし奉る、わがとがをゆるし玉へ」

△「かりすをおがませ玉ふ時、（中略）御あるじJx̊一さいにんげんをたすけたまはんためにくるすのうへにてながし玉ふたつとき御ちをおがみ奉る」

（新村出・柊源一校註『吉利支丹文学集2』、平凡社、一九九三年、一三八―一三九頁所引）

これらは、①の両祈禱文と類似しているが、特に第二の祈禱文は『どちりな』に酷似している。なお、上記『どちりなきりしたん』の二祈禱文は、『聖教日課』初版の「御彌撒においておすちやを拝み奉る時のおらしよ」「同かりすを拝み奉るときのおらしよ」ともほぼ同文である。

①神父尊きゆかりしちやの上にさんたくるすの御印を五ツ書き給ふ。是御主ぜずすきりしと我等がために凌ぎ受給ふ惣身の御疵、頂きより踵に至るまで、少しの透間もあらざれとも別而重きハ御手御足御脇腹の五カ所の御疵なり。都ての御厚恩を報ずる事ハ迚も及ばざる事なれバ、責而此五疵を覺へ拝みて後悔を起し、強き心を保ち、浮世の榮花を棄て、謙りを守り、堪忍を盡し、善事を勤め、御大切の心を起すべし。此時念ずべきおらしよ△いかに我君ぜずすに乞奉る。抑我ハ御身より作り出されしのみならず、御身の御救ひをうけ今生においてハ平安に日を送り、後生におゐてハ安樂を望む事、何れか君の御恩にあらざらんや。さても御身ハ眞の天主、眞の御人にて在して、御哀憐ハ限りなし、御仁慈ハ量なし。我もまた人間にありながら、却而惡逆限りなく、無道斯の如きハ何事ぞや。然るに斯程御恩垂させられ、終にハ我等のために死し給ふ。然れバわれも御大切の心を失わず、身命をさゝげ奉るべきものと辨へ奉るべき也。依之何卒御身のがらさを以て御大切を忘れず、一命をさゝげて御洪恩の萬ケ一をも報じさせ給へと、混すらに希ひ奉る。あめん。

②二（中略）△懇祈吾主耶穌基利斯督。念我爲爾所造。爲爾所贖。今世所獲美善。後世得望榮福。皆爾洪錫。特。爲爾無限仁慈。求爾鎔化我心。拔我諸情於世諸物。吾主。亦眞天主。亦眞人者。爾既仁厚無比。我何惡薄如此。爾既。爲愛我而受死。我何敢不愛爾而偸生。伏望還降聖寵。佑我仰酬大恩。以愛還愛。以死還死。亞孟。

③第二　聖體上畫十字聖號五次

此節之意。指吾主爲我雖徧身無不受苦。以贖吾等一身百骸之罪。然其中五處尤爲重傷。被釘時兩手兩足。併其胸旁是也。夫以天主所賜之恩。浩大無際。其爲贖我等罪。自甘受苦。而此五傷。尤非他恩可比擬者。我等雖致身難報。故宜時時頌念。較之感頌衆恩。尤當喫緊。首拜右手之傷。求剛勇之德。以輕世福不致倨傲。次拜左手之傷。求忍耐之德。以勝世禍。不致失望。次拜左足之傷。求謹愼之德。以避諸惡。免墮地獄。次拜右足之傷。求忻勸之德。以趨諸善。得升天堂。終拜胸旁之傷。求仁愛之德。以愛天主萬有之上。與夫愛人如己。禮拜五傷畢。又稽首拜耶穌。（以下は②の祈禱文とほぼ同文）

※①では③の後半部がかなり要約されている。

①神父合掌默念。是御主ぜずすきりしと、御あにまハ御色躰に離れて、即時に地中にあるりんぼといふ處に降らせ、古來聖人を慰め、天の快樂を許し給ふ處なり。これによりて神父ハ此時、ふるがとうりよに苦しむあにまを速かに救ひあげ給へと乞ひ給ふなり。拜むものも又心を合せて同じく願ひ奉るべし。是所謂さんとすの通功なり。おらしよ△いかに天主ハ御慈悲の上より、ふるがとふりよのあにまを速かに安樂の處に休めとゞまらせ給へ。あめん。

△天にまします一ぺん△がらさみちみち一ぺん申上べし。

②三（中略）△求吾主救煉獄教衆。賴主仁慈。息止安所。亞孟。念天主經聖母經各一遍。

③第三　又合掌默存

此節之意。指吾主既死之後。有兩賢臣收殮吾主。瘞于新墓。此時吾主靈魂。降上一重地獄以救古聖久望天主降生者。而挈之以升天也。鐸德到此。亦爲奉教已歿之人。在煉罪處者。默求天主速救之。與彌撒者亦當于此致情。爲煉罪之人祈求天主。此爲聖神相通功也。

①神父胸を叩き、聲を出して唱へ續け給ふ。是御主御死去の時種々の天變地怪あるを見て、諸人後悔を起し、悲

しみたるしるしにして、拝むもの彌後悔を起して、人々のため、我のために、又死したる人のためにも、御ゆるしを乞たてまつるべし。

③第四　拊心高聲念諾比斯郭國云云。譯言吾主憐及我衆罪人。此節之意。指吾主當受苦時。有天上地下。非常靈異之事。衆人乃悟從前之昏亂。耶穌實是天地之主。即追悔從前錯認侮慢之罪。各各搥胸自不能安也。與彌撒者至此。亦當悔其前罪以求恩赦。盖前者爲天下之人而求。亦爲已歿之人而求。今當爲自己而求矣。

①神父聲を出して天に在すのおらしよを誦へ給ふ。我等人間肉身に附てもあにまに付ても今生後生とも入用の事願ひ奉るべきハ、則天にましますのおらしよに含め給ふ七ケ條の外にある事なし。されハたゞいま尊きゆかりしちや、正しく香臺の上に在せバ、願わずんバあるべからず。切支丹毎日此おらしよ誦ゆるといへども此時において別而心を静め頼母敷望みて天に在すのおらしよを念ずべし。

②六　鐸德高聲誦天主經。在天我等云云。我等肉身靈魂。生前死後。所望於主者。全在主經之七求。此時聖體在上。正該感吾主代人贖罪。于此不求。更待何時求乎。故鐸德自己立表。高聲朗誦。教人不可錯過此會。與彌撒者。思平日固誦而此時同鐸德聲聲喚醒。心神融洽于其中。又爲親切。當念。△天主經一遍。

③第五　骨子は②と同じだが説明がより詳細。

①神父**おすちや**を三ツに割給ふ。是御主御十字架の上にて崩御の後、御あにまは御肉身に離れさせられて、**りんぼ**に下らせ、又蘇生らせ給ふて御上天し給ふなり。されハ天上人間地下の三所に榮福を全顯し給ひ、又過去現在未来まで御恩を蒙らざるものなきとの證し也。拝む者おもふべきにハ我等あにまと肉身と離れるときに及びて、

功力を持ざれバ、件の三所に福を與へ玉ふ御主を拝み奉る事叶わず。かるがゆへに存生の中に勤めて三ツの敵に勝ち、がらさを希ひて、常に覺悟をなしおくべしと辨へるべし。

②七　麪形分開爲三。蓋指吾主在十字架上命終。靈魂與肉軀相離。又復生升天。而加全福于天上。人間。靈薄三處。又已過現在未來三等人。無不盡被吾主之恩。與彌撒者思己靈魂與肉身離時。若無功德。安得見吾主而承永福。又思吾主如此大功。三處均庇。敢不在此世。急于戰勝三仇。（以下略）

③第七　又三分窩斯帝亞。（以下略）

①神父おすちやの小く割たるをかりすの中に入て、おらしよし給ふ。是御主三日目に復活、御弟子達に現われ給ひ、御身安んじ和らぎて汝等の中にましますと宣ひたる御辭を祝して誦へ給ふ處也。拝むもの、是までの罪科を捨、心を善によみがへらせ、御主と共に離れざる事を希ふべし。おらしよ△御主我等罪人をあわれみ給へ。

②八　鐸徳請小分麪形。畫十字入聖爵。以示主之安和在爾輩。乃鐸徳祝願衆人之詞也。亦指吾主復生後。現慰宗徒曰。我之安和在爾輩中也。宗徒喜甚。與彌撒者。至此當自發一甦生之意絶去日前罪過。（以下略）

③第八　又念罷斯。鐸彌尼。云云。譯言主之安和永在爾輩乃鐸徳祝願衆人之詞也此節之意。指吾主第三日自死者中復生。（以下略）

＊最初の傍線部分は②の七に併記されているおらしよの「我情願與肉身離。不願離我主」と類同する。また、その次の傍線部分のおらしよは、②の四と五に併記のおらしよの「吾主矜憐我等」と「吾主救我等罪人」を合成したものに類同する。

①神父胸を叩きて尊きゆかりしちやを領給ふ。是此尊きゆかりしちやハあにまの養ひとなる妙藥の如し。故に必

らず是に敵對する罪科の禁物を除きて後是を服すべし。依之神父も既に後悔を起し、胸を打といへども猶も後悔の足ざらん事を恐れて今又後悔を顯して尊きゆかりしちやを受給ふ也。惣じて此尊きゆかりしちやを授りたてまつるに三ツの差別あり。壹ツにハ、實領とてまことにうける事にて、あにま、からだ共に矩を守りて受奉る也。二ツには神領とて眞心の望みを起してからだにハ受ずといへどもあにまにのミ感通する事。三ツにハ徒領とていたづらに受ることにて、あにま心の覺悟なく外向にてからだにのミ受け奉る事也。此三ツの内、實領と神領とを勸むべし。徒領ハいたすべからず。却而重罪となる也。

②九　鐸德叩心悔罪。隨領聖體。聖體保養靈魂之寶藥。必先去罪根。然後用之有益。鐸德雖已悔罪。至此復叩心悔之。恐悔或未盡也。（以下略）

③第九　叩心悔罪。隨領聖體。（中略）然領有三等。一爲徒領。一爲實領。一爲神領。徒領者。雖外行其禮。不得内受其效。此乃有罪過之人。悔心未定。而輕易遽領。（中略）不可領而領者。即自領其罪罰。（中略）實領者外受其禮。内實受其恩。此乃有德之人。心中掃除已久。望慕已切。方恭敬領之。其益不可勝言。另載于後。神領者。既已不敢徒領。又未能實領。而心中願領。謂之神領也。（以下略）

①神父かりすを仕舞、經文を再び香臺の左に移して一章を讀誦し畢而、身を黐へして、**どみぬすおびすこん**と唱へ給ふ。

是御主元來じゆでいの國を御救のために出現ましまして、終に他の國々に御恩を與へ給ふといへども、世界の終に御糺明のため、再び天降らせ給ふときハ、又じゆでいの國に現れ給ふとの印によりて元の如く經文を左に移すなり。然れば拜むもの御主の御慈悲ニよりて聖き御教を信じ助かりの道を辨へし上ハ、心を堅固にして御糺明の覺悟をすべきなり。

②撤祭

一　鐸徳既歛聖爵等物又請經復過臺左。誦經一段。即轉身仍念主與爾偕焉。示吾主在願輩中焉。蓋指吾主之教。從如德亞而傳千萬方。如德亞之民多反失之。故終必復傳于如德亞又吾主因救世。而于如德亞降生。終必從如德亞降來大審判。與彌撒者。至此當想未聞教之先。猶可諉於不知。既聞教後。不可不猛省力行。備死後審。

③解徹祭六節之義

第一　既歛聖爵等物。又請經復過臺左。誦經一段。即轉身仍念**鐸爾奴斯阿比斯公**。譯言主在爾輩中焉。（以下略）

①神父恩謝のおらしよを誦へ給ふ。是御みさの始より終迄の御冥加と又尊きゆかりしちや授り得たる事、御洪恩の蒙らざる事なく、拝むもの能く辨へて、神父と心を合せ、深く謝し奉るべきなり。

②二　鐸徳又誦經謝恩。吾主之恩。當時時奉謝。（中略）始知吾主當初。所賜之恩甚厚也。得不感謝無窮乎。與彌撒者。思彌撒之恩難逢。天主今日。使我得與此祭。至審判日。必爲天主所寵。而投誠誦謝。自不能已矣。

③第二　又誦經謝恩。

此節之意。自從前所誦及今領聖體畢。吾主降恩于人。無所不被。固當誠心奉謝。（以下略）

①神父身を飜へして、**どみぬすおびすこん**と唱へ給ふ。是拝むもの皆尊きゆかりしちや授り得たるをいはひ給ふ辭也。拝む者今生におゐて能御掟を守り、御主の御内證を背かずして、死後永遠御一所にあれがしと頼母敷望むべし。

②三　鐸徳又轉身。念主與爾偕焉。此鐸徳賀衆人之領聖體。及向與彌撒者。言主在爾輩中焉。又指此生前嚴加修省。必使善念刻刻相續。一非不間。方爲萬德渾全。而與主翕合也。

③第三　又轉身念鐸彌奴斯。阿比斯公。（以下略）

①神父また拜む者に向て、いてみさゑすて云々と唱へ給ふ。是御みさハ終りたるにより何れも退くべしといふ辭なり。是に因て、拜むもの此時立去べきなれども、若粗忽成心當ありてハ罪を天主に得て、後日のおそれ多かるべきによりて、心を静めて御みさ中の念慮を顧みて、猶乞ひ奉るおらしよ△今日天主ハ我を見捨給わざる御蔭によりて、諸々のあんじよと共に御堂にありて拜む事を得奉る。何とぞ後日御糺明の時に當りて、いんへるの丶苦患を遁し、ぱらいぞえ導き給へ。あめん。

②四　鐸徳又向衆念曰。依此彌撒。允沿各衆之心願祈求。與彌撒者。當轉思彌撒雖畢。而或有忽畧錯過。雖與猶不與也。即當退省日加精進。以得與此大祭爲喜。當念。

△今日幸承天主不棄得與諸天神同堂瞻禮。日後審判冀免地獄之苦獲遂升天之望。亞孟。

③第四　又向衆人念依得彌撒云云。譯言彌撒已畢衆人可去矣。此指彌撒既畢。（中略）與彌撒者至此。當轉思彌撒雖畢。而或有忽畧覿面錯過。雖有。與彌撒之事。未必有。與彌撒之功。即當肅然退省。日加精進。方以得與此勝會爲喜矣。不然或不爲天主所悦而去。反爲天主所嗔而去。尚未可知。又當注想日後審判之事已畢。（以下略）

①神父拜む者に向ひさんたくるすの御印をなして、萬事叶ひ給ふ天主ぱてる、ひりよ、すひりとさんと榮福を汝等に與へ給へがしと唱給ふ。是神父ハ天主に代りて皆の者に福を與へ給ひ、又後日御糺明終りて、御主ハ善人達をひきいて御上天ありて、夫々に榮福を與へ給ふを祝するの義なり。されバ拜む者、今蒙り奉りし冥加失わずして後日迄保つことを望み、神父と同くさんたくるすの御印を行ふて御恩を謝すべし。

②五　鐸徳畫十字。祝福于衆。此時鐸徳稱三位一體。祝願奉教者。代天主降福于衆人。又指吾主日後。挈善人同

升天國。享榮福也。與彌撒者。想日後升天之福。斷當勉勵相警。無使空爲善迹。而致失眞福也。當叩首感謝畫十字。念

①神父香臺の右に就而經文一章を誦へて退き給ふ。いにしへハ都而右を尊ぶ故に、右はぱらいぞに像り、拜むもの始めより今此終迄天主の秘密を含みし聖き御祭を拜み、その御洪恩によりてぱらいぞの御快樂に預るべき事を深く謝し奉りて、念ずべきおらしよ。

△いかに御主ぜずすきりしと、今我御みさに逢ひ奉り、尊き**おすちや**のうちに在す御身を拜み奉る事、何れの悦びか是にしかんや。然れバ此世においてハ全く御掟を守り、ぱらいぞの望をとげさせ給へと伏而希ひ奉る。あめん。

此おらしよを申上て後、静かに退散すべし。

②六　鐸徳立臺右誦經一叚。捧聖爵歸。禮畢。古禮以右爲尊。右者。天堂眞福之處也。指世界盡時。升天得福之人。永遠在天。讚謝天主。（中略）與彌撒後。密存所得之精義。以至日後。得明見吾主。人人升天受福。（中略）

△吾主耶穌。我專心感謝爾。賜我等看彌撒。見爾于**阿斯底亞**。瞻爾洪恩。何樂如之。伏祈爾。俾罪人于此世上。恪守爾命。不敢失望。得升天國。

結　論

以上の検討から『彌撒拜禮式』は漢籍祈禱書である北京版『聖教日課』所収の「與彌撒禮」を基本に、漢籍教義書の『彌撒祭義』で増補し、キリシタン用語で潤色を加えた可能性が高い。ただ、既述の通り、「彌撒」関連の類書は数多く、すべてを調査したわけではないため、断定は避けたい。ともかく、『彌撒拜禮式』には、これ

ら両漢籍の漢語と同一か、あるいはその類義語が数多く認められる。とりわけ、『彌撒祭義』に見える特殊なキリスト教用語（「實領」「神領」「徒領」）が収載されていることは、『彌撒拜禮式』が漢籍を参照した決定的証拠である。さらに『彌撒拜禮式』の表現・措辞においても、これら漢籍を大幅に簡約したり、意訳したと見られる部分が散見されるとはいえ、書き下し文や翻訳文に等しい文辞が大部分を占めている。

以上から、『彌撒拜禮式』は潜伏キリシタン伝来書や古キリシタン版ではなく、上掲の二漢籍、ないしはその類本を主な典拠にしているといえよう。

これらの漢籍に加え、プティジャン版『聖教日課』からの収載や、『どちりなきりしたん』『吉利支丹心得書』と類同する箇所も散見された。また『古今和歌集』からの収録は、『彌撒拜禮式』の編集に阿部眞造が深く関わっていた一証左である。

かくして、プティジャン版『彌撒拜禮式』は、ラテン語、ポルトガル語、漢籍教義書の漢語、慶長年間の古語が混在した文書となったのである。

（1）『彌撒拜禮式』の翻刻には、以下のものがある。
吉野作造編『明治文化全集』第一一巻、日本評論社、一九二八年
長沼賢海編『南蛮文集』、春陽堂、一九二九年
『彌撒拜禮式』、長崎切支丹文献刊行会、一九三一年

（2）Laures, Johannes, *Kirishitan Bunko*, Sophia University, 1957, pp. 137-138.

（3）姉崎正治『切支丹禁制の終末』（同文館、一九二六年）二二〇頁。

（4）吉野作造編、前掲書、一四頁。海老沢有道『切支丹典籍叢考』（拓文堂、一九四三年）一七九頁。

（5）長沼賢海編、前掲書、六三―六九頁。
長沼は、『彌撒拜禮式』を『コンチリサンの略』『訂正科除規則』とともに、パリの書店で購入したと述べている。

また「首頁や表紙裏の装飾画は、支那で出版された耶蘇教書籍のそれと酷似している」と指摘している。ただし、彼の解題はベルナルドとプティジャンを別人として扱うなど難点がある。

(6) Courant, Maurice, *Bibliothèque Nationale, Département des Manuscrits, Catalogue des Livres Chinois, Coréens, Japonais, etc.*, Paris, 1912 所収のミサ関連の漢籍は以下の通り。七二七七：Aleni,『彌撒祭義』（一六二九）／七二八二：『彌撒祭義略』／七二八四：Aleni,『聖體要理』／七二八八：Brancati,『聖體規儀』（一六七九）／七二九〇：Verbiest,『聖體答疑』／七二九三：de Mailla,『聖體仁愛經規條』（一七一九）／七二九六：『聖體會規』／七二九七：『聖體問荅』／七二九八：Buglio,『司鐸典要』（一六七六）／七三八三：『彌撒經典』(*Missale Romanum*)（一六七〇）／七三五三―七三五四：Longobardi,『天主聖教日課』所収の「與彌撒禮」

(7) ロペス・ガイ『キリシタン時代の典礼』（井手勝美訳、キリシタン文化研究シリーズ24、キリシタン文化研究会、一九八三年）一五頁。

(8) 同右、三〇―三二頁。

(9) 同右、一六五・一六九―一七三・二〇〇頁。

(10) 同右、一九六頁。

(11) 同右、一八八―一九五頁。

(12) 同右、一九六―一九八頁。

(13) 同右、一五―一六、一九五―一九九頁。

(14) 同右、一一二頁。

(15) 松田毅一・川崎桃太訳『フロイス日本史6』（中央公論社、一九七八年）一三九頁。

(16) ロペス・ガイ、前掲訳書、六四頁。

(17) 同右、六五頁。

(18) 松田毅一監訳『一六・七世紀イエズス会日本報告集』第Ⅱ期第三巻（同朋舎出版、一九九七年）八頁。

(19) ロペス・ガイ、前掲訳書、三七頁。

(20) 佐伯好郎『支那基督教の研究3』（春秋社、一九四四年）四〇一―四〇二頁。

(21) Latourette, Kenneth Scott, *A History of Christian Missions in China*, New York, 1929, p. 133.「しかし、この特典は、中国人司祭の不足のために実際には一度も用いられなかった」。
「この特典は、一六五九、一六六九、一六七三年にも中国人司祭を叙階する教皇代理に付与された。しかしラテン語に精通していない中国人司祭といえども、ミサや秘跡の式文の意味を理解するに足るだけのラテン語力は求められた」(Latourette, *op. cit.*, p. 133)。

(22) 松岡洸司「『バレト写本』と『聖経直解』の対照と語彙」(『キリシタン研究』第二五輯所収、吉川弘文館、一九八五年)一四〇頁。

(23) ロペス・ガイ、前掲訳書、二一八頁。

(24) 同右、二一八頁。

(25) 同右、二二二頁。

『バレト写本』(ローマ字)の翻字と解説は、『キリシタン研究』第七輯(吉川弘文館、一九六二年)になされている。

(26) ロペス・ガイ、前掲訳書、二二〇—二二一頁。

(27) この文書の刊行年は諸説あるが、一五九一年から一五九七年まで、天草のコレジオに印刷機があったのは確定的であるので、この期間であることは間違いない。この文書は現在、天理図書館に所蔵され、『キリシタン書・排耶書』(日本思想大系25、岩波書店、一九七〇年)に翻刻されている。
また、この文書のほかにも、フランシスコ・パシオの一五九四年九月二六日付書簡に従えば、埋葬の礼式を詳述した冊子が印刷されている。

(28) ロペス・ガイ、前掲訳書、二二七—二三九頁。

(29) 同右、二四四頁。

(30) 『キリシタン書・排耶書』に邦文ローマ字の付録部分が「サカラメンタ提要付録」として翻刻されている。

(31) 新村出『南蛮広記』(岩波書店、一九二五年)三五九—三六六頁。また、海老沢有道『洋楽伝来史』(日本基督教団出版局、一九八三年)二三二—二三九頁に翻刻されている。

(32) 海老沢有道『洋楽伝来史』二四〇—二四一頁。

遠藤宏「『御みさへんじ事』と彌撒聖祭」（『日伊文化研究』第七号所収、日伊協会、一九四二年）に翻刻と解説がなされている。
(33) 遠藤宏、前掲論文、二〇頁。
(34) ロペス・ガイ、前掲訳書、一一四頁。
(35) 同右、三三〇頁。
(36) 同右、三三〇頁。
(37) 遠藤宏、前掲論文、一五―一九頁より引用。
(38) 大阪毎日新聞社編『珍書大観・吉利支丹叢書』（一九二八―二九年）に影印。
海老沢ゼミナール校注『吉利支丹心得書』（聖心女子大学カトリック文化研究所、一九五八年）に翻刻がなされている。
(39) 海老沢有道『増訂切支丹史の研究』（新人物往来社、一九七一年）三一四―三一五頁。
海老沢は、大坂奉行松平玄蕃頭の『御国禁耶蘇書目』（一六九八年）、三浦梅園の『帰山録』（一七七八年）、『五月雨抄』（一七八四年）、近藤正斎の『好書故事』（一七二七年）、向井兼哲らが長崎奉行所に提出した『御禁書目録』（一八四一年）を比較対照している。本文中掲載の艾儒畧の著作は、これらすべての書物に禁書として記載されている。
(40) 姜在彦『朝鮮の西学史　姜在彦著作選第Ⅳ巻』（鈴木信昭訳、明石書店、一九九六年）三五二頁。

第三章　阿部眞造著『告解式』の典拠と編集意図

はじめに

『告解式』は、阿部眞造が横浜の天主堂脱走後、明治五年秋に教部省に提出した文書の一つとされている。[1]従って、正確にはプティジャン版ではないが、その典拠が『科除規則』とされているため、プティジャン版に類するものとして、ここで検討する。

『告解式』の写本は、現在、無窮会東洋文化研究所・神習文庫に所蔵されている。以下に書誌を略記する。内題は「天主舊教告解式」。体裁は、和綴写本で、本文四一丁、一〇行二〇字詰、サイズは二四・六×一六・二センチ、錯簡が見られるが、本文は、一五丁、一四丁……一丁、一六丁、一七丁……四一丁の順序になっている。誤字が散見される。一一丁オとウの間（第二章の冒頭）が脱落している。『科除規則』の当該箇所の字数より算定すると、一丁分の欠落に相当し、転写ミスであろう。初頁に「井上頼圀蔵」の朱方印があり、巻末に「中講義、阿部眞造著也」と記載されているが、阿部の筆跡ではなく、転写者は不明である。

海老沢有道は、『告解式』は『科除規則』を底本に漢文体に改編されたものだと指摘する。そして、この両者の差異は、『科除規則』とその底本である『サルバトル・ムンジ』との間に見られる程度であり、[2]「対象の相違により改編した当然の結果にすぎまい」と推断している。[3]

他方、入江淯は、『告解式』の巻頭にある「原書ハ羅丁語ナルヲ今譯取スルニ中ニ就キテ」の「羅丁語」をローマ字綴りの日本文と解する。[4] そして『告解式』の増補部分と、『コリャード懺悔録』、『聖教初学要理』(慶応四年版)との対応箇所を例示し、増補は新作ではないとする。その上で『告解式』の底本は、『科除規則』ではなく、『サルバトル・ムンジ』の広本、すなわち、ローマ字で書かれた『告解式』の原本(現物は未発見)であると推論している。[5]

筆者は、天主教漢籍教義書を調査しているうち『滌罪正規』収載の「天主十誡」と「宗罪七端」とが阿部の『告解式』と酷似していることに気づき、詳しく両者を比較対照したところ、阿部の『告解式』は、『科除規則』に加えて『滌罪正規』を主な典拠にしているとの確証を得た。『滌罪正規』は Giulio Aleni (艾儒畧、一五八二―一六四九)[6] の著作であり、「告解の秘跡論」である。以下、簡単に『滌罪正規』の書誌を記す (長崎県立図書館蔵本による)。[7]

内題：降生後一千八百四十九年　重刊／滌罪正規／司牧　趙方濟　准

袋綴、罫線有り、九行二一字詰。サイズは二二・五×一四・五センチ、本文は、一〇一張。一冊本で、四巻から成る。巻一 (「論省察」二九張)、巻二 (上「論痛悔」一四張、下「論改過」一一張)、巻三 (「論告解」二三張)、巻四 (「論補贖」二五張)。目録の後に、「尊教規凡譯經書必三次看詳方允付梓茲并鐫訂閲姓名於後」耶穌會士　艾儒畧　述　／同　會　高一志／陽瑪諾／費奇規／全訂とある。

小引の後に、武林楊廷筠撰とあり、初版の成立は、楊廷筠 (一五五七―一六二七) の序文から、一六二七年以前と推定される。[8] この時期は、「典礼問題」の顕在化以前に該当する。

カトリックでは、「十誡」は戒律の中心として重視されており、「十誡」の解説を収載した天主教漢籍は多数に及ぶ。「十誡」を中心に収録している漢籍教義書のうち調査しえた例を幾つかあげると、『天主聖教約言』(蘇如望、一八七一年、初版一六一〇年)、『天主聖教十誡直詮』(陽瑪諾著、一七九八年、初版一六四二年)、『天主十誡勸論聖蹟』(潘國光著、一八六九年、初版一六五〇年)、『教要序論』(南懐仁著、一八六七年、初版一六七〇年)[9]、『聖教切要』(白多瑪著、一八四二年、初版一七〇五年)[10]である。この中で様式が、『告解式』に類似しているのは『聖教切要』のみである。

『聖教切要』には、内容的に類似する箇所が散見されはするが、章句は『告解式』とは異なるものが多い。加えて『聖教切要』の著者はアウグスチノ会のOrtiz, P.であり、典礼問題の影響が顕著に反映している。特に第一誡では、拝孔子、祖先崇拝を断罪する細目文が主体となっている。これは、天主への不信・忘恩が主体の『滌罪正規』とは対照的である。また後者には、「呵風罵雨。呪天罵地者。有罪」(第一誡の十六)のような儒教的戒めさえ収録されており、イエズス会の適応主義が看取できる。なお『教要序論』の「第九、十誡の解説文」は『告解式』と対応する箇所があり、後述する。

第一節　『告解式』の目次と『科除規則』『滌罪正規』『教要序論』との対応

緒言：→『科除規則』(一丁オ)
第一[章]：「コンピサン」之益→『科除規則』(一丁ウ～三丁オ)
第二章：「コンピ[サ]ン」ヲ具状セム人ノ持ツヘキ條々之事→『科除規則』(三丁オ～七丁ウ)
第三章：「コンシヤンシヤ」トテ本心ヲ明査スル法ヲ教ル事→『科除規則』(七丁ウ～二〇丁オ)及び『滌罪正規』(巻一、九張オ～二五張ウ)『教要序論』(一〇張オ～一九張ウ)

第四章：善ヲ行フヲ以テ光陰ヲ消スル事↓『科除規則』（二〇丁オ～二二丁オ）
第五章：平常ノ所作↓『科除規則』（二三丁オ～二四丁ウ）

（［　］内は筆者の補った語句を示す、以下同）

第二節　『告解式』と『科除規則』『滌罪正規』『教要序論』の対応の詳細

様式は『告解式』と『滌罪正規』は各誡ごとに解説文が付され、その後に当該誡の具体的禁止細目文が箇条書に記載されている。『科除規則』には、第三誡の「ぱつぱより御赦しの事」を除いて、この解説文はない。なお、『滌罪正規』は各細目文に『告解式』のような漢数字は付記されていないが、便宜上、記載順に従って漢数字で示した。

以下、①『告解式』、②『滌罪正規』、③『科除規則』と比較してあげる。繁雑さを避け例示にとどめる（なお①③とも直接原典によった。①③の異体字、及び旧字体は改めたものがある。③のヿはコトとした）

①の十誡大綱は第九誡が③に対応する以外、全て②の書き下し文に等しい。

①の第一誡：一天主ヲ萬有ノ上ニ欽崇スヘシ
②の第一誡：欽崇一　天主萬有之上
①の第九誡：他人ノ妻ヲ戀慕スルコト勿レ
③の第九誡：他人の妻を戀すべからす（②の第九誡：毋願他人妻）

第一誡條目（①は17、②は44、③は17の細目文）

①の解説：此誡ハ天主教ノ眞理ナルヲ信スルト其主宰ノ高徳限際（ママ）ナキコトヲ望テ之レニ依頼スルト又之ヲ愛スルトノ三ツヲ兼テ奉事スヘキコトヲ要ス此ヲ信望愛ノ三徳ト云テ凡教中萬徳ノ原也此ノ三徳ニ戻ルコトハ皆此誡ノ

①	②	③
一ー		一
二		二
三	（十五）	三
四ー	（九）	四
五	二十	（五）
六	二二 二三 二五	（六）
七ー	六	（七）
八☆		
九ー		九
十＋	三十	（十）
十一ー		十一
十二		十二 十三
十三	（三五）	
十四	（五）	十四
十五		十五
十六	（十三）	十六
十七ー		十七

注１：表は、第一誡の細目文について、①『告解式』への②『滌罪正規』③『科除規則』からの収載状況を示したものである（以下同）。
注２：＋は増補、－は削減を示す（以下同）。
注３：（　）は収載はされていないが、類似する細目文を示す（以下同）。
注４：①の八☆は、『聖教初学要理』（1869年、巻之三「第壹番之御掟」）に類似文がある。

禁スル所ナリ

②の解説：此誡約論欽崇者。包信望愛。向　天主三徳也。一　天主者絶異端諸事状也。萬有之上者。指一最篤之心。向　天主。世間萬事萬物。無以尚之也。

表現上の異同はあるが、内容的には大筋で類似する。『滌罪正規』の細目文は、その解説文に従い、「背信之罪」「背望之罪」「背愛之罪」の小見出しの下に、各々29、5、10の細目文が配置されている。

a　①が②を参照（例示）

①の十　災難貧困アルニ遇フニ當リテ天主我ヲ保佑セスト怨ミ或ハ天主教ヲ信守スル者ト他教ノ徒ト均シク世ノ天災ヲ受ルコト不公不慈ナリト思ヒシコトアリヤ

（傍線部分は増補を意味する、以下同）

②の三十　遇有災難貧困。而怨及　天主不我救祐。以爲不公不慈者。有罪。

b　①が②と③を参照

①の六　年月日時ノ吉凶ヲ撰ヒ或ハ夢ヲ見テ吉凶ヲ断シ或ハ方位ノ吉凶ヲ信シ或ハ犬吠鴉鳴等ヲ聞テ禍福ノ兆ト思シコトアリヤ

②の二二　見犬吠鴉鳴鵲噪等。以爲妖祥者。有罪。＋②の二三　妄信夜夢爲吉凶先兆者。有罪。＋②の二五擇年月日時。造作諸事。謀求福利者。有罪。＋③の六　時日方角を見夢を信じ鳥獣の鳴聲抔に気を懸たりや

☆①の八　耶穌聖母瑪利亞及諸宗徒聖人ノ事蹟ニ就テ一條ニテモ疑念セシコトアリヤ

『聖教初学要理』：天主之後。先さんたまりや天主より撰び出され給ひて御主ぜずすきりしと之母となさしめ給ひし故に敬ひ奉るべし其次天神聖人達を天主之則近成か故に敬ひ奉るべし（四丁ウ～五丁オ）。

第二誡條目（①は10、②は17、③は10の細目文）

①の解説：此誡ハ誑言モテ妄ニ天主ノ聖名ヲ呼テ證トスルヲ禁ス是大ニ眞主ヲ褻慢スル道ニシテ其罪甚大也

②の解説：此誡禁人誑言。妄呼　天主爲證。褻慢眞主。其罪甚大。（以下略）

①の四　悪ヲ行ヒ或ハ人ヲ害セント誓ヒタルコトアリヤ

②の五　誓爲惡事。如害人等者。有罪。

①の八　自己罪アルヲ遮掩セン爲ニ誓ヒシコトアリヤ

②の八　自己有罪。妄誓遮掩者。有罪。

①	②	③
一		一
二－	(一)	二
三		三
四	五	
五－	(四)	五
六－	(二)	六
七		七
八	八	
九	十五	(九)
十＋	十	

①の九　他人并ヒニ自己ヲ呪咀セシコトアリヤ

②の十五　呪咀他人及自己者。有罪。

第三誡條目（①は11、②はなし、③は11の細目文）

①の解説：第一誡ハ心志ヲ以テ天主ニ奉事スルコトニ係リ第二誡ハ言語ヲ以テ奉事スルコトニ係リ此第三誡ハ則チ躬ヲ以テ奉事スル件々ヲ包涵ス凡教中ノ人皆各我宅内ニ聖像ヲ設テ朝暮禮拝スト雖モ主日及祭日祝日ニ當リテハ家産ノ工業ヲ休メテ親ク堂中ニ到リ「ミサ」（大祭典ノ名）ヲ拝シ経ヲ誦シ總シテ肉軀ヲ靈魂上ニ関スル要務ニ委スヘキノ日ナリ故ニ主日及ヒ祭日祝日ヲ守ルヲ以題トス總テ肉身ノ務ヲ靈魂ノ要務ヨリ先トシ重シトスルコトハ此誡ノ禁スル所ナリ　（カッコ内は割注、以下同）

②の解説：第一誡以心奉事　天主。第二誡以言奉事　天主。第三誡則教人以躬事　天主也。凡奉教者。雖本宅各設聖像。朝夕拝奉。然遇瞻禮日期。又當謝事。親往堂中與彌撒。苟勢不能。則宜在家行禮補歉。

②の細目文はなく、①の細目文一～十一はすべて③の細目文に対応する。

第四誡條目（①は30、②は28、③は20の細目文）

①の解説：教中ノ理天主ヲ欽崇スルヨリ以下父母ヲ切トス抑我ヲ生スル者ハ父母ナリ我ヲ治ル者ハ國君ナリ管長ナリ我ヲ教ル者ハ教師ナリ而シテ此三ノ者其恩遇皆類ヲ同シ天主ニ代リテ覆育ノ功ヲ分筦《（ママ）》［管］スルモノナリ故ニ是ニ事フルコト一ノ如クスヘシ因テ其命スル所天理（即チ天主教ノ理）ニ合セハ則力ヲ竭シ身ヲ致シテ辞スヘカラス是亦天主ニ奉事スルノ一端ナリ而シテ其上ニ在ル者（君父師長）其下ニ在ル者（臣子弟子）ヲ護訓スル義務モ亦此誡内ニアリ夫ノ妻ヲ待ツモ同シ（凡條目中ニ父母ト云者ハ師君家長官長及ヒ夫ヲ兼テ省察スヘシ）

②の解説：聖教之理。　天主而下。以父母爲切。生我者父母也。其治我者。爲國君。爲官長。爲家長。教我者。爲師長。皆父母之類也。有所命於我合乎義理。即竭力致身。亦不得辭。此亦奉　天主之一大端也。其在上者。愛訓在下者。亦關此誡。不孝敬父母。罪有多端。除律條開載外。

a　①が②を参照（例示）

①の一　子トシテ一念ノ親ヲ欺慢セシコトアリヤ

②の一　人子凡一念。欺慢父母者。有罪。

b　①が②と③を参照

①の七　己レノ才能ニ誇リ父母ノ老耄貧窮愚蒙ナルヲ耻シメタルコトアリヤ

②の九　誇自己賢能。嫌父母醜拙辱己者。有罪。＋③の七　父母の老耄貧窮文盲なるを耻たるや

☆①の二八　子女ヲシテ娶嫁セシムル時子女ノ心ニ適セサル婿婦ヲ強テ婚配セシコトアリヤ

『聖教初学要理』（一八六九年）：△子供ハ娶も或ハ嫁するも自由にあらずバ成べからす夫に依て子供之縁組さするに於て親共之勤ハ彼等を無理に誣べからず（八丁オ）。

c　②からの収載で、「親の遺産を巡る問題」があげられている。これは③には全く見られない細目文である。

①	②	③
一	一	
二	（八）	二
三＋		三
四		四
五		五
六		六
七	九	七
八	十	八
九	（十七）	九
十	三	
十一	四	
十二−	五	
十三＋	七	
十四	十二	
十五	十四	
十六	十三	
十七＋	二十	
十八−	（二二）	十一
十九	（十六）	十二
二十−		十三
二一	二六	
二二＋		十五
二三		十六
二四		十七
二五	（二三）	十八
二六−		十九
二七	二一	
二八☆		
二九		
三十		

注：二八☆は『聖教初学要理』巻之三（第四番之御掟）に類似文がある。

①の十四　父母早死セハ家財ヲ私セントノ一念發セシコトアリヤ
②の十二　願親早亡。而得家財者。有罪。
①の十五　父母没後遺言ヲ奉セサル事アリシヤ
②の十四　親亡有遺囑不遵者。有罪。
①の十六　父母没後遺債アリテ之ヲ補還スヘキヲ因循セシコトアリヤ
②の十三　親亡遺債力可還而不還者。有罪。

第五誡條目（①は30、②は32、③は15の細目文）

①の解説：人既ニ心ヲ盡シテ天主ニ奉事シ又力ヲ竭シテ君父師長ニ敬事シ而シテ後必ス此心ヲ推シテ徧ク他人ニ及ホスヘシ普天下人民ハ皆天主ノ子ナレハ我等人類皆兄弟ノ誼アリ但人各勢位智量家産資財限リアリテ人ノ益トナルコト能ハス因是我ヨリ他人ヲ損害スルコト勿ランコトヲ要ス凡ソ人ノ所有ニ就テ概シテ二（ママ）［三］種ニ歸ス一ハ身命トシ二ハ名聲トシ三ハ財物トス故ニ此ヨリ以下ノ三誡（第五第七第八）此三件ヲ損害スルコトヲ禁ス而シテ此誡ハ則チ自殺ト人ノ身命ヲ損害スルコトヲ兼禁ス題シテ人ヲ殺スコト勿レト云者ハ其極テ重キ者ヲ挙ルノミ總シテ殺ヲ謀リ傷ヲ負セ闘歐シ手足刀杖水火魘毒ヲ論セス人ノ身軀ヲ損害スルノ罪皆此誡内ニ於テ捜索スヘシ

②の解説：人既盡心奉事　天主。又竭力孝敬君父師長。必須推心徧及他人。即或勢位所限。不能有益於人。然必不可自我損害之也。今論人之所有。概歸三種。一爲身命。二爲名聲。三爲財物。故此後三誡。禁此三害。此誡兼禁自殺。與傷害人之身命。六誡禁汚傷人之名節。七誡禁傷損人之財物。總之關係害人者。倶在三誡中。殺人。指害人極重者而言。凡謀殺。故殺。闘歐殺不問手足金刀。水火魘毒等。刑律所載。倶是大罪。

①は「普天下人民ハ皆天主ノ子ナレハ我等人類皆兄弟ノ誼アリ」の部分を除いて②に対応する。この増補部分は、

『教要序論』の第五誡解説にある「天主是生人大父母。生人欲其彼此相愛如兄弟」（一五張オ）と類同する。

a　①が②を参照（例示）

①の一　暗地ニ人ヲ殺害シ或ハ殺害セント想ヒシコトアリヤ

②の二　暗地害人。或想欲害者。有罪。

①の二三　我ニ仇セシ者宥恕ヲ乞フヲ肯聴サリシコトアリヤ

②の二五　人有罪。求我恕宥而不聴。必欲報仇者。有罪。

①の二八　人ト爭闘シ別人ノ之ヲ和解スルヲ聴従セサルコトアリヤ

②の三一　與人爭闘有人和解。而不聴從者。有罪。

b　①が②と③を参照

①の二　人ヲ悪ミ妬ミ或ハ遺恨ヲ含ミ罵詈シテ其早死ヲ欲セシコトアリヤ

②の一　詈罵人欲其早死者。有罪。＋③の二　人を悪みそねみたるや＋③の四　遺恨を含み死ねがしと望みたるや

c　①が②を分割して収録

①の二五　人ノ相闘毆スルヲ見テ吾力モテ之ヲ勸解スルニ足レルヲ傍観シテ顧ミサリシコトアリヤ＋①の二六　人ノ相仇スルヲ喜ヒシコトアリヤ

②の二九　見人闘歐而不勸解。喜人成仇者。有罪。

d　①が②の二細目文をまとめて収録

①の八　自ラ縊レ自ラ刎或ハ毒ヲ飲ミ水火ニ投スル等ハ他人ヲ殺スノ罪ヨリ重シ然ルニ自ラ怨ミテ自害ヲナサント想ヒシコトアリヤ

①	②	③
一	二	
二	一	二・四
三	三	
四	四	
五	五	
六	六	(八)
七＋		十
八	七・八	(十四)
九−	九	
十＋	十	
十一	十一	
十二	十二	
十三	十四	
十四	十五	
十五	十七	
十六	十八	
十七	十九	
十八	二十	
十九＋	二一	
二十	二二	
二一＋	二三	
二二−	二五	(六)
二三	二六	
二四	二八	
二五＋	二九	
二六	二九	
二七	三十	
二八	三一	
二九	三二	
三十		十三

②の七　自縊自刎飲毒。投赴水火等死者。比殺他人之罪又重。

②の八　自言自怨。欲赴死者。有罪。

e　②からの収載に「官吏の職責」にかかわるものがある。これは③には見られない。

①の十二　官ニ居テ法ヲ枉ケ酷刑ヲ以テ人ノ生命ヲ傷ケシコトアリヤ

②の十二　枉法酷刑。傷人生命者。有罪。

①の十四　官ニ居テ賄ヲ受ケ囑ヲ聴キ人罪ヲ高下セシコトアリヤ

②の十五　受賄聴囑。違法起滅。高下人罪者。有罪。

f　②からの収載で、「商取引」に関するものがある。これは③には見あたらない。

①の二三　醫学ニ精シカラス病源ヲ識ラスシテ妄ニ薬ヲ服シ或ハ人ニ服セシメタリヤ又利ヲ貪ルカ爲ニ妄ニ製薬ヲ賣タルコトアリヤ

②の二六　不精醫學。不識病源而輕用藥。貪利傷害人命者。有罪。

g　②の除外細目文の検討

十三　惡語罵人。及言日後欲害之者。有罪。（①の二に類似↓上掲b参照）

十六　選官授禄。一切公事。因私意偏向一人。致妨彼人者。有罪。
二四　害人不肯求宥謝過息爭者。有罪。（①の二二の逆の事例で、一八と類似→上掲a参照）
二七　思害人死。而甘心抵命者。有罪。（①の一と八の合成に類似→上掲a・d参照）

第六誡（①②とも細目文なし、③は4の細目文）

①の解説：天主人ヲ生スル男女別アリ夫ハ一婦ニ止リ婦ハ一夫ニ止ル是正道ナリ其他ハ則チ別アリト云ヘカラス泰西諸國男女ノ貞ヲ守リ終身嫁娶セサル者ヲ以テ最徳ノ人トシテ之ヲ貴重スルコト殊ニ至レリ其他總シテ一夫一妻更ニ二色ナシ子ナクシテ妾ヲ畜フルコトヲ得スト雖モ國中人民蕃衍ナラサルニ非ス今人子ヲ生スルヲ名トシ動モスレハ輙チ妾ヲ納レ敢テ生命ニ違フ則チ偶子ヲ得ルモ損スル所實ニ多シ從来畜妾ノ國禁ナシト雖モ学者苟モ此理ニ通セハ自ラ誡ヲ守ルヘシ誡ヲ守ル者ハ邪情決シテ動カス天主ノ「ガラサ」アリテ必ラス之ヲ保護スレハ也時ニ及テ子ヲ生シ時過テ尚ホ生カス或ハ年既ニ老テ初テ子ヲ産ム等皆人力ニ由ルコトニアラス妻ニ子ナキモノ妄ニ妾ヲ納レテ子ヲ欲スルハ天主ノ造化ト功ヲ争フ者ニテ惑ノ甚キモノト云ヘシ世ニ徒ニ妾多クシテ終身子ナキ者少シトセス妾尚ホ納ルヘカラス況ヤ人ノ妻女ヲ姦シ娼妓男色ノ如キ倫理ヲ乱ル極大ノ重罪ニ於テヲヤ中ニモ男色ノ如キハ女色ノ罪ニ比スレハ更ニ重シ是禽獣モ行ハサル所ナリ是等ノ醜悪ナルハ人ノ暁リ易キ所ナレハ特ニ其條目ヲ列セス且細ニ之ヲ筆セハ人ノ耳目ヲ汚サンコトヲ恐レテナリ之ヲ總ルニ**歌舞音曲画圖書冊翫具戯言等**毫モ関渉スルコトアルヲ自他共ニ五官ニ觸レシム可ラス但夫婦ノ禮ハ原是正道ナレハ和シテ之ヲ行フコト罪ナキノミナラス又從テ功アルニ至ル之ヲ除クノ外何色何様ヲ論セス耳目口鼻肢體及ヒ心中ノ一念淫樂ノ事情ニ関セハ皆邪淫ノ罪ナリ邪淫ノ根源ヲ撲滅セスシテ損友ト交遊シ暗地ニ私論スル皆罪ナリ各自細ニ省察シテ陳告スヘシ

②の解説：天主生人。男女有別。婦止一夫。夫止一婦。正道也。此外即宜別嫌西國最重男女守貞。終身不嫁娶。

其他皆一夫一妻更無二色即有無子者不得娶妾國中人未嘗不蕃衍也。今人以生子爲因動輒納妾。敢違生命即偶得子。所損實多。雖從來未嘗有禁然學者苟通此理。自宜守誡守誡者情不妄動。　天主必祐之。及時生子。若時已過。欲與造物爭衡。必不可得今之妾多。而終身無子者豈少哉。妾不可妄娶而況姦人妻女。宿娼男色。縦慾亂倫。極重大罪乎。如此之罪。人所易曉者。不復開列其條。恐邪淫之端。書之于篇或致汚人耳目。姑亦不載。總之夫婦之禮。原屬正道不惟無罪即可以有功。自此以外。不問何色不問何樣。耳目口鼻。與夫四體。及心中之一念而樂存想者。皆爲邪淫之罪也。且不戒邪淫根源。與交遊損友。暗地私論。**覽觀邪書邪畫。歌唱淫詞。此等事情者**。皆屬有罪。各人當自細省。以便陳告。

＊二箇所やや長い増補箇所（傍線）がある。両箇所とも解説の補足的増補だが、その一箇所である「中ニモ男色ノ如キハ女色ノ罪ニ比スレハ更ニ重シ是禽獣モ行ハサル所ナリ」は、『教要序論』第六誡解説の「若男色。比女色之罪更重。是悖人類本性。故名爲拂性之罪。禽獸所不行者」（一六張オ）に類似する。また、右記のゴシック箇所が入れ替わっている。

［第七誡條目］（①は32、②は27、③は11の細目文）

①の解説：偸盗ニ兩件アリ一ハ明偸盗一ハ暗偸盗（明暗ノ二字ノ訳字的當ヲ得ス姑ク之ヲ假テ後人ヲ待ツ）明偸盗ノ罪タル人々皆知ル所ナリ獨リ暗偸盗ニ至テハ人々之ヲ行ヒテ自ラ罪タルコトヲ知ラス反テ之ヲ智能トシテ人亦之ヲ許ス故ニ此等ノ罪ハ政法ノ罰ヲ免ルト雖モ天譴ハ免ル、コト能ハス此類甚多シ恐レサルヘケンヤ宜ク注意シテ消光スヘシ

②の解説：明取謂之強盜。暗取謂之竊盜。此悉屬偸盜類。或謀而未成。悉屬貪他人財物類。居官恃勢。攫取多金不畏人知。無異明取。犯者不有人禍必有主譴能還不還不悔不改。終不解釋。若得財害人身命。沾人行止者與強盜

得財何異。開賭拐掠與搶奪同飾詐誆財。與竊盜同以上能逃王法。不能逃天法。

①は②と最初と最後が対応するが途中は異なる。傍線部分は『教要序論』の第七誡解説と一部対応する。「其偸盗有兩項。一爲明偸盗。人人皆知有罪。一謂暗偸盗比類甚廣。人多未悉」（二六張ウ）。

a　①が②を参照（例示）

①の四　他人ノ財物我ニアルヲ其主ニ還サヽルコトアリ［ヤ］

②の一　他人財物在我。不還其主者。有罪。

①の七　遺物及ヒ走來ル禽畜ヲ拾ヒ得テ其主ヲ索テ還スコトヲセス己カ所有トシタルコトアリヤ

②の四　拾得遺物。及走來人畜。知其失主而不還者。有罪。

b　①が②を分割して収録

①の十一　父ノ財私ニ使用セシコトアリヤ＋①の十二　父没後遺財ヲ兄弟ト均ク分タサルコトアリヤ

②の六　父在。子先竊取財物。父亡。不與兄弟均分者。有罪。（「親の遺産を巡る問題」）

c　②から「商取引」にかかわる細目文が多く収載されている。

①の十九　等秤ノ輕重尺度ノ長短斗斛大小等ノ出入ヲナシテ人ヲ欺騙セシコトアリヤ

②の十四　買賣價値不公。及等秤輕重。尺度長短。斗斛大小。出入欺騙人者。有罪。

①の二十　貨物ヲ交易シテ其數目ヲ混瞞セシコトアリヤ

②の十五　交易貨物。而混瞞其數目者。有罪。

①の二一　賣買ノ交既ニ成テ後竊ニ貨物ヲ増滅《（ママ）》シ或ハ交換セシコトアリヤ

②の十六　買賣交成。調換貨物者。有罪。

①の二三　黨ヲ結ヒ會盟シ時價ヲ高低セシメ覇占シテ賣買セシコトアリヤ

①	②	③
一		一
二	(二二)	二
三	(十四)	三
四	一	
五−	二	
六	三	(八)
七	四	
八	五	
九	(八)	四
十−	(二一)	五
十一	六	
十二	六	
十三		七
十四	七	
十五	十三	
十六	九	
十七	十一	
十八	十二	
十九−	十四	(三)
二十	十五	
二一	十六	
二二	十七	
二三	十八	
二四	十九	
二五		
二六	二一	(五)
二七	二二	(二)
二八+	二三	
二九	二四	
三十	二五	
三一+	二六	
三二		九

②の十八　結黨會盟。高擡時價。覇占行市買賣者。有罪。

①の二四　資本ヲ合併シ利ヲ分チテ水火盗難ノ爲ニ資本ヲ虧折セル人ニ分配ヲ減セシコトアリヤ

②の十九　合本分利。遇水火盗賊。虧折資本。不肯分認者。有罪。

①の二六　人ニ財ヲ貸シテ國法ニ超過シタル高利ヲ取リシコトアリヤ

②の二一　人借己財。違禁過取利息者。有罪。

d　②の除外細目文の検討

十　假焼煉黄白之術。哄人財物者。有罪。（道教に由来）

二十　合本分利。而相瞞背。不肯公分者。有罪。（①の二四に類似→上掲c参照）

二七　不納錢糧者。有罪。

e　③の除外細目文の検討

六　人の無理に損をする題目となりたるや（一般的で漠然とした項目）

十　賣買共に人を欺きて盗みたるや（①の三・九などに具体的誡あり）

〔①の三　貨物ヲ賣買スルニ當リ等秤ヲ取リ手技ヲ施シ品量ヲ輕重セシコトアリヤ

①の九　物ヲ賣ルニ當リ外面ニ上等品ヲ置キ裡ニ下等品ヲ匿シテ人ヲ欺キシコトアリヤ〕

十一　金錢を貪るがために賻奕を打たるや（①の三一に類似）

〔①の三一　棊碁等ヲ賭シ詐術ヲサシニ勝チタルコトアリヤ〕

f　①の二と二七・①の三と十九・①の十と二六は、②と③の両者を参照したため、内容上の重複が見られる。

第八誡條目（①は25、②は20、③は10の細目文）

①の解説：第五誡ハ手ヲ下シテ他人ヲ損害セシコトヲ禁シ此誡ハ言語ヲ以テ人ヲ損害スルコトヲ誡ム

②の解説：第五誡毋容手過得罪于人／此一誡毋容口過得罪于人

a　①が②を参照（例示）

①の一　官府ノ公庭ニ在リテ妄ニ證トナリ直ヲ以テ曲トシ曲ヲ以テ直トシ及ヒ僞契僞約ヲ造リ強テ實有ト證シ人ヲシテ屈ヲ負ハシメ［シ］コトアリヤ

②の一　事在官府。妄作干證。以直爲曲。以曲爲直。及造僞契僞約。強證實有。使人負屈者皆有罪。

b　②からの収載で「官吏の職責」にかかわる細目文（aの例文は除く）

①の八　人ヲ曲誣シテ其官職ヲ奪ヒシコトアリヤ

②の九　曲誣人。奪人官職者。有罪。

①の十一　裁判ノ宦ニ居テ訟ヲ聴キ情ニ合スルヲ務メス故意ニ出入セシコトアリヤ

②の十二　官司訊獄。不務合情。故出故入人者。有罪。（「訊獄」は罪人を問いただして調べること）

c　②からの収載で「書物の刊行」にかかわるもの。③にはない。

①の四　輕シク筆ヲ弄シテ人ノ悪事ヲ加増シ後代ニ流傳セシメントセシコトアリヤ

①	②	③
一	一	
二	二	
三	三	(八)
四	四	
五	五	(七)
六	六	
七	八	
八	九	
九	十	
十	十一	
十一	十二	
十二	十三	
十三	十四	
十四	十五	
十五	十六	
十六	十七	
十七	十八	
十八	十九	(六)
十九	二十	
二十		三
二一—		四
二二		五
二三	(三)	八
二四		九
二五—		十

②の四　輕弄筆端。加人惡事。流傳後代者。有罪。

①の十　僞書ヲ刊刻セシコトアリヤ

②の十一　刊刻僞書者。有罪。

d　②の除外細目文の検討

七　身不爲善。抵賴不認。及妄推他人者。有罪。（①の二二、二四に類似、抵頼は「言い逃れをすること」）

〔①の二二　己ノ過悪ヲ掩ハント虚飾セシコトアリヤ

①の二四　人ノ密話ヲ見テ猜疑ヲ起シタルコトアリヤ〕

e　③の除外細目文の検討

一　公事において僞の證據をいたしたるや（①の一・八・十一の方が具体的↓上掲a・b参照）

二　他人に虚説をいひかけたるや（一般的で漠然としている）

第九誡（①②の細目文なし、③は第十誡と併せて2細目文）

②は解説文がない。①は『教要序論』の第九誡解説と全く合致する。

①の解説：第六誡ハ原ト邪淫ヲ行フコトヲ禁シ此誡ハ邪淫ノ願欲ヲ禁ス凡萬罪ノ根皆念慮ヨリ起ル之ヲ區別スルニ四項アリ試ニ邪淫ノ事ニ就テ之ヲ言ハン魔鬼ノ誘感ニ拘ラス邪淫ノ念偶然ト起ルコトアリ此時若シ速ニ撲滅シテ少クモ心ニ存留セサレハ啻罪ナキノミナラス克邪ノ功トナルニハ邪淫ノ念起リ之ヲ心ニ存留シテ曾テ欣喜セスト雖モ此念ヲ撲滅スルヲ勉メサレハ罪アリトス三ハ若シ之ヲ欣喜想戀セハ大罪トナリ若シ欣想スルノミナラス之ヲ行ハント要セハ其罪更ニ大ナリ是此第九誡ノミ爾リトスルニアラス十誡中皆然リ

『教要序論』の解説：前第六誡。原禁人行邪淫之事。此誡禁人邪淫之願欲。萬罪之根。皆由念起。今分別言之。有四項。一。有邪淫之念。不拘魔誘。或本身偶然所起。若速撲滅。不少存留。不但無罪。且有克邪之功。一。邪淫之念。存留於心。雖不曾欣喜。但未退除。是爲有罪。一。若欣喜。想戀此念。即有大罪。一。若不但欣想。心中定願。要見于行。其罪更大。以上所云。起念有罪與否。不獨第九誡爲然十誡皆然。（一八張オウ）

②の解説文なく、①は『教要序論』の第十誡解説と全く合致する。

第十誡（第九誡と同じ）

①の解説：第七誡ハ原偸盗ヲ行スヲ禁シ此誡ハ偸盗ノ意思ヲ禁ス若シ思フ所ノ財非理犯義ニ拘ラスシテ臣富《ママ》ヲ願フハ碍ナク罪ナシ今此誡ニ禁スル所ハ他人ノ財非義ノ財ニ係ルノミ財色兩ツノ者ハ人心迷ヒ易クシテ人々禁シ難キ者ナリ故ニ十誡中第六第七ニ邪淫貪財ヲ禁シ今又第九第十ニ此願欲意思ヲ重子テ禁スルモノハ財色ハ諸悪ノ根源トナレハナリ財色ノ二欲已ニ斬絶セハ則人心潔浄安寧ニシテ其餘諸件ノ悪欲邪願ハ消滅《ママ》シ難カラス國政ハ唯能ク人ノ外行ヲ禁スト雖モ人心内ノ願欲ハ禁スルコト能ハス心内ノ願欲ハ隠微ニシテ國法ノ能ク知リテ責治スル所ニ非ス唯天主教専ラ内心ヲ修スルモノニシテ天主ノ全智全能能ク盡ク人心ノ隠微ヲ照ス故ニ人ノ願欲意念ニ至テハ益嚴禁ヲ加フ(11)

『教要序論』の解説：前第七誡。原禁人行偸盗之事。此誡禁人偸盗之意思。若所思願之財。不係非理犯義。即願巨富。亦無碍。無罪。此所禁者。係他人之財。非義之財耳。因財色兩者。易迷人心。人人難禁。故十誡中。惟第六誡。并第七誡。即是邪淫及偸盗之願欲意思。天主亦嚴明禁誡。又財色爲諸惡想之根此二者。已定斬絶。則此心潔浄安寧。其餘諸惡欲邪願。不難消滅矣。

國法止能禁人外行。不能禁人心内願欲。因願欲隠微。國法所不及知而責治。惟天主教。専于内修者。葢天主全智。能盡照人心之隠微。故于人之願欲。益加嚴禁。（一八張ウ～一九張ウ）

［宗罪七端］

「宗罪七端」に関しては、『告解式』は標題、解説、細目文、掲載順序ともに『滌罪正規』と合致し、わずかな改訂をのぞいて、その書き下し文である。全36細目文中、『科除規則』との符合は驕傲十一（「慢気」の六）、嫉妬二（「妬み」の一）の二つの細目文以外にない。

第一　驕傲（①が11、②が13、③が6の細目文）

①の二　臆見ヲ硬執シテ眞理ヲ融會スルコトヲ勉メサル事

②の二　硬執臆見。不祈融會眞理者。有罪。

①の四　善良ヲ行ヒ功労ヲ積ムコト獨リ己レノカニ出ルト誤認自負シテ天主ノ保佑アルコトヲ感謝セサル事

②の四　認善勞獨出己力。非繇天主扶祐者。有罪。

①の十　自他ニ拘ラス罪行アリ譬ヘハ人ヲ殺シ淫ヲ行ヒシ如キヲ称賛スル事

②の十三　稱贊人己罪行。如報仇行淫者。有罪（「殺シ」は③の二から収載）

②の除外細目文の検討

第一　驕傲

①	②	③
一＋	一	
二	二	
三	三	
四	四	
五	六	(五)
六	八	
七	九	
八	十	
九	十二	
十＋	十三	(二)
十一		六

五　知善従　天主出。而又謂因繇己功者。有罪。（①の四に類似→上掲参照）

七　求權位財物。但圖苟得。不論正道邪徑者。有罪。（むしろ第七誡に属す）

十一　諱罪不認者。有罪。（第二誡の細目文八に類同→第二誡参照）

第二　貪吝（①②は細目文なし、③は3の細目文）

①の解説：貪ト吝ト其迹相反ス貪ハ他人ノ所有物ノ己レニ帰センコトヲ欲シ吝ハ己レノ所有ノ他人ニ帰スルコトヲ欲セス貪ハ己ノ有餘ヲ欲シ吝ハ他人ノ不足ヲ顧ス總テ是自私ノ一念ナリ

②の解説：貪與吝。其迹相反。貪者。欲他物歸己。吝者。不欲己物歸人。貪。欲己處有餘。吝。不顧他人之不足。總是自私一念。

第三　迷色（①②③とも細目文なし）

①解并條目十誡中第六、九ニ詳ナリ

②已詳六誡九誡中

第四　嫉妬（①は6、②は5、③は3の細目文）

①の一　他人ノ爵位及ヒ諸ノ美好ナルハ己レノ所有物ヲ奪ヒタルニモ非ス又己レノ損益ニ関ラスト雖モ輒チ嫉

妬ヲ懐テ其人ノ有ヲ願ハサル事

②の一　爵位財物。與諸美好。彼非奪我之有。乃懐嫉妬而不願其有者。有罪。

第五　忿怒（①はなし、②は3、③は4の細目文）

①條目十誡中ノ第五誡大概相同シ

②已詳第五誡中

第六　饕餮（①②は4、③は3の細目文）

①の一　飲食ハ飢餲《(ママ)》［渇］ヲ止メ身軀ヲ健康ナラシムル爲ノ藥餌ナレハ患者ノ藥ヲ服スルト同シ唯其身体ニ適シテ後已ムヘシ何ソ妄ニ味ヲ嗜ミテ樂ムヲ得ンヤ

②の一　飲食者。止飢渇之藥耳。令人服藥。只求病止。不求味好。奈何止飢渇之藥。必求精美哉。

［第七　懈惰］（①②は8、③は6の細目文）

①の一　教中ノ常課ヲ倦ミ或ハ力行ヲ勵マサル事

②の一　厭教中常功不行。與疎於力行者。有罪。

第四　嫉妬

①	②	③
一	一	
二		一
三	二	
四	三	
五	四	
六	五	

第六　饕餮

①	②	③
一	一	
二	二	(二) (三)
三	三	
四	四	

［第七　懈惰］

①	②	③
一	一	(四)
二	二	
三	三	
四	四	
五	五	
六	六	
七	七	
八	八	(六)

第三節　編集傾向

以上の検討から『告解式』は、『科除規則』と漢籍の『滌罪正規』『教要序論』から解説文、並びに細目文を取捨選択して、編集された経緯が判明した。その編集傾向はほぼ次の通りである。

ⓐ『滌罪正規』から収載された細目文の特色は、親の遺産を巡る問題（第四誡の十四〜十六、第七誡の十一・十二）、官吏の職責（第五誡の十二・十四、第八誡の一・八・十二）、商取引（第五誡の二三、第七誡の十九〜二二・二三・二四・二六）、書物の刊行（第八誡の四、十）にかかわるものが多く、京浜地域の知識層を対象とした意図が看取できる。

ⓑ典拠本からの細目文の取捨選択は、一般的で漠然としたものははぶかれ、逆に明確で限定的かつ具体的な細目文が収載される傾向にある。

ⓒ「星相術」「黄白之術」など中国の独自の伝統に由来する細目文は省略し、「刀試し」など日本独自の細目文は収載している。

ⓓ細目文の編集・改訂については、『滌罪正規』と『科除規則』の二、三の細目文をまとめる事例（六例）、反対に一つの細目文を分割して二つに改編する事例（二例）とが見られる。

ⓔ『滌罪正規』の細目文を増補するのは、漢文をより文意の通じ易い日本文へと改める意図がある。

ⓕ『教要序論』は、『滌罪正規』の解説文が欠如した第九・十誡にそのまま収載され、第五・六・七誡の解説においても一部利用されている。

以上の編集は、内容の充実化を企図している。

ⓖ主に二つの典拠本を参照しているため、内容が一部重複する細目文が見られる。

ⓗ『聖教初学要理』に類同する章句も収載されている。

第四節 『告解式』の編集意図をめぐって

以上の検討により、『告解式』の底本は、従来の研究が指摘している『科除規則』のみでも、またローマ字で書かれた『サルバトル・ムンジ』の広本でもないことが判明した。『告解式』は、『科除規則』と『滌罪正規』『教要序論』を典拠に編集校訂された。特に、『告解式』の基軸部分となる「十誡と宗罪七端」は、『滌罪正規』からの収録が大部分を占めている。この改訂編集には、すでに見てきたように、日本の事情を勘案して、綿密に細部にわたって吟味、検討された跡が読みとれる。しかも『科除規則』『滌罪正規』の説明が手薄な第九・十誡は『教要序論』で増補するなど、『告解式』を充実させようとする意図がうかがわれる。阿部は、切支丹説諭の参考資料提出のためだけに、これほど煩瑣な改編作業をしたのであろうか。棄教後の阿部がこのような煩瑣な作業をする理由が見当たらない。その上、官吏の職責、商取引、親の遺産問題にかかわる細目文が、『滌罪正規』から数多く収録されているのは、京浜地域の知識層を対象として改編した意図が看取できる。『告解式』は信徒を対象に編集された書物ではあるが、十誡及び宗罪七端の各解説及び細目文は、カトリック倫理の具体的な説明となっている。そのため、布教にも裨益するところが少なくないと思われる。(12)

またプティジャン版で漢籍教義書を翻訳して刊行した最初のものは、明治六年刊と推定されている『聖教理證』(横浜刊)であり、『告解式』の成立と時期的に符合する。(13)

これらの理由から、『告解式』は、プティジャン、阿部らにより刊行を企図して編集されたと解釈するのが妥当であろう。(14) だが、こう解釈すると、次に『告解式』が刊行された形跡のないことが疑問となる。阿部が、草稿類を持ち去ったか、あるいは背教者阿部の筆になる『告解式』に疑念が持たれたか、刊行が延び明治七年末の横浜の天主堂の火災で焼失したかなど想像されるだけである。『告解式』が編集されたと推測される一八七一年は、普仏戦争の影響により、信仰弘布会（la Propagation de la foi）の事業が衰退し、宣教会への献金が激減した年に当たり、日本の仏人宣教師は、通常の運営もままならぬ苦況に陥った。(15)『告解式』が刊行されなかったのは、このような事情が反映しているのかもしれない。

ともかく、以上のような推論が妥当なら、『告解式』は未刊行のプティジャン版の一つとしての史料的価値を持つことになる。

しかし、以上の推論とは逆に、阿部が独自に『告解式』を編集したとの疑念も残る。第七誡の解説文の割り注に「明暗ノ二字ノ訳字的當ヲ得ス姑ク之ヲ假テ後人ヲ待ツ」とあり、『告解式』が過渡的な草稿であることを示唆している。彼は明治二年一〇月から明治四年正月まで、神学生と共に上海、香港、サイゴンに避難していた。この間に阿部が、漢籍教義書を調査・研究したことは十分に予測される（宣教師の指示に従った可能性もある）。こう考えれば、阿部は『科除規則』に中国での研究成果を盛り込んで、より総合的なカトリック倫理の研究ノートを作成し、これを参考資料として提出したと考えることも可能である。

いずれにしても、『告解式』は、一六世紀末の日本のキリシタン版（『サルバトル・ムンジ』）と一七世紀の中国の天主教教義書（『滌罪正規』と『教要序論』）が一九世紀後半の日本でめぐり合って編集された文書である。東西宗教思想交渉的見地からみれば、これら中国と日本の天主教文書は、儒教文化圏へのカトリック倫理の貫入が、日本及び中国の生活の場における宗教的習俗（儒教・仏教・道教）や通俗道徳、慣習といかなる対立と融和を示したかを照らし出す史料である。その中で『告解式』の編集経緯は、カトリック倫理の側からみた中国と日本の宗教文化や習俗の微妙な差異を例示する史料といえよう。

最後に、西洋史における『告解式』の位置づけについて触れておきたい。阿部謹也は、西欧と日本の歴史の根本的相違の源に「罪の意識」の問題があるという。西欧でのキリスト教の罪意識の形成には、告解手引き書として、生活の細部にまで及ぶ罪を列挙した『贖罪規定書』（八～一三世紀に数多く成立）が深くかかわっている。すなわち、この書物が、西欧の民衆をその伝統的慣習や俗信から切り離し、キリスト教教義に基づく壮大な生活モデルに組み込み、原罪に基づく罪意識と同時に個人の内面性を覚醒させた。これが延いては個人の人格の社会的認知に大きく寄与したのである。[16] その結果、「罪の意識を媒介にしてヨーロッパにおいては個人と共同体の間に一線がひかれ、個人は社会と強く結合され、一方で人格の形成が、他方で公的社会の形成が並行して進むことになった」。[17] さらに、一二一五年の第四回ラテラノ公会議の決定（成人男女は少なくとも年一回は告解すること）は、この書物の影響力を決定的にした。

阿部が紹介する、ヴォルムスのブルヒャルトによる『贖罪規定書』（一〇〇八―一二年）では、ゲルマン民族伝来の俗信、慣習の実施を断罪している。[18] それにしても、一九世紀の日本や中国において、儒教や仏教の宗教的習俗を、一一世紀のゲルマン民族の慣習や死生観と同様に有罪と定める、これらの日中の告解手引き書は、あまりに文化や時代背景を無視したものといわざるをえない。

（1）海老沢有道により発掘され、太田淑子が研究を進展させた。
海老沢有道『維新変革期とキリスト教』（新生社、一九六八年）一八一―二三三頁。
太田淑子「阿部眞造の『告解式』」（岸野久・村井早苗編『キリシタン史の新発見』所収、雄山閣、一九九六年）には、『告解式』が翻刻されている。

（2）プティジャン版『科除規則』（一八六九年刊）の底本は、プティジャンが一八六八年にローマで筆写し、日本に将来した『サルバトル・ムンジ』（長崎刊、一五九八年）である。

（3）海老沢、前掲書、二一四―二一五頁。太田、前掲論文、一六四―一六七頁も同様。

海老沢は、『科除規則』の漢文調への改編に当たって、漢籍教書を参考にしたとは指摘している。

(4) 入江清「プティジャン刊『とがのぞき規則』雑考」(『キリシタン文化研究会会報』第六年第一号所収、一九六二年) 一六頁。

「阿部がラテン語原書から直接訳出する語学力があったとは、彼の経歴からは考えられない。また『告解式』のラテン語原書も見いだせない」(海老沢、前掲書、二一四頁)。

(5) 入江、前掲論文、一八頁。

(6) Pfister, Louis, *Notices Biographiques et Bibliographiques sur les Jésuites de l'Ancienne Mission de Chine, 1552-1773*, Tome I, Chang-hai, 1932, pp. 126-136 に詳しい。

(7) 『滌罪正規』は、長崎純心大学キリシタン文庫にも二冊所蔵(一冊は仮綴本、一冊は黄色の表紙)されている。二冊とも長崎県立図書館本に比べ、サイズがやや大きい。長崎県立図書館本の最終頁には「松岡孫四郎寄贈、昭和一二年八月」とある。

松岡孫四郎(一八八七—一九八〇)は、浦上四番崩れで、津和野に配流され牢死した咲太朗の四男として長崎の三原に生まれ、一九一八年司祭に叙階、長崎の馬込教会、浦上教会を歴任し、のち名古屋教区の初代司教に任命された。馬込教会時代に、姉崎正治のキリシタン研究調査にも協力している。長崎県立図書館には、彼の寄贈した天主教漢籍が何点か収蔵されている。

(8) 『滌罪正規』の初版刊行年は、佐伯好郎の『支那基督教の研究3』(春秋社、一九四四年) 一八一頁によれば、崇禎六年(一六三三)となっている。

Cordier, H., *L'Imprimerie Sino-Européenne en Chine*, Paris, 1901 にも Pfister の前掲書にも、初版年の記載はない。

なお『滌罪正規』は寛永七年の禁書目である。

(9) 九州大学文学部図書館所蔵本による。初版の刊行年は、自序にある康熙九年によった。Pfister は一六六九年、Cordier は一六七七年としている。

海老沢有道によれば、『教要序論』の収蔵先は、九州大学以外に、静嘉堂・聖心女子大学・天理図書館・長崎県立図書館となっている(『南蛮学統の研究』、創文社、一九五八年、三〇三頁)。ただし、該書は長崎県立図書館には所蔵されていない。

(10) ここにあげた漢籍は、『聖教切要』をのぞいて、すべてイエズス会士の著作である。『聖教切要』の初版年は、B. N. 収蔵本によった。Ortiz, P. の入華が一六九五年であるため、一七〇五年の初版刊行年は妥当と思われる。B. N. 収蔵本は以下の文献を参照した。

・Courant, Maurice, *Bibliothèque Nationale, Département des Manuscrits, Catalogue des Livres Chinois Coréens, Japonais, etc.*, Paris, 1912.

(11) この第十誡の解説は、阿部眞造の『夢醒眞論』(明治二年三月刊)の論旨と類似している。そこでは、国家を統治するには法律だけでは足りず、天主教の教えが不可欠であると説かれている。「切支丹を信ずる國々ハ官府も別に法律の嚴科を不費して民間自から無事……國富民足國家長久堅固也。是豈人力之權勢のミにて如此に至らんや」(七丁ウ)。

さらに「原罪」「聖事秘跡」「如徳亞」(ジデア)「毎瑟」(モゼ)「聖號」などの漢籍由来の語彙が散見され、漢籍を参照したことは間違いない。とすれば、阿部はすでに、明治二年三月以前において『教要序論』か、その類本を参照していたことになる。

(12) 太田淑子「『コンチリサン之大意譯・一名悔罪説略』についての考察」(『キリスト教史学』第三六集所収、一九八二年)で「『告解式』の現存する写本そのものは、知識層を対象とするものでないことは明らかになった」(四七頁)と断定し、その論拠を次のように述べる。『告解式』の姉妹篇である、『コンチリサン之大意譯』には、ポルトガル・ラテン語の音写語や漢語への注釈や解説文が付されている(この点は『告解式』も同様)。太田は、この書が信者を対象としたものであるなら、これらの用語への解説や注釈は不用のはずであると指摘する(四四頁)。

ただ、プティジャン書簡によれば、「キリシタンはラテン語の文言を暗唱してはいるが、その意味を全然理解していない」(純心女子短期大学編『プチジャン司教書簡集』、聖母の騎士社、一九八六年、一〇八頁)とあり、また二人の帳方が「コンピサン」(告解)という基本的なキリシタン用語の意味すらも理解できず、プティジャンに尋ねたとある(F・マルナス『日本キリスト教復活史』、久野桂一郎訳、みすず書房、一九八五年、二五六頁)。これらは、いずれも信徒発見後間もない頃の挿話ではあるが、信徒らのキリシタン用語の理解不足への懸念が存在したのは確かであろう。従って、一概に音写語や漢語への注釈付きの書物が必ずしも信徒向けでないと即断することはできない。またプティジャンは京浜地域の新信徒にも、キリシタン用語を定着させる意図を持って注記したとも考えられる。

(13) 牒者長尾卓爾の「横浜天主堂事情」（明治六年四月二七日太政官到来）には「聖教理證翻訳シテ開板スルニ付」とある（海老沢、前掲書、一九五頁）。筆者は、一八七六年刊の『聖教理證』の再版本しか見ていないが、これは初版本と「一、二の字句の相違を除いては内容も文章も全く同じ」とされている（片岡弥吉「印刷文化史におけるド・ロ神父」、『キリシタン文化研究会会報』第九年第二号所収、一九六六年、一一頁）。この再版本を見る限り、一八五二年に上海慈母堂で刊行された『聖教理證』を書き下したものにすぎない。

(14) 海老沢、前掲書（注1）、二一四―二一五頁もこう推論している。しかし、その論拠としては「内容的には棄教者としての手が加えられていず、成立当初の姿を伝えている」という理由以外あげられていない。

(15) Chaillet, J. B., *Mgr Petitjean et la Résurrection Catholique du Japon au XIXᵉ siècle*, 1919, p. 289.
プティジャンは「宣教師の手当ては二万数フランから二～三千フランへと大幅に削減された。この金額で、一六人の宣教師と孤児五〇～六〇人（信仰の故に親が獄死したため生じた孤児）をどう養ったらよいか分からない」と述べている。

(16) 阿部謹也『西洋中世の罪と罰』（弘文堂、一九八九年）五―九・一六九頁。

(17) 同右、二五〇頁。

(18) 同右、一六九―二〇五頁。

補論　阿部眞造著『コンチリサン之大意譯』の典拠

はじめに

『コンチリサン之大意譯』は、阿部眞造が『告解式』とともに明治五年に教務省に提出したキリスト教の参考資料とされ、無窮会東洋文化研究所・神習文庫に所蔵されている。

体裁は以下の通りである。

表題：コンチリサン之大意譯・一名悔罪説畧

和綴、一〇行二二～二三字詰、全二五丁、一丁オに「井上頼圀」の蔵書印がある。

筆写本で、二二丁オ七行目～二三丁ウ九行目の箇所のみ筆跡が異なる。

太田淑子は、この『コンチリサン之大意譯』は、明治二年二月にプティジャン准許のもとに刊行された『胡無知理佐无之略』(明治二年二月、長崎)[1]を漢文体に改編したものと指摘している。[2]『胡無知理佐无之略』は、プティジャンが信徒から貰い受け、極めて高く評価した数少ない潜伏キリシタンの伝来書を底本に編集されている。[3]

この伝来書の起源は、日本司教ルイス・セルケイラが、「コンチリサンを起すための心得とそのオラシヨを、信者たちに教えるために著した」もので、一六〇三年（慶長八）、和漢字金属活字本として長崎の島原町にあった後藤宗印の印刷所で刊行したとされているが、[4] この刊本は伝存していない。しかし、この伝来写本は、大浦天主堂・外海歴史民俗資料館などに、今日でも若干は残存している。なおプテイジャン版『胡無知理佐无之略』には、「御出世以來千六百三年慶長八卯四月下旬」との添え書きがある。

『コンチリサン之大意譯』と同一内容を持つものに『悔罪説畧譯』（内題は『コンチリサン之大意・一名悔罪説畧・譯』、静嘉堂所蔵）がある。太田淑子は、これら両写本を比較し、静嘉堂本には神習文庫本の誤字、送り仮名の訂正が認められ、また神習文庫本の小文字の脇書きが、静嘉堂本では本文中に書き改められている点などから、静嘉堂本は神習文庫本から書き写されたものと推測している。[5]

太田は、『コンチリサン之大意譯』では、「コンチリサン」「救靈」「ガラサ」「コンピサン」「サセルドテス」「キリシタン」や「秘蹟」「信徳」などに注釈が施されていることから、「この書は信徒を対象としたものではない」と推論する。[6] この太田の指摘に加えて、この書中の祈禱文（字跡が異なる部分）において、「天主」が「大君」と修正され、「あめん」に「アナカシコ」とルビが振られている点なども、この書物が信徒向けでないことの傍証となろう。

以上の検討から、プティジャンらが京浜地区の信徒向けに用意した『コンチリサン之大意譯』の類本の存在を否定するものではないが、少なくとも、現存する『コンチリサン之大意譯』は阿部が切支丹説諭の参考資料用に改訂して、教部省に提出した文書の写本と考えられる。

第一節　『胡無知理佐无之略』と『コンチリサン之大意譯』との比較

①『胡無知理佐无之略』

（一丁オ～二丁オ）→②の緒言と対応
第一　こんちりさんの上に於てなすべき四ケ條の心得の事（二丁オ～五丁ウ）
第二　こんちりさんとは何事ぞといふこと并こんちりさんを勤る道之事（五丁ウ～九丁ウ）
第三　こんちりさんを發べき便となる観念之事（九丁ウ～一三丁オ）
第四　天主に奉立歸罪人之可申上こんちりさんのおらしよの事（一三丁オ～一四丁オ）
第五　洗滌不授人もこんちりさんを以科の御赦を蒙る事叶ふと云事（一四丁オ～一四丁ウ）
②『コンチリサン之大意譯』
緒言　（一丁オ～三丁オ）
第一章　「コンチリサン」ニ就テ心得ベキ事（三丁オ～九丁オ）
第二章　「コンチリサン」ノ大意并「コンチリサン」ヲ發ス方法（九丁オ～一三丁ウ）
第三章　「コンチリサン」ヲ發スル便トナル黙想ノ事（一三丁ウ～二二丁オ）
第四章　天主ニ歸順セント欲スル悪人ノ誦念スベキ「コンチリサン」ノ祝文之事（二二丁オ～二三丁ウ、他の部分は漢文体の漢字カナ混じりの楷書体だが、この部分のみ草書体の平仮名書きであり、字跡も異なる）
第五章　未タ洗禮ヲ領セサル人ト雖モ「コンチリサン」ヲ以テ罪過ヲ赦サル、コトヲ得ルノ解（二三丁ウ～二五丁オ）

＊第一～三章は、第一～四節に細分されている。

これら両書の内容を詳細に比較検討すると、『コンチリサン之大意譯』の一丁オ～一三丁ウ八行目、一九丁オ七行目～二五丁オまでは、幾つかの敷衍、あるいは縮減がなされてはいるが、『胡無知理佐无之略』とほぼ照応している。ところが、上記以外の箇所、すなわち、『コンチリサン之大意譯』の第三章の一三丁ウ一〇行目～一九丁オ六行目の部分は、『胡無知理佐无之略』の一〇丁オ～一一丁ウに対応する箇所であるが、その大部分が増補である。

なお『コンチリサン之大意譯』には、「其他十誡ヲ犯セシ條目細ニ『コンピサン』ノ式第三章ニアリ就テ見ルベシ」(一〇丁オ)とあり、『告解式』(コンピサン)の第三章と併せて読まれることを想定している。従って、これら両書は姉妹本であることがわかる。

第二節　漢籍教義書由来の漢語について

『胡無知理佐无之略』には漢籍教義書由来の漢語が見られる。たとえば「靈魂《あにま》」「秘蹟《さがらめんと》」「聖瑪利亜《さんたまりあ》」「致命諸聖《さんちまるちれす》」「神父《ぱてる》」「告解《こんぴさん》」「童身《びるじん》」「罷徳肋《ぱてる》」「費略《ひりよ》」「斯彼利多三多《すぴりとさんと》」「十字架《くるす》」「洗滌《ばぷちずも》」「耶穌《ぜずす》」などである。従って、『胡無知理佐无之略』自体がすでに漢籍教義書の漢語を収録しているのは疑いを容れない。

このプテイジャン版『胡無知理佐无之略』は、前述のように、潜伏キリシタンの間に転写されてきた写本を底本として編まれたものである。しかし、『胡無知理佐无之略』の編集に際して、主にポルトガル・ラテン語訛りの伝統的キリシタン用語を、漢籍から収録した漢語の振り仮名にあてる工夫を施したのである。この表記方式は、『聖教初学要理』初版本の頭注を、本文中に移行したものといえる。この方式の本格的採用は、プテイジャン版では、この『胡無知理佐无之略』が初出である。これ以後、この方式は定着し、明治二年八月刊行の『聖教初学要理』(再版本)にも採用されている。

ところで『コンチリサン之大意譯』では一層の漢語化の進展が見られる。『胡無知理佐无之略』↓『コンチリサン之大意譯』として以下に示す。

「我等」↓「我們」、「御扶手」↓「大救世主」、「ばぷちずも」↓「洗禮」、「御約束」↓「契約」、「ひです」↓

「信徳」、「天狗」↓「魔鬼」、「御教」↓「聖教」、「ゑきれんじや」↓「聖教會」、「ぺるそな」↓「位」、「いんへるの」↓「永苦獄」、「ぱらゐぞ」↓「天堂」、「御大切」↓「愛スル」、「ゆかりすちや」↓「聖体」、「ぜんちよ」↓「外教徒」、「切支丹」↓「聖教徒」などである。

しかし他方で、「神父」は、「サセルドテス」(Sacerdotes) というポルトガル語の音写語に逆置換されている(「罷徳肋」との混同を避けるためであろう)。

ともかく、『コンチリサン之大意譯』には、漢籍教義書由来の漢語が数多く認められ、この事実は漢籍を参照したことを示唆する。

さて、『告解式』がプテイジャン版の『科除規則』のほかに、漢籍の『滌罪正規』と『教要序論』を典拠にしていることは前章ですでに論じた。従って、『コンチリサン之大意譯』もまた、漢籍教義書を典拠の一部にしていると推測され、前記の増補部分を検討したところ、『教要序論』と対応する部分を見いだした。『教要序論』は著名な在華宣教師・南懐仁 (Verbiest, Ferdinand, 1623-1688) の著作である。[7]

第三節 『教要序論』と『コンチリサン之大意譯』との対応箇所

(1) 『教要序論』の書誌 (九州大学文学部図書館所蔵本による)

内題：降生後一千八百六十七年 重刊 慈母堂蔵板／教要序論／司牧 趙方濟 准

自序の後、康熙九年正月下浣、極西耶穌會士／南懐仁 題

「耶穌會士」「南懐仁印」の方印

体裁：自序 (二張)、目録 (五張)、本文 (六七張)、袋綴、罫有り、九行二一字詰

(2) 『教要序論』と『コンチリサン之大意譯』の比較

以下に、①『コンチリサン之大意譯』（一三丁ウ～一四丁オ）、②『教要序論』（本文、一張オウ）としてその内容を対照して示す。

①夫レ天主ハ天地ヲ鎔造シ萬物ヲ化成シ神人ヲ發生スルノ一大主宰ニシテ天地神人未タ有ラサリシ先ニ唯此一天主自ラ在リ而シテ無始無終ニシテ由テ生スル所ナシ譬ヘハ數目ノ如シ萬ハ千ヨリ來リ千ハ百ヨリ來リ百ハ十ヨリ來リ十ハ一ヨリ來ル而シテ其一ハ由テ來ル所ナシ故ニ此一ハ則チ百千萬億ノ根原ナリ天主唯一則天地神人萬物ノ根原全能全智全善全福円満缺ル事ナク常ニ活潑照臨シテ現幽ヲ主宰スルモノナリ

②天主者是生天地生神生人生萬物一大主宰。未有天地神人萬物之先。止有一天主。無始無終。其本性是自有。無所從生。若有所從生。便非天主。譬如數目。萬從千來。千從百來。百從十來。十從一來。其一者無所從來。一原是百千萬億之根。天主惟一。是爲萬物根原……（中略）……自有萬德萬福圓滿無缺。竝無德福可加。

（『胡無知理佐无之略』には対応箇所なし）。

『コンチリサン之大意譯』の例文は、『教要序論』の書き下し文に等しく、漢語もほとんど同一である。かくして、『コンチリサン之大意譯』は、『胡無知理佐无之略』に加えて『教要序論』を一部典拠にしていることが判明した。

（1）　書誌及び解説は、Laures, J., *Kirishitan Bunko*, Sophia University, 1957, pp. 139-140 に詳しい。

（2）　太田淑子「『コンチリサン之大意譯・一名悔罪説略』についての考察」（『キリスト教史学』第三六集所収、一九八二年）四五頁。
「『胡無知理佐无之略』と『コンチリサン之大意』、『科除き規則』と『告解式』とが、それぞれよく似ている事実を考慮すると、直接羅丁語から訳したとか、或は漢籍教書をそのまま訳したり、書き改めたとはとらえにくい」

(3) F・マルナス『日本キリスト教復活史』(久野桂一郎訳、みすず書房、一九八五年)二五五頁には、次のようにある。

「この本を読むと、この著者が日本の教会にいずれ長い期間司祭がいなくなることを予知していたことがよく分ります。これは教義・明晰さ・文章については優れた作品で、すべての人が用いたものです。この本は理解され、よく実行され、多くの魂はこのおかげで天国に達することができたに相違ありません」

(4) 片岡弥吉「こんちりさんのりやく解題」(日本思想大系25『キリシタン書・排耶書』所収、岩波書店、一九七〇年)六二八頁。

(5) 太田淑子、前掲論文、四六―四七頁。

(6) 同右、四三―四四頁。

(7) 『教要序論』は、一六七〇年頃に刊行され、版を重ねた。『教要序論』の北京官話(公用語)への翻訳である『教要剳言』(一八八六年)、上海方言への翻訳である『方言教要序論』なども刊行されている。また、朝鮮語にも一八六四年頃に翻訳されている。なお『教要序論』は乾隆帝によりイエズス会士の著作として『天主実義』『軽世金書』『七克』などとともに『四庫全書』に加えられている。

フェルビーストの著作は多数に及ぶが、『告解原義』『聖體答疑』『善悪報畧説』などの教義書以外にも、『坤輿全圖』『坤輿圖説』『坤輿外紀』などがある。次の文献を参照した。

Pfister, L., *Notices Biographiques et Bibliographiques sur les Jésuites de l'Ancienne Mission de Chine, 1552-1773*, Tome I, Chang-hai, 1932, pp. 352-362.

Cordier, H., *L'Imprimerie Sino-Européenne en Chine*, Paris, 1901, pp. 58-61.

第四章　明治初期プロテスタントの新約聖書翻訳経緯
——横浜翻訳委員会訳『新約聖書馬太傳』の成立と奥野昌綱の改訂草稿を中心にして——

第一節　ヘボン・ブラウン訳『馬太傳福音書』の成立経緯

ヘボン・ブラウン訳とされる『馬太傳福音書』（一八七三年刊行）には、和紙と唐紙、サイズの差異がある刊本が確認されている(1)。とはいえ、木版自体は同一のため、ここでは、後掲する香川大学附属図書館神原文庫所蔵本で書誌を略記したい。

木版、和紙、和綴、半紙本。題簽は「新約聖書馬太傳全」、第一丁の標題は「新約聖書巻之一馬太傳福音書」であり、パレスチナの彩色地図一葉所載。刊年、発行所の記載はない。サイズは二三・五×一六・〇センチ、全一〇一丁、字詰は九行二八字内外である。

この『馬太傳福音書』の成立経緯には不明確な点が幾つかある。その一つは、ブラウン訳とヘボン訳との関係である。

ヘボンの書簡によれば、「一八六七年八月、バラ師とタムソン師とわたしとがマタイ伝を翻訳するため施療所に集まったが、これは約九か月かかって完了し、その翻訳は再度わたしが改訂し、さらにS・R・ブラウンとわたし自身とで改訂したのでありますが、これは一八七三年に出版した最初のマタイ伝の基礎となっている」[2]とある。一方、ブラウンの書簡は、「マタイによる福音書を四回も改訂し、書き直しました。今、また、マルコによる福音書を、三回も改訂しています……ルカによる福音書とヨハネによる福音書とは、私の改訂を待つばかりです」(一八六七年二月一八日付)[3]という。これでは、ヘボン訳とブラウン訳が並行して存在したことになる。

ところで、またブラウンは次のように述べている。

C・M・ウィリアムズ氏、フルベッキ氏、ヘボン博士、バラ氏とわたしとが、別々に新約聖書のいくつかの書と、旧約聖書のある部分とを訳しています。どの程度、同労者たちが翻訳したか、今のところわかりません……昨年(一八六七年)の四月、わたしの家が焼けた時に、ほとんど残らず、書籍と原稿を焼失してしまいました。さいわい、マタイによる福音書とマルコによる福音書の訳文は、読みたいといっていた日本人の友人に貸してあったので、助かりました。それは、わたしが四回も改訂したものでしたから、そこにいた同労者たちに、適当に利用するようまかせておきました。[4]

春日政治は、このブラウン訳『馬太傳福音書』(稿本)と思しき一本を発見し、巻首内題に「米人ブラオン氏訳、タムソン氏・バラ氏・ヘボン氏同校」とあることから、「ブラウンの個人訳の移写本」と推定している。[5]これに対して、海老沢有道は「この訳があまりに漢訳から脱し、訳文がこなれており、口語・俗語を採り入れた平易な文語体である」ことを根拠に、この春日本は、上述の「ヘボンがバラ、タムソンら三人で九か月を要して訳した改訂稿の転写本」と推定する。[6]

ともかく、上述のブラウンの証言から、ブラウン、ヘボン、バラらは独立して訳業を進めており、各翻訳が完了したら、それらの訳稿を突き合わせて相互批評し、共同の改訂作業をする段取りであったことがわかる。[7]ヘボンは、一八六七年六月二二日付書簡で、「現在わたしは聖書翻訳のために一日六時間働いており、一カ月のうちにマタイ伝の翻訳をおわりたい」(8)と述べている。この時期は、ブラウンがマタイ伝、マルコ伝の改訂稿をヘボンらに委任した時期以後に該当するため、ヘボンが、ブラウン訳のマタイ伝を参照したことは間違いない。

ところで、黒田惟信著『奥野昌綱先生略傳並歌集』には、「馬太傳はヘボン博士がタムソン、バラ両博士の助を得て原義を譯出せるものを、奥野昌綱が文章にまとめた」(9)とある。さらに、ヘボンの妻クララの書簡では「カーチスは二年前アメリカから日本に帰ってきて以来、ずっと熱心に福音書の翻訳に従事しておりました。そうしてギリシャ語から四福音書の日本語訳をやりとげました」（一八七一年八月二一日付）と述べられている。(10)

これらの証言を総合して判断すると、ヘボンがブラウン訳を底本としたとしても、ヘボンの改訂はかなり抜本的なもので、ブラウン訳を参照したにすぎないものであったと考えられる。一八七三年刊行の『馬太傳福音書』に『和英語林集成』の語彙が反映していることは、この推測を補強する。(11)

なお、マタイ伝は、CMS宣教師エンソー（Ensor, G.）も翻訳している。すなわち、彼は一八七〇年九月一三日付書簡（資料篇の資料Ⅲ参照）に、「昨年、私はマタイ伝の翻訳を試み、それは完了した。マルコ伝に取りかかっている。マタイ伝の翻訳は、満足すべき出来からはほど遠いが、将来、改訂する際の基礎原稿としては少なくとも役立つだろう。ヘボン博士は福音書を完成したらしく、親切にも、彼の翻訳を私に送付しようと申し出てくれた」と記している。

第二節　横浜翻訳委員会訳『新約聖書馬太傳』の成立経緯

最初に横浜翻訳委員会訳『馬太傳』（一八七七年刊）の書誌を略記する。木版、和綴本で、題簽は「新約聖書馬太傳全　價拾錢」、内題は「耶穌降生一千八百七十七年　翻譯委員社中／新約聖書馬太傳／明治十年　日本横濱上梓」、第一丁の標題は「新約全書　馬太傳福音書」。全九五丁、一丁は一〇行二五字内外、サイズは二二・四×

一四・八センチ、末尾に「北英國聖書會社、National Bible Society of Scotland」の朱方印（長崎大学附属図書館経済学部分館・武藤文庫所蔵本による）。

横浜翻訳委員会は、一八七二年九月に結成され、初会合は一八七四年三月二五日に持たれている。この翻訳委員会に終始参加した宣教師は、ブラウン（Brown, S. R.）、ヘボン（Hepburn, J. C.）、グリーン（Greene, D. C.）であり、日本人補佐者は奥野昌綱、松山高吉、高橋五郎であった。奥野は最初の二年余りの間、翻訳に貢献し、高橋はこの翻訳の途中から参加した。

ヘボンによれば、「奥野は最初の翻訳において、おそらくほかの誰よりもその援助をし、引き続き二年余も翻訳委員会を補佐した」という。また、松山については、全翻訳事業の間、委員会に出席し、「和訳聖書の美点は、すべてではないにしても、主に松山氏の学識、自国語の完全なる知識、注意深い配慮と献身に起因する」と述べ[12]、松山の貢献が多大であったことに謝辞を贈っている。

井深梶之助の談話によると、宣教師らの翻訳底本は、『ジェームズ王欽定英訳』の原典であるエラスムスによる *Textus Receptus*（一五一六年初版）であり、和訳は英訳の重訳ではなくギリシア語原典からの翻訳とある[13]。また横浜翻訳委員会記録にも、*Textus Receptus* を全翻訳の基礎とするとの規定が定められている[14]。もっとも、エラスムスのギリシア語本文は一二〜一五世紀の小文字写本をもとに作成されたもので、この翻訳当時では学問的には問題の残るギリシア語本文であった[15]。

さて、新約聖書和訳の国語学的研究に、森岡健二編著『改訂　近代語の成立　語彙編』の優れた分析がある。森岡は、井深の談話から、委員会訳がギリシア語原典からの翻訳を志しながら、はからずも、間接訳になってしまったと推測する。すなわち、ギリシア語原典と英語注解書を参照した宣教師側は、その翻訳結果を不完全な日本語で伝達し、他方、日本人補佐者らは、宣教師の指導下にあったものの、漢訳聖書を参照し、最終的な和訳を書いたのである。そのため、結果的には宣教師らの翻訳は、日本人補佐者らにとり漢訳聖書と同列の中間的な媒体の役目を果たしたにすぎないと判断する。[16]

そして森岡は、委員会訳の『馬太傳』と『約翰傳』を分析対象にとりあげ、それらと漢訳聖書を対照し、漢訳聖書がどのような翻訳、改訂を経て委員会訳に結実したかを分析している。[17]

しかし、彼の分析方法には幾つかの疑問点が残る。第一に、彼は欽定訳の英語を参考に併記しているが、それらをヘボンの『和英語林集成』で吟味していない。第二に、委員会訳の底本とされたヘボン・ブラウン訳『馬太傳福音書』（一八七三年刊）、『約翰傳福音書』（一八七二年刊）との比較検討がなされていない。

横浜翻訳委員会の記録によると、マタイ、マルコ、ヨハネの三福音書の改訂は、ヘボンとグリーンをメンバーとする小委員会に委ねられ（一八七六年二月八日）、彼らはこの改訂作業を、一八七六年二月一〇日より開始している。[18]マタイ伝を例にとると、既述のように、この委員会訳の底本は、一八七三年刊行の『馬太傳福音書』であり、この元訳はブラウン訳を参照して、ヘボンが翻訳し（一八六七年）、バラ、タムソンとともに九か月かかって改訂し（一八六七―六八年）、さらにヘボンとブラウンの改訂、奥野の補訂を経て成立したものである。従って、判明している事実に限っても、委員会訳成立までには少なくとも三層の改訂段階が認められる。そのため、森岡のように漢訳聖書と委員会訳とを比較検討しただけでは、その改訂が上述のどの段階でなされたものかは明確にはならない。従ってまた、彼の分析では、委員会訳福音書の和訳の特質が日本人補佐者の手によるものか、宣教師らによるものかが判別できない。

他方、田川建三は、この委員会訳は、かなりな点において欽定訳からの重訳であり、ギリシア語原典からの翻訳ではないと主張する。田川は、マルコ1・1と1・4、ガラテヤ2・16などを例にあげ、委員会訳にはギリシア語の訳語が反映せず、欽定訳の重訳であることを例証している。[19]

しかしながら、上述のグリーンによる横浜翻訳委員会記録を見ると、ギリシア語が一五例ほど記されている。その中の三例は、正文批評にかかわるもので、ルカ伝の1・28の *εὐλογημένη σὺ ἐν γυναιξὶν* と1・29の *ἰδοῦσα* 及び、ローマ書1・29の *πορνείᾳ* の採用をめぐる議論が記されている。[20] 委員会での討議の結果、ルカ1・28の上掲句は収録され、後の二箇所は削除された。[21] 従って、宣教師らが全くギリシア語本文を参照しなかったとまではいえない。とはいえ、委員会での改訂に限れば、その記録に示されたギリシア語はごくわずかであり、これではギリシア語原典から訳出したとは言い難い。

また一方で、委員会訳の元訳であるヘボン・ブラウン訳福音書においても、ギリシア語原典を参照したとされている。彼らがどの程度ギリシア語を参照して訳出したのかは、欽定訳そのものが「おそろしく逐語的」翻訳[22]とされており、確定するのは難しいであろう。

ところで、井深や松山があくまでギリシア語原典からの翻訳と強弁するのは、委員会訳の元訳においてヘボン、ブラウンらが原典を参照したとの言説を受けたものであろうか。あるいはまた、横浜翻訳委員会記録には、「委員会訳のために、新約聖書の固有名詞の一覧表を作成し、それらを日本語表記に直すことをグリーンに依頼する」との記述があり、[23] ギリシア語の固有名詞表記の統一程度の参照を指すものであろうか。この井深や松山の強弁の意味内容はつまびらかではない。

ところが、後掲するヘボンのローマ字草稿（マタイ伝）を見ると、その和訳語のほとんどは、欽定訳聖書を『和英語林集成』（一八七二年刊、再版）の「英和の部」で検索すれば、訳出可能の和語である。それ故、田川の欽定訳の重訳説が実質的には正鵠を得ていると思われる。

さて宣教師側は主に欽定訳を底本に和訳したが、それを日本人補佐者らは、主にブリッジマン・カルバートソン訳の『新約聖書』（初版は一八五九年、寧波刊）を用いて改訂した。[24]

この漢訳聖書の委員会訳への影響については、日本人補佐者の証言がある。高橋五郎は「此新約書を譯するに當りて一種奇代なる事情の存するありて盡く支那譯に模倣して之を譯出せり、是此譯の諸人を悦服せしむる能はざりし所なり」と新約聖書の翻訳に不満の意を表明する。[25] ここで、高橋のいう「一種奇代なる事情」が何を意味するのかは、明瞭ではない。

これに対し、松山はギリシア語・英語に詳しい宣教師は和語に不十分で、日本・支那の学に通じる日本人は前者に通じていない「隔靴の感」はあったものの、「飜譯の本とせしはグリーキ原書にして参觀には英佛獨支那等の譯書を用ゐたり……支那譯に由て成れるなどいふは誠にいはれなきことなり」[26] と反論している。これに高橋は再度反論し、松山は英語を全く知らず、翻訳作業の一半しか知らない[27] と応じている。

横浜翻訳委員会での翻訳方針は、ヘボンによれば「知識人にのみ理解できる漢文体を避け、他方では卑俗な話し言葉も避け、すべての階層の人々に理解でき、知識人にも敬意を払われる文体、すなわち日常的で純粋な日本語を用い、一般読者向けの良書の多くに見られるような権威ある文体を採用することに決定した」[28] とされる。またブラウンは、「翻訳委員としては、国民に理解されるばかりでなく、文学的作品として、国民の尊敬を受け、時を経るにしたがって、キング・ジェームスの欽定訳聖書が英語を話す諸国民に影響を及ぼしたと同じように日本国民を感化する代表的作品となるような、そうした聖書の標準訳を作りたい」とその卓説を披瀝している。[29]

しかし、前述の高橋の証言では、「盡く支那譯に模倣して之を譯出」したことになっており、両者の理解に隔たりが認められる。この点はのちに検討したい。

ところで、この翻訳方針をめぐる議論では、従来の研究では井深・松山の回顧談に拠り、日本人補佐者は「堅い漢文体」、宣教師（特にブラウン）は「出来る丈通俗的な文体」の翻訳方針を主張したとされる。[30]『福音新報』第一〇八八号によると、松山は「当時にありての得手は語格や文法で、言出したらば退くことの嫌ひな、粘着力の強い、考の緻密な、定木のやうに整然とした紳士」であり、奥野は「精力家で健筆で、詩的で、其の批評は緻密では無かつたらうが、何所か文学的の趣味を看取する長所を有し、他人の説に感服することの出来る美質を持つて居られた」とある。(31)この両者の性格から推して、漢文体を強く主張したのは具体的には松山だと推察される。この推察は、次の第三節で検討する奥野の改訂草稿からも支持される。

第三節　奥野昌綱の改訂草稿について

(一)改訂本の位置付け

香川大学附属図書館の神原文庫に、奥野昌綱が鉛筆で改訂を加えたヘボン・ブラウン訳の『馬太傳福音書』(一八七三年刊行)が二冊収蔵されている。登録番号は両書とも同一である(193-62)。一冊には、初丁に「昌綱」の自署があり(口絵写真4)、ほぼ全丁にわたって改訂がなされている(口絵写真5)。この書物を発見し、その収集に加えた神原甚造は、この書き入れは、その筆跡から「昌綱の手記に係ること疑無」く、「珍重すべき価値」ありとの覚え書きを添付している。この福音書の版下自体が奥野の手によるもので、その筆跡の同一性は明らかだが、なお念のため、奥野の自筆書簡で、その筆跡を確認した。(32)この改訂を一八七七年刊行の横浜翻訳委員会訳『新約聖書馬太傳』と照合したところ、全一〇〇〇余例の改訂中七六例が一致した(改訂の一部収録も含む)。

もう一冊の『馬太傳福音書』には、一丁オ~三丁オにわたって改訂が施されている。筆跡から奥野の手によるものである。この改訂を検討したところ、横浜翻訳委員会訳『新約聖書馬太傳』と一箇所を除いて、すべて合致した。この改訂が加えられた箇所は、人名が集中する箇所である。先述のように、横浜翻訳委員会では、固有名詞の統一をグリーンに依頼している。従って、この改訂は、この統一された固有名詞表記の覚えのために、奥野が書き入れたものと思われる。

さて、奥野の全丁にわたる改訂草稿本を検討すると、後述するように、漢語や漢文体をできる限り分かり易い通俗語や口語的文体に改めようとする明瞭な意図が読みとれる。横浜翻訳委員会の聖書翻訳方針は、既述の通り漢文調・翻訳調を改め、「漢学の知識の無い人にも読める」[33]平易な日本語に改訂することが確認されており、奥野の改訂は、この方針に則っている。

以上の事実から推して、奥野が全丁にわたって改訂を加えた『馬太傳福音書』は、彼が、翻訳委員会の要請に応じて「誰にも分かる」平易な文章に改訂すべく企図したものであると考えられる。[34]

ところが委員会訳は、結果的には漢文訓読調に落ち着き、奥野の改訂の大部分は委員会訳に採用されるにはいたらなかった。口語体の冗漫さが松山高吉に嫌われたものと思われる。先述の高橋と松山の論争で、「一種奇代なる事情」とは、この奥野の通俗的口語体への改訂を松山が阻止した経緯を示唆しているのかもしれない。もっとも、奥野はすでに委員会訳の先行版である『馬太傳福音書』（一八七三年刊）の改訂作業にも加わっており、彼自身もこの通俗的口語体にそれほど固執はしなかったと考えられる。むしろ、奥野は宣教師の指導に従い、この改訂を行った可能性が高い。

ともかく、上記の仮説に立てば、この資料は、横浜翻訳委員会においても、文語や漢文体を脱した通俗語、口語体への改訂の試みがなされた事実を明示する証拠である。また、この改訂本は、奥野が横浜翻訳委員会訳『馬太傳』成立にどれほど関与したかを示す資料であり、延いては、委員会訳の漢文訓読体化に松山がどの程度寄与したのかを逆に推測し得る手がかりともなりえよう。これに加えて、この時期の奥野の聖書読解力の程度を物語る資料でもある。これらの点から、この奥野による二冊の改訂本は、翻刻する意義があると考え、資料篇に収録した（資料Ⅱ）。

（2）奥野昌綱の自署本の全丁にわたる改訂に見られる特徴

奥野の自署本の全丁にわたる改訂に見られる特徴は、概略、次の五つに分類できる。

第一に、文体は全般的には「ます」体（丁寧を表す助動詞）で統一しようとしている。これは、「さづけん」→「さづけます」（3・11）、「信ぜり」→「信しました」（21・32）、「火になげいるべし」→「火になげいれましよう」（13・42）などであり、この改訂は多数を占める。ただ、「～である」体への改訂が、23章20・21節（「ちかふなり」→「ちかひをたてるのである」、両節とも同一）に二例見られる。

第二に、古語的ないしは漢語的表現や語彙を通俗的で平易な表現や語彙に改めている事例が数多く見られる。例えば、「つげん」→「しらせます」（6・2）、「いやせり」→「なほしました」（8・16）、「ふしたる」→「ねてをる」（8・14）、「獄（ひとや）」→「獄（ろうや）」（11・2）、「童（わらべ）」→「童（こども）」（11・16）、「なんぢら」→「おまへかた」（5・43）、「清浄（しやうじやう）にする」→「清浄（きれい）にする」（23・17）、「聖（せい）なるもの」→「聖（きよらか）なるもの」（7・6）、「義人（ぎじん）」→「義（たたしき）人」（23・29）、「拝（はい）さバ」→「おかむならバ」（4・9）などである（カッコ内は振り仮名、以下同）。

第三に、聖書由来の漢語や日本人に馴染みの薄い漢語をやわらげ、分かり易くする事例がある。これは以下の事例に顕著である。

預言者（よげんしや）→「むかしのせいじん」（2・5／8・17）「むかしのせい人」（7・12）「かミとしたしくせしひとびと」（2・5）「かミのともだちのやうなるひと」（12・17）「かミのおつげをうけしひと」（23・30）

異邦人（いほうじん）→「いこくじん」（4・15）「かミのをしへをしらざる人」（6・32）

會堂（くわいどう）→「ひとのあつまるいへ」（23・34）「ミだう」（6・2）

人税（にんぜい）→「ひとのうんしやう」（17・25／22・17）

偽善者（ぎぜんしや）→「ぜんにんにせたふうをするひと」（6・2）「ぜんにんのふうをするひと」（6・5）「いつはりもの」（24・51）
教法師（きやうばうし）→「をしへのししやう」（22・35）
祭司（さいし）のをさ→「おほきなるやくにん」（26・3）
第四に、尊敬表現への改訂も数多く認められる。
「いのるとき」→「おかミをするとき」（6・5）、「天にあるつかひたちのごとし」→「天にありておつかひをなさるおかたのごとし」（22・30）、「命ぜし」→「おほせられました」（8・18）などである（傍点は筆者、以下同）。
第五に、文意を明確化するために言葉を付加する事例が散見される。例えば、「蒔かずからず」→「たねも蒔かずかりいれもせず」（6・26）、「父も」→「父のかミも」（6・14）、「坐上（ざしやう）に舞て」→「坐上（ざのうへ）にまひを舞て」（14・6）などの事例である。
さて、現代キリスト教用語で特に馴染み深いものに「信仰」がある。これは漢訳聖書では「信」となっており、委員会訳が「信仰」を採用した次第は未詳である。ただ、ヘボン・ブラウン訳『馬太傳福音書』6章30節にはすでに「信仰」は見える。しかし奥野は、ヘボン・ブラウン訳『馬太傳』の「信（しん）」の多くを「信がう」「信かう」に改訂しており、それを委員会訳では「信仰（しんかう）」という漢字に改めている。
「信にあはず」→「信がうのひとにあはず」→「篤信（あつきしん）にあはざるなり」（8・10）、「信ずるごとく」→「信がうするごとく」→「信仰（しんかう）のごとく」（8・13）、「信うすきものよ」→「信かうのうすきものよ」→「信仰うすきものよ」（8・26）、「汝の信汝をいやせり」→「汝の信かう汝をなほします」→「なんぢの信仰なんぢをいやせり」（9・22）、「信ぜん」→「信かうします」→「信ぜん」（27・42）（ヘボン・ブラウン訳→奥野の改訂→委員会訳）。

なお「しんかう」はヘボンの『和英語林集成』の再版本（一八七二年）の英和の部に、Faith→Shin, *shinkō*, shinyo（一八六七年の初版本ではshinjin, Shinkō）と記されており、奥野の創案ではない。

むろん、以上の検討だけでは、委員会訳が「信」の多くを「信仰」に変えた意図まではわからない。ただ、奥野が漢語を通俗的語彙に改めた過程で生まれた「信がう」という訳語を委員会訳が採用したとの推測は可能であろう。

最後に、奥野の改訂で興味深いものをあげておきたい。

「つみをゆるすごとく」→「ふちうはふをゆるしますとほり」（6・12）
「わが靈（たま）」→「わがたましい」（12・18）
「あがなはん」→「つくのはん」（20・28）
「父母をいつくしむ」→「父母をあいす」（10・37）

第四節　マタイ伝の諸版の異同の吟味

次に委員会訳成立にいたるまでのマタイ伝の諸版の異同を対照して、検討する。

①欽定訳（［ ］内は『和英語林集成』（再版本）から検索できる主な訳語）
②ヘボンのローマ字草稿（明治学院大学図書館所蔵、1―12章までの草稿の複写を利用した）
③一八七三年刊ヘボン・ブラウン訳『馬太傳福音書』と奥野による改訂（［ ］挿入、〔 〕入れ替え）
④一八七七年刊横浜翻訳委員会訳『新約聖書馬太傳』
⑤漢訳聖書（『新約聖書』、蘇松上海美華書局蔵板、一八六三年）

＊③の句読点、④の読点は筆者が加え、（　）内は振り仮名であるが、省略したところもある。また⑤の異体字は改めた。

5・1

① And seeing the multitudes, he went up into a mountain: and when he was set, his disciples came unto him:

[see → miru, multitude → ōzei, ōku → many, go up → noboru, into → ni, mountain → yama, he → kare, zasuru → to sit down, disciple → deshi, come → kitaru]

② Yaso ōku no hitobito wo mi, yama ni nobori, zashi-tamaishi ni, sono deshi tachi kore ni kitarinu.

③耶穌おほくの人をミて、山にのぼり、坐し｛すハり｝たまひしに｛けれバ｝、その［お］でしたちかれにきたりぬ｛しかバ｝

④耶穌（いえす）おほくの人をミて、山にのぼり、坐したまひければ、門徒（でし）たちもそのもとにきたれり

⑤耶穌見群衆、則登山、既坐其門徒就之、

5・2

① And he opened his mouth, and taught them, saying,

[open → hiraku, mouth → kuchi, teach → oshiyeru, say → iwaku, them → karera wo]

② Sunawachi kuchi wo hiraki sore ni oshiyete, iwaku,

③すなハち、くちをひらき［て］、かれらにをしへけるハ｛をのべぬ｝

④耶穌くちをひらきて、かれらにをしへいひけるハ

⑤遂啓口教之曰、

5・3

① Blessed are the poor in spirit: for theirs is the kingdom of heaven.

[saiwai → 福, blessings, poor → madzushii, in → uchi, spirit → kokoro, for → ikan to nareba, narebanari, kingdom → kuni, heaven → ten]

② Kokoro no uchi mazushiki mono wa saiwai nari; sore, sono hito no kuni wa tenkoku nari.

③こころのうちへりくだる〔ていねいにてたかぶらぬ〕ものハさいはひなるものなり、いかにとなれバその人の國ハ天國（てんこく）なれバ〔である〕なり

④心のまづしきものハさいはひなり、天國ハすなはちその人のものなればなり

⑤虚心者福矣、以天國乃其國也。

5・4

① Blessed are they that mourn: for they shall be comforted.

[mourn → kanashimu, comfort → nagusameru]

② Kanashimu mono wa saiwai nari; sore, sono hito wa nagusame wo ukuru mono nari.

③かなしむものハさいはひなるものなり、いかにとなれバその人ハなぐさめをうくべき〔うける〕ものなれハなり。

④かなしむものハさいはひなり。そのひとハ安慰（なぐさめ）をうべければなり

⑤哀慟者福矣、以其將受慰也。

5・5

①Blessed are the meek: for they shall inherit the earth.
[meek → yasashii, niuwa na, inherit → tsugu, earth → chi, chi-kiu → 地毬, the globe, tamotsu → to keep]
②Yasashiki mono wa saiwai nari; sore, sono hito wa kuni wo tamotsu mono nari.
③柔和（にうわ）なるものハさいはひなるものなり、いかにとなれバその人ハ地球（ちきう）をあひつぐべき｛においてしそんのつぐ｝ものなれバなり
④柔和なるものハさいはひなり。そのひとハ地土（ち）を嗣（つぐ）ことをうべければなり
⑤温柔者福矣、以其將得土也。

5・6

①Blessed are they which do hunger and thirst after righteousness: for they shall be filled.
[hunger → uyeru, thirst → kawaku, righteousness → tadashiki koto, gi, shitau → to yearn after, fill → aku, mitsuru]
②Uye kawaku gotoku, tadashiki wo shitō mono wa saiwai nari; sore, sono hito wa akasaruru mono nari.
③飢渇（うゑかわく）｛はらのへるのどのかわく｝ごとくただしきをしたふものハさいはひなるものなり、いかにとなれバ、その人ハ盈（みて）らる｛じうふんになる｝べきものなれバなり
④うゑかわくごとく義（ただしき）をしたふものハさいはひなり。そのひとハ飽（あく）ことをうべけれバなり
⑤飢渇慕義者福矣、以其將得飽也。

5・7

① Blessed are the merciful: for they shall obtain mercy.
[merciful → awaremi-bukai, obtain → uketoru, ukuru → same as ukeru, mercy → awaremi]
② Awaremu mono wa saiwai nari; sore, sono hito wa awaremi wo ukuru mono nari.
③あはれむものハさいはひなるものなり、いかにとなれバその人ハあはれミをうくべきものなればなり
④あはれみあるものハ福（さいはひ）なり。その人ハ矜恤（あはれミ）をうべけれバなり
⑤矜恤者福矣、以其將見矜恤也。

5・8

① Blessed are the pure in heart: for they shall see God.
[pure → kiyoki, in → uchi, heart → kokoro, see → miru, mamiyuru → to go to see, God → kami]
② Kokoro no uchi kiyoki mono wa, saiwai nari; sore sono hito wa Kami ni mamiyuru mono nari.
③こころのうちいさぎよきものハさいはひなるものなり、いかにとなれバその人ハ神（かミ）にまミゆべきものなれバなり
④こころの清潔（きよき）ものハさいはひなり。そのひとハ神をミることを得（う）べけれバなり
⑤清心者福矣、以其將見神也。

5・9

① Blessed are the peacemakers: for they shall be called the children of God.
[mutsumajii → friendly, wa-boku → 和睦, making peace, yawaragi → to be mollified, call → tonayeru, child → kodomo, ko → a child]
② Mutsumajiku sasuru mono wa, saiwai nari; sore, sono hito wa Kami no ko to tonayeraruru mono nari.

③和睦（わぼく）〔なかなほり〕をもとむるものハさいはひなるものなり、いかにとなれバその人ハ神の子ととなへらるべきものなれバなり

④和平（やはらぎ）をもとむるものハさいはひなり。その人ハ神の子となへらるべけれバなり

⑤施和平者福矣、以其將稱爲神之子也。

5・10

①Blessed are they which are persecuted for righteousness' sake: for theirs is the kingdom of heaven.

[persecute → semeru, righteousness → tadasikikoto, sake → tame]

②Tadashiki koto no tame ni semeraruru mono wa saiwai nari; sore, sono hito no kuni wa tenkoku nari.

③ただしきことのためにせめらるるものハさいはひなり、いかにとなれバその人の國ハ天國なれバなり

④ただしきことのためにせめらるるものハ福（さいはひ）なり。てんこくハすなはちその人のものなればなり

⑤爲義而遭迫害者福矣、以天國乃其國也。

6・24b

①Ye cannot serve God and mammon.

[cannot → atawadzu, serve → tsukayeru, takara → riches, kaneru → to discharge the duties of two or more offices at the same time]

②Nanjira Kami to takara ni kane-tsukōru atawazu.

③なんぢら神とたからにかねつかふる〔たからものとふたつのものにつかへる〕ことあたはず〔てきません〕

④なんぢら神と財貨（たから）にかねつかふることあたはず

⑤爾不能事神、而兼事財貨也。

6・25

① Therefore I say unto you, Take no thought for your life, what ye shall eat, or what ye shall drink; nor yet for your body, what ye shall put on. Is not the life more than meat, and the body than raiment ? [therefore → kono uye ni, I → ware, say → tsugeru, you → nanji, omompakaru → to be anxious about, omoi-wadzurau → to think about with trouble and anxiety, for → tame ni, life → inochi, what → nani, eat → kurau, drink → nomu, mi → the body, put on → kiru, kate → 糧, food, more → masaru, than → yori, tattoi → valuable, raiment → kimono, koromo → clothing]

② kono yuye ni ware nanjira ni tsugen, inochi no tame ni, nani wo kurai, nani wo nomi, mata wa mi no tame ni nani wo kin to omompakaru nakare, inochi wa kate yori tattoku, mi wa koromo yori tattoki mono ni arazaru ka.

③ このゆゑにわれなんぢらにつげん。いのちのためになにを食（くら）ひ、なにをのミ、またハ身（ミ）のためになにを衣（き）ん｛る｝とおもひわづらふ｛くるしめること｝なかれ。いのちハ糧（かて）よりまさり｛くひものきものどうぐよりもたつとく｝、身も｛からだハ｝衣よりまされる｛たつとく｝ものにあらさるか｛てありましよう｝。

④ このゆゑにわれなんぢらにつげん。生命（いのち）のためになにを食（くらひ）なにをのみ。また身のためになにを衣んとおもひわづらふことなかれ。いのちハ糧よりまさり、身ハころもよりもまされるものならずや

⑤ 我故語爾、勿慮爾生命何以食、何以飲、勿慮爾身何以衣、夫生命非貴於糧、身非貴於衣乎。

6・26

① Behold the fowls of the air: for they sow not, neither do they reap, nor gather into barns; yet your

heavenly Father feedeth them. Are ye not much better than they ?
[behold→miru, sora→the sky, of→no, fowl→tori, sow→maku, reap→karu, takuwayeru→to store up, heavenly→ten no, father→chi-chi, saredomo→however, kura→a fire-proof store house, feed→yashinau, much→taisō, ito→exceedingly, be→aru, arazaru→neg. adj. of Ari, sugureru→to be superior]

② Sora no tori wo omoi-mi yo, makazu, karazu, kura ni takuwayezu, saredomo nanjira no ten no chichi kore wo yashinaye-tamo, nanjira wa sore yori ito tattoki mono ni arazu ya.

③そらの鳥をおもひミよ｛なされ｝。いかにとなれ｛とかういふわけといへ｝バ［たねも］蒔かず、からず｛かりいれもせず｝、倉にたくはへず｛倉にもしまふておかず｝。されどもなんぢらの天の父ハこれ［ら］をやしなひたまふ｛やしなふてくだされます｝。なんぢらハそれよりいとすぐるる｛はなはだすぐれたる｝もの に［て］あらずや｛あります｝。

④なんぢらそらの鳥をミよ。稼（まく）ことなく、かることをせず、倉にたくはふることなし。しかるになんぢらの天の父ハこれをやしなひたまへり。なんぢらハこれよりもおほいにすぐるるものならずや

⑤試觀天空之鳥、彼不稼不穡、不積於倉、然爾天父養之、爾非甚貴於鳥乎、

6・27

① Which of you by taking thought can add one cubit unto his stature ?
[add→kuwayeru, noberu→prolong, can→yeru, seki-sun→寸尺, the least bit, sun-in→寸陰, the smallest portion of time, stature→minotake]

② Nanjira no uchi tare ka omompakari wo motte sono inochi hito toki wo yoku noben ya.

③なんぢらのうちたれかおもひわづらふて｛くるしむとも｝そのいのち［を］尺寸（せきすん）も｛いつしやくかいつすんほども｝よくのぶ｛べ｝ることをえんや｛ができますか｝。

④なんぢら誰（たれ）かよくおもひわづらひてそのいのちを寸陰（すんいん）ものべえんや

⑤爾中、誰能以思慮延生命一刻乎。

6・28

① And why take ye thought for raiment ? Consider the lilies of the field, how they grow; they toil not, neither do they spin.

[mata → also, why → nani yuye, raiment → kimono, consider → omompakaru, omoi-megurasu, lily → yuri, no → 野, a wild, how → ikani, sodatsu → 育, to grow, toil → kurō suru, tsutomeru → to do diligently, spin → tsumugu]

② Mata nani yuye ni koromo no koto wo omompakaru ya, no no yuri no ikani shite sodataru ka omoimi yo. Sore wa tsutomezu, tsumugazu,

③またなにゆゑに衣（ころも）｛(きもの)｝のことをおもひわづらふや｛くるしむや｝。野の百合のいかにそだつかよくミよ｛ミなされ｝。それハつとめ［もせ］ず、［いとも］紡がす

④またなにゆゑに衣のことをおもひわづらふや。野の百合花（ゆり）はいかにしてそだつかをおもへ。勞（つとめ）ず、紡がざるなり

⑤爾何爲衣食慮耶、試思野間百合花、如何而長、彼不勞不紡、

6・29

① And yet I say unto you, That even Solomon in all his glory was not arrayed like one of these.

[say → tsugeru, even → saye, dani, all → mattaku, glory → yeiyō, ikuwo, array → yosoō, like → yō, gotoku, sakannaru toki → time of full bloom, or vigor, sakaye → 榮, glorious condition, hodo → in proportion to, as]

②ware nanjira ni tsugen, Soromon no ito sakannaru toki de saye kono hana no hitotsu hodo mo yosowazariki.

③されどわれなんぢらにつげん、ソロモンだに〔でさへ〕もそのすべての榮（さかえ）に〔りつパなるにも〕、この花のひとつほども粧（よそ）ハざりき〔けしやうハいたしません〕。

④われなんぢらにつげんソロモンの榮華（えいぐわ）の極（きハミ）のときだにも、この花のひとつほどもよそはざりき

⑤惟我語爾、即所羅門於其榮華之極、其衣猶不及此花之一。

①の欽定訳聖書を、ヘボンの『和英語林集成』（再版本）の「英和の部」で検出すると、②③④の大部分の和訳語が検出できる。なかでも、②のヘボンのローマ字草稿は欽定訳から該辞書で検索し得る和語とよく合致している。だが他方で、「さいはひ←福」（5・3～10、②③④）、「なぐさめをうく←受慰」（5・4、②③）、「ただしきをしたふ←慕義」（5・6、②③④）、「かねつかふる←兼事」（6・24b、②③④）、「あらざるか←非～乎」（6・25、②③）、「のぶる←延」（6・27、②③④）、「なり←也」（5・3～10、②③④）、「なんぢらのうちたれか→爾中、誰」（6・27、②③）などは欽定訳より漢訳に近い。従って、②③④の『馬太傳』が欽定訳と漢訳の両者を参照したことは疑いを容れない。ただ、『和英語林集成』の訳語そのものに漢語調が見られるため、底本の判定が困難なものも多い。例えば、「いわく← say: iwaku, 曰」（5・2、②）、「となへる← call: tonayeru, 稱」（5・9、

②③④)、「あたはず←cannot: atawadzu, 不能」(6・24b、②③④)などである。

とはいうものの、全般的には、②→④に移るにしたがい、欽定訳から漢訳聖書への依拠の度合いが高まっていることは読みとれる。③のヘボン・ブラウン訳刊行本では「耶穌」「山」「坐し」「國」「天國」「飢渇」「神」「神の子」「食」「身」「衣」「糧」「鳥」「倉」「天の父」「野」「紡がす」「榮」「花」が漢訳聖書の漢語と一致する。

しかし、他方で②より③の方が欽定訳に忠実な例もある。5・3～5・10の接続詞“for”が、②と異なり③では“ikan to nareba”と明確に訳文に反映されている。また③の「いのちハ糧よりまさり」(6・25)の傍線部分は、欽定訳聖書の“more than”を『和英語林集成』で検索した“yori masaru”に一致する。他方、②の「いのちはかてよりたつとく、みはころもよりたつときものにあらざるか」の方が、むしろ漢訳聖書の「夫生命非貴於糧、身非貴於衣乎」に近い。

さて④は、③の上記の漢語に加えて、漢訳聖書からの収録がさらに進む(但し、上記の「飢渇」のみ平仮名に直されている)。

「門徒(でし)」「心」「義(ただしき)」「飽(あく)」「福(さいはひ)」「矜恤(あはれミ)」「和平(やはらぎ)」「財貨(たから)」「生命(いのち)」「稼(まく)」「誰(たれ)」「勞(つとめ)」「百合花(ゆり)」「榮華の極」である(カッコ内は振り仮名、以下同)。

ここで、④の漢語に付された振り仮名は、傍線の二例を除き、すべて③の訳語に合致している点に注目したい。また④の「安慰(なぐさめ)」「地土(ち)」「清潔(きよき)」はそれぞれ漢訳聖書の「慰」「土」「清」を参照して訳出されたものであろう(傍線の意読語も、②か③に一致している)。

これに加えて④には、漢訳聖書を訓読したままの措辞が見られる。「乃→すなはち」(5・3/5・10)「得飽→飽ことをう」(5・6、これは②では欽定訳に従い、「あかさるる」と受動態で翻訳)「然→しかるに」(6・26)「於→

より」（6・25）「能→よく」（6・27）などである。なお「於→より」（6・25）は漢訳と欽定訳が一致している。しかし他方で、④にも、欽定訳に合致するように③を改訂したと見られる箇所もある。それは、③「こころのうちへりくだるもの」→④「心のまづしきもの」（5・3、②に再び合わせた）、③「地球をあひつぐべき」→④「地土（ち）を嗣ことをうべければ」（5・5、④では欽定訳の inherit → tsugu, the earth → chi の訳語を反映させている）。

以上検討したごとく、語句レベルにおいては、④における漢訳聖書からの収載の実情からみて、「委員会訳は、漢訳聖書に模倣して訳出した」との高橋五郎の指摘は、ここで検討した限りでは、ほぼ的を射ている。だが一方で、委員会訳は漢訳聖書ではなく、欽定訳に依拠した箇所も幾つかは認められるのも事実である。なお、構文については、ここで見る限り、委員会訳は漢訳聖書より元訳であるヘボン・ブラウン訳に準拠しており、ヘボン・ブラウン訳は漢訳聖書より、欽定訳に近似する。

第五節　横浜翻訳委員会訳『新約聖書馬太傳』『新約聖書約翰傳』の改訂経緯

委員会訳新約聖書におけるキリスト教用語の翻訳に関しては、次の海老沢有道の指摘が一般的である。すなわち彼は、「宗教語としては神道・仏教的用語および表現が多く、むしろそれらをとおしてでなければ、宗教的表現が不可能ですらあった当時の日本において、キリスト教独自の訳語を与えることはきわめて困難な業であった」という。そして、委員会訳新約聖書が「バプテスマ」を除いて、キリスト教用語の全部を和訳したのは、先駆的和訳や漢訳を参照したとしても、この作業自体の「困難さは想像にあまりある」と推察している。(35) たしかに、ブラウン、ヘボンらによる和訳には多くの困難がともない、彼らは、その和訳に長い年月を費やした。しかしながら、委員会訳新約聖書は短日月で終えられており、しかもそこでの基本的キリスト教用語は、福音書に限れば、ほとんど漢訳聖書の漢語をそのまま借用したものである（ヨハネ伝では、委員会訳の語彙のうち、その七八％を漢訳聖書の訳語から採用している）。[36] 従って、海老沢の指摘は、そのままには採り難いところがある。

また田川は、「さまざまなキリスト教用語の訳語をうまく作るのに成功したのは、やはり漢訳という手本があったからだ」としながらも、それは「単に漢訳を真似しただけ」ではなく、「日本人訳者のすぐれた努力が日本語独自のキリスト教用語を作り出すのに成功した」とする。そしてさらに、「語彙を作り出したという点で、彼らの仕事は単なる翻訳以上のすぐれた仕事だったのである」と評する。[37] しかし、日本語独自のキリスト教用語の創案が日本人補佐者に帰せられるとの田川の指摘には疑問が残る。この点については、森岡健二が精緻な分析をしているため、以下それを中心に検討したい。

森岡健二は、委員会訳のマタイ伝とヨハネ伝を検討対象とし、前者から九つの章、後者から七つの章を統計的に無作為に抽出して、分析している。森岡は、委員会訳に漢語を訓読、意読した語が多くみられる点に着目し（ヨハネ伝では、委員会訳の語彙全体のうち、漢訳聖書の訳語を訓読したものが三七・七％、意読したものが三三・八％を占める）、意読語が三三・八％も占めるのは「おどろくべき翻訳能力であった」といい、「この大胆な言い換えが、大量の漢語を優雅な和語に移すことに成功した」と指摘する。そして、「優雅な和語で漢語を訓読もしくは意読し、しかもこれを振り仮名（和語）と漢字（漢語）を組み合わせて示したところに、和訳聖書の文体を決定づける大きな要因がひそんでいる」とする。[38]

ところが、この翻訳委員会に参加した経験のある井深梶之助によると、「平明な和譯」を主張したブラウンと「漢文風の文體」を重視した日本人補佐者との妥協の結果が、「一種特別の日本文の飜譯が生れた次第」であり、かつ「時々本字と傍假名と調和せぬ様な所」が生じた理由でもあるという。[39] この井深の説に従えば、漢語への和語の振り仮名は意見の対立から生まれた妥協の産物であり、そのため不調和な振り仮名さえ付す欠陥を生んだことになる。
ところで、前掲のマタイ伝の比較対照結果から、④の委員会訳の漢語への訓読、意読語のほとんどは、③のヘボン・ブラウン訳『馬太傳』（一八七三年）、さらには②のヘボンのローマ字草稿にさかのぼることが判明した。しかも、それらの和語は欽定訳聖書の英語から『和英語林集成』（再版本）で、大部分が訳出可能である。つまり、委員会訳への改訂に際して、漢訳聖書から多量に収載された漢語に付された訓読、意読語は、ヘボン・ブラウン訳『馬太傳』にすでに翻訳されている和語か、ないしは欽定訳の英語から『和英語林集成』で検索し得る和語であり、それらが漢語のルビとして、機械的にあてられているのである。

このような点を踏まえて、以下に森岡が分析対象としてとりあげている資料を委員会訳の底本とされたヘボン・ブラウン訳福音書（ヨハネ伝・マタイ伝）と『和英語林集成』によって吟味してみたい。

その前に、ヘボン・ブラウン訳『約翰傳』（一八七二年刊）と同年に刊行されたヘボンの『和英語林集成』（一八七二年、再版本）との刊行時期の前後関係を確定しておきたい。この辞典は、ヘボンが一八七一年一一月〜一八七二年七月下旬まで上海に滞在し、印刷に付したものである。[40] 一八七一年一〇月二一日付のヘボン書簡には、「ブラウン博士とわたしとはマルコ伝をおわり、出版するためそれを上海へ持って行きます。丹念に原稿を調べました。われわれの間で翻訳した他の福音書もありますが、しかしこの福音書だけが訂正を終った唯一の訳文なのです」とある。[41] 従って、この段階では、ヨハネ伝はいまだ最後の訂正が完了していなかった。

その後、一八七二年八月五日付のヘボン書簡に「やっとマルコ伝の木版ができあがり、ヨハネ伝にとりかかりました」とあり、[42] マルコ伝は上海で出版できず、結局帰日後、木版を作成したことがわかる。[43] そのため、ヘボン・ブラウン訳『約翰傳』は、『和英語林集成』（再版本）刊行後およびマルコ伝の木版完成後に、その最終改訂作業が開始された。従って、委員会訳ヨハネ伝の改訂に『和英語林集成』（再版本）は充分に用いられえたと考えられる。

(a) 漢訳聖書の漢語を訓読した語

森岡論文は聖書用語に関連した訓読語二三例をあげている。これらの訓読語(振り仮名)を、欽定訳の当該聖書箇所の英語から『和英語林集成』(再版本)で検索すると、その訓読語は二一例検出できる(英和の部から一七例、和英の部から四例)。

例えば、

「贖(あがなひ)」→ransom→aganai(マ20・28)

「活水(いけるみづ)」→living water→ikeru midzu(ヨ4・10)

「永生(かぎりなきいのち)」→everlasting life→kagiri-naki inochi(ヨ3・36)

「天使(てんのつかひ)」→angels→ten no tsukai(マ4・11)

「聖父(きよきちち)」→Holy Father→kiyoi chi-chi(ヨ17・11)

「神(かみ)の靈(みたま)」(欽定訳、the Spirit of God)→Mitama→the spirit, God→kami(マ12・28)

の類である。残り二例は次の通りである(↑ヘボン・ブラウン訳)。

「悔改(くひあらため)たり」↑「悔(くひ)あらためたり」(マ12・41)

「宝盒(たからのはこ)」↑「たからのはこ」(マ2・11)

また、これら二三例を委員会訳の底本であるヘボン・ブラウン訳『約翰傳』『馬太傳』と照合すると、委員会訳の訓読語の振り仮名がそのまま平仮名で記載されているのは一三例、委員会訳と全く同一のもの(漢語と訓読語併記)三例の計一六例は、すでに、この二福音書に翻訳されており、委員会の創案ではないことがわかる。残り五例(聖書引用二箇所誤植、一箇所未記入のため二箇所未調査)は(委員会訳↑ヘボン・ブラウン訳↑漢訳)、

「奇（あやし）」↑「めづらし」↑「奇」（ヨ7・21）
「栄（さかえ）」↑「貴（たつとき）」↑「栄」（ヨ2・11）
「天使（てんのつかひ）」↑「つかひ」↑「天使」（マ4・11）
「神（かみ）の靈（みたま）」↑「神靈（ミたま）」↑「神之靈」（マ12・28）
「聖父（きよきちち）」↑「たふとき父」↑「聖父」（ヨ17・11）

である。

（b）漢訳聖書の漢語を意読した語

森岡論文のあげている二四例を、欽定訳の当該聖書箇所から『和英語林集成』で検索すると、その意読語は二○例検出できる（英和の部から一四例、和英の部から六例）。

「門徒（でし）」→disciple→deshi（マ9・19）
「律法（おきて）」→law→okite（ヨ7・19）
「声名（きこえ）」→fame→kikoye（＊）　（＊は聖書箇所誤植のため未確認。以下同）
「真理（まこと）」→truth→makoto（ヨ1・14）
「売（わた）す」→betray→watasu（ヨ12・4）
「幽暗（くらき）」（darkness）→kuraki→dark（マ22・13）
「節筵（いはひ）」（feast）→iwai→feast（ヨ5・1）

などである。

残り四例は、「黙示（つげ）」（↑「つげ」、マ2・12）、「祝謝（いのる）」（↑「いのり」、ヨ6・11）などである（↑ヘボン・ブラウン訳）。

また、これら二四例を委員会訳の先行版であるヘボン・ブラウン訳の『約翰傳』『馬太傳』と照合すると、委員会訳の意読語の振り仮名で記載されているのは一四例、委員会訳と全く同一のもの（漢語と意読語併記）二例の計一六例が認められる。

残り七例は（一箇所聖書引用箇所誤植のため未調査）（委員会訳↑ヘボン・ブラウン訳）、

「子弟（こども）」（children）↑「息子（むすこ）」（マ12・27）

「探索（しらぶ）」（search）↑「たづねよ」（ヨ5・39）

「患難（なやみ）」（tribulation）↑「くるしみ」（ヨ16・33）

「節筵（いはひ）」（feast）↑「まつり」（ヨ5・1）

などである。

前二語を『和英語林集成』で検索するとchildren→kodomo-ra, search→shiraberuとなっており、むしろ委員会訳が英訳に近い方向に改訂されている語も認められる。

以上の(a)(b)の検討から判明することは、訓読・意読語は、欽定訳の当該聖書箇所から『和英語林集成』でほとんど訳出できる和語である点である。しかも、これら訓読・意読語の多くは、委員会訳の底本であるヘボン・ブラウン訳の『約翰傳』『馬太傳』にすでに平仮名のかたちで翻訳されていたものである。かくて、漢語への振り仮名である訓読・意読語は、森岡論文の指摘するような「大量の漢語を優雅な和語に移す」という「驚くべき翻訳能力」ではなく、むしろその大部分は、ヘボン・ブラウンの元訳、ないしは『和英語林集成』の語彙の秀逸さに帰されるべきものである。すなわち、ここで検討した限りにおいては、委員会訳は、その先行版の『約翰傳』『馬太傳』の和語を漢訳聖書から採った漢語に訓読・意読語の振り仮名として機械的にあてたものがほとんどを占めているからである（ただし訓読語は聖書用語に関連した漢語に付されたもの）。

これは、先述の井深の「委員会訳の本字と傍假名の調和しないのは、漢文調と平明な文體との妥協の痕跡」との証言とも合致する。

かくして、欽定訳と漢訳聖書をあわせて参照したことが、この委員会訳の独特な文体の基礎となったといえる。とすると、委員会訳に訓読・意読語としての「優雅な和語」の振り仮名が多い理由は、再版本『和英語林集成』の語彙に求められる。

山本秀煌によれば、ヘボンは『和英語林集成』初版編纂に際して、『日葡辞書』『古事記』『源平盛衰記』『平家物語』『東海道中膝栗毛』などを参照し、岸田吟香の協力も得たとされる。また『和英語林集成』の改訂に際しては、奥野昌綱がヘボンに協力し、「日本の古書数十部を購買して参考に供した」という。(44) これらの事情は、「優雅な和語」を辞典に収録する一助となったと考えられる。

(c) 漢訳聖書の一字漢語を二字に修正した語

森岡論文のあげている一七例のうち、『和英語林集成』から検出できる振り仮名は一四例ある（英和の部から九例、和英の部から五例）。従って、これら漢語の修正は、大部分は、欽定訳を『和英語林集成』で和訳し、その和語を日本語として定着している漢字に漢訳聖書を参酌して翻案したものといえる（「　」内は委員会訳、［　］内は漢訳）。

temple→miya→「聖殿（みや）」［殿］（ヨ8・2）
power→chikara→「能力（ちから）」［能］（マ22・29）
faith→shinko→「信仰（しんかう）」［信］（マ9・22）
church→kiyōkuwai→「教會（けうくわい）」［會］（マ18・17）
yasu-ki→peaceful（欽定訳、peace）→「平安（やすき）」［安］（ヨ14・27）

などである。

これ以外の三例は（漢訳→ヘボン・ブラウン訳→委員会訳）、

「栄」→「栄（さかえ）」→「栄華（えいぐわ）」（マ4・8）

「鬼」→「鬼（おに）」→「悪鬼（あくき）」（マ12・27）

「安」→「安否（あんぴ）」→「安否（あんぴ）」（マ5・47）

である。

ヘボン・ブラウン訳の前二例が漢訳そのままの漢語を収録しているのに、委員会訳ではそれらは二字に修正され、より日本語らしくする工夫が施されている。

なお、「栄華」は漢訳聖書のほかの箇所に出る。また「悪魔（あくき）」の訳語問題は、ルカ伝4・41の改訳に際して、委員会の議題にのぼり、akuki (devil, *δαιμόνια*) と訳出することに決している。[45] また、この語は、『和英語林集成』（再版本）の demon の訳語に "akki" として見える。

さらに、これら一七例をヘボン・ブラウン訳の『約翰傳』『馬太傳』と照合すると、委員会訳の振り仮名で翻訳されているもの七例、同一のもの（漢字と振り仮名併記）四例の計一一例が認められる。残り六例は（漢訳→ヘボン・ブラウン訳→委員会訳）、

「鬼」→「鬼（おに）」→「悪鬼（あくき）」（マ12・27）

「會」→「公會（こうくわい）」→「教會（けうくわい）」（マ18・17）

「淫」→「淫（いん）」→「姦淫（かんいん）」（マ5・27）

「栄」→「栄（さかえ）」→「栄華（えいぐわ）」（マ4・8）

「信」→「信（しん）」→「信仰（しんかう）」（マ9・22）

などである。

これらの委員会訳は、漢訳より収載したヘボン・ブラウン訳の漢語を二字熟語に改めている。一字漢語を二字に修正したのは、森岡論文の指摘するように「落ち着きが悪く、日本語として通用しないか、あるいは使いにくいものが多い[46]」のは確かではある。しかし、上記の検討から、それらの多くは、実際には欽定訳聖書から訳出した和語、ないしはヘボン・ブラウン訳の和語を、漢訳聖書の一字漢語を参考にして、日本語として定着していた漢字に改めたものと推察される。

(d) 漢訳聖書の漢語と異なる語

森岡論文のあげている二〇例のうち、欽定訳より『和英語林集成』で検出できる振り仮名・語句は、一一例ある(英和の部八例、和英の部三例、「　」内は委員会訳、[　]内は漢訳)。

wickedness → aku → 「悪(あく)」[詐](マ22・18)
example → rei → 「例(れい)」[模楷](ヨ13・15)
soul → sei-shin → 「精神(せいしん)」[性](マ22・37)
fast → danjiki → 「断食(だんじき)」[禁食](マ9・14)

などである。

これ以外の九例は(漢訳→ヘボン・ブラウン訳→委員会訳)、

「汚鬼」→「悪鬼(あくき)」→「悪鬼(あくき)」(マ12・43)
「使爾無慮」→「こころづかひなからしめん」→「憂慮(うれひ)なからしめん」(マ28・14)
「有紛論」→「あらそひあり」→「あらそひわかる」(ヨ7・43)(これは、欽定訳の division → wakeru koto を訳語に反映させている)

「庫中」→「金置場（かねおきバ）」→「さいせんばこをおけるところ」（ヨ8・20）
「士子」→「はかせ」→「がくしや」（ヨ8・3）（「士子」→「がくしや」の翻案は、ヘボン・ブラウン訳『馬太傳』16・21にすでに見える）
「結茆」→「結茆（かりほすまひ）」→「搆盧（かりほすまひ）」（ヨ7・2）

などである。

また先行版のヘボン・ブラウン訳を見ると、二例は委員会訳の漢字の振り仮名で翻訳され、三例は委員会訳と同一、振り仮名が同一で漢字の異なるものが四例ある（一箇所聖書引用誤植のため未調査）。

この漢訳と異なる語への言い換えについて、森岡論文は、「和訳聖書が漢文直訳体にならず、熟した日本語になっている理由が、実はこのような語の選択眼の確かさにあった」とする。[47] しかし、二〇例のうち一一例が『和英語林集成』から検出できることから、この過半は、欽定訳を該辞書で検索した和語に日本語として自然な漢字をあてたものであろう。なお、(c)と(d)には頻出する聖書用語や概念は少ない。

(e) 漢訳聖書の漢語と同一の音読語

森岡論文は二六例あげている。これらの語群はもちろん漢訳聖書からの収録と見られるが、一八例は、欽定訳と『和英語林集成』からも検出は可能である（英和の部から一五例、和英の部から三例）。これには（「　」内は委員会訳、［　］内は漢訳）、

Lord→shu→「主（しゆ）」［主］（＊）
the sabbath days→ansoku-nichi→「安息日」［安息日］（マ12・2）
scripture→seisho→「聖書（せいしよ）」［聖書］（ヨ2・22）

などがある。

これ以外の語は八例あり、当然(a)~(d)に比べ、欽定訳と『和英語林集成』から訳出できない語が最も多い語彙群である。幾つか例をあげると、「異邦人（いはうじん）」（マ4・15／18・18）「割禮（かつれい）」（ヨ7・22／7・23）「祭司（さいし）」（ヨ7・32）「教法師（けうぼふし）」（マ22・35）「聖靈（せいれい）」（マ12・31）「會堂（くわいだう）」（マ4・23）などである。

これらには使用頻度の高い重要な聖書用語が多く認められる。ところで、『和英語林集成』には岸田吟香・奥野昌綱も協力したとされ、ヘボンには漢訳聖書を和訳した経験もあったから、この辞典自体にすでに漢訳聖書の影響が認められる。

例えば、この(e)の語群でも、前掲の語以外に『和英語林集成』から、「偽善者」（マ22・18）→hypocrites→gizensha,「愛（あい）す」（ヨ21・17）→love→ai suru などが検索できる。

またヘボン・ブラウン訳と照合すると、委員会訳と全く同一の語（漢語と振り仮名併記）は一八例、振り仮名が一致するものは二例の計二〇例にも及ぶ（二箇所聖書引用誤植のため未調査）。従って、委員会訳はここでは、微調整的な改訂作業を行ったにすぎないことになる。このことは、ヘボン・ブラウン訳の『約翰傳』『馬太傳』において、漢訳聖書からの基本的な聖書用語の大部分の収録はすでに完了していた事実を示すものである。

むすび

以上、委員会訳『馬太傳』の成立経緯を検討し、結果的には文語、漢語を主体とした漢文訓読調に落ち着いたが、通俗語、口語体へ翻訳の試行もなされたことを、奥野昌綱の改訂草稿から例証した。

さらに、欽定訳聖書、漢訳聖書、ヘボンのローマ字草稿、ヘボン・ブラウン訳、委員会訳を比較したところ、ほぼ次の結果を得た。

第四節でのヘボン・ブラウン訳『馬太傳』の例示箇所全体では、漢訳聖書と同一の漢語は一九語であるが、委員会訳ではそれは三二語に急増している。

また、第五節で、委員会訳『馬太傳』『約翰傳』における漢訳聖書からの漢語の収載（a・b・c・e）の総計八八例の中で、委員会訳の底本であるヘボン・ブラウン訳の和語（平仮名）四八例が漢語に変換されている。もっとも、ヘボン・ブラウン訳福音書では同一語の漢語と平仮名の混在が顕著であるため、この事例がそのまま全体の傾向を正確に反映しているわけではない。とはいえ、ともかくこの検討だけによっても、委員会訳において、漢訳聖書からの漢語の採用が顕著に進展しているのは認められる。

さて、第四節で『馬太傳』の諸版の異同を比較検討した結果、ヘボンのローマ字草稿には、欽定訳聖書を『和英語林集成』で訳出した形跡が顕著に認められた。また委員会訳が漢訳聖書から収録した漢語に付された振り仮名のほとんどは、ヘボン・ブラウン訳に平仮名で記されていたものである。これら平仮名の多くはヘボンのローマ字草稿とも一致する。

第五節で、漢訳聖書から委員会訳『馬太傳』『約翰傳』に収録された漢語への訓読・意読語（振り仮名）を吟味したところ、その大部分が委員会訳の先行版であるヘボン・ブラウン訳の和語と一致した（ただし、訓読語は聖書用語に関連した漢語に付されたもの）。またこれら訓読・意読語は、欽定訳聖書を『和英語林集成』で検索すれば大部分が訳出できるものであり、委員会訳の「優雅な振り仮名」の多くは『和英語林集成』の語彙に求められる。

従って、委員会訳において、漢訳聖書の大量の漢語を「優雅な和語」で訓読・意読したのは、日本人補佐者の「驚くべき翻訳能力」とはいえず、漢訳聖書の漢語とヘボン・ブラウン訳の和語、つまりは欽定訳聖書を『和英語林集成』で訳出した「優雅な和語」を、機械的に結合させたものである。すると、委員会訳福音書の独特な表現の一端は、欽定訳聖書を『和英語林集成』で訳出した和語に、漢訳聖書の漢語をあて、和語を振り仮名に移し替えた結果、生まれたと推測できる。この推測は、「平明な和譯」を主張した宣教師と「漢文風の文體」を主張した日本人補佐者との妥協の結果、「本字と傍假名の調和せぬ様な所が生じた」との井深梶之助の証言と一致する。

委員会訳では、漢訳聖書からの漢語の借用がかなりの比重を占めることを考えると（ヨハネ伝では、委員会訳語全体のうち七八％。その中で漢語を訓読・意読したものは、それぞれ三七・七％、三三・八％を占める。ただし、この調査結果は、明治一五年版の委員会訳『新約全書』に基づいたものではあるが）、委員会訳において、日本語独自のキリスト教用語、語彙の創案は日本人訳者の優れた努力に帰されるとの従来の見解は疑問である。

マタイ、マルコ、ヨハネの三福音書が小委員会に委託された（一八七六年二月八日）後、一年余りの短期間にこれら福音書が刊行された経緯（一八七七年一月『馬太傳』、同年四月『馬可傳』、同年六月『約翰傳』）を考えれば、訳語の厳密な吟味は時間的に不可能に近い。

とはいえ『馬太傳』『約翰傳』の訳語の部分的な検討のみでは、断定的な結論を導くことはできない。ここでは一応、仮説として上記の結論を提出しておきたい。

また構文については、第四節の検討では、委員会訳は漢訳聖書よりも、ヘボン・ブラウン訳に準拠していることがうかがえるが、これは、さらに検証が必要である。

ヘボン・ブラウン訳新約聖書で刊行されたものは、『馬可傳』（一八七二年刊）『約翰傳』（一八七二年刊）『馬太傳』（一八七三年刊）である。これ以外の新約聖書の諸書は横浜翻訳委員会においてその翻訳が完遂されている。(48)むろん、新約聖書のほかの諸書も前三福音書に準拠して翻訳されたと推測されるが、先行訳の有無が、その和訳結果に差異をもたらしたか否かは、今後検討する必要があろう。

(1) 門脇清・大柴恒『門脇文庫　日本語聖書翻訳史』（新教出版社、一九八三年）一〇七―一一〇頁。

海老沢有道『日本の聖書』（日本基督教団出版局、一九八一年）一七九頁。

(2) 高谷道男編訳『ヘボン書簡集』（岩波書店、一九七七年）二四九頁。

(3) 高谷道男編訳『S・R・ブラウン書簡集』（日本基督教団出版局、一九八〇年）二二四頁。

(4) 同右、二二九頁。

(5) 笹淵友一「聖書和訳史とその文学的影響」（『文学』Vol. 24, 岩波書店、一九五六年）五四六頁。

(6) 海老沢有道、前掲書、一七五頁。

(7) 高谷道男編訳『S・R・ブラウン書簡集』二二八―二二九頁。

実際、「こうして、聖書の部分訳を完了したら、お互いに翻訳文を比較し、批評し、改訂し、会議の上、ある一つの標準的な翻訳文を決定して印刷にかけ、日本人に配布するようにしたいのです」(*British & Foreign Bible Society Reports* (1867-68), 1868, pp. 200-201 の翻訳）とある。

(8) 高谷道男編訳『ヘボン書簡集』一八三頁。

(9) 黒田惟信『奥野昌綱先生略傳並歌集』一九三六年（佐波亘編『植村正久と其の時代』第四巻、教文館、一九六六年復刻本、初版は一九三八年、五八頁所引）。

(10) 高谷道男編訳『ヘボンの手紙』（有隣堂、一九七八年）一〇八頁。

(11) 佐波亘編『植村正久と其の時代』第四巻、五六―五八頁。

佐波は、『馬太傳福音書』（一八七三年刊）収載の特徴的な五つの語が『和英語林集成』から拾えることなどから、この福音書は「ヘボン博士の手になれるのは明瞭」とする。

(12) 「ヘボンの新約完訳祝賀会席上での演説」（佐波亘編『植村正久と其の時代』第四巻、一〇八頁拙訳所引）。

(13) 『福音新報』一〇八八号（一九一六年五月）（佐波亘編『植村正久と其の時代』第四巻、一八〇―一八三頁所引）。

(14) グリーンによる横浜翻訳委員会の記録（Greene, D. C., Records of the Committee for the translation of the Bible into the Japanese Language, 1874-1880）は、次に翻刻されている。

Z・イエール「明治初年の新約委員会訳に関する新資料」（『聖書翻訳研究』二三号所収、日本聖書協会、一九八五年）九―六八頁。

(15) *Textus Receptus* を翻訳の基礎とするとの委員会の規定は、九頁にある。
(16) このことを、田川建三は「すでにこの時期のヨーロッパにおいては正文批判は急速な発達の途上にあったのだから、この姿勢はやはり相当な怠慢と保守主義であった、と言わざるをえまい」と批判している（田川建三『書物としての新約聖書』、勁草書房、一九九七年、六三六頁）。
(17) 森岡健二編著『改訂　近代語の成立　語彙編』（明治書院、一九九一年）一六四頁。
(18) 同右、一六九―二〇三頁。
(19) Z・イエール、前掲翻刻、五八頁。
(20) 田川建三、前掲書、六三六―六四〇頁。
(21) Z・イエール、前掲翻刻、一二―一四・四四頁。
(22) ルカ伝の、この二箇所の正文批評については、現在では四世紀頃の成立とされるヴァチカン、シナイの両有力写本とも、これらの語は欠落しているため、正文から除外するのが一般的である。ローマ書1・29は議論がわかれているが、委員会の結果と同じく削除する説が強い。
(23) 田川建三、前掲書、六三六頁。
(24) Z・イエール、前掲翻刻、一五頁拙訳所引。
(25) このほかにも、ロンドン宣教会・アメリカ外国宣教会らの宣教師が共同で翻訳した文理訳（新約聖書は一八五二年初刊）も利用した。
(26)『國民之友』第一七号、明治二一年三月二日付（佐波亘編、前掲書、一三三―一三四頁所引）。
(27)『國民之友』第一九号、明治二一年四月六日付（同右、一三四―一三六頁所引）。
(28)『國民之友』第二一号、明治二一年五月四日付（同右、一三六頁所引）。
(29) 高橋は自身の旧約聖書和訳への貢献については、次のように述べている。
内事を新聞紙上に公言するのは忍びないが、宣教師の個人的依頼により、旧約聖書を和訳した。そして、「其實を言はんに大なる者にては詩篇を除くの外は大抵余の飜譯或は訂正に成れり。是其事實なり」。
(28)「ヘボンの新約完訳祝賀会席上での演説」（佐波亘編、前掲書、一〇七頁拙訳所引）。
(29) ブラウンの一八七六年一月二七日付書簡（高谷道男編訳『S・R・ブラウン書簡集』三二五頁）。

(30)『福音新報』一〇八八号（一九一六年五月）（佐波亘編、前掲書、一八〇―一八三頁所引）。

(31) 豊田實『日本英学史の研究』（千城書房、一九六三年）五一一頁。

(32) 笹淵友一、前掲論文、五五〇頁。

(33) 森岡健二編著、前掲書、一六四―一六五頁。

(31) 山本秀煌『日本基督教会略史』前編（日本基督教大会事務所、一九二二年）一六一―一六二頁所引。

(32) 秋山繁雄編『井深梶之助宛書簡集』（新教出版社、一九九七年）口絵写真参照。

(33) 井深梶之助「聖書飜譯者としてのブラオン博士」（佐波亘編、前掲書、一三六―一三七頁所引）。

(34) 豊田實は、英国聖書協会所蔵書目録に、日本人翻訳者（複数）による『マタイ伝』が、一八七六年に東京の十字屋から出版されたとの記述があることから、これが、委員会訳『馬太傳』の先駆とする（豊田實、前掲書、五一〇頁）。奥野の改訂は、この十字屋の『マタイ伝』刊行のためのものである可能性も残る。しかし、この『マタイ伝』は伝存が不明で、ここでは検討できない。

なお、ヘボンの新約完訳祝賀会の演説によれば、委員会訳『マタイ伝』『マルコ伝』『ヨハネ伝』が“revised”となっている（佐波亘、前掲書、一〇六頁）。

これは、横浜翻訳委員会がヘボン、グリーンの小委員会に改訂を委託した三福音書と一致しており、ヘボン・ブラウン訳福音書の改訂の意味と考えられる。

(35) 海老沢有道、前掲書、二一九―二二〇頁。

(36) 森岡健二編著、前掲書、一七五―一七六頁。森岡の典拠論文は、御法川恵子「聖書和訳とその国語学的研究」（東京女子大学『日本文学』二五号所収、一九六五年）。御法川は、明治一五年大英国聖書会社版の委員会訳聖書を使用し調査している。

(37) 田川建三、前掲書、六四一頁。

(38) 森岡健二編著、前掲書、一八一―一八三・一八七頁。

(39) 井深梶之助「聖書飜譯者としてのブラオン博士」（佐波亘編、前掲書、一三七頁所引）。

(40) 高谷道男編訳『ヘボン書簡集』二三九・二四三頁。

(41) 同右、二三八頁。

(42) 同右、二四五頁。さらに、ブラウンの一八七二年九月四日付書簡には「ヘボン博士もまた、今、ヨハネによる福音書の木版を、江戸で作らせています」(高谷道男編訳『S・R・ブラウン書簡集』二八一頁) とある。

(43) 高谷道男編訳『S・R・ブラウン書簡集』二六八頁。ブラウンの一八七二年六月二四日付書簡には、結局、マルコ伝は上海で印刷できず、ブラウンが木版屋に印刷を依頼した次第が記されている。

(44) 山本秀煌『新日本の開拓者ゼー・シー・ヘボン博士』(聚芳閣、一九二六年) 一五二—一五六頁。

(45) Z・イエール、前掲翻刻、二五—二六頁。

(46) 森岡健二編著、前掲書、一八五頁。

(47) 同右、一八七頁。

(48) Griffis, W. E., *Hepburn of Japan and His Wife and Helpmates*, Philadelphia, 1913, p. 144 によれば、グリフィスは、「一八七一年二月中旬、わたしは、日本語の四福音書を日本の内地に初めて携行する栄誉を担った」と述べているため、ヘボン訳『ルカ伝』の草稿は、一八七一年初頭までには脱稿していたことが知られる。

第二篇　キリスト教の宣教と受容の根本問題

第一章　浦上四番崩れにおける宣教師の論理と信徒の信仰構造

第一節　研究の目的

浦上四番崩れについては、宗教史の分野では、浦川和三郎、姉崎正治、片岡弥吉、徳重浅吉、藤井貞文らの詳細、精緻で委曲を尽くした数多くの研究が蓄積されている。(1) しかし、迫害される側の論理や心理を検討した研究は乏しい。(2) 浦川和三郎、片岡弥吉などカトリックの視座に立った研究は、資料を博捜し、浦上四番崩れを詳細に論じている。しかしながら、浦上信徒の信仰についてはカトリック信仰の真正性を前提としており、彼らの信仰内容の分析はほとんどなされていない。

また、海外ではマルナス、シャイエが長崎の宣教師の書簡を資料に優れた研究を展開している。しかし、これらの研究もローマ帝国の迫害に抵抗した初期キリスト教徒に仮託して、浦上信徒を殉教を恐れず迫害に立ち向かった「信仰の勇者」として称揚する、護教的・教訓的立場で論述されており、浦上信徒の信仰に対する解釈が一面的である印象はまぬがれない。(3)

切支丹禁制以降、潜伏キリシタンの信仰実態は日本の宗教的風土の中で習合が進み、オラショの音写語の著しい転訛に象徴される如くカトリック教義からの変容と逸脱が顕著化した。この事情は、隠れキリシタンの研究が明らかにしているばかりか、信徒発見の当事者であるプティジャン自身も懸念していたところである。ところが、プティジャンは、この異教的慣習の浸透は、二世紀にもわたる司祭不在のため、やむをえない結果であると好意的に解釈し、改悛の情を尊重することで、それ以上の吟味、追及は打ち切っている。(4)

浦川和三郎は、浦上四番崩れにおいて、多くの信徒が棄教した理由を、「彼等は当時まだ十分教義に徹底して居なかった」点に求めている。(5) 浦上信徒が教義に習熟していなかった実情は、「卯(慶応三年)三月十四日浦上村本原郷之者共同村庄屋江申立候次第」(6)に「フランス教化之様子承候處、先祖傳來の趣と符合仕候ニ付、別而信仰仕、尤いまた當分之事ニ付、極意之儀は相辨へ不申候」(読点は筆者)とあり、信徒自身も自覚していた。とすれば、シンクレティズム的信仰世界にあり、いまだ「教義に徹底して居ない」信徒に殉教を覚悟させ、西欧の正統的カトリックの信仰を貫徹させようとした宣教師側の意図が問われなければならない。また他方で、この宣教師の指導に服し、殉教まで覚悟して信仰表明するにいたった信徒側の内発的、主体的要因、並びに彼らの信仰の内実を吟味する必要があると思われる。この双方向からの検討を通して、一九世紀後半の宣教師(カトリック)と浦上信徒との宗教観の差異を明確化し、同時に浦上信徒の信仰構造の核心を考究してみたい。

第二節　潜伏キリシタンの信仰生活

浦上信徒は、慶応元年(一八六五)の復活以前、どのような信仰生活を営んでいたのであろうか。この手がかりを与えるものとして、ここでは隠れキリシタンの研究(7)と長崎奉行所による浦上三番崩れの調書、及び潜伏キリシタン伝来書を中心に検討する。

（一）隠れキリシタンの研究

古野清人は、「彼らの宗教は、仏教や神道および民間信仰が中世カソリシズムと習合した特異な混成教（syncretism）」だと指摘する。(8) さらに古野は、「短期間の初歩的な宗教訓練」を受けただけのキリシタンが「最初からカソリシズムの正銘な信仰と行事を保っていた」という想定自体に疑問を提出している。(9)

宮崎賢太郎は、生月の隠れキリシタンの信仰生活の実態を調査し、「カクレの信仰の本質という観点からは、少なくとも現在（一九九六年）においてはカトリックとの接点は見られない」と論断し、隠れキリシタンの信仰から「重層信仰」「祖先崇拝」「現世利益主義」「儀礼中心主義」の四つの特質が摘記でき、これらはキリスト教の教義とむしろ著しい対照を示すという。(10)

しかしながら、これらの研究は、信徒復活から一世紀近く経過した隠れキリシタンの実情であり、近年の時代情勢の激変に随伴する隠れキリシタンの信仰生活の変容は念頭に置かざるを得ない。とはいえ、古野は文化二年（一八〇五）の「天草崩れ」の史料は、「隠れキリシタンの性格と酷似している」点を指摘しており、(11) 隠れキリシタンが、時代情勢の変化にもかかわらずその伝統を保持し続けている側面もまた否定できない。

他方、松田毅一は、「真のキリシタン信者は、十七世紀の中期にひとまず絶えた」という。禁制後の激烈な迫害により、信徒は「殉教か棄教かの二者択一」を迫られた。『コリャード懺悔録』や「マルチリヨの勧め」を見れば、「表面だけの転宗というがごときことは許さるべくもなく」、潜伏キリシタンが「迫害下、多年にわたりその信仰を堅持して来たかのように解することは、事実誤認である」(12) と確言する。ただ、この松田の論断には疑問が残る。コリャードが所属していたドミニコ会は、イエズス会の適応主義を否定し、教条主義な性格を有していた点は勘案する必要がある。後述するイエズス会刊行の『サルバトル・ムンジ』によれば、「外面的に異教徒を装い、キリシタンでないと弁明しても、真実よりなさなければ、信仰を失うことではない」との迫害下での配慮が付記されている。また『耶蘇教叢書』所収の「マルチリヨの勧め」は、その内容が殉教の心得であり、棄教への戒めがとりわけ誇張されているのは当然の傾向であろう。

ともかく、以上の隠れキリシタンの研究は、いずれもキリシタンの信仰は、潜伏期間を通して大きく変容し、カトリックの正統的信仰から大幅に逸脱、または離脱していた事実を明らかにしている。

（2）浦上三番崩れ調書と浦上潜伏キリシタン伝来書

次に、復活前の浦上信徒の信仰の実態を、浦上三番崩れの調書と浦上潜伏キリシタン伝来書により検討したい。安政三年（一八五六）に起こった浦上三番崩れは、庄屋高谷官十郎、散使小一右衛門らが村人の信仰を内偵し、代官に訴え出て、数十名の信徒が捕縛、投獄された事件である。この時、惣頭（帳方）吉蔵ほか一〇余名が獄死している。[13]翌年には浦上の戸主すべてが召喚・尋問されたが、彼らは「先祖代々伝へて来たもので、異宗とは心付かずに守りました。是からは断然止めまする」[14]と答えており、祖先崇拝の一面を示唆する。投獄者は、万延元年（一八六〇）一二月に釈放された。なお、プティジャンは、この獄死者を「信仰告白者」（Confesseurs）と呼んでいるが、[15]長崎奉行所の記録（『異宗一件』所収）では、彼等は全員切支丹であることを否認し、ほとんどが「向後相改異體之宗法相止」と答えており、[16]キリスト教の「信仰告白者」には該当しない。

上掲『異宗一件』所載の「吉蔵調書」には、「葬儀」「洗礼」「降誕祭」「復活祭」「四旬節」などの儀礼の委細が説明されている。[17]これらはいずれも、詳細な手順が定められていて、外面的儀礼を墨守してきた「儀礼中心主義」の内実がわかる。

キリシタンには、救済は御身様（イエス）、雨乞いは聖フランシスコ、船出をするときは聖ノレンソに依頼するなどの慣習があった。[18]この慣習では、神の霊験が役割分担され、またキリストは聖人と同列に扱われている。

ここには、「重層信仰」の特質が反映していよう。

宮崎賢太郎は、生月のカクレにおける実質的な神とは、聖母子像の掛軸など「知覚できる物的存在」であり、一種の呪物崇拝が顕著に認められると指摘する。[19] この吉蔵の所持物の中にも、ハンタマルヤ、イナツショウ（イグナティウス）、ジゾウスの諸像があり、中野郷の聞役であった孫蔵も三体の聖像を先祖代々大切に秘蔵していた。[20]

慶応三年の浦上四番崩れの際、守山甚三郎は「何よりも御堂の中にある聖画を取られないため」に秘匿しようとしている時、捕縛された。[21] この捕縛の時の模様について、代官高木作右衛門の御勘定所宛届書（六月）には次のようにある。「本原郷、中野郷、家野郷、里郷之もの共多人数庄屋宅江罷越、取上ニ成候佛像は異國人より借請居候間ニ付、爲取戻罷越候旨申立、手々に取上ニ成候佛像類持帰候」[22]（読点は筆者、以下同）。この報告は、信徒の多くが捕縛されるという非常事態にあっても、彼等の関心が「佛像」の保護に向けられていたことを示し、聖像に対する強い執着がみて取れる。

またプティジャン書簡には、キリシタンがメダイや十字架などの聖具を熱心に求めたため、横浜のジラールに再三それらの送付を依頼した次第が報告されている。[23] 現在でも、外海の出津修道院・教会や五島の堂崎天主堂キリシタン資料館、生月などに明治初期のものと見られる十字架やメダイが多数残存している。[24] キリシタン時代においても、「洗礼式が終ると、彼らは異教徒であった時かつて祈念していた数珠をパードレのもとに持参して焼き、その代りに我々のものを下さいと請うた」ので、宣教師たちは「クエンタスやロザリオをふんだんに過分に与えた」との記述がある。[25] このため、聖像・聖具への崇拝、執着はキリシタン時代からの伝統であろう。

これら聖像・聖具への執着は、隠れキリシタンの「呪物崇拝」と照応し、とりわけ聖像は信仰の重要な対象であったことを示唆している。浦上四番崩れで津和野に配流された「てる」は、「私が改心しなかったのは、牢の外に埋めておいたサンタ・マリヤ像（ロケーニュに与えられた）に毎日手を合わせて、祈っていたからだ」と役人に答えており、[26]カトリックに復帰し、数年を経過した後の浦上信徒にも聖像崇拝の心情が根深いことは注目すべきである。

教義に関連する点で注意を引くのは、本尊をハンタマルヤとしている点である（幕吏の誤解の可能性もある。「天草崩れ」調書では本尊はデウスになっている）。

かくして、浦上潜伏キリシタンの信仰には、「祖先の信仰の継承」を基層にして、「儀礼中心主義」「重層信仰」「呪物崇拝」等の日本の民間信仰の特質が顕著に認められる。

浦上の水方ドミンゴ岩永又市がプティジャンに与えた伝来書に『天地始之事』[27]がある。前掲の「吉蔵調書」には『天地始之事』からの引用と認められる箇所があり、この書物が浦上潜伏キリシタンにも伝来していたことは確実である。

この『天地始之事』を見ると、「聖霊」に代わって「マリヤ」が三位一体の第三位格とされており、マリア崇拝への強い傾倒がうかがわれる。またイエスの受難（十字架刑）は、彼の誕生時にヨロウテツ（ヘロデ）が幼児を虐殺したため、「死せし子どもの後世の助かりのため」の償いと解釈され、罪の贖いの概念に代置されている。これらの馴化に加え、明らかに日本の伝統的宗教観にもとづいた変容・付加も認められる。例えば、火葬された人のアニマ（魂）は、戻るべき色身を失ってしまったので、「末世までまようて、浮かぶ事これなし」とされ、儒教的な死生観が反映している。

また最後の「追加」箇所の説話では、死後の世界から顎の下に煉獄の炎を持った人物が、かつての友人に現れる。友人はその炎で自分の罪を焼き尽くしてくれと懇願し、望み通りに身を焼いてパライゾに昇る。この説話構成のモチーフは仏教の焼身供養による即身成仏と類同する。[28]

なおプティジャン書簡に出る次の事例も日本の伝統的宗教観をただよわせている。三番崩れで獄死した者の遺体をその家族が罪人の遺体置き場から運びだし、墓地に葬った(29)。遺体の尊重は、日本の儒仏的祖先崇拝（招魂再生）との関連を示唆する。キリスト教では、魂の救いが大切であり、肉体は土に帰り、最終的には天に属する霊の体として復活するとされ、遺体を過度に尊重する風習は一般的ではない。例えば、アウグスティヌスは、死体の埋葬場所に気を配るのは「空しい考え」であり、遺体への執心を迷信として退けている(30)。

以上見てきた浦上潜伏キリシタンの信仰・儀礼には、日本の民間信仰や儒教、仏教との習合が甚だしく浸透していた内情がうかがえ、正統的カトリックの教義からは乖離していたことが確認できる。

外海地方の東樫山（隠れキリシタン集落）には「バスチアンの神山」（赤岳、海抜一一八メートル）がある。バスチアンは外海地方に布教し、捕縛されて殉教したという伝説上の人物である。浦上三番崩れの際に、深堀の領主が赤岳にある旧来の弁財天とキリシタンとの関係を疑い、これを没収し、その代わりに「大神宮」を建立させた。事実、弁財天とは実は七人の殉教者の墓であった。この赤岳はかつては樫、杉、松などがうっそうと繁り、昼なお暗い森であった。浦上には、「近くの岩屋山に三度のぼれば、樫山（赤岳）に一度お参りしたのと同じことになり、樫山に三度詣でれば、ローマのサントエケレンジャ（教会）にお参りしたのと同じことになる」との伝説が伝えられ、赤岳は浦上キリシタンの霊山でもあった(31)。東樫山はキリシタン監視に寛容であった佐賀藩深堀領に属したため、浦上キリシタンの避難場所ともなっており、浦上と東樫山とは密接な関係にあった。ともかく、この赤岳への信仰は、村人共通の祭祀の中心地として位置づけられ、鎮守の森の役割と照応する。

このような潜伏キリシタンの宗教的実態は、鎮守の森を中心に結合した伝統的なムラ共同体の宗教的空間構造を思わせる。ただ、キリシタンの場合には鎮守の森の祭祀の対象である氏神が、殉教者である点が伝統的ムラ共同体の信仰とは異なるだけである。

しかし反面で、浦上の潜伏キリシタンの信仰にはカトリックの教義を継承している側面も認められる。前掲

「吉蔵調書」には、「世界之諸物其（ハンタマルヤ）恩愛を不受して成育いたし候もの無之」とされ、また「宗旨之本尊は無二の佛故世界一統信仰不致候而は難成儀」とあり、キリスト教の主宰的、至上的神観が看取できる。さらに、「信心いたし候ものは現世に而田畑作物出來方宜敷、其外諸事仕合能、諸願成就、福徳延命、來世は親妻子兄弟一同ハライソ江再生いたし無限歡樂を得候旨承傳」とある。前半は「現世利益」であるが、後半は死後への希望である。

ここで死後「親妻子兄弟一同」がパライゾ（天国）に行くという告白は、先祖代々継承されてきた信仰を保持する「家の宗教」としての特質が如実に示され、祖先崇拝との類縁性を示す。つまり、浦上信徒の信仰は、あくまで家・ムラ共同体の宗教であり、個人が自発的、主体的に選択した宗教ではない点には留意する必要がある。[32]

次に、迫害に対処する態度として、「吉蔵調書」には以下の記述がある。「萬一及露顯吟味受候場合ニ至候は、不動心を凝し何程責問等ニ逢候而も宗旨の修業と観念いたし及白状間敷、其上ニも察度（ママ）受嚴科ニ被行候得は即身成佛をも遂候趣ニ而、先年より逢詮議不及白状事濟相成候もの共は格別ニ尊敬いたし、死後は名前を書留置永世忌日ニは供物等相備候事之由」。

ここには、信仰のために迫害に耐え、さらに殉教にまでいたれば「即身成佛」し、尊崇の対象とされるとのキリシタン時代からの殉教教育の継承が認められる。ところが一方で、尋問に耐え、キリシタンであることを自白しなかった者は、死後に供養されるとあり、カトリックの教義から逸脱している。カトリックでは、キリスト教徒であることを公然と否認すれば、棄教と見なされる。もっとも当然のことながら、信仰の秘匿は、潜伏キリシタンの生活を維持するための必要条件ではあった。

さて第一篇でみた潜伏キリシタンの伝来書で、キリスト教教義の骨子を比較的保持しているのは『耶蘇教叢書』所収の「けれと」である。プティジャン版の『聖教初学要理』巻之二は、この「けれと」と類似するため、

「けれと」の写本が潜伏キリシタンの間に伝来されてきたのは間違いない。しかし、「けれと」の転訛と誤記の様子から推して、浦上潜伏キリシタンらがこの伝来本を充分に理解し、受容していたとは思われない。プティジャンですら信徒らがキリシタン用語の主体であるラテン・ポルトガル語の音写語を意味も知らず唱えている、とその書簡に記している。

　最後に外海、五島、長崎の潜伏キリシタンの伝来書である『こんちりさんのりやく』を検討したい（第一篇補論参照）。プティジャンは、この伝来書を補訂し、『胡無知理佐无之略』を明治二年二月に印行している（実際の補訂者は阿部眞造と思われる）。プティジャンの題言には、「竊に遺れる切支丹の子孫の中に。唯此こんちりさん之略のミ。誤なく寫し傳へて秘蔵せるを見出しぬ」とあり、この伝来書を高く評価している。この伝来書の主旨は罪を悔い改めるための心得であるが、その中に「信ずべき一々の條目」として教義を要約した箇所がある（プティジャン版では四丁オ七行目―五丁オ七行目）。

　プティジャン版に拠り、この教義を略記すると、「でうすは萬物の御作者であり、萬事を計らう」「でうすは人間の後生の扶手であり、生前の善悪に従って来世の苦楽賞罰を与える」「神佛は我等と同じ人間であり、前世後世を計らい、善悪の賞罰を与えることはできない」「でうす三體にてましますに非ず唯御一體也」「ぜずすは童身まりやより生まれ、人間の罪障の代わりに苦しみを凌ぎ、十字架に懸り死し給ふ」「ぜずすは誠のでうす、真の御人にて在す」「でうすが人間の科を赦し、がらさを与え、あにまを扶けるのは、ぜずすの御功力による」「世の終りに一切の人間は元の肉身に復活し、ぜずすは各人の善悪を糺し苦楽をそれぞれに与える」である。これらはキリスト教教義の要点であり、後述する配流先での浦上信徒の応答に照応するところがある（とりわけ、最初の三例）。

　そのため、次に『こんちりさんのりやく』の伝来本を吟味したい。この伝来本のうち二つはすでに『日本思想大系25』と『日本庶民生活史料集成18』に片岡弥吉により翻刻されている。前者の底本は、大浦天主堂所蔵本で、成立は文政年間と推定される（これは複写されて長崎県立図書館に収蔵されているので、筆者はこの複写本を利用した）。また後者の底本の所蔵先は記載がなく不明である。この二写本に加え、筆者は外海歴史民俗資料館所蔵の伝来本を調査した。これは、標題紙が欠け、本文三〇丁から成るもので、「こんちりさんのおらしよ」が脱落している。大浦本と外海本を見ると、いずれもほとんどが平仮名書きであり、訛伝が散見される。特に外海本には訛伝、誤字、脱字が頻出する。「善しやう」（ぜんちよ）「い奴へる」（いんへるの）「ほろゑ」（ぽろへた）「から座」（がらさ）「御きけん」（御金言）「つくの」（償い）「心だい」（進退）「置手」（掟）「屛風に目見る女」（両夫にまみゆる女）の如きである。しかし上記三写本すべてに認められる最大の問題は、文脈上「でうす」とすべき箇所のほとんどを「ぜすゝ」と誤記している点である。大浦本では、「でうす」とすべき五一例が「ぜすゝ」となっており、「でうす」は二例しか出ない。なおプティジャン版では、この五一例のうち、四八例は「天主《でうす》」、一例は「天帝」としており、残り二例は省略されている。

また外海本でも、「でうす」とすべき四六例が「ぜすゝ」あるいは「せすゝ」となっており、「てうす」は一例のみ見える。さらに『日本庶民生活史料集成18』所収の翻刻でも、「でうす」とすべき四五例が「ぜすゝ」と誤記され、「でうす」は二例のみ見える。

「でうす」の誤記はこれら三写本ともほぼ同様であるので、ここでは、これまで翻刻のない外海本で以下に例示してみたい。「かるが故ぜすゝはあてれも。せすゝ。ひいりふもせすゝすびるつさんとも。せすゝ。にてましませ共。せすゝ三たいましますにわあらず只御一たいといふ事」（八丁ウ）。「扨此せすゝと申奉ハ実のせすゝ実の人ニてましますと云事」（九丁ウ）。これでは、潜伏キリシタンは信仰する神の名称さえ把握していなかったことになる。しかもかかる誤記は必然的に意味の通じないところを生む。「せすゝ人のとかをゆるしたまい。からさをあたゑ下されあにまをたすけたもふ事ゆらいのぎ此御たすけてせす丶の御くりきニよる事也」（九丁オ―ウ）。「せす丶御子ぜす丶の御くどくニたいして。人施あたゑたまハんと常ニ待給ふ物也」（一八丁ウ―一九丁オ）等である。これを見れば、筆写者は意味を理解して書いたとは言い難い。ただ、プティジャン版の底本は確定しておらず、断定的な判断を下すことには慎重でなければならぬ。しかし少なくとも、これら三写本を検討する限り、潜伏キリシタンの間でこの書物が十分に理解され、伝写されてきたとは到底思われない。以上の検討から判断して、プティジャンの「唯此こんちりさん之略のミ。誤なく寫し傳へ」との評価は過大なものと言わざるを得ない。

ここまで見てきた浦上潜伏キリシタンの信仰は、カトリックの正統的教義を継承している面もあるとはいえ、全体的にはむしろそれと相反する要素が顕著である。潜伏キリシタンの信仰は伝来のカトリックの教義が日本の宗教的環境で変容したのも一面の事実であろうが、むしろ最初からキリシタンは、彼等に理解し易い、即ち日本の宗教的環境に合致するキリスト教の諸要素を日本の伝統的宗教観の枠組みで選択的に受容したのではないかとも思われる。

さて、この三番崩れに関連して、浦川和三郎は、次のエピソードを記している。浦上の孫蔵（聞役）が聖像が発見されるのを恐れ、その秘匿を樫山の茂重に依頼した。その後、孫蔵は捕縛される。彼は拷問を受け、茂重のことを自白したため、茂重も捕らえられ佐賀に監禁されたが、脱走し、浦上村本原郷平の三八の物置に匿ってもらった。しかるに、佐賀の密偵がこれを探知し、三八の家に踏み込むと三八の妻が恐れて自供したため、茂重は捕縛につき深堀に送られ拷問の末、獄死した[33]。この逸話によると、茂重は浦上信徒の依頼を引き受けたために、拷問・獄死の憂き目にあったことになる。浦上四番崩れの発端となった、寺請制度拒否の背景には、このような過去の犠牲者に対する共同体の負い目が一つの深い動機づけを与えていたのではなかろうか。

なお、茂重の墓は赤岳の山裾の雑木林の中にあり、赤岳の中腹には彼の殉教碑が建立されている。

（3）浦上村山里の経済的特色

浦上村山里は、谷間に開けた村であり、狭隘な耕地で、畑作を中心とした零細な耕作を営んでいた。山里の戸数はおよそ八〇〇戸であり、そのうち七〇〇戸がキリシタン（復活信徒）であった。仏教徒はほぼ七〇戸、隠れキリシタンはほぼ三〇戸である。[34] 復活信徒に比べ仏教徒や隠れキリシタンは、比較的裕福であったとされる。戸谷敏之は『切支丹農民の経済生活』において、長崎県立図書館の史料を用い、浦上キリシタンの経済的実態を実証的に明らかにしている。

戸谷は、『異宗一件金錢配當請證文留』（明治五年の改心帰還者は、入札に付された家屋や備品の代金、及び田畑の所有に応じて反当たり半俵の米［田］と麦［畑］の代金を県庁より交付せられた。その金銭の受取書）を検討し、明治五年の改心帰還者二〇五名のうち五石以上の高持は四名に過ぎないこと（それに対して、仏教徒、隠れキリシタンは、少なくとも二二名が五石以上）、並びに家屋の入札金額より推定すると、一二の例外を除き、「幕末から明治初年にかけての浦上の切支丹の大部分は狭小な土地を持ち、茅屋に住んでいた」と判断する。[35] 又『山口縣より引渡相成候百六拾七名取調書』（明治五年六月改心帰還した六七名の所有田畑家屋調査書）に拠っても、「六十三軒中四十八軒は二反未満の山林田畑を持つに過ぎない」[36] ため、上記の判断は妥当とする。

しかし一方で、浦上村山里のキリシタンは、一戸当たりの面積は零細だが、全体としては、大村藩領西浦上村の土地をかなり買い入れていた（二六四名で総計一〇町六反ほどの山林畑地を所有）。[37] さらに、戸谷は「異宗徒共田畑引當借用證文」（天保一件、弘化四件、嘉永七件、安政三件、文久八件、元治四件、慶応二年四件、慶応三年六件、慶応四年三件、明治元年四件、明治二年四件）を分析して、一人当たりの借用金額が大きいことから、質入主は小商人の性格を有する者が少なくなかったと解釈している。これらの事実から、戸谷は、浦上のキリシタン農民が小商人としての性格を併せもっていたと指摘する。[38]

以上の戸谷の分析をまとめると、浦上村山里のキリシタンは土地所有が零細なため、農業だけでは生計を立て得ず、小商人をかねたり、隣接する長崎市中に野菜や花卉類を行商したり、小作などによりその不足を補う者が少なくなかった。これは、浦上村山里のキリシタンが貨幣経済に強く依存していた実態を示している。そのため、彼等の生活基盤は不安定で、浮沈が激しかったことが推察される。[39]

戸谷は、「現世の無常」を感じ「死後のアニマの救済」を欣求するキリシタンの心情は、このような経済的条件に由来すると推察している。[40]

これに関連して、浦上キリシタンには困窮に陥った者を扶助する伝統があった。寛政二年（一七九〇）の浦上一番崩れではキリシタンらは「大師講」を組織し、互いに貧なる者を助け合ってきたと弁明している。[41] また浦上三番崩れの「吉蔵調書」にも、「一體先年は信仰之もの病災其外ニ而及困窮候節は一同より米錢等差遣し」とあり、[42] 信仰共同体の経済的相互扶助の実態を示す。このような相互扶助は、キリシタン共同体の生活基盤の脆弱さを補うための必要不可欠の生活防衛手段であったと考えられる。この事実は、信仰の秘匿による宗教的拘束力に加えて、経済的相互扶助が信仰共同体の凝集力、団結力の物質的基盤を形成していたことを推察させる。

第三節　宣教師のキリシタン理解と信徒への対応

浦上のキリシタンは宣教師を「祖先の信仰の師」と認めたのであるが、プティジャン、ロケーニュが宗教的習合状態にあった潜伏キリシタンをカトリックの正統的信仰に復帰させようと熱望した意図を明確化する必要がある。この意図を検討するに当たって、宣教師側の「十七世紀の殉教者の子孫」(descendants des martyrs du XVIIe siècle)[43] という極めて積極的な浦上キリシタンへの評価を吟味したい。

大浦天主堂での浦上潜伏キリシタンとの出会いは、プティジャンにとって、特別な意味を持っていた。彼の愛読していたシャルルヴォアの『日本帝国におけるキリスト教の確立、発展、及び凋落の歴史』(44)(一七一五年初版)の末尾には、次の結語が見られる。

多くの労力により耕された土地があり、その土地は多くの聖人を生み出した。多くの宣教師が汗を流し、多くの殉教者が血を流して耕した土地は、その最初の肥沃さを回復することを希望するに足る根拠がある。これらすべての聖者たちは、かくも長い間、復讐ではなく、彼らの尊い死の果実のみを求めてきたのであり、彼らの声が憐れみ深い父なる神の心を動かさないことがあろうか。(45)

浦上信徒の「復活」に立ち会ったプティジャンは、このシャルルヴォアの予見の成就を体験して、そこに神の摂理を感得したはずである。殉教者が教会発展の礎になるとの認識は、宣教師に共有されていた。ジラールは「多くの殉教者の血はこの地で無駄に流れたのではない。……この地からきっと遠からずキリスト教徒がでてくる」(46)と、その信念を語っている。すなわち、このキリスト教史上類例のない潜伏キリシタンの復活事件は、テルトゥリアヌスの「殉教者の血はキリスト教徒の種子である」との教説の成就であり、同時にカトリック信仰の時代を超えた〝普遍的真理〟を明証する実例と考えられた。それゆえ、長崎の信徒は「殉教者の子孫」として迫害を恐れない「信仰の勇者」であるに違いなかった。かくして、宣教師たちは長崎の信徒に、ローマ帝国の迫害に果敢に抵抗して殉教した信徒像を投影したのである。信徒復活後に刊行されたパジェスの『日本キリシタン史』(一八六九年)の次の序文も、この推察を裏づける。

「諸聖人は、いつも迫害がキリスト教徒の完成に不可欠な条件と考えた……聖なる主の受難にその子としてつながる幾多の殉教者の犠牲なくしては、如何なる教会も地上の使命を実現し、現世であれ来世であれイエス・キリストと精神的に結びつくことはなかった。……日本は二百年来、今日に至るまで、司祭も礼拝もなくして神の種子を絶やさずにきたようである。……殉教者たちは、カトリックの伝統のこの上なき擁護者であり、彼らが姿を現すのはいつも犠牲に捧げられるときなのである……我々は彼らが人間のあらゆる予測を覆す、驚嘆すべき忠実さを示し、彼らによって日本の教会は途絶えることなく甦ることを示そう」[47]。この序文は、日本の潜伏キリシタンは、殉教者の血の礎により、復活すべくして復活した、カトリック信仰の真理の証人であるとの信仰表明である。

これに加えるに、宣教師らは信徒の復活にいたるまで、長い不毛の期間を忍従してきた。プティジャンはこの「一七世紀の殉教者の子孫」発見の感動を、「神に感謝する。この幸運に思わず叫び声を挙げた。私の魂は満たされた。この五年間の聖職の不毛さに何という代償が与えられたのか」（三月二二日付、パリ神学校校長宛）とその書簡で述べている[48]。禁教下での長期間の不毛な働きが、宣教師にやる方ない不満感を蓄積していたことは、長崎に最初に着任したフュレが、「一〇年間自分は何もしていない」と感想を漏らし、信徒発見前に帰国の途についた事例がよく物語っている[49]。

パリ外国宣教会の宿願でもあり、長い間渇望していた殉教者の子孫との出会いは、プティジャンに歓喜と同時に、「神の摂理」を強く自覚させることとなった。むろん、プティジャンにも、二五〇年もの間、司祭なしで放置されてきた潜伏キリシタンの信仰に異教の迷信が混入しているとの懸念はあった[50]。しかし、この懸念は、神の摂理の自覚と布教の熱意に呑み込まれ、勢いキリシタンの信仰を過大評価する傾向に陥った。プティジャンはキリシタンを「フランスの田舎の忠実な信者程度の知識をもっている」と判断し[51]、ロケーニュは「彼らは今日、聖フランシスコ・ザビエルの時代のように、神の言葉のためにはすべてを忘れてしまいます」とその信仰を称賛する[52]。

かくして、「十字架にかけられたのはデウスさま」と表白する信徒や[53]、位牌を持ち、「経もどし」などの呪術を行い、離婚も少なからず行われていた実態は捨象され、「殉教者の子孫」という夢想的イメージが宣教師の認識を圧倒的に規定することになった。そして宣教師の熱情的期待は信徒に伝染し、「信仰を捨てるよりは死を選ぶ」「自分は殉教を恐れない」「神に背くよりはむしろ死ぬ覚悟です」と告白する信徒が数多く出現した[54]。

「浦上切支丹の教皇ピオ九世に呈せし書簡」（一八六七年八月二九日付）には、「役人の命によって、多数の村民が捕らえられ、投獄されました。もし彼等が死罪に処せられるのなら、私共もまた囚われの身となり、責苦を受け給うイエス・キリスト並びに諸聖人の功績に与れるよう聖下に嘆願致します[55]」とあり、殉教を欣求する「信仰の勇者」としての信徒像が強く打ち出されている。また阿部眞造も「浦上信徒の教皇ピオ九世への書簡草稿」（慶応三年七月）で、捕縛・投獄を「罪消之ためニして。悦ぶべき事[56]」と積極的に評価している。

一八六五年三月一七日の「信徒発見」以後、長崎各地のキリシタンは大挙して天主堂に押しかけたが、宣教師は横浜天主堂事件の先轍を踏まぬよう、昼に天主堂を一時閉鎖するなど、信徒との接触には注意深く、慎重な態度を示した[57]。これは、長崎外国人居留地発行の *The Nagasaki Shipping List* にも「信徒発見以来、信徒が教会に入ろうとするのを宣教師が拒絶した場面を我々はしばしば目撃した」とあり、事実であろう[58]。

しかしながら、始めからキリシタンは信仰に燃えて、カトリックへの復帰を熱望したわけではない。プティジャンは、横浜の上長ジラール宛書簡では、キリシタンが天主堂に押しかけるのは、カトリックに復帰するためではなく、「天主堂に来て祈ったり、宣教師と話す」ためであり、「多くの人たちは、自分たちにとって私たち司祭が必要であるということをまだ分っておりません。洗礼と祈りと痛悔があれば、彼らは終生それで宗教に関する事柄について充分であると信じています[59]」と述べている（一八六五年五月二九日付）。なお、キリシタンが宣教師にとくに求めたのは、十字架やメダイなどの聖具であった[60]。また、ロケーニュも「自分達はキリシタンに完全な権威を持つどころではない」（同年七月二〇日付）と[61]、その苦衷をジラールに開陳している。これらの書簡から、復活当初においては、宣教師はキリシタンの信頼をまだ勝ち得ていなかった内情が知られる。

文久二年（一八六二）一月に勃発した横浜天主堂事件は、仏公使ベルクールの「今後ジラールに日本語で説教させない」との条件にもとづいて落着している。この事件の教訓からか、ジラールはプティジャンの浦上への潜入許可の要請に対し、それを控えるよう命じた。(62)プティジャンは、神の教えを求めるキリシタンが存在するのに、その行動を控えるのは、神の意思に背くのではないかと自問していた。(63)しかるに、一八六六年一〇月にプティジャンが代牧に任命されるにおよび、一八六七年一月には、ロケーニュを浦上に、二月にはクゥザンを五島に潜伏させ、該地のキリシタンに洗礼、聖体拝領等の秘跡を授けた。(64)この行為は条約違反であった。

慶応三年六月の浦上信徒捕縛事件で、幕府との交渉に当たった仏公使ロッシュは、条約の内容、幕府の難局に鑑み、教会の将来の発展を期して、現下は仏教式葬儀の「外面的形式」を容認し、布教活動を慎むようプティジャンに再三にわたり要請した。

しかし、パリ外国宣教会の長年の宿願を果たした宣教師には、この要請は到底容認できないものであった。(65)神の教えを熱望するキリシタンを目前にしたプティジャンにとり、条約の規定よりも、宣教師として神の意思への服従の道を選択するのは理の当然の帰結といえる。そして教皇ピオ九世は、このプティジャンの方針を支持した。ここでは、西欧の聖俗権威の二重性という特徴が、対外宣教においても、宣教師の帰属と命令系統の二重籍性の問題としてあらわれ、条約の遵守と信教の自由との二律背反的緊張関係を招いたのである。

プティジャンが一八六八年一月にローマ教皇庁を訪れた際、バルナボ（Barnabo）枢機卿は「迫害を招いたのは君たちではない。これは事態の然らしめたことだ。我々一同は君のやり方に満足している」と語った。そして、「この迫害は我々にとって嘆かわしいことだ……しかし日本のどこかで福音を伝えようとして我々を悩ましている諸教団の希望を、この迫害によって少なくともそらすことができる」(66)と迫害がほかのキリスト教諸派の日本への宣教を阻止する役割を果たすと期待をかける。この言説は、殉教を覚悟して信仰を表明した浦上信徒の緊迫した次元と比べると、あまりにかけ離れた教派的功利主義に思われる。

教皇はプティジャン宛書簡（一八六八年一月八日付）で、「主の御名のために人々に侮蔑され、苦しめられたる者の幸福なることを彼らがよく理解しておる」と称賛し、迫害者を“ennemi du genre humain”（「人類の敵」または「悪魔」）と呼んでいる。(67) 教皇という立場もあろうが、この言葉はあまりに単純な二分論的現実認識に過ぎるであろう。

この浦上信徒の迫害は、フランスの信仰弘布会の機関誌 *Les Missions Catholiques* に掲載され、イタリアの姉妹誌 *Le Missione Cattoliche* に翻訳された。さらに、ドイツの布教雑誌 *Die Katholischen Missionen* にも、一八七三年八月第一巻第二号から五回にわたり連載された。西欧諸国のカトリック界が浦上四番崩れに少なからざる関心を払っていたことが知られる。(68) かくして、結果的には、浦上信徒迫害事件は、西欧諸国においては、カトリック信仰の真実さを宣揚するプロパガンダとして有効に利用されたのである。

第四節　浦上四番崩れの惹起と経過

（一）浦上信徒の寺請制度拒否宣言

安政六年（一八五九）に長崎、函館、神奈川の三港が開かれ、欧米諸国から貿易商人、宣教師が来住した。パリ外国宣教会は、大浦に天主堂を建設し、一八六五年二月一九日（慶応元年一月二四日）に献堂式を挙行した。この教会は、長崎の西坂で処刑された二六人の殉教者（一八六二年に列聖）にちなんで、「二十六聖殉教者教会」と命名された。同年三月一七日に、大浦天主堂で浦上の潜伏キリシタンとプティジャンが出会い、キリシタンの一部は「復活」した。

慶応三年三月一日（一八六七年四月五日）、本原郷の茂吉が死去し、彼の親族は葬儀について宣教師に相談した。

宣教師らは、仏式の葬儀は容認できないとし、死亡は役所に届け、仏僧抜きで済ますよう忠告した（conseiller）[69]。しばらくして、三月一一日夜、本原郷前川内の三八の母たかが病死した。三八は翌日の昼八ツ時頃庄屋高谷官十郎に使者を送り、「旦那寺聖徳寺江は一切相頼不」と申し立てた。庄屋は散使相川宅助を三八宅に差遣し、「村役人申付を相背候哉」と問い詰めたところ、後刻返答すると応じた。同日夜九ツ時頃、三八とその兄藤十は庄屋宅を訪れ、「旦那寺引導請候とも、後世の助ニならず不用之事ニ付、向後死亡人有之候時は自分共勝手ニ葬度段申立」た（読点は筆者）。庄屋は「心得違之段精々利害申聞」たが、信徒らは「宗門之儀ニ付而は更ニ不聞」と「法外之返答」をした。そして、「同郷之ものとも多人数庄屋宅内江詰掛ケ」、如上のことは「一郷挙而同意いたし候模様」であった[70]。この後、庄屋の求めに応じて、浦上村山里の約七〇〇戸の信徒は、檀那寺聖徳寺との関係を拒絶する連名簿を提出した[71]。

さらに、本原郷の信徒らは三月一四日、「願の筋」を文書で庄屋高谷に申し入れ、それは、代官高木作右衛門により長崎奉行所公事方掛安藤鈔之助に提出された。長崎県立図書館には、信徒らが庄屋に提出した文書の写し（『慶応三卯年御用留』所収）と、代官高木が奉行所に提出した文書の写し（『邪宗門之儀ニ付内密申上候書付』所収）とが所蔵されている。文書の性格上、文面に異同が見られるため前者を規準にして、双方を記す（前文書を基本にし、後文書の差異は以下の凡例に従い注記した――［　］→挿入、〔　〕→語・文言の修正、〈　〉→省略を示す）。

私共儀、先祖より申傳之儀有之、天主教之外何宗ニ而も決而後世之助〈ケ〉ニ不相成候得共、御大法之儀ニ付、是迄は無餘儀、旦那寺聖徳寺引導受〔請〕來候得共、是は〈全く〉役目迄ニ而、誠ニウワノ空〔ウワ之ソラ〕ニ而引導受〔請〕來候處〔得共〕、方今外國人居留地江、禮拜堂建立〈ニ〉相成、フランス［寺］教化之様子承候處、先祖傳來之趣〔儀〕と符合仕候ニ付、別而信仰仕、尤いまた當分之事ニ付、極意之儀は相辨〈ヘ〉不申候得共、人間ニはアリマと申魂有之、死［候］後は、極楽とも［可］申難有所江生レ替り候もの丶由、和尚申諭候ニ付、頻〈り〉ニ信仰仕〔り〕、旦那寺浄土宗ニ不拘何宗ニ而も、アリマ之助り候教ニ無御座候間、〈終ニ〉御大法相背〈キ〉候段は如何ニも恐入候得共、宗門一條ニ付而は如何様嚴科ニ被處候共、是非ニ不及候間〔甘心可仕候間〕向後天主教を持、旦那寺引導ニ不及、私ニ〔自分共〕取置いたし候様、被仰付度旨申出〔立〕候（読点は筆者、以下同）

すなわち、「フランス教化」が「先祖傳來之趣」と符合したため「別而信仰」しているとし、宣教師の教導と祖先の信仰を同一視する。そして「人間には、アリマという魂があり、死後は極楽という有り難い所に生まれ替わる」(72)と宣教師が教えたので、信仰しているとする。「何宗でも、魂の救いには与れず」の言明の背後には、祖先が秘匿してきた信仰の再評価がうかがわれる。従って「宗門一條ニ付而は如何様嚴科ニ被處候共、是非ニ不及」と厳罰覚悟で「祖先の信仰」を貫徹したい旨を表明する。

ここに述べられた「死後の魂を救うため」「他の何宗でも魂の救いに与れない」との表明は、配流先での説諭に対して頻発する信徒の応答である。この応答は主に宣教師の教えに依拠したものであったことが、この文面から推察される。

この三八の事件後も、庄屋の命令を無視し、自葬事件は相次ぎ、三月～六月の間に八件起こっている。ともかく浦上信徒らは宣教師の教導が先祖伝来の信仰と合致していると判断した。とはいえ、厳罰覚悟でこのような決意表明をした背後には、どのような動機がひそんでいたのだろうか。

（2）浦上信徒の寺請制度拒否宣言の要因

プティジャンとロケーニュは浦上を訪問した際（一八六五年七月）、「我々はあなたがたの魂の父です。これからは、我々はあなたがたと同じ心をもつことになります。我々は、あなたがたを知りたいということだけを希望して、ずいぶん前に日本にきました」と村の重立った老人ら十数人に語った。[73]この表明は、「七代たったら宣教師が来る」というキリシタンの伝説と符合し、[74]信徒らは宣教師を祖先の信仰の師と認識した。しかも他方で、祖先の信仰の師である宣教師が、信徒のために懸命に尽力する姿は、彼らに深い感銘を与えたと推察される。この内情は、「我々の心を打ったのは、彼らが素直なことです。切支丹は素直に我々の指示に従い、敬意と尊敬をもって我々を最初の信仰の神父たちの本当の後継者と認めている」[75]とのジラールの言述からも読み取れる。

姉崎正治は、信徒が大胆に信仰表明した背景には、信仰の熱情に加えて、フランスの後援を恃みとする要素もあったという。すなわち「禁教と互いに必然の連絡ある鎖国政策が破れて開国交通の始まつた以上、世界の通義といふ事が一大勢力になるのは自然の事で、信徒等はかくと明に意識しないにしても、その勢力を感じて、そこに強みを持つていた」と推察する。[76]

長崎奉行所の慶応三年四月付『探索書』[77]によると、「宣教師は、捕吏が来たなら天主堂へ逃げ込めば、難渋しないよう取り計らい、願いが奉行所に聞き入れられない時は、本国に連行して安楽に一生を過ごさせると言い含めている」とあり、姉崎の推察を支持するものである。

さらに、この『探索書』には、「中野郷の乙名久五郎の伜徳三郎が居留地の英国商人ヲールト（Alt）宅に奉公し、天主堂に通い、村内に伝道している。また宣教師は重立った信徒らに金を与え、大村領、島原領天草へも布教させている」とある。すなわち、復活信徒の指導的立場にあった徳三郎は、英商人オールトの家に奉公しており、西洋の事情に通じていた。これに加えるに、既述の通り浦上山里は、長崎市中に近接し、信徒らは花卉、野菜などの行商を通して、長崎港や外国人居留地周辺で、軍艦などの西洋文明の物質的先進性に直接接触していた。この日常経験も先祖伝来の信仰の正当性を強める方向に作用したであろう。

ところで、浦上信徒は、ほぼ一〇年前の安政年間の三番崩れでは、獄死者を一〇数名出していた。前掲『探索書』は、「重立信仰之者は大概先年被召捕、牢内おいて病死致し候、大蔵《ママ》、龍平之餘類ニ有之」とし、三番崩れとつながりを指摘する。確かに、四番崩れの契機となった自葬事件は三番崩れで村預け処分中の三八（前川内）によるものであった。また、この『探索書』には、「昨（四月）十一日異宗一件重立候者とも数人寄合」、「此以後一件之もの死去いたし候とも、決而是迄之式法ニ取行候儀は不相成、異宗之法ニ而取置候旨談決いたし候趣」との注目すべき記述がある。すなわち、三八の自葬事件を契機とした浦上信徒の寺請制度拒否は、その後に指導的な信徒同士が合議して、その決定を再確認したことがわかる。

　リフトンは、「緊密な一体として結ばれた小集団に個人が所属している場合、集団の他の成員に先立たれることは、当人のその後の行動にとって、圧倒的に強い準拠の枠組みとなる。そこから生じる生き残りの使命感は、死んだ仲間が奉じていた原理を永続させようとする欲求に集中し……日本ではみずからの生命を犠牲にする方向をとりやすい」と指摘する。[78] この観点で見れば、浦上信徒は、獄死者を出した三番崩れを契機として、その信仰を永続させる欲求を一層強めたと推察できる。事実、一八六六年初頭、仙右衛門はプティジャンを訪問した際、三番崩れに触れ、この事件以後「私は、我々の魂を救うために、神を知るよう我々に教えて下さる方の出現を神に祈りつづけた」といい、「（獄死者の）寡婦や子供が、これらの事実をあなた様に伝え、あなた様が彼ら（獄死者）の永遠の生命についてどう考えられるかを伺ってくれ」と依頼された次第を語っている。[79] この証言は、三番崩れが浦上信徒に与えた内面的影響の大きさを代弁するものである。

　他方、フランスと幕府との友好関係も宣教師と信徒に楽観的見通しを与えるものであった。例えば、プティジャン自身、宣教師と接触により「キリシタンのなかで生じている動きを極度に用心するように見えた」浦上の水方ドミンゴ岩永又市に対し、彼が幕府の語学所で仏語を教授し、奉行と懇意の間柄であることを語って、安心させている（一八六五年）。[80]

仏公使ロッシュはローズ提督と共に一八六七年五月末に長崎を訪れ、「将軍は信教の自由を全国民に与え、仏僧を追い払う意向である」とプティジャンに語り、「宣教師館に潜んでいた切支丹を激励し、長崎奉行に会って彼らが心配するようなことはさせないようにすると約束」している。[81] 従って、危急の際には、仏軍艦の援助を恃む気持ちも指導的信徒には芽生えていたと思われる。

以上から、浦上信徒の寺請制度拒否表明への内的経緯は次のように推論される。

天主堂の建設と宣教師の渡来は、弾圧を長い間忍んできた潜伏キリシタンにとり、初めて西欧列強の一角である仏国という強力な支持者の出現を意味した。キリシタンは、この宣教師の出現を歓迎した。彼らにとって、この事態は長く欝積した屈辱を晴らし、二世紀にわたって秘匿してきた信仰に自信と誇りを回復する契機となった。かくして、信徒らは屈辱と犠牲を重ねて秘密裡に保持してきた信仰が、幕府がその文明を学んでいる優れた西欧列強の宗旨であることを知り、祖先伝来の信仰を新たな光の下で見直し、その意義と重要性を改めて再認識することとなった。すなわち、祖先の信仰が世界的な普遍性を持つ西欧列強の宗旨であり、むしろ幕府の切支丹弾圧政策が偏狭な宗教観にとらわれた不合理な処置にすぎないとの認識に達した。実際、配流された福山県での説諭に対し、信徒は「悪シキ事ヲ致ニアラス却テ宗法御禁制ノ御國法如何ノモノヤト存候」と切支丹禁制を堂々と批判している。[82]

こうして幕府の不合理な切支丹禁制に外面的にではあれ屈服を重ねてきた過去の自分たちの屈辱的姿（特に三番崩れ）に対する反動が生まれ、それが寺請制度の拒否声明となって噴出したのである。信徒の役人に対する自信は、このような信徒側の歴史的位相から解釈される。この自信は、これまで卑屈に信仰を秘匿してきた姿勢を捨て、新たな地平へと踏み出し、その打算と平穏を捨てたところに芽生えたものであった。役人の尋問に対する仙右衛門の返答は、信念に忠実な人間の強さを照らし出している。[83]

この事情を宗教の母性的原理と父性的原理の理念型で解釈すれば[84]、これまで秘密裡に信仰を保持し、あくまで偽装してきた潜伏キリシタン時代は、罪を赦し無条件で受け容れる母性的原理が優越していた。これは、デウスに罪の赦しと取り成しを願うマリア崇拝への強い傾倒に象徴されている。ところが、新たに出現した宣教師は、彼らに明確な規範と理想を与えた。つまり「永遠の魂を救うために」は、迫害による殉教も辞さず、勇敢に信仰を表明すべしとの父性的原理が教示された。これは、かつての祖先の殉教者、近くは浦上三番崩れの犠牲者に倣うことであった。そして祖先伝来の信仰の内実が「魂の救い」に結実していたことが明確化され、過去の弾圧の犠牲者にも積極的な意義が付与されることとなった。かくして信徒らは、これまでの無際限の赦しに立脚した母性的原理主体の信仰態度から、明確な規範と目的意識を持った父性的原理に基づく信仰へと歩み出したのである。

(3) 長崎奉行の対応

アヘン戦争、太平天国の乱など隣国中国への西欧列強の進出は外患の危機感を高めていた。この情勢下、浦上四番崩れに直接大きな影響を与えたのは、朝鮮における丙寅洋擾である。この事件は、朝鮮当局による天主教徒弾圧と九人の仏人宣教師の処刑に抗議して、一八六六年一〇月に駐清仏艦隊司令官ローズの率いる艦隊が朝鮮の江華島に武力進攻した出来事である。しかし、仏軍は陸戦で敗退した。仏軍は戦局を立て直し、ソウルを砲撃することは容易だったが、ローズは本国政府の訓令なく行動し、事態が深刻化するのを恐れ、艦隊は撤退した[85]。

この事件について、長崎奉行の能勢頼之・徳永昌新が「仏蘭西高麗戦争之始末風聞之趣申上候書付」(慶応二年一二月付)を幕府に上申している。この報告書の中で、両奉行は丙寅洋擾の概要を述べ、撤退仏艦隊の一部が長崎に入港し、奉行の尋問に応えて、ローズが「於同国分捕之陣籏取出し、捷戦之趣」を誇示した実見が報告されている[86]。両奉行は、この報告からわずか半年後に顕在化した浦上教徒事件に、この丙寅洋擾と同様の危機意識を駆り立てられたのは当然である。長崎奉行徳永昌新は、「浦上村異宗信仰之もの共之内召捕候儀申上候書付」（慶応三年六月一九日付）[87]において、「僧共（宣教師）を致暗殺、禍梯を可裁抔之風説も有之……朝鮮佛蘭西之戦争等、今古異宗之禍乱最可鑑儀と被存」と強い懸念を表明する。さらに、信徒捕縛後、外国人居留地の意見を聴取したところ、「斯召捕相成候而は御交際上不容易難事に付、其内仏蘭西軍艦等致入津候ハヽ、遮而故障可申立候間、其以前宥恕被致候方可然抔申唱」ており、奉行の懸念を裏付けることになった。すなわち、奉行は浦上教徒が幕府の祖法に公然とそむいた背景には、仏国艦隊の後援があると危惧したのであり、他方では、攘夷論者が宣教師に危害を加えることにも注意を払わざるを得ないというジレンマに立たされたのである。

従って、浦上信徒が「大禁を乍存」禁制を公然と破り、「信心堅固之もの共、既に七百餘人」におよび、「一旦連社に加り候ものは刎頸之盟約」を結び、「正宗之もの共と水火之不和を懐、甚敷は夫婦離絶親戚仇視之時宜に到」り、他領へも布教している有様は、奉行にとってゆゆしき事態であった。しかも長崎では「諸藩士多人数入込居、眼前之宗敵見遁し被置候而は御国威難相立……愚民共互に如何様之異変出來可申も計難」雲行きであった。これに関連して、大村藩士渡辺昇は、慶応三年六月に長崎奉行徳永に面会し、「方今長崎ノ景況タル第一ニ憂フベキハ耶蘇教ノ日ニ月ニ蔓延シテ為メニ天下ノ大事ヲ誤ラントスルコト是ナリ之ニ付テハ九州ニ於ケル諸藩ノ有志モ大ニ憂慮スル所ナレバ閣下赴任ノ第一着手トシテ速カニ之ヲ驅徐《ママ》スルノ策ヲ講セラル、事最モ急務ナルベシト信ズ」と要請したところ、徳永は、「大ニ之ヲ然リト」し「兎ニ角篤ト勘考スベシトノ旨」を述べたという（『渡邊昇殿談話筆記第二』、大村市立史料館所蔵、請求記号O/502/24）。文面から、六月の信徒捕縛以前と推定され、かかる進言は奉行の危惧を一層強めたことであろう。

かくして、奉行は、慶応三年六月一三日夜半から一四日にかけて教徒の男女七、八〇名を召し捕った（そのうち入牢者は六八名）。そして「たとひ此上軍艦公使等此地江致渡来、差詰談判有之、如何様難題申掛候とも一切取合不申積」と居留地の探索結果を引き合いに出して、堅い決意を表明している。

『御用留』(慶応三年)によれば、この捕縛後も、自葬事件は相次いで起こり、七月に五件(うち一件は入牢)、八月に五件(うち二件は入牢)、一〇月に三件、一一月に二件が報告されている。(88)信徒らは明らかに入牢覚悟で自葬したのである。彼らの「旦那寺引導請候而は却而來世之妨ニ相成魂助不申」(89)との信念が如何に強固であったかが看てとれる。

長崎奉行の予測通り、浦上信徒の捕縛、投獄に対して在長崎の仏・普・葡国の各領事が抗議してきた。プティジャンの依頼もあって、仏公使ロッシュは幕府との談判におよんだ。交渉の結果、幕府は「投獄者は帰村させるが、残らず村預け」とする処置に落ち着いた。幕府は慶応三年八月一〇日付で、この処置を長崎奉行に訓令した。この訓令に対し、長崎の両奉行は同年八月付で「浦上村異宗一件のもの処置の儀ニ付奉伺候書付」を幕府に上申した。そのなかで、両奉行は幕府の処置では三〇名ほどの「悔悟改心之運ニ至り候」者ばかりか「自餘の輩」までも「如何なる良宗ニ而斯く御免許相成候や抔と存迷、争て邪宗に走り候」と憂慮し、改心者は帰村させるが、未改心者は「理解の上、改心次第」帰村させたいと述べ、さらに浦上村内には「専ら異宗拡充を心懸候もの尚二十人程有之」ため、彼らを召喚し「篤と利解申聞」せ、「改心不致候は丶、一旦入牢申付」の措置を執りたい旨、幕府に伺いを立てている。(90)この伺書にそって、奉行は未改心者を厳しく説諭するとともに浦上村の信仰堅固な者を召し捕り投獄した。かかる処置により、入牢者のうち九月までには仙右衛門一人を除いて全員が棄教し、「改心証文」に署名した。九月一〇日以降、入牢者は出牢し、村預け扱いとなった。仙右衛門も九月一四日には「改心不致出牢」として最後に帰村している。

ところがロッシュは拷問(打擲・笞刑・綱責めなど)による改宗の強要を知り、九月二一日付書簡で、外国事務総裁小笠原長行に抗議した。外国総奉行平山敬忠はロッシュを訪問し、弁明、陳謝した。また、この対応の当事者として長崎両奉行は一〇月下旬に罷免された。

これより先、信徒釈放後の慶応三年九月二七日、長崎奉行能勢・徳永は、その意見を幕府に上申している(91)。その中で、「此度御宥刑相成候に付、全洋僧之盡力自己之一念貫通致候儀と相心得、我意彌増長仕、一端改心之者は勿論其他之者共も目前之功験不容疑儀と奔競傾動、不憚信仰いたし候儀は必然」であると憂慮する。しかし他方で、「開國上より論候得は、耶蘇といへども、詰り因果應報を以民心を結、政治を助る具と存し候は、釋教と強て之異同は有之間敷」とし、キリスト教の教え自体は仏教と大同小異とする。問題は「挙國之人心是（キリシタン）を憎み候事、永く骨髄に刻居」ている国内事情があり、容易に解禁できない理由があった。

さらに「近來佛人之挙心を見聞仕候に、僧官を餘國江渡し、宗門争より一之事端を設け、其末僧徒暗殺、又は信仰之もの處置之模様に寄、復讎之名を仮、公然と兵艦差向候様子にて、近くは朝鮮安南之覆轍、尤可鑑儀と奉存候、就ては同村之者江信仰相勧候も、其實不容易謀略無之とも難申實以可恐事」と屢述し、「大害不生以前へ村之人種は可然地所御見立、御移替相成候様仕度」と具体案を提示している。さもなくば、いっそ「萬邦一和之御政治被為施候上は、断然耶蘇宗も差許相成候」方が、「却て御安心にも可相成哉」とも述べる。そして、ともかく現状は「暫時も捨置兼候」ほどの火急の事態であり、「何れとも早々御下知被成下度」と要請している。

この長崎奉行の上申書には、キリシタン邪教観よりも、宣教師と信徒の活動が引き起こす騒動が対外危機に発展するとの危惧の念の方が色濃く滲みでている。かかる長崎奉行の憂慮は、仏人宣教師が惹起する教案に悩まされていた中国の官吏の立場と酷似する。

（4）明治政府の政策

維新政府は切支丹禁制を踏襲し、慶応四年四月には、祭政一致の政体に復古する布告を出し、神道国教主義の方針を打ち出した。

これより先、慶応四年二月、九州鎮撫総督兼長崎裁判所総督・澤宣嘉、九州鎮撫総督参謀・井上聞多が長崎に着任し、浦上教徒問題に直面していた。同年四月、長崎裁判所は、浦上教徒の戸主一八〇名を召喚し、改心を迫ったが彼等はかえって信仰を固めるばかりであった。この浦上教徒問題について長崎裁判所は上申書を作成した(四月)。この内容は、先の長崎奉行の幕府への上申書(慶応三年九月二七日)を踏まえたものである。すなわち浦上教徒を放置すれば、「不平の者共勝手に誅戮いたし候様相成第一政府の権も無之且再ひ嶋原一挙の処ニ相成終ニ九州争乱を生し候様差趣候は必然の勢」と述べ、「片時も早く断然御所置有之度」と稟請する。ここには浦上教徒の存在が争乱を惹起するとの危機意識が表出されている。また、外国の圧力にも言及し、宣教師がその教えを「内地え押弘むる抔の事ハ決而免許無御座候」とし、日本政府が法律を執行するのに外国から容喙される謂れはないとする。そして、教徒の処分案として、「主張者厳刑其次ハ土地替」にして「浦上村ハ一旦赤土」にする措置を稟請している。(92)この稟請がほぼ浦上教徒の処分案の基本となった。

井上は、この長崎裁判所の上申書を携え、政府の指示を得るため大坂に赴き、四月一九日、西本願寺行在所の会議において、先の稟請を基本に、浦上教徒の処分案が内定された。そこでは、「大政更始之折柄」、キリスト教蔓延は「国家の大害」であると認識された。

慶応四年四月二五日、行在所において御前会議が開かれ、「指導者を長崎で厳科に処し、余党三千余人を尾州以西十万石以上の藩に分預し、生殺与奪の権を藩主に与えて教諭させる」との木戸孝允案が採用された。しかし、外国への刺激も考慮し、教徒を三四藩に分預し、教諭を加え、それでも改宗せぬときは厳科に処すことへと変更された。(93)そして閏四月一七日に、浦上耶蘇教徒を三四藩に分預し、教諭を加えるとの太政官沙汰書が発せられた。

これより先、慶応四年四月二七日、長崎市中の取締役並びに同助役二六名は、政府の処置が緩慢に過ぎると非難し、総督府に対して重立った信徒の死刑を建言した(94)。また、この浦上教徒問題に関して、同年閏四月二七日、オランダ領事ボードウァンは次の進言をしている（「蘭岡士ボードイン内密談話(95)」）。すなわち、浦上の信徒を死刑にすれば仏国人は忿怒し、この教法一件から容易ならざる事態に立ちいたる危険がある。「元来彼國人右教法を勧め候者全く何歟趣意可之有」と仏国の深謀遠慮を懸念し、信徒の処置に「熟慮」を求める。さらにボードウァンは、仏人宣教師が日本臣民に布教した場合には、宣教師を帰国させる旨の一条を条約に加えよと助言もしている。

さて教徒の厳罰を望んでいた長崎裁判所は、上記の決定に「甚だ遺憾の意」を示した。五月一一日、木戸が長崎に到着し、五月二〇日に処分の大略を決定し、翌日（一八六八年七月一〇日）に重立った教徒一一四名が山口（萩）、津和野、福山の三藩に移送された。しかし残余の教徒の配流は、六月一九日にいたって、政府の指示があるまで保留された。これは、戊辰の内乱によって国内が混乱し、移送が困難となったためである。

ところで、浦上教徒はこの弾圧により、態度をむしろ硬化させ、明治二年には「庄屋の命令」を公然と無視し、日曜には天主堂へ参詣する者が千余人を数えるほどにもなった(96)。

明治二年五月一七日、公議所において「天主教ヲ殴ルノ議」が上程され、二二日に残余の浦上教徒の処分について討議されたが、教化論が優位を占め、結局二二日の採決で、厳刑は行わないことに決した。この教化論への傾斜の要因として、神道による教化論を唱えた神祇官判事福羽美静の影響は無視できない（福羽は、明治二年五月に「耶蘇宗徒御処置取調掛」に任命されている(97)）。これ以後、政府は神道国教化政策を対キリスト教防衛策として用いることを明確化してゆく。すなわち、明治二年七月八日には神祇官に宣教使が設置され（実際の任用は一〇月）、翌年一月には大教宣布の詔が発布されている。

明治二年九月、弾正大忠渡辺昇は浦上教徒総配流の実行のため、長崎に派遣され、長崎県知事野村宗七、日田県知事松方正義と協議して臨機の処置をとるよう命じられた。[98] 同年一〇月には、太政官より長崎県及び関係各藩に浦上教徒を諸藩に配流する旨が通達された。渡辺は、一一月二〇日に、翌月初旬に総配流を断行する旨を太政官に報告した。

明治二年一二月四日、残余の浦上教徒、ほぼ三三〇〇人の二〇藩への移送が開始された。なお、これに関連して、外務当局は長崎県に対し、浦上の耶蘇宗の「経文」などの著述書（プティジャン版）を早急に送付するよう依頼している（明治二年一一月一七日）。[99] キリスト教の調査のためであろうか。また『異宗徒（第貳号甲第八号）』（長崎県立図書館所蔵、請求記号11/27-1/8）によれば、配流先の各藩の多くは、信徒の所持していた数珠（ロザリオ）、画像（聖画）、佛像（聖像）、佛具（聖具）、経文（プティジャン版）などを没収している。

第五節　神道・仏教側の浦上四番崩れへの対応とキリスト教批判

(一) 神道

キリスト教は、異民族との抗争の只中で民族的アイデンティティを宗教に求めたユダヤ教の排他的性格を受け継いでいる。キリスト教がローマ帝国の国教となったのちは、ローマの政治的文化的優越下に布教は推し進められたのである。

これに対して、日本は島国であり、民族的均質性が高く、宗教に民族統合の役割を求める伝統は希薄であった。ただ、異民族や異質な思想の侵入に際しては自国の宗教へのアイデンティティが高まった時期も見られる。例えば、蒙古襲来は、神国思想の高揚をもたらした。この思想は、素朴な国土意識に基づいたものではあったが、神本仏迹説という国粋的な性格を帯びた宗教思想が唱えられた。[100] 神道史によれば、仏教に対する伊勢神道、外来思想全般に対する復古神道、キリスト教に対する明治期の一部の教派神道がその典型的事例とされる。[101]

さて、幕末の開国以後、開港場への欧米人の進出はナショナリズムの機運を高めた。維新政府は、改めて自国の宗教に着目し、それに国土の統合的役割を期待したのであった。

ここでは、維新政府における神祇行政において、主導的役割を担った亀井茲監・福羽美静らの大国派（津和野派）にのみ触れる。津和野派は幕末以来、長州系の維新政府指導者と緊密な関係にあり、これが彼らの神祇官における主導的地位に政治的保証を与えていたとされる。(102)

井上聞多が前述の原案を携え上坂するにおよび、政府は、慶応四年四月二一日、西本願寺行在所において議定・参与・徴士・在坂諸侯を召集し、「浦上村異教蔓延御処置之儀」を下問した。これに対する津和野派の意見は次のようであった。

亀井茲監は、「数人厳科ニ行レ候様相成候段、実ニ惨憺之至ニ御坐候ヘハ、何卒飽迄モ御教示被為在度……御教諭之道確乎ト不相立候テハ再災害醸シ候様可相成候間……御政体ヨリシテ万国ニ卓然タル御法則被為立……衆人ヲ感服セシメ候テ、耶蘇等之宗法勦絶致シ候外無之ト奉存候」と答申した。(103)すなわち、幕府旧来の切支丹厳罰政策は「惨憺之至」であるばかりか、再び災害をかもすとし、あくまで説諭によって感服せしめなければ、問題の根本的解決にはならないという。福羽美静も「彼教ヲ圧倒スル所ノ大道教ヲ速ニ挙給ひ人々ヲしておのつから此によらしめ候御処置」が肝要だとし、「教徒の説諭」を進言した。(104)

前掲の如く、福羽はのちに「耶蘇宗徒御処置取調掛」に任ぜられており、浦上教徒の総配流の決定には影響力を持った。首魁の厳罰が見送られ、説諭論が大勢を占めた結果は、上記津和野派の進言と一致している。

先に大国隆正は浦上教徒問題について、「皇国中一途ノ教法無之候テハ彼法ヲ圧倒イタシ候様ノ事難相成」との、長崎裁判所の上申書（ここでは、慶応四年二月一八日付、澤宣嘉の副総裁宛書状を指す）には、「尤至極」と賛成し、従来の神道四流（家伝流・本居流・平田流・臆説流）では「異国ノ教法ヲ圧倒」できないと観測していた

（慶応四年三月「存念書」）[105]。また「極意存念書」（慶応四年三月）[106]では、「御一新の神道」は、「聖行神道」と「易行神道」の「二途」が必要であると説く。前者は、『記紀』を深く読み解き、神儒仏、洋教をわきまえ、天文、地理、格知の学をも踏まえ、「異域ヲモ化導イタシ候程ノ者」にあたらせるべし、と世界の諸宗教に対抗しうる普遍性を持った神道教義確立の必要を説いた。これは、キリスト教の侵入を前提とした現実的方策である点で従来の排耶論より一歩踏み込んでいる。また従来の神道四流ではキリスト教を駆逐できないと推測している点にも特色がある。なお後者は、「撫民の術」としての人民教化の必要を説いたものである。

大国は、その著『本学挙要上』（一八五五年）で、日本が中国より摂取した「忠・孝」は、古の日本では「まこと」であったとし、これは万国に妥当する普遍的倫理であると述べている[107]。すると、大国の「聖行神道」の提唱は、かかる「まこと」の普遍性の確信の上に立って、神道を万国に通じるよう整序化しようする企図であったと言える。

これら津和野派の主張は、宗教問題を強権的弾圧という権柄ずくの方策で処理してもキリスト教の侵入は阻止できないと考え、神道により納得させる方途が肝要とする点に特色が見られる。この主張は、第二章で触れる *The Japan Weekly Mail* が「キリスト教迫害史の教訓から、弾圧はむしろ信徒の信仰を強める」と提言していることに一脈通じるものがある。

もっとも神道によるキリシタン教化を唱えたのは大国が初めてではない。すでに出口延佳（一六一五―一六九〇年）は『大神宮神道或問上』において、「我國の神道を押ひろめて、神道にてきりしたんをば禁度き事なり」と述べ、政治的弾圧ではなく、神道による切支丹の説得が肝要だと主張している[108]。

しかし、当然のことながらキリスト教にも仏教にも対抗できる普遍的内容を具え、天皇の絶対権に奉仕する神道独自の教説は、一朝一夕には構築できなかった[109]。『記紀』神話の教典性の薄弱さのもその一因であろうが[110]、より本質的理由は、日本人の伝統的な宗教的メンタリティーにあると思われる。例えば、久米邦武は仏儒伝来以前に日本にあった宗教の本質は「まことの心」であり、「心たに誠の道にかなひなは祈らすとても神や守らん」の歌をあげ、「まこと」という心の態度が日本人の宗教の本源と説く。(11) 心の中がまことであれば、神は救済してくれるという宗教的メンタリティーは、精緻な教義体系とは相容れない。異民族や外来宗教との苛酷、激烈な対決の経験が少ない日本では、宗教の教義は精緻な方向に展開せず、各宗派の差異よりも、むしろ大多数の民衆の信仰心に共有される心性が重視されたためであろう。かかる宗教的心情の尊重は、主観に堕する危険があるとはいえ、宗教の共通性への志向である。

これに対して、キリスト教は、他宗教との苛烈な対決、論争を経験してきた宗教であり、神の啓示とされる聖典(カトリックは聖伝も含む)に依拠し、他宗教を論駁しうる緻密な教義体系を発展させた。そもそも、聖典である新約聖書自体がユダヤ教や異端との激しい論争に満ちている(最も論争的な性格を持つパウロ書簡では、レトリカルな側面も無視できないとはいえ)。かかる論争的・排他的性格は、上述の如く、その宗教の置かれた文化環境に起因する側面が少なくない。

キリスト教の排他的性格の源は、その教義が宇宙を創造した神の唯一の啓示によるものだとの神学的信念体系にある。神の啓示の書である聖書の救済の契約に基づいて、キリスト教はその救済システムの唯一絶対性を主張する。このようなキリスト教の排他的性格は、心情的に宗教を把握する日本人の伝統的メンタリティーの対極に位置する。だが、かかるキリスト教の主張ははたして普遍的妥当性を持つものであろうか。

なるほど、ローマ・カトリックは西欧の各地域の迷信、習俗、道徳などの特殊性を教会という権威に一元化し、彼岸での救いという目標に集約していった。この点では、キリスト教は地域文化の特殊性を超えた普遍性を保持していると言える。またキリスト教教父哲学は、ギリシア・ローマの学問を摂取し、教義体系に論理的整合性を持たせ、普遍的な方向へと発展させることを企図した。一三世紀に隆盛するスコラ学は、この教父哲学をさらに壮大、精緻に展開した。そこにはユダヤ、ギリシア・ローマ、ゲルマン的諸要素の包摂がみられる。しかしながら、これらはあくまで西欧文化圏の枠内での普遍性にすぎないのではないか。[112] また論理的整合化は、宗教を体験的、心情的に把握する日本人には馴染まず、かえって違和感を与えるであろう。とりわけ、聖書を神の唯一の啓示と見る限り、それが成立した地域に固有な習俗や宗教的慣習がそのまま、救済の本質的要素として人類に普遍的妥当性を要求する矛盾が生じてしまう。[113]

この問題について、阿部眞造はその切支丹論駁書である『辨正洋教　初輯』(明治五年一〇月)で、[114] ミサの葡萄酒とパンは、西洋の常食であり、東洋諸国にはかつてはなかった食物であるとし、キリスト教は西洋の宗教にすぎないのではないかと問題提起する。すなわち、ミサはカトリックの中心的儀礼であり、「聖体ヲ領セサレハ天主ノ恩寵ヲ養成スル事能ハスシテ死後霊ヲ救フコト難シ」とされる。とすれば、東洋の諸国民は霊魂の救済に重大な障害を持つことになる。従って、「是則チ天主教ハ西洋一般之教ニシテ萬國ニ公行スヘカラサル明證」ではないか。[115]

阿部はまた、「天主ハ天地ノ大君ナレハ普天下萬國皆此教ニ入テ奉承スヘキ也」との教えに述べられた「天下」は昔の慣用的語法では「自國」を意味し、全世界ではなく「西洋近傍當時交通セシ國々」を指すと弁じる。この主張に、プワリエ(宣教師)は「怒ヲ現シ」、「聖神降臨之日」に「世界中之商人此時如達國ニ聚集シテ」いたが「宗徒ハ天主ノ恩佑ニヨリテ其言語悉ク萬國之人ニ通」じたとの聖書の箇所をあげ(「使徒言行録」二章)、これはキリスト教を「萬國ニ弘通スベキノ之徵也」と応酬する。阿部はそれなら、「なぜあなたがた宣教師は何年学んでも日本語に熟達しないのか」と切って返し、「天下」は「地中海近傍數國」の「羅馬管中」を指すにすぎないと論断する。[116]

ここで、阿部はキリスト教を全世界に普遍的なものして布教する宣教師に対して、キリスト教は西洋の一宗教にすぎないと、如上の論拠を示し鋭い反駁を加えている。

キリスト教は、人間の救済の可否を聖書や聖伝（カトリック）に基づいて定立された精緻な教義体系に依拠して判断する。そこには、聖書に示された神との契約概念がある。なかでも、カトリックの場合には、聖書と聖伝を正当な権威を持って解釈できるのは聖職者に限定され、一般信徒の勝手な解釈を許容しない。すなわち、カトリックの聖職者の権威は、倫理規準は勿論のこと、死後の救済の成否にまでその支配力をおよぼしている。プティジャンが信徒発見当初、洗礼の有効性に多大な関心を寄せ、ラテン語の文言の一部の脱落や、発音の差異に厳重な忠告を与えた背景には[117]、神を絶対他者と捉え、教会の定めた規則（契約）にあくまで忠実であろうとするカトリックの伝統的立場があった。

しかし、日本人の宗教的感性からいえば、人の心を見通す全知全能の神が洗礼時のわずかなラテン文の発音の違いを問題にするだろうかとの疑問が湧く。そしてこのような宣教師の対応を見るにつけ、あまりに定式化された救済体系は、神を機械仕掛けの存在に貶しめる弊害をともなうのではないかとの危惧を抑えられない。

さて、上掲の津和野派の進言で注目されるのは、「耶蘇等之宗法勦絶」のためには、「衆人ヲ感服セシメ」る教義の確立が必要だとの主張である。ここではキリスト教に対抗して民衆の宗教心をも掌握し得る神道教義の確立が企意されている。この企ては、日本人の宗教観とは相容れず、結局、放棄されるが、神道国教主義は、臣民の内面をも拘束する「天皇の権威への忠誠の絶対化」という方向に収斂していった。とすると、浦上教徒問題は、反作用の形で、天皇への忠誠の絶対化という視座を強化する契機を提供したとも解釈できる。天皇に対して臣民が絶対的に服従する関係は、教皇と信徒の関係と相似形を成す。

（2）仏教

真宗の両門主は、「外教一條」につき明治元年一二月一七日（一八六九年一月二九日）に、政府に次の「口上書」を上申した。

御沙汰ノ通リ宗門改ノ義從來寺院ヘ被　仰付置候義ニ付、於寺院モ寺役第一ノ御用ト相心得取扱來リ候處、近來交易ニ託シ或ハ軍艦又ハ砲術等ニ事寄セ、彼邪教師渡來居候趣ニ付無油断教諭方盡力仕リ置候ヘ共前件ノ譯柄ニテ何共無心元次第ニ存候。仍テハ素ヨリ御國禁ノ耶蘇教ニテ追々致蔓延候テハ實以テ國家ノ大害ヲ醸シ候ト奉存候ヘハ、何卒右交易場所（開港地）ヘ立入候面々ハ勿論其他共　御國禁ノ趣ヲ嚴重ニ御觸示被爲在、萬一竊ニ致奉候様ノ族ハ屹度可被處嚴科御處置願上度事。(118)

この上申は、切支丹禁制を厳格に施行し、「国家ノ大害」であるキリスト教の侵入を阻止すべきと弁じている。すなわち、このキリスト教侵入の脅威は、通商や軍事力を背景としたもので、教諭のみでは心もとなく、厳罰で対処すべきとし、津和野派とは見解を異にする。

真宗側にとって、慶応四年三月の神仏判然令の布告はもとより、同年七月に真宗五派から提出した浦上教徒教諭の願いが、政府首脳の教唆に従ったものであったにもかかわらず、同年八月に不許可になるなど憂慮すべき状況があった。これは、宗教行政が津和野派に掌握されている内情を示唆するものであった。そのため、真宗側は、宗門改めの努力を強調すると同時に、攻撃の矛先をキリスト教の脅威に向けることで、排仏派の攻撃をかわそうとした一面もあった。だがこれと並行して、良厳らが長崎での探索活動から得た情報がキリスト教侵入の脅威を増幅していたと考えられる。以下に長崎での探知報告書によりこの事情を検討したい。

良厳の西本願寺破邪顕正掛への報告（明治元年一二月）には、フルベッキは政府要路に優遇されているが、彼の目的は「耶蘇教の弘通」にあるとし、「高貴之御方も両約全書を入　御覧誘引致度之手段」と漏らした事実があげられている。[119]しかも「十年之後を期し而耶蘇教開け而佛教閉れハ佛邪也[120]」とのフルベッキの大胆な発言は、真宗側の危機感を煽ることになった。しかしながら、第二章で検証するように、かかるフルベッキの発言は、彼が知識人の信望を得て、日本での宣教成果を誇大に評価したことに因る。

良厳は、耶蘇教の侵入対策として明治三年一二月に「防邪建策」を建議した。その中で、京、横浜・東京、箱館、大坂・神戸、新潟、五島の八地区に僧侶を派遣し、「教諭を施し候而人心を維持」すべしと進言している。[121]これは、プロテスタントとカトリックの宣教師が日本での宣教の主導権を競って、できるだけ早急に開港場へ宣教師を派遣すべきと各々の本部に建策している次第と同一地平に立つものである。良厳は宣教師らのかかる要望を探知して、如上の侵入対策を建言したとも推察される。

ところで良厳の探知報告には、キリスト教宣教が軍事力を背景にしているとの認識が顕著である。前掲の「防邪建策」は、「何處之開港地之教師ニ聞合セ候而も是非明末年ハ軍艦を差向候て云云、實ニ暴逆無道筆上ニ難盡[122]」と述べ、宣教師が軍事力を恃み、キリスト教布教の公許を求めてくる無道さを批判する。翻って、浦上信徒総流罪の際にも、「佛ノ岡士アメリカノ軍艦ニ邪徒ヲ乗セテ行ク船ヲウチ拂ハンコトヲ乞フ。アメリカ人不許之、又英国ノ軍艦ニ乞ヘトモ不能」「此日佛人香港ヘ軍艦二艘ヲ呼ビニ遣ス」（「浦上邪徒驅逐之始末日記」明治二年一二月六日付[123]）と報告されている。

このように軍事力を恃みキリスト教伝道を推進しようとする西洋人の姿勢は、宗教家の良厳には許し難い無道なものに映った。そして、西洋人のかかる姿勢がキリスト教宣教に侵略的意図があるとの疑惑を深めたのである。

なおこれに関連して、明治元年一二月前後に起きた五島での切支丹迫害事件に際し、「仏公使（ウトレー）は確かな証拠を握っているといって、五島へ軍艦を差し向ける」と大隈に迫ったが、大隈は「政府で調査するから、軍艦派遣は見合わされたい」と応じた出来事もあった。[124]また他方で、キリスト教宣教にまつわる西洋諸国の侵略的意図は、キリスト教の教義そのものに求められるとする指摘も見られる。

『嚴護録』第五巻及び続編に所収の西本願寺前大僧正光澤の弁事官宛建白書案文（明治元年一二月八日付）には、「胡神耶和華は他神を敬ひ他の偶像を奉ずるものを憎恚すること甚しく、或は二萬三千人を鏖し或は威火にて國内を焼壊し（民数記略）、又は其國に禍し其人を損す（利未記）。斯の如きもの……皇國に來れば亦其舊章を蹂躙する。加之教門を餌とし、厚利を啗はしめ治療を施し、百萬人を誘き心を傾けしめて、遂には裏應外合して他國を侵略噬呑せし先蹤が多い。これ胡神の不仁不慈なるより、之を奉ずる醜虜も随て残忍なるの致す所である」[125]とある。

ここでは、キリスト教の排他的神観が、他宗の存在を許さず、他教を奉じる国を滅ぼし、異教徒を殲滅してきたと旧約聖書を例にあげて論じる。この議論は、軍事力に頼り他国を侵略する謀略を持って欧米の宣教師が活動していることの根拠を、キリスト教の聖典自体にある唯一神の排他性、ならびにその神観が「不仁不慈」であるところに求めている。

確かに、パリ外国宣教会の宣教師は、「布教の自由」のためには仏国の軍事力に訴えるべしと考えていたふしがある。一八四四年に琉球に渡来した仏人宣教師フォルカード（Forcade, T. A.）は、アジア布教のための国家支援の重要性を主張し、一八五二年、第二共和政大統領であったルイ・ナポレオンに「武力による北京攻略」を建言している[126]。もちろん、この建言は一八五〇年代のフランス国内での帝国主義勢力の伸長を背景になされたものではあろうが。

さらにロケーニュやプティジャンにさえ、フォルカードに類同する発言がみられる。阿部眞造は、『辨正洋教第二輯』（明治五年一〇月）に、宣教師ロケーニュとの以下の問答を記している[127]。

ルカイ（ロケーニュ）は「天主教ヲ厳禁スルノ政府ハ必ス亡ビザルヲ得ス近クハ呂宋ノ西班牙ニ取ラレ安南ノ

佛朗西ニ取ラル皆政府ニ當ル現世ノ罰ナリ」と述べた。これに対して阿部は、「天主教ヲ奉スル國ハ教ヲ弘メ置テ其國ヲ并呑スル事ハ大偸盗ナラスヤト世間ニ言フモノ多シ他ノ國ヲ取ル所ノ政府モ亦罰アル乎」と問い質す（この批判は、慶応四年三月刊の『崎陽茶話』の「邪教大意」にある「第八ニ攘竊《ヌスミ》することなかれといふ然れども他國を奪って属國とす是攘竊の甚きものに非すや」［四丁オ―ウ］と類同する）。ロケーニュは、これは「天主教ノ弘マル為」であり、「國王ヲシテ取ラシムルコト天主ノ處置也」と説き、「舊約書中ニ天主兵力ヲ助ケテ敵國ヲ亡セシ例多シ耶穌ノ昇天後ニモ其例数多アリ是ヲ以テ證スベシ」と応える。このロケーニュの宣教至上主義は、背教者阿部の報告に拠るものである点は考慮すべきではあろうが、宣教師の言説にしばしば認められる論理である。

またプティジャンは、生麦事件により薩英戦争の危機が高まった時、「日本は十七世紀のキリシタン迫害に対して、神に支払うべき莫大な負債があり、今がその負債としての罰を受けるときかもしれない」（一八六三年四月一四日、友人宛書簡）と述べ、さらに「戦争になれば、日本人の偶像崇拝は我々の聖なる信仰に場所を譲り、我々西欧の文明が普及し、神の日本への慈愛が中断することはなくなる」（一八六三年六月二七日付書簡）と記している。[128]

ともかく、如上の宣教師の見地に立てば、欧米諸国の植民地政策は神の摂理として無批判に正当化されて、現実の不正義への正当な批判は顧みられないことになる。宣教師の布教の根拠は、「福音を全世界に伝えよ」とのイエスの命令に従ったものであるとしても、そのために武力行使までが容認されているわけではない。それどころか、イエスは「汝の敵を愛せよ」と語っているのである。この言葉は、敵にも善が存在することを前提としており、人間の狭い価値判断による善悪二分論的思考への戒めである。そもそもキリスト教徒にとり、いかに不条理な現実といえども全宇宙を主宰する神のもとに展開しているのであるから、「敵をも愛し」、「いと高き方の子」にふさわしく自己を持することが信徒には最も肝要な課題となろう。上記の宣教師の言辞は、現実に生きている人々の生の尊厳を無視し、神の高みから一切を裁断するようなものではないだろうか。

しかし他方で、神に反逆する者は徹底的に排斥されるとの思考は新約聖書にも根拠がある。例えば「使徒言行録」（1・18―20）では、ユダは「体が真ん中から裂け、はらわたがみなでてしまった」とされ、神に徹底的に呪われた存在として描かれている。これに対して、潜伏キリシタンの『天地始之事』では、イエスは、裏切者ユダに向かい、「自滅せずんば、たすくべきに、残念也」と語り、罪を赦す寛大な神観を語る。キリシタンには悪を激しく憎悪し、断罪するキリスト教の神観は受け容れ難かったためであろう。

ともかく、これら宣教師の言説の基底には、人間の救済においてカトリックのみが神の啓示した唯一の真理を専有しているとの教義に基づいた驕りが見える。この教義により形成された宣教師の信念体系は、布教を妨げる異教徒は、真理への敵対者であり、悪魔に囚われた者とする二分論的思考に発展しがちである。神の啓示を専有しているとの信念体系は、現実を認識する明瞭な規準となり、使命感を付与し、同時に自己の優越感をも満たす、魅力的なものである。しかしいうまでもなく、信念体系とはある特定の価値観による世界の意味づけである。そのため宣教師の如く、その信念体系から一方的に現実を把握すれば、非キリスト教徒の尊厳は維持できなくなる。

しかも、宣教師自身がこの信念体系を絶対的なものとして保持している限り、信念と現実とのダイナミックな相互作用は起こりえず、彼は信念体系の形而上の枠組みにとらわれて、現実を認識し続けることになる。ところが、この信念体系の根拠である聖典の内容そのものが不統一で、かつその解釈自体も不確定性や流動性をともなう。そもそも、絶対的に正当な解釈などというものは存在しない。

ゆえに、問題の核心は、カトリック教会のみが神の啓示を専有しているとの教義自体に求められる。(129) すなわち、カトリックの信仰共同体内部でのみ妥当する信念体系を相対化せず、そのまま普遍的に妥当する絶対的真理の如く思い込み、提唱する点に問題がある。ここから、異教徒の魂の救済のためには、彼らをカトリックの信念体系に組み入れなければならないとの使命感が生じ、宣教至上主義の問題も派生する。かかる信念体系を提唱する際には、その信念体系を相対化し、開かれた弾力的なものとしない限り、他宗教への侮蔑に陥るのは免れ難い。懐疑を内包していない信念体系は、視野狭窄から狂信に陥りやすい。

第六節　西洋列強の浦上四番崩れへの対応

仏公使ロッシュは、幕府と親密な関係を結び、幕府を顧客として日仏貿易の振興を図る外交方針をとった。(130) この仏公使と幕府の緊密な関係がプティジャンらに楽観的見通しを与えていた。しかるに、慶応三年六月に浦上信徒捕縛事件が起こった。外国事務総裁小笠原長行はロッシュに「宣教師の布教活動が条約の明文及び趣意に違反する」と抗議し、「悔悟」した信徒の釈放を条件に布教の中止を求め、(131) 同時に在仏外国奉行向山一履・栗本鯤を通して仏外相ド・ムスチェ（de Moustier）に幕府の立場を弁明せしめた。

ところが、ロッシュは「悔悟」とは転宗であると知り、大坂に赴き将軍慶喜と会見し、この違約に抗議した。そこで、老中板倉勝静、外国総奉行平山敬忠はロッシュと折衝し、「説諭はするが、信仰放棄は強要せず放免する」方向で決着した。(132) さらに、板倉と平山は書簡をロッシュに宛て、その中で「切支丹禁制は、邪教観が民衆に浸透し、国内混乱の種となるための過渡的措置」とし、「文明開化が進めば解除できる」と暗示し、「決して西洋諸国のキリスト教を憎疾するためではない」と述べた。(133) これを受けて、既述の如くロッシュは「幕府の難局に鑑みて、条約を遵守し布教を中止する」ようプティジャンに忠告した。

しかるに、慶喜はこの処置では諸藩の物議をかもすことを懸念したため、ロッシュとの再交渉となった。その結果、浦上信徒は釈放するが、残らず「村預け」にし、長崎の一般住民の居留地への出入りを厳禁することとした。また、慶喜もナポレオン三世に親書を送り（慶応三年八月七日付）、キリスト教解禁が不可能な国内事情を弁明し、宣教師の布教を禁止するよう要請した。

ロッシュの対応はのちにカトリック側から激しく糾弾されるが、仏外相ド・ムスチェはロッシュの方針を全面的に是認していた[134]。そのため、プティジャンが自ら一八六七年末にパリに赴き、仏外相に陳情書を提出し、翌年三月二二日にナポレオン三世に謁見するも、その効果はなかったのである。

とかくするうち、維新政府が成立し、仏国に代わり英国が対日外交の主導権を握った。仏公使はウトレー(Outrey, M. A. G.)が引き継いだ。浦上の重立った信徒らの津和野、萩、福山へ配流(一八六八年七月)を知ったウトレーは、外交団会議開催をうながし、列国の共同通牒により本格的に抗議する案を提唱したが、現下の国内情勢では刺激が強すぎるとの理由で、各国公使の合意は得られなかった[135]。

この件の行動方針について英外相スタンリ(Stanley, E. H.)は、一八六八年九月九日(慶応四年七月二三日)、パークスに訓令を発した。その中で、スタンリは「西欧諸国は、この迫害を傍観はできない。かといって、列強が共同行動を執れば、新政権が重大な危局に立ち至り、前途有望な対日貿易に重大な障害を生じる危惧がある。英国公使には、友好的な申し入れと忠告を超えた断固たる措置をとる権限は付与しえない。英国海軍の出動は、英国臣民が日本人信徒と同様な迫害にさらされた場合にのみ許容される」[136]と訓令した。この訓令は仏外相にも伝達された。ド・ムスチェ仏外相は九月一四日付でウトレーに訓令を発し、「対日条約ではキリシタンのためにフランスが効果的に干渉する何らの方法も認めていない。仏政府は、この問題で日本政府に威嚇的手段を用いることは考えておらず、友誼的勧告の形式で対処すべき」旨を伝えた[137]。他方、米国のシワード(Seward, M. H.)国務長官は、「迫害が続けば在日居留外国人が信徒への同情から、民衆や役人と衝突する危険が高まる」と懸念し、日本政府に「人道にかなった方策の採用と法令の寛容化を友好的態度で粘り強く求めるべし」と訓令した[138]。かくして英・仏・米国は、いずれも友誼的勧告という基本的方針で見解の一致をみた。

一八七〇年初頭の浦上信徒総配流に際して、一月二〇日にパークスは岩倉と内談した。この内談で、岩倉はキリスト教に憎悪を抱く排外派の存在、カトリックは国教たる神道の首長としての天皇の地位を認めぬ等の弾圧理由を提示した。さらに「政府は、聖書や祈禱書の流布を妨害さえしていない。心の中に秘めておくなら、誰が如何なる信条を抱こうと、政府はそれに干渉しない」と語った。しかも、この度の弾圧は切支丹邪教観が西洋化の進展により払拭されるまでの過渡的方策であるとさえ示唆した(139)。これは前述の板倉・平山のロッシュ宛書簡での弁明内容と酷似している。この岩倉の二段構えの説得はパークスに通じ、彼はクラレンドン（Clarendon）外相宛文書で「日本の現状下における積極的伝道は、迫害と殆ど同じ位非難されて然るべきだ」と論評した(140)。

一方、ウトレーは同年一月二二日付の本国宛公信で「もはや外交折衝では何ら成就し得ない。列国共同の威嚇が必要」と提言した(141)。これを受けて仏外相ダリュ（Daru）は、英国政府の意向を打診した。これに対し、英外相クラレンドンは「日本政府はキリスト教の伝道に伴って起こる政治上の動揺を懸念しており、政権の安定のため、ひいてはキリスト教への誤解を一層増長しないためにも、武力による威嚇の権利はない」と答えた(142)。同年二月九日、英公使館で澤・寺島と外交団との会談が開かれたが、交渉は物別れに終わった。パークスは二月半ば、再び岩倉との内談を試みた。この時、岩倉は、キリシタン処分は外国への敵意を意味するものではなく、純然たる内政問題だと明言し、「我々は条約上の義務を誠実に履行してきた。現在キリスト教容認を宣言すれば、外国の圧力に屈服したとの非難を浴び、政権の維持が困難になる。西洋化の進展により国民の思潮も徐々に変化するだろう」と訴え、パークスもこの訴えをほぼ了承した(143)。

英国のかかる対応の背景には、小英国主義をとる自由党のグラッドストン内閣の登場（一八六八―七四年）と、中国における砲艦外交に対する英国の国内世論の強い反発とがあった。例えば一八六八年、英国海軍による威嚇の下で、揚州教案の処理交渉をした英国公使、領事に対して、英国議会、及びタイムズなどの言論界の非難がつよまり、もはや砲艦外交は、英国臣民の生命・財産が明らかに危殆に瀕した緊急非常事以外に容認されないことが確認された。さらにバーリンゲーム・ミッション（中国政府特派使節）は対中国外交政策において内政不干渉、平和的外交等の対中国協調路線を堅持する約束を英国政府に取りつけていた（一八六八年一二月二八日）。このような英国の東アジアでの外交方針の明確化は、浦上四番崩れの対応にも影響を与えていたのである。かくして、浦上信徒総配流に際して、砲艦外交を企図したウトレーの提案を英国政府が支持するはずもなかった。

他方、在日宣教師、居留地発行の英字新聞は、各国公使のかかる外交方針を「弱腰」と非難したが、その次第は次章で詳述する。

第七節　浦上信徒の信仰構造

（一）配流先での説諭と信徒の反応

以下に浦川和三郎の『旅の話』（配流先から帰還した信徒三〇余名の証言を聴取した資料）、松本白華『白華備忘録』（明治三年一月、金沢西勝寺学寮での第一回の改心教諭の記録）、「十二県御預異宗徒巡視概略」「巡視概略」（信徒預かり諸県による信徒の説諭、処遇に関する報告と外務権大丞の楠本正隆・中野健明の諸県における実地見分報告――明治四年七・八月付）[144]などの資料により、配流先での役人、仏僧、神官、儒者等の説諭と信徒の応答を検討したい。ただし、いずれの資料も各々の立場による整序化や偏りは免れ難いが、三つの資料をできる限り併せて参照することでこの難点を補いたい。

配流先での、役人側の信徒への説諭は、「日本に居つて、外国の宗旨を奉ずる様な奴は日本人ぢやない」「親たる天皇様に従はないで、異国の教えを信じ、異国の人に従つている」「異人に欺されて居る」[145]に代表される排外主義的言説が圧倒的である。これらの言説には、対外的危機意識を背景に、ナショナリズムが高揚した時代相が映し出されている。この説諭に対して信徒らは、「先祖から代々伝えて来た宗旨で、今更改心できない[146]」と応じている（第一）。この表明には、祖先の信仰の継承に対する信徒の強い熱意がうかがえる。

信徒らにとっては、信仰のために当局による弾圧を甘受してきた経緯から、国家への忠義より祖先、信仰共同体への忠義が優越するのは理の当然と推測される。にもかかわらず、信徒らは禁制への背戻、国家への不忠義の罪を自ら認め、肉体は国家の処断に委ねるとの霊肉二元論で応じる事例が頻発する。「肉身は取ると仰有れば、喜んでさし上げます。しかしアニマは何んなことがあっても渡し得ません[147]」、「此國ノ主、天子様へハイカ様ノ御奉公ニテモ仕候心得、身モ差上假令一命ヲ失フトモ不苦、只心魂計ハ天子ノ思召ニモ随ヒカタク天主へ指上候心得ナリ」（読点は筆者、以下同[148]）、「君父ニ忠孝ヲ盡ストイヘドモ天主ノ教ニ背クトキハインペルノニ堕コトヲ免ルべカラス、是以婆婆ノ安楽ヲ欲シテ何ゾ不朽ノ魂（アニマ）ヲ苦シマシムルコトヲ願ハンヤ、故國禁ヲ犯スノ罪科ヲ贖フニ一身ヲ捧ケテ以テ刑罰ヲ待而已[149]」、「一死ヲ以御法相犯候罪科御償申上[150]」などが典型的言明である。これらの言明をそのまま信じるなら、むしろ禁制への違反に事寄せて、急ぎ殉教を遂げようとの信徒らの願望さえ読み取れる。

さて、この祖先の信仰に関連して、『白華備忘録』には「此世ノ親ハ仮ノ親、天主カ真ノ親チヤ抔ト信シテオル」のは真の「忠孝ノ道」を知らないからだとの説諭がある。これに対して信徒ら一同は「親ヲ麁末ニスル機《ママ》ハ御座ラヌ、親カ此教ヲ信シテオリマス故ニ、私モ諸共ニ此道ヲ信シマスノカ孝行チヤト心得テオリマス」と応えている[151]。すなわち、信徒らは「孝」倫理に基づいてキリスト教を受容したという。

ところが、この「親への孝」は、魂の救いの次元、信仰の領域では無視される。信仰表明への対応をめぐり、親子、夫婦の縁を切った事例がある[152]。また良厳の西本願寺破邪顕正掛への報告（明治元年一二月）では、「邪教ニ組し候者ハ、親子兄弟夫婦之間と雖も若し教法ニ不入時ハ早速見捨テ、如何成老人病身難渋仕候とも、少も介抱等不仕候」と述べ、一事例を報告している。「格別信仰も不仕候」浅吉という病身の信徒が僧侶の説得により改心しようとしたところ、「女房差出申候様ハ、主人浅吉改心仕候ハバ私共子供引連早速立退可申抔と申募り、且邪徒共七人詰メ懸ケ當人ニ種々申責メ」たので浅吉が改心できなかった次第を述べ、これは「親子兄弟之道を忘却いたし候情態」だとする。(153) この報告は、誇張があるにしても、共同体の信仰的拘束が親子、夫婦のつながりに優越した内情を示す。

『旅の話』では、萩の役人が惣五郎に、その娘を鉄砲責めにすると忠告したとき、彼は「娑婆の事ならば、我娘ですから、何とも自由になります。然し、魂の事だけは、幾ら親でも勝手にはできません」(四九頁)と応えている。さらに津和野では、老齢の國太郎が「息子が降参すれば俺もする」というのを聞いた小使が見かねて、その息子甚三郎に「親孝行と思って降参してはどうか」と助言したところ、甚三郎は「此の宗旨を守る守らぬは一人の事で、親が何うぢやから、子が何うぢやからと、そんな訳のものではない。國太郎が万一改心したならば、俺は國太郎の代わりになつて之を守らねばならぬ」(七七頁)と反論する。(154) この「親の代りに宗旨を守る義務がある」との甚三郎の発言は、祖先あるいは共同体への忠義が親への孝に優越するものとして認識されている。共同体への忠が孝に優先する背景には、祖先の殉教者、具体的には十年前の三番崩れの犠牲者への忠義の念がその一因を形成していた。さらに、宣教師の教導の影響も無視できないが、それはのちに検討したい。

ところで、浦上の信仰共同体は、迫害を覚悟して自葬を決議したのであった。この決議による共同体の拘束力は配流先においても、明瞭な、ないしは暗黙の圧力を信徒に与えている。例えば、「其んな者(棄教者)は親でも兄弟でも打殺して了ふぞ」(『旅の話』一八一頁)との、高松での青年達の恫喝には、共同体の相互監視、拘束力の強さが明瞭に示されている。『旅の話』には、このように信徒同士が「改心は絶対にしないと申し合わせ」をした次第が散見される。(155) また「巡視概略」には、「彼者共ノ中ニモ屢説諭ヲ經候者ハ、大様其意ノ轉動致シ候ヤニ相見へ候得共、同類中ニ對シ不得止儀有之候様言語中ニ相顯候事」（高知藩[156]）とあり、改心の意志があっても、周囲の信徒の手前、それを表明できない雰囲気が醸成されていたことを示す。ここには、共同体の信頼を裏切ることへの罪悪感は共有されているが、共同体に対する個人の自由の優位性は認められない。これは、人格神という普遍との関係から自己の内面を確立し、他者との関係を相対化し、他者の異質性を自覚する（他者の尊厳の尊重）というキリスト教信仰の方向性は信徒に理解されていなかったことを示唆する。むしろ、上記の信徒の言行は集団への情誼的一体感を理想とする典型的な日本社会の人倫道徳に即したものである。

次に説諭で頻発するのは、「切支丹も日本の宗旨も内容は同じで、ただ国の違いにより呼び方が違うだけだ[157]」という宗教観に基づくものである。これに対して信徒は、「日本の宗旨では霊魂は救われない」「切支丹の他に助かる道はない」「霊魂の救いの出来ないものは地獄にゆかねばならない[158]」と応答する（**第二**）。また「佛蘭西人渡来以後初テ歸依仕候譯ニハ無御坐、夫故他宗門ノ儀ハ素ヨリ信仰不仕候」と先祖伝来の信仰であるから他の宗旨には帰依できないと抗弁する者もある[159]。あるいは、「御中主がデウスと同じなら、デウスと称しても害はないではないか[160]」と機知をもって切り返す例も見られる。

ともかく、この第二の応答の内実は「改宗すれば、霊魂が地獄に落ちる」との信念によるものであり、この種の信徒の言辞は、「十二県御預異宗徒巡視概略」「巡視概略」の説諭記録に頻出する[161]。また『旅の話』にも、「アニマの救いのためには、殺されても改心しない」との表明は最も頻繁になされている[162]。この言辞が説諭者側に最大の戸惑いを引き起こしている。「十二県御預異宗徒巡視概略」「巡視概略」に見られる説諭側に共有された疑問は、「信徒らはかくも教理の知識に乏しく、弁明さえよくなし得ないのに、なぜ死さえ覚悟してキリスト教を尊信するのか」にある。次の報告はその事情を端的に物語っている。

「彼者共ノ主トシ唱フル處……一向ニ天主ヲ尊信シテ殊ニ靈魂ノ扶助ヲ得ン事ヲノミ希望仕主意ニ御坐候

……彼者共悉皆頑愚質ニシテ……其家派ノ要理ヲ辨解スルノ知慮無之様相見へ候テ、委細ノ儀ハ教司パーテルヨリ御聞取被下度段申出候(163)」、又「元来切支丹ト申ハ終身修行仕候トモ容易ニ相分リ不申程ノ深キ物ニテ御坐候由ノ處、私共如キ土民修行モ不仕候テ素ヨリ相分リ候筈ハ無御坐候得共、一旦此宗門へ随従仕候テ又々相止候節ハ猶未来不測ノ嚴罰ヲ蒙リ候(164)」。

ここで、キリスト教の教えのために殉教さえ覚悟して流罪に甘んじた者が、「(要理の)委細は神父に尋ねて欲しい」とか、「私共のような土民にはキリスト教の教えは解るはずもない」と告白するのはあまりに不可解である。そして事実、信徒らの教義的弁証ともいうべきものは、「天主は天地万物人間の創造主で日本の創造主、御親でもある(165)」という以外にほとんど認められず、「棄教すれば魂が地獄に落ちる」という言辞のみが頻繁に繰り返されるだけである。しかもこの「創造」概念にしても、日本人の伝統的自然観に接続する言辞で表現されている。たとえば、「万民草木天地間一切ノモノ皆此(デウス)御恩ニテ成育ス」(『耶蘇教ニ関スル書類』六七頁)は、自然の恵みをデウスの恩恵として把握している。

ただ、ここで検討している三資料の中で例外的にキリスト教教義の中枢を語っているものが「十二県御預異宗徒巡視概略」の「津和野県の報告」(異宗徒ノ論(166))にある。それは、「イエスの童貞マリアからの誕生」「イエスの十字架刑と復活」「イエスの十字架による罪の贖い」に言及している。とはいえ、「佛蘭西國之レ(イエス)ヲ悪ミ、妖法ナリト終ニ十字架刑ニ處シム」との明らかな誤りも見られる。また、イエスは「死後安心ノ要ヲ説ク」「基督ハ天主ノ人間ニ化生セシモノ」などは、正統なキリスト教教義から逸脱している。むろん、この逸脱は、信徒がキリスト教に不案内な説諭者にわかり易く説明したり、あるいは説諭者が整理して記述したことに因るとも考えられなくはない。しかし、この教理解説にしても、その中心的主張は、やはり死後「天主ノ教ニ背クトキハインペルノニ堕コトヲ免ルベカラス」にある。かくして、信徒の信仰表明の動機は、「魂の救済」に求められる。だが、この動機の背後には、当然あって然るべきはずのキリスト教教義の体系的知識が欠如していたことが明らかである。

ところで「滅びる肉体よりも永遠の魂の救済が大事」とのスローガンは、外海・五島・長崎系の潜伏キリシタンの伝来書である『こんちりさんのりやく』の冒頭にも見え、潜伏キリシタンの伝統に連続するものである。

このスローガンの強調には、宣教師の強力な指導が想定されるが、これに加えて、敬三郎（仙右衛門の長男）が教義を説明するために、大型の挿絵入り公教要理を携えて浦上の全部落を巡回した出来事は無視できない[167]。この挿絵にある天国、煉獄、地獄の図は、信徒に大きな影響を与えたと考えられる。『旅の話』で、子供達が説諭に抵抗し、「改心すると地獄に行く」（八七・一四三頁）と答えたのは、この視覚教材の効果であろう。被爆三〇年後の「原爆体験記」においても、「我々は体を奪うものより、魂を奪うものを避け、原爆など比ぶべきもない、この恐怖の地獄について黙想し、信仰生活の糧としたい」との訴えがあり[168]、このスローガンは長崎の信徒の間には根強い伝統を保ったのである。

この魂の救いの重視に関連して、迫害に耐えるのは、功徳、功績になるとの信徒の表明がある（**第三**）。『旅の話』の中に、流罪について、「罪の償いとして煉獄の勤めを果たす思ひも寄らぬ幸福」「天国への昇口」（二〇〇頁）との信徒の表白が見られる。拷問に耐えることは、「宝の山に入る」（七五頁）ことであり、「主の為に監獄に囚はれて居るのは身に余る幸福」（一九四頁）なのである。また「折角牢獄内で儲け得た功績を失つてはならぬ」（二一一頁）との勧告も見られる。ロケーニュは「仙右衛門への見舞状」（明治四年四月一一日付）で「せめがあつても、つみとがの　つくのいとおもうて[169]」耐えよと説き勧めているため、「迫害に耐えるのが罪の償いになる」との宣教師の教導は確認できる。だから、信徒は流罪に甘んじ、拷問に耐えるのが「罪を償い魂を救う」功徳になると理解したのであろう。

チースリクは、「マルチリヨの勧め」にある「エゲレジヤ〔教会〕はペルセギサン〔迫害〕をもつてをとろへ玉はず、却て猶栄え玉ふとなり。其故はマルチレスの御血は、キリシタンダテの種子の如くなり」を挙げ、キリシタン時代から「殉教は最も功徳をもたらす犠牲として考えられていた」とする。[170] 確かに、既述の通り、浦上三番崩れの「吉蔵調書」には殉教教育の継承は認められた。これは、殉教に信仰の至上的価値を置く宣教師の教導により一層強化されたであろう。

プティジャンは「七代以前、異教徒であった祖先は天国に入れるのか」と指導的信徒に問われ、驚きつつも「煉獄に行くことになるかも知れない者のために祈れ」と勧告している。[171] この勧告と上記の「殉教の功徳」の教えとを考え合わせると、信徒らは、迫害に耐え、殉教にいたれば、自分の魂の救いのみならず、「祖先を煉獄から救い出す」孝養になると考えた蓋然性が高い。

ともあれ、信徒らが迫害を自ら甘受する行動にでた動機は、現世利益を優先する日本の宗教的伝統では理解し難いものである。奥宮慥斎の『異宗教喩大意』(明治四年)に、「後生ノ事大事ナレバ。今生ノ事ハ猶以大事ナリ。今生安ケレハ。後生必ス安シ。今生ニ安心出來ザレバ。後生ハ覺束ナシ」[172] とあり、また『白華備忘録』にも「今カ教ノ通リ十分ナ果報カナイナラ、未来ノ天堂ヘ生レルト云モウソチヤ」[173] と説かれ、現世の状態から来世の境遇を推測する宗教観が披瀝されている。福山県の説諭でも「天主死後ノ嘉樂ヲ與ヘル程ノコトナレハ、現在ニモ安樂ヲ與フヘキ理ナリ」[174] とし、現在流罪の身に信徒があるのは、この理に悖《もと》ると説く(これに対し信徒は「悪事致シタル覺無之……死テモ天主ノ御恩ニ報シ冥福ヲ祈ルノミ」と応じている)。

このような現世中心の死生観は儒教文化圏に共通するものであり、中国の破邪論にも、キリスト教は来世ばかりを重視し、現実の人生を空虚に送らせるとの批判がある。[175]

しかし、別の視点から見れば、一時的な現世の苦難を忍び、魂の救済を第一に求めるキリスト教の教えは、生の強烈な肯定であり、不死への強い執着とも解釈できる。

ところが、浦上信徒の場合には、このような神との個人的な位相での不死への執着は見られない。むしろ迫害に耐えることが、亡き祖先、親族一同と天国で再会する近道であり、煉獄で苦しむ祖先の供養にもなる、との日本的死生観で「魂の救い」を把握する傾向が顕著である。これについては後述する。

（2）宣教師の教導と信徒の反応

上述の第一〜三の信徒の反応は、宣教師の教導により強化されたとはいえ、潜伏キリシタン時代に接続する。ところが、復活信徒には潜伏キリシタン時代とは明らかに異なる反応、大幅な態度変更も見られる。それは、「外面では国法に従い、心の中だけで天主教を信じておればよい」との説諭を拒否する事例であり、潜伏キリシタン時代からの「重層信仰」の断固とした否定である。

なお、上記の説諭方式は、パジェスの『日本キリシタン史』にも見え、切支丹への伝統的説得方法であったことが推察される。「御前は臣下という職分上では、将軍に服従し、少なくとも外見上（en apparence）はキリシタンの戒律を棄てることを誓わなくてはならない。それでもなお、内心の信条は元のままでいることは許される[176]」。

浦上三番崩れの際には、潜伏キリシタンは切支丹宗であることを否定している。従って、この信徒の反応には、復活後の宣教師の教導が大きく作用しているのは疑えない。

長崎奉行河津伊豆守祐邦は仙右衛門を召喚し「そのキリシタンしうハ　よきしうしであるけれども、いまだしやうぐんより　ゆるしか　ない……だんだんキリシタンもゆるしになるに　よつて、それまでの　あいだ　キリシタンのみちをまつすぐにゆかず、すこしまわりて　たゞ　こゝろのうちに　しんず□べしと　ねんごろに」諭した。これに仙右衛門は「こゝろの　うちばかりでしんずる事　かないません」と答えている。[177]

この点に関連して、金沢での役人の説諭に次のような興味深いものがある。「表面ばかりでも可いから、兎も角もその教を棄てろ。心に信じて居れば差支ないぢやないか。デ佛〔デウス〕は萬事かなひ給ふものだとお前等は云ふだらう。若し萬事叶ひ給ふものなら、お前等が心から棄てたのと表面ばかり棄てたのと、その見分けが附く筈ぢや。若しそれが出来ないとあれば、萬事かなひ給ふものではない……たとへ棄教しても、それはたゞ表面ばかりであつて、心からではないと知りながら、憐れと思はず、助けてもくれないと云ふならば、決してデ佛ではない。それ位の情はデ佛にもある筈ぢや」。[178]これに対して信徒は「表面ばかりでも棄てることは断じて出来ません。それが出来る位なら、疾くに長崎で放免されて居る」[179]と応じている。

現世的価値に重きを置く日本の宗教観に立つ説諭者には、信徒の生活を危うくし、生命の放棄さえ要求する神は、「無慈悲な神」[180]としか認識されえない。

中国の楊光先は『闢邪論』で、「かれら（キリスト教徒）の教えを敬う者は天国へ行き、そうしない者は地獄に落ちるという。それではかれらの天主は人間からご機嫌をとってもらおうとする卑しい者にすぎない」とキリスト教の教義を論難している。[181]

これら日本、中国に見られる神観念はあくまで人間の地平で超越者を類推するものであり、ここには、神の啓示に基づく絶対的な他者としての超越者の概念（別言すれば、人間の卑小な思いとは超絶した神の概念）、並びに神と人との契約概念は認められない。

長崎の復活信徒にしても、かかる絶対神や契約概念を把握していたとは思われない。たとえば、福山県の説諭記録には「我等ノ元祖ハ即天主ナリ」という信徒の応答がみられる（『耶蘇教ニ関スル書類』六五頁）。また前述の「心の中で信じておれば、外面は棄教しても構わない」との考えは、実際には復活信徒の中にも残存していた。

たとえば、一八六七年一〇月頃、伝道士ミケル（もと、神ノ島の帳方）は「心中で信じてさえいれば、さしあたり外面的には信仰を否認してもよいと切支丹に説いて回った」が、ロケーニュに譴責されてその考えを改めている。(182)

この問題については、阿部眞造もその著『辨正洋教　第二輯』で言及している。(183)阿部は、中国の宣教師が商人に変装し広西省に行ったとき、当地の住民に宣教師ではないかと問われ、それを否認した事例をあげ、疑義を差しはさんでいる。阿部は、信徒には切支丹を否認するのは「信徳ヲ失フ罪ニシテ教会ヲ忽チ脱シ、天主ノ罰ヲ免レズ」（読点は筆者、以下同）と教えながら、宣教師が否認するのは許されるのかと問う。ロケーニュは、司教の方針であり、それに従ったものと応じ、マルセルは「教師ノ陳スルノ意ハ天主教ヲ弘メン為ニ心専ラナルカ故」であり、「教徒ノ陳スルハ我生命ヲ惜ムヨリ出ツル、是我身ヲ愛シテ天主ヲ次ニスル故」と答える。しかし阿部はこの弁明に納得せず、「教徒ト云ヘトモ篤ク信スル者ハ固ヨリ死ヲ顧ミス但此教ヲ一人ニテモ勸化シテ弘メンコトヲ専ラ希フ故ニ、姑ク陳シテ生命ヲ保チ其素志ヲ遂ント思フ者少シトセズ」と反論する。

なお、これには実例がある。黒崎の水方セバスチアン・タゾウは、浦上で捕縛されたが、自分は浦上の者ではなく、黒崎での自分の責務が大事と考え、うわべだけ棄教した。しかし浦上の信徒らにその過ちを指摘され、彼は棄教を撤回したため、一八六七年一二月頃再び捕縛され、拷問を受けた。(184)

この阿部の反論に、マルセルは、「品級ノ秘跡ヲ授ラサル者ハ其愛心切ナラズ……総テ教師ノ行状ニ就テ疑ヲ容ル、事ハ大罪ナリ司教教師各天主ノ権アリテ時ノ宜キニ従フ也」と品級の秘跡を受けた神父と信徒との違いを説く。

この阿部の疑念の背景には、浦上四番崩れの起因となった「浦上村本原郷の寺請制度拒否宣言書」を浄書した彼の経験が反映していると推察される。彼は信徒を弾圧の危険に導きながらも、宣教師自身は治外法権に守られている事態に不審を持っていたのではなかろうか。つまり、中国のような事例が認められるのなら、浦上信徒も多大の犠牲を払わずとも、将来の布教のために、表面的に仏教徒を装う方策をとり得た、との宣教師に対する不審である。

他方、宣教師の立場からすれば、一旦洗礼を受け、聖体拝領をした以上、絶対者の前にその戒律に服従することを契約したことになり、原則的にはその契約は、現実の状況如何にかかわらず貫徹されねばならないことになる。

ところで、プティジャン版『科除規則』（明治二年二月刊）、及びその底本である『サルバトル・ムンジ』（一五九八年、長崎刊、プティジャンはこれを一八六八年一月にローマで筆写している）には、第一戒に「縦ひ心中にハきりしたんを捨ずとも、或ハ人より切支丹なるやと問れたらん時言葉を以陳じ、或ハ切支丹にあらずと顕わさんために、ぜんちよの寺宮に行、神佛を拝み、數珠守抔をかけ、其外ぜんちよの行ひをなしたりや否や。是等之儀ハ眞實よりせざれハ、ひです（信仰）を失わする儀にハあらざれども、科なれバこんぴさんに申べし」（『科除規則』九丁オ―ウ、句読点は筆者）とある。ここでは、切支丹であることを隠匿し、異教徒のように偽装しても、「真実よりしなければ、科ではあるが、信仰を失うことにはならない」とされている。戒律へのかかる但し書きの背景には、一五九七年二月の二六聖人殉教事件に象徴される禁教の強化という政治的情勢への配慮があったと考えられる。

プティジャンらは、自身らの語学力も充分でなく、禁制下で信徒への教理教育も徹底できない実情を認識していたにもかかわらず、なぜこの『サルバトル・ムンジ』にある〝迫害の危険という特殊条件下での配慮〟を無視し、信徒に信仰表明を勧めたのだろうか。むろん、信徒側の信仰熱も軽視できない要因ではあった。しかし、仏公使ロッシュの忠告を無視し、信徒に自葬（寺請制度拒否）を慫慂し、条約違反を犯してまで信徒に宣布した理由が改めて問われなければならない。

既述のように、プティジャンら宣教師には「迫害をも辞さない殉教者の子孫」としてのキリスト教徒像を浦上信徒に投影していた。そのため、慶応三年六月に捕縛・入牢した信徒の棄教を知り、クゥザンは「たった三日で我々のすべての希望が失われてしまった……神よ、かくも恩寵が注がれた浦上の地をお怒りにならぬよう」と落胆し[185]、またロケーニュは、信心戻しをした信徒らに「前よりもっと苛酷な囚人生活を、おそらく死を覚悟しなければならない」と忠告する[186]。

先の「浦上切支丹の教皇ピオ九世に呈せし書簡」（一八六七年八月二九日付）には、殉教を切願する「信仰の勇者」としての信徒の言明がなされていた。プティジャンは、一八六八年一月に教皇に謁見したが、教皇は、その書簡（一八六八年一月八日付）で、浦上信徒の書状を激賞し、「彼ら自身の不幸、彼らの近親者または彼らの友人の不幸を嘆くことなく、むしろ苦しみをうくる者に対し聖なる羨望の念を抱き、彼らと運命をともにせんことを熱望している」と「彼らの魂の偉大さ」を絶賛している[187]。教皇のかかる期待は当然のことながらプティジャンの行動に大きな影響を与えた。プティジャンの「浦上信徒への慰問状」（口宣）には「壹人も天狗とあくにんのすゝめにだまされて、改心して、インベルノ（地獄）のくるしみのそこにおつ事これあるべからず、とひたすらにねがい致し候」（明治三年一二月付）とある[188]。またロケーニュは「仙右衛門への見舞状」で、「いづれせめがあつても、つみとがの　つくのいと　おもうて、いんべるのゝくるしみにくらべてみれバ、たのしみにするべきことと　かんがゑて、おわりなき　くるしみにばかり。（ママ）おそるゝべし。あまたのひとハ　これ□わすれてころびまして、いつときのしきしんのなんぎを　のかるゝ〔が〕ために、おわりなき　くるしみを　うくる　よふに　なるとみてかなしむべし……そむきましたものも天主にいっしんからたちかゑりまして、まことのかうくわいをねがい　ますれハ、つみのゆるしをうくるべしとうたかいなし」（明治四年四月一一日付＝一八七一年五月二九日）[189]

と語る。ここでは両宣教師とも、信徒に対して「改心すれば地獄の苦しみに落ちる」と警告を発する。ただロケーニュは「まことの後悔を願えば、改心した罪の赦しも得られる」と述べ、父性原理を母性原理で補う巧妙さを示している。

『科除規則』の先述の引用箇所は、明治五年秋に阿部眞造が教部省に提出した『告解式』にも漢文体に改められて収載されているが、後半部分の「是等之儀ハ眞實よりせざれハ、ひですを失わする儀にハあらざれども、科なれバこんぴさんに申べし」の配慮は、省略されている。第一篇第三章で見たように、『告解式』は『科除規則』を漢籍教義書で増補し、漢文体に改編したものである。阿部は明治五年一月に横浜の天主堂を脱走しているため『告解式』の草稿の成立はこれ以前と推測される。ここで見たプティジャン、ロケーニュの「配流信徒への書簡」が「改宗すれば地獄に落ちる」と強く警告している点から推測すれば、浦上信徒総流罪後の、この削除は意図的であろう。宣教師にとり、カトリック信仰の真実さ、殉教者の功徳を明証するためには、信徒は改宗してはならないのであった。

かくて、宣教師は、カトリックの教義にほとんど通じていない信徒に殉教覚悟で拷問に耐えよと慫慂した。しかし、彼らの判断は殉教者の子孫としての信徒像に呪縛されたものであり、信徒の実態とは遊離していた。

(3) 信徒の信仰構造と死生観

以上見た浦上信徒の表白には、天地万物を創造したデウスという観念はよく表出されているが、イエスの十字架による罪の贖いや、イエスの思想内容への言及はほとんど見られなかった。そのかわりに「滅びる肉体より永遠の魂の救済が重要で、棄教すれば魂は地獄に落ちる」との抗弁が執拗に反復されるだけである。この「肉体より魂の救いが大切」という信徒の告白は、どのような死生観にもとづいているのだろうか。

浦上信徒の信仰は、キリスト教教義にのっとった超越的な人格神への帰依というより、祖先の信仰を基底とした共同体（あるいは宣教師）への忠義に強く規定されている。

浦上村山里は、地縁と血縁に拠る閉鎖的な農村共同体であった。日本の伝統的ムラ共同体では、各成員は自己を個として意識するよりも、家や村の一部として意識した。キリスト教では一般的には絶対者の前の「個人」としての信仰の決断が前提とされる。厳密に言えば、近代的概念としての信教の自由は、かかる視座において理解されるべきであろう。しかるに、カトリックが家の宗教としての特質を持ち、祖先の信仰の継承という日本的伝統と無理なく接続した。しかも浦上のキリシタン共同体は、その信仰の漏洩を秘匿するため、強い集団的拘束力をともなっていた。そのため、共同体への忠義は、現実の親子の孝、夫婦の貞に優越するものとして信仰の決断を半ば強要する方向に作用した。かくして、日本の伝統的ムラ共同体に根ざした信仰形態を示す浦上信徒の場合には、カトリックを受容する基本的構造を備えていたことになる。この点で、日本のプロテスタント信徒に見られるような外国の宗教と伝統的な「家の宗教」との緊張関係は始めから存在しなかったのである。

長崎の潜伏キリシタン共同体は、二五〇年にわたる禁制のもとで、日本の宗教的伝統や民間信仰との習合が進み、正統的教義から逸脱し、変質していた。わけても「神認識」において、「目に見えない神よりも、身近に接した自分たちの血につながる殉教者[190]」や聖像・聖具への尊崇の念が強く認められた。他方、宣教師は、かかる信徒の求めに応じ聖具を頻繁に与えて、その信頼を勝ち取ったのであった。

浦上信徒のかかる信仰の特質は、中根千枝の以下の指摘と合致する。すなわち、日本人は神認識において「個人の直接接触的な関係から出発しており、またそれを媒介とし、そのつながりの延長として把握される」傾向があり、「抽象的な、人間世界からまったく離れた存在としての神の認識は、日本文化の中には求められない[191]」。ただ、浦上信徒には「天子、将軍も神の被造物」との言明も見られ、絶対神の規準に照らして、すべてを相対化する視点は見られる。[192]だが、これとても「肉体は天子に捧げる」との言明に見られるように、霊肉二元論に解消され、不徹底なものにとどまった。

浦上の潜伏キリシタンが「復活」し、宣教師の傘下に入ったのは、その教えが「先祖伝来の教え」と符合したためであり、「復活」へのモメントは、祖先の信仰への尊崇にあった。[193]プティジャンは「切支丹の信仰心の最もいちじるしい特徴の一つは、死者のために祈ること」であり、信徒の「祖先の魂に対する心遣いは信じられないくらいだ」と言う。ある優れた老人指導者は「七代以前の祖先は異教徒であり、彼等は天国に入ることができるのか」と問い、宣教師を驚かせている。[194]これらは、信徒の信仰の基層が、祖先崇拝の伝統に深く根ざしていた内情をうかがわせる。そこで、次に日本の伝統的な祖先崇拝とそれにもとづく死生観を検討し、浦上信徒の信仰の内実を吟味してみたい。

加地伸行は、日本の祖先崇拝の原形は、儒教の招魂再生儀礼であると指摘する。すなわち、招魂再生は、天に昇った祖先の魂を子孫が儀礼によって祖先の遺骨に招き寄せる祭祀であった。仏教の影響で、のちにこの遺骨（墓）への祭儀は位牌で代替可能となった。この招魂再生儀礼は、一族の生命の連帯を願うと同時に、亡き祖先・親族・子孫との再会を保証し、延いては死の恐怖を緩和する役割も担ったという。[195]かくして祖先祭祀は、祖先から子孫へと続く生命の連続性の中に自己を位置づけるアイデンティティの中核となっていた。

加藤周一は、近代日本人の死に対する態度の特徴として、「家族、血縁共同体、あるいはムラ共同体は、その成員として生者と死者を含む。死とは、少なくともある期間、同じ共同体の成員の第一の地位から第二の地位へ移ることを意味する」と指摘する。[196]ムラ共同体が死者を希薄な成員として組み入れている実例は、盆などの儀礼に認められる。そして、加藤は「共同体の利益をそこなわず、共同体の定めた方式に従って死ぬ」という「よい死に方」が重要だという。[197]

上田賢治は、「御霊は幽界に在り、祭られて現世（顕世）に来臨し、子孫・共同体の人々と共に、その慶びを分ち合うことが出来る。特に共同体全体に大きな幸せをもたらした者たちは、遠っ御祖と同様に、共同体によって社に奉斎され、永くその祭りを受けることも約束されている……個人の生命は短いが、生きた事の意味は、子孫による生命の営みの継承によって成就される。それが神道における祖霊祭祀の、根本精神」だという。(198) キリシタンの場合には、共同体が尊崇し祭るのは殉教者であり、祖先や共同体の人々と慶びを分かち合うのは現世ではなく、天国ではある。しかし、この祖先祭祀の本質的意義が、死後において祖先・親族・共同体の人々との再会を懇望する点にあるとすれば、その点ではキリシタンの「魂の救いへの切望」と通底する。

相良亨は、「死は、大仕掛けで全面的な別れである」との岸本英夫の言説を受けて、これは日本の伝統的な死の理解だとし、この理解は「自己を絶対的な個人として意識するところからはうまれえない」と指摘する。そして、死が別れであるという理解には、「自他の根源的一体性」が前提とされており、この前提があってこそ、「死はつながりの絶対的断絶」、つまり「別れ」として把握されると分析する。(199) 相良亨に従えば、祖先崇拝（祖先祭祀）は、この死によるつながりの絶対的断絶を緩和する本質的な機能を果たしてきたことになる。また逆に、祖先祭祀という儀礼が親族の一体感を醸成してきたともいえ、両者は相互補足的な関係にある。(200)

これら日本人の死生観の説明はいずれも、日本人が「自他の根源的一体性」を前提に、祖先や亡き親族・知己とのつながりの中で死を把握する特徴を明瞭に示している。そして、祖先祭祀は、死（または死後）をムラ共同体や家族とのつながりの中での出来事と位置づけることを保証してきたのである。つまり日本人の死生観は死を生の延長としてとらえている。この死生観は、死は生の決定的断絶とするキリスト教の教義とは異質なものである。カトリックでは、絶対的な人格神の前に死者は個人として審判を受け、生者とは絶対的に断絶している。

宣教師が棄教を戒めたのは、「わたしの味方であると人々の前で宣言する者すべてを、わたしもまた、天におられる父のみ前で、わたしの味方であると宣言する。しかし人々の前でわたしを認めない者を、わたしもまた、天におられる父のみ前で認めないであろう」（マタイ10・32—33）等のイエスの勧告に依拠したものである。この勧告を受け容れるには、当然のことながら、イエスの言行への深い理解と共感が前提となる。

しかるに、浦上信徒の表白には、イエスの思想や行いへの言及はほとんど見られなかった。むしろ、彼らは上述の日本人の伝統的死生観の枠組みで「棄教は魂を地獄に落とす」との言説を受容しているように思われる。信徒らが生命を賭して迫害を甘受する覚悟をした根拠は、その信仰が「祖先の信仰」である点にあった。多くの信徒が、煉獄にいる可能性のある祖先のために「死者のミサ」を宣教師に懇願した背景も、(201) 祖先供養の延長として把握される。

祖先の信仰を貫徹することは子孫の義務であり、それは死後、祖先と同じ天国に親族一同が行くという自他の根源的一体感に基づく共同体的希望のもとで把握されている。この種の言説は、『旅の話』に頻発する。例えば「決して改心なんか致しなさるな。パライゾで遭ひませう」（二九八頁）、「欺されるな。お父さんでもお母さんでも飽まで改心しないのだから、お前等も決して改心してはならぬ。屹度後の世で遭ふぞ」（二四七—二四八頁）等の勧告。また「（臨終の妻は夫に）あなたは早く改心（戻し）をして子供を導いて下さい。さうしないと私の所には来られませんよ」（四四頁）、「私はやがてパライゾへ行く。行つたら天主に祈つて、十一人は十一人とも一人残らず天主の御側に引取つていたゞくから、夫を頼りにして辛抱しなさいよ」（八二頁）、「天国へ昇つたら屹度皆さんの為に祈ります。信仰を捨てずに終まで辛抱しなさい」（九一頁）等の遺言が見られる。これらの言説には、死後、祖先・亡き親族・知己との天国での再会を懇望する信徒の心情が看取できる。この心情は先述の浦上三番崩れの「吉蔵調書」の「親妻子兄弟一同ハライソ江」との言辞と符合する。

これら信徒の情念的な言説は日本人の伝統的死生観の枠内に戻すと、よりよく理解できる。すなわち、超越者との関係よりも、むしろこの世の親族や知己とのつながりの中で、生活世界と連続して死後の世界を把握する傾向である。そして、殉教のような「よい死に方をした」成員の遺言は、共同体の規範を強化し、迫害に耐える強い動機づけを与え、各自の信仰を強める方向に作用している。例えば、『旅の話』では、一九歳の娘スヰが「私は死んだ母の遺言を覚えて居ます。改心は出来ません」と応じ、寒晒の責め苦を耐えぬいている（四五―四六頁）。また藤十という青年は「この国の御蔭で、私は親兄弟三人までも失ひました。この三人を活かしてくれたら、改心を考えないでもない」と役人の説得に抗弁したという（二一四頁）。

かくして、信徒のスローガンである「肉体より魂の救いが大事」との言辞の基底には、祖先崇拝を中核としたムラ共同体の死生観に通底するものが認められる。換言すれば、この言辞の背後には、死をも包含した家族や共同体への強いアイデンティティが認められる。こう理解すると、棄教は、連綿と存続してきた祖先との紐帯や家族相互の結びつきを切断し、深刻なアイデンティティ喪失の危機に信徒を直面させることになる。信徒が棄教に強い抵抗を示したのは、このような次元から説明できる。

この推論を補強するものとして、信徒の改心・不改心の実態を示しておきたい。明治四年四月～七月に作成された『異宗門徒人員帳』には名古屋、津、郡山、和歌山、姫路、岡山、福山、広島、山口、津和野、松江、鳥取の一二藩に配流された浦上信徒の「改心」「不改心」の状況が記されている（但し広島、福山藩は作成年度未詳）[202]。

これを総計すると全四〇一世帯中、世帯内の成員すべてが「改心」あるいは「不改心」で一致している世帯は三四六世帯であり、八六％を占める。またこの全世帯の総人員は一八二五人であり、そのうち世帯員全員が「改心」あるいは「不改心」で一致している総人数は一七四七人であり、九六％を占める。前記の各藩で、世帯内での「改心」と「不改心」の混在がみられる世帯数が突出して多いのは山口藩であり、それは、六一世帯中二三世帯にのぼる。山口藩には、慶応四年五月、既に重立った信徒六六人が配流されていたが、「改心すれば帰郷させる」と説得され、ほぼ全員の六一人が改心した（二人逃亡・三人死亡）。そのため、明治三年四月に新たに配流されてきた家族が「不改心」の場合、「家頭」のみが「改心」となって、両者の混在が生じたのである。「家頭」のみが「改心」で、他の世帯人員すべてが「不改心」となっている事例は、一三例にのぼる。

世帯人員の多数が「改心」しているのに（世帯人員三人以上の世帯対象）、個人的に「不改心」を貫いている信徒は全体で二三人にすぎない。その内訳を見ると、成員が四人以下の世帯所属者が一二人を占め、世帯内での不一致は小規模世帯に顕著である。また世帯内成員の二名以上が「不改心」の事例は二例あり、どちらも母子関係となっている。男女別では女が二二名を占め、男は一二歳の一名のみである。

ともかく、この実態からも、浦上信徒の信仰は同一世帯の成員、家族の動向に強く規定されており、全体の趨勢としては信仰を個人的な良心の自由に基づくものとして把握していたとは言い難い。(203) 信徒はムラ共同体並びに家の宗教として信仰を把握していたのであり、そもそも個人的な信仰という概念自体が彼らの中には存在しなかったと考えられる。

ところで、本来のキリスト教の殉教者はキリストの愛につき動かされて、死をもって「真実を証言する者」（*μάρτυς*）であり、罪を浄化して、天国で親族や知己と再会するために殉教するというのでは順序が逆である。しかもカトリックの教義によれば、肉体の滅亡後も存続するのは魂の理性的部分のみであり、理性と対極にある肉体に由来する情念は消滅する。(204) これに加え、迫害者は、キリスト教の教義自体には無知で、それに敵対していたわけではない。むしろ信徒や宣教師に対して引き起こされる対外的騒動を危惧してキリシタン弾圧を行わざるをえなかった事情も、念頭に置く必要がある。これでは、殉教は、キリスト教の真理の有効な証言とはなり難い。

信徒らが、キリスト教の教義や思想の要諦を弁証することもなく、日本的なムラ共同体の死生観で受容した「棄教が魂を地獄に落とす」との信念に基づいて、弾圧に耐えた実情には、不条理の念を禁じえない。この言辞に込められた宣教師の教導の意図と信徒の理解とは甚だしく乖離していたからである。

（4）浦上信徒と宣教師の人間関係——宗教的次元と通俗的次元の融合

慶応三年六月に捕縛・入牢した守山甚三郎の「覚書」に、彼が「ころび」、家に帰った時の心情が次のように記されている。「浦上にかいり、わがたくにいきま（し）たれば、なにぶん内にもいられず、そとにもをられず、天主をすてたとおもいましたら、一つのからだを、おるところがありませんゆゑに、ひるもよるも山の中に、三日三ばんないておりました。それより天主、さんたまりやさまのちからをもつて天主にたちかえり、人々をすゝめ、くわん（官）にかけこみ、ふたたびのせめくをうけ、せめころさるるのつもりにて、人々をすゝめまわりましたところが、たいぶんなかまがでけました」[205]。

浦川和三郎は、信徒が改心戻しをしたのは、家族の反対、良心の呵責、魂を滅びの火中につき落とすにいたった後悔の念に起因するとしている[206]。確かに、「仙右衛門覚書」にも改心した者らが帰宅すると「つまや　こどもよりハすてられたるがごとくになりて、みのおくところもなく」とあり、家族の反発の強さが知られる。しかし、この尋問では仙右衛門一人を除いて、全員が棄教した事実もあり、家族の糾弾、良心の呵責、神に対する罪責感だけでは、甚三郎のこの激しい心の動揺は充分に説明しにくい。しかも、過去の浦上三番崩れでも総頭始め、全員がキリシタンであることを否認した事実から推して、自己の存在基盤を揺るがすほどの甚三郎の実存的苦悩には、これらとは別の新たな現実的で具体的な実体があったと考えられる。すなわち、彼のこの苦悩には、一旦燃え上がった信仰の充実を喪失し、宣教師の期待に応えきれなかった慚愧の情もまた一方で深く関与していたと推察される。

一八六七年、浦上は「伝道者の苗床」となり、「大村、馬込、大明寺、出津、五島、平戸などの方々からの人々」の入信の基地であった。そこで、人々は大浦天主堂の宣教師のもとに行く自分の順番を待った。[207]かくの如く信徒らは、宣教師の教導を切望していた。また『旅の話』には、「親の通りにすると云ふのは改心に当たるか否か」(二五六頁)、「役人との妥協が罪」(三〇四頁)になるかどうか、大坂の宣教師に問い合わせている。これらは、宣教師の教導に全面的に心服している浦上信徒の姿を物語るものである。

この慶応三年の捕縛で、「転んだ」二人の伝道士はロケーニュに「我々は神父の前に決して再び現われるようなことは致しません。我々は乞食の姿で遠くに逃れ身をかくします」[208]と書き送った。ここには、宣教師への忠義、義理が立たず「合わせる顔がない」との日本的人倫関係に基づく信徒の心情が吐露されている。また『旅の話』において、岡山では少女が「ローカニユ様に対しても改心せられますか」(一四三頁)と大人の棄教を諫めた。福山では茂市が「自分は甚三郎のお陰で洗礼を授かり、その他のサガラメントも受けた。改心しては甚三郎に面目がない」(一二三頁)と言い、ただ一人最後まで棄教しなかった。これらの表白の背後には、抽象的な超越者ではなく、具体的な施恩者への忠義の念が色濃く写し出されている。いうまでもなく、これらの表白は、日本人の神認識が直接接触的な関係から出発する傾向を持つとの先の中根千枝の指摘にそうものである。

これらの表白から判断して、浦上信徒の信仰貫徹への確固たる意志の一端は、宣教師への忠義の念により形成されていたと考えられる。宣教師を一旦、祖先の信仰の師と認めた以上、共同体への忠義は、実際には宣教師への忠義と組み替えられていたのである。

そのため、信徒は神への信仰も恩―奉公に基づいた「忠孝倫理」の構造で把握する。津和野で「信徒らは、萬物の御親にて在すデウスに御奉公する」(『旅の話』五八頁)と答えている。また、前掲の阿部眞造の「浦上信徒の教皇ピオ九世への書簡草稿」(慶応三年七月)にも「聖會之御人数ニ召加被下……身命ハ奉捧而何卒御厚恩の萬が一をも奉報度」と記されていた。これらの言辞は、恩―奉公の関係で神、教会への信仰を把握する信徒の信仰構造を示唆する。周知の如く、キリスト教ではイエスにおいて啓示された「神の愛」が教義の中心である。この愛の概念は恩とは明らかに区別されるところがあり、のちに取りあげたい。

仙右衛門は、この慶応三年六月の捕縛後、ただ一人信仰を貫いた時、「たゞ御主さま、日本のごかいさん（開山）フランセスコ、マルチレス、又大坂のヱヒスコホ様（プティジャン）又いまの長崎のヱビスコホさま（ロケーニュ）かた〔の〕ごおんなどがみにしみ、め　のさきに　あるやうに、そのとき□こゝろに　おぼへました」[209]と述懐する。この回想は、牢頭の説得を断固拒否し、それが、かえって牢頭を感服させた描写の後に記されている。ここには、幾多の取り調べや脅迫を克服して、「祖先の信仰」と「宣教師」への忠義を守り通したことへの謝恩の念が吐露されている。すなわち、仙右衛門は、自己に降りかかった苦難の克服を通して「御主」の「恩」を感得した。この恩は彼の心底に触れて、「身にしみて、目の先にあるように」感じられたのである。施恩者は、御主のみならず、殉教者、宣教師までが列挙され、それらが歴史的順序に配列されている点も興味深い。ともかく、仙右衛門は、過去の宣教師が伝え、祖先が信仰した「御主」の助けにより、恐怖に打ち勝ち、祖先の信仰を貫徹する力を得たことへの感謝の念を禁じえなかったのである。

仙右衛門はこれより先にも、拷問に恐れをなし、棄教しようとする信徒に対し、「それハ　御主様、サンフランセスコザベリヨ又日本の　まるちれすに□たいしても　すまぬ事であれバ、これに　たいして、又スピリトサントのちからを　もつて、ともにしのぎ　ませう」[210]と励ましている。土居健郎は、「すまない」という感情は、義理の関係において最も多く経験されると指摘している。義理とは、恩を契機に成立した人間関係のことである。

川合貞一は、感恩に日本人の道徳行為の根本動機があると推測し、西洋社会を結び付けるものが契約思想とするなら、日本では、それは感恩—報恩の人倫道徳に当たると指摘している[211]。川合の説に従えば、仙右衛門はまったく日本の伝統的な人倫道徳に基づいてキリスト教信仰の核心をとらえたことになる。しかしそうなれば、感恩

—報恩の次元での信仰把握には、キリスト教信仰に付随する神と人との契約概念は抜け落ちることになる。仙右衛門が御主の恩を感じたのは、「尋問に耐える」という具体的な試練を通してであった点も注目される。ここには、自分の身近な体験から絶対者の自己へのかかわり（ここでは恩）を演繹するという構造が認められる。すなわち、仙右衛門の表白に見られるのは、宣教師の如くキリスト教の世界観や教義から現実を把握するという方向ではなく、現実体験において人間を超えた何者かの恩を感得できるか否かが、信仰の重要な内実を規定している。(212) これは体験と心情が優越する日本人の宗教的伝統と合致する。

この後、仙右衛門が五年間にわたる配流先での長い苛酷な生活を凌ぎ通して自己の信仰を貫徹したことを考えると、この慶応三年の牢での「御主の恩の感得」という内的体験は彼の信仰生活の実質的な原体験として位置づけられる。これと関連して、仙右衛門の信仰者としての個の自覚についても触れておきたい。

長崎で牢頭の説得に対し、仙右衛門は「私は人を恐れません。ただ天の主だけを恐れます……私はなかまが百人いたら強くなり、一人になって弱くなるということはありません。一人になっても、もとの心は少しも消えません」と応じ、津和野でも小野述信の尋問に対し、「わき道へそれて行った人のことはかまいません……私は私だけのことでござる」と返答している。

また、長崎奉行河津祐邦の「その方の家族だけ神仏を拝まず、これを信心しないことを許す」との懐柔をも穏やかに拒否している。津和野で減食させられ、改心を迫られた時には、「キリシタンを守って日本の国法を破ると思われるならば、殺すなり、それにあたる罰を与えてもよい」、しかし「今のようにしてだんだんに死なせることは隠し殺しであり、これでは日本の天子様の御威光にかかわる。このようにされることに私どもは納得できない」と言うべきことは堂々と主張している（以上「仙右衛門覚書」）。これらの言説に表出された仙右衛門の個我意識は、如何にして形成されたのであろうか。

仙右衛門は、浦上の水方岩永友吉（ドミンゴ岩永又市の子供）の補佐役を務め、しかも長男敬三郎、次男源太郎を神学生として宣教師に委ねており、信仰共同体に対する責任、宣教師への恩義も他の信徒に比べ格段に深いものがあったのは確かであろう。従って、仙右衛門の個我意識を彼の宣教師への恩義、信仰共同体への責任感の強さから説明することもある程度は可能である。しかし、彼の個我意識の根底には、先述の恩の信仰体験が深くかかわっているように思われてならない。

浦上信徒が牢に収監されているとき詠んだ「切支丹牢屋ノ唄」に「風カモノ云タナラコトヅケタノム。カゼハサラブリ（空振り）、ヲトバカリ」という一節がある。ここには、待望していた宣教師が渡来したにもかかわらず、相変わらず弾圧を甘受せねばならない自己の運命への諦念が詠み込まれている。この諦念には、「日本人の思想に最も広汎に見い出せる運命的諦め」に通底するものがある。この一節を『旧約聖書』の「詩篇」と比べてみれば、その差異は歴然としている。「牢屋ノ唄」では、神へのかすかな問いかけが読み取れはするが、「詩篇」に見られるごとき、窮状にある信仰者が、自己の運命の不条理を神に糾問するような強烈な意志の表出はない。そこには、ただ静かで哀調を帯びた諦念があるだけである。

仙右衛門にしても、かかる不安と諦念の闇の中で御主、過去の殉教者（特に三番崩れの獄死者）に信仰を貫徹するための助けを求めたのではなかろうか。そうでなければ、仙右衛門が拷問の脅迫を伴う説得をしのいだとき、「御主、殉教者、宣教師の恩が身にしみ、目の先にあるように覚えた」との表白は成立しない。そして、この恩の感得という内的体験が、彼の個我意識を揺るぎないものとしたのではなかろうか。ただ、仙右衛門の信仰者としての個我意識は、神への祈願によって苦境から解放されたという現世利益的な一面的図式より完結していたわけではない。彼は長崎での入牢、尋問の後、一時釈放されるが、その後、津和野への五年間の流罪、拷問の苦難を再び経験し、そこでも信仰を貫徹しているからである。仙右衛門は、津和野で真冬に池に投げ込まれるという拷問を受け、意識が薄れても、役人の上がれという命令に対して、「いまたからの山にあがりておるからは、此いけの中よりあがられん」と表白している。[215] かかる殉教を切願する仙右衛門の言行から推測すると、彼はすでに半ば殉教した者として自己を把握し、死者の目をもって迫害に対処していたのではないかと思われる。とすれば、彼の個我意識の根は、自己を過去の殉教者（とりわけ三番崩れの犠牲者）と連帯させる地点にまで伸びていたことになる。

この仙右衛門の死に対する覚悟は、日本の歴史的伝統においてはさして特異なものではない。山本博文は殉死（追腹）の風習は、戦争が非日常化した一七世紀に流行したものであり、主君への忠義というより殉死を「功名」としてとらえる「かぶき者」的な要素が強いと指摘する。そして、元禄一五年（一七〇二）の赤穂浪士の敵討ちに見られる忠義の内実は、武士の体面意識に加えて、主君への情誼的一体感にあったと推論している。[216] かかる一体感は中世以来の武士の伝統的な心性ではある。ところが、この「情誼的な自他の一体感」は、土居健郎が指摘する日本の社会を連綿と貫く、甘えの心理構造の核心でもある。[217]

『忠臣蔵』にしても、それを賛美したのは武士階級というより、「主君や親のために身命を捧げるといふ献身的な態度に共鳴してゐる民衆、特に町人たち」であった。[218] この献身的態度への共鳴の背後には、情誼的一体感に基づく人間関係を理想とする伝統があり、この伝統は日本社会に深く浸透していたのである。従って、このような死に方への賛美が浦上信徒の心性に底流として存在したのではなかろうか。

さて、国家の統合を最優先課題とした維新政府にとり、日本の宗旨を侮蔑し、フランス人宣教師に従う復活信徒は、国家への反逆者、不忠者であると考えたのは無理もない。他方、潜伏キリシタンとして幕府の弾圧を甘受してきた歴史的条件下にあった浦上信徒にしてみれば、統治当局への忠義よりも、信仰共同体への忠義が優越したのは当然の帰結である。加えて、維新初期は、忠義の対象が流動化し、それを組み替える過渡期に当たっていた。この歴史的状況も、浦上信徒が、忠義を宣教師に組み替えやすい環境を醸成していたといえる。

ところで、典礼問題に関して、浦上信徒と類似の立場にあった中国の信徒は、敬天、孔子祭祀、祖先供養を禁じられれば、我々は中国でキリスト教信仰を保持できなくなるとし、宣教師の教導に反発した。そして、次のように教皇に上申している（この上申には、一部のイエズス会宣教師の教唆はあったと考えられるが）。「若しこの正礼を禁止すれば、中国断じて人の進教する無く、是れ、自ら天堂の門を関閉するなり。中国の經書の正義を諳んぜず、妄りに礼典を指して邪道と為す者は、もって中国教中の心を乱して、現在未来霊魂升天の路を塞ぐを致すなり」（「北京教中公同誓状」一七〇二年）[219]。

この中国人信徒の反応は、浦上信徒と比べて著しく対照的である。すなわち中国の信徒は、その伝統的文化に自負と誇りを持ち、その文化環境内でキリスト教信仰を保持する権利を主張するのに対し、浦上信徒は、あくまで宣教師の教導を最優先し、自国の宗教的儀礼を拒否し、たとえ命を奪われてもキリスト教は捨てないと表明する。この差異は何に由来するのか。

井上哲次郎は「教育勅語と儒教主義」の中で、「儒教では忠孝を説くのであるけれども、大体において孝を忠より重く観て居る……日本では孝よりも忠の方が遥かに重大な道徳となっている。忠の中に孝は含まれている」[220]と述べる。井上の説に従えば、浦上信徒が、信仰の決断においては、祖先の信仰の師である宣教師への「忠」を親子の「孝」に優越するものとして把握した次第が説明できる。

ベラーは「日本では忠が全社会をつらぬき、すべての階級の理想となっていた」のに対し、「中国では官僚に忠の優越が見られるものの、一般民衆にとっては、孝が圧倒的に道徳原理の基盤であり、皇帝や政治的上位者への忠の観念は薄かった」と指摘する[221]。この説に立てば、日本では中国に比べ、信仰の師である宣教師への忠の原理が強く、それが彼我の対応の差異となってあらわれたと解釈できる。

ところでベラーは、明治維新において、社会にみられる人間行為の最も一般化された志向（中心的価値体系）は、「本家としての天皇家への忠誠に置かれ、国家神道はこの忠誠の現れであり、儒教はこれを一層強化し、仏教はこの忠誠に滅私、禁欲という性質を付加した」という。[222] ただ、ここでベラーのいう忠は、日本という民族国家を天皇家を中心とする一家族と措定した上での忠であり、その限りにおいて、忠は孝の言い換えにすぎず、忠と孝は表裏一体のものである。またさらにベラーは、日本人にとり「家族と民族は宗教的な存在であり」、「両親や政治的上位者に対して自己の義務を果たすことは、究極的意義をもち」、「それは将来の神の恩恵と究極的保護の永続を保証」し、「このはかない世俗の苦難や危険から個人を救う唯一のもの」であったとする。[223] すなわち、彼は上位者に対する忠義の貫徹のなかに、人間の在るべき姿、究極的救済の次元にまでおよぶほどの深化した宗教倫理が伏在していたと見る。ベラーの指摘に従えば、日本人の忠の貫徹の究極的姿は、神への忠実さの極みであるキリスト教の殉教と通底することになる。

浦上信徒にとっても、忠と孝は表裏一体の構造を持った。宣教師への忠（＝信仰共同体への忠）は、また先祖代々の信仰の保持という孝の次元においても、強力な規範を形成していた。そして、主君や親のために身命を捧げるという献身的行為に深く感動する日本人の伝統的心性とあわせて、ベラーのいうように、上位者への義務の履行、忠の貫徹そのものが、死や虚無からの救済という宗教的次元にまでおよんでいたとするならば、共同体の殉教者への忠（＝宣教師の教えへの忠）は、殉教に極まることになる。この忠の貫徹である日本の究極的救済の姿は、浦上信徒に殉教者の子孫のイメージを重ねていた宣教師の期待と「殉教」という点で見事に一致した。信徒のかかる理解が、「殉教によって魂を救う」という宣教師の教えに実体を付与し、殉教への推進力を与える土壌を形成したと考えられる。

既述のように、プティジャンは浦上への最初の訪問で、長老に「我々はあなたがたの魂の父です……我々はあなたがたを知りたいということだけを希望して、ずいぶん前に日本にきました」と語り、信徒と一心同体であることを表明した。この表明は、浦上信徒が苦難のうちに保持してきた先祖伝来の信仰の真実さを確証し、信徒に深い感銘を与え、宣教師に対する恩義と一体感を強く自覚させた。一方で、宣教師の「殉教者の子孫」「信仰の勇者」としてのキリシタンへの期待は、信徒の信仰熱を煽り、使命感を奮い立たせた。

殉教をも辞さない信徒の姿勢は、宣教師の信徒への期待に触発されたものであったろうが、それは、死後も祖先や家族との一体感を継続し得るという日本の伝統的死生観の枠組みにおいて受容されたのである。つまり、信徒の「永遠の魂の救い」という表白は、祖先崇拝を核としたムラ共同体の伝統的死生観に根ざしていた。しかし、これでは祖先や家族、ムラ共同体における人間的つながり、心情的一体感が生死を超えて絶対化されるため、人格神との個人的な関係から「魂の救い」を求め、これらの人間関係を相対化するというキリスト教の特質は背後に退いてしまう。

信徒にとり、宣教師が「祖先の信仰の師」であり、彼に従うことは、先祖への孝養でもあった。しかも宣教師は「天主の名代」として死後の魂の救済を保証する存在でもあった。この宣教師の意味づけの二面性は、忠・孝一体の倫理に照応する。また宣教師へのかかる宗教的服従に加えて、通俗的な人間関係という次元でも、信徒の宣教師への忠義は強化された状況があった。

宣教師の書簡に開示されているのは、官憲に隠れ、秘密を共有する信徒と宣教師の濃密な共棲関係である。そこには相互に深い信頼関係と一体感が醸成され、豊かな感情的交流があったことが推知される。この宣教師との一体感は、既述の通り日本人の伝統的心性に強く訴えるものであり、それが信徒の信仰に生気と自信を賦与していたのであろう。

プティジャンとロケーニュは寝食も忘れてキリシタンへの奉仕に没頭した。一八六六年五月に再び長崎の土を踏んだフュレは彼等の憔悴した様子に驚いたほどであった。[224]プティジャンが教書刊行のためにマニラやローマで古キリシタン版を収集あるいは筆写し、阿部眞造・森松次郎らの助力があったとはいえ、明治一、二年に八種類の教義書を刊行し、ロケーニュらと協力して秘密裡に洗礼、堅振、終油、聖体拝領の秘跡を長崎各地の多数のキリシタンに施した。[225]これらの仕事は、プティジャン、ロケーニュらが粉骨砕身して信徒のために奉仕し、「断食と徹夜仕事が常態であった」[226]様子をうかがわせるに充分な証拠である。

長崎外国人居留地発行の *The Rising Sun and Nagasaki Express* は一八八四年一〇月一一日付でプティジャンの死去を次のように報じている。「彼の葬儀には非常に多数の日本人信徒、多くの外国人が宗派の違いを超えて訪れた……彼はその身体も知力も惜しまず熱烈に働いた宣教師であった……彼は浦上四番崩れに際して、信徒のために精力的に奮闘した。……最期の病床で、彼は長い間昼夜を分たず苦しんだが、称賛すべき忍耐と忍従を示した。これこそが彼の全生涯を特徴づけた特質である。……彼は一八六五年にキリシタンと出会ったその場所に埋葬された」。

宣教師のかかる禁欲的生活態度、信徒のための滅私奉公は、信徒にそれまでの空虚を埋める新たな価値と意味を与えたに違いない。すなわち、宣教師と信徒は、互いに長い間待ち望んでいた邂逅を果たし、互いの熱意を燃え立たせ、信仰の熱狂と充実を体験したのであった。ロケーニュは浦上の秘密教会で奉仕していた時期が、「自分の生涯で最も幸福な時であった」[227]と述懐している。他方、信徒も宣教師を敬愛した。彼等は、津和野、福山、徳島、伊賀上野、金沢、名古屋、富山等の配流地を抜け出し、大坂の川口天主堂のクゥザン、神戸のビリオン宣教師に面会に来たり、ロケーニュら宣教師に手紙を送付したりしている。[228]信徒のビリオン宣教師宛書簡には「私たちの留置場から地平線のかなたに神戸の峰が見えます。……毎朝私たちは神戸の方を向いて、あなたと心を一つにしています」[229]とある。また庄三郎のロケーニュ宛書簡には、「おワサさんは神父様方にお会いしたいと熱望し、神父様方のことを噂するごとに泣いていています」と書かれている。(230) かかる信徒の言行には、宣教師への強い敬慕の念が読み取れる。

信徒の宣教師への敬慕の念と宣教師の「殉教者の子孫」としての信徒への期待は互いに共鳴して信仰の強力な動力源を形成した。こうして宣教師の恩義に背くことは、人間の誠実に背戻するだけでなく、新たに見いだした信仰の充実を失うことにもなった。

しかも既述の通り、信徒にとり「天主の名代」としての宣教師の期待を裏切ることは、先祖代々の信仰からの脱落と同時に信仰共同体からの排除という二重の疎外を意味した。これは共同体において、祖先、親族、知己とのつながりの中で死を捉える伝統的な日本人の死生観からの離脱にほかならない。

かくして「棄教は魂を地獄に落とす」という言明には、死後のみならず、現世においても、宣教師との人間関係から生み出された新たな生の意味を喪失するという実存的危機をも含意していたと考えられる。

ローマ帝国時代の殉教者の概念を長崎の信徒に読み込もうとした宣教師は、はなはだしい錯誤を犯した。しかし、彼等は、宣教師としての職務とは別の次元で、図らずも、生命を懸けるに足る信頼と敬意に満ちた新たな人間関係を浦上信徒にもたらしたのである。

(5) 恩と愛

キリスト教の「愛」の概念は、日本では「御大切」、あるいは「神の御恩への御奉公」として把握された。しかるに、「御大切」の言辞は浦上信徒の表白には見えず、もっぱら「神の御恩への奉公」として認識されている。日本の「恩」の概念とキリスト教の「愛」の概念とは重なる部分があるとはいえ、両者は明確に区別される側面を持つ。第一に、キリスト教のいう神の愛は、イエスの十字架において啓示された愛であり（イエスの死による人間の罪の贖い)、超越的・超自然的次元に属するものである。そのため「自分の如く隣人を愛せよ」との戒律も、堕落した自然の人間には履行が不可能であり、イエスの十字架刑と復活によって、聖霊が降臨し、その働きと助けにより初めて実行の可能性が拓かれた「愛」とされる。従って、この愛は、神に愛を祈りもとめる信徒の側の意志が前提とされる。すなわち隣人愛は、自然な感情の発露ではなく、神の戒律に基づく義務という一面を持つ。それ故、聖霊の働きを体験していない異教徒は、神の愛も隣人愛も知らないことになる。これに対して、「恩」は主に具体的人倫関係において自発的に感得されるもので、そこには、信仰的要素や意志的要素は希薄である。

第二に、神の愛に基づく隣人愛は、人種や民族を超えて人類に普遍的に及ぼすべきものであるのに対し、恩―奉公の関係はとりわけタテの人間関係において強く作用し、閉鎖的具体的人倫関係において妥当する。

第一点に関して、例えば、内村鑑三はキリスト教受容において、最初は神を「君主」として把握した。しかし、これでは「臣」としての自身の責任を全うする義務を生じ、自身の「小君主」としての主我主義に陥ることを悟る。この自己の罪の体験を通して、内村は「神に対する僕臣」から「慈母に対する赤子」の関係に自己認識を転換するという第二の回心に導かれ、[231] 儒教的君臣関係をキリスト教信仰に接近する方向に変容・深化させている。海老名弾正も内村とほぼ類似の経過を辿っている。[232] この第二の回心を、内村は「我を全くその(神の)手に託す〔Leave〕ことのみ」と表現する。[233]

これに対して、浦上信徒の場合には、宣教師の教唆と家族主義的紐帯で結合した信仰共同体の決議に強く押し出されて、迫害を覚悟して信仰表明したのであり、はからずも当初から紛う方なく「自己をまったく神の手に託した」結果となった。けれども、ここに働いている駆動力は、外的には日本の伝統的ムラ共同体の家族主義的紐帯(拘束力)と宣教師の教導であり、内的には日本の祖先崇拝を基軸とした伝統的死生観であった。

ところが、苛酷な迫害を受ける過程で信徒のなかには、「神の恩」「神の赤子」という信念を血肉化した者も認められる。例えば、仙右衛門は、生命を賭して尋問に抗弁するなかで、超越者の助けを心の深奥に感得し、この感恩がその信仰に現実的実体を賦与し、揺るぎない自我を確立することとなった。ここでは「恩」の概念は超越的次元にまで拡大され、それがキリスト教の愛の概念に照応する実質となった。また、責め苦を受け病死した祐次郎は次のように語っている。「八日目には、もう迚も堪へきれぬ。仕方がないと思つて居る際、竹縁とさし向ひになつて居る屋根の上を見ると、一羽の雀が飯粒を含んで来て小雀の口に入れてやる。夫を見て私は直ぐゼズス様、聖マリア様のことを思出しました。雀でも我兒を大切に養育してやる、況して私がこの竹縁に責められるのを天から御覧になつては、より以上に可愛く思つて下さらぬ筈がない。この儘に死んだら天堂へ行つて、天主様から厚い御褒美を戴くことも出来る。斯う思ふと勇気が以前に百倍して、何の苦もなしに十四日間を堪へ忍ぶことが出来ました」（『旅の話』九〇―九一頁）。ここでは神の視点から「神の赤子」としての自己の姿を客体化し、それが迫害に耐える力となっている。ここで、両者とも神の愛と不可分の関連をもつイエスの十字架と復活、罪の贖いを知っていた（と思われる）にもかかわらず、それらの言辞にまったく言及せず、日本の伝統的概念で信仰の要諦を表現している点が注目される。

第二点に関して、浦上四番崩れにおいて殉教まで覚悟して信仰表明した信徒らの信仰実践が、その後のキリスト教黙許以後も、どちらかといえば信仰共同体内部にとどまり、内攻していった理由は、「魂の救い」を第一義とする霊肉二元論のみならず、宣教師と信徒の関係が感恩―報恩に基づく閉鎖的人倫関係に強く規定されていた点にあったと推測される。

チースリクはキリシタン時代において「キリストが最高の君主」ではあったが、「キリストへの奉公は単なる中世の倫理的義務に基づくのではなく、むしろキリストの愛に対する答えであった」とし、「武士の忠の概念」を超えた「御大切（神の愛）の理想」がキリシタンに強く訴えたと主張する。(234) キリシタン時代においてチースリクの所説が妥当かどうかの検討は本稿の主題を超える問題であり、ここでは触れられない。ただ、浦上信徒の事例について彼の所説を検証してみたい。先の仙右衛門の場合には、「デウスの名代」としての宣教師の恩義から類推して、超越者の恩に対する奉公という観点を獲得している。また祐次郎の場合には、親子関係の類比において神の愛を推量した。両者とも、終始、日本人の伝統的倫理意識に依拠しつつ、それを拡大してキリスト教の愛の概念に接近している。これらの事例は、いわばチースリクの指摘とは逆の道筋を辿っている。さらに「十二県御預異宗徒巡視概略」「巡視概略」でも、もっぱら「デウスノ御恩」が頻繁に表白されている。(235) また潜伏キリシタンの伝来書である『こんちりさんのりやく』(大浦天主堂所蔵写本)でも、「ぜすすのわれニあたゑたもふ御おん」(二七丁オ・二八丁オ—ウ・三六丁オ)が強調されている。さらに「ぜすすわ御あわれみふがくましまます我等人間の御おやなる」(三丁オ—ウ)とされ、イエスを「親」と理解する。そして、「御大切」については次のように説明されている(一七丁オ—一八丁ウ)。

「いぬへるの、くるしみをおそれ、ばらいそのけらく(快楽)をうしなわん事をかなしみて」後悔するのは、「ぜす丶の御大切よりいづるこうくわいにあらず」。これは、臣下が「しうめい(主命)をそむき、ろうぜきをけん(献)ぜし時、ふち(扶持)をはなさる丶うゑにつミせらる丶き事をおそれて」、「身のとがをくゆるたぐい」のもので「しくん(主君)おもい心よりいです。たゞわが身をおもふ一へん」である。「御大切御じひの御おやにてましますぜす丶」への後悔は、「かうかう(孝行)なる子のおやのめい(命)をそむきてのち、身のとがをかなしむにおなしき也」。つまり彼は「せつかん(折檻)をおそれての事にもあらす。たゞ萬事にこゑてかうかう(孝行)をつくすへきあわれみ(憐)のおやをゆゑなくそむきたりし所をくちをしく(口惜く)くやしくおもいて、なくなく其しやめん(赦免)をかう(乞)がごとく也」(句読点は筆者による、カッコ内の漢字はプティジャン版に拠る)。

ここでは、天主に対する罪の後悔を、主君、親に科を犯した臣下、子供になぞらえて巧みに説明している。「御大切」の概念がない日本では、このような喩えでしか、それを説明できなかったためである。ところが、これでは「御大切」は、忠孝倫理と同じことになってしまう。これらに加えて上述の如く、キリスト教の隣人愛の概念は、日本的人倫関係に基づいたために、閉鎖的な特質を抜き難く伴ったのである。以上を総合して判断すれば、チースリクの「御大切がキリシタンに強く訴えた」との指摘は、浦上信徒の場合には該当するとは言い難い。

ところで明治二六年の「教育ト宗教ノ衝突」論争以後、日本人キリスト者（特にプロテスタント）が忠孝倫理の本質と構造そのものを根本的に批判しなかったのは、人格的自我意識の未成熟のあらわれであり、それが臣民教育に妥協した一因と指摘されている。(236)しかし、これは理念上の議論であり、忠孝倫理において西洋キリスト教を受容した明治初期のプロテスタント信徒にしてみれば、その受容動機を完全に離脱した視点で、自分の中に深く根を張った忠孝倫理を客体化して批判するのは困難が伴ったことが予想される。忠孝倫理の根本的批判ではなく、むしろ内村の事例に認められる如く、忠孝倫理を掘り起こし、それを捉え直したり、変容させてキリスト教の本質に迫ろうとする道筋の方が、心底に納得してキリスト教を受容する自然な方途ではなかったかと考えられる。

この観点から見れば、浦上信徒の事例は日本の伝統的ムラ共同体の宗教観・倫理観の枠組みでキリスト教を胸奥深く受容するありよう——それが西洋の正統的キリスト教といえるかどうかは別問題——を、生命を賭して体現した尊い精神的遺産なのである。

む す び

信徒復活前の浦上潜伏キリシタンの信仰は、隠れキリシタンの研究、「浦上三番崩れ調書」、潜伏キリシタン伝来書を検討する限り、超越者の主宰的、至上的神観、及び殉教教育の継承は認められるものの、全般的には日本の伝統的ムラ共同体の信仰形態と類同する。すなわち、祖先崇拝を基軸に儀礼中心主義、現世利益主義、呪物崇拝などの民間信仰や儒教、仏教との習合の特質を顕著に示し、正統的カトリックの信仰とはむしろ対照的である。なお、潜伏キリシタン伝来書の中で『こんちりさんのりやく』だけは、プティジャンも高く評価し、「これは教義・明晰さ・文章については優れた作品で、すべての人が用いたものです。この本は理解され、よく実行され、多くの魂はこのおかげで天国に達することができたに相違ありません」と述べている。(237) しかし現存するこの伝来書の三写本を検討したところ、転訛や誤記のはなはだしさから推して、筆写者自身が意味を十分理解して記したとはとても言い難い。しかもこの書物では、「神の愛」を忠孝倫理に依拠して説明している。

浦上村山里は狭隘な土地での零細耕作が主体であり、経済的相互扶助が必要であったことは、この信仰共同体の凝集力の物質的基盤を形成した。

パリ外国宣教会の宣教師にとって、「殉教者の子孫」が復活したのは、「殉教者の血はキリスト教徒の種子である」との教説の成就であり、カトリック信仰の真実さを確証する「神の摂理」として理解された。そのため宣教師は、迫害を恐れない信仰の勇者像を信徒に期待した。この宣教師の期待は信徒に伝染し、彼らの誇りを回復した。宣教師は条約違反を犯してまで潜伏キリシタンと接触し、信徒の求めに応じて聖具を頻繁に与えて人間関係を結び、また洗礼や聖体拝領などの秘跡を授け、信徒の信仰熱を煽った。しかも宣教師は寺請制度の拒否を慫慂し、かくして浦上四番崩れは勃発した。なお、宣教師のかかる大胆な行動の背景には、仏公使ロッシュと幕府との友好関係が楽観的見通しを与えていたのも事実である。

慶応三年六月の信徒捕縛後、信徒は教皇宛書簡で「殉教を懇願し」、教皇はその書簡にあらわされた信仰を激賞した。教皇の称賛は、宣教師に影響を与え、配流先の信徒へも「棄教すれば魂は地獄に落ちる」との厳格な警告を与えた。

ところが、プティジャン自身がローマで筆写した『サルバトル・ムンジ』（一五九八年刊）には、「たとひ心中にはきりしたんをすてずとも、或は人よりきりしたんなりや否やと問はれたらん時言葉をもてちんじ或はきりしたんにあらずと顕さん為にぜんちよの数珠まぼりなどをかけ其外ぜんちよの行ひをなしたりや否や此等の儀は真実よりせざればひいです（信仰）をうしなはする儀にはあらざれども科なればこんひさんに申べし」（一〇丁ウ）とある。[238]

これはかつての日本での迫害という特殊事情を考慮したイエズス会の適応主義に基づくものであり、切支丹禁制下で布教に従事したパリ外国宣教会にとっては、まさに至当な配慮と思われる。しかし、宣教師はこの配慮を無視し、教条主義的に「棄教すれば魂は地獄に落ちる」との教導を配流信徒に与えたのである。この教導の背後には、浦上信徒に殉教者の子孫としての「信仰の勇者」を見、カトリック信仰の真理を宣揚したいとの宣教師の願望があったと推測される。

一方、浦上信徒が迫害覚悟で寺請制度拒否に出た動機には、祖先の殉教者、とりわけ浦上三番崩れにおける獄死者の存在が深く関与していた。そして、西洋列強の一つであり、幕府がその文明を摂取しているフランス出身の宣教師の出現は、信徒にその信仰への自信を与え、これまでの屈辱を晴らすまたとない機会を提供した。しかも、宣教師が母性原理にかわり、「永遠の魂の救い」のためには、迫害を恐れず立ち向かうべしとの明確な信仰規範（父性原理）を与えたことは、それまでの信仰秘匿の卑屈な姿勢に対する反動を信徒に引き起こしたと考えられる。かくして、浦上信徒らは相談の上、寺請制度拒否声明書を提出し、自葬を決行した。

ところが潜伏キリシタン以来の「心の中で信じておれば、外面的に棄教しても構わない」との考え方は、復活信徒の中にも依然として残存していた。この心性は日本人の宗教的メンタリティーに深く根ざしていたからである。だが、この考え方は宣教師の指導によって撤回された。宣教師と極めて密接な関係にあった阿部眞造は、宣教師のかかる教導に深い疑念を抱いた。彼は棄教後の『辨正洋教』で、信徒にはキリスト教徒であるのを否認すれば、天主の罰を免れずと教えながら、中国の宣教師が迫害を回避するために自分を商人と偽った事例をあげて、批判を展開している。

潜伏キリシタンの信仰は、忠孝一体の倫理構造のもとで受容された。すなわち、連綿と続いてきた先祖伝来の信仰の保持（孝養）を核とした信仰共同体への忠義が強力な規範を形成していた。ただ、復活信徒らは、宣教師を祖先の信仰の師と認めて以後、宣教師への忠義がその信仰保持の中心となった。すなわち、祖先の信仰の師、デウスの名代としての宣教師の二重の位置づけが、忠孝倫理と無理なく接続したのである。とはいえ、信徒らの宣教師への恭順は神（或は教会）との契約概念に依拠したものではなく、恩―奉公の人倫関係の延長上で把握する傾向が強かった。

これに加え、宣教師が信徒のために粉骨砕身する姿は、宣教師への恩義を深め、忠義の念を強化した。宣教師の書簡に開示されているのは、官憲に隠れ、信仰の秘密を共有する信徒と宣教師の濃密な共棲関係である。そこには相互に深い人間関係が醸成され、豊かな感情的交流のあったことがうかがわれる。これらは、信徒に生気に満ちた新たな生の意味を付与した。そのため、宣教師の教えや期待を裏切ることは、人倫にもとるものと理解された。かくて棄教は、人倫道徳の次元でも、人間の誠実さへの裏切りであり、新たに獲得した信仰の充実を喪失することを意味した。この点で、宣教師はその職務とは別のところで、生命を懸けるに足る信頼と敬意に満ちた新たな人間関係を浦上信徒にもたらしたのである。

配流先での説諭に対する信徒らの教義的弁明には、「天主は天地万物の創造主、親神である」という以外ほとんど認められず、「棄教は魂を地獄に落とす」「切支丹でなければ救われない」「魂の救いのためには殺されても改心しない」との言明が頻頻と繰り返されるだけである。事実、説諭側に共有された疑問は「信徒らはかくも教理の知識に乏しく、弁明さえよくなし得ないのに、なぜ死さえ覚悟してキリスト教を尊信するのか」にある。信徒らが信仰表明し、殉教を覚悟して流罪に甘んじたのは、「魂の救い」にあった。しかし、この言葉の背後には当然あって然るべきはずのキリスト教教義の体系的知識が欠如していた。もとより殉教は、イエスの教えの真理を身命を賭して証言することにあり、当然のことながらイエスの言行への深い理解と共感が前提となる。とすれば、浦上信徒の殉教への動機は別のところに求められねばならない。

近代日本では、上位者への忠義の貫徹は虚無から人間を救済するほどの宗教的意味を宿していたとのベラーの指摘は、浦上信徒が祖先の殉教者、延いては宣教師への忠義の貫徹を重視し、殉教に魂の救済を求めた姿勢と照応する。この姿勢は、浦上信徒に殉教者の子孫のイメージを重ねていた宣教師の期待と見事に一致した。信徒のかかる理解が「殉教によって魂を救う」という宣教師の教えに実体を付与し、殉教への土壌を形成したと思われる。

さらに「棄教は魂を地獄に落とす」との言明の指し示す意味内容を分析すると、祖先・親子・親族・知己との天国での再会を懇望する信徒らの心情が析出できる。この心情は、祖先祭祀により、生活世界と連続して死を把握し、死後も親族との再会を懇望する日本人の伝統的死生観に深く根ざしたものである。だが、これではムラ共同体内での、とりわけ祖先、家族との人間的つながり、情的一体感が生死を超えて絶対的な宗教性を持つことになり、人格神との個人的な関係から魂の救済を求めるというキリスト教の特質は背後に退いてしまう。また、『異宗門徒人員帳』にある「改心」「不改心」の実態は、浦上信徒の信仰が個人的な良心の自由に依拠したものではなく、世帯成員の動向に強く規定されていた内情を示している。

かくして、信徒らの「棄教は魂を地獄に落とす」との言説には、超越者の戒律に背戻する罪の念というよりも、むしろ祖先や家族相互の紐帯を切断し、死者をも包含したムラ共同体から排斥されることへの恐れが強く投影されている。この恐れの念は、一般的ムラ共同体よりもなお閉鎖的であった浦上の信仰共同体では、自己の存在基盤を揺るがすほど深刻に作用したと思われる。

信徒らの信仰構造の核心にあるのは超越者の愛に対する応答というよりは、むしろ感恩―報恩の構造であり、親子関係や宣教師の恩義の感得から超越者の恩を類推するものであった。とはいえ、その迫害体験の中で、「御主の恩」を感得し、信仰を内実化したり、「神の赤子」としての自己理解を血肉化した信徒も見られた。キリスト教の唱える「神の愛」と信徒の「恩」の理解は、意味内容において重なり合う部分があるとはいえ、両者は異なる構造を持ち、その点で信徒のキリスト教受容には日本の伝統による偏向を随伴せざるをえなかった。

要するに、浦上信徒が殉教を覚悟して、信仰を表明し、従容として流罪を甘受した動機の基底には、日本の伝統的ムラ共同体における祖先崇拝を核とした宗教的心情が大きく作用していた。とりわけ、祖先や親族への生死を超えた強い情的一体意識がこの宗教的心情の実質をなしていたのである。

翻って考えると、浦上信徒は生命を賭して迫害を甘受するなかで、祖先への孝養を中核とする日本の伝統的ムラ共同体の死生観がいかに自分たちの生にとり本質的な拠り所となっていたかを、「棄教は魂を地獄に落とす」とのスローガンにおいて明確化し、深く悟ったのであり、それがまた逆に迫害に耐える力ともなっていたのである。

(1) 浦川和三郎『浦上切支丹史』、全国書房、一九四三年
姉崎正治『切支丹禁制の終末』、同文館、一九二六年
片岡弥吉『浦上四番崩れ』、ちくま文庫、一九九一年（初版は一九六三年）
徳重浅吉『維新政治宗教史研究』、目黒書店、一九三五年

藤井貞文『開国期基督教の研究』、国書刊行会、一九八六年
なお、最近の研究では次のものがある。
中央大学人文科学研究所編『近代日本の形成と宗教問題』、中央大学出版部、一九九二年
家近良樹『浦上キリシタン配流事件』、吉川弘文館、一九九八年

（2）高瀬弘一郎『キリシタンの世紀』（岩波書店、一九九三年）五―六頁。
高瀬は、「旧来の大方のキリシタン史像は〝美化された殉教史〟であった」と述べ、カトリック教会の立場以外で、「殉教を正面から取り上げた研究論文はあまりない」と指摘している。この高瀬の指摘は、浦上四番崩れにも該当すると筆者は考える。

（3）Chaillet, J. B., *Mgr Petitjean et la Résurrection Catholique du Japon au XIX*e *siècle*, M. Ph. Chaillet, 1919. Marnas, Francisque, *La "Religion de Jésus" ressuscitée au Japon dans la seconde moitié du XIX*e *siècle*, Paris, 1896（『日本キリスト教復活史』、久野桂一郎訳、みすず書房、一九八五年）。

（4）F・マルナス、前掲訳書、二六四―二六五頁。

（5）浦川和三郎、前掲書、三八八・六〇五頁。
「當時（総配流時）は大人すらも僅かに洗禮を授かつたばかりで、教理に通じた者と云ふのは百人に一人も居ない位だ。ただ棄教すれば救霊を失ふと云ふ一事が、頭に深くこびりついて居るまでに過ぎない」（三八八頁）。

（6）『邪宗門之儀ニ付内密申上候書付』所収、長崎県立図書館所蔵（請求記号11/22-1）。

（7）田北耕也『昭和時代の潜伏キリシタン』（日本学術振興会、一九五四年）、対象地域は黒崎（外海）、五島、生月。調査期間は昭和初期から二〇年代。
古野清人『隠れキリシタン』（至文堂、一九五九年）、対象地域は天草、生月、平戸、外海、五島。調査期間は戦後から昭和三〇年代。

宮崎賢太郎『カクレキリシタンの信仰世界』（東京大学出版会、一九九六年）、対象地域は生月。
（8）古野清人、前掲書、二四一頁。

（9）古野清人、前掲書、三六・二四六―二四七頁。
古野は、明治二年刊のプティジャン版『科除規則』（底本は一五九八年刊の『サルバトル・ムンジ』）に見える

「キリシタンになってから神仏を拝み、守札を受け……」の記述が慶長のキリシタンでさえ異教的要素を保持していた証左であるとしている。

(10) 宮崎賢太郎、前掲書、一八八―一八九頁。
(11) 古野清人、前掲書、二〇頁。
(12) 松田毅一『ヴァリニャーノとキリシタン宗門』(朝文社、一九九二年)一九四―一九六・二一八―二二六頁。
(13) 岡部駿河守(長崎奉行補職)「肥前國浦上村百姓共異宗信仰いたし候一件御仕置奉伺候書付」(長崎県立図書館蔵『異宗一件』所収、請求記号11/24-1)。
これは、片岡弥吉「浦上異宗徒一件」(『日本庶民生活史料集成』一八巻所収、三一書房、一九七二年)に翻刻されている。
(14) 浦川和三郎、前掲書、三四頁。
(15) Chaillet, *op. cit.*, pp. 160-161.
F・マルナス、前掲訳書、二七二頁。

重藤威夫「慶応・明治初年の浦上崩れと神仏分離政策」(『経営と経済』第八六号所収、長崎大学経済学部研究会、一九六一年)二九頁。
(16) 岡部駿河守、前掲報告書。
(17) 同右。
(18) 浦川和三郎、前掲書、一八頁。
(19) 宮崎賢太郎、前掲書、二〇三・二二一頁。
(20) 岡部駿河守、前掲報告書。浦川和三郎、前掲書、三二頁。
(21) 大庭耀「浦上切支丹崩れ聞書」(『長崎談叢』第一輯所収、長崎史談会、一九二八年)三九頁。これは大庭が直接、守山甚三郎から聞き取った談話を収録したものである。
(22) 高木作右衛門「肥前國浦上村山里郷之もの異宗信仰いたし候御届書」(慶応三年六月)(長崎県立図書館所蔵『慶応三卯年御用留』所収、請求記号14/7-1/23-2)。
片岡弥吉「浦上異宗徒一件」(前掲『日本庶民生活史料集成』一八巻所収、八五九―八六〇頁)に翻刻。

(23) 純心女子短期大学編『プチジャン司教書簡集』(聖母の騎士社、一九八六年) 一三四・九四—九九・一〇九・一一二—一一五・一二〇—一二三・一六三頁。
F・マルナス、前掲訳書、二五五—二五六・二九五頁。
Chaillet, *op. cit.*, p. 145.

(24) 長崎県教育委員会編『キリシタン関係資料』(一九八〇年)。
生月に関しては宮崎賢太郎、前掲書、二一四頁。

(25) ロペス・ガイ『キリシタン時代の典礼』(一九七〇年)(井手勝美訳、キリシタン文化研究シリーズ二四、キリシタン文化研究会、一九八三年) 四三頁。

(26) 片岡弥吉「信者発見当時の最初の発言者について」(『キリシタン文化研究会会報』第九年第三号所収、一九六六年) 四二頁。

(27) Chaillet, *op. cit.*, p. 126.
F・マルナス、前掲訳書、二五二頁。

『天地始之事』は外海、五島地域の潜伏キリシタン伝来書であり、書写年が明記されている最古のものは文政一〇年(一八二七)である。田北耕也は、外海地方の写本六本、五島地方の写本三本を紹介している(日本思想大系25『キリシタン書・排耶書』、岩波書店、一九七〇年、六三四頁)。

『天地始之事』は、『キリシタン書・排耶書』のほか最近では結城了悟「天地はじまり」(『長崎談叢』第八一輯所収、長崎史談会、一九九四年) に新出写本が翻刻されている。宮崎賢太郎は『天地始之事』は外海の潜伏キリシタンの五島移住を契機にして、一八世紀末頃に帳方を中心にまとめられたと推測する(「『天地始之事』にみる潜伏キリシタンの救済観」、日本宗教学会『宗教研究』第七〇巻第一輯所収、一九九六年、七九頁)。

なお『天地始之事』には「木乃伊の薬飲まざる也」とある。ミイラが一般人の薬用として長崎で販売され始めたのは一七五六年以降であった。また「木乃伊」は森島中良の『紅毛雑話』(一七八七年、江戸刊) にみえる(山脇悌次郎『近世日本の医薬文化』、平凡社、一九九五年、一五八—一七二頁)。これから判断して、『天地始之事』の成立年代は、一七五六年以降であるのはほぼ確実であろう。

(28) 紙谷威広『キリシタンの神話的世界』(東京堂出版、一九八六年) 二五五—二五九頁。

また河合隼雄は、『天地始之事』を分析し、「切支丹が暦を大切にしたのは、絵踏みの罪を一年かけて償うという円環的時間観念があった」と指摘している（『河合隼雄著作集12　物語と科学』、岩波書店、一九九五年、六六―一〇六頁）。

(29) F・マルナス、前掲訳書、二七二頁。
Chaillet, *op. cit.*, pp. 160-161.

(30) 『告白』第九巻一一章では、故郷の墓への埋葬を望むのは「人間の魂が神的なことを把握」していないための「空しい考え」と述べられている。

(31) 正木慶文「東樫山の隠れ切支丹(一)」（『長崎談叢』第四二輯所収、長崎史談会、一九六四年）一〇一―一〇四頁。
田北耕也『昭和時代の潜伏キリシタン』三三八―三三九頁。

(32) 片岡弥吉『浦上四番崩れ』では、迫害の原因を「信仰の自由を、実定法を超えた基本的人権として違法性阻却を認める近代的思想が日本政府に理解されなかった」点に求めている（一六六頁）。
また Chaillet, *op. cit.*, p. 199 も、ロッシュが「信教の自由が実定法（lois humaines）に優越するというキリスト者の立場で諸事実を判断しなかった」と批判している。しかし、ここで浦上信徒の求めていたのは「個人の人格の尊厳に基づく信教の自由」ではなく、共同体の信仰の保持という観点での「信教の自由」である。共同体の信仰の自由が認められても、集団主義の顕著な日本では、集団的拘束力が強く働き、所属成員が個人的にその信仰を離脱する自由は逆に阻害されることがある。後述する『旅の話』には、指導者が棄教するなと脅迫する事例さえ見られる。

(33) 浦川和三郎、前掲書、三三一―三三三頁。

(34) 山田光雄編著『帰ってきた旅の群像』（聖母の騎士社、一九九三年）七六頁。

(35) 戸谷敏之『切支丹農民の経済生活』（伊藤書店、一九四三年）二二五―二二六・五三―七一頁。

(36) 同右、一五三―一五四頁。

(37) 同右、一七一頁。

(38) 同右、一七一・一八七―二〇三頁。

(39) 同右、二一六―二一七頁。

長崎県立図書館所蔵の『邪宗門之儀ニ付内密申上候書付』所収の「探索報告」（慶応三年）には「是迄浦上村者常に花を沢山植付有之、日々市中江売出し候」とある。なお、この「探索報告」は、姉崎正治、前掲書、二四—二六頁にも翻刻されている。

(40) 同右(前掲注35)、二二八頁。
古野清人、前掲書、二五三頁も「キリシタンはデウス・マリアの功徳にすがって、アニマの救いをえて、天国に生まれかわるのを本願にして、恵まれない現実生活の痛苦に耐えてきた」と推測する。

(41) 浦川和三郎、前掲書、二五—二六頁（「牢より申上候事」）。

(42) 岡部駿河守、前掲報告書。

(43) Chaillet, *op. cit.*, p.113.
F・マルナス、前掲訳書、二四四頁。

(44) 純心女子短期大学編『プチジャン司教書簡集』二三・二五・二六頁。

(45) Charlevoix, P. F. X. de, *Histoire de l'Établissement, des Progrès et de la Décadence du Christianisme dans l'Empire du Japon*, Tome II, Louvain, 1829, p. 540.

(46) F・マルナス、前掲訳書、二三五—二三六頁。

(47) Pagès, Léon, *Histoire de la Religion Chrétienne au Japon, depuis 1598 jusqu'à 1651*, Première Partie, Paris, 1869, pp.1-2.

(48) Chaillet, *op. cit.*, p.112（一八六五年三月二二日付、パリ神学校校長宛）。
《Soyez béni, ô mon Dieu, s'écrie-t-il, pour tout le bonheur dont mon âme fut alors inondée ! Quelle compensation de cinq années d'un ministère stérile !》

(49) F・マルナス、前掲訳書、二三五—二三六頁。

(50) F・マルナス、前掲訳書、二四四頁。Chaillet, *op. cit.*, p. 114.

(51) Marnas, F., *La "Religion de Jésus" ressuscitée au Japon dans la seconde moitié du XIX*^{e} *siècle*, Tome I, Paris, 2 édition, 1931, p. 554.
F・マルナス、前掲訳書、二五四頁。

(52) F・マルナス、前掲訳書、二五八頁。

ロケーニュは「信徒発見」を「神の摂理」と述べている(F・マルナス、前掲訳書、二四八頁)。

(53) F・マルナス、前掲訳書、二四八頁。

Chaillet, *op. cit.*, p. 121.

(54) F・マルナス、前掲訳書、二六二・二六七・二八四頁。

(55) Chaillet, *op. cit.*, p. 203.

F・マルナス、前掲訳書、三三五頁。

(56) 長崎純心大学キリシタン文庫所蔵

(57) Chaillet, *op. cit.*, pp. 118-119.

F・マルナス、前掲訳書、二四五―二四七・二五三頁。

なお横浜天主堂事件の経緯は、次のようである。ジラール、ムニクウは天主堂を見物に来た人々に日本語で教会堂の品々を説明し、説教した。そのため、天主堂に見物人が多数押しかけるようになった。これを探知した神奈川奉行は、文久二年(一八六二)一月二〇日に捕吏を派遣し、天主堂の参観者三三名を捕らえ、奉行所に拘禁した。ジラールの報告を受けた仏公使ベルクールは幕府と交渉し、捕縛者を釈放すれば、ジラールに日本語で公然と説教することを禁止させると告げた。これに対して幕府は、今回の捕縛者は釈放するが、今後、天主堂に立ち入る者は捕縛する旨をベルクールに回答した。ベルクールはこの捕縛は条約の趣旨に反し、外国宗教を侮蔑し、両国の友好を損なう処置とし、なおも抗議したが、その時、捕縛者はすでに釈放されており、事件そのものは一応解決した(藤井貞文、前掲書、二二七―二三三頁)。

(58) *The North-China Herald*, March 1, 1870 に転載された *The Nagasaki Shipping List* の記事を参照した。

(59) 純心女子短期大学編『プチジャン司教書簡集』一一四頁。

(60) F・マルナス、前掲訳書、二五五―二五六頁。

純心女子短期大学編『プチジャン司教書簡集』一三四頁には次のようにある。

「若し、いくつかの十字架、聖マリアのメダイ、御絵、絵入りのカトリック要理などを、私たちに送って頂くことが出来ましたら、これらは全部、水方と帳方の、信頼感をかち得るための助けとなることでしょう」(プティジャンの一八六五年六月三〇日付、ジラール宛書簡）。
(61) 純心女子短期大学編『プチジャン司教書簡集』一四七頁。
(62) Chaillet, *op. cit.*, pp. 128-129.
(63) F・マルナス、前掲訳書、二五一・二五五頁。
(64) F・マルナス、前掲訳書、二五一頁。
(65) F・マルナス、前掲訳書、二九〇―二九三頁。
(65) Chaillet, *op. cit.*, pp. 199-200, 208-211.
F・マルナス、前掲訳書、三二一―三二二・三三五―三三八頁。
(66) F・マルナス、前掲訳書、三五〇頁。
Chaillet, *op. cit.*, p. 221.
(67) Marnas, F., *op. cit.*, Tome II, pp. 77-79.
(68) チースリク（Cieslik, H.）訳『宣教師の見た明治の頃』（キリシタン文化研究会、一九六八年）。「序」と「解説」参照。
(69) Chaillet, *op. cit.*, pp. 184-185.
F・マルナス、前掲訳書、三〇二頁。
(70) 高木作右衛門「浦上村山里本原郷百姓三八儀母たか病死仕候を旦那寺聖徳寺江不拘埋葬仕候一件差出の儀申上候書付」（『慶応三卯年御用留』所収）。
片岡弥吉「浦上異宗徒一件」（前掲『日本庶民生活史料集成』一八巻所収）八五七―八六〇頁に翻刻されている。
(71) 片岡弥吉『浦上四番崩れ』五八頁。浦川和三郎、前掲書、一二四頁。
(72) この「生まれ替り」という仏教的用語の使用は、部外者への文書という配慮のためとも理解されるが、他方で信徒があまり教義に通じていない事情を示しているとも考えられる。
「毎日朝夕唱候教文」（『邪宗門之儀ニ付内密申上候書付』所収）にもキリストが「三日目にはうみかわり給ふ」とあり、「キリストの復活」の概念は定着していなかった可能性もある。ただ、『天地始之事』には、ハライゾで「法体をうけ」て、「安楽のくらしをする」とある。

(73) F・マルナス、前掲訳書、二五七頁。

(74) Chaillet, *op. cit.*, pp. 131-132.

(75) 浦川和三郎、前掲書、二〇頁。「今暫くすると、復た唐（西洋）からサンタ・マリアの旗印を押し建て、前方は黒塗にした船が来る。其船中には善か人が乗つてござるから、其人に従へば救る」「七代の後には黒船が再び入つて来る。さすれば此教は歌にすることが出来、オラショも縁先に座つて大きな声して唱へられる」田中用次郎「外海の伝説、バスチャンさん」（『長崎談叢』第六四輯所収、一九八一年）四七頁によれば、この予言はバスチアンのものとされている。

(76) F・マルナス、前掲訳書、二六六頁（一八六五年八月五日付、宣教会司教宛書簡）。

(77) 姉崎正治、前掲書、九二頁。

(78) 長崎奉行所公事方御手附『探索書』（長崎県立図書館所蔵、請求記号11/19-1）。「浦上耶蘇宗徒処置一件　一」（『続通信全覧　類輯之部』巻二七所収、雄松堂、一九八七年）三八四—三八七頁。

(79) 加藤周一、M・ライシュ、R・J・リフトン『日本人の死生観　下』（矢島翠訳、岩波新書、一九七七年）二三八頁。

(80) F・マルナス、前掲訳書、二七二頁。

(81) F・マルナス、前掲訳書、二五二—二五三頁。

Chaillet, *op. cit.*, pp. 126-127.

(82) F・マルナス、前掲訳書、三〇八頁。

Chaillet, *op. cit.*, p. 189.

(83) 外務権大丞楠本正隆「十二県御預異宗徒巡視概略」（明治四年七月）（純心女子短期大学長崎地方文化史研究所編『耶蘇教ニ関スル書類』所収、聖母の騎士社、一九九一年、六六—六七頁所引）。

津和野でも信徒は、「切支丹は天地萬物人間を造り給うた御方を拝みます……御役人様方も私等と同じく、その御方に造られなさいました。やはり之を拝みなさらなければならぬのであります」と応じている（浦川和三郎『旅の話』、長崎公教神学校、一九三八年、五九頁）。

(84) 「仙右衛門覚書」（高木慶子『高木仙右衛門覚書の研究』、サンパウロ、一九九三年、四九—七一・七九—九七頁に翻刻されている）。
(84)　松本滋『父性的宗教・母性的宗教』（東京大学出版会、一九八七年）五―二五頁。松本は、母性的宗教、父性的宗教という二つの類型は、人間の心理的発達段階に対応したものであると指摘し、この両者が人間の発達に不可欠なように、宗教にも必要だと説く。なお母性的宗教は、「無条件的な包容性、寛容性を特色とする自然的な世界」を代表する。一方、父性的宗教は「規範的な側面を代表し、特定の目標へと導く権威的存在」を表象する。
(85)　Launay, Adrien, *Histoire Générale de la Société des Missions-Étrangères*, Tome III, Paris, 1894, p. 477（丙寅洋擾については、Launay, A., *op. cit.*, pp. 464-477 に詳しい）。その他、姜在彦『近代朝鮮の思想　姜在彦著作選第Ⅴ巻』（明石書店、一九九六年）四五―五四頁。
(86)　藤井貞文、前掲書、三五四―三五五頁所引。
(87)　『続通信全覧　類輯之部』巻二七、四三六―四三九頁所引。
(88)　重藤威夫、前掲論文、三六頁。
(89)　高木作右衛門、前掲届書（前掲注22）。
(90)　高木作右衛門「浦上村山里郷すみ病死いたし候儀ニ付申上候書付」（慶応三年五月二三日）（両文書とも前掲注22の『慶応三卯年御用留』所収）。長崎奉行所公事方掛『異宗一件書類』（慶応三年）所収（長崎県立図書館所蔵、請求記号11/23-1）。
(91)　「浦上村異宗信仰之者共帰村又は村預け申付候儀に付尚見込之趣奉伺候書付」（『続通信全覧　類輯之部』巻二七所収）五四三―五四五頁所引。
(92)　清水紘一「長崎裁判所の浦上教徒処分案をめぐって」（中央大学人文科学研究所編、『近代日本の形成と宗教問題』所収、中央大学出版部、一九九二年）六二一―六三頁の翻刻参照。
(93)　鈴木裕子「明治政府のキリスト教政策」（『史学雑誌』八六―二所収、一九七七年）五六頁。
(94)　浦川和三郎『浦上切支丹史』二六〇―二六二頁。
(95)　『邪宗門之儀ニ付内密申上候書付』所収（浦川和三郎『浦上切支丹史』二六三頁に翻刻されている）。
(96)　東本願寺、慈影の明治二年一〇月の「奉言上候件々」は、「浦上庄屋之云ク、昨冬迄ハ邪徒共庄屋之告令一々承服致候得共、當年ニ至リ萬件ニ付承服不致、一日邪徒ニ對シ其所以を尋候處、彼徒ノ云ク此比切支丹宗門公然御許容之義懇願ニ及候へども于今御採用無之故、我輩ニも今後庄屋之告令承服スヘカラスト云々」。また「天主堂江参入之人此迄平日ハ貳三十人乃至百人之所、當時は百人より二三百人ニ至リ、又ソンデイには是迄百人より二三百人迄之所、當時ハ二三百人より千有餘ニ及候。其徒多クハ浦上・五島・深堀等」と報告している（徳重浅吉、前掲書、四五六頁所引）。

(97) 鈴木裕子、前掲論文、六一頁。

(98) 同右。

(99) 増田廉吉「幕府時代に於ける外来思想取締と洋書輸入に関する取締概況」（『長崎談叢』第一六輯所収、長崎史談会、一九三五年）九四頁。なお典拠は示されていないが、長崎県立図書館所蔵の『維新史料』（請求記号14/414/521）である。

(100) 黒田俊雄『日本の歴史8　蒙古襲来』（中央公論社、一九六五年）一四七―一四九頁。

(101) 井上順孝『教派神道の形成』（弘文堂、一九九一年）三三七頁。

(102) 武田秀章「近代天皇祭祀形成過程の一考察」（井上順孝・坂本是丸編著『日本型政教関係の誕生』所収、第一書房、一九八七年）八六頁。

(103) 『亀井茲監家記』（武田秀章、前掲論文、一〇三頁所引）。

(104) 『太政官諮問切支丹宗徒処分問題ニ関スル答申竝関係文書』（武田秀章、前掲論文、一〇三頁所引）。

(105) 『勤斎公奉務要書残編』所収（安丸良夫・宮地正人校注『日本近代思想大系5　宗教と国家』、岩波書店、一九八八年、五―六頁所引）。

(106) 同右所収（安丸良夫・宮地正人校注、前掲書、七―八頁所引）。

(107) 『平田篤胤・伴信友・大國隆正』（日本思想大系50、岩波書店、一九七三年）四〇六―四〇七頁。

(108) 小山悳子『日本人の見出した元神』（ぺりかん社、一九八八年）一八五頁所引。

(109) 安丸良夫「近代転換期における宗教と国家」（安丸良夫・宮地正人、前掲書所収）五一一頁。

(110) 井上順孝、前掲書、三三五頁。

(111) 久米邦武「神道と君道」（副島八十六編集『開国五十年史』下巻所収、開国五十年史発行所、一九〇八年）二〇

—二四頁。

日本思想史における「まこと」という心性重視の伝統については、相良亨『誠実と日本人』（ぺりかん社、一九九八年）に詳しい。

(112) トインビーは、「(リッチとその後継者たちの儒教文化への譲歩のうちの或るものは)、宣教師の生活と仕事から、キリスト教の神聖で侵すことのできない本質と、キリスト教がシリアック文明、ヘレニック文明、西欧文明から取入れた、地方的一時的な偶有性とを区別するという問題と取組む必要に迫られたことのない教皇庁の人々を驚かせたに相違ない」と述べている。（トインビー『歴史の研究』第一〇巻、下島連ほか訳、「歴史の研究」刊行会、一九六九年、一五四頁）。

(113) トインビー『歴史の研究』第一五巻、一九七〇年、八五頁。

「キリスト教や他の高等宗教が精神的真理の独占的、決定的な啓示であるという主張を信ずるか、信じないか」との問いに対して、トインビーは「私はそういうことは信じない。私はそのような主張は誤りであり、同時に罪悪であると信ずる。神の光の独占権を持っていると主張する教会はヒュブリスの罪を犯しているように私には思える」とし、「この教義を信奉しなければキリスト教徒と称することが許されないとすれば、私は自分をキリスト教徒と呼ぶ資格はないだろう」と述べている。

また、和辻哲郎は「宗教活動そのものは人間存在に共通な動き」であるが、宗教の「象徴的表現は本来民族的に形成せられたもの」であり、従って「この象徴の共同（宗教教団）は、いかにその範囲が拡大せられても、民族的象徴の共同であるという性格を脱することができない」と論じている（『和辻哲郎全集』第一〇巻、岩波書店、一九六二年、五六八頁）。この点に関連して、キリスト教の宗教的象徴の民族的背景を詳細に論じたものに谷泰『「聖書」世界の構成論理』（岩波書店、一九八四年）がある。谷は、出エジプトの過越しの儀礼規定は、放牧羊の管理（放牧羊管理のために、春先の移動前に一歳の雄羊を大量屠殺する）という生活体験から導き出された儀礼であることを論証している。福音書のイエスの受難物語、最後の晩餐は、この過越しの儀礼を範型として、イエスの死を解釈、叙述している。そのため、福音書のイエスの受難物語、最後の晩餐叙述から形成されたカトリックの聖餐式の儀礼やイエスの死による罪の贖い（イエスは、比喩的に「屠られた小羊」とも表現されている）の教義は、牧畜の生活体験や伝統のない民族には了解し難いところがある。潜伏キリシタンの伝来書である『天地始之事』がイエスの死を、彼の誕生が引き起こしたヘロデ王による幼児虐殺に対するつぐないと解釈したのはこのあらわれであろう。

(114) 小畑進『切支丹探偵・阿部真造』(新地書房、一九八五年)に『辨正洋教』(早稲田大学大隈文庫所蔵)の翻刻と解説がなされている。

『辨正洋教』の評価は別れている。片岡弥吉は「論旨そのものはとるに足らない程の稚拙さを思わせ、受洗して五年を経た知識人の筆であろうかを疑わせる程である。従って彼の論駁の内容を論ずる必要を認めない」(「阿部真造について」、『キリシタン研究』第六輯所収、吉川弘文館、一九六一年、一五二頁)という。また、海老沢有道は、「内容的にはきわめて低調であり、本質的教理に関する問題が扱われていない」(『維新変革期とキリスト教』、新生社、一九六八年、二一三頁)と評価する。これに対し、小畑進は『辨正洋教』のキリスト教批判は「本質的ではない」としながらも、「天主教の実態そのものの虚偽・裏腹」を衝いた鋭い批判であると、片岡・海老沢に反論している(前掲書、二〇二―二〇三頁)。「本質的教理」を衝いているかどうかはともかく、阿部は、第一篇で触れたように漢籍の教義書に相当通じており、『辨正洋教』には、少なくとも彼のキリスト教への「本質的」疑問が反映していると見るべきだろう。この彼の批判は、トインビーのキリスト教批判を先取りさえしている。

なお、宣教師と密接な人間関係を持ち、プティジャン版の刊行に協力し、カトリックの教義に精通していた阿部眞造のこの書物は、不干斎ハビアンの『破提宇子』の成立経緯と照応するところがある。

(115) 小畑進、前掲書、一四五―一四六頁。

この阿部の主張は、トインビー『歴史の研究』第一五巻の次の記載と全く照応する。「キリスト教がその聖餐式はパンと葡萄酒でおこなわなければ効力がないと強調する時、それはそれ自身を全人類のための宗教ではなく、単に地中海の局地的宗教にすぎないと宣言することにならないだろうか……こうして地中海人種の地方的食物と不可分に結びついている聖餐式が、いかにして葡萄の育たない大陸やパンなどというものを知らない群島に住む人類の大多数を占める米食人種のための天寵の手段になり得るだろうか」(八九頁)。

(116) 小畑進、前掲書、一五三―一五四頁所引。

陽瑪諾訳『天主降生聖經直解』(一七九〇年重刻、全一四巻、重刻の元本は一六四二年本。初版は一六三六年、長崎県立図書館所蔵本)には、「聖神降臨本主日」の当該箇所(使徒言行録二章)の欄外に「傲慢ヲ以テバベルノ塔ヲ築キシ者ハ言語錯乱シ、ケンソンヲ以テ天主ヲ恐レル者ニハ言語ノ普通ヲ得タリ云々」（巻六、四六張ウ）と鉛筆による書き込みがある。巻七には「長崎大浦傳道校印天主堂附属」との朱方印が認められるので、参考までに記す。

(117) Chaillet, *op. cit.*, pp. 125-126.
F・マルナス、前掲訳書、二五二頁。

(118) 徳重浅吉、前掲書、四一五頁所引。

(119) 慈影『瓊浦在勤記録』所収（徳重浅吉、前掲書、四二二―四二三頁所引）。

(120) 良厳「邊鄙開教建白」（明治二年四月）（徳重浅吉、前掲書、四五〇頁所引）。

(121) 徳重浅吉、前掲書、五一五頁所引。

(122) 同右、五一四頁所引。

(123) 慈影『瓊浦在勤記録』所収（徳重浅吉、前掲書、四九三頁所引）。

(124) 『大隈侯八十五年史』第一巻（大隈侯八十五年史編纂会、一九二六年）二四八頁。

(125) 徳重浅吉、前掲書、四二六頁所引。
徳重は、この案文は良厳の報告に基づいて作成されたと推定している（四二七頁）。

(126) 中島昭子「フォルカード神父とカトリックの日本再布教」（岸野久・村井早苗編『キリシタン史の新発見』所収、雄山閣、一九九六年）九七―九八頁。中島の典拠は、以下の通り。
Marbot, M., "*Vie de Mgr Forcade*," *archevêque d'Aix, Arles et Embrun*, Aix, 1886, p. 221.

(127) 小畑進、前掲書、一七三―一七四頁所引。

(128) Chaillet, *op. cit.*, pp. 82-86.
また Lehmann, Jean-Pierre, "French Catholic Missionaries in Japan in the Bakumatsu and Early Meiji Periods", *Modern Asian Studies*, 13, 3, 1979, p. 383 によれば、「英国と日本との戦争が日本のキリスト教化に有益な効果をもたらす」との見解は、ジラールやムニクウも表出している。

(129) 最近のカトリック公教要理書でもこの点は堅持されている。
Catechism of the Catholic Church, 1994, pp. 22-25 によれば、「キリストの啓示は決定的なものである……他宗

教がキリストが成就した啓示を修正する、あるいはそれを超える啓示を提示しても、キリスト教信仰はそれを受け容れることはできない」「この世の教会を通して信者は完全な真理に導かれ、キリストの言葉はその十全な豊かさで、信者の中にとどまる」とある。

(130) 大塚武松「佛國公使『レオン・ロッシュ』の政策行動について(二)」(『史学雑誌』四六―八所収、一九三五年)九八二―九八三頁。

(131) ロッシュに関する最近の研究では、鳴岩宗三『幕末日本とフランス外交』(創元社、一九九七年)が詳しい。

(132) 『続通信全覧 類輯之部』巻二七、四五五―四五六頁。

(133) 広瀬靖子「キリスト教問題をめぐる外交状況(1)」(『日本歴史』第二九〇号所収、吉川弘文館、一九七二年)八三―八四頁。

(134) 藤井貞文、前掲書、三一九―三二一頁(国立国会図書館所蔵『長崎異宗一件』)。

(135) 広瀬靖子「キリスト教問題をめぐる外交状況(1)」八五頁。

(136) 広瀬靖子「キリスト教問題をめぐる外交状況(2)」(『日本歴史』第二九一号所収、吉川弘文館、一九七二年)二一頁。

(137) 同右、二六―二七頁。

(138) 同右、二七―二八頁。

(139) 同右、二八―二九頁。

(140) 広瀬靖子「キリスト教問題をめぐる外交状況(3)」(『日本歴史』第三〇三号所収、吉川弘文館、一九七三年)八六―八七頁。

(141) 同右、八八頁。

(142) 同右、八九頁。

(143) 同右、九二―九三頁。

(144) 同右、八九―九〇頁。

国立公文書館蔵「公文録 異宗徒之部」(分類番号2A-9,㊣523)。

ここでは、純心女子短期大学長崎地方文化史研究所編『耶蘇教ニ関スル書類』(聖母の騎士社、一九九一年)の翻刻に拠った。

(145) 浦川和三郎『旅の話』六〇・一九七・三三頁、その他一五―一六・三六・四五・五九・七四・一二一・一三一・一五八・一六〇・一七八・二五三・三二一―三三・三二九・三三四・三四三頁。
松本白華『白華備忘録』(塚田信寿「浦上切支丹重次郎の改心と改心戻し」〔『日本歴史』第二五一号所収、吉川弘文館、一九六九年〕の翻刻を利用した。三二一―三三頁所引)。

「十二県御預異宗徒巡視概略―福山県、津和野県」並びに「巡視概略―高松藩」(『耶蘇教ニ関スル書類』六五・六七・六九・一一七・一四五頁)。

(146) 浦川和三郎『旅の話』五八・一三一頁。
松本白華『白華備忘録』(塚田信寿、前掲論文、三三・三五頁)。
「十二県御預異宗徒巡視概略―福山県」(『耶蘇教ニ関スル書類』六六頁)。

(147) 浦川和三郎『旅の話』一七八頁、その他六〇―六一・一八八・二〇六・三三三頁。

(148) 「十二県御預異宗徒巡視概略―福山県」(『耶蘇教ニ関スル書類』六七頁)。

(149) 「十二県御預異宗徒巡視概略―津和野県」(同右、一一二頁)。

(150) 「巡視概略―高松藩」(同右、一四四頁)。

(151) 松本白華『白華備忘録』(塚田信寿、前掲論文、三四―三五頁所引)。

(152) 浦川和三郎『浦上切支丹史』一九六―一九七頁。

(153) 慈影『瓊浦在勤記録』所収(徳重浅吉、前掲書、四二〇―四二一頁所引)。

(154) 浦川和三郎『旅の話』七七頁。
片岡弥吉「浦上異宗徒一件」(前掲『日本庶民生活史料集成』一八巻所収)八八三頁。

(155) 浦川和三郎『旅の話』二〇八・二二五・二四七・二九八頁。

(156) 「巡視概略―高知藩」(『耶蘇教ニ関スル書類』一七一頁)。

(157) 浦川和三郎『旅の話』一〇・二九・二〇七―二〇八・二四四頁。
「十二県御預異宗徒巡視概略―福山県」(『耶蘇教ニ関スル書類』六八頁)。

(158) 浦川和三郎『旅の話』六〇―六一・八一・二〇六・一四三・一七八・一八一頁。

「巡視概略—高松藩、高知藩」「十二県御預異宗徒巡視概略—福山県、津和野県」(『耶蘇教ニ関スル書類』一四五・一七一・六五・一二三頁)。
(159)「巡視概略—高松藩」(同右、一四四頁)。
(160)「十二県御預異宗徒巡視概略—福山県」(同右、六八頁)。
(161)「十二県御預異宗徒巡視概略—福山県、津和野県」並びに「巡視概略—高松藩、高知藩」(同右、六五・一二二・一四五・一七一—一七二頁)。
(162)浦川和三郎『旅の話』三七・四〇・六〇—六一・一一四・一二七—一二八・一三二・一六三・一七〇・一七八・一八一・一八二・一八八・二〇〇・二〇五・二〇六・二三八・二七〇・三〇二・三二三頁。
(163)「巡視概略—高知藩」(『耶蘇教ニ関スル書類』一七一頁)。
(164)「巡視概略—高松藩」(同右、一四五頁)。
(165)浦川和三郎『旅の話』二九・五九・六〇・一八八・二〇六頁。
(166)「十二県御預異宗徒巡視概略—福山県、津和野県」並びに「巡視概略—高松藩」(『耶蘇教ニ関スル書類』六五・六七—六八・一二二・一四四頁)。
(167)「十二県御預異宗徒巡視概略—津和野県」(同右、一二二頁)。
(167)F・マルナス、前掲訳書、二九二頁。
『崎陽茶話』も、この視覚教育の事情を伝えている。「神道儒道佛道を信するものは地獄に堕してなかく苦をうく、若眷屬のうち一人にても我宗に歸すれハ其力にて皆々天堂に生まるへしと教へて、夫より追々と光明の中に宮殿樓閣を顯し、奇麗な婦人なとと遊戯するさまをみするゆへに早く死して天堂に生れたき心か起るゆへ、聊も刑罰を恐れさるやうになり行なり」(一丁ウ、読点は筆者)。

なお、後には、ド・ロ神父の指導下に天国・煉獄・地獄の大型彩色木版画が作成されている。
(168)長崎カトリック教区発行『カトリック教報』(月刊)一九七六年八月号。
(169)ロケーニュ「仙右衛門への見舞状」(高木慶子、前掲書、一〇五頁所引)。
(170)チースリク「殉教の精神」(『キリシタン文化研究会会報』第一一年第一号所収、一九六八年)五—六頁。
(171)F・マルナス、前掲訳書、二七八頁。

ザビエルも、この祖先の救いの問題を問われている（河野純徳訳『聖フランシスコ・ザビエル全書簡3』、平凡社・東洋文庫、一九九四年、二〇一―二〇二頁）。
(172) 片岡弥吉「浦上異宗徒一件」（前掲『日本庶民生活史料集成』一八巻、八六四頁所引）。
(173) 松本白華『白華備忘録』（塚田信寿、前掲論文、三五頁所引）。
(174)「十二県御預異宗徒巡視概略―福山県」（『耶蘇教ニ関スル書類』六六頁）。
(175) ジャック・ジェルネ『中国とキリスト教』（鎌田博夫訳、法政大学出版局、一九九六年）二二一―二二二頁、黄貞『尊儒亟鏡』からの引用。
「かれらの固定観念は天主を求めることであり、天主にへつらうためなら全生涯を費やしても後悔しない。したがってかれらにとって人生は幻想を抱きながら過ごされる……かれらの野心全体を、天国という幻想で要約できる」
(176) Pagès, Léon, *op. cit.*, p. 745（吉田小五郎訳『日本切支丹宗門史』下巻、岩波文庫、一九九一年、一九二頁）。
(177)「仙右衛門覚書」（高木慶子、前掲書、七〇―七一頁所引）。
(178) 浦川和三郎『旅の話』二九九頁。『浦上切支丹史』五七四頁。
(179) 同右、二九九頁。同右、五七四頁。
(180) 浦川和三郎『旅の話』三一七頁。
(181) ジャック・ジェルネ『中国とキリスト教』二一九頁。
なお、楊光先の『闢邪論』は、杞憂道人（鵜飼徹定）により、明治元年三月に訓点本が刊行されている。ジェルネの引用箇所は、訓点本の六丁オに該当すると思われるが、訓点本はかなり要約されている。
(182) F・マルナス、前掲訳書、三四七頁。
(183) 小畑進、前掲書、一六二―一六六頁。
(184) F・マルナス、前掲訳書、三四七頁。
(185) Marnas, F, *op. cit.*, Tome II, p. 52.
(186) Marnas, F, *op. cit.*, Tome II, p. 56.
(187) F・マルナス、前掲訳書、三五一―三五二頁。

(188) 姉崎正治、前掲書、一六三頁。この慰問状は印刷され、各地の配流信徒に配られた。印刷された慰問状の所蔵先は大浦天主堂など。
(189) ロケーニュ「仙右衛門への見舞状」(高木慶子、前掲書、一〇五—一〇七頁所引)。
(190) 宮崎賢太郎、前掲書、一九二頁。
(191) 中根千枝『タテ社会の人間関係』(講談社現代新書、一九六七年)一六九頁。
(192) 「仙右衛門覚書」(高木慶子、前掲書、六二—六三頁)。
(193) 古野清人、前掲書、二五〇—二五一頁。
生月では、一九四九年に隠れキリシタンの古老の教役者が教皇代表のギルロイ枢機卿と会見したとき「四〇〇年間迫害に血を流しながら教えを伝えた祖先に対し相すまぬという理由で、カトリックへの転宗を拒んだ」という。従って、復活するにしても、それを拒否するにしても、共に「祖先の信仰」のとらえ方如何にかかっていたのである。
(194) F・マルナス、前掲訳書、二七八頁。
(195) 加地伸行『沈黙の宗教—儒教』(筑摩書房、一九九四年)二八—六二・六九—八二頁。
(196) 加藤周一、M・ライシュ、R・J・リフトン『日本人の死生観　下』二〇九頁。
(197) 同右。
(198) 上田賢治『神道神学論考』(大明堂、一九九一年)七八—七九頁。
(199) 相良亨『日本人の死生観』(ぺりかん社、一九九〇年)一七三—一七七頁。
(200) 和辻哲郎『和辻哲郎全集』第一〇巻(岩波書店、一九六二年)四四二頁。
「親族は前述のごとく冠婚葬祭等の大事に際して存在を共同にする。これは喜びや悲しみをともにし、また同族としての一体感を持つということである……一つの家族において祭る先祖は、同時に他の家族にとっても先祖であり、従って親族の一体感が祭りに表現せられる」
(201) F・マルナス、前掲訳書、二七八頁。
(202) 片岡弥吉「異宗門徒人員帳の研究」(『キリシタン研究』第一四輯所収、吉川弘文館、一九七二年)の「異宗門徒人員帳」の翻刻に基づき、集計した。その際、当然のことながら、単身世帯は除き、また世帯員不揃いのため、世帯成員の一名にしか記載のない世帯も除いた。さらに一〇歳以下の子供、既に死去している成員、逃走者のうちのいずれかが、その世帯人員全体の「改心」あるいは「不改心」の一致に反する事例は、総人数から彼らを除き、一致世帯として扱った。

なお広島藩は全員改心となっているが、『太政類典』（「不改心者」三九名）『公文録』（「不改心者」二七名）と齟齬がある。

(203) 片岡弥吉「異宗門徒人員帳の研究」は、「（信徒の）信仰が個人の良心的自由によるものであり、家族の制約によらなかったことを示している」（三四頁）と分析する。しかしそのような事例は希少であり、全体の傾向としてはむしろ家族の制約の強さが明瞭に読み取れる。

(204) トマス・アクィナスはアリストテレスの『デ・アニマ』に従い、人間の霊魂を理性的魂、感覚的魂、栄養摂取的魂の三つの側面に分類しているが、生死を超えて存在する人間の本質（実体的形相）は、理性的魂（知的思考作用）としている。

(205) 「守山甚三郎覚書」（前掲『日本庶民生活史料集成』一八巻、八八〇頁所引）。なお「守山甚三郎覚書」の原本は、日本二十六聖人記念館に所蔵されている。

(206) 浦川和三郎『浦上切支丹史』二二六―二三一頁。

(207) F・マルナス、前掲訳書、三〇〇頁。

(208) F・マルナス、前掲訳書、三四二頁。

(209) Chaillet, *op. cit.*, p. 216.
「仙右衛門覚書」（高木慶子、前掲書、六一頁）。

(210) 土居健郎『注釈「甘え」の構造』（弘文堂、一九九三年）三六頁。

(211) 川合貞一『恩』（目黒書店、一九三五年）三二―三五・三八―四二頁。
また、川合は、中江藤樹・貝原益軒に至って初めて、恩の観念が儒教の中に導入されたと指摘している（六頁）。

なお、隠れキリシタンの子孫が残る樫山では、カトリックに復帰しない理由を、「潜伏時代、彼等の信仰を秘匿してくれた村の僧侶の恩を裏切ることはできない」とする人が多いという。

(212) 仁戸田六三郎『日本人――新しい反論の角度から――』（新潮社、一九五七年）二七八―二八〇頁。

「日本人は超越的な概念態を考えて、それによって人間存在を規定する」伝統がないとし、「人間実存が常に主体となっていて、思想はそれに従属すべきもの」であり、「思想が生活を規定する西洋」とは逆だという。従って西洋では思想は学問性を持つが日本では「実存心情」が優先する結果になると指摘する。この仁戸田の指摘は仙右衛門の感恩体験の構造と類似する。

(213) 高木慶子、前掲書、一一一・一五九―一六一頁。

この「切支丹牢屋ノ唄」は仙右衛門の次男源太郎の手帳に書き付けられていたものであり、信徒が牢の中で唄ったものと推定されている。

(214) 武田清子『正統と異端の〝あいだ〟』(東京大学出版会、一九七六年)四一頁。

(215) 「守山甚三郎覚書」(前掲『日本庶民生活史料集成』一八巻、八八三頁所引)。また『旅の話』七五頁。

(216) 山本博文『殉死の構造』(弘文堂、一九九四年)二〇四―二〇六・一八七―一八八頁。

(217) 土居健郎『甘えの構造』(弘文堂、一九八〇年)八三頁。

(218) 和辻哲郎『日本倫理思想史』下巻(岩波書店、一九五三年)五一一頁。

長崎版忠臣蔵といわれる深堀騒動は元禄一三年に起こっている。

(219) 矢沢利彦『中国とキリスト教』(近藤出版社、一九七二年)一〇九頁。

(220) 『釈明勅語衍義』所収(武田清子『人間観の相剋』、弘文堂、一九五九年、一五五頁所引)。

(221) R・N・ベラー『徳川時代の宗教』(池田昭訳、岩波文庫、一九九六年)三五八―三六〇頁(Bellah, Robert N., *Tokugawa Religion – The Culture Roots of Modern Japan*, 1985 の翻訳。初版は一九五七年に刊行)。

(222) R・N・ベラー、前掲訳書、三四〇・三四五―三四六頁。

(223) 同右、前掲訳書、三六六頁。

(224) フュレのアルブラン宛書簡(一八六六年五月一〇日付、F・マルナス、前掲訳書、二八一頁)。

(225) F・マルナス、前掲訳書、三一二頁によれば、一八六七年一月〜六月初旬までで、初聖体拝領の秘跡を受けた者は一二〇〇名にのぼった。

(226) F・マルナス、前掲訳書、二六八・二八一・五五九頁。

(227) 同右、前掲訳書、二九二頁。

(228) 浦川和三郎『旅の話』、当該地域参照。
池田敏雄『ビリオン神父』（中央出版社、一九六五年）にも以下のようにある。

「大阪のクーザン師は、相変わらず各地の流罪信者と連絡をとっていた。富山、金沢、二本木、郡山などから総代がよくやってくる」（九九頁）。

「夜になると、流罪中のキリシタンがビリオン神父のもとにこっそりやって来た。彼らは四〇里、六〇里、八〇里、一二〇里、一四〇里の遠方から来て、秘跡を授かり、長時間聖堂で祈り、祈禱書、ロザリオ、十字架、メダイを貰い、流刑地の悲惨な様子を神父に語るのだった」（一〇九頁）。
(229) 池田敏雄、前掲書、一〇九頁。
(230) 同右、九五頁。
(231) 吉馴明子『海老名弾正の政治思想』（東京大学出版会、一九八二年）九二―九四頁。
(232) 土肥昭夫『日本プロテスタント・キリスト教史』（新教出版社、一九八〇年）一七三―一七四頁。海老名は最初、神を君臣関係の君として把握していた。だが神に仕えようとすればするほど自己の功名心や知識欲に苦しむ。しかし、自己内に「神の御意にかないたいと思う誠の心」を見いだし、ここに「神の赤子の自覚」を得た。そして「神は厳格な主君、理知的な上帝ではなく、恩恵にあふれる父なる神」とする第二の宗教体験に導かれた。
(233) 内村鑑三「求安録」（一八九三年、『内村鑑三全集』一巻所収、岩波書店、一九三二年）一五九頁。
(234) チースリク「殉教の精神」三―四頁。
(235) 『耶蘇教ニ関スル書類』六五・六六・一二二・一四四頁。
(236) 武田清子『人間観の相剋』一七六―一七九・一八一―一八七頁。
隅谷三喜男『近代日本の形成とキリスト教』（新教出版社、一九六一年）一二五―一三五頁。
(237) F・マルナス、前掲訳書、二五五頁。
(238) 松岡洸司「サルバトル・ムンヂの本文と索引」（『上智大学国文学論集6』所収、上智大学国文学会、一九七二年）一五五―一五六頁。

第二章　浦上四番崩れに対する外国人居留地の反応
――英字新聞とCMS宣教師の見解を中心に――

第一節　研究の目的と資料

第一章では、浦上四番崩れを事例として、キリスト教宣教（カトリック）と受容の問題を考察した。本章では浦上四番崩れに対する長崎外国人居留地の反応を中心に検討したい。周知のように、この居留地内には英国教会、(1)大浦天主堂(2)が存在し、居留民並びに寄港船船員を対象に日曜日毎に礼拝を実施していた。

長崎外国人居留地の全白人人口は、一八七〇年末で一九六人であり、このうち英国人が九一人、米国人が二六人で多数を占め、大多数はプロテスタント系住民であった。(3)また、英国教会がこの居留地内の宗教的基盤であり、その礼拝にはCMS（Church Missionary Society：英国教会宣教協会）の宣教師があたっている。

長崎外国人居留地の住民は浦上四番崩れの直接的目撃者であり、カトリック・ミッショナリー（パリ外国宣教会）の布教や浦上信徒の弾圧を目撃して、どのような反響を示し、何如なる意見を形成していたのかは、興味深いテーマである。ところが、この居留地の反応を検討した先行研究は管見の範囲では見当たらない。(4)そこで、本章では、日本の外国人居留地発行の英字新聞とCMS宣教師の書簡を中心に、プロテスタント側の浦上四番崩れへの反応と対応の実情を分析することにしたい。なお、英字新聞は中国でほぼ同時期に勃発した天津教案を浦上四番崩れと関連づけて論じているため、この事件への論評も分析対象に加えた。いうまでもなく、これらキリスト教迫害事件に対する居留西洋人の反応の諸相を分析することは、彼らの対東洋文明観、日本人理解の文脈に位置づければ、エドワード・サイードが提起した「オリエンタリズム」的観念体系がキリスト教迫害事件に関してどのように表象され、機能していたのかを検証することにもなろう。

ここでは、分析資料として、長崎外国人居留民を対象に発行された、*The Nagasaki Express*（発行者はBraga, F., 以下エクスプレスと略記）(5)、及びCMS宣教師の本部宛の書簡（英国バーミンガム大学図書館特殊資料室所蔵）(6)を用いた。なお、この時期に、CMS宣教師として長崎に着任していたのは、エンソー（Ensor, George, 1869.1－1872.5）とバーンサイド（Burnside, Henderson, 1870.6－1875）である。

また横浜外国人居留地発行の *The Japan Weekly Mail*（発行・編集者：Howell, W. G., 以下メイルと略記）には、浦上四番崩れを論じた連載記事が掲載されていることもあり、日本の外国人居留地の見解をより多角的な視点からとらえるため、この記事も分析対象に加えた。

これら英字新聞は一般に居留地の多数を占める英国の貿易商人の立場で論評しており、外国人居留地の世論を反映していると考えられる。ところで、居留西洋人の反応は一元的ではなく、貿易商、宣教師、外交官の間には、各々の立場に基づく対立と協調の錯綜した関係が認められる。そこで、本章の第二の目的として、英字新聞に見られる居留地住民とCMS宣教師の二つの視点から、両者の浦上四番崩れに対する反応と対応の異同の中身を吟味し、その背景を探ろうと試みた。

第二節　日本に対するエクスプレスの論評

（1）日本の西洋化への賛意

エクスプレスは、日本の西洋文明の急速な摂取を高く評価する。一八七〇年四月九日の社説では、「日本人が高度な科学や数学などを教える外国人に支払いを惜しまない」と評し、「日本人の知的進展の速さ」を称揚する。さらに、同年一一月二六日の社説では、「東洋諸国の中では、科学技術の進歩において日本と競合しうる国はない」とし、「ドックや鉄道の建設、鉱床開発などの鉱工業事業の展開は、それ自体の利益のみならず、熟練労働者層を生み出す」有益な方策であると称える。

一八七一年五月六日の社説では、江戸（東京）での郵便制度の創設を礼賛し「島国、人口規模、鉱物資源の豊富さで、日本は英国と類似し、特に通商において日本は欧米諸国に近づいている」と論評し、「郵便制度を成功させるには、支配階級は大衆の判断力を尊重し、世論を形成させるべきだ」と助言する。同年九月三〇日の社説では、廃藩置県について、肥後藩の例をあげ「あらゆる階層は愛国心と自己否定の実践を示した」とし、「これらの改革が無血で成功するなら、世界史に類例のないページを開くことになろう」と絶賛している。

（2）長崎の貿易の衰退

長崎の外国人居留地の貿易商にとり、最大の問題は、長崎の貿易の衰退にあった。長崎の商社は、優れたヒンターランドを持つ横浜・神戸へと次々と移動していった。これに加え、長崎では中国人との貿易上の競合が顕著であった（一八七〇年三月一九日、以下一八七〇・三・一九と略す）。江戸時代より長崎会所は俵物（いりこ・干あわび・ふかのひれ）を全国から買い集め、それを中国人に独占的に売却し巨利を得ていた。安政条約締結以後、中国人は無条約国民に陥ったが、依然としてこの特権を行使し続けていた。一八五九年、英国総領事オールコック(Alcock, Rutherford)は長崎奉行に対して、中国人による俵物の独占貿易は条約違反だと抗議した。その結果、長崎では一八六五年に至り、ようやく中国人による俵物の特権貿易が廃止された。にもかかわらず中国人の一部は名目上は条約国民の付属住民(使用人)の形をとり、実質上は欧米人同様に自由貿易に従事した。(7)しかし、この問題も一八七一年に成立した日清修好条規により解決に向かう。

エクスプレスは、在留中国人が長崎の役人に賄賂を使い、干魚、朝鮮人参、茸などの輸出を独占し、海草、石炭、茶の輸出にも参画し、巨利を貪っているのみならず、輸入の「旨い汁」をも吸っていると再三非難している(一八七〇・三・一九／三・二六／四・二、一八七一・一・二八／五・二〇／七・二二)。このような中で、居留地の借地代の負担の重さに不満が集まり、一八七〇年一二月一〇日付記事には、居留地代表者の署名を添えて、当局に地代の減額を要求した文書が転載されている。(8)居留民の中国人に対する不満は、日本政府の阿片防止対策に関連しても言及される。エクスプレスの一八七〇年一〇月二二日付の社説では、役人が長崎で中国人の阿片吸飲を抑制し始めたことを次のように論評する。(9)

「我々は日本人の阿片吸飲を目撃しており、それは芽の内に摘まないと、民衆に浸透し、その活力を奪うばかりか、国富を浪費する深刻な事態を招く」と阿片の害悪を指摘し、「日本の政治家が、阿片禁止政策をとったのは賢明な策」と評価する。とはいえ「中国人の賄賂攻勢は手強いものがあり、日本での阿片吸飲を根絶するには、中国人による地方役人への賄賂攻勢を取り締まるべきだ」と忠告し、「長崎の中国人街(新地)では、阿片吸飲が大規模かつ日常的に行われ、黙認されている事態を政府高官に調査するよう注進した」という。そして「日本への阿片流入を防止するためには、中国人の輸入貨物をもっと厳格に調査すべきだ」と主張し、「我々ヨーロッパ人の大多数は日本が中国の轍を踏むことを極めて遺憾なことだと考える」との意見を開陳する。しかしながら、この論評には、英国が中国とのアヘン貿易で巨利を得ていた「不正義」への論及はない。

(3)日本の国民性への論評

日本人の国民性については、人権意識の欠如に注意を払う。例えば、「日本人は拷問による証拠はキリスト者の法廷では認められないことを学ぶべき」とのメイルの記事を転載し、論評したり(一八七一・一二・二三)、*The Japan Daily Herald* から「拷問に対する我々の非難以来、日本の新聞を毎月注視してきたが、この頃は拷問がなくなった」との記事を掲載している(一八七三・一〇・四)。一八七三年九月六日の社説では、「文明国ではキリスト教の聖職者が民衆の教師として、国民を啓発する役割を担っている。しかるに、日本にはこの階層が欠落し、民衆は自己啓発の機会が与えられていない」とし、「民衆は無知で怠惰な状態に留まり、生活の改善や社会的地位の向上などの意欲に目覚めていない」と我が国の現状を分析する。そして民衆に自己能力開発、自己啓発の機会を提供しなければ、「労働者階級は競争意識に目覚めず、経済活動は停滞し、国家の発展は望めない」と忠告する。ここには、一九世紀の西洋人の「アジアの停滞、ヨーロッパの進歩」史観が投影されている。それと同時に英国ヴィクトリア朝に特徴的な労働の意義の重視が認められる。例えば、この労働の意義を唱導した代表の一人である、スマイルズ(Smiles, S.)は『自助論』(一八五九年)において、英国の隆盛は自ら助くる精神によるとし、勤労を惜しまず、自主的自律的な労働生活を通して労働者階級が有徳な人間性を獲得するよう説いている。ただエクスプレスのかかる自助努力の力説には、勤労の成果がそのまま反映する工業化の進展した社会と、自然条件に左右される農業社会の差異が踏まえられていない。

なお、上海発行の *The North-China Herald*(以下ヘラルドと略記)は、中国の民衆をエクスプレスと同様「無知で怠惰な状態にある」と理解しており(この点は第三章で詳述する)、英字新聞の日・中の民衆像には、ある種のステロタイプ化が認められる。

（４）長崎居留地の環境整備に対する批判

居留地の環境整備については、居住環境の劣悪さ、天然痘対策の不備、港湾設備の立ち遅れ等の諸問題があり、居留地の理事会（Municipal Council）で検討し、長崎県に要望や助言を繰り返す（一八七一・一・二一他）。なかでも、伝染病対策は住民の生命にかかわる深刻な問題であった。そのため「英国もかつては不潔であったが、政府が法律（公衆衛生法）を制定し施行したところ、大方の予想に反して、コレラなど伝染病の予防に絶大な効果を発揮した」とし、「日本政府もこれに学べ」（一八七〇・八・二〇）と進言している。

（５）まとめ

以上のエクスプレスの見解を概括すれば、日本の急速な西洋化を称賛する反面、日本の物質的、精神的立ち遅れへのいらだちや批判も目立つ。いうまでもなく、エクスプレスは、西洋文明の規準に照らして日本を評価しているのである。長崎外国人居留地の住民は、日本の後進性を身を持って体験し、自国のキリスト教文明の先進性を改めて再認識したと思われる。これは「我々はキリスト教に基づく文明に誇りを持っている」（一八七〇・四・一六）との率直な言述に明瞭に示されている。

東田雅博は、一八六〇～七〇年代の英国には、非ヨーロッパ世界に高度な西洋文明の恩恵をもたらすという「文明化の使命」を強く自覚した時代風潮があり、英国内の雑誌に見られる英国人の日本イメージは中国に比べて概して好意的であったと指摘している。[10] これらの論調はエクスプレスにも認められる。しかし他方で、英国内での甘美で夢想的な「文明化の使命」とは異なり、既述のごとく居留地の衛生問題や貿易上の実際の利害にかかわる「日本の西洋化」への具体的提言が目立つ。我が国の具体的現実の中で生活を送る居留英国人にしてみれば、本国での自己満足的な「文明化の使命」は現実的で自己防衛的な方向に変容せざるをえなかったのであろう。

第三節　居留地内の教会に対するエクスプレスの立場

エクスプレスには毎回、居留地内の大浦天主堂のミサ、英国教会の礼拝時間が掲載され、特に礼拝時間の変更、特別礼拝は、社説の最初に公示しており、教会への尊重態度が認められる。とりわけ英国教会は、「この居留地のすべての人の支援を必要とする施設であり、教会員の数がいくら減っても、その負債が重荷であっても、廃止を許すわけにはいかない」（一八七〇・九・二四）と位置づけられていた。なお、英国教会及びその共同墓地の地代負担が大きく、その対策会議がたびたび開かれ、募金の訴えとその成果がしばしば報じられている（一八七一・一・二一、一八七二・一・一三／二・三、一八七三・一・一八）。

第四節　浦上信徒総流罪に対するエクスプレスの反応と対応

エクスプレスは一八七〇年二月一二日付の社説で、浦上信徒の総流罪を取りあげる。「この追放は居留地に強い同情の念と同時に、動揺を引き起こした」という。それは、西洋化を積極的に推進している日本政府が一転して、蛮行の挙に出た驚きと共に、自分達と同じキリスト教徒であるという理由だけで犯罪者扱いされ、流罪に処せられるという不条理のためでもあった。長崎県当局は当初、この移送を否定したが、「日本政府が彼らキリスト教徒が殺害されたり、苛酷な労働を科されないことを我々に信じさせたい」のなら、「信徒が、浦上の谷で再び働くのを見せよ」（浦上村は遊歩規程の範囲内にあった）と言い、現地に精通した我々外国人を誤魔化すことはできないと抗議する。そして「二百人が海に投げ込まれたPapenburg[11]の断崖絶壁を我々は忘れることができない」と結ぶ。

一方、エクスプレスの同系列紙である *The Nagasaki Shipping List* は、日本でのキリシタン迫害史を概説し、浦上信徒総流罪の模様を詳しく描く。「信徒らは『信仰を捨てるよりは死を選ぶ』と言明し、四二〇〇人が配流されていった」とし、特に苛酷なのは「夫婦、親子が離れ離れにされ、歩行不能の病人や危篤の者まで乗船させた」とその非人道性を糾弾し、彼らは「蝦夷に送られる」と推測する（ヘラルド、一八七〇・三・一の転載記事に拠る）。

エクスプレスは同年五月七日付では「我々の英国への通信により、浦上信徒迫害が英国議会の注目を引いたことを喜ぶ」とし、この問題で「日本人が我々の名誉を再び侮蔑することのない方策が執られるだろう」と期待をかける。

この追放以後、長崎近辺では切支丹禁制が厳格化された模様がエクスプレスの記事からうかがえる。一八七〇年三月二六日には、「住民を追放したその浦上で政府が十五日間《(ママ)》に亙る盛大な祭りを挙行し、住民に参加を強いた出来事[12]」を取りあげ、「この祭りは長崎の住民が『外国』の宗教を嫌悪していることを誇示するためであり、我々欧米人には極めて不快だ」と語る。

翌年四月二九日付の社説では、「肥後で住民に十字架を踏ませる野蛮な布告が出された」とし、[13]「この示威運動は、もっぱら外国人に向けられているのは疑い得ない」と観測する。そして「条約国はその国民が東洋の寺院に損害を与えたり、彼らの信仰に不穏当な態度を示すことには処罰を下す用意をしている」のに、日本の「僧侶や神官は、浦上信徒の追放以来、その目的達成のために無軌道な行動をとり続けている」。この「我々の宗教に対する侮蔑」は、「（中国の）官吏と聖職者が民衆の信じ易さに働きかけて、天津教案を引き起こした」ように、我々外国人にとって「多大の危険を孕んでいる」と論じる。そして「日本人が過去一年半の間に見せた態度を取り続けるならば、それは欧米人に対する重大な不正義であり、各国公使は日本政府に抗議する義務がある」と訴える。

これらのエクスプレスの論評は、浦上信徒総流罪やその後の切支丹禁制の厳格な執行を人道上許されない暴挙であるのみならず、キリスト教徒である居留外国人に対する侮蔑として認識している。しかも、キリスト教徒弾圧は、相互の宗教の尊重という条約の精神に背戻する重大な「不正義」であり、民衆の排外感情を煽り、その渦中に生活している居留民の安全にかかわる深刻な脅威として受け取られた。

しかしながら、切支丹禁制に基づくキリスト教徒弾圧が民衆の排外感情を煽り、排外勢力を勢いづかせるか否かは、流動的で不確定な要素が多いことも事実であろう。例えば、宣教師の居留地外での布教活動――これは明らかな条約違反である――と浦上信徒を放置すれば、新政府が西洋列国の圧力に屈したとの印象は免れず、攘夷派の憤激をかい、逆に宣教師や居留外国人に危害がおよぶ危険が高まるとの解釈も可能である。これは、岩倉具視らの主張したところであり、パークスを納得せしめた論議であった(本篇第一章第六節参照)。

なお、ヘラルド(一八七一・一・一五付「一八七〇年の回顧」)は「浦上信徒総配流の措置は誤っている」と断じながらも、「新政権の抱える困難は大きかったから、キリスト教徒を配流した政策は、第二の天津教案を未然に防いだと言いうるかもしれない」と論評しており、エクスプレスとは逆に、この配流が宣教師や居留民への攻撃を予防した可能性を示唆している。

第五節　浦上四番崩れに対するメイルの論評

The Japan Weekly Mail は英商人ハウエル(Howell, William Gunston)とレイ(Lay, Horatio Nelson)により一八七〇年一月二二日に横浜で創刊された。この編集者であったハウエルは一八六九年頃、上海より函館にや

って来てハウエル商会を設立したが、その後、メイルの経営に乗り出した。しかし彼は一八七七年一月二〇日限りでメイルから手を引き、帰国する。創刊の趣旨には「中国と日本の外国人居留地の意見、希望、要求を可能なかぎり、結び合わせ、反映させること」を目標とし、そのために「日本と中国の繁栄、西洋との和平通商の拡大のためになるような意見や手段の主張に努力する」との編集方針がうたわれている。(14)

以下にメイルの「キリスト教問題」と題した一連の連載記事を検討したい。

①一八七〇年三月一二日付で「浦上信徒総流罪について、長崎の同業紙から情報を得ていたが、興奮が鎮静し、情報も集まった今、評論する」と述べ、「我々の義務はこの事件を公平に正しく判断し、世論を啓発することだ」と評論の目的を明示する。そして、「母国の読者の便宜を図るため」とし、日本におけるキリスト教迫害史、浦上四番崩れの経緯を略述し、さらに五島のキリシタン弾圧にも言及し、火急の問題として読者の注意を喚起する。

②一八七〇年三月一九日付では、一八七〇年初頭の浦上信徒総流罪の原因を分析している。

「浦上が犯罪者の巣窟と化し、収拾不能に陥っている」との政府の弁解は、「当局が信徒らの抵抗も受けずに、数日で三千人を追放した事実からはとても真実とは思われない」。また「信徒が日本の宗教を侮蔑する」なら、「なにも総追放しなくとも、個別に処断すれば済む」ことである。しかも「長崎の最も信頼できる筋からの情報によれば、信徒らは、むしろすぐれて勤勉で穏やかな性質を示している」と反論する。それ故、「総追放の処置を執った政府の意図は、別に求められる」とし、幾つかの理由をあげる。その中で、「キリスト教に敵意を持つ党派の圧力（数か月前の横井小楠の暗殺）に政府が屈した」点を強調する。すなわち「政府は、暗殺や反乱を策謀している党派を刺激するより、西洋諸国の不興をかう方を選んだ」と見る。そして、メイルはこの排外勢力の暗躍のため、現状では「信教の自由（religious liberty）の公認は時期尚早」とも述べる。このメイルの論評は、政府の意図をほぼ的確に把握したものである。

続いて、メイルは西欧諸国が東洋の宗教問題に介入する根拠を次のように論じる。

過去の歴史においてヨーロッパは宗教的迫害の劇場であった。そして、宗教的迫害は悲惨しかもたらさず、非人道的かつ無益なものであることを悟った。西欧諸国がトルコや中国のキリスト教徒に代わって介入し、英国がインドにおける寡婦の焼殺、人身供犠の習俗を抑圧するのは、この教訓のためである。現代において、宗教的迫害は文明国の採るべき方策ではない。

この論評は、西欧が宗教的迫害の残虐さと無益さを自らの歴史の教訓として学んだ経験から、日本に忠告する義務があるとするもので、正論である。しかし他方で、中国に見られるように、砲艦の威圧を背景に、布教に従事した欧米の宣教師が種々の騒動の火種となった事実やフランスが宣教師の殺害を契機に、コーチシナや中国に進攻した歴史は視野におさめられていない。かかる騒動を危惧したが故に、長崎奉行は慶応三年の信徒捕縛をあえて実施し、維新政府も宣教師と信徒の隔離を企意して配流を実施した側面があった。

またヨーロッパがキリスト教内部の宗教的対立によって迫害の劇場と化した歴史を、宗教的対立が西欧ほど顕著に見られない東洋諸国に適用するのも無理がある。

最後に、メイルはかかる現状分析を踏まえて、「教会での礼拝の権利（The right of public worship）は認めず、他方でキリシタンの信仰は黙認する『一時的妥協』の方策」を提言する。この方策により、「政府は列強の非難からも免れ得る」とする。

ここでのメイルの提言は、明治政府の一八七三年二月の切支丹禁制の高札の撤去、同年三月の浦上信徒帰籍の政策転換において現実のものとなる。

③一八七一年二月四日付では、アイルランドとイングランドの宗教紛争（ここで、ローマ・カトリックは「度し難い頑迷固陋」と酷評されている）、ローマ帝国のキリスト教迫害等の歴史的事例を挙げ、「宗教弾圧は、それが厳格

であればあるほど被迫害者の抵抗を増強した」との歴史の教訓を示し、「日本政府は、苛酷な流罪ではなく、重税を課すなど、もっと穏やかなキリスト教弾圧政策をとり、信徒の熱意を冷却させた方がより賢明な方策であったろう」と評する。さらに「キリスト教諸国の公使は、キリスト教が卑しく堕落した迷信だと汚名を着せる布告とこの残酷な迫害に抗議する義務がある」と述べ、それは「人道的立場だけでなく、日本の国益のためでもある」と主張する。そこで、この同じ問題について一八〇〇年前に書かれた一文を考えてもらいたいとし、新約聖書から、「あの人たちから手を引いて、放っておきなさい。もしあの計画や業が人間から出たものなら、自滅するでしょう。しかし、もしそれが神から出たものなら、諸君は神と戦うことになる」(「使徒言行録」5・38―39)を引用し、信徒を解放する方が得策と示唆する。

④一八七一年三月一八日付では、前掲二月四日の記事を引き継ぎ、「欧米諸国の公使は内政に干渉すべきではないが、この迫害に抗議を控えるのも不当だ」という。すなわち「欧米人は、日本人に比べ世界史の幅広い知識に富み、この知識に基づいて日本に助言する立場にある」とし、次のように論じる。

日本人が熱心に学び、吸収している我々の言語、考え方、制度、法律、文学、芸術にはキリスト教が浸透し、織り込まれている。そのため、日本が西洋化を推し進める限り、キリスト教の影響から免れることはできず、かつては有効であった信念や考え方は放棄されざるをえない。例を挙げれば、キリスト教徒の迫害を煽っている「天皇を神の子孫とする」ドグマは、信教の自由 (religious freedom) や知的進歩を阻害するものである。ヨーロッパですでに消滅した王権神授説でさえ、王が国民の自由や福祉を侵害すれば、信心深い信徒でも、それに抵抗する権利が神から賦与されていると考えていた。

キリスト教はその人間への卓越した平和と善意の教えにもかかわらず、極めて攻撃的で地上のあらゆる道義を破壊する。キリスト教はギリシア・ローマ文明を始め、ゲルマン諸族を征服してきた。キリスト教はあらゆる信仰形態にとってかわる力を持つ。かくて、キリスト教が日本を征服するのは歴史的帰結である。

ここで指摘されている日本の西洋化は、同時にキリスト教化であるとの見解は、後述するCMS宣教師の書簡にも認められる。ここには西洋文明とキリスト教の普遍性に対する強い確信が読み取れる。なるほど、日本が西洋文明を摂取すれば、キリスト教的諸要素も必然的に受容することになる。しかしながら、明確な教義体系をもったキリスト教という宗教を受容することと、西洋文明摂取の過程でキリスト教的諸要素を摂取することとは、次元を異にする問題であろう。

なおここで、メイルは「中国ではキリスト教宣教が儒教の堅い岩に砕け散り、仏教に呑み込まれてしまったと日本人は自らを慰めている」が、「中国は西洋化を推進しておらず、日本とは事情が全く異なる」と注釈を加えている。

メイルがキリスト教の普遍性の論拠を、ギリシア・ローマ文明、ゲルマン諸族への拡大に求めるのは、文化圏の広がりに対する認識を取り違えた議論であり、彼の言う「世界史の知識」は西洋世界の歴史なのである。それなら、同じことが東北アジアにおける儒教の普遍性にも妥当することになる。なお、メイルは、この時点では「迫害はやめるべきだが、信教の自由（freedom of religious practice）の完全な公認はいまだ期待しえない」との現状理解を示す。

⑤一八七二年五月一八日付では、中村敬宇の「擬泰西人上書」の全訳を掲載し、冒頭で論評する。「擬泰西人上書」は、開国に転じ、西洋文明を積極的に摂取している日本が、依然として「尚ホ二百年前ノ陳腐ノ国禁ヲ守株」するのは、西洋文明の本根を捨て、枝葉を摂取する道理に合わない方策であるとし、切支丹禁制の解除を天皇に奏上したものである。

メイルはこの「擬泰西人上書」が、「文体が天皇への敬意を欠き、日本の政治社会的側面に触れず、仏教の衰徴による日本人の精神の空虚さ、及び人心を掌握できない天皇の宗教（神道）への言及も避けている」とその立論の欠陥を衝き、神道国教化政策を浦上四番崩れの本質的起因だとして、次の論を展開する。

切支丹禁制の主因は、天皇を神格化する教義とイエスを神の受肉者とする教義の対立にある。しかしながら、日本の政治家は、この天皇の教義が虚構であると知りながら、これを政権の支柱としている。しかしこの虚構は西洋人との接触により早晩、崩れ去る運命にある。なぜなら、キリストの神性の教義は高遠、明敏な知性が五〇世代に亙り論議を積み重ねて生み出した成果であり、日本人はこの教義を論駁できない。キリスト教の偉大な教義が受け容れられるなら、それに反する教義は衰えざるを得ない。

にもかかわらず、日本の政治家はこの重大案件を検討しようともしない。宗教の語源（religere）が示すように社会の各個人を「結びつける」ものは、哲学や法律などではなく、宗教である。政府の提唱する天皇の宗教には、この力はない。また仏教も活力を失い、この社会統合の危機的状況に対処する力はない。むしろキリスト教こそ、神の裁可する国家の権威に忠誠を尽くすことを教え、国家の忠誠へと民衆を組み込む源泉である。

我々が現下の日本政府に求めるのは、キリスト教徒の迫害を中止し、切支丹禁制を撤廃することである。

この論説は、天皇神格化の教義は虚構であり、日本の西洋化に伴う破綻は必然とし、このような虚構に政権の基盤を置く維新政府の危うさを指摘したものである。確かに、この時期には神祇官は神祇省へと縮小され（明治四年八月）、宮中が祭祀の主な担い手となっていった。さらに神祇省は、明治五年三月には教部省へと移行し、祭祀は式部寮に移管され、宣教使は廃止された。この推移は、文明開化の下で、当初の神道国教主義政策が撤回され、祭祀儀礼を中心とした神社神道へと変容した次第を物語っている。(15)

この点では、この論説は慧眼にも、この政府の宗教政策の転換を観測している。また論者の「西洋との接触に伴い、天皇の宗教は破綻する」との予測も、久米邦武が一八九二年に発表した「神道は祭天の古俗」（記紀神話を欧米歴史学で解釈した論文）でその一端は現実のものとなる。

ところで、この論説が指摘する「社会の各個人を結びつける」宗教の必要性は、対外的危機意識の下で、民族意識が強く自覚された日本において、維新政府に要請されたのは確かである。維新政府が天皇の神権的絶対性を記紀神話に基づいて根拠づけたのは、政権の正当性と権威の確立のみならず、国民統合の役割をも企図していた。この天皇の権威の神格化は、メイルの予測とは裏腹に天皇制イデオロギーに変質しつつもずっと保持され、中央集権的民族国家成立に顕著な成果をおさめた。天皇神格化の教義の不備よりも、国家統合の戦略としての天皇神格化の意義の方が大きかったのである。それ故、キリスト教迫害の主因は、メイルの分析するようなキリスト教の神概念と天皇の神格との神学的次元の対立ではなく、むしろ政治的次元の問題に帰せられる。

もっとも、慶応四年五月の首魁信徒の配流は、神道国教化政策に基づいたものではなく、新政権への反逆分子として浦上信徒を把握したことに起因する。神道国教化政策がキリスト教対策として明確に位置づけられるのは、浦上信徒総配流実施の半年前頃からである（本篇第一章参照）。

ともかく、いずれにしても維新政府が浦上信徒総配流を実施したのは、彼らが、国家統合の原理である法律、ないしは天皇の絶対的権威に背馳すると考えた点にあった。そのため、この迫害は、神道とキリスト教という宗教基盤の差異はあるものの、西洋での教会と国家との権威の衝突と、同一次元の問題に帰せられる。そもそも「皇国神裔ノ神裔タル」天皇の位置づけは、記紀神話に依拠した天皇統治の正統性に力点が置かれていた。

すると、浦上信徒をめぐる外交問題は西欧と日本の神観、宗教観の相違が十分に認識されないまま、混同して議論された点に存在したと考えられる。

岩倉は、浦上信徒総配流の根本的理由として、「信徒らが現政体の根幹たる神道の首長としての天皇の地位を認めない」点をあげていた。これに対し、メイルは、政体の基盤たる天皇の宗教自体が西洋化に伴い、破綻すると警告し、キリスト教こそが国家の忠誠へと民衆を教え導く宗教だと主張したのである。すなわち、天皇を神格化するより、キリスト教を政権の基盤とした方が民衆の支持を得られる方策と考えた。しかしながら、このメイルの提案は、キリスト教の絶対神の概念が日本人に定着していない点を見落とした、非現実的なものといわざるをえない。

政府が国民に神社への拝礼を求めるとはいっても、ここでの「神」はキリスト教的な絶対神ではなく、民族の祖先神であり、それへの恭順や忠誠をキリスト教信仰と同列に論じることには無理がある。神社拝礼が、臣民の国家への忠誠を最終目的としたのならば、浦上信徒は「信仰を除いては、国家と天皇に恭順の姿勢を示していた」(本篇第一章)のであるから、政府は神社参拝の強要に固執する必要はなかった(むろん、切支丹邪教観の存在や攘夷派の活動は除外した上での議論ではあるが)。

他方、浦上信徒は頑なに神社拝礼を拒否する必要もなかった。この拝礼は、宗教的次元での偶像崇拝ではなく、国家への忠誠を表明する点にその本質が存したからである。

ところで、この「国家への忠誠」をめぐっては、明治中期にも同様な論争が繰り返されている。井上哲次郎は『教育ト宗教ノ衝突』(明治二六年)で「天照大神は皇室の祖先」であり、この神を尊崇しない耶蘇教者は「国体を損傷する」者だと非難する(七—九頁)。さらに、「耶蘇教は国家的精神に反する」ところがあり、「愛国主義は決して耶蘇教によりて鞏固なる基礎を得べきものにあらず」(三四—三五頁)と主張した。

これに対して、リギョール(パリ外国宣教会)・前田長太『宗教ト国家』(明治二六年)はカトリックの立場から、「日本の臣民中少しく知識ある者は、誰か天照大神を以て最大の神となす者かある」(四〇頁)とし、「善人は悪人よりも一層国を愛するの情深きことは争ふべからざる事実なり……吾基督教は人をして尤も名誉面目の善人たらしむる教なるを見ば、寧ろ愛国主義には尤も鞏固なる基礎を与ふる」(一二三―一二四頁)と反駁した。[16] この反駁は、天皇の宗教を信奉せずとも、キリスト教により国家への忠誠心は涵養し得るという点でメイルと同一基調にある。

⑥一八七二年六月一日・八日付では、投稿を掲載し、これは前回の論説をさらに展開した論考だと評価している。この投稿の要旨は以下の通りである。

西洋諸国に比肩しようと切望している日本政府が、キリスト教徒を迫害するのは、矛盾している。政府のキリスト教徒迫害は、思うに過去からの因習にすぎない。キリスト教を日本に導入するための障害は何なのか。教義面についていえば、キリスト教は、神と社会と隣人への義務として正義と善と愛を求める教えであり、問題はない。また、宣教師が日本侵略の野望を持っているとの危惧は、もはや馬鹿げたものである。もし侵略するなら一艦隊で十分なのに、なぜ無力な宣教師に頼らねばならないのか。現実の国際情勢はむしろ逆である。すなわち、切支丹禁制とキリスト教徒の迫害こそが、侵略への糸口を与える。もしロシアがこの迫害の残虐さを指弾し、キリスト教国の名誉を口実に、日本に進攻したなら、他の西洋列強はそれに介入し得ない。従って、日本は切支丹禁制を解除した方が、むしろその侵略の野望を挫き、同時に日本の独立は他の全ての列強により支援を受けるだろう。

かくて、日本にキリスト教を導入するのは可能であり、望ましいばかりか、必要でもある。数年前までは排外派が活動したが、それは今や西洋への心酔にとってかわった。日本政府自体が西洋化の音頭をとり、古い伝統を放棄し、文明国家の仲間入りを熱心に進めている。

この評論は、国内、国際情勢の変化を踏まえたもので、説得力を持つ。投稿者のロシアの領土的侵略への警戒は、浦上四番崩れに際して、ロシアが欧米列国と協調せず、独自の外交路線を採ったことに因るものであろうか。

なお、西洋の侵略方法が妖教ではなく、軍事力に頼っているとの観察は、すでに古賀侗庵（一七八八―一八四六）の『海防臆測』（成稿は一八三八年と推定）に見える。(17)

投稿者は続けて、次の文明論を展開する。

鉄道や電信、艦隊を所有するのは、正確にいえば文明ではない。文明は、魂、心、精神の分野の発達であり、真理を求め、善を実行する点にある。文明とは人と人との間の敬意と愛と奉仕である。しかして、キリスト教は文明の礎である。キリスト教が暴君や専制政治から西洋を解放し、西洋世界を形成した。キリスト教抜きでは日本は繁栄しても、決して文明化はされない。

日本は西洋の法律や慣習を摂取しようと努めているが、西洋の法律体系の根本原理は信教の自由（religious liberty）にある。すなわち、神が各個々人に自由を賦与しているからこそ、立法府は個々人がその良心に従って行動することを容認するのである。従って将来、仏僧であれ神官であれセーヌ河岸やテムズ河岸で布教しようとも、それを妨げる法律はなく、投獄などできないのである。その上、キリスト教の迫害は、条約改正の妨げとなる。日本政府が我々の信仰上の兄弟を追放し、飢えや悲惨な境遇に陥れている限り、我々は日本政府がキリスト教徒である我々西洋人を迫害するという危惧を捨てられない。

この論説は西洋文明の源がキリスト教にあることを、人間関係や法律を例にあげて具体的に論じたもので、興味深い。ただ「キリスト教抜きでは日本は文明化されない」とするのは、非キリスト教文明の存在を認めない臆断であろう。

ところで、この論説の「切支丹禁制を撤廃しなければ、居留外国人の生命、財産の安全は保証できず、欧米列強は条約改正には応じない」との指摘は、岩倉使節団が直面した問題でもあった。

⑦一八七二年六月二九日付「キリスト教問題に関する議論」では、最初に「擬泰西人上書」を論評し、「議論に

新味はなく、骨董品のようだが、日本人の幸福を思う論者の熱意や誠実さは感じられる」と述べる。そして「彼のぼんやりした議論を明確化したい」とし、西洋社会におけるキリスト教の役割の大きさを再度詳論する。

ここでは、西洋の文学、音楽などへのキリスト教の影響を例証し、「堕胎、幼児殺害、自殺の禁止」等の道徳、並びに「孤児や困窮者を社会の責任として保護する慈善活動」等は「異教世界には存在しないキリスト教の果実である」という。次に日本人に論及し、「謙遜さや品格、すなわち人間性の向上はキリスト教の生み出したものであり、日本人がほとんど知らず、必要も認めていないものだ」と論じる。そして「これはキリスト教がヨーロッパになした最も凝縮した要約であり、我々はそれを当然のことと考えている」と述べる。続いて宣教師の功績に触れ、「中国の宣教師は、辞書の刊行、聖書の翻訳と配布、自然科学書の翻訳などにより、中国人に西洋の知識を提供している」とし、宣教師が「その高度な能力と高潔な意志」で、東洋に貢献している事実をあげる。従って、日本が西洋文明を受け容れる限り、「福音を伝える宣教師を排除するのは有害である」。そして、「日本で数千の聖書が輸入され、自由に販売されているのが事実」なら、このような情勢下で、「キリスト教の解禁は、日本にとり政治的論理的な必然である」と結ぶ。

確かに、西洋社会におけるキリスト教の影響や宣教師が果たした文化的功績は否定できない。とりわけ、中国での宣教師の漢文著作は、幕末明治初期の我が国に大量に流入し、日本の近代化に寄与した(18)。

しかしながら、謙遜・品格（modesty, decency）等の人間性の向上をもたらすのはキリスト教だとの主張は、裏返していえば、非キリスト教徒は野蛮で傲慢、人間性も劣るとの短絡的な臆断である。ここには西洋人の非キリスト教徒に対する偏見の根深さが開示されている（「日本の読者への最大の苦言だ」との言い訳はしているものの）。

かかる偏見の由来は分明ではないが、一八八三年に大阪で開催された宣教会議で、スコットランド一致長老派宣教師ワデル（Waddell, Hugh）は「日本におけるキリスト教受容の障害としての中国古典の影響」と題する報告で次のように述べている。「中国古典によれば、人間を形成する魂と身体は、それぞれ天と地の神に由来するとされる。だから人間は神（Deity）と同じ本質を持つことになる。これが日本人を誇らせ、聖書の提示する謙遜な人間観を受け容れ難い理由である」[19]。

キリスト教徒のかかる異教徒への偏見は、外交問題においても表出されている。例えば、ＣＭＳ宣教師モンドレル（Maundrell, H.）は、一八九三年二月二二日付書簡で「治外法権撤廃に、欧米諸国は、これまで同意しないできた。それは、外国人がかかわる事件で、非キリスト教国が法律を正しく執行し得るかとの疑念があったためである」と記している。

以上に見た西洋キリスト教徒の日本人への偏見に満ちた言説の根底に存在するのは、キリスト教の論理である。サイードのいう「オリエンタリズム」的言説世界は、日本においてもキリスト教の論理にその根拠の一端を置いていたことは間違いない。

以下に、この事情をヘボンの言説を例にとり詳しく探究したい。ヘボンは一八九五年のグリフィスへの書簡で、「日本人は道徳においては、他のすべての異教徒と同じく、不誠実（untruthful）で不道徳（licentious）、かつ信頼できない（unreliable）」と記している。[20]この総括的論断は、ヘボンが宣教医として、三三年間に亙る日本での医療活動と辞書編纂、聖書和訳への不撓不屈の献身のあとに吐露されているだけに、単に狭量な教条主義的信念による異教徒への先入観として片付けるわけにはいかない。彼の判断はその広汎で長期に及ぶ日本人とのなまの接触経験に基づいたもので、彼の判断の真実性には否定できない重さがある。ヘボンは、二六歳の時、自身を振り返って次のように記す。「二十年間、水を飲むごとくに罪悪を吸収し、罪を犯し、欲望のままに生活し、神への責務にまったく無頓着のまま生きてきた。主の弟子となる決意を告白して以来のこの六年間でさえ、どれだけ多くの時間が浪費されてきたことか。不信仰、堕落の力、世俗の誘惑の故に無益に費やした時間、空疎な会話、愚かでよこしまな心の思い、怠惰な生活の営みの中で私が空費した全ての時間を差し引いたら、一体どれだけの時間が残るであろうか。神の戒律は、不従順、不信仰な思いの一片たりとも許しはしない。それは常に神への愛を動機として行動し、内面の真実と純真さ、神聖さを求めるのである」[21]。人格神の前に絶えざる自己吟味を要求するカルヴィニズム的自我観に立った倫理規準から見れば、人格神を知らず、従って人間関係を超えた次元への倫理的責任と内的葛藤を持たない日本人の行動のありかたは、不誠実で気儘なものと映らざるを得なかったのであろう。だが他方で、ヘボンには、日本には欧米とは次元を異にした神観や自我意識、および救済観が存在するという異文化に対する弾力的な想像力が欠如していたのもまた事実であろう。

ヘボンは東アジア諸国の国民性と宗教について次のように述べる。「我々が中国、日本、朝鮮の諸国において、虚偽、欺瞞、不道徳や不節制に抗議する健全な世論を期待することは無駄である。また独裁的権力の圧政、残忍さからの解放と自由を望むことも無駄である。政治的権利の毅然とした主張を見いだすこともまた無駄である。儒教や仏教の教えに基づいて、病院が建てられたり、貧者や弱者、浮浪者のために施設が創設された事実もない」[22]。そして日本の宗教については、「仏教や儒教は日本の今日の発展になんら寄与していない」[23]とし、神道を「偶像も聖典もなく、道徳的義務を教えず、神と人に対する罪の意識や人間の堕落の概念もない……神々は不純で不道徳、互いに争い、戦い、酒に酔い、人間の行うありとあらゆる行為をする」[24]と理解する。また開国以前の日本人については、「神格化された人間に優る神々はなく、仏教と偶像崇拝以外に宗教はなく、中国の儒教より高度な道徳律はなく、神を知らず、至高の存在に対する責務も感じず、全国民は不道徳と動物的本能に身を任せて生活していた」[25]と断じている。かかるヘボンの言説はキリスト教文明の先進かつ普遍の立場から東アジアの未開を叙すというオリエンタリズム的言説に属するものである。そして彼の如上の言説から判断して、その神道や儒教・仏教に対する理解はあまりに浅薄かつ一面的であり、徹頭徹尾キリスト教倫理の真実性の絶対的確信に立って日本人の宗教と精神を断罪していることが明らかである。これは、西洋キリスト教の信念体系が異文化にある人間理解をいかに狭め、歪めていたかを示す一証左といえよう。

しかし、ここで注意すべきことは、前述の通り、ヘボンはその回顧で、自分自身をも厳しく糾弾しており、彼の日本人への手厳しい批判は、彼の内面的経験と地続きでなされている点で、対等で同質な人間観に立っており、サイードのいう西洋の東洋に対する支配―従属関係、人種偏見を前提とした観念体系とはやや次元を異にしている。別言すれば、かかる内面的経験から西洋人の東洋人への言説が離脱、独立したところにオリエンタリズム的思考規範の虚構性が強化されたのである。

⑧一八七三年二月二二日付では、切支丹禁制の高札撤去を論じる。この措置は「全キリスト教界に深い満足をもって迎えられた」と述べ、この禁制撤去の理由を推論する。第一に「西洋人との接触が、岩倉使節団の心境を変化に導いた」とし、日本政府は「浦上信徒の弾圧や切支丹禁制がある限り、治外法権撤廃を議題に上らせられないことを悟った」と推量する。これは岩倉の言説の変化と対応する。岩倉は一八七〇年には浦上信徒の配流を支持していたが、一八七二年一一月二七日には、英国で「終には寛恕の期に至るへく候」と信徒の解放を表明している。(26)

第二に、この政策転換は、「列強の圧力に譲歩したというより、むしろキリスト教、キリスト教国に対する日本人の態度の変化による」と見る。すなわち、「かつての外国人への嫌悪や疑惑は、信頼や共感、親好の精神にとってかわった」と考える。

続いて、この高札の撤去を日本のキリスト教迫害史の中に位置づけ、「〝殉教者の血は教会の種子である〟との格言が日本ほど該当する国はない」とし、強力な弾圧にもかかわらず、「異教に膝を屈めないキリシタンが存続しており、その一部は浦上信徒問題として顕在化した」次第を概説する。

そして最後にメイルは、この好機に英国教会の宣教活動を促進せよと提言する。すなわち「英国教会は他教派に比べ、財力・人材・学識に富み、宣教の熱意もある」「英国教会宣教師が日本の民衆の教師、キリスト教の指導者として高い地位を占めなければ、日本ではキリスト教信仰が笑いものにされ、その真の高貴さを奪う無知の熱狂が大勢を占めることになる」と訴える。しかし他方で、宣教会、宣教師に苦言も呈している。宣教会については「宣教会間の不一致、宣教面での物質的貧弱さ」をあげ、宣教師については「宣教師の活動の多くが健全な世俗的常識や寛容な精神から乖離している」点を指摘し、「抜本的な改革が必要不可欠」と主張する。

このような宣教師の活動に対する敬意と批判のアンビヴァレンツな評価は、後述するエクスプレスやヘラルドにも見られ、外国人居留地発行の英国系新聞の対宣教師観に、ある種の共通パターンが看取できる。

以上、メイルの論評を見てきたが、それは、切支丹禁制、浦上信徒総流罪への多角的で総合的な批評となっている。この一連の論評は、西洋キリスト教の枠組みに準拠しすぎる傾向があるとはいえ、欧米人のキリスト教理解を「その真の教義について何も知らないらしい日本の政治家」(一八七二・五・一八)に啓蒙する点では、意義深く豊富な知識を提供したことは疑えない。

これに加えて、これらの論評は、日本の情勢をほぼ正確に踏まえてなされている。例えば、一八七〇~七一年には「信教の自由」は時期尚早と述べていたが、一八七二年からは切支丹禁制の撤去を明確に主張し始めるのは、政府のキリスト教への態度の変化と照応する。[27] また、「長崎のキリシタン」についても、「キリスト教徒というより、むしろ異教的儀礼を忠実に守ることで、先祖伝来の宗教を保持してきた人々」(一八七三・二・二二)と正確に把握している記事も見られる。

これらの論説が、浦上信徒総配流というキリスト教徒迫害の渦中のものであり、一方で日本が急激な西洋化を推し進めていた情勢下でなされた点を勘案すれば、西洋のキリスト教を称揚し、積極的に評価するのは、立論の性格上当然な側面もある。またメイルの日本への忠告が真摯で誠実な精神に基づいたものである点にも疑いを差し挟む余地はない。とはいえ、「キリスト教国家でなければ、文明国ではない」「異教徒である日本人は謙遜さや品格を知らない」との主張には、東洋の宗教を尊重し、理解するという視座が欠如していたといわざるをえない。さらに、東アジアの歴史に全く論及せず、キリスト教の西洋世界への拡大をもって、その普遍性を主張するのも、一面的な議論である。

しかし他方でメイルは、キリスト教の普遍性を哲学的・宗教的視点からも説いている。すなわち、「人間は生来、本質的に宗教的な存在で、自己の起源や運命への絶えざる問いや魂の渇望、人生の混乱を持ち、それに応え得るのは宗教だ」とし、結局、この宗教はキリスト教以外にないと示唆する（一八七一・三・一八）。だが、この議論はキリスト教教義から逆に導き出した発問と応答であり、日本では、宗教にこのような形而上の疑問や願望を期待する伝統は希薄であることにまでは理解が及んでいない。

またメイルは仏教か儒教か天皇の宗教かキリスト教か、という二者択一的立論を前提とする。かかる宗教観では、神道・仏教・儒教が混交し、融合した日本人の宗教的メンタリティーをとらえることはできないだろう。

かくしてメイルは、西洋人の宗教的枠組みから一歩も出ず、東洋の歴史や宗教的伝統を軽視し、あるいは視野に入れることなく議論を展開したのである。かかる立論の根底には、西洋キリスト教のみが文明人の宗教であり、人類に普遍的な真理であるとの強い固定観念が看取できる。この点では、浦上事件を「公平に正しく判断」したことにはならない。また後述するエクスプレスに比べれば、かなり西洋キリスト教そのものを推奨する論説が目立つ。キリスト教迫害の渦中にあった長崎に比べ、横浜ではその危機感が薄かったのであろうか。

なお、西洋キリスト教の正当性に依拠したメイルの論説とは異なり、上海のヘラルドは、「日本のキリスト教徒迫害」（一八七一・四・五）で、東洋の宗教について、より実情に則した認識を示す。そこでは、「中国での仏教、道教、儒教の穏やかな調和、日本で共存する仏教と神道の友好関係などは、キリスト教の教理や実践では一顧だにされない」とし、キリスト教の「激しい前進的」布教が他宗教と絶えず軋轢を起こしてきたと指摘する。そして浦上四番崩れにも言及し、その原因は「天皇の神聖な権威への侵害である」が、この考えは「一七世紀の英国において君主権を疑うことが、政治的宗教的犯罪とみなされたのと同一だ」(王権神授説を唱え、非国教徒を迫害したジェームズ一世の統治を指す)と論じ、「この教義は今日のヨーロッパの君主の中にも強力な支持者がいる」と述べる。この論評は、メイルと異なり、浦上信徒配流の本質的原因を西洋諸国にも通底する政治的問題と理解する点でより正確な認識といえよう。

第六節　CMS宣教師の浦上信徒総流罪に対する反応と対応

(一) エンソー

エンソーは、一八六九年九月二〇日付書簡では、「ローマ・カトリックは日本の布教の開拓者であり、その失敗と成功から我々は教訓を学び得る」という。そして、浦上信徒の不幸な発覚は、「信徒を大胆な行動へと押し出した宣教師のあまりに無思慮な行動に因るという見解がここでは一般的である」と記している。

エンソーは一八七〇年一月一四日のCMSの総主事ヴェン(Venn, Henry)宛書簡で、浦上信徒総流罪を目撃した感想を記している。「武装した兵士により、浦上の老若男女が家畜のように追い立てられ、家族が引き裂かれて」長崎港から移送されて行った。これは「まるでネロやドミティアヌスの時代に戻った」ような光景だと言い、「私は悪夢から目覚めたようで、同情と悲しみ、絶望と怒りが交錯している」とその衝撃を表現する。又この数年の日本の文明化は、この迫害により「一週間で、数世紀も逆行した」との感想を漏らす。

浦上信徒の信仰(カトリック)については、「彼らは我々と信条を異にし、その信仰は迷信に満ち、錯誤によって曇っており、純粋なキリスト教のみが与えうる崇高な拠り所を欠いている」と述べ、カトリックに批判的評価を加える。この評価には英国でのカトリックとプロテスタントの確執が反映している。[28]しかし「それだからなおさら一層彼らに同情すべきである」とし、流罪の苛酷さに人道的立場から深い同情を示す。そして、政府当局は浦上信徒の寛大な処遇を広言しているが、それは便宜的な言い訳にすぎず、「彼らの運命は最悪と見なければならない」と推断する。

しかも、この迫害には、エンソーが雇用していた清水宮内（プロテスタント信徒）も巻き込まれ、[29]「日本の異教徒は初めて公然とプロテスタント信徒を迫害した」という新たな局面もあった。このような事情も加わって、エンソーはこの迫害撤回のために全力を尽くす。清水の捕縛に際して、エンソーは長崎の英国領事アンネスリー（Annesley, A. A.）を通して、英国人の雇人を捕縛するのは条約違反だと当局に抗議する。[30]また一方で、彼は「加賀に教師として赴任する英国人がいた」ので、配流信徒の消息を伝えてくれるよう依頼している。[31]そして「この盲目かつ野蛮な配流は、日本政府の無力さにつけ込んだ宗教的指導者層の圧力によるもので、確たる根拠を欠く」と見る。そのため「英国が公使に訓令を発し、この迫害を永遠に絶つなら、通商と文明とキリスト教とが、両国を平等と調和と愛の強い絆で結びつけることになるだろう」と結んでいる。

エンソーは、一八七〇年四月五日付書簡でも浦上事件に触れ、「二百年前のザビエルの経験は現在も真実であり、この民は一旦、信仰の真理を把握したらどんな迫害も恐れず信仰を表明する」と日本人の「積極的信仰心」を称賛する。

しかし他方で、英国教会の準備不足を指摘し、「信教の自由がこの地のキリスト教化ではなく、ローマ・カトリック化をもたらす公算が大きいとしたら、我々はそのために祈り得るか」と問い、「信教の自由（toleration）があまり早く容認されれば」、日本はカトリック教国になるのではないかと懸念する。この懸念は、カトリックが「そのよく訓練された有能な宣教師と多数の日本人信徒を組織し、印刷機を用いて布教」したら、英国教会は太刀打ちできない、とのエンソーの観測に基づく。なお、バーンサイドも「ローマは活発に活動している。その宣教師のいない開港地はない。それに対して、英国教会はたった一港にしか宣教師は駐在していない」（一八七二・一二・二）とし、CMSの劣勢を憂慮している。[32]

かくしてエンソーは、浦上信徒の解放は緊急の課題と考えたが、カトリックの布教への脅威から、それと連動した信教の自由の早急な公認には消極的な姿勢を示す。また「日本人はカトリックとプロテスタントを区別する場合もあるが、ほとんどの場合キリスト教徒として一括され、嫌悪の対象になっている」と報告し、「プロテスタントの殉教者」として横井小楠の暗殺をあげ、日本人信徒に迫害がおよぶのを心配する。この憂慮は、エンソーが洗授した二川一騰が一八七一年に逮捕され、現実のものとなる。[33]

一八七一年一月一六日付書簡でエンソーは、大村藩の牢に投獄されたプロテスタント信徒、清水宮内の手紙から、そこでの信徒らの悲惨な境遇を述べ（食物が必要量の六分の一しか支給されない等）、これらの深刻な実情がキリスト教国に届かず、無視されている状況を、「囚われの信徒は死に瀕しているのに、なぜそれを考えようとしないのか」と嘆く。そして、「英国は、この事件に重い責任がある」と論じ、その理由をほぼ二つあげている。

第一に「英国は倒幕側に加担し、現政権の成立に寄与したのであり、その権力の行使に対して我々は責任を負う」とし、「我々が無知な人（idiot）や子供に抜身の刀を持たせ、彼らが自分や他の誰かを傷つければ、その責任は我々に帰する」と論じる。第二に「日本にとり英国は、通商上重要な位置を占める。英国の一時的利益を損なうのを恐れて抗議を控え、日本政府の機嫌をうかがうことは、異教徒の目に我々の国家の威信を傷つけ、人間尊重を公言する我々への信頼を失わせる結果を招く。文明と人道主義の第一原則を無視し、キリスト教徒迫害の血塗られた国家と英国が通商その他の関係を結ぶことは、神の祝福を失うことである」。

第三に「数世紀もかけて、国民の自由と国家の繁栄との密接な結びつきの教訓を学んだ英国人」は、「国家の商業的成功の基本的条件である信教の自由（religious liberty）を無視し、国力を衰微させる宗教弾圧や知識の抑圧の実施を座視できるか」と問う。

こうして「条約改正も近づいている今こそが行動の時だ」と言明し、「この書簡を雑誌に掲載し、あらゆる手段を用いて英国のキリスト教徒の関心を高め、行動の喚起を促す」よう要請する。前述のメイルが日本政府に訴えているのに対し、エンソーの訴えは英国政府、英国のキリスト教界に向けられている。これらエンソーの主張には、英国の日本への外交上、通商上の権益よりもキリスト教国としての信義、義務を優先する宣教師の見識が遺憾なく開陳されている。これは、通商上の権益を重要課題として浦上信徒解放交渉に臨んだ英国政府への鋭い批判となっている。

上述のようにエンソーは、浦上信徒総配流の直接目撃者として、その感情を率直に吐露し、キリスト教徒としての人道的立場に基づいて、「囚われの身となっている人々」の解放が火急で切迫した課題であると訴えたのである。なお、エンソーの書簡には、文明の先達として英国を位置づける姿勢が強く表出され、その点ではメイル、エクスプレスと同一地平にある。これは、一九世紀後半の英国における「文明化の使命」のセルフ・イメージをＣＭＳ宣教師、英字新聞ともに共有していた次第を物語るものである。

エンソーは一八七一年一二月一五日付書簡では、神道国教化政策を論評し、「新政権がその権力の地歩を固めるため、天皇を法外に権威づけた過渡的方策」と把握する。すなわち「神道国教化政策は建築の足場のようなもので、当初は重要で必要不可欠だが、天皇の権威が確立した後には、不体裁な欠陥物以外のなにものでもなくなる」と洞察する。この洞察は、のちに神道国教化政策が変容し、天皇への忠誠のみが絶対化されるに至る道筋を看破したものである。また「日本では外国人教員の監督する学校が急増し、その結果、知識が普及すれば、天皇の神格性は保持できないだろう」述べ、メイルと同様、日本の西洋化が天皇の神格性を打破するとの予測を披瀝している。

(2) バーンサイド

バーンサイドは一八七一年七月一四日付書簡で、在日プロテスタント宣教師の請願書（一八七一・五・二二付、横浜）を同封し、「来年七月は条約改正の時期であり、信教の自由（religious liberty）、あるいは少なくともキリスト教の公認を加える好機である」と記し、キリスト教が公認されれば、「我々は福音を宣教でき、キリシタンは迫害から解放される」とする。バーンサイドは、エンソーと異なり、キリスト教の公認をキリシタンの解放と連動させて要望している。そして「本国のキリスト者はもっと熱心に、貧しく暗い日本のために祈って欲しい」とその心境を吐露する。

ところで、バーンサイドは一八七二年一二月二日付書簡（Annual Letter）で、天皇の神格化を次のように論じる。

> 信教の自由（toleration）への最大の障害は、キリスト教が「神の子孫としての天皇」を全く否定する点にあると思われている。確かに、この天皇の教義はイエスの受肉の教義と両立しえない。しかしながら、政府は天皇の行為を諸法令により規定し、彼の権力を制限し、一人の人間として扱っている。この事実は、政府も天皇自身も、この教義を信じていない証拠である。ゆえに、キリスト教徒が天皇の教義を否定することが、信教の自由の真の障害ではありえない。キリスト教徒にとり天皇の教義は「馬鹿げた」ものであり、日本の文明化の前に、消え去る運命にある。

この論評は、前述のメイルの論説（一八七二・五・一八）と類似する（バーンサイドがメイルを参照した可能性は高い）。メイルと同様、バーンサイドは、キリスト教の絶対神の概念に基づき「天皇の教義」を評価している。しかし日本人には絶対神の概念が薄く、むしろその神観は流動的で曖昧であったから、彼の指摘する矛盾は政策上の本質的欠陥とはならなかった。

第七節　天津教案に対するエクスプレスの見解

エクスプレスは、一八七〇年七月九・一六日、八月六・一三日、九月三・二四日付の社説で天津教案を取りあげる。また、この事件の経過を *The Shanghai Evening Courier* を中心にして継続的に転載している（一八七〇・七・一六／二三、八・六／二〇、九・三／二四、一〇・二二、一一・一二、一八七一・四・一五ほか）。天津教案は、天津のカトリック教会施設、仏領事館が暴徒に襲われ、仏領事・宣教師・修道女など西洋人二〇名が惨殺された衝撃的事件である。

この記事の掲載頻度と紙面の大きさから判断すると、エクスプレスは、この天津教案を浦上信徒総流罪に比べ、はるかに重大事件と見ていたことがわかる。長崎居留地の英国商人は上海の英国商社と密接な関係にあったことも、この事件への関心を高めた一因であろう。ともかく、この事件に対するエクスプレスの非常な関心には、切支丹禁制下にある長崎の居留民の恐怖が映し出されている。そして、逆にこの事件が前述の「肥後での絵踏の布告」の論評に見られるように、日本の切支丹禁制に対する激しい非難につながったと思われる。この天津教案の原因を論評する中で、宣教師の布教の問題がクローズアップされ、それを分析するようになる。

（一）この大虐殺の原因

エクスプレスは（一八七〇・七・九付）、この大虐殺の直接原因は、中国の熱狂した暴徒と彼らを扇動した高官にあり、それは事前に謀議されていたと言う。その根拠として、中国人は、日本に過剰在庫されていた兵器をここ数か月、大規模に購入している点、中国人商人は、茶を上海・福州などのヨーロッパ人が管理する倉庫に急遽売却した点の二つをあげる。

そして、この残虐な行為を働いた犯人は、厳格に処罰されねばならないとしながらも、宣教師の布教方法にも問題があると、次のように分析する。

「カトリックの布教は最も活発で、手段を選ばないため最も成功を収めているが、そのために無知な民衆の怒りも引き起こしている」。この事件の結果、総理衙門の各国公使への提案（「布教に関する覚書」）を見ると、ミッショナリーに対して「今後は儒教の悪口や儒教信奉者を侮蔑してはならない」とあり、宣教師、中国人キリスト信徒の排他的姿勢がうかがわれる。

また、宣教の熱心さの一例として、エクスプレス（一八七〇・七・三〇付）はカトリック・ミッショナリー（ラザリスト会）の孤児院経営を取りあげ、次のように批判する。

孤児院経営は確かに子供の教育、貧しい家庭の保護に貢献してはいるが、その目的はあくまで、改宗者を増やすためであり、これでは慈善活動の濫用である。

さらに中国で流行していた児童誘拐に配慮せず、「宣教会の孤児院が児童を無差別に受け入れ、児童を運び込んだ中国人に報酬を支払っていた事実は厳しく糾弾すべき」である。なぜなら「その児童が孤児か、誘拐された児童かは、判断し難く」、宣教会への児童誘拐の嫌疑を深める結果を招いたからである。そのゆえに、「天津教案の究極的な原因は、宣教師らの慈善活動に求められる」のである。

かかるエクスプレスの批判に加えて、次の点が指摘できる。宣教会は瀕死の病人を多く孤児院に運び込み終油を施した。カトリック側からいえば、これは魂の救済を意図した「善行」であろう。しかし、この行為はカトリック信徒の信仰世界では妥当しえても、それと別の世界にある人々にはあらぬ誤解の種となる。人間の魂の救済を最終目的とするのはキリスト教の信仰的次元の課題であり、それを強引に人類に普遍的な真理として中国人に適用するのは信仰と現実との混同であろう。キリスト教の教義では、人間を肉体と魂の二元的存在と見て、滅びるべき肉体より永遠の魂の救済が大切とする。しかし人間が肉体と魂から構成されているとするなら、肉体か魂かのどちらが大切かという問い自体が非キリスト教徒にとっては意味を成さないことになる。

（2）宣教師の宣教に対する批評

一八七〇年七月九日付、社説では、天津教案の論説の中で、宣教師一般に対しても次のように批評している。

We are no advocates for the compulsory christianization of the Heathen. We must confess to great regret at the arbitrary system of salvation preached by many of our faith ; many of them good men certainly, but many also, alas ! so strong in their belief and so weak in their judgment, that, to them all means are holy which may lead one poor heathen to the privilege of being an "interesting case" in an Exeter Hall report: men certainly who desire, and who work to make all men christians : men who justly rejoice when a stray sheep is saved, and—we fear, doubly rejoice when that sheep is led to fold of the "Society" they represent.

この批評は、宣教師の多くがキリスト教が救いへの唯一の道であると考え、すべての「哀れな異教徒」を改宗させようとし、そのためなら、どんな手段も聖なる業と考える宣教方法に問題があるとする。これに加えて宣教師自身も、その信念の強固さ故に、判断力は乏しいという。そればかりか宣教師は、異教徒の改宗だけを純粋に願っているのではなく、その教派の中に引き入れようとする願望が強く、宣教活動に世俗的な意図がひそんでいるとの疑念を提示する。

これを敷衍すれば、宣教師がその国の文化や社会的慣習を無視して、キリスト教絶対のドグマに自己満足的に立脚し、伝道することへの批判であり、同時にまたその宣教姿勢にも各宗派に引き入れようとする利害打算を見てとる。そして「CMSには、この非難は一般的に該当しない」としつつも、「宣教師の熱意が、我々が全く与り知らぬ争いに、しばしば我々を巻き込むことは否定できない」と批判し、「我々は宣教師（CMSも含め）が、その伝道している殉教者そのものに彼らを導いているという感情を抑えることができない」と揶揄している。

（3）天津教案に対する歴史的考察

一八七〇年八月一三日付社説では、「天津暴動は、排外運動だと主張する人もいるが、それは根拠がない。この暴動は、主に宣教会への敵意に基づくものであり、貿易商人に向けられたものではない」と断じる。すなわち、天津教案の直接的起因である「子供を誘拐し、その眼球から薬を製造している」とのデマは、「宣教師と修道女に向けられた疑惑である」とし、この事件の原因は宣教師の布教方法の問題に求められる、との主張を繰り返す。

この社説では、さらに天津教案とヨーロッパでの宗教迫害を対比し、以下のように論じている。

この暴動の残虐さ、不正義に驚愕し、その批判がヨーロッパ中で巻き起こっている。しかし、西洋の歴史を振り返れば、教会や国の定めた宗教の教義と一致しないという理由だけで、このような無差別な虐殺はヨーロッパのあらゆる国で行われていた。宗教裁判所の拷問による惨殺や火刑など枚挙にいとまがない。しかもこの虐殺は大規模で、興奮した暴徒だけではなく、政府当局も実行していた。

歴史的に見れば、宗教の見解の相違による迫害は、他のどんな迫害よりも苛烈、残虐であったのは常識である。そのため、中国の聖職者が、自国内のキリスト教徒の増大を見て、その忌まわしい運動を撲滅しようとしたのは、ごく自然の成り行きであり、驚くにはあたらない。天津暴動を見過ごしにはできないが、全能者の目からみれば、我々もその責めの大部分を分かち持っていることを知るべきである。

ここで「中国の聖職者」が天津教案の首謀者である、との指摘は「中国の郷紳階級」の誤認である。第三章で後述するように、彼等は熱心な儒教の徒ではあったが、エクスプレスが指摘するような熱狂的宗教心からこの暴動を惹き起こしたのではない。

それはともかく、天津暴動の原因としてミッショナリーの宣教の強引さ、独善性を強調するこの論評には、切支丹禁制下で類似した立場にあった長崎外国人居留民のミッショナリーの宣教活動に対する警戒の念が刻印されていると思われる。しかし一方で、この社説はキリスト教と東洋の宗教を同列に扱っており、キリスト教を一宗教と相対化している点が注目される。

(4)　天津教案の事後経過に対する論評

この社説（一八七〇・八・一三）は引き続いて、天津教案に対する西洋人の対応を次のように予測している（実際はこの結果を招くことにはならなかったが）。

未開文明の熱狂はその神殿を侵害した宣教師たち二〇人を虐殺したが、ヨーロッパでは聖職者が復讐の精神を煽るに違いない。そして、文明化されたキリスト教徒は武装した軍隊を派遣し、この暴動と無関係な数千人の中国人の命を奪うであろう。

一八七〇年八月二七日付の社説では、中国と西洋列強との戦争が不可避であるとの報道を受け、「この戦争は中国の進歩と文明化に寄与する」と主張する。すなわち、「西洋列強の武力介入により、現在の中国の無政府状態に対して秩序が回復されるばかりか、その文明化と進歩を阻害している中国の高級官僚の害悪を除去できる」

のである。この論評は、西洋化が文明化であると同時に進歩でもあるとする理解、並びに中国の文明化を阻害する元凶は高級官僚にあると見る点で、第三章で後述するヘラルドの見解と酷似している。

(5) 天津教案と長崎での児童誘拐

一八七〇年七月一六日付では、「異常な児童誘拐」の見出しで、長崎での少年誘拐事件を報道し、犯人の中国人の特徴を記し、「この犯人がミッショナリーの施設に児童を供給するとは考えられない」とする。同月三〇日付社説では、日本人から「外国人は子供を誘拐し、眼球を抉り出し薬を製造する慣習があるのか」との質問を受けたとして、次のような論評を展開する。

このような幻想に基づくデマは、大衆に影響を与えやすい。我々には、日本人の友人もいるが、我々に敵意を持つ日本人もまた少なくない。従って、排外主義者がこのようなデマを利用し、民衆を扇動すれば、天津の二の舞となる危険がある。先月以来、長崎外国人居留地では警備の役人が二倍に増員され、居留地に入る日本人は厳しく尋問されるようになった。一時、世論が天津教案に集中した。政府は、我々の身の安全を配慮して厳重な警備を敷いた。しかし居留地の警備を厳重にすれば、天津でのデマが真実かとの、あらぬ疑念が引き起こされる危惧が残る。

ここに開陳された感想には、長崎外国人居留地の住民が、天津教案と長崎での児童誘拐の発覚に神経過敏に陥った内情が投影されている。*The New York Times*(一八七〇・一〇・二九—横浜特派員記事、八・二二記)は、「日本政府は天津教案を知り、各国公使に悔み状を送り、日本で同様の事件の起こらぬよう厳重な警戒をするとの決意を表明した」と述べ[34]、「特に長崎では、宣教師の身の安全を確保するため、居留地は厳戒体制にある」と報じている。

第八節　エクスプレスの宣教師観とCMS資料による検証

エクスプレスには、プロテスタント宣教会への批判も見られる。一八七一年八月一九日付では、横浜の *The Japan Gazette*（一八七一・八・九）の「混血児問題」の記事を紹介し、それを論難する投書を掲載している。*The Japan Gazette* の要旨は以下の通りである。

日本の居留地で混血児が増加している。彼らの圧倒的多数が母親の異教的迷信と偶像崇拝の中で養育されている事態には耐えられない。子供達は父親のキリスト教信仰の中で育てられるべきである。この混血児の世話と養育を目的とした「子供達の家庭と学校」を設立するために、米国の The Woman's Union Missionary Society of America (WUMS) から、この六月、三人の婦人宣教師が横浜に到着した。(35) 彼女らは、すでに、Mr. Alt の家を借り、数日中にその働きを始める予定である。彼女らの働きによって、我々の混血児はこれまでの異教の迷信の有害さから解放され、キリスト教信仰の中で養育される。彼女らのこの有益な働きを全面的に支援しよう。

この記事に対し、投書は以下のような揶揄を浴びせている。

WUMS の婦人の無分別な行動は、ドン・キホーテにも比定されるべきものである。混血児の自称父親は別にそんなことは望んでいない。彼らは日本の女性と結婚しようと望んでいるわけではなく、生来のよこしまな欲望に従っているだけである。彼らは母国では社会的非難や費用の点で蓄妾できないだけであり、日本でそれを実行に移したにすぎない。三人の婦人が未亡人かオールドミスなら、結婚すれば、少なくとも三人は教化できるだろう。

このように、投稿者の論旨は暴論に近い。ただ、婦人宣教師が現地の実情を踏まえず、夢想的な使命感からキリスト教の正義を振りかざす自己満足的姿勢に欺瞞を感じている様子は読み取れる。

エクスプレスは、一八七三年一二月二七日付の社説で、一〇月二一日に開かれたCMSの会合（*The London and China Express*, 一八七三・一〇・二四収載）を酷評する。まずこの種の会合では、「CMSはいつも祝辞と興味深い改宗事例の報告をし、献金の訴えをする」とステロタイプ化された報告を皮肉る。なお、このような宣教師の会合への批判は、ヘラルドにも見える。ヘラルドは、中国でのプロテスタントの宣教会議を酷評し、「宣教師の会合は、聴衆の感情を刺激して献金を要請し、演説者の講演は粉飾と誇張に満ち、卑俗な感情に俗悪な訴えをするにすぎない」点で「堕落している」と断じている（一八七〇年七月七日付“Editorial Selections”欄「宣教」）。

エクスプレスはさらに次のように続ける。

この会合で、エンソーは「長崎県当局は、全ての宣教師と日本人の改宗者たちの行動に対して警戒せよ、との命令を受けているので、宣教には細心の注意が必要である……しかし日本ほど（宣教の効果がある）優れたフィールドはない」と報告した。これに対して、エクスプレスは外国人居留地に住む我々の知る限り「日本人の改宗者はほとんどいないのに、宣教の成功がなぜ証明されるのか」と辛辣に皮肉る。また「最近日本の諸港を訪れた……外国人居留地での不道徳と日曜礼拝の無視は、日本人に対する悪例であり、遺憾である」とのハート(Hart, Martin) 牧師の演説に対して、「我々長崎外国人居留地の住民は、ハートがいつ我々の居留地を訪れ、誰と会ったのか知らない。……彼は我々の居留地の生活を全く知らないのに、なぜ不道徳と日曜礼拝の無視がなされているなどと断言するのか。英国の友人はこの報告から、我々が長崎で、不道徳で礼拝を守らない生活をしていると思うだろう。……実際には、長崎の外国人居留地の住民は、英国の教区での教会出席者と同じくらいの比率は維持している」と反論する。そして「我々はミッショナリーの東洋への貢献（benefits）に全く懐疑的なわけではなく、また彼らの慈善活動を否定するつもりもない」。しかし「ハートの如き無責任な中傷に対しては、断固抗議する」。もっとも、居留地の貿易商と宣教師の対立は、フルベッキも報告している。彼は、その書簡（一八六二年一月二四日付）で、「英国教会（長崎外国人居留地）では、礼拝に一五～二〇人集まればましな方で、ここの居留民には礼拝参加への敬虔さや熱意が欠けている。母国では品行方正であったと思われる人物でさえ居留地では極端に世俗的になり、不品行に走る。これが、宣教師と貿易商との間に共感や協調があまり見られない理由である」と記している。(36)

これらのエクスプレスの論評の真偽をCMS資料で吟味すると、「長崎での改宗者がほとんどいない」については、エンソーは一〇名ほどの日本人に洗礼を授けたとされる。(37)しかし禁制下では秘密裡にことが運ばれ、居留民に知られることもなかった（例えば、エンソーは一八七〇年四月五日付書簡で、自分が言及した二川一騰のことを公にしないようにとCMS本部に依頼している）。

居留地内の教会出席について、バーンサイドは、「外国人居留者の日曜礼拝の平均出席者は四〇名ほどであり、全人口二〇〇名（そのうち子供が八〇～八五名）を考慮すると、英国と比べ決して悪くない出席率」と評価している（但し、寄港船船員が加わると当然増加する。祈禱会は通常四～六名だが、船員が参加する場合には二〇～二五名となる——一八七三・一二・二付書簡）。

また「不道徳」が具体的にどのような生活を意味するのかは明瞭ではないが、恐らく娼妓との関係であろう。CMSの初代極東主教スミス（Smith, G.）は一八六〇年四月に長崎を訪問し、同月一五日、大徳寺で本邦初の英国教会の礼拝を執行した。その後も日曜日毎に、礼拝を都合五回継続した。出席者は二〇～四〇名であった。その際、「この会衆の中の少なからざる青年が魂の破滅の危機に陥っている。それは、日本政府による遊廓の公認や蓄妾の慣習により、長崎の外国人社会の多くの者が道義を失い、東洋の港のどこよりも自堕落な生活にあるからだ」と嘆いている。(38)さらに一八六八年、一八七一年に蘭人が遊女の揚代の未払いで、訴えられた訴訟が二件存在する。(39)なおかつ、政府は明治五年（一八七二）に、「娼妓解放令」を布告し、公娼制度を廃止したが、長崎県は翌六年、居留地の外国人が娼妓を下女と偽って蓄えていると糾弾している（外国人居留地では娼妓を長期間居宅に滞在させる習慣があった）(40)。これらの諸点から、居留地のキリスト者の一部が遊廓と深く関わっていたことは否定できない。この点で居留民の一部と宣教師との間に軋轢が生じていたと思われる。

ところで、バーンサイドは「英国人キリスト教徒の多くが邪悪な生活を送っている」と嘆き、その一例として、「横浜の新聞に掲載された、反キリスト教の投稿」をあげている（一八七二・一二・一二）。この投稿は、ジャパン・ヘラルドに掲載され、『新聞雑誌』第五六号（明治五年八月）に翻訳された「人ノ奏文ヲ駁シテ日本新報刊行主人ニ示スノ書」（一八七二年五月二六日付）を指すと思われる。この論者は、「擬泰西人上書」を反駁して、ほぼ以下のような論旨を展開している。

この「上書」は、西洋の富強、文芸技術の隆盛をキリスト教に帰しているが、それは事実に反する。エジプト文明、ギリシア・ローマ文明の隆盛はキリスト教に因るものではない。むしろキリスト教はギリシア・ローマの学術文芸を衰微させ、詐偽殺戮の風習をもたらし、国俗を破壊し、人民を互いに敵対させた。また、キリスト教は西洋に宗教戦争を引き起こし、幾多の残虐な殺戮をもたらした。イタリアに発した科学の発達を阻害したのもキリスト教である。近年、科学が発達するに伴い、西洋ではやっとキリスト教の権威が衰微しつつある。「上書」は、西洋の賢人君主は皆キリスト教徒というが、西洋人は殆ど皆キリスト教徒であり、キリスト教を篤信することで賢人君主になったわけではない。西洋で二三百年前にキリスト教を公に否認すれば、皆たちどころに焚殺されたのである。さらに、キリスト教宣教はその悪習を世界に伝播し、該地に固有の善良な遺風や道徳を侵害している。各国は皆その自らの宗教を重んじるのは理の当然であろう。日本や中国の僧徒が西洋で布教し、キリスト教を侮蔑すれば、処罰されるのは必至である。もし私が日本人ならキリスト教を最上の宗教と唱える西洋人の行いは、日本の田舎の貧賤の子供に劣るのは何故かと問いたい。日本の貧民の礼儀は、西洋のキリスト教徒の亀鑑ともすべきものである。西洋千八百年来の教化の結果である西洋人の徳行は、果たして今日の日本に優れた効験をもたらすものであろうか。学問を盛大にして、宗教思想の謬妄無根の空説を衰萎さすべきである。(41)

この論説は、メイルと正反対の所説を展開し、キリスト教が文化破壊と宗教的紛争をもたらした元凶とする。バーンサイドは、この論説を「嘆かわしく、恥ずべきもの」と評し、かかる反キリスト教観は、「日本人の信仰無差別主義や無宗教主義、及び不道徳の蔓延」が醸成したと見る（一八七二・一二・二）。しかし、日本の宗教的環境により、かかる見解が醸成されたとは思われない。この論者は自分を英国教会信徒と紹介しているが、その論調は一八世紀のフランス啓蒙主義に類似しているからである。

第九節　ＣＭＳ宣教師の福音主義と日本の宗教への評価

次に第七節で触れた、キリスト教宣教の排他性・独善性について見てみよう。エンソーは「迷信に囚われ、その命を死の破滅に譲り渡している多くの盲目の人々に我々の勤めを果たしたい」と宣教の決意を述べ（一八六八・一〇・一三、長崎への途上、寧波より）、また一八七〇年九月一三日付書簡では、「長崎の全ての住民は諏訪神社に登録され、参詣を強要される。これが日本全土で行われている。長崎にはキリスト教徒が多く、サタンの支配をどのくらいの間みることだろう」と、氏子改仮規則の実施を「サタン」の支配と断じている。しかしこの処置は、戸籍法実施前の便法（僧侶も氏子になった）という側面もあり、(42)現実は、エンソーの理解とは乖離している。バーンサイドも日本での宣教の困難さを「ここはサタンがその座を占める。神は無知の異教徒にその聖なる業を知らせようと働いている」（一八七一・七・一四）と表現する。これらの言説は、いわば宣教師の常套句の類に属するが、他宗教へ敵視でもある。この排他性は、西洋キリスト教の教義自体にその本質が求められる。

ＣＭＳ（一七九九年創設）は、福音主義運動の中から生まれ、その創設には、奴隷貿易の廃止を勝ち取ったウィルバーフォース（Wilberforce, W.）らが加わっており、当初は奴隷貿易で被害を被った西アフリカへの宣教を目的としていた(43)。

福音主義の骨子は以下の通りである(44)。

> 聖書に示された真理は以下のことを教える。人間は罪の中に死んでおり、神の前に有罪である。キリストは罪の罰から人間を救済するために死に、罪の力から人間を解放するために、復活し生きている。キリストを信仰する者のみが、その救いに与ることができる。心と生活の全面的な転換はすべての人に必要である。聖霊のみが、すべての人を改心させ、聖化することができる。これらの真理は、聖霊の力を通して多くの人々に変革を引き起こす。

福音主義運動は、聖書に基づいて人間の堕落面を強調し、その堕落から個々人の魂を救済することに最終目的を置いていたのであり、これはＣＭＳも例外ではない。

社会の堕落、及び英国教会への抗議として始まった福音主義運動は、奴隷貿易や都市の貧困層への社会的責任を自覚させ、英国に信仰復興をもたらし、社会の健全化を促した。それは、英国の歴史的脈絡においては、顕著な社会的影響力を及ぼした。しかし、この福音主義をそのようなキリスト教的伝統のない日本の文化的環境にそのまま持ち込んでも、英国と同様な説得力や影響力を発揮するはずもない。

にもかかわらず、宣教師はかかる福音を説くことを目的として来日した。とはいえ当時、比較宗教学も確立しておらず、東洋の宗教に暗かった事情を考慮すれば、福音が普遍的絶対的真理であるとの確信は多くの宣教師に共有されていたのはやむなき事情ともいえる(45)。これに加えて、前述のＣＭＳ書簡に開示されているドグマチックな言説は、宣教師の宣教本部への報告という文書の性格によっても強化されていたと思われる。

なおCMS宣教師が日本の宗教に全く不勉強であったわけではない。エンソーは、一八七〇年九月一三日付書簡で「私は、日本人からの情報に基づき、神道の信条についての幾つかの短い論考をものした」とし、「出版されれば、*Intelligencer*[46]の読者の興味を引くと思う」と記している。これは、明治三年著の『神道辨謬』を指す。[47]この著作は、長崎での丸山作楽を中心とする神道勢力の伸長を背景に著わされたもので、対話形式で神道を論駁したものである。名古屋大学所蔵写本には「筑前二川一騰、毎々宣教師（使）ノ講席ニ列リ、其講義ヲエンソールニ口授シ、此一部ヲ著スルナリ」とあり、神道の知識や動向は、この著作を校正・補訂した二川一騰が教授した次第が知られる。

『神道辨謬』の内容を見ると、冒頭では、「日本は万国の親国」との神道家の説に対し、それなら、日本が中国の漢字や西洋文明を摂取しているのはなぜかと反論する。そして、古事記の不合理や矛盾を衝いて、それにキリスト教の教義を対比する形式で論をすすめる。

この中で注目されるのは、「近頃ハ誠ノ神ノ御教ノ意味ヲ取テ、神道ノ教ニ加ヘヲルナリ」[48]と言い、神道がキリスト教を摂取していると指摘している点である。後述するタイムズ紙上で、エンソーは「平田とその門弟による神道の改革」に言及している。そのため、エンソー（実際は二川一騰）は平田派の教義にキリスト教の影響を認めたと考えられる。周知のように、平田篤胤は、天主教漢籍を摂取し（リッチの『畸人十篇』、アレニーの『三山論学紀』、パントーハの『七克』）、『本教外篇』（一八〇六年）を著わしたことは、村岡典嗣を始め、従来から指摘されてきた。平田の主要な著作はこの『本教外篇』以後に著わされており、キリスト教の影響は否定できない。すると、二川は明治三年の段階で、平田派がキリスト教を摂取していることを喝破したことになる。

これ以後の『神道辨謬』は、キリスト教教義の要約である。人祖の堕落により人間は「悪の心」を持つにいたった。神は全善であり、悪に汚染された人間を天国に迎えることはできない。そのため神はその子耶蘇を天より降し、十字架につけ、万の人間の罪を贖った。その結果、「真ノ神ハ、耶蘇ヲ信ズル人ヘ御聖霊ヲ授ケ玉フ。由テ諸ノ悪ノ思ヒ、悪ノ行ヲ止メテ、漸々ニ善ノ道ニアルキ、遂ニ天国ニ登ル可キナリ。又耶蘇ヲ信ゼヌ人々ハ身モ心モ改メズ。則チ悪ヲ思ヒ悪ヲ行ヒテ、悪道ヘアル〔ク〕ユヘ、畏シキ地獄ノ火ノ中ニ落テ長キ苦ヲ受ルナリ」。

このキリスト教の教義の要約は、前掲の福音主義の強調点の屢述である。しかし、「キリスト教徒は聖霊を受けて善行を行い、異教徒は悪を思い行って、地獄に行く」との記述は神道反駁書という性格を差し引いても、あまりに一方的な善悪の二分法に思われる。かかる福音主義が異教徒の宗教文化を「迷妄」として否定し去り、ある種の偏向した人間観を与えたのは否めない。ただ、この偏向した人間観の背景には、人間の内面的堕落を強調し、救済を聖書の教えのみに求めるキリスト教の排他的信仰構造が存在する。

ところで、エンソーはほぼ一年後の、一八七一年一二月一五日付書簡では、「新政府が神道国教化政策をとり、外来の宗教として仏教、儒教を敵視するのは神の敵同士が戦い、信教の自由公認のあかつきには、キリスト教が争う敵はなくなる」と理解し、これを「キリスト教宣教の道備えとしての神の摂理」と見る。キリスト教徒を迫害していた日本の特殊事情は念頭に置かねばならないが、この言説に示された他宗教の敵対視は独善にすぎよう。

さらにエンソーは続けて、「仏教は道徳的戒律を持ち、死後の応報を説く」点で、「日本の唯一の体系的宗教である」と把握し、他方「神道は、これらの特長がみじめなほど欠如し、きわめて無教養で無学な人々（the rudest and most unlettered barbarians）の無知な願望にのみに応えるもので、この国家宗教への改宗者は現実にはほとんどいない」と認識する。バーンサイドも、「仏教は名前のみであり、神道は不合理で空虚なものだ、今我々の聖なる義務を控えれば、日本は背教のローマか無神論者の手に落ちる」（一八七二・一二・二）と判断する。

これらの言説には、激しい宗教論争や対立の経験から導き出された西洋人の宗教に対する厳格な二者択一的姿勢が反映している。これは、前述のメイルの宗教観とも同一基調にある。要するにメイルとＣＭＳ宣教師は、キリスト教の宗教的概念に強く規定されて、他宗教を評価し判断する傾向を共有している。

加えて宣教師の場合には、宣教がその第一目的であり、競争原理の視点で他宗教を把握する傾向が顕著である。既述の如き、カトリックの人員配置の豊富さや、印刷物の刊行でＣＭＳが遅れをとっているとの彼らの焦慮の念は、この競争原理に因る。そのため、彼ら宣教師は、キリスト教の宣教のための戦略、敵情視察という視座に立って、日本の宗教を認識しがちであった。

だが、キリスト教に準拠した相互排他的宗教観では、それとは異質な神仏儒の融合した日本人の宗教性を把握することはできなかった。

第一〇節　「浦上信徒解放」に対する英字新聞とＣＭＳ宣教師の反応

一八七二年二月一〇日に、長崎の外務当局はエクスプレスに投書し、島原でキリスト教徒が処罰されたとの、ナガサキ・ガゼットの報道を否定し、彼らは紙幣偽造の罪で罰せられたと弁明している。

Dear Sir,

In the issue of the Nagasaki Gazette of 27th ulto., it was stated that Christians were being severely punished in Simabara.

This statement is entirely false.

I have fully enquired into the case of people being punished in Simabara, and find that many people guilty of counterfeiting paper money have been punished on the 16th December last, and this has undoubtedly given rise to the report, that severity was being used towards the Christians.

COMMISSIONER FOR THE FOREIGN AFFAIRS, NAGASAKI.

この投書には、一八七一年一二月に惹き起こされた伊万里県でのキリシタン捕縛事件に対する英字新聞の非難に懲り、キリスト教徒迫害の報道に過敏になっていた外務当局の内情がうかがえる。この背景には、政府が条約改正問題を契機として、切支丹禁制緩和への譲歩を余儀なくされていた情勢があった。これに加えて、国内情勢においても切支丹禁制緩和の条件が整いつつあった。攘夷論者らは、一八六九年一月の参与横井小楠暗殺事件を始めとして、全国各地で、反政府運動を展開した。これに対し、政府は一八七一年一月の参議広沢真臣暗殺事件を契機として、反政府運動の徹底的弾圧を実施し、反政府攘夷運動はほとんど壊滅したのであった。従って、この投書の時期には、浦上信徒配流の理由として維新政府首脳が列国公使に表明していた排外派の政府攻撃への憂慮はひとまず、払拭されていたことになる。[49]

そのためか、政府は明治五年二月七日（一八七二年三月一五日）に、改心した浦上信徒を帰籍せしめる太政官達を発し、同年七月までに約九〇〇名の信徒が浦上に帰還した。バーンサイドは米国オランダ改革派宣教師スタウト（Stout, Henry）と共に、浦上に帰村した人々を訪問し、幾つかの質問を試みたが、「彼らは、我々が外国人であるためか、ほとんど答えなかった」（一八七二・一二・二）という。

この改心信徒の帰還を契機として、長崎ではキリスト教への警戒が緩んだ様子がバーンサイドの書簡に見える。彼は、「二十二か月前までは、暗くなってからしか日本人は訪問してこなかったが、現在は一日中、五〜六名の訪問者があり、対応に忙しい」とし、「聖書を読み、その教えを聞くことへの恐れはなくなってきている」と日本人のキリスト教への態度が急変した様子を記している（一八七二・一二・二）。また彼は、「幾人かの日本人は、『英国の偉大さの秘密は聖書にあり、ヨーロッパはキリスト教により形成された』と私に語った」とし、「民衆の間にキリスト教を受け容れる態勢が整った」と観察する。そして、「今こそ日本にキリスト教が必要である」と主張し、CMS宣教師の増員を本部に要請している（一八七二・一二・二）。

ところが、その後の禁制の高札撤去後、バーンサイドは「長崎市中に礼拝用の借家を求めたが、家主は当局ではなく、民衆の騒動を恐れて貸してくれない」（一八七三・一二・二）と述べ、過去に幾多の迫害がなされた長崎では、民衆のキリスト教への偏見が根強いことに改めて驚いている。

政府は一八七三年二月二四日に切支丹禁制の高札を撤去した。政府は、国内には切支丹禁制の維持、欧米諸国にはキリスト教容認という矛盾した姿勢をとらざるをえず、この高札の撤去は、国内と国外の双方に配慮した苦肉の策であった。しかし、宣教師や英字新聞はこの政策の欺瞞性を衝く。メイル（エクスプレス、一八七三・三・二二にも転載）は、「高札撤去は、民衆がこの勅令を熟知したとの理由づけがなされている。切支丹禁制はいまだ有効で、殺人や放火、強盗と同列に扱われている。このような措置は、日本政府への不信を招き治外法権撤廃の障害となる」とその「便宜的ごまかし」を手厳しく糾弾する。

バーンサイドも「英国内の新聞が日本でキリスト教信仰の自由が容認されたと報道しているが、高札は撤去されたが禁制は依然として法的効力を失っていない」（一八七三・七・三一）と注意を喚起している。

太政官は一八七三年三月一四日に、浦上信徒の帰籍を許可した。一八七三年四月二六日付のエクスプレスの社説では、「今月の最も重要な事件はキリシタンの帰還」だとし、「四月七日に五〇名ほどの人々が長崎港に到着した。しかし、居留地の大多数の住民は、今月二一日に鹿児島から蒸気船で三〇〇名余の信徒が長崎港に到着したのを見て、初めてそれを知った」とし、帰還者に鹿児島での生活を質問し、かの地での生活の様子を描写している。このエクスプレスの記事は、ヘラルド（一八七三・五・一〇）にも転載された。

第二節　エクスプレスの浦上信徒総流罪への対応をめぐる反省とCMS資料による検証

エクスプレスの一八七三年三月二九日付の社説では、浦上のキリシタン追放を再び取りあげている。それは切支丹禁制の高札が撤去され、「信教の自由」が認められる日も遠くないという状況下で、浦上信徒の苦難にはなんの意味があったのか、という疑問が沸き起こってきたためである。そして次のように回顧、反省する。

「長崎の港で宣教に携わっていたミッショナリーの責任は、これまで等閑に付されてきたが、彼らを非難すべき機会は今でも失われたわけではない」とカトリックの宣教に批判を加える。さらに、「日本の外国人居留者は、キリシタンの真価（merits）について世論を形成する最大の力があった。しかし彼らの追放は、信教の自由を求めるための政治的叫びとして利用され、今やそれは認められようとしている。しかしキリシタンの叫びは永久に埋もれたままである」という。つまり、キリシタン追放への抗議が「信教の自由」という政治目的にすり替えられ、キリシタンの流刑自体の不条理さへの抗議がおろそかになったのではないかとの反省である。特に長崎の居留民は、この迫害の直接目撃者としてキリスト教の真価を代弁する義務を怠ったとの自責の念を吐露している。

上記のエクスプレスの批判をCMS資料で検証してみよう。エンソーは、浦上信徒の解放を熱烈に求めながらも、それと連動してすぐに「信教の自由」が公認される点には躊躇を示した。その理由は、迫害に耐えたキリシタンの信仰が顕彰され、日本ですでに宣教の長い歴史を持ち、多数の信徒を擁するカトリックの宣教が、まだ宣教の歴史が浅く宣教師が少ないプロテスタントに比べ優位に立つのではないかとの焦りと憂慮のためである。かかるカトリックへの対抗意識が、迫害開始期には、人道的見地からのみの抗議に終始し、最も肝心なキリシタンの真価を代弁しないという結果を招いた。つまり「カトリックは、真実の福音を布教していない」（エンソー、一八七〇・四・五）との敵対意識が、キリスト教の公認を、最も肝心なキリスト教の真価を第一に弁明することによって、求める方策を許さなかったのである。

次に、浦上信徒の総流罪が「信教の自由を求めるための政治的叫びとして利用された」という指摘をCMS資料で検証したい。「在日宣教師（プロテスタント）の請願書」（一八七一・五・二二、横浜）は、各国のキリスト教徒が力を結集して国際世論を喚起し、日本の切支丹禁制の撤廃のために圧力をかけよと訴えたものである。(50)

These laws are odious and cruel. Odious, because insulting to every Christian Nation, and calculated to prejudice the Japanese against all foreigners & cruel, because bitterly tyrannical & oppressive to native Christians....to demand the repeal of these anti-Christian laws.

この論点は、浦上信徒の非人道的な処遇を念頭に置き（"These laws are odious and cruel. Cruel, because bitterly tyrannical & oppressive to native Christians" に示されている）、切支丹禁制の残虐さを強調し、それを梃子に信教の自由を日本に認めさせようとするところにある。そして、この禁制が撤廃されない理由を各国公使の日本政府への抗議の弱腰、及び欧米諸国の国内における日本政府への抗議活動の欠如に求める。そのため、タムソン（Thompson, David）を欧米諸国に派遣し、彼の地のキリスト教界に、この問題への注意を喚起することにしたという。

ヘボンもまた、米国長老派ラウリー（Lowrie, W.）宛書簡（一八七一・六・一七）で同僚のタムソン、カラゾルス（Carrothers, C.）と連名で、「宣教師と信徒の〝保護と安全〟のため、日本政府に切支丹禁制を撤廃させる」ことをミッション本部を通じて米国政府に請願するよう要望している。その際、「浦上信徒及びプロテスタント信徒が現在も牢獄に繋がれ、飢餓のため死に直面している」切迫した状況を力説し、この事実が「宣教師と信者が国家から正当な〝保護と安全〟を得ていない」証拠だとする。そのため「来る条約改正では、宗教上の自由を獲得する条項を付加して欲しい」と訴えている。(51)

The New York Times（一八七二・二・二〇）には、ゴーブル（Goble, J.）が「浦上信徒の解放と切支丹禁制の解除」を岩倉使節団に要請するよう、サンフランシスコの全教会、並びに聖職者協会に依頼した文書が掲載されている。さらに、同紙（一八七二・三・二九）は、「浦上信徒はいまだに獄中で苦しんでいる……切支丹禁制と信徒迫害は、条約締結諸国に対する甚だしい侮蔑であり、条約違反行為だ。新条約においては、信教の完全な自由の保証を得るよう努めるべき」と述べたアメリカンボード宣教師のギューリック（Gulick, O. H.）の書簡を紹介している（ミッショナリー・ヘラルド誌から転載）。

これらの抗議内容から見て、在日プロテスタント宣教師全体の趨勢としては、「浦上信徒総流罪が信教の自由を求める政治的叫びとして利用された」とのエクスプレスの指摘は、正鵠を射たものであろう。

ところで、浦上信徒総流罪の問題が信教の自由という課題に変質していった経緯は、CMS資料では次のように推測される。エンソーは、二人の青年が長崎を案内してくれたときの経験に触れ、「仏像があったが、私は、彼らに作り物を礼拝することの愚かさと、真の創造者を礼拝することの必然性を語った。彼らはすぐにそのような迷信を信じていないと答えた」という。続けて彼は「実際、私は偶像崇拝をしている知的な日本人に一度も出会ったことはない」（一八六九・二・四）と断言し、日本人が迷信に囚われない知的な民族である点を称賛する。またバーンサイドも「一人の日本語教師を得た。彼はキリスト教徒ではないが、キリスト教の測り知れない真理に無知であるとは思われない。私の観察から判断する限り、日本の民衆はキリスト教に敵対的ではない」（一八七〇・一二・一五）という。

エンソーは、その経験を踏まえて、「日本のキリスト教弾圧は、キリスト教自体への嫌悪に起因するのではなく、キリスト教徒の引き起こす政治的騒動を恐れてのことである」とし、「カトリックはそのような嫌疑を引き起こす理由があった」（一八六九・九・二〇）と推量する。一方、バーンサイドは「キリスト教迫害は支配者階級により引き起こされた」（一八七〇・一二・一五）とみる。つまり両者とも、日本のキリスト教迫害の真因はキリスト教の真理、福音への反感によるのではなく、政治的騒動を引き起こす布教方法や支配階級の政策に求められると考えた。

それ故「一旦、信教の自由（toleration）が認められたなら、キリスト教は科学技術や文明の発展と同一視され、名誉を得、日本人はキリスト教徒になろうと殺到」（エンソー、一八六九・二・四）し、「長崎の三分の二はキリスト教徒になろう」（バーンサイド、一八七〇・一二・一五）と予測し、日本はキリスト教国に容易に転換し得るという誇大な期待を抱いた。

これは、西洋化に邁進している日本の姿を目の当たりにしていたためである。エンソーは、一八七一年一二月一五日付の書簡では、「日本政府は信教の自由を認め、西洋の習慣、制度、法律に完全に同化しようとしている」と観測する。またバーンサイドは、「電信、鉄道の創設、道路網の整備、新聞や様々な出版物の急増、五万校という学校の設立計画、太陽暦の採用」を「神の栄光であり、最も国民の福祉に資する」と解し、日本のかかる急速な西洋化は「宣教師を鼓舞し、宣教の働きを助ける変化」（一八七二・一二・二）と評する。すなわち、日本の西洋化は、当然のごとく民衆を迷妄的宗教から解放し、開明的なキリスト教の受容へと導くと考えたのである。この見解はメイルと照応する。

なお、日本の西洋化を宣教の有望視と結びつける傾向は、フルベッキ、ウイリアムズ（Williams, C. M.——米国聖公会中国・日本伝道主教）にも認められる。西本願寺長崎出役良厳の「八月報知要略」（慶応四年）には、「耶蘇教師フルベーキ申ニハ十年ノ内ニハ日本中ニ耶蘇教ヲ屹度充満させる見込ありとも申候。追々弟子モ繁昌ニ而済美館并肥前屋敷〔致遠館〕并大徳寺〔寓所〕三所ニ而日日根限リ傳授致居申候(52)」とある。またウイリアムズは、日本巡回後の書簡（一八六八年）で、「抑も現下の日本の如く伝道の為に興味に充ち、美しき成果を収穫するの希望洋々たるの伝道地は、世界広しと雖も又と有之間敷候。此国の人民は今や大に覚醒し、根本的の変革は日々に行はれ居候。彼等は競ふて外国の風俗習慣を採用し、基督教徒とならんとの希望を抱ける者多く候」と叙している。(53)

CMS宣教師の宣教成果に対するこの誇大な期待は、浦上信徒の解放、あるいは非人道的な処遇への抗議という火急の問題を、間近に迫った条約改正を視野に入れて、信教の自由という大きな課題に吸収し、変質させていった。これは、バーンサイドが福音宣教の自由を第一に求め、それは浦上信徒の解放にもつながると述べている点に顕著に示されている。またカトリックの布教に対する脅威から、一八七〇年には「信教の自由公認」を早急に求めるのを躊躇していたエンソーにしても、一八七一年初には、浦上信徒配流事件に対する英国の消極的外交姿勢を批判し、英国の威信にかけて「信教の自由が経済的繁栄の基盤」であると日本政府に忠告せよと英国内のキリスト教界に訴えている。これは、条約改正を翌年にひかえて、カトリックの布教上の脅威よりも、「死に瀕している信徒の早急な解放」のためには、信教の自由の公認を要求すべしとの方向に力点が移行したことを推測させる。

しかし日本人がキリスト教の真理に敏感であり、偶像崇拝をしないという指摘も、切支丹禁制下では彼らが接触できる日本人は限られており、「英語や科学の修得に熱情をもった」(エンソー、一八六九・二・四)通詞、僧侶、士族階級などの知識層であった点に起因する。この次第は、エンソーの一八六九年五月一二日付書簡に明瞭に述べられている。

最初から私は、肥後、肥前、長州、その他の地域からやって来た医師、侍、僧侶らの訪問への対応に忙殺された。幾人かは著名な学者、大名の家臣や教師であり、皆教育があった。彼らは、切支丹禁制などあまり気にもとめず、中国語の聖書や冊子を持ち去った。私はすでに千冊以上の聖書の小冊子を販売している。(54)

この点、中国は日本と対照的で、キリスト教は郷紳、読書人など知識層には受け容れられなかった。マルティン（Martin, W. A. P.）は中国の知識人階層に宣教を試み、『天道遡原』（一八五四年、寧波刊）を著わしたのであるが、この著作は、中国よりむしろ日本でよりよく読まれるという皮肉な結果に終わった。(55)

さらに、両宣教師の指摘する仏教か神道か無神論かというロゴス中心主義に基づく二者択一的宗教観も、日本での宣教効果への楽観的見通しを与える一因となった。宣教師は、日本人の非言語的な宗教的メンタリティーまでは洞察できなかったのである。

第一二節　タイムズ紙上での論争

一八七三年三月二九日付のエクスプレスの社説は、日本人のタイムズ（*The Times*）への投書記事を紹介し、「浦上信徒の追放に協力した人々でさえ、その後の三年間に啓蒙されておれば、この投書の見解を支持はしまい」と激しく非難する。そして、この投書にエンソーが同紙上で反論したのを、「この問題を論ずる適任者を得た」と満足の意を表している。

上記の投書は、タイムズ（一八七三・一・一五）に「日本におけるキリスト教宣教」（日本人学生）の見出しで掲載されている。エクスプレスの指摘通り、事実誤認や曲解に満ちている。例えば、「キリシタン集落に盗人やたちの悪い人々が逃げ込み、そこは、政府に敵対する犯罪者の巣窟と化した」「改宗を装った人々が宣教師に保護され、宣教師の居宅や礼拝堂が犯罪者の避難所になっている」などは、浦上信徒弾圧の際の、誹謗中傷に類する論難である。また「長い間、キリシタンは、神道を侮蔑しない限り、仏教徒と同様に黙認されていた」との記述も事実に反する。さらに日本人学生は、「日本の国家宗教の教義の本質は、神の子孫である天皇への忠誠と恭順にあり、日本の政体の基盤である。この宗教に、日本人は深い愛着を持ち、宗教と国家は一つの生きた現実となっている」、それ故「この宗教に公然と異を唱え、侮蔑する者は政府への反逆者である」と論じる。この所論は、維新政府の祭政一致政策の解説にすぎない。

この「日本人学生の投書」に対して、エンソーは、同年同月二八日付のタイムズ紙で反論する（この記事にはEと署名があるのみだが、文面から推してエンソーの投稿である）。投書の「天皇が神の子孫であることが、国民の天皇への忠誠の基盤である」との指摘に対し、「私は天皇が日本人の始祖の血を引いていることさえ疑問視する学識豊かな日本人を知っている」と疑義をはさむ。そして「日本の若い世代は、西洋の学問的訓練を受けており、天皇の教義を証拠づける文献的証拠を求めるだろう。その文献的根拠は『記紀神話』にすぎず、若い世代を納得させることはできない」。さらに、「国民が将来、この教義が作り事だと悟ったとき、天皇への忠誠はどうなるだろうか」と疑問を呈する。続いて、投書の「キリスト教徒は政府と国法への忠誠に欠ける」との批判に対しては、「君主を尊崇することは国民の本分であり、我々は英語の礼拝において、天皇とその臣民への神の恵みを祈ってきた」と応じる。また「教会が無法者の隠れ場になっている」との論難には、「無分別な当て擦り」として退ける。そして、誠実なプロテスタント信徒であった清水宮内と二川一騰が不当に逮捕された次第を述べ、投書者の論難を逆に批判する。

またオールコックも、タイムズに投稿し（同年同月二九日付「東洋におけるキリスト教宣教」）、この「日本人学生の投書」に反対し、宣教の障害は、宗教的な問題ではなく、政治的問題であると主張する。彼は、日本と中国での二三年間の滞在において、どちらの国にも「宗教的信仰（religious faith）があるとの確証は得られなかった」という。そして、宣教の本質的障害は「教会の精神的支配を国家の支配権に優越させる教皇至上主義にある」とし、以下のように論評する。

教皇やカトリック教会への忠誠は、つまるところ、多種多様な信仰や教義を容認する国家と対立する。教皇至上主義、教皇の無謬の判断は、一国家の中に、その国家への忠誠や法律に優越する絶対権を形成する。すなわち、まずカトリック教徒として存在し、司祭が認める限りにおいてその当該国民として存在する社会集団を生み出す。そのためこの集団は、君主への忠誠や国家統一への妨げとなる。従って、日本や中国での宣教師への敵意は、英国女王やドイツ皇帝が教皇至上主義に抵抗するのと同じ問題である。これに加え、フランスは、布教上の騒動（宣教師の殺害）に乗じてコーチシナや中国に侵攻した。そのため、東洋で布教する宣教師は、侵略のための隠れ蓑とも見なされ、支配者の警戒を招いた。こうした事情を勘案すれば、宣教師はその国の法律に従い国教を侮蔑せず、政治上の慣行を乱さず布教することが望まれる。

以上のオールコックの所論は、中・日両国での長い外交官としての経験に裏打ちされたものであり、日本・中国各当局の見解をほぼ的確に把握している。しかし、彼の「教会と国家の権威」の優先順位の問題は、過去に長い論争があり、簡単に結論づけられない側面がある。例えば、オックスフォード運動は、政治家が教会の権威に干渉すること（英国教会に背く法律を制定する等）に対するキーブル（Keble, John., 1792-1866）の批判に端を発している。(56) またカトリック信徒の側に立てば、自己の信仰を貫徹するためには、教皇の指導に反する国家の施策や法律を否認するのは理の当然であろう。オックスフォード運動の指導者であり、一八四五年にカトリックに転じたニューマン（Newman, John Henry., 1801-90）は、「教皇の権威を斥けることによって、教会を国家に従属させたのはプロテスタンティズムだった」と論難している。(57)

これら「教会と国家の闘争」には、キリスト教教義の絶対的排他性の問題が伏在し、西洋の「信教の自由」の概念が矛盾や緊張を内包したものであることを示唆している。オールコックが「他の宗教を侮蔑せず」とはいっても、西洋の伝統的キリスト教の教義が、それ以外の宗教による救済を否定する限り、他宗教は、悪魔の仕業、あるいは迷信に近い立場に貶められる。これは他宗教の侮蔑にほかならない。

ところで、オールコックは日本や中国には宗教的信仰が見られないと断言し、「中国では、寺院にいるのは婦人や子供であり、彼らの中には迷信が残存している」と判断する。日本や中国が西欧社会に比べ、世俗的に映ったのは事実であろうが、ここで「迷信」と論定する根拠は、西洋キリスト教の宗教観に基づいた皮相な判断である点にも留意する必要がある。なお、ロシア正教のニコライは、日本民衆が稲荷・地蔵への信仰心を持ち、仏教・神道の儀礼に喜んで参加することに、キリスト教信仰に通底する宗教心を見いだし、深い共感を寄せている。そして彼はプロテスタンティズムは宗教の合理化・倫理化にすぎないと批判もしている。(58)

むすび

エクスプレスは、キリスト教は文明化、経済的繁栄に貢献していると理解し、日本人の人権意識の欠如や民衆の怠惰をキリスト教精神の欠如に見た。これは欧米に比べ、著しい後進性を露呈していた日本の状況をつぶさに観察し、体験していた居留民にとって自然な反応であったと思われる。

エクスプレスは、切支丹禁制に基づく浦上信徒の総流刑、及びその後の切支丹禁制の強化は、人道上許すべからざる野蛮で不条理な処置であり、居留民への侮蔑であるばかりか、「相互の宗教の尊重」という条約の精神にも背戻するものととらえた。この事件は、延いては、排外感情を煽り、居留民の生命の安全にかかわる憂慮すべき重大問題でもあった。天津教案は、この憂慮の具現化ととらえられた。この点はメイルも同様である。なお、長崎の各国領事の対応も、内政不干渉の原則に立つ限り、「人道的」見地での友誼的忠告、及び条約の「相互の宗教の尊重」の精神に背戻するという見地での抗議を主体とせざるをえなかった。(59)

ＣＭＳ宣教師エンソーは、浦上信徒迫害事件を目撃して激しい衝撃を受け、信徒解放のために尽力した。この迫害事件を契機に、エンソーの関係者であるプロテスタント信徒（清水宮内・二川一騰）が捕縛されたことも、この事件に対する彼の危機感を助長した。しかし、エンソーは、カトリックへの敵対意識、その布教活動への脅威から、当初は浦上信徒の信仰を代弁し、信教の自由を求めるという肝心な方策は捨象し、浦上信徒総流罪への抗議は人道的立場に終始した。しかし後に彼は、英国は、日本におけるその外交的影響力の故に、後進の日本に忠告する責務を免れないとし、英国内のキリスト教界に、通商よりもキリスト教国としての英国の信義・責任を訴え、日本政府に信徒の釈放と信教の自由を認めさせるよう働きかけた。これは通商を優先した英国政府の外交政策への批判である。

これに対し、メイルは「キリスト教問題」（以下のメイルは、この「キリスト教問題」の連載記事を指す）において、中村敬宇の「擬泰西人上書」の英訳を契機に、プロテスタントの立場から西洋におけるキリスト教の真価を十二分に代弁し、切支丹禁制、キリスト教徒迫害は日本の西洋化と矛盾すると論じ、日本人には意義深い知識を提供した。また日本の政治情勢をほぼ正確に把握している点にも特色が見られる。例えば、国内の攘夷派と西洋諸国の両者に配慮し、信教の自由は認めず、浦上信徒は黙認する「一時的妥協」の提言は（一八七〇・三・一九）、三年後に高札の撤去、浦上信徒の帰籍で現実のものとなる。とはいえ、メイルには日本人の宗教観への無理解も目立つ。メイルは浦上信徒総流罪の背後に排外派の圧力を観測してはいるが、この迫害の根本原因を天皇の神格化とキリスト教教義の神学的対立と理解した。これはキリスト教と日本人の神観との根本的相違が認識されないまま、混同して論じられたためである。また東アジア史にまったく言及せず、西洋世界のキリスト教史をもって、その普遍性や迫害の教訓を論じるのも一面的な議論であろう。これに対して、ヘラルドはこの迫害事件の真因は、西洋にも通底する政治的次元の問題とし、より現実的な理解を示す。

エクスプレスは、天津教案以後ミッショナリーへの批判を強めた。特に長崎は、浦上信徒総配流を体験し、神道国教化政策による切支丹禁制の厳格化された土地柄であり、第二の天津教案勃発を危惧したためである。そのため、エクスプレスは、天津教案の論説において、宣教師の現実的配慮を欠いたドグマチックな宣教を批判した。しかし他方で、宣教師の東洋での貢献には一定の評価を与えている。東洋の文明化にはキリスト教が不可欠との通念が存在したからである。

宣教師へのかかるアンビヴァレンツな評価は、メイル、ヘラルドにも見られ、日本と中国の居留外国人の宣教師観に共通性が認められる（本篇第三章でも触れる）。一方、宣教師も居留民の不道徳を批判した。またバーンサイドは、居留民の不品行や反キリスト教的言説は、日本の無宗教主義や不道徳の蔓延した環境が醸成したと見ている。

一八七一年には、翌年に控えた条約改正を視野に入れ始めたことで、浦上信徒の解放を求める焦眉の課題が、信教の自由の要求へと変質していった。在日プロテスタント宣教師らは、むしろ信教の自由公認のために、浦上信徒迫害事件を有効なプロパガンダとして利用したふしがうかがえる。これをエクスプレスは浦上信徒総流罪が信教の自由を求める政治的叫びとして利用されたと批判したのである。

ＣＭＳ宣教師について見れば、この信教の自由を切望した背景には、日本宣教への過度の期待があった。しかし、彼らの宣教成果への評価は、日本の西洋化はキリスト教化に導くと推測した点、彼らの接触範囲が西洋文明やキリスト教に興味を持つ知識層に限定されていた点、「迫害を恐れず信仰を表明する浦上信徒」を日本人一般の特質と理解した点において、現実離れした誇大なものといわざるをえない。

ここで、メイルとＣＭＳ宣教師に共有されているプロテスタントの宗教観と日本への宣教の問題をまとめておきたい。

ＣＭＳ宣教師とメイルの「キリスト教問題」に共通する顕著な特質の第一は、日本の西洋化はそのまま「文明の宗教」であるキリスト教の受容につながるという理解である。この理解は、キリスト教的要素の摂取と明確な教義体系を保持したキリスト教そのものの受容とを混同した想定であり、短見との誹りを免れない。

第二は、日本の神道や仏教に対する認識には、西洋人の宗教に対する知的な形而上学的態度、厳格な二者択一的姿勢が反映し、日本人の宗教に対する曖昧で寛大な姿勢や感性からは乖離した認識が見られる点である。従って、浦上四番崩れの論評においても、彼我の神観や宗教観の異質性が充分に踏まえられていない。

第三は、キリスト教が文明国の普遍的宗教との強烈な固定観念から、日本の宗教を評価する暗黙の前提があり、キリスト教を西洋文化圏の一宗教として相対化する視点は見られない点である。「キリスト教抜きでは日本は決して文明化されない」とのメイルの論断は、その典型である。ただ、エクスプレスには例外的に、天津教案の起因分析において、中国の宗教とキリスト教とを同一次元で論評する視点が見られた。

このため、日本人の宗教観を踏まえない独善的空論に陥る場合も見られた。例えば、メイルとエンソーは、「天皇の神格化は途方もなく不合理なもので、西洋化に伴い破綻する」と判断する。この判断には、『記紀』神話の文献批評を別にすれば、キリスト教の絶対神の概念が日本人にも共有され得る（あるいは容易に納得される）との誤認が混入している。

ＣＭＳ宣教師は、福音主義を真理とする強固な信念、並びに「文明の使徒」としての自覚により形成された心性から、日本の宗教的伝統を軽視した。エンソーの『神道辨謬』にしてもキリスト教の宗教概念に準拠して神道を高踏的に批判したものに過ぎない。また「真の競争相手はカトリックか無神論以外にない」とのバーンサイドの認識は、その眼中に日本の宗教が入っていなかったことを示す。

ところで、西洋キリスト教もその歴史的文化的所産という側面を持つ。この限りにおいて、かかる硬直化した宣教姿勢はなんら普遍性を持たない西洋の特殊な信仰形態や宗教的慣習を宣教地に押しつける結果を必然的に招くことになる。そうなれば、宣教は、日本の宗教的伝統を完全に排除し、そこに西洋キリスト教を画一的に移し入れる文化的侵略の業ともなる。別言すれば、宣教は世界各地の宗教文化の多様性を破壊し、それらに包含されている良風美俗をも流し去る傾向を随伴せざるをえなくなる。

この問題は、すでに不干斎ハビアン（一五六五―一六二一年）が、その著『破提宇子』（一六二〇年刊）で指摘している（この場合はカトリックの布教に対して）。「提宇子、時節ヲ守リ（時節をうかがい）、日本悉ク門徒トナシ、仏法神道ヲ亡サントス……提宇子、己ガ国ノ風俗ヲ移シ、自ラ国ヲ奪ントノ謀ヲ回ラスヨリ外、別術ナシ」（七段）(60)。

欧米のキリスト教宣教の問題は、その宣教が他宗教や異文化を尊重し、理解するという視座を欠くのみならず、それらを「悪魔の業」と断罪し、相互排他的に敵視する点に求められる。これに加えCMS宣教師の場合には、宣教のための敵情視察、あるいは戦略的視点で日本の宗教を把握する傾向が見られた。むろん、日本の仏教、神道界もキリスト教を敵視したのではあるが、それはキリスト教が対外侵略の具にされるとの憂慮や他宗教を迷信として徹底的に排斥するキリスト教の攻撃的特質にその主な原因があった。

他宗教を弾力的に理解するという視座を欠いた西洋キリスト教の排他的宗教観は、メイルに見られる如く、異教徒は品格も謙遜も知らず、人格的向上も望めないとの偏見に満ちた人間観さえ導く弊害を招いたのである。しかしながら反面、メイル、CMS宣教師の論評には、日本人を蔑視して突き放すのではなく、むしろ文明の先達として親身になって後進の日本に忠告する姿勢が顕著に表出されている。彼らの「文明化の使命」は、人道主義に立脚し、誠実で真摯な使命感に発していたことが看取できる。またとりわけ宣教師の場合には、ヘボンに見た如く、自己の内面的宗教体験に依拠して日本人評を展開しており、この限りでは人間観の同質性が前提とされている。

和辻哲郎は、記紀の神々（天地初発の時の「天つ神」にしても）は、不定の神の媒介者、祭司であると解釈する。

ここから、日本人の神理解の特質を「対象的に把捉しない」点に求め、「絶対者を無限に流動する神聖性の母胎としてあくまでも無限定に留める」ところに、日本人の「宗教に対する自由寛容な受容性」の伝統が形成されたと分析する。[61] また相良亨は、日本人の精神には「究極それ自体は捉えられないという考え方が強く流れている」とし、「有限的なもの特殊的なものにおいてのみ絶対にふれうると考える」という。そして、絶対的なもの、無限定で形而上的なものへの接近は、「心情の純粋さの追求」において求められてきたと分析している。[62]

一方、西洋キリスト教は、神の啓示である聖典（カトリックは聖伝も含む）に基づき、神を言語的に規定し、人間の救済の成否までも定式化する神学を構築している。西洋のキリスト教徒から見れば、日本の宗教は未開段階にあると映ずるであろうが、逆に日本人の宗教的感性からいえば、人間を超えた無限の神や形而上の事柄を論理的整合性を持たせて言語化し、規定するキリスト教は、むしろ作為的な宗教とも感得されうるのである。すなわち、個人の主観や体験を重視する日本人の宗教観は、啓示された聖典に基づいて精緻な教義を展開する西洋キリスト教とはそのアプローチの仕方が本質的に異なるのである。

ところで、前述の日本人の伝統的宗教性は、西洋とは異なり、他宗教への寛容と共存の理想的な環境を準備しうる可能性がある。ただその反面、日本では、諸宗教の儀礼が民衆の慣習の中に浸透し、諸宗教の差異に無自覚である欠点が生じる。島田裕巳は、日本では宗教に「寛容であることを強制されている」とし、「個人の信仰を曲げてでも、さまざまな宗教にもとづく行事や儀礼を受け入れるように強いられ」る場合が少なくないと指摘する。[63] 相互排他的な宗教観の不在がかかる環境を形成したのであろうが、これには他宗教を理解し、尊重するという方向へも展開できる積極的な側面もあろう。

ＣＭＳの初代極東主教スミスは、先述の日本訪問記録で、「日本では神道と仏教が相互に影響、浸透し合い、共存しており、ヨーロッパに見られる宗教的敵意や抗争はない」[64] と記している。またヘラルドは、「日本では神道と仏教が友好的関係にある」とし、自己の宗教にのみ忠誠を求める西洋キリスト教との質的な差異を弁別している。このような諸宗教の平和的共存は、日本人の「絶対者を流動的なものとして、対象的に把捉しない」宗教観や本篇第一章で述べた「心がまことであれば、神は救済してくれる」との心的態度重視の伝統的土壌から生まれたものであろう。従って、CMS宣教師も日本人のかかる宗教観を理解すれば、伝道に際して、西洋キリスト教教義の大幅な捉え直しの必要を迫られてしかるべきであったが、その方向への検討は顧慮もされなかった。

CMSのスミスは、「神道には、至高の存在を暗示するものがある」という。(65) このような視角から、神道とキリスト教との接点を模索する方途もあった。しかし、明治初期の神道が、天皇の絶対権確立の方向に強く規定されていたという事情も加わり、CMS宣教師、並びにメイルの日本宗教への理解は、より深層にある日本人の宗教的メンタリティーに触れることなく、皮相な水準にとどまらざるをえなかった。

最後に、これまで論じてきた宣教師の排他的心性に啓蒙主義的立場から批判を展開したミュラー(Müller, F. Max)の見解を紹介しておきたい。ミュラーの編集した *The Sacred Books of the East*(『東方聖典』)シリーズ所収の『詩経』『書経』の翻訳において、レッグ(Legge, J.)は Ti(帝)、Shang-ti(上帝)を“God”と訳した。これに対して、在中国のプロテスタントの宣教師二〇余名はミュラーに対し抗議文を提出した(一八八〇年六月二五日)。その中でターム・クエスチョンの論議を踏まえて、中国語でテオス(θεός)をどう訳すのかは三〇〇年来未決着の問題であり、一派に偏したレッグの見解を認可したのは問題だと批判した。そしてレッグの訳語は、英語文化圏の読者に多大な影響を与え、キリスト教宣教にかかわるゆゆしき問題だとミュラーに抗議し、訳語の撤回を求めた。(66) すなわち、宣教師らは、中国古典の「帝」「上帝」をキリスト教の God と同等視することに異議を唱えたのである。

この抗議に対してミュラーは、かなり激しい調子で次の反論を展開している(同年一二月一九日)。

それでは中国古典の「帝」「上帝」は真の神の概念と全く無関係か。これらの語は神話的表現であり、Thian（天）と同義語である。新約聖書でも神を「天」と表象している（ルカ15・21など）。また非キリスト教徒の教典にある擬人的表現を批判するなら、旧約聖書に見られる神の擬人化はどうなるのか（創世記3・8）。そもそも英訳のGodは異教からの借用語であり、ローマ人の神の呼称はラテン語のDeus、サンスクリット語のdevaに遡る。Devaは「天」を意味するdivの派生語である。

これに続けて、ミュラーは「ベル、ジュピター、ヴァルナ、上帝はヤハウエと並んで別個に存在する神か」と問い、「バガヴァドギーターでその最高神が『偶像を崇拝する者も私を礼拝するものだ』と述べている言葉に私は賛嘆を禁じえない」と語る。さらに「ある優れた宣教師が、あなたは異教徒の宗教は悪魔の業ではなく、キリスト教と多くを分かち持っていることを教えてくれた、と語ってくれたことほど嬉しいことはなかった」と述べ、「中国語あるいは他の言語の神であれ、宣教師は最大の敬意を払うべきだ。異教の神を抹殺すれば、キリスト教を接ぎ木する土台はなくなる」と主張した[67]。

この議論の背後には、キリスト教の教典を神の唯一の啓示と採る宣教師の見解と、どんな民族の教典にも真の神の概念は存在するとするミュラーの見解との衝突がある。ミュラーの反論には各民族神を尊重し、それらの信仰の中にキリスト教と通有する真理や善を想定している点で、キリスト教を相対化する方向に展開している。とはいえ、上記の議論でミュラーは、「*The Sacred Books of the East*出版の主要な意図の一つは、かつて人が聖なるものと呼んだあらゆる教典には、その膨大ながらくたの集積の中に黄金の粒が隠れていることを宣教師に知らしめたい点にある」と弁じている。だが、それならキリスト教教典の中にも、多くの野蛮で旧弊な教えが温存されているのではないかとの疑問がわく。キリスト教の教典だけ例外扱いし、「がらくた」も「黄金の粒」もひとくくりにして、「神の啓示」として提示することは矛盾ではなかろうか。しかし、ミュラーの反論はキリスト教自体に対する問題意識にまでは及んでいない。ミュラーにしても、キリスト教信仰が最も進化した宗教形態であることは自明の理として把握されていたのである。(68)

（1）居留地内の英国教会の成立は以下の通り。一八六〇年四月五日、CMS極東初代主教George Smithは大徳寺で、在留信者のために公開礼拝を行い、四〇名ほどが参加した。*The Nagasaki Shipping List and Advertizer*（一八六一年より週二回発行、主筆Hansard, A. W.）によれば、一八六一年六月二二日付には、英国教会の礼拝が日曜日午前一一時に、英国領事館で開かれるとの公告がある。礼拝はこれ以前に行われていたであろう。一八六一年八月一四日には、英国教会建築費と墓地への献金を募る会合が開かれている。英国教会は長崎居留民の献金によって、一八六二年東山手の丘の上に建築された。その運営に英国政府は半額を助成していたが、それは二～三年で打ち切られた。後に借地代金、建築費の債務が負担となり*The Nagasaki Express*には、寄付の呼びかけが再三なされている。墓地は後に居留地の全住民が使用するようになり、その運営は、一八七三年二月に英国教会から借地人組合に移管され、居留地住民全員の募金によって賄われるようになる。

（2）カトリックの大浦天主堂は南山手の丘に一八六四年に完成している。

（3）その他の国籍は、ドイツ二二人、オランダ一五人、ポルトガル一九人、フランス一三人、オーストリア二人、デンマーク二人、ロシア二人、ノルウェー三人、ベルギー一人である。一八七一年の白人総人口は一三一人、一八七二年は一九一人、一八七三年は一六九人である。入港商船数も一八六九年度は、総計二九五隻中、イギリス一九六隻、アメリカ四六隻で、両国で八〇％を占める。

重藤威夫『長崎居留地と外国商人』（風間書房、一九六七年）一五二・二〇四頁。

浜崎国男『長崎異人街誌』（葦書房、一九七八年）一七二頁。

（4）高橋猛夫・永田友諒他『長崎聖公会略史　続編』（長崎聖三一教会編、一九八一年）一六―二三頁には、エンソーの一八七〇年一月一四日付書簡と在日プロテスタント宣教師の請願書（一八七一・五・二二）の翻訳が掲載されている。またCary, Otis, *A History of Christianity in Japan, Protestant Missions*, New York, 1909, pp. 70-71,

100-101にエンソーとバーンサイドの記述が転載されている。バーンサイドの記述は、*C. M. Intelligencer* からの引用であるが、エンソーの記述は引拠が不詳である。調査の結果、*Japan and the Japan Mission of CMS*, 4th ed, London, 1905, pp. 83-84からの引用であることがわかった。

（5）長崎県立図書館に保管されている。一八七〇～一八七三年まで毎週土曜日に発行された。一八七〇・七一・七二年度には脱落あり、一八七三度は揃っている。発行者のBraga, F. はポルトガル国籍である。紙面はA3判で一八七〇年代は四面、これ以後は六面。一八七三年途中から八面に拡大する。二面には社説、出入港船舶と乗客名簿。三・五面は、居留地の事件、および横浜、兵庫、江戸、上海、香港、南京、天津、マニラ、ロンドン、ニューヨークなどの記事を外字新聞から転載している。一・四面は広告と入港中の商船、Market Reportなど。

（6）資料篇・資料Ⅲ参照。長崎聖三一教会にも一部所蔵されている。

（7）沼田次郎「開国と長崎」（長崎県史編集委員会『長崎県史・対外交渉編』所収、吉川弘文館、一九八六年）八八〇―八八五・八九二―八九六頁。

重藤威夫、前掲書、一二六―一五〇頁。

（8）一〇〇坪一年当たり、海岸前面地三七ドル、後方地二八ドル、丘陵地一二ドル。なおこの署名名簿にはCMS宣教師エンソー、米国オランダ改革派宣教師スタウト（Stout, H.）、パリ外国宣教会宣教師ビリオン（Villion. A.）の署名も見える。

（9）明治三年六月に開設された新地番衛所を指すと思われる。居留地防衛が主な目的であった。

（10）東田雅博『大英帝国のアジア・イメージ』（ミネルヴァ書房、一九九六年）二三五・二〇〇―二一二頁

（11）島原の乱の時、多くのキリシタンが長崎港外の高鉾島の絶壁から海に突き落とされたとする伝説。

（12）浦上皇太神宮の臨時大祭のこと。明治三年二月九日～一三日に互り開催され、「市郷住民に参拝を勧めたので、大変な人出で、丁度諏訪神事を見るようであった」。

この神宮は、国体観念を浦上に浸透させ、切支丹を根絶する目的で、澤宣嘉が官吏・住民の協力を得て、明治元年閏四月（実際は明治二年四月頃完成）に建立したものである。浦上村山里の中野郷・家野郷・本原郷の住民も氏子に組み入れた。明治二年六月と翌年九月には、信徒の転宗の誓約に、この神宮が用いられている（『長崎市史・地誌編神社教会部上巻』、清文堂、一九二九年、五三一―五三六頁を参照）。

(13) 海老沢有道『維新変革期とキリスト教』(新生社、一九六八年、一三〇頁)は、「絵踏・南蛮誓詞が寛永以来、幕末にいたるまで行なわれていたことが知られるが、いつそれが終わったものか……寺請が氏子調べに変えられた明治三(一八七〇)年までか、それとも禁教高札の撤去された明治六年までつづけられたかは、いまのところ分明しない」とする。エクスプレスによれば、肥後では一八七一年にも絵踏は行われていたことになる。

(14) 北根豊・鈴木雄雅編『日本初期新聞全集26』(ぺりかん社、一九八九年)所収の「解題」参照。
鈴木雄雅「明治期英字新聞史考」(『新聞研究』No. 310 所収、一九七七年)八四頁。

(15) 安丸良夫・宮地正人校注『宗教と国家』(日本近代思想大系5、岩波書店、一九八八年)四九四・五七七頁。

(16) 井上哲次郎『教育ト宗教ノ衝突』、敬業社、一八九三年。
『宗教ト国家』からの引用は、武田清子『人間観の相剋』(弘文堂、一九五九年)一六六・一六九頁に拠った。

(17) 三谷博『明治維新とナショナリズム』(山川出版社、一九九七年)六七頁。

(18) 中国の宣教師による漢文著作の日本への流入については以下の文献を参照。
小澤三郎『幕末明治耶蘇教史研究』(亜細亜書房、一九四四年)一五七―一二七頁。

海老沢有道、前掲書、二七六―二八二頁。

また肖朗は、中村敬宇の「擬泰西人上書」は、在中国の英国人宣教師ウイリアムソン(Williamson, Alexander)により中国語に翻訳され、上海発行の『教会新報』(一八七一年九月～一八七二年八月)に発表され、さらに一八七七年一月の『万国公報』にも再録されている点を指摘している(「近代日中文化交流史の一断面」、『日本歴史』第六〇三号所収、吉川弘文館、一九九八年、八三―九五頁)。肖によれば、宣教師は近代の日中文化交流にも寄与したことになる。

(19) *Proceedings of the General Conference of the Protestant Missionaries of Japan*, Yokohama, 1883, pp. 111-112.

(20) Griffis, W. E., *Hepburn of Japan and His Wife and Helpmates*, Philadelphia, 1913, pp. 96-97.

(21) Griffis, W. E., *op. cit.*, pp. 27-28.

(22) Griffis, W. E., *op. cit.*, p. 148.

(23) Griffis, W. E., *op. cit.*, p. 149.

(24) Griffis, W. E., *op. cit.*, p. 222.
(25) Griffis, W. E., *op. cit.*, p. 220.
(26) 外務省調査部編『大日本外交文書』第五巻（日本国際協会、一九三九年）二三三頁。
明治五年夏、政府はキリスト教信徒等を捕縛などせず、寛大に扱うよう府県長官に内密に訓令している。
(27)『大日本外交文書』第六巻（一九三九年）五九〇頁。
(28) J・R・H・ムアマン『イギリス教会史』（八代崇・中村茂・佐藤哲典訳、聖公会出版、一九九一年）五一八―五一九頁。
「一九世紀中ごろ以降の『カトリック教徒の攻勢』は……ローマに対する嫌疑と不寛容の感情を再び呼び覚まし……多くの熱烈な福音主義者は、ローマ・カトリック教徒をキリスト教徒と見なすことさえ拒否した」

なお、フルベッキも慶応三年六月の浦上信徒捕縛について、「彼等はカトリック信徒の一種ですが極めて無知で迷信的な連中です……こうした布教の成功は無知な者だけの間でなされたもので、知識階級の人々は彼等のやり方をさけています」（一八六八年一月一七日付、米国オランダ改革派外国伝道総主事 Ferris, J. M. 宛書簡）とカトリックを酷評している（高谷道男編訳『フルベッキ書簡集』、新教出版社、一九七八年、一一六頁所引）。
(29) 清水宮内は、肥後出身の一向宗僧侶であったが、フルベッキから新約聖書を与えられ、ついには洗礼を受けた。フルベッキの上京により、エンソーの雇人となったが、明治二年、長崎市中の旅館にて捕縛され（『大日本外交文書』第三巻、一九三八年、四〇四―四〇五頁）、大村藩の牢に収監された。明治三年三月六日に至り、ついに「耶蘇教の徒」であることを自白した（同書、四一一頁）。清水の調書の日付が明治二年一二月五日になっているため、清水の捕縛はこれ以前であろう。政府はエンソー宅に諜者を送り邪宗徒の探索に余念がなかった。エンソーが洗受した仁村守三は諜者の一人であった。「山村・柴田による諜者報告（明治五年九月・一〇月）」（早稲田大学図書館所蔵、小澤三郎、前掲書、七一―七八頁に翻刻）を見ると、彼ら諜者はエンソー、バーンサイドと極めて親密な関係にあったことがわかる。
(30) エンソーは長崎の英国領事アンネスリーに働きかけ、「英国人の雇員を勝手に捕縛するのは条約違反である」と抗議し、清水の釈放を要求した。これに対して当局は、清水の捕縛は宗旨によるものではなく、無断で国元を出奔し、勝手に苗字帯刀したため取り調べると回答した。しかし実際は「清水は邪宗の巨魁にして此儘差置候ては百端害を生し候事不少夫故他の罪に託し大村藩え相預候事」（『大日本外交文書』第三巻、四一五頁）との理由で捕縛したのであった。

エンソーはタイムズ（一八七三・一・二八）への投書で、清水の捕縛にふれ「彼は帯刀したとの曖昧な理由で捕縛されたが、キリスト教徒との理由で官吏から尋問されたとの情報を内密に得た」と地方官吏の虚偽の回答を非難している。

(31) 一八六九年に、英・仏・独語の教師として加賀藩に雇われたPercival Osborn (1842-1905) と思われる。徳重浅吉『維新政治宗教史研究』（目黒書店、一九三五年）五七九―五八四頁に「加賀在留ノ異人探索ヲスボンノコト」（松本白華の集録文書）の要旨が掲載されている。そこで、オズボーンは浦上信徒の苛酷で悲惨な状況を詳述し、「このような残虐な処置はキリスト教国民の座視できない事柄であり、切支丹禁制は西洋諸国を侮蔑するものだ」と主張し、各国公使に日本政府への抗議を促している。

オズボーンは横浜の英字新聞に浦上信徒の苛酷な処遇を暴露する記事を投稿し、その報道は外国人の間に物議を醸した。これは政府にも影響を与え、延いては信徒預かりの各藩への視察につながり、信徒の待遇改善をもたらした。

(32) 日本でのカトリックの布教に比べてプロテスタントが劣勢にあるとの認識は、米国聖公会宣教師ウイリアムズにも認められる（元田作之進『老監督ウイリアムス』、京都地方部故ウイリアムス監督紀念実行委員事務所、一九一四年、一〇七―一一〇頁）。

(33) 二川一騰（小島法竜）は、筑前国大入村の真宗西光寺に生まれた。神戸の勝海舟の塾に出入りするうち、邪教撲滅を決意し、来崎した。プティジャンに接近し、一年半ほどカトリックの教理研究を続けた。その後、英国領事館に勤め、エンソーの日本語教師となり、破邪の志を捨て、明治二年一一月に洗礼を受けた。明治四年三月、耶蘇教徒として逮捕され、各地の牢を転々としたが、明治五年或は六年に釈放された。

小澤三郎『日本プロテスタント史研究』、東海大学出版会、一九六四年、二八一―二九九頁。

(34) 吉田寅「『神道辨謬』とその反響」（『立正大学大学院紀要』第六号所収、一九九〇年）六四頁。

(35) 「海外新聞」一一・一六・二五・二九号（横浜英・仏字新聞等より抄訳）は、天津教案の詳細を報じている。三人の婦人宣教師はMrs. Pruyn, Mrs. Pierson, Miss. Crosbyであり、三人の出身地、抱負などが簡単に紹介されている。

なお、彼女らは横浜に亜米利加婦人教授所を開設し、教育に従事した。中村敬宇は、彼女らの献身的働きに感心して、この教授所の生徒募集の広告文を書いている（高橋昌郎『中村敬宇』、吉川弘文館、一九八八年、八五―九〇頁参照）。

(36) Griffis, W. E., *Verbeck of Japan*, Edinburgh and London, 1901, p. 100.

(37) エンソーが洗礼を施した人物で判明しているのは、二川一騰、白石敬蔵、山本範蔵（帆蔵）、松本喜一郎、竹本佐八・わか夫妻、テモテ種二郎、マルコ金吾（中沢一治）、小林六郎、仁村守三（邪教探索僧）である（永田友諒・高橋猛夫『長崎聖公会略史』、長崎聖三一教会編、一九七一年、六一―六三頁）。

(38) Smith, George, *Ten Weeks in Japan*, London, 1861, pp. 73-75.

(39) 重藤威夫は「外商と邦商の商取引に関する訴訟事件記録簿」（長崎県図書館蔵）を二件引用している（前掲書、四一一―四一六頁）。「明治元年、丸山町平蔵相手取蘭人カレン遊女揚代滞並遊女取戻し件」および「明治四年、寄合町千歳屋みねより蘭商キニフル相手取遊女仕切金滞一件」。

(40) 一方、長崎の外国人は「横浜の居留地の外人は公然と蓄妾している」と反論している（重藤威夫、前掲書、二三二頁）。

(41) 吉野作造編『明治文化全集』第一五巻（日本評論社、一九二九年）二二八―二三〇頁に拠った。

(42) 市制百年長崎年表編さん委員会編『市制百年長崎年表』（長崎市役所、一九八九年）一〇〇頁。

(43) J・R・H・ムアマン、前掲訳書、四一九―四二〇頁。
CMSの成立経緯については、以下に詳しい。
Church Missionary Society, *One Hundred Years being the Short History of the Church Missionary Society*, 3rd ed., London, 1899, pp. 11-15.

(44) Church Missionary Society, *op. cit.*, p. 5.

(45) 比較宗教学の先駆者マックス・ミュラーの著書は、一八七三年に刊行されている。
Müller, F. Max, *Introduction to the Science of Religion*, 1873.

(46) *C. M. Intelligencer.* 一八六六年六月創刊の雑誌。

(47) 吉田寅（前掲論文）によれば、『神道辨謬』の写本（名古屋大学所蔵）の緒書、その他の資料から、この書の執筆は、明治三年後半から明治四年始め、公にされたのは明治四年前半と推定している（六五頁）。ここでのエンソー書簡（一八七〇・九・一三付）によれば、一八七〇年九月一三日（明治三年八月一八日）以前に、『神道辨謬』の英語版草稿は完成していたことが判る。

(48) 吉田寅の前掲論文には『神道辨謬』の高永成章による写本と名古屋大学所蔵の写本が対照して翻刻されている（七〇—七八頁）。ここでは高永写本に拠った。
なお『神道辨謬』への駁論は、明治四年九月に神道家伊能穎則による『エンソー神道論辨謬』と仏教側の『斥神道辨謬』（明治五年正月、仏僧教順による筆写本）が著わされている（吉田寅、前掲論文、六五—六七頁）。

(49) 鈴木裕子「明治政府のキリスト教政策」（『史学雑誌』八六—二所収、一九七七年）六八頁。

(50) バーンサイド、一八七一年七月一四日付、CMS本部宛書簡に同封。資料篇・資料Ⅲ参照。

(51) 高谷道男編訳『ヘボン書簡集』（岩波書店、一九七七年）二二九—二三二頁。

(52) 徳重浅吉、前掲書、三九九頁。

(53) 元田作之進、前掲書、一〇五頁。

(54) 資料篇・資料Ⅲの注7・8参照。
なお増田廉吉「幕府時代に於ける外来思想取締と洋書輸入に関する取締概況」（『長崎談叢』第一六輯所収、長崎史談会、一九三五年）九二—九三頁によれば、フルベッキの後任者スタウト（Stout, Henry）は、「英書や漢籍の注文を依頼する者が多く、私宅では不便もあるので、長崎市中に小売店を設け、販売してはどうか」と県知事野村に献策している（一八六九年八月三〇日付）。しかしこれは実現にいたらなかった。この依頼からも、長崎で、この時期に洋書の需要が高まっていた実情がうかがわれる。

なおフルベッキは、一八六七年九月七日付書簡で、「すぐる二カ月の間、中国語のキリスト教書籍や小冊子を少なくとも一六〇〇冊ほど頒布いたしました。そのなかには、旧新約聖書も多数あり、金も払ってくれました。これは福音の進歩です」（前掲『フルベッキ書簡集』一一〇—一一一頁）といっている。

(55) Fairbank, John K., ed., *The Cambridge History of China*, Vol. 10, Late Ch'ing, 1800-1911, Part 1, Cambridge, 1978, pp. 558-559.

(56) J・R・H・ムアマン、前掲訳書、四四三—四四四頁。

(57) バジル・ウィリー『十九世紀イギリス思想』(松本啓訳、みすず書房、一九八五年)八六—八七頁。

(58) 中村健之介『宣教師ニコライと明治日本』(岩波新書、一九九六年)二二七・二三七—二四〇頁。

(59) 例えば、浦上四番崩れに対する長崎の各国領事の一八六八年五月一二日付の九州鎮撫長崎総督府総督への抗議書(Paske-Smith, M., ed., *Japanese Traditions of Christianity*, Kobe, 1930, pp. 113-114 所収)参照。

(60) 井手勝美「校註　ハビアン著『破提宇子』」(底本は京都大学附属図書館蔵本、『キリスト教史学』第五一集所収、キリスト教史学会、一九九七年)一一八頁。

なお『破提宇子』は『キリシタン書・排耶書』(日本思想大系25、岩波書店、一九七〇年)にも翻刻されている。

(61) 和辻哲郎『日本倫理思想史』上巻(岩波書店、一九五三年)六六—七七頁。

(62) 相良亨『誠実と日本人』(ぺりかん社、一九九八年)六八・一四〇—一四一頁。

(63) 島田裕巳『宗教の時代とは何だったのか』(講談社、一九九七年)二五頁。

島田はまた、日本では「自分の宗教観に無自覚なまま、それとことなる宗教観にもとづいて行動する人間の立場を認めない」問題があると指摘する。確かに日本では個人の信仰の自由に対する配慮はあまりに粗雑である。

(64) Smith, G., *op. cit.*, p. 43.

(65) Smith, G., *op. cit.*, p. 44.

(66) Protest of Chinese Bishops and Missionaries against the translation of "The Sacred Books of the East" (*The North-China Herald*, Feb. 22, 1881, pp. 183-184).

(67) Idem.

(68) 土屋博「直観と教説——F・マックス・ミュラーの教典論」(『宗教研究』第六八巻第一輯所収、日本宗教学会、一九九四年)一〇頁。

第三章　天津教案に対する外国人居留地の反応

第一節　研究の目的と資料

第二章では、日本の外国人居留地の浦上四番崩れに対する反応を英字新聞を資料として、考察した。その際に、浦上信徒総流罪からほぼ半年後に中国で勃発した天津教案への論評にも触れた。中国と日本の外国人居留地発行の英字新聞は互いに交流があり、頻繁に相互の記事が転載されている。そのため、この両キリスト教徒迫害事件も日本と中国の英字新聞に頻繁に掲載され、広く東アジアにおけるキリスト教宣教と受容の問題として把握される傾向がある。従って、ここでは、天津教案に対する中国の外国人居留地の見解を英字新聞を資料として分析し、中国における外国人居留者から見たキリスト教宣教と受容の問題を検討し、日本との比較につなげたいと考える。そして、中国の英字新聞に表出されたキリスト教迫害事件に対する見解の検討を通して、中国在留の英国人貿易商に共有された対中国観、「文明化の使命」、「キリスト教宣教」の相互関係を考察してみたい。

一八七〇年六月二一日に勃発した天津教案は、仇教運動の中では、大規模なもので、西洋人二〇名の惨殺は中国の外国人居留地を震撼させた。ここでは、上海の外国人居留地（租界）発行の *The North-China Herald* を資料として、天津教案に対する中国の外国人居留地の反応を検討する。

The North-China Herald は、シアマン（Shearman, Henry）により、一八五〇年に上海で週一回発行の新聞として、創刊された。シアマンはプリンスエドワード島出身者である。

この新聞は、一八六四年に *The Daily Shipping and Commercial News* と合併し *The North-China Daily News* として拡充された。一方、*The North-China Herald* は、週間版として継続した。この合併により、両紙は中国発行の外字新聞中、第一位の地位へと躍進した。一九三一年には両紙の総計発行部数はほぼ一万部に達し、幅広い影響力を与えた。

また Herald は、ジャミーソン（Jamieson, R. Alexander）を編集者として、一八六四年五月から *The North-China Daily News* の中国版である『上海新報』を発行した。この発行の背景には、長江上流地域が太平天国軍に占領され、そこから上海に殺到した避難者の存在があった。彼らは、その故郷からのニュースを切望していたため、その要求に応えるために『上海新報』を発行したのである。

The North-China Herald と *The North-China Daily News* は、英国商人の意見を代表したが、英国の官僚とは、しばしば見解を異にした。また中国国内の事件に対する無遠慮で、率直な論評は反中国紙との批判を受けた。しかし、後に *The North-China Daily News* は、中国人読者の啓蒙に力を注ぎ、中国人の執筆記事を数多く掲載するようになる。(1)

天津教案の起因と経過、交渉経緯を先行研究に拠って概説し、それらに対する *The North-China Herald*（以下ヘラルドと略記）の論評を検討することにしたい。最後にヘラルドに表出された宣教師観も吟味する。

なおヘラルドからの引用文並びに本文中の居留外国人ならびに西洋人は、第一義的には英国人を指す。

第二節　天津教案の起因と経過

（一）先行研究による天津教案の起因と経過

一八六〇年、英仏連合軍が天津を占領したとき、仏人宣教師は、仏軍の通訳に当たり、仏軍と一緒に天津に入城した。そして仏軍は、天津城外の離宮と聖廟を占拠し、仏領事館とした。この傍らに、ラザリスト宣教会の天主堂、仁慈堂（病院・薬局併設の孤児院）を建設した。このため天津の住民は、始めから宣教師に対して敵意を抱いていたのである。(2)

さて、カトリックの孤児院経営は、孤児の救済という目的に加えて布教の有力な手段でもあった。孤児院に収容された児童は、カトリック信徒として養育された。一八六七年には、中国全土の孤児院は一〇〇余箇所となり、収容児童・幼児の数は数十万にのぼった。(3)宣教師や修道女は、孤児院への収容者を増やすため、誰であれ、子供を連れてくれば報奨金を与えたため、中国人信徒や天主堂の雇員は各地から子供を捜し求め収容させた。これが、「教堂は幼児を誘拐している」との流言につながった。しかも、宣教師らは「魂を救う善行」のため、重病や瀕死の子供も進んで収容し、臨終の儀式を施した。そのため、孤児院では常時埋葬される遺体があった。例えば、天津の仁慈堂では、一八六八～六九年の二年間で二〇〇〇人の瀕死の子供に洗礼が授けられた。この数は、一八七〇年の仁慈堂の収容者四五〇人の数倍に当たる。(4)このように、仁慈堂から多数の死者が常時埋葬されることも、住民の疑惑を深める一因となった。

一八七〇年五月頃、天津市内で行方不明の児童が発生すると、これを湖南省、南昌、揚州、天門、大名、永年などの教会批判の掲帖と結びつけ、児童の失踪は、仁慈堂が「児童を誘拐し、その眼球と心臓から薬を製造しているためだ」との流言が広まった。(5)六月に伝染病が流行し、仁慈堂でも三〇～四〇名の児童が死亡した。遺体は無縁墓地に葬られた。

六月四日、犬が墓地から棺を掘り起こした。その棺の中には二遺体が収められていた。ついに天津住民の関心が高まり、毎日数百人が墓地を見張った。天津道台は、官吏を派遣し、幾つかの棺を掘り出し調査した。遺体は腐乱し、内臓が欠落していたため、「眼球と心臓を抉り取る」という噂は物証を得たと思われた。(6)

六月六日、二人の誘拐犯が捕縛された。彼らは洋銀と迷薬を所持していたため、天主堂との関係が疑われた。(7)天津知府の張光藻はこの二人を死刑に処し、「風聞によれば、これら誘拐犯人らは、委託を受け、各地で幼童を誘拐し、眼と心臓から薬を製造している」と告示した（六月一〇日）。これを受けて、天津の紳士、民衆は「誘拐犯は宣教師、修道女の委託により誘拐しているのは明白」と公に声明した。知府の告示後、農民らは誘拐の疑惑のある教民を捕らえ、役所に連行した。(8)

六月一八日、民衆は武蘭珍という若者を児童誘拐の嫌疑で捕らえた。天津知県劉傑の尋問により、武蘭珍は「天主堂の門衛、王三から迷薬を用いて子供を誘拐するよう命じられた。一人誘拐する毎に洋銀五ドルを与えられた。夜は天主堂に泊まり、今までに七人の幼童を誘拐した」と供述した。(9)これを聞いた天津の民衆は激昂し、郷紳階級は孔子廟で集会を開き、学校は授業を停止した。天主堂の周囲に民衆が集まり、抗議の声をあげた。(10)

天津知府張光藻は知県を伴い、三口通商大臣崇厚に事の顛末を報告した。六月一九日、天津道台周家勲は仏領事フォンタニエ（Fontanier, H. V.）のもとに赴き、王三の件を詰問したが、仏領事は「デマに過ぎず信じるに足りない」と抗弁した。その後、知県と崇厚の使者が仏領事館を訪れ、天主堂・仁慈堂の調査を要求した。仏領事はこれに応じなかったため、事態は深刻化した。

翌日、崇厚は騒動の発生を危惧し、自ら仏領事館を訪れ、双方立ち合いの上、天主堂・仁慈堂の調査を約した。六月二一日、天津道台、知府、知県は、武蘭珍を伴い仁慈堂にいたり、詳細に現地調査をしたが、証拠は得られなかった。[11]ところが、知府・知県に付き従って来た群衆は、天主堂・仁慈堂の周囲に群がり、投石を始めた。民衆の中の五人が領事館にも侵入した。これを見た仏領事は、崇厚に軍隊を出動させて暴徒を鎮圧するよう要請した。しかし、崇厚は数名の守衛を派遣しただけであった。[12]仏領事は激怒し、自ら崇厚の衙門に赴き、崇厚に面会した。面談中、領事はいらだち、剣で机を叩き、「暴徒は私を殺そうとしている。最初にお前が死ぬべきだ」と言い、崇厚に向け拳銃を二発発砲したが、銃弾は崇厚をそれた。衙門の役人は領事を取りおさえ、入り口まで連行した。

群衆は領事が崇厚に発砲したと聞き、激昂した。衙門から出た領事は、随行の書記官シモン（Simon）が剣を振りかざし、群衆をかき分ける中、仏領事館に向かった。その途中、領事は知県劉傑を見て抗議し、知県に向けて発砲したが、弾は知県の従者に命中した。すぐさまシモンも群衆に向けて二発発砲した。これを見た群衆は、シモンと領事を殺害し、河中に投じた。[13]

水火会（消防団）はドラを鳴らして人々を集め、暴徒は一万人近くに膨れあがった。しかも彼らは皆武器を携帯していた。この暴徒の中には、水火会のメンバー数千人のほか、提督陳国瑞配下の清軍兵士も少なからず含まれていた。[14]暴徒は領事館と天主堂・仁慈堂を襲い、居合わせた者を悉く殺戮し、掠奪を行い、火を放った。

西洋人の犠牲者は二〇名であった。内訳は仏領事館員（Fontanier, Simon, Thomassin 夫妻）四名、仏商人（Challemaison 夫妻）二名、宣教師（Chevrier）一名、修道女一〇名、露商人三名である（国籍は、フランス一三名、ロシア三名、ベルギー二名、イタリア・イギリス各一名）。さらに中国人信徒五〇余名も捕らえられた。[15]この事件はそれまでの教案史上、最大規模の虐殺であった。しかもその殺害方法は、手足を切断したり、胸や眼を抉るなど凄惨を極めた。[16]午後五時、水火会は解散し、その途次、英国と米国の教会堂を破壊した。[17]

この暴動後、知府張光藻は水火会の有力者を集め、その責任を追及しないことを保証すると同時に、西洋の会

社を保護するよう協力を求めている。(18)

（2）天津教案の起因と経過に対するヘラルドの論評

天津暴動による、西洋人二〇名の惨殺は、外国人居留地に衝撃を与え、ヘラルドは、この「天津虐殺」を大大的に報じ、一八七〇年七月～一一月初旬までは、天津教案関連の記事で埋め尽くされている。この事件が中国の外国人居留者に与えた衝撃の大きさが知られる。

ヘラルドは、天津教案に先立つ四月一二日付の“Editorial Selections”（姉妹紙である *The North-China Daily News* からの転載。以下ES欄と略）に「フランスの宣教師」（二五七頁）との見出しで、すでに中国における宣教師の活動の問題点を指摘していた。しかも六月二三日付“Summary of News”欄「誘拐」（以下SN欄と略、四六一頁）では、天津教案の直接的原因となった「児童誘拐」を以下のように論じている。「宣教師が児童を誘拐し、眼球と脳を煮詰めて薬を製造しているとの告発がなされている。この告発により、民衆の憤激が高まっている。しかし児童誘拐は中国で広く見られる中国人の犯罪であり、子供の肉体を薬に用いるとの考えも中国人にはありふれたものである。従って、この告発の目的は外国人攻撃以外にない」。これらの記事は、期せずして暴動を予見したものとなった。

（ア）天津教案の首謀者

ヘラルドは、六月三〇日付ES欄「天津暴動」（四七七頁）で初めて天津教案を報じ、「児童誘拐への激昂が頂点に達し、この暴動が勃発した」とし、事件の概況を伝えている。「民衆の怒りは直接的にはミッショナリーに向けられているが、それは外国人全体に波及する恐れがある」と憂慮し、「軍艦が天津に向かっている。もはや砲艦の保護なくして、安全な開港地はない」と緊迫した事態を伝える。

七月七日付ES欄「天津虐殺」(四―五頁)では、「我々は天津暴動に関する種々の情報を収集し、読者にこの暴動の起因と情況の全体像を提供する自信がある」と表明し、「天津暴動は地方官吏(知府・知県)により事前に計画されたものだ」という。その根拠として、「暴動前の知府の告示は、民衆の外国人への反感を煽った」、「群衆は、ドラの音で集まり、同じドラの合図で解散した」、「暴徒が集まり、虐殺を繰り返していた間、役人はなにもせず黙認していた」等の事実をあげている。そして「同様の暴動の続発を防止し、外国人の生命の安全を確保するためには、厳格で決定的な方策が必要」と結んでいる。これ以後、ヘラルドは天津教案が事前に計画された暴動であることを立証しようとする。

七月七日付の〝Outport Correspondence〟欄「天津虐殺」(六月二七日天津発、六―七頁)では「暴動の八日前、天津内の数箇所の壁に警告書が貼られ、そこには、六月二一日に全フランス人、特に宣教師と修道女を攻撃する旨が記されていた」と伝えている。また、七月一四日付ES欄「天津虐殺」(北京発、二三―二四頁)では、「北京の英国公使館の一職員は、天津の外国人居留地の友人から、天津暴動三日前の日付の手紙を受け取った。そこには彼が数人の中国人から聞いた虐殺の計画が記され、その手紙の内容は、あたかも天津暴動後のものと思われるほど虐殺の模様を正確に物語っていた」と報じている。

七月一四日付社説(一九―二〇頁)では、種々の証言から判断して「天津暴動は興奮した暴徒により偶発的に勃発した事件ではなく、意図的に計画され、官吏の支援の下に集められた群衆によって遂行された虐殺である」と断じる。そして「北方でさらに暴動が勃発すれば、その暴動は中国各地に波及する」恐れがあり、情勢は緊迫の度を増している。それゆえ「この暴動により失われた外国人の威信を回復し、他の居留地への攻撃を防止するには、軍事力による天津の占領以外に方途はない」と強硬意見を提唱する。

さらに七月一四日付ES欄の「政治的立場」(二一頁)でも、「天津知府が民衆の憤激を煽る布告を出し、抑止する方策は執らなかった」との主張を繰り返す。そして「この暴動は、半官半民団体の水火会が主導的役割を果たしており、完全に組織された事件」とし、「暴動の当日には、仏領事館や天主堂付近の学校や商店は皆閉鎖されており、住民が暴動を事前に察知していたのは確実」と新知見を加える。その上で「この暴動に官吏が共謀していた事実は、居留外国人の将来の安全にとり、深刻な問題」とし、その理由を論じている。

民衆は一般的にいって外国人に好意的であるが、その指導者である官吏や読書人層は外国人に激しい敵意を持っている。この事実はいくら強調しても足りない。指導者層は民衆に圧倒的な影響力を行使し、民衆の興奮を煽るのも、抑止するのも彼ら次第である。しかも民衆はどんな迷信的噂もうのみにし、軽信する。従って、我々は天津暴動は官吏が直接民衆を煽り、教唆したと考えざるをえない。この観測から、天津暴動は排外運動の試金石にすぎず、同様の暴動が他の開港地でも準備されていると見なければならない。

かくしてヘラルドは、天津暴動が地方官吏の策謀の下に行われたことを天津からの情報に基づき、証明しようとする。そのなかで、八月一八日付の"Outports"欄（以下OUTと略、一二八―一二九頁）の記事が最も具体的である。これは、天津在住のアメリカンボード（American Board of Commissioners for foreign Missions）のスタンリ牧師（Stanley, C. A.）が、その教会関係者の証言を聴取したものである。

Yü-Chü-Li（信徒）は、この暴動の首謀者は知府であり、知県及び軍人がそれを支援したとし、次のように述べる（七月六日証言）。

六月二一日に道台・知府・知県は武蘭珍を連れ天主堂に赴いた。武蘭珍は、「天主堂の王三に子供誘拐を命じられ、夜は天主堂に寝ていた」と供述していた。そのため、宣教師は「あなたは（天主堂の）どの部屋に住んでいたのか」「王三はどこにいたのか」と問い詰めたが、武蘭珍は答えられなかった。次に宣教師は、天主堂の中国人全員を召集したが、武蘭珍は王三を確認できなかった。官吏らは、建物を調査した後、立ち去った。一一時頃、ドラが鳴った。通りを見ると、興奮した群衆が集まっていた。水火会のメンバーはバケツの代わりに武器を携帯していた。また知県の衙門より来た兵士の姿も目撃した。

Yü-Chü-Li は山西省漢水の元知県であった。彼は暴動の翌日「私は法を犯していないのに、なぜ兵士と消防士は、我々の教会堂を破壊し、財産を掠奪したのか」と役所に抗議した。知県は、これに応えて「天主教と耶蘇教とは異なる。耶蘇教徒を傷つけた者は処罰する」との布告を六月二四日に出した。六月二九日、知県は彼に、知府への訪問に同伴してほしいと要請した。知府は「私が、教会堂を破壊するよう人々を扇動したと非難されている。それは民衆が勝手にしたことだ。私が貴方を招いたのは、このことを証言して欲しいからだ」と彼に語った。

Yang-Yu（信徒）の証言（七月六日証言）

私は、仁慈堂が埋葬した棺の死体を見たが、それらはいずれも古く最近埋葬された遺体ではなかった。暴動の日、水火会の長官は、彼の所有する武器（槍一〇〇本、ナイフ多数）をそのメンバーに与えた。六月二一日に全ての外国人を殺害するとの噂を聞いた。知府と知県は、この殺害を欲する人々を支援していた。彼らは曽国藩によりその職位に任命された人物である。

Yang 教師の証言（七月七日証言）

暴動の日、水火会の団員はバケツの代わりに武器を携帯していた。「どこか火事ですか」と誰かが尋ねたところ、「火事はないが、天主堂で戦闘がある」と答えた。私は「すべての外国人を殺す」との話を聞いた。二一日午後四時頃、私は知県の衙門に連行され、「カトリックかと尋問された」。その後、地下牢に拘留され、米国の教会会員だと言うと、崇厚の衙門に移された。曽国藩の援軍を信じている者もいた。兵士、消防士、近隣の者たちがこの暴動に加わっていた。火曜日（二一日）にはフランス人を殺し、次の金曜日（二四日）

には、外国人居留地を攻撃するとの噂も聞いた。

Yü-Chü-Li の証言によれば、武蘭珍の供述の虚偽が暴かれた経緯がわかる。ただ、ここで武蘭珍は王三を同定しえなかったが、曽国藩の調査報告では、「王三は武蘭珍に薬を与えたことは自供している」とあり、後述する。

ともかく知府・知県は、天主堂を調査した結果、流言の証拠を一つも確認できなかった。にもかかわらず、その結果を群衆に告げなかったことには、作為的な意図が感じられる。二一日のカトリック施設への攻撃の手筈が事前に定められていたとすると、知府・知県の天主堂への調査は暴動の契機を与えるための合図にすぎないことになる。このような推論からヘラルドは天津教案が「知府・知県により事前に計画され、組織的に実行された」との確信を強めたものであろう。

しかしながら、上述の証言からは、知府・知県が天津暴動を黙認、あるいは放置した責任は問い得るが、策謀し、組織したと断定するまでの根拠はない。

（イ）仏領事フォンタニエの発砲について

次に、衙門での仏領事の崇厚への発砲、及び路上での知県への発砲の有無は、天津暴動の直接的引き金と考えられ[19]、重大な論争点である。

崇厚の衙門での仏領事の発砲については、「中国側の証言しかなく、フォンタニエは通常、暴力的な行動をする人物ではない」（七月七日ＥＳ欄「天津虐殺」、四―五頁）点、また衙門に隠れ、生き残った仏商人クトゥリ(Coutris) の「発砲はなく、崇厚は領事を保護しなかった」との証言（七月一四日ＳＮ欄、二一頁）などから、ヘラルドは懐疑的である。路上での領事の発砲については、八月一一日付ＯＵＴ欄「天津虐殺」（七月二九日付通信、一〇六―一〇七頁）が詳細に事件の経緯を説明している。

仏領事は、衙門の出口で、崇厚の兵士によって刺された。領事は、傷を負いながらも、群衆の中を領事館に向かって進んだ。随行した書記官シモンが群衆によって刀で切り倒されたにもかかわらず、付き添ってきた二人の役人は彼らを保護しようともしなかった。この役人の裏切りに、領事は激昂し、役人の一人に向けて発砲した。そこで、もう一人の役人は群衆に領事を殺すよう命じた。

この描写は、従来の研究が説明する発砲の経緯と大きく異なる。コルディエによれば、衙門の出口で切りつけられたのは「領事」ではなく、「領事を衙門から排除しようとして、出口まで押し返した役人の一人」であり正反対である。また、領事が発砲したのは「付き添った役人」ではなく、「途中で出会った知県」に向けてであり、シモンが虐殺されたのは「群衆に向けて二発発砲した」ことによる。[20] ヘラルドの説明では、最初に暴力的行為に出たのは兵士と群衆であり、仏領事は自己防衛のために発砲したことになる。これでは、「仏領事の保護を怠った崇厚は、条約違反を犯し、死刑に値する」（同上記事）のも当然なことになる。ともかく、ヘラルドの発砲にいたる経過説明は、天津暴動が偶発的事件ではなく、官吏により事前に謀議され、組織的に実行されたとの主張に合致する方向でなされている点は確かである。

仏領事フォンタニエが暴動直前に仏公使ロシェシュアール（Rochechouart）に宛てた書簡（六月二一日付）[21] には、「知県は、激怒するというへまを犯しながら、住民が恨みを募らせていると私を脅迫した。私は彼がこの騒ぎの首謀者であると確信している」とある。交渉で感情に流されることは失態と考えていた仏領事が、自分の職責を忘れて激怒し、崇厚に発砲するとは考え難い。また崇厚の報告によれば、「仏領事は激昂し、発砲する一方で、暴言を浴びせ、応接室の食器などを破壊した」とあり、フォンタニエは完全に理性を失ったごとく描かれており、[22] 疑念が残る。

しかし一方で、同上書簡は「崇厚は宣教会へのデマを虚偽として否定し、数日内に興奮を鎮める告示を出す旨を約束した。崇厚の介入によりこの騒ぎも鎮静化すると思われる」とも述べている。すなわち、仏領事は二〇日に崇厚と会談した。この席上、崇厚は地方官が彼の命令を聞かないと嘆き、彼自身は「ヨーロッパの右腕」であるかのような好意的態度を示した。そのため領事は、この「小さな事件」は落ち着くと考えたのである。ところが翌日、仏領事は、領事館と天主堂・仁慈堂が群衆に取り巻かれている様子を見て驚愕し、崇厚に暴徒の鎮圧を要請した。しかし崇厚は昨日と異なり、非協力的な態度をとった。これを見た領事は崇厚の裏切りを看取し、思わず我を忘れ、激怒して発砲したとも考えられる。

（ウ）天津暴動の襲撃対象

天津教案を群衆の偶発的暴動ではないと認識するヘラルドには、「天津暴動を民衆と宣教師の小競り合い」と見る曽国藩と崇厚の報告は、矮小化した欺瞞的報告に映った（七月一四日ES欄「天津虐殺」、二三―二四頁）。天津教案の背後には、排外主義者の深謀遠慮が存在するのであり、天津暴動の攻撃目標はカトリック宣教会に限定すべきではないのである。天津教案はカトリック宣教会を第一の襲撃目標としたのは確かではあるが、それは同時に外国人全体への攻撃を企図した暴動とヘラルドは理解する。

七月二二日付“Official Papers”欄「天津」（四七―四八頁）には、アメリカンボード宣教師スタンリが北京の米国公使に宛てた書簡（七月九日付）が収録されている。スタンリは、冒頭に「天津暴動はカトリックのみに向けられた攻撃ではないことを証明したい」とし、以下のように述べる。

二一日は仏領事館と天主堂、二四日は外国人居留地への襲撃が計画されていた。天津虐殺の後、暴徒の一部は外国人居留地を攻撃するために向かったが、それは途中で断念されたにすぎない。(23)また、暴徒に殺害された三人のロシア人は「自分たちはフランス人ではない」と助命を懇願したが、暴徒は「外国人は何人であれ殺す」と応じた。

さらに英米のプロテスタント教会も破壊された事実がある。しかも暴徒は「政府軍が加勢する」と言明していた。また陳国瑞は、その配下の兵士に命じて、天津租界への浮橋（the bridge of boats）を渡し、群衆を租界へと導いた。

これらの証言が事実であれば、天津教案は外国人全体に向けられた攻撃であり、しかもこの暴動の背後には政府軍さえ関与していたことになる。ところが一方で、ヘラルドには、暴徒に遭遇した別のロシア人三名は、「自分たちはフランス人ではない」と中国語で応じたところ、放免され侮蔑もされなかった、との報告がある（七月七日付SN欄、三頁）。これは、攻撃が無差別的なものではなく、教会を標的とした組織的なものである一面を示している。

七月二二日付社説（三九頁）では「知府・知県らはこの事件を制圧せず、促進させたのは疑えない」と断言する。同日のES欄「政治的立場」（四二頁）では、天津暴動以後「中国各地からの情報によれば、強力な排外運動が進展しているのは疑えず」、「天津と同様な暴動が他の開港地でも勃発する危険が大きい」と指摘する。そして「曽国藩が読書人と地方官吏を束ねる排外運動の影の首謀者だ」とし、天津教案の主犯とする知府・知県の背後に曽の存在を想定する。

ヘラルドは、曽国藩について次のように論評している。「中国人は曽国藩を排外攘夷運動の頭目とみなしている。曽国藩が二年前上海を訪問した時、『すべての外国人を追放する』と語ったとの噂が流布している。天津虐殺も彼の教唆によるものである。崇厚は曽国藩の手先である」（七月一四日SN欄、二〇―二一頁）。九月八日ES欄「政治的立場」（二〇八―二〇九頁）では、「曽国藩が排外暴動の首謀者」である証拠として、彼が両江総督（南京駐在）時に揚州教案が勃発した事実をあげる。そして天津教案についても、「保定の曽からの指令で陳国瑞は天津に行き、天津暴動を指揮した。また曽は知府を任命し、彼を天津暴動の道具として用いた」と推断する。

このように、ヘラルドは天津教案の背後に、排外攘夷を目指す曽国藩を頭目とした高官たちの暗躍があると見た。その推論をまとめると以下のようになる。曽国藩は知府・知県を任命し、知府は水火会の指導者を認証している（七月一四日ES欄「政治的立場」、二二頁）。しかるに、水火会はこの事件で主導的役割を果たした。これらの事実に着眼すると、保守主義者の相関関係が想定できる。すなわち、曽国藩・陳国瑞らの高官と地方官は密接に連携して、天津暴動を準備したのである。従って、天津暴動は単なる反キリスト教暴動ではなく、これを契機に排外暴動を中国全土に波及させようとする曽国藩の遠謀が背後にある。

（3）ヘラルドの論評の吟味

ヘラルドは、天津教案を直接的には知府・知県が策謀した計画的・組織的犯罪であるとし、その証拠は明白だと主張するが、その引用する傍証だけでは論拠に乏しい。そもそも、騒動が拡大すれば、第一に責任を追及されるのは天津の知府・知県である。彼らがいかに強固な信念を持った排外攘夷主義者であったとしても、自分の身を犠牲にして、天津教案を策謀したとするのは全く否定はできないまでも、やや無理があろう。

劉海岩は、「教案発生前後の、紳士、役人の挙動」を知府張光藻の書簡を引用し、次のように述べている。「教案の発生前、紳士らは孔子廟で集会を開いた。発生後、張光藻は水火会の有力者を集め、彼らの責任を追及しないことを再三保証し、西洋人の会社を保護する協力を求めた」[24]。これによれば、天津教案の直接的指導者は紳士階級であり、水火会が彼らの手先となり暴動に組織的に関与していたことが推察される[25]。また知府は暴動が外国人居留地へ波及するのを恐れていたことが判る。

ところで、知府・知県が紳士層の暴動計画を事前に把握しながら、なんの方策も執らなかったのは、一般に、地方では役人の数が少なく、地方官吏が、紳士層の自発的協力に大きく依存していた内情があった[26]。天津の知府・知県は紳士層に配慮した、黙認という最も安全な自己保身の途を選択したとすべきであろう。

ヘラルドは、曽国藩が天津教案の影の首謀者であると推断する。確かに、曽は太平天国鎮圧の功労者であった。曽の直隷総督就任（一八六九年）を契機として、「皇帝が洋人の駆逐を決意した」との噂が流布し、排外機運は盛り上がり、読書人らによる教会攻撃の掲帖は激化した。[27] かかる事情がヘラルドの曽への警戒感を助長したのであろう。

しかし、曽は一八六八年に勃発した揚州教案の交渉で英国の軍事力の威嚇の下に、英国の要求のほとんどに屈服せざるをえなかったという辛酸をなめている。彼我の軍事力の格差を実感していた曽が、結末の明白な排外暴動を策謀するとは考え難い。また、この当時、曽は病弱で老齢（一八七二年死去）でもあった。

天津教案発生後、北京朝廷の監察官僚を中心とした熱狂的排外派から成る清議派は、主戦論を唱え、曽国藩の宥和的処理方針に反対し、曽の更迭を要求し、曽はジレンマに立たされている。[28] このように保守主義勢力内部でも諸政治勢力の錯綜した対立・協調関係があり、この微妙な均衡を取りながら天津教案の処理にあたる曽をヘラルドは理解できなかったのであろう。

かくして天津教案が西洋人全体に向けられた攻撃とするヘラルドの主張は、合理的なものとは思われない。この暴動はあくまでカトリック教会の攻撃を意図したものであり、教会関係者以外の犠牲者は暴動の巻き添えにされたと解釈すべきであろう。

ところで、このヘラルドの立論には、「民衆の無知、扇動されやすさ」（七月一四日ES欄「政治的立場」、二二頁）が前提とされている。すなわち、天津暴動は掲帖などに見られるキリスト教への荒唐無稽な中傷に民衆が扇動された結果とヘラルドは理解したのである。この民衆観は七月二八日SN欄（六三頁）に表明されている。

中国の知識人層（あるいは指導者層）は民衆を進歩に導く知識や情報を遮断し、彼らを無力で希望のない、無知で貧困な、荷役家畜のような状態に放置している。外国人がこれらの伝統を破り、倫理的、社会的問題を取りあげ、民衆個々人の思考や活力を刺激すると、反道徳的行為と非難される。

中国の民衆に対するヘラルドのかかる見解は、西洋人の価値観から見た一面的民衆理解であり、これでは民衆は地方官吏や郷紳の「繰り人形」の位置に貶しめられてしまう。また横浜居留地発行の *The Japan Weekly Mail*（以下メイルと略記）も一八七〇年七月九日付の「天津虐殺」で、「民衆は官僚の悪政の下で惑わされ、彼らの手中で踊らされている存在」と把握し、「この暴動の責任は統治当局のみに帰せられる」と述べる。

このヘラルドの民衆観は、大多数の宣教師にも共有されていた。「宣教師らは、民衆の心性は一種の白紙のような状態で、指導次第でいかようにも変えられるとイメージしていた。宣教師は、民衆がキリスト教を激しく嫌悪していることを受け容れず、民衆の嫌悪は知識階級の誘導の結果と見たのである。確かに、キリスト教への改宗者は一般民衆層を母胎としていた。しかし実際には、圧倒的多数の民衆はキリスト教に対する敵意を公然と示していた」のである。(29)

既述のように、天津は一八五八年と一八六〇年の二回、英仏軍により占領され、しかも英仏軍の一部は一八六五年まで駐留した過去がある。この外国軍の中国の伝統的共同体への侵入に天津の民衆が憤激を感じなかったはずはない。その証拠に、天津の農民はキリスト教を嫌悪し、子供が養育できなくとも、瀕死であっても、決して仁慈堂には依頼しなかった。(30)仁慈堂が中国人に報奨金を与えてまで子供の収容に熱心であった事情にはこのような背景も手伝っていた。従って、ヘラルドの指摘する如く、民衆が主体的判断力を持たず、全く地方官吏や読書人・紳士の誘導に流されて暴動に参加したとはいえない。

李時岳によれば、「天津の民衆は、曽国藩により死刑に処せられた犠牲者の合同葬儀を行い、碑を建立した」。また「盂蘭盆には民衆が集まり、犠牲者の肖像を作り、供養し、追悼の意を表した。そして天津住民の闘争を竹を打ち、絵に書いて讃えた」という。[31] このような民衆の行動は、彼らの天津教案への主体的・自発的参加を裏づけるものであろう。

ところで、ヘラルドは天津教案を排外暴動の一環として位置づけようとしている。確かに、前述の如く曽国藩の直隷総督就任は、河北一帯に西洋の侵略に対する反発を激化させ、宣教師を侵略政策の手先とする非難がなされた。[32] だが、とりわけ官紳層が座視できなかったのは、宣教師の布教活動であった。その活動は、中国伝来の儒教道徳や宗教的儀礼と衝突し、地域社会を乱し、国家的支配体制さえ侵害するものと考えられたからである。この点では、中国人は宣教師と貿易商とを区別している場合も多かった。[33] 事実、張光藻は前述の如く、西洋人の会社を保護するよう水火会の有力者に依頼している。

第三節　交渉経緯

(一) 先行研究による交渉経緯

清朝政府は崇厚の報告を受け、六月二三日、保定府駐在の直隷総督、曽国藩をこの教案処理に任命し、天津に赴かせ調査を命じた。また、同月二八日には崇厚をパリに派遣し、謝罪の意を表すことを決した。[34]

六月二四日、七国の北京駐在公使（英・米・仏・西・普・露・白耳義）は、共同通牒を発し、清朝政府に抗議した。その中で、「この事件は地方官吏によっては外国人は十分に保護されないことを証明した。同様の暴動の再発を防止する有効な方策が執られなければ、全世界を敵にまわすことになる」とし、「犯人の処罰と外国人の安全の保証」を強く求めた。[35] この文書を受け、北京朝廷は各省の総督に対し「通商、布教地域は常時保護せよ、愚民に狼藉を働かせないようにせよ」との勅令を発した。[36]

曽国藩が天津に赴くと、天津各地の代表者は、「天主堂は、児童を誘拐し、眼と心臓を摘出して薬を作っている」と訴えた。しかも「仏国と国交断絶せよ」「北京の外国人を殺せ」との強硬意見を主張した。しかし曽国藩は、国力衰微の現状に鑑み「臥薪嘗胆し、国力を強化することが先決」とし、北京朝廷の「外国勢力を懐柔し、事件を平和裡に解決する」方針を表明した。この曽国藩の方針に、天津の住民は猛烈な反発を示した。(37)

天津での調査を経て、七月二一日、曽国藩と崇厚は連盟でその調査結果を皇帝に奏上した。その中で、天津民衆の「仁慈堂が誘拐児童を集め、眼と心臓から薬を製造している」との疑惑は事実無根であり、「仁慈堂収容の子供で誘拐された者はいない」とした。また「王三は武蘭珍に薬を与えたことは自供したが、彼の供述は一転、二転し真偽が定かでない」と判断している。(38)

仏公使ロシェシュアールは、七月一七日に天津の衙門で曽国藩と会見した。三日後の二〇日には「知府張光藻、知県劉傑、提督陳国瑞を死刑に処しなければ、仏海軍提督は天津に入り、しかるべき行動を執る」との文書を曽国藩に渡し、威嚇した。曽は、交渉の決裂を恐れ、北京朝廷に「知府・知県を革職し、刑部で彼らの罪を処理させること」を奏上した。北京朝廷は、この処置を裁可した。ただ、陳国瑞は罪状がなく、曽に審問させることとした。(39)

この処置に対し二二日、ロシェシュアールは再度曽に文書を送り、「天津で張光藻、劉傑、陳国瑞の死刑を即刻実施せよ」と要求してきた。翌日、仏海軍提督デュプレーが天津に到着するや、ロシェシュアールは「二五日の四時までに清朝政府が確実な回答を与えなければ、北京在住の仏人はすべて上海に退去する」(40)と述べ、清朝政府との国交断絶、交戦の意思を示した。

この交渉経過を受けて、北京朝廷は、江蘇巡撫の丁日昌を天津に急派し、曽国藩と協力して処理に当たらせようとした。一方、ロシェシュアールは北京の総理衙門に赴き、曽の事件処理の怠慢を責め、知府・知県・提督の三人の死刑と犯人逮捕を要求した。(41)このような情況下で、北京朝廷は曽国藩に犯人逮捕を再度督促した。しかし、天津の有力者も民衆も曽国藩に反発し、非協力的態度をとり、犯人逮捕は思うように進展しなかった。それでも曽は、七月二六日までに九名の容疑者を捕らえたが、誰も自供しなかった[42]。

八月初め、ロシェシュアールは天津で普仏戦争勃発の報を受け、五日急遽北京に戻り、英国代理公使に極東ではプロシアと共同行動をとりたい希望を述べた[43]。

翻って、ヨーロッパに天津教案が伝えられたのは一八七〇年七月二五日であった。これは、フランスがプロシアに宣戦した一週間後であり、ナポレオン三世は極東の事件を顧みる余裕を失っていた。しかし仏政府は、駐英大使ド・ラ・ヴァレット (de La Valette) に訓令して、英国のグランヴィル (Granville) 外相と本件に関する両国の方針を協議させた。ド・ラ・ヴァレットは、天津暴動は中国在住の外国人の安全を脅かすもので、外国人の権益を確保するには、西洋諸国の協力が不可欠の旨を強調した。グランヴィルはこれを了承し、北京駐在代理公使ウェードに仏公使と協力して犯人の厳罰を要求すべき旨を訓令した（八月二〇日付)。一方、米国はフランスとプロシアの両国を斡旋し、中国に対しては共同歩調をとる約束をとりつけた。英国以外の諸国も、北京駐在各国公使に仏公使の支援を命じた。かくして、天津事件に関する限り、列国は共同歩調をとることとなった[44]。

他方、清朝政府は普仏戦争の報を受け、態度を硬化させ、軍事力の増強を企てた。八月二四日、南京で両江総督馬新貽が暗殺され、北京朝廷は曽国藩を両江総督に、李鴻章を直隷総督に任命した。八月二六日に丁日昌は天津に到着し、道府県鎮将の五役所に命じて、四日以内に各々四名の犯人を捕らえよ、もしこの命令に背けば解任するとおどした。こうして九月九日までには八〇余名を捕縛した。同日、曽国藩は犯人の処罰について皇帝に奏上し、供述証拠の明白な七～八名は死刑、供述の証拠の曖昧な者二〇余名は流罪とする旨を伝えた。

この報告に恭親王は死刑人数が少なすぎるとし、さらに犯人を捜索せよ、と命じた。天津行きを病気を口実にしぶっていた李鴻章もついに九月一八日、天津に乗り込み、曽に代わり調査と犯人逮捕を実行した。九月一八日、曽国藩と丁日昌は、死刑一五名、流罪二一名とする案を皇帝に奏上した。一〇月九日、曽国藩は、第二次懲罰名簿を奏上し、さらに死刑五名、流罪四名を加えた。(45) 従って、天津教案の処罰者は、死刑二〇名、流罪二五名にのぼった。死刑の二〇名は、明らかに殺害された西洋人の数に合わせたものである。(46)

この結果は、崇厚を通して仏公使と仏外務省に伝えられた。しかしロシアは、自国民三名の殺害犯人と断罪された四名は、公平な裁判で裁かれるべきことを主張し、李鴻章とロシア領事の直接交渉の結果、罪状明白な三名を流罪と定めた。一〇月一九日、直隷総督李鴻章は、天津で一六人を斬首、翌年一月三日に二五人を流罪にした。この処理が終わったのは二月であった。(47)

また賠償額は、仏公使の要求に従い仏国には四六万五〇〇〇両、露国には三万両、米国には四七八五両、英国には二五〇〇両をそれぞれ支払うことで決着した。(48)

これと並行して、知府・知県・提督の処罰問題も扱われた。普仏戦争の報が伝えられると、清朝政府は再び知府・知県を天津に送り曽国藩をしてその罪状の有無を審問させた。ところが、曽は彼らをかばい、皇帝と恭親王に彼らの情状を弁護した。曽は天津の紳士層が愛国者として崇拝している知府・知県を厳罰に処して、保守主義者の反発を買うことを恐れたのである。しかし、清朝政府は知府・知県を厳格に審問するよう要求し、九月二三日、二人を北京に連行し、再び刑部に渡し、審問せしめた。曽国藩は、内密に北京朝廷に働きかけ、知府・知県の減刑を求めた。(49)

一〇月五日、清朝政府は刑部の審問結果に基づき、天津暴動を防止できなかった責任を問い、知府張光藻と知県劉傑を黒龍江省への流罪に処した。曽国藩にはなすすべもなかったが、知府・知県に路銀を贈った。また陳国瑞は天津での職務上の権限をもっていなかったとの理由で、無罪とされた。

ところで、先の処理案に対し、一八七〇年九月二四日、英・米・露・普公使は不満の意を表す共同文書を作成し、総理衙門に送付している。[50]一方、天津事件謝罪のためフランスに派遣された崇厚は、一八七一年一一月二三日、仏臨時大統領ティエール（Thiers）に謁見し、ロシェシュアール仏公使と総理衙門との間で決定された事件の処理について了承を求めた。これに対して、大統領は犯人の処刑を要求するものではなく、中国国内の秩序の維持と条約の履行を要求するものだと応じた。これで、天津教案処理案をめぐる一連の外交交渉は決着した。[51]しかし、仏公使が強硬に要求した知府・知県・提督の処刑は不問に付された。この仏国の腰砕け外交の理由として、コルディエは、仏国の中国に対する外交政策に一貫性がなく、仏国内での政府と議会との間に見解の不一致があった点、大多数の仏国市民は遠い中国での軍事力行使に反対であった点などをあげている。[52]

（2）交渉経緯に対するヘラルドの論評

（ア）普仏戦争の影響以前の交渉経緯

ヘラルドは既述の如く、天津暴動において知府張光藻、知県劉傑らの主犯説を主張し、彼らの厳罰を強く要求した。この要求は、彼らの処刑なくしては、中国の外国人居留地の安全は確保できないとの信念に基づいていた。実際、天津教案以後、各地で宣教師非難や外国人排斥の掲帖が続出しており、排外暴動の危惧は高まっていた。ヘラルドの主張と仏公使の清朝政府への要求はこれら官吏三名の処刑という点で合致していた。しかし反面で、「仏国があまりに強硬な方策（軍事力の行使）を執れば清朝政府への反乱が誘発される難点があり、仏国もこれは避けたかった」（七月二八日OUT欄「天津」、六四頁）。

ヘラルドは仏公使の交渉姿勢を強く支持するのに反して、北京駐在英国代理公使ウェード（Wade, Thomas Francis）[53]の姿勢には批判的である。それは彼が「天津教案を単なる偶発的暴動とみなし、清朝政府の目指す平和的解決を受け容れ」、「仏公使と共同歩調をとらない」点にあった（七月一四日ES欄「政治的立場」、二二頁）。

七月二二日付ES欄「政治的立場」（四二頁）では、ウェードが天津教案の容易ならぬ事態を解していないと、次のように糾弾する。

ウェードは北京の高官との交渉で盲目にされてしまった。彼はこの事件を仏人のみにかかわる暴動と理解するが、民衆は仏人と他の外国人とを区別していない。なおかつ、東洋で西洋人の威信を保つことが、彼の代表する英国の利益にとりいかに本質的問題かを忘れている。この虐殺に中国人は歓喜し、その興奮が広まっている。しかるに、彼はこの危局を無視し、我々に一言の警告も保証も与えていない。彼は英国軍士官に指令し、非常事態に備えるべきではないのか。

しかし、天津教案に対するウェードの姿勢には英国政府の外交政策の転換が強く反映していた。一八六八年に勃発した揚州教案の処理に際し、北京駐在英国公使オールコックは、砲艦外交を展開した。しかし、この砲艦外交はグラッドストン内閣により「高圧的外交」との非難を受けた。揚州教案はテイラー（Taylor, J. H.）の内地会（China Inland Mission）が暴徒に襲撃された事件である。この事件以後、宣教師の内地伝道への批判が強まり、英国の有力な宣教団体は内地伝道から撤退を余儀なくされる。[54]ウェードにすれば、英国のプロテスタント宣教師が被害にあった場合でさえ、砲艦外交が本国政府の非難を浴びたとすれば、仏人中心のカトリック宣教会への襲撃である天津教案に際して積極的介入はできないと考え、平和的解決路線を堅持したのであろう。

仏公使は知府・知県・提督の三名の死刑を要求したが、清朝政府は天津暴動はあくまで天津の暴徒によるものと主張した（七月二八日SN欄、六一頁）。これが、清仏両国の交渉における最大の争点であった。七月二八日OUT欄「天津」（六四頁）では、「曽国藩は官吏の処刑に反対しており、清朝政権が曽の反対に抗して処罰する力があるかは疑問だ」とし、曽国藩の反対が交渉の最大の障害だと認識する。この天津教案処理をめぐる曽国藩の交渉姿勢は、一八六八年の揚州教案の処理に際しての行動と類似している。揚州教案では、最初、曽は英国の要求の多くをはねつけた(第一回南京交渉)。オールコックは総理衙門と直接交渉し、曽の対応を厳しく批判した。そのため総理衙門は曽に中英の合同調査を命じた。砲艦を引き連れて臨んだ英国側(上海領事メドハースト)は、南京と揚州での曽との交渉でその要求のほとんどを貫徹する。しかし曽は、当初英国側がこの事件の首謀者と断定した四人の紳士の処罰要求だけは最後まで拒否を貫いた(55)。

ヘラルドは、揚州教案における英中の交渉経緯から、砲艦外交の絶大な効果を知り、天津教案処理にも砲艦外交の必要性を再三献言しているのだろう。

さて、英国代理公使の教案処理への消極的姿勢に業を煮やしたヘラルドは、別の視点から英国の積極的介入の必然性を説く。

先の七月二八日OUT欄「天津」(六四頁)は、天津で虐殺されたルイーズ(Louise)修道女はアイルランド出身者であり、英国が交渉すべき事柄だと主張する。

英国は北京に公使館もあり、艦隊の支援も可能である。なぜ、英国臣民の賠償を仏国と清朝政府の交渉に委ねるのか。英国の威信と名誉のために、彼女の交渉は英国と清朝政府の間でなされるべきだ。これは中国の全英国民の安全にもかかわる問題だ。

また八月四日ES欄「天津虐殺」(八四頁)では、ウェードが英国の宣教師(Lees とHall)(56)に天津暴動で破壊された教会の補償額を尋ねた際のエピソードを記している。これに対し「宣教師らは、この事件の重大さに鑑み、将来の安全を確保するには、賠償より犯人の処罰を優先させて要求すべきと応じた」と称賛し、「ウェードはもっと真実を把握してほしい」と要請する。

このように、ヘラルドは種々の観点から、天津虐殺処理に英国代理公使ウェードがもっと積極的に取り組むよう進言を繰り返している。

しかし、同上記事ではまた、天津暴動の交渉が急速に進展したことを伝えている。「仏公使が仏海軍の威圧のもとに、知府・知県・提督の三名の天津での公開処刑、天津暴動後捕縛された中国人信徒の解放」などを曽国藩に要求したことを伝え、「清朝政府はこれらの要求を最大限受け容れざるをえないだろう」と予測する。そして上記三名の罪状について「我々には知府・知県の犯罪は明白だが、提督陳国瑞が共謀した証拠は握っていなかった」と告白している。そして中国人からの情報として「陳国瑞は曽国藩と親密な関係にあり、天津の頭目に処罰しないとの約束を与え、彼らに依頼して天津暴動を誘導させた人物」と報じる。

ヘラルドは、この仏国の砲艦外交が意にかない、同日付社説では「天津を占領して、交渉すべきだ」と助言さえする。

(イ) 普仏戦争の影響下での交渉経緯

普仏戦争勃発により、清朝政府がその主張を硬化させた次第は、八月一八日付ES欄「政治的立場」(一二二頁) で述べられる。そこでは、「この事件が平和裡に決着する希望はなくなってきた」と落胆し、もはや軍事力による以外、フランスの要求は貫徹できないと観測する。

知府・知県が解任され、数人の暴徒が逮捕されたのみで、暴動の主犯格の陳国瑞、及び暴動を主導した水火会には全く触れられていない。天津暴動参加者は官吏の支持のもとで勝利に酔い、北京では外国人は児童誘拐犯と呼ばれている。普仏戦争は中国人に活気を与え、皇帝に統治能力はない。従って、もはや首謀者の処刑は軍事力による強要以外にない。列強は共同歩調をとり、仏公使の要求を清朝政府に貫徹させるべきだ。

また英国はその臣民を保護するため、天津に軍隊を派遣すべきだ。

天津では、中国人が既に普仏戦争のニュースを知り、「フランス人はもはや何もできず、イギリス人は何もする気がなく、アメリカ人はこれまで一度も何事かをしたことがない」と言明し、「外国人への侮蔑感が膨れあがっている」（九月一日OUT欄「天津虐殺」——八月二三日付Saxon記事、一六九頁）世情である。

八月二五日付SN欄（一四五頁）では、中国人側の動向を「民衆の外国人への憎悪は高まり、排外勢力は力を増し、外国人を誹謗する流言は広まっている」とし、「天津暴動の主犯の処刑の遅れが排外勢力をますます活気づけている」と分析する。九月一日付OUT欄「天津虐殺」（八月二〇日記、一六九頁）では、今週始めの北京での交渉で、仏公使は三人の官吏の引き渡しを強硬に主張したが、清朝政府はそれを公然と拒否し、結局、物別れに終わったと報じ、「北京朝廷は戦争が不可避と考え、戦闘準備を命じている」との情報を伝える。天津でも「近郊に兵士が派遣され、その総員は今や二万人以上に膨れ上がっている」と記し、中国が交戦態勢をとりつつある証左と見る。

九月一日付ES欄「政治的立場」（一六六頁）でも、「天津事件の交渉が長引いている間に、中国は武器を集め戦争に備えている」と述べ、上海で武器が大量に購入されている事実をあげる。そして「この中国の戦闘準備は、人類に対する宣戦布告だ。各国公使の怠慢は理解に苦しむ。無防備の男女を虐殺した犯人の擁護者と見なされるのを好む国はない。列強は共同行動をとるべき時だ」と主張する。ただ、中国の軍事力に関しては「ヨーロッパの最小の軍事力と比べても、子供と巨人くらいの差がある」と冷笑している（九月八日ES欄「政治的立場」、二〇八頁）。

このような天津での不穏な情勢は他の地域にも波及し、各地で騒乱の危険が高まった。こうした事態の中で、ベルギー公使ローデンベック（Rodenbeck）が七月三〇日、総理衙門を公式訪問し、天津暴動の処理の遅れに文書で抗議した行動を、八月二五日付ES欄「天津虐殺」（一四六頁）で紹介し、「始めから諸外国公使は一致して彼のような抗議書を総理衙門に提出しておれば、要求はもっと速やかに成果を収めただろう」と各国公使の対応の拙劣さを批判する。これらのヘラルドの論調を見ると、西洋列強は天津教案処理には、協調して当たる取り決めであったが、ベルギー公使を除いて、それ以外の各国公使は、実際には仏公使の交渉を妨害しない程度の消極的態度であったらしい。

ローデンベックは、虐殺者の中にはベルギー国民も含まれていることを根拠に、条約条項から清朝政府に暴動の主犯である官吏の早急な処刑を求め、次の主張をする。

官吏の処刑は、（政府の姿勢を示す）最も例示的な模範である。この処刑は、民衆を煽る高級官吏に一撃を与え、天津と同様な暴動の発生を阻止する最善の方策である。従って、三名の官吏の処刑は、居留外国人の安全のためのみならず、中国国内の混乱を防ぐためにも、最も有益な措置である。

さらに、聖職者の虐殺がいかに非道な暴挙かを次のように述べる。

西洋諸国にとり、宣教師は西洋文明を代表する存在である。西洋諸国は皇帝の約束を信頼し、宣教師を中国に派遣した。修道会の女性達は人類の病気や苦悩を救うという高貴な目的に献身した存在であり、彼女らは世界のどの国でも、戦時中であろうと、敬意を持って扱われている。彼女らが虐殺された本件は、過去の歴史上類例のない蛮行である。

ヘラルドは、このローデンベックの抗議文書を効果的な文面と高く評価する。しかし、この文書の内容は、西洋人の独白に近い。キリスト教の布教を嫌悪している中国で、世界ではキリスト教の聖職者は尊敬されていると主張しても、何の説得力も持たない。また清朝政府にしてみれば、国内で強硬意見を主張する排外主義勢力の暴発に配慮して、三名の官吏の「例示的」処刑ができないのである。この点で、排外派の動向を危惧して、浦上信徒総配流を決行した日本政府の立場と類似する。

ヘラルドは、両江総督馬新貽の暗殺も、天津教案との関連で捉える。九月一日付ＥＳ欄「総督の暗殺」（一六六―一六七頁）で、馬新貽の暗殺の理由が何であれ、高官の中で、馬新貽だけが排外勢力に屈せず、宣教師への流言浮説を否定し、暴動を抑えた人物だと紹介し、「テイラーのミッションに知県が干渉するのを叱責し、杭州での騒動を防止するため強力な措置を講じた人物」と評する。しかも「馬新貽は曽国藩を首謀者とする排外攘夷派と親密ではなかった」のである。従って、この暗殺は「中国の官僚が排外攘夷派に抗して、その義務を履行することの困難さ」を露呈すると同時に、「天津教案の背後に排外攘夷派の陰謀が存在した決定的な証拠」を明示するものと解釈される。そして、今や「天津の残り火がいたる所に波及し、一息で燃え上がるほど」の危急の非常事態だと力説する。実際、この危惧は北京で現実のものとなる。九月二二日OUT欄「天津虐殺」（二二四―二二五頁）では「仏公使とウェードは、北京ですべての外国人を殺害するという陰謀を知り、総理衙門に粘り強く働きかけ、その陰謀を未然に防いだ」と報じている。

かかる官僚内部での排外勢力跋扈への憤激は、九月二二日OUT欄「天津虐殺」（二二五頁）で端的に述べられている。

我々は掠奪や無情な殺害を行う群衆を憎んでいる、しかし、官吏の仮面をかぶり、我々に友好的態度を取りながら、巧みに陰謀をめぐらせ、群衆を残忍な行動にけしかける高官の悪事に対しては、群衆より一万倍も憎悪している。彼らに最大の懲罰が加えられることを望む。

ここでもヘラルドは、官僚層が教案、排外騒動の源泉との認識を繰り返している。天津暴動の主犯の処刑はなされず、排外攘夷派の官僚は暗躍し、中国各地で排外騒乱への熱気が盛り上がり、戦争の危機が高まった。このような事態が外国人居留者にどれほどの恐怖を喚起したかは、「貿易額の総計が三千万ポンドの巨額に上る上海居留地を放棄するのは愚挙である。西洋諸国は、その国民を保護する義務があることを深刻に考えるべきだ」（九月二二日付ES欄「上海」、二二一頁）との訴えに如実に示されている。

（ウ）妥結案に対する論評

一〇月一八日付ＯＵＴ欄「天津虐殺」（二九二―二九三頁）では、清朝政府の提示した解決案を伝え、「これでは刺客の武器を破壊して、刺客は放置したようなものだ」と酷評する。「四か月の外交交渉の末に、この提案では侮蔑に侮蔑を、邪悪に邪悪を加えるだけだ」と述べ、「こんな弱腰の譲歩は、我々の生命や利益をますます危険にさらすことになる」との主張を屡述する。しかし仏公使に対しては、「自国の戦争という困難な情況下、怯むことなく不実な東洋人と対決した勇気は中世の騎士のようだ」と礼賛する。

これに反して、英米公使の外交交渉には不満を表明する。一〇月二五日付ＥＳ欄「中国人の無神経と天津の困難」（三二〇―三二一頁）では、北京の英米公使は「天津暴動がフランス人にのみ向けられた偶発的暴動と誤解し、深く根を張った幅広い排外感情がこの事件の根源にある事実」を認識するのに手間取った。そのため、この危機的状況下でも、英米公使らは「中国の居留外国人の生命を保護するための権限を最大限行使しなかった」と糾弾する。そして、この英米公使の弱腰外交の背景に「西洋列強の対中国外交政策の寛大化を促したバーリンゲーム・ミッションの過誤」があると指摘する。このミッションにより「英国政府は、中国人は善良であり、中国の諸港に大規模な海軍を維持することは不要だと言いくるめられた」と論難し、「このミッションが中国に入れたパン種が膨張した結果が、天津教案となり爆発した」と解する。また横浜のメイルも、「バーリンゲーム・ミッションによる政策の果実が天津教案に具現化した」と見る（一八七〇年七月二〇日「中国と日本―対比」）。すなわち、「中国を文明国の一員として扱ったことが、時期尚早であった」（一八七〇年七月九日「天津教案」）という。もっともメイルの情報源は主にヘラルドに拠っている。

確かに、中国で仇教運動が活発化している最中に、バーリンゲーム・ミッションが米国で「中国のすべての丘に十字架を立てよ」と宣教師を招致する演説をなしたことは、(57) 批判に値するであろう。このミッションは、天津条約改正交渉のためロンドンを訪れた際、クラレンドン(Clarendon)外相に「中国が条約義務を忠実に履行する限り、英国は中国国民の感情を尊重し、非友好的な圧力を加えて、西洋諸国との通商を急速に促進させない」との英中協調路線の外交方針を取り付けていた(一八六八年一二月二八日)(58)。オールコック協定もこの外交方針に沿って一八六九年一〇月二三日に調印された。この協定は、英国商人のかねての要望の多くを除外したため、商人らは猛烈な抗議活動を展開し、この協定の批准は一八七〇年七月二五日に阻止された。その際、英国商人社会は中国を文明国と同等に遇するオールコックの外交方針を冷笑した(59)。ともかくバーリンゲーム・ミッションは、中国の保守主義勢力を勢いづかせたのは確かであり、その意味では、天津教案発生の環境を準備したとは言い得るかもしれない。とはいえ、このミッションを天津教案の勃発と直接的因果関係で結ぶのは牽強付会に過ぎるであろう。

一〇月二五日付OUT欄「天津」(三二一頁)では、「一四人《ママ》が処刑され、彼らは国のために死んだ高貴な愛国者の地位に祭りあげられた。遺族のために、寄付が募られ高価な棺と衣服が用意されている。処刑は茶番劇であり処刑の恐怖を煽るより、むしろ一層の暴動を誘発するようだ」と報じている。一一月一日付OUT欄「天津虐殺」(三二五—三二六頁)でも、一〇月一九日に一六人の死刑が執行されたことを伝え、「一六人は殉教者か英雄と見なされている。共同葬儀が計画され、寺の建立さえ話題にのぼっている。被処刑者の家族には各人一〇〇～五〇〇両が支払われる。高官は彼らの処刑に遺憾の意を表明し、その高貴な犠牲は絶賛され、一六人はカレー市民に劣らない輝かしい名誉を中国の歴史に刻むだろう。このような処刑では、民衆の外国人への敵意は鎮められるより、増大するだろう」と論評する。

一一月一五日付ES欄「天津問題」(三五七—三五八頁)では、天津事件の妥結策への不満を繰り返し、「清朝政府は扇動者を処罰する力がないことを露呈した。一人の暴徒も処刑されず、賠償金が支払われなかったとしても、天津暴動の扇動者である三人の官吏を処刑すべきであった」と評する。さらに、この妥結策は「欧米諸国の外交交渉の失敗」と断じ、その理由を次のように説明する。「英米公使は事件の影をつかもうとし、その間に、実体は逃れてしまった。仏公使も、天津が仏海軍提督の手中にあったとき、もっと強硬に要請を貫徹させるべきであった。だが、仏公使も次第に中国の巧妙な罠にからめとられてしまった」。そして「軍事力で要求を強要すべきだった」とその当初の主張を再び力説する。

このように、ヘラルドは「外交交渉は軍事力」との立場から、現下の危機的状況では「居留外国人保護」のためには軍事力の威圧が必要不可欠と見る。そして、砲艦外交が抑制された原因は、バーリンゲーム・ミッションの「虚偽に満ちた」宣伝に因るとする。本国の英国政府は、中国の居留外国人が日々体験している危機的状況を知らず、タイムズを始めとする英国言論界もまた天津教案について見当違いの見解を披瀝しているといらだちを隠さない（一一月一日ES欄『真実』と宣教師」、三三四頁など）。ヘラルドのこの軍事力要請への頻繁な訴えの背景には、清朝政府が統制力を失い、排外攘夷派の官僚勢力に翻弄され、国内秩序を自力で維持できないとの認識がある。そして天津虐殺の処理経緯と馬新貽の暗殺にこの顕著な証左を見たのである。この認識に立てば、中国での居留外国人は軍事力に恃む以外にその生命の安全は保証され得ないことになる。

（3）ヘラルドの論評の吟味

以上、ヘラルドの天津教案の交渉経緯に対する論評を見てきた。ヘラルドは、曽国藩を排外攘夷運動の影の首謀者と見て、天津教案もその謀議の下に実行されたと決めつけている。また馬新貽の暗殺には、この排外攘夷派の清朝政府内での勢力の強大さが如実に示されていると見る。このような見地に立脚すれば、天津暴動の主犯である知府・知県・提督を天津で「見せしめに」公開処刑しない限り、排外攘夷派の高官の暗躍は続き、同様の暴動の続出は避けられないことになる。これは、居留地に住む外国人にとり、その生命を脅かす戦慄すべき事態であった。ヘラルドが上海の居留地放棄の可能性まで示唆しているのは、誇張もあろうが、この脅威の深刻さと切迫感を物語る。

ただ、天津暴動の主導者である水火会の責任が全く追及されていないとのヘラルドの批判は一面で的を射ている。吉澤誠一郎は、中国側の史料には水火会の暴動への関与を隠蔽する意図がうかがえると指摘している(60)。一時は、仏公使の砲艦外交により、官吏の処刑の実現に期待をかけたが、それは普仏戦争の勃発により、裏切られる結末に終わった。

他方で、英国代理公使ウェードが天津教案をカトリックへの偶発的暴動と見て、居留英国人の安全を顧みなかったと激しく指弾する。反対に、ベルギー公使の総理衙門に対する天津虐殺の非道性、高官の謀議への糾弾を高く評価し、総理衙門に対して、列強公使が一致して活発な抗議を行うことを訴えた。

普仏戦争の影響により清朝政府は硬化し、仏公使の要求を拒絶し、交渉は膠着状態に陥った。その間隙を縫って、清朝政府が軍備の増強に努めている点をヘラルドは指摘し、居留外国人の生命を守るためには、もはや軍事力を行使し、官吏の処刑を強要する方途以外にないとまで主張するようになる。同時に、この危局に、居留英国人の安全を確保するため、英国の軍事力を増強せよとの主張を繰り返す。

ヘラルドが教案の首謀者と見る知府・知県・提督の処刑を執拗に主張するのは、過去の貴州、揚州教案において、清朝政府は、その首謀者と目される地方官、紳士らの責任追及を曖昧にし、彼らの処罰に強い抵抗を示してきた背景がある。しかしながら、軍事力で高官の処刑を実施し、西洋の「正義」を貫徹させれば、騒乱は収束するとのヘラルドの予測は、軍事力への過信と同時に、一面的な状況判断、人間理解に過ぎるであろう。清朝政府にもこれら官紳を厳罰に処せない理由があった。そもそもキリスト教布教の許可は、アロー戦争の結果、政府の意に反して、西洋列強に押しつけられたものである。儒教の道徳的政治思想を国家支配の支柱とする清朝政府にしてみれば、儒教を批判するキリスト教の排撃に加担した官紳の処罰は政権の威信を自ら失墜させる結果を招くことにもつながる。(61)

ヘラルドの人間理解の皮相さは、民衆を地方官吏、郷紳、読書人層の繰り人形的な受動的で無知な存在とする見方に顕著である。ヘラルドが主犯格と見る知府・知県・提督さえ処刑すれば、居留民の安全は確保されるわけではない。むしろ、このような西洋諸国の軍事力による要求の強要こそ、天津教案の土壌を形成していたのである。前述のように、天津は二回英仏軍に占領された。しかも仏領事館は皇帝の別邸（望海楼）を用い、天主堂・仁慈堂もその近隣の跡地に建設されていた。このような歴史的経緯により、天津の官吏、郷紳、民衆の心中には、英仏の軍事的占拠に対する屈辱と憤激が蓄積されていた。天津の民衆には階級的利害を越えた民族的自覚が芽生えていたはずである。従って、再び軍事力で威圧し、天津暴動の主犯として愛国者の知府・知県・提督を天津で見せしめに処刑すれば、ヘラルドの予測とは裏腹に、主戦論を唱える清議派は激昂し、民衆の怒りは暴発し、排外暴動が各地で勃発するという悪循環に陥る可能性もある。かかる事態は、外国人の生命を一層の窮地に追込むことになろう。

この官吏の処刑をめぐる清朝政府と外国人居留者との対立は、浦上四番崩れの信徒の流刑をめぐる日本政府と外国人居留者との対立と構造的に類似する。すなわち、中国、日本いずれの場合にも、当該政権の基盤の脆弱さを背景に国内の排外攘夷派の暴発を恐れており、しかも当該排外派の動向が流動的で予測が不透明な点が共通する。また、キリスト教の宣教が、両国政府が政権の基盤とする思想を切り崩すものとして理解された点も共通する。従って、仮に両国政府が居留民の要求を受け容れたとしても、上述の如く彼らの身の安全が保証されるわけではなかった。

このような認識に立てば、欧米諸国にとっては、当該国政府に表立って異議を唱えない方が少なくとも当該政権の支持を失わない点で、通商を確保するには、より堅実な戦略であったとは言い得る。

ヘラルドは中国人が中華思想に立ち、これが西洋人との交際の障害の源であると繰り返し表明するが、なぜ中国人が西洋人に反感を抱くのかという歴史的自己反省が欠落している。

ヘラルドは、高官が排外騒動を首謀している点を激しく糾弾し、他方で民衆は高官に扇動、教唆されているにすぎないとの認識に立っている。そして「一般に民衆は外国人に好意的だ」（七月一四日ES欄「政治的立場」、二二頁）とさえ理解する。

このヘラルドの思考の枠組みを分析すると、以下のような構造が想定できる。西洋諸国は、西洋文明の光を中国の民衆層に及ぼし、民衆の福利に貢献しようとしている。しかるに、中国の指導者層は、数世紀もの間、古典に基づいた古い考え方を自負し、排他的で、一貫して西洋人を憎悪し続け、西洋化を妨げ、民衆を相変わらずの無知と貧困に陥れている。[62] 従って、軍事力を用いても中国に「正義」を貫徹し、民衆の福利の向上を計るべきである。

かくして、西洋列強が軍事力を用いて、その要求を中国に突きつけるのも、それによって開かれた諸港で貿易商として活動するのも中国の西洋文明化の下に正当化されることになる。そして、中国の西洋化とキリスト教宣教とは不可分の関連にあった。

第四節　宣教師に対するヘラルドの評価

ここで中国におけるカトリック宣教会の権益の獲得について略説しておきたい。

仏国は一八四〇年代からカトリック宣教会の擁護者と自任していた。一八五〇年代初頭には仏国内の帝国主義者は、宣教師と一致して、中国での仏国の勢力の進展を促す機運を盛り上げた。[63] このため仏国は一八四四年の黄埔条約以来、カトリック布教のための種々の権益を獲得した。宣教師はこの権益を利用して布教し、そのために中国の伝統的地域共同体は掻き乱された。すなわち、信徒と非信徒との民事訴訟に宣教師が介入するなどの政治行政的な騒動があり、また風水や地域共同体の祭祀などを異教的習俗として撥ねつける中国人信徒の姿勢も地元住民の憤激の種となった。とりわけ、祖先崇拝の拒否は、地域共同社会から信徒と宣教師をますます隔絶させた。しかも、教案の賠償金はしばしば一般民衆から徴収されたのである。[64]

天津の天主堂・仁慈堂も一年中門を閉ざし、地域社会とは絶縁していた。こうしたカトリック施設が嫌悪と疑惑の対象にされたのは理の当然であった。確かに一方では、カトリックの各宣教会は飢餓の救済、アヘン中毒者の治療、学校、孤児院経営など住民の福利に貢献する活動を行っていた。しかし、孤児院経営に象徴されるように、これらの慈善活動も、信者獲得の目的で行われる傾向が強く、むしろ排外感情を煽ることも少なくなかった。

さて、天津教案に先立つ四月一二日付ES欄「フランスの宣教師」(二五七頁)では、中国における宣教師の活動の問題点を以下のように論じている。

フランス人宣教師が中国人改宗者にその保護権を行使することが、中国の地方官吏の怨嗟の的になっているのは周知の通りである。これが仏人宣教師が頻繁に騒動に巻き込まれる一因である。我々は宣教会の活動自体には全く賛成である。その布教が真面目で知的な宣教師によってなされれば、民衆を啓発するであろう。しかしながら我々は、宣教師の誤った無分別な過度の干渉には抗議する。宣教師が西洋人の善良さと豊かな感受性とを併せ持った人物であれば、我々外国人とその国民との友好親善を促進し、その国の進歩発展に貢献するだろう。しかしながら、この目的を達成するには、宣教師はその国の宗教的、政治的感受性を苛立たせないように配慮すべきである。ただでさえ、キリスト教の布教そのものが、その国の宗教の信徒を困惑させるからである。祖先崇拝を放棄させるような仕方で改宗させるべきではない。統治者とその国民の間に割って入り、統治者の疑念を引き起こしたり、宗教に政治的影響力を持たせようとする代わりに、むしろ宣教師は怒りを鎮めさせ、疑念を取り除くことに努めるべきである。無分別な宣教師は、思慮深い人がなす善に匹敵する害悪をもたらす。プロテスタントもカトリックと同じく攻撃と暴行の対象になっている。この両者への敵意の原因は、政治的警戒心である。とくにカトリックの宣教師は、宗教的影響力のみならず、政治的影響力も及ぼしているとの懸念が拭い切れない。

ヘラルドがここで「無分別な宣教師」の害悪をとりわけ論難するのは、二年前から激化した教案の頻発に対する警戒感からであろう。ヘラルドは、宣教師が領事を動かし、行政にも介入し、中国の宗教文化を考慮せずに布教することに騒動の原因を見ている。ただ、この批評は宣教師の宣教方法に問題を求めるもので、キリスト教の布教自体は「民衆の啓発」「国の進歩発展」に資するとして、賛意を表明している。

なお天津教案勃発後、ヘラルドは「儒教信奉者に加えて、高官のカトリックへの激しい敵意」が顕著な現情勢下では、「カトリックはかつてのイエズス会の地位をこの国で占める可能性はほとんどなかろう」と評している（九月一日付ES欄「布教の可能性」、一六七―一六八頁）。

ヘラルドはカトリックと同じく、プロテスタントの宣教活動にも不信の念を表明している。七月七日付ES欄「宣教」（五頁）では、「英国教会の宣教師による中国の内地伝道は不可」と判断し、「我々が力説したいのは、説教や行動に思慮分別の欠けた宣教師は活動すべきではない。宣教団体は宣教師を監督すべきだ」と提言する。

確かに、プロテスタントの宣教方法にも問題は見られる。例えば、一八七七年五月に上海で開催された宣教会議では、「祖先崇拝」を一議題として扱っている。米国南部バプテスト宣教師イェイツ（Yates）は、論文の形式で「祖先崇拝」の問題を提起している。

祖先崇拝は中国のあらゆる階層を結びつけている唯一の宗教であり、その宗教的機能は、死者の霊魂を祭り慰めることによって、病気や災難を避ける点にある。それは死者の尊崇というより、生者の死者への隷属である。あらゆる偶像崇拝は、ある架空の神々を恐れ、それにひれ伏し、供え物を捧げる点にあり、死者の崇拝はまさにこれにあたる。

さらに、イェイツは「一つの体系としての祖先崇拝は、それと無関係などんな偶像に比べても一〇倍くらい民衆を無知の中におしとどめる力を発揮する。祖先崇拝の本質は風水にあり、それは進歩と文明に対する最大の障害である」と述べ、(65)祖先崇拝を中国の文明化の障害と位置づける。

この発題に対する議論では、「祖先の位牌を破棄しない限り、洗礼を認めない」「祖先崇拝は偶像崇拝、異教の慣習であり、キリスト者はそれらを一掃すべき」との強硬意見が目立つ。反対意見にしても、「信者の良心に委ねるべき」「祖先への孝心は美徳であり、最大限の配慮が必要」などにとどまり、表立った反論はあまり見られない。(66)これはキリスト教の偶像崇拝禁止の教義がいかに宣教師の心性を深く規定していたかを示すものである。

九月二二日付OUT欄「天津虐殺」（二二五頁）では、「恭親王は、天津教案を解決する第一歩は、すべての宣教師に国外退去してもらうことだ、と各国公使に語った」と報じ、しかし問題の本質は宣教師ではなく、「騒動を引き起こそうと企てる高官である」と反論する。そして、この高官らの反キリスト教運動の原因を、一〇月二五日付ES欄（三一〇頁）で次のように解釈する。「高官らのキリスト教への憤激は、宣教師が中国より高度で完成した西洋文明の申し子である点にある。そのため、高官らはキリスト教の布教はその伝統的支配体制に敵対する強力な動力源と見ている」。

すなわち、高度文明を背景に持つキリスト教の儒教文化圏への侵入は、高官らにその伝統的儒教倫理に基づく支配体制が切り崩されるとの危機意識を引き起こした。このようなキリスト教宣教への高官の警戒が仇教運動の源泉であるとする。この解釈は、「高官が天津教案を首謀した」とのヘラルドの見解を、別の視点から補強するものである。ところが、この解釈に立てば、居留民の安全のためには、高官の処刑を要求するよりも、キリスト教宣教の撤退を求めた方がより効果的なことになる。

しかしヘラルドは、前述の宣教師批判とは裏腹に、他方では文明の使徒、先達として宣教師の活動を積極的に称揚する論評もなしている。以下の反論はこの良例である。

一一月一日付ES欄「『真実』と宣教師」（三二四頁）では、『真実』と署名のある投稿（ロンドン発行の *Daily News*, 九月八日付所載）を紹介し反論する。「天津教案は、軍事力に支えられた宣教師の専制的圧迫に対する復讐の行為以外の何ものでもない。居留外国人は、カトリックやプロテスタントの宣教師の影響から中国人がまぬがれることを心から望んでいる」との投稿者の見解に対して、以下のような反論を展開する。

ヨーロッパではカトリックは時代遅れとも見なされているが、中国ではカトリックはプロテスタントよりも我々の精神的支援に値すると考えられている。カトリックの宣教師は内地で自己犠牲的生活を送り、何の報酬も期待せず、改宗者を教え、孤児を収容している。我々の文明をもたらすキリスト教の光を遮ろうとする僅かな読書人階級におもねって、宣教を放棄し、民衆の堕落に奉仕する凋落した儒教の再生を望むのは、時代を逆行することである。宣教活動と商業活動は一つであり、我が先達は苦闘して双方の影響力を東洋に拡大してきた。「私は平和ではなく、剣を投ずるために来た」（マタイ10・34）との言葉は、必ずしも福音の強制を意味するものではない。しかし我々は、劣った人種は子供のように、より優れた人々による保護監督が必要であると考える。彼らがその自由意志で受け容れなければ、強制せねばならない。天津教案は不幸な事件ではあるが、中国全土のプロテスタントとカトリックの宣教師が妨げられず、自由に活動すれば、その説く真のキリスト教の啓蒙により、このような流血は二度と起こらないだろう。

ここには、中国はキリスト教と西洋文明に開かれ、停滞から「進歩」へ向かうべきだとの見解が商人と宣教師に共有されていた内実が開陳されている。すなわちヘラルドから見れば、宣教師の引き起こす騒動は迷惑ではあったが、他面で宣教師が慈善活動を展開し、「キリスト教文明の光」を宣教する点は全面的に支持したのである。いわば、宣教師は劣った中国の民衆を啓蒙する教師であり、強制してでも中国にキリスト教の光を注がねばならないのである。これは、一八六〇～七〇年代の英国を特色づける西洋文明の絶対視ならびに進歩思想に基づく非ヨーロッパ世界の文明化の使命の表明である。(67)

この『真実』と宣教師」に示された西洋化の使命と文化的優越意識は、当然のことながら非ヨーロッパ世界の西洋観を軽視する結果を招いた。この問題を、コーエンは次のように指摘している。

西洋人は、他の諸国民の西洋像を真に真面目に受けとめたことがない。我々は、あたかも他の全ての偉大な文化を代表するかのごとく振る舞ってきた。みずからが生き残るためにみずからの文化を根底から吟味し直し、文化の大部分を慎重に取り壊し、その上で文化を再構築することを強いられるというような体験を、我々は持たないのである。(68)

天津教案以後、総理衙門はキリスト教布教問題が条約上の重要課題と見て、取り組みを強化した。その結果、仇教運動防止のための具体的提言を八か条に整理し「伝教章程」として北京の各国公使に諮った。(69) この内容には、教案発生の原因などから清朝政府が把握したキリスト教伝道の具体的問題点が浮き彫りにされている。しかし、「伝教章程」は条約によって獲得した宣教師の権益に抵触し、西洋諸国の承認するところとはならなかった。かくして、教案は相変わらず続発し続け、一九〇〇年の義和団事件に至った。

第五節　日本と中国の各居留地発行の英字新聞に見られる共通性

本章では、天津教案に対するヘラルドの論評を見てきた。ここで、第二章の浦上四番崩れに対するエクスプレス、メイルとの共通性を簡単に指摘しておきたい。

第一の共通点は、キリスト教迫害が居留外国人の安全を脅かすとの論評である。この論評は、キリスト教迫害は、居留民への侮蔑であり、排外攘夷派を勢いづかせるとの深刻な憂慮に端を発している。そのため、ヘラルドは天津教案の主犯の処刑を要求し、エクスプレス、メイルは、日本人キリスト教徒の迫害を中止するよう主張した。しかしながら、いずれの場合にも、これら英字新聞の提唱は、一面的な現状認識に立脚した判断である点は否めない。すなわち、日中の両政権とも、権力基盤が脆弱で、国内の排外攘夷派の暴発を恐れており、しかもキリスト教の侵入は両国の政権の根幹にある思想と衝突するものと捉えられていた。そのため、これら英字新聞の提唱に従って措置すれば、かえって排外攘夷派の憤激を買い、居留民はより深刻な危局に立たされる可能性もあった。

第二の共通点は、日本と中国の民衆を無知で怠惰な状態にあると認識し、西洋文明の光で民衆を啓蒙する必要を説く点である。ここには、ヴィクトリア時代の「非ヨーロッパ世界の文明化の使命感」が鮮明に表出されている。

第三の共通点は、宣教師の布教・伝道に対するアンビヴァレンツな評価である。英字新聞は、宣教師が貿易商と並んで東洋に西洋キリスト教文明の光を注ぎ、西洋化を進展させる点には強い賛意や支持を表明する。しかし反面、東アジアの宗教や慣習に配慮せず、信者の獲得を最優先する宣教至上主義には時として辛辣な批判を加えている。これは宣教師の現実を踏まえないドグマチックな布教や伝道が宣教師への敵意を煽り、延いては居留外国人を騒動に巻き込むことを危惧したためである。

むすび

中国の仇教運動は、一般的にいって、民族解放闘争と見るか、盲目的排外運動と見なすかの全く相反する二つの見解がある。これらの視点に加えて、渡辺祐子は、キリスト教排斥に大きな影響を与えた『辟邪紀実』（一八六一年初版）には、「聖人君子をも神の前には全て罪人であるといって憚らない」キリスト教の教えが、紳士層の儒教的秩序、世界観を根底から覆すことへの強い憤りが見られるとし、キリスト教と儒教的世界観の対立が教案の背後に横たわっていると指摘する。(70) 渡辺の指摘を敷衍すれば、欧米の伝統的キリスト教が、それ以外の宗教の持つ世界観・倫理観・救済観を迷信として否定し去る絶対的排他性を主張した点に、中国人の宣教師に対する怨嗟の源があったといえよう。

これについて、ヘラルドは、キリスト教が官僚・紳士層の伝統的支配体制を切り崩す脅威となりえたのは、それが中国より進んだ西洋文明の宗教である点に求められると分析した。これに加え、ヘラルドは宣教師が砲艦により獲得した恵まれた権益の下で行政に介入することに騒動の直接的原因があると見た。また、祖先に庇護を求める民衆の宗教的心情を理解せず、祖先崇拝を偶像礼拝として放棄させる宣教師のドグマチックで狭量な伝道を問題にしている。これは、異文化への理解や配慮を欠いた宣教師の「無分別」「感受性の鈍さ」に対する批判である。

かくの如く、ヘラルドはキリスト教宣教の問題をほぼ的確に把握している。それなら、天津教案の処理においても、その真因である宣教師の国外退去を、官吏の処刑より優先させて要求すべきであろう（恭親王の主張）。にもかかわらず、あくまでヘラルドは問題の本質は宣教師ではなく、騒動を策謀する官僚にあるとし、天津教案を排外運動の一環として位置づけようとする。確かに、その側面は否定できないまでも、既述のように論拠が不十分で、拡大解釈との印象は拭えない。実際、長崎のエクスプレスは、天津教案は宣教会への敵意に因るものであり、貿易商に対する攻撃ではないと解釈している。

ヘラルドのこの位置づけは、天津虐殺に対する居留民の過剰反応によるものだろうか。すなわち天津教案をことさら排外運動と結びつけることで、軍事力の強化を本国に要請するという意図に基づいたものだろうか。あるいは、中国の文明化の使命を主張するには、儒教に取って代わるキリスト教の宣教が必要と考えたためであろうか。いずれにしても、この位置づけは、ヘラルドの民衆理解と密接に関連している。

ヘラルドは、宣教師や西洋人に対する民衆の憤激、反感は、官吏や紳士層による反キリスト教、排外的誹謗中傷に民衆が操られた結果だと捉える。確かに、掲帖などに表出されたキリスト教非難の多くは荒唐無稽の類ではあった。しかし軍事力による西洋人の侵入が民衆にも憤激を蓄積していたのも事実であろう。ヘラルドが、民衆のキリスト教排撃への自覚的で主体的な関与を無視しがちなのは、官吏と同じく民衆も西洋化を拒むとあれば、彼らの文明化の使命は足場を失い空虚化するためである。

ヘラルドの一面的で歪曲された民衆イメージは、以下のように要約されている。

中国の民衆は「知識や進歩から遮断され、無力で希望のない無知と貧困、荷役家畜のような状態に置かれた」(七月二八日SN欄、六三頁)惨めな存在である。

ヘラルドに認められる如上の半ば虚構の民衆イメージは、キリスト教の救いの光と物質文明の恩恵に中国の民衆を導くという高貴な使命を英国人に付与せしめる前提条件であった。この使命感は、欧米列強の軍事力のもとでの通商の拡大を自己正当化しようとする願望と表裏一体のものであろう(71)。

かくしてヘラルドにおいては、西洋キリスト教と西洋物質文明は相互に協調し合って、西洋文明を中国に浸透させることは民衆を啓蒙し、民衆に福利をもたらす正義であるとの観念が形成されている。その故に、宣教方法の問題を別にすれば、西洋とは異質な歴史と文化を持つ中国に、西洋の歴史的文化的環境で成育したキリスト教がそのまま布教、伝道されること自体は、中国の文明化という高貴な使命の下では疑問がもたれることは少なかった。しかし、官吏・紳士層のみならず、当然のことながら民衆にも伝統的宗教文化は深く根づいており、それとキリスト教宣教との対立の構図は存在したのである。これは一八世紀に刊行された天主教教義書を見れば明白である。そこには、儒教・仏教・道教の実践を厳禁する戒律が満載されている。(72)

他方、仏国のカトリック宣教会も、仏人宣教師によるアジアの文明化の役割を意識していた。(73) そもそも仏国のカトリック海外宣教会の布教は仏国のアジアへの拡張と結びつき、第三共和政に移行して以後も、国内では聖職権主義への批判が強まったにもかかわらず、仏国のカトリック海外宣教会は軍隊と密接に連携し、アジア・アフリカでの布教範囲を縮小することはなかった。(74)

ラザリスト会（聖ビンセンシオ・ア・パウロ宣教会）の事務総長ボレ（Boré）は、天津教案を「キリスト教信仰に対する残忍な異教徒の憎悪により引き起こされた事件」とし、殉教者ステファノに仮託して、「純真で無辜な犠牲者は殉教者としての羨望すべき神の栄誉を受ける」と総括している。(75) むろん、この総括は犠牲者への哀悼に強調が置かれており、そのまま受け取ることには問題もあろう。とはいうものの、現実的問題を聖書のテクストと安易に結びつけ、その枠内で自己の正義を確認しようとするボレの姿勢は、宣教師によく見られる性向である。これでは、布教活動が中国社会で惹起している具体的問題は等閑に付され、現実は都合よく彼らの信念体系に矮小化され、いつまでも自己満足的な空想の中にとどまり続ける。翻って、中国人の側からカトリック宣教会の活動を見れば、彼らは強大な軍事力を背景に中国に進出し、異質な宗教を布教する孤島のような閉鎖的集団であった。しかもこの宣教会は中国の伝統文化を否定し、蔑視した（例えば、天津教案においても、犬が掘り起こすような宣教会の遺体埋葬の杜撰さは、儒教的伝統にたつ民衆の反感を募らせた)。中国人が彼らに警戒感や敵意を抱くのはごく自然な成り行きであろう。しかし、宣教会にはこのような想像力さえ働いていないように思える。

いうまでもなく、カトリック宣教会は、その布教活動が中国の伝統的宗教や習俗を傷つける側面には目を向けず、「魂の救いを知らず、迷える存在」である中国の民衆にキリスト教を浸透させるという「高貴な使命」をあくまで堅持した。しかしながら、かかる一方的な宗教的人間観に基づいた、中国へのキリスト教導入の「使命感」が多くの教案の悲劇を惹起し続けたことは改めて指摘するまでもない。(76)

最後に、英国に長期間滞在したことのある中国人官吏の西洋文明観を提示しておきたい。彼の所論は、一九〇三年に英語で出版されている。彼は、西洋の歴史、聖書、西洋人の生活を見る限り、西洋文明がキリスト教を標傍するのは信じがたいとし、次のように述べる。

「汝の右の頰を打つ者には左の頰をも向けよ」というイエスの教えは、彼の生涯の全生活によって体現された真理と確信である。しかるに、ヨーロッパ諸国は中国に対する彼らの軍事行動をキリストの福音の見地から正当化しようとする。キリスト教国の君主は軍隊を召集し、左の頰を向けた我々の中国に侵攻しただけでなく、容赦ない殺戮を行った。「木はその実によって知られる」とはあなたがたの預言者の言葉である。中国人は正義(道理)を固く信頼しているので、力に頼るという考え方を軽蔑する。この世界の正義は力に支えられなければ無力であることを、軍事力によって我々に教えたのは、キリスト教国である。平和の福音を踏みにじったのはあなたがたキリスト教徒であり、それを実践したのは我々儒教の徒である。なんという皮肉か。(77)

この六〇年間の中国と西洋の関係を調査すれば、中国人の目には西洋人の行為は盗賊か海賊の類に映る。西洋は宣教師を派遣し、彼らの無知の熱意により、中国の民衆が蜂起すると、それを新たな掠奪の口実として利用した。あなたがたは宗教を戦争の武器として用いている。あなたがたはいつも文明国民が野蛮人を扱うという姿勢をとってきたが、その根拠はない。(78)

(1) Britton, Roswell S., *The Chinese Periodical Press 1800-1912*, Shanghai, 1933, pp. 49-50.
(2) 劉海岩「有関天津教案的幾個問題」(四川省近代教案史研究会・四川省哲学社会学学会連合会合編『近代中国教案研究』所収、四川省社会科学院出版、一九八七年)二二四頁。
野村政光「天津教案に就いて」(『史林』第二〇巻一号所収、一九三五年)七九頁。
(3) 劉海岩、前掲論文、二二五頁。
(4) 同右、二二五―二二六頁。
(5) 王文杰『中国近世史上的教案』(私立福建協和大学中国文化研究会出版、一九四七年)七五頁。
劉海岩、前掲論文、二二六―二二七頁。
(6) 劉海岩、前掲論文、二二七頁。
(7) 王文杰、前掲書、七五頁。劉海岩、前掲論文、二二七頁。
(8) 劉海岩、前掲論文、二二七頁。
(9) 劉海岩、前掲論文、二二八頁。王文杰、前掲書、七六頁。
(10) 劉海岩、前掲論文、二二八頁。
(11) 野村政光、前掲論文、八〇頁。王文杰、前掲書、七六頁。
(12) 王文杰、前掲書、七六頁。
(13) Cordier, Henri, *Histoire des relations de la Chine avec les Puissances Occidentales, 1860-1902*, Tome I, Paris, 1901, pp. 352-353.
王文杰、前掲書、七六―七七頁。
(14) 劉海岩、前掲論文、二二八頁。王文杰、前掲書、七七頁。
(15) ヘラルド(八月四日OUT欄「天津」)によると「中国人信徒四〇~五〇名が虐殺時に捕らえられたが、一部信徒は知人の取り成しで解放され、残り二六名が投獄され拷問を受けた」。
(16) Cordier, H., *op. cit.*, pp. 354-357.
(17) 王文杰、前掲書、七七頁。
(18) 劉海岩、前掲論文、二二八頁。
ヘラルド（七月七日 Outport Correspondence 欄「中国版、天津虐殺の翻訳」）に拠れば「群衆は仁慈堂に収容されている約二〇〇人の子供を解放し天津府の役所に移した」。
(19) 李時岳『近代中国反洋教運動』（人民出版社、一九五八年）三七頁。
李は民族解放闘争として天津教案を位置づけている。

『京報』同治九年（一八七〇）七月一八日付（曽国藩・崇厚奏請「曽国藩誘拐事件調査処理」）は、「仏領事が官吏に発砲したので、民衆の怒りは爆発した」と報告している。
(20) Cordier, H., *op. cit.*, p. 353. (*Le Progrès*, Shanghai 18 avril 1871 からの引用)。
(21) Cordier, H., *op. cit.*, pp. 351-352.
(22) Hubrecht, Alphonse, *Les Martyrs de Tientsin, Une effroyable hécatombe, 21 juin 1870*, Pêking, 1928, pp. 169-170.
(23)「外国人居留地に向かう途中で暴徒は引き返し始め、三〇〇人程度に減少したため、外国人居留地攻撃は断念された」（ヘラルドの八月一一日付ＯＵＴ欄「天津虐殺」）。
(24) 劉海岩、前掲論文、二二八頁。原拠は張光藻書簡（王安定『求闕斎弟子記』巻一七、三—四頁所引）。
(25) 吉澤誠一郎「火会と天津教案（一八七〇年）」（『歴史学研究』六九八号所収、青木書店、一九九七年六月）は、天津教案に火会（水火会）が組織的に関与していたことを明らかにしている。そしてカトリック教会の慈善活動が、火会をその一つに含む「義挙」の慈善活動と競合し、地域の社会統合と地元有力者の権威を揺るがした点に天津教案の起因を求める（六五—六六頁）。吉澤によれば、火会は地元の有力者が資金を出し、道端の物売りなどが実働部隊となって防火活動にあたる組織であり、天津においては、アヘン戦争以来、地域の軍事的防衛を担う団練とも密接な関係にあった。当時の天津には七〇〇〇人余りの火会のメンバーがいたとされる（五九・六五頁）。
(26) Ｐ・Ａ・コーエン『知の帝国主義』（佐藤慎一訳、平凡社、一九八八年）八三—八四頁。

(27) 佐々木正哉「同治年間教案及び重慶教案資料(上)」(『東洋学報』第四六巻三号所収、一九六三年）八一頁。
(28) Fairbank, John K. and Kwang-Ching Liu, eds., *The Cambridge History of China*, Vol.11, Late Ch'ing, 1800-1911, Part 2, Cambridge, 1980, p.80.
P・A・コーエン、前掲訳書、七九頁。

劉海岩（前掲論文）によれば、「曽は清流派の主張を真剣に考慮しなければならず、その内心に矛盾を抱えていた」（二三一頁）。
(29) Fairbank, John K., ed., *The Cambridge History of China*, Vol.10, Late Ch'ing, 1800-1911, Part 1, Cambridge, 1978, p.566.
(30) 劉海岩、前掲論文、二二五頁。
(31) 李時岳、前掲書、三八頁。
(32) 佐々木正哉、前掲論文、一〇一頁。
一八六九年頃、直隷省大名府で出された「大名府拒暎咭唎公檄」では、「単にキリスト教に対する攻撃だけに止まらず、キリスト教の布教を侵略政策の一環としてとらえ、従ってキリスト教の排撃は当然外国の侵略勢力に対する総反攻によってはじめて可能であることが明確に主張されている」。
(33) 佐々木正哉、前掲論文、一〇一―一〇二頁。
一八六五年～七四年に江西巡撫であった劉坤一は「通商之弊小、伝教之弊大、救通商之弊易、救伝教之弊難」と論じている。
(34) 劉海岩、前掲論文、二二九頁。
(35) Cordier, H., *op. cit.*, pp.362-363.
(36) 王文杰、前掲書、八〇頁。
(37) 劉海岩、前掲論文、二二九―二三〇頁。
(38) この連名の奏上書は、『京報』同治九年七月一八日（一八七〇年八月一四日）「曽国藩誘拐事件調査処理」に掲載された。ヘラルドは一八七〇年八月一一日付 "Official Papers"「勅令」（一〇九―一一〇頁）でこの奏上書を英訳している。

(39) 劉海岩、前掲論文、二三二頁。
(40) 同右、二三二頁。
ヘラルド(八月四日ES欄「天津虐殺」)によれば、この時、「暴動後に監禁された中国人信徒二六名の解放」も要求している。
(41) 野村政光、前掲論文、八四—八五頁。
(42) 劉海岩、前掲論文、二三四頁。
(43) 同右、二三三頁。
(44) 野村政光、前掲論文、八五—八六頁。
Cordier, H., *op. cit.*, pp. 374-376.
(45) 劉海岩、前掲論文、二三四—二三五頁。
(46) 処刑者の中には、「五〇〇両で自分を売った人々」(ヘラルドの一八七〇年一一月一日OUT欄「天津虐殺」)や「濡れ衣を着せられた人もいた」(劉海岩、前掲論文、二三五頁)。
(47) 劉海岩、前掲論文、二三五頁。
(48) 野村政光、前掲論文、八九頁。
佐々木正哉「同治年間教案及び重慶教案資料(下)」(『東洋学報』第四六巻第四号所収、一九六四年)八一頁。

佐々木正哉「同治年間教案及び重慶教案資料(下)」八一頁。
(49) 野村政光、前掲論文、八五・八七頁。
劉海岩、前掲論文、二三三—二三四頁。
(50) 野村政光、前掲論文、八七—八九頁。
劉海岩、前掲論文、二三四頁。ヘラルドの八月一八日付OUT欄「天津虐殺」(一一七頁)。
(51) 野村政光、前掲論文、九三頁。
(52) Cordier, H., *op. cit.*, p. 389.
(53) 一八七〇年の北京駐在英国公使は、オールコックであったが、彼は一八六九年一〇月二三日にオールコック協定を調定すると、賜暇帰国の途についていた。そのため、北京駐在英国公使館の漢文秘書官ウェード(Wede,

Thomas Francis) が天津教案の対応にあたった。なお、ウェードは、一八七一年に英国公使に任命されている。

(54) 渡辺祐子「清末揚州教案」(『史学雑誌』一〇三—一一所収、一九九四年)二七—二九頁。なおテイラーの中国内地伝道会については、石原謙『日本キリスト教史論』(新教出版社、一九六七年、七一頁以下参照。

(55) 渡辺祐子、前掲論文、二三—二七頁。

(56) Lees, J. は天津の London Missionary Society 所属の宣教師。Hall, W. N. は天津の Methodist Missionary Society 所属の宣教師。

(57) Fairbank, John K. and Kwang-Ching Liu, *op. cit.*, Vol. 11, p. 78. ヘラルドの七月一四日付ＥＳ欄「天津虐殺」(二四頁)。

(58) Fairbank, John K. and Kwang-Ching Liu, *op. cit.*, vol. 11, pp. 74-75.

(59) Fairbank, John K. and Kwang-Ching Liu, *op. cit.*, vol. 11, pp. 76-77.

(60) 吉澤誠一郎、前掲論文、六〇頁。吉澤は、曽国藩・丁日昌・成林の八月二三日付の上奏（曽文献、六〇八七—六〇九四頁）などを例にあげている。

(61) 佐々木正哉「同治年間教案及び重慶教案資料(下)」八〇頁。

(62) ヘラルドの一〇月二五日ＥＳ欄「中国人の無神経と天津の困難」(三一〇—三一一頁) などに顕著。

(63) Fairbank, John K., *op. cit.*, vol. 10, p. 552.

(64) Fairbank, John K., *op. cit.*, vol. 10, p. 557, pp. 567-568.

(65) *Records of the General Conference of the Protestant Missionaries of China*, Shanghai, 1878, pp. 367-370.

(66) *Ibid.*, pp. 396-406.

(67) 東田雅博『大英帝国のアジア・イメージ』(ミネルヴァ書房、一九九六年) 一五六—一五七頁。東田は、次の論文を翻訳し、解説している。Robertson, J. B., "Our Policy in China", *Westminster Review*, Vol. 93, 1870, pp. 180-210. Robertson は、「われわれ (英国人) には中国の支配者を啓蒙し、統治を改善させ、人民には生活を向上させる知識を与える」義務があるとし、「半文明で野蛮、劣等な中国」を文明化するためには、強圧的な方策をとる必要を説いている。

(68) P・A・コーエン、前掲訳書、一四七頁。

(69) 「伝教章程」の内容は、教会の孤児院経営は原則として貧困な教民(中国人キリスト教徒)の子弟のみに限定すること、中国人婦女の教会堂への立ち入りの禁止、外国人修道女の布教活動の禁止、中国内地居住の宣教師は国内の法律、風俗に従い、地方官吏の統治に服すること、教民の中の犯罪人を庇護したり、一般人民と教民との訴訟に干渉しないこと、宣教師は濫りに衙門に入り公事を擾攬しないこと、宣教師が不動産を取得する際には、地方官に届け、当該住民の同意を得ることなどである。

(70) 渡辺祐子、前掲論文、一〇—一二頁。

(71) 英国内の雑誌にも同様な論調は見られる。Osborn, S., "War and Progress in China", *Blackwood's Edingburgh Magazine* Vol. 87, 1860, pp. 525-542 は、「イギリスの通商的利害の貫徹、ならびに中国への『より良い文明とより良い信仰』の導入のためには軍事力が不可欠である」とし、その軍事力は「大衆ではなく官僚に差し向けられるべき」とする(東田雅博、前掲書、一四八頁所引)。

(72) 例えば、白多瑪『聖教切要』(一七〇五年初版、一八四二年重刊)。

(73) 杉本淑彦『文明の帝国』(山川出版社、一九九五年)二〇二頁によれば、「フランスカトリック教会は一八五〇年代になるとアフリカなどを対象とする布教団体を続々と創設し、同時に、植民地における布教を『文明化』として表象し始めた」という。

杉本は、この例として、アルジェ大司教ラヴィジュリの次のようなフランス国民宛メッセージ(一八六八年四月六日付)を引用している。

「アルジェリアをして寛大で偉大なキリスト教国揺籃の地とするためには、福音こそがその根源であり規範であるような真の文明の光を、砂漠の彼方にまで広げなければなりません」。

Lehmann, Jean-Pierre, "French Catholic Missionaries in Japan in the Bakumatsu and Early Meiji Periods", *Modern Asian Studies*, 13, 3, 1979, p. 389 によれば、ある仏人宣教師はリヨンで演説し、日本での仏人宣教師の活動を語ったのち、「仏国が世界を文明化する役割を果たすのは、これらの宣教師を通してである。彼ら

の良き働きのおかげで、アジアではフランスの名前は敬愛をもって迎えられている」と結論づけた。

(74) Lehmann, Jean-Pierre, *op. cit.*, pp. 377-378.

(75) Hubrecht, A., *op. cit.*, p. 182.

(76) 王文杰、前掲書には、一八五六～一八九七年間の教案の発生地の分布図、並びに教案の一覧表（教案の対象となったキリスト教教派名、死傷者数、中国人官吏の処分状況と賠償額）が掲載されている。

(77) *Letters from a Chinese Official being an Eastern View of Western Civilization*, New York, 1904, pp. 59-65（初版は一九〇三年）。

中国人の著者名は記されておらず、西洋人が著述した疑念も残る。

(78) *Ibid.*, pp. 69-72.

この点に関して、コルディエは以下のように分析している。「〃力が第一の正義である〃との嘆かわしい格言が中国に厳格に適用されざるを得なかったのは、中国人が新人道主義の諸論理と平和のための同盟という高潔な理想を理解しなかったためである」（Cordier, H. *op. cit.*, p. 390）。

第四章　内村鑑三『萬朝報英文欄』と英字新聞とのキリスト教論争

――萬朝報英文欄時代における内村鑑三のキリスト教理解の視点――

はじめに

内村鑑三は、その著 *How I became a Christian*, 1895 で、「仏陀や孔子その他の『異教』の教えた『正しい人生』なるものを、もしクリスチャンが注意深く研究したならば、彼らはさきの日の自己満足を恥じるであろう。シナ人と日本人とに孔子の教訓を守らせてさえおけば、諸君はこれら二つの国民によって、欧米のいかなるキリスト教国にもまさるキリスト教国をつくることができるのだ」(1)という。さらに続けて、「最上のキリスト教回心者は決して仏陀と孔子との真髄を手放さなかった」と弁じている。(2)

これらの内村の言説は、本篇ですでに検討した英字新聞や宣教師の「文明の宗教としての西洋キリスト教の独善性」に対する痛烈な反駁であり、自己の成育した文化的伝統を捨象したキリスト教受容への批判である。このような内村のキリスト教理解の視点を英字新聞とのキリスト教論争の中に位置づけて検証したいと考える。

内村鑑三の萬朝報英文欄に対して、長崎外国人居留地発行の英字新聞二紙は異常な嫌悪と関心を示し、社説で頻繁にこのコラムを取り上げ論評している。これら英字新聞は、「日本の近代化は西洋の卑屈な模倣にすぎず、その精神は全く啓蒙されていない」と主張してきた。ここには、内村の近代化批判と相通じるところがあり、両者の間には示唆に富む議論が展開されるはずであった。しかし、英字新聞は、内村の善悪二分論に基づく論理、毒舌に満ちた文体で居留地の道徳を批判する点に激しい嫌悪を示し、その評論自体を論者の倫理的未熟さに起因するものとして、矮小化している。だがこの嫌悪の背景には、日本の近代化、人権意識の啓発に貢献してきたと自負する長崎の英字新聞の、日本に対する強烈な文化的優越感が存した。従って、キリスト教徒の立場から、聖書を引用し居留民の不道徳を非難する内村の論説は、英字新聞の優者としての思考の枠組みと衝突したのである。内村がその理想とするキリスト教に準拠して英国人と同等の立場に立ち、その文化的優越意識に異議を唱えたことは、当時のキリスト教に基づく西洋文明優位の固定観念への挑戦であった。

第一節　先行研究の課題と資料

内村鑑三の萬朝報英文欄に関する従来の研究において、英字新聞と内村の萬朝報英文欄との議論の全貌を相互方向から検討した研究はなく[3]、両者の議論の経緯を吟味することは意味があると思われる。小川圭治によれば、内村のキリスト教受容は、「外からの普遍的、超越的問いを『イムパクト』として受けとめ」、「一方ではキリスト教国に対する厳しい批判の目を与えるとともに」、他方では、祖国日本の「古い共同体的規制の枠を突破して……伝統文化を読み直し……そこに新しい価値を発見し……個としての人間の実存的主体性の確立」を目指すものであったとされる[4]。

他方、太田雄三は、この時代の内村の西欧と我が国に対するアンビヴァレンツな評価の原因を「西洋化と土着的価値観の関係についての徹底した考察」の欠如、「『サムライの子』といった精神態度とアメリカ的近代的精神態度を無自覚なままに共存させている」点に求め、内村には内的価値観の不統一が見られるという[5]。とすれば、内村の目指した主体性とは極めて不統一で恣意的なものとなる。内村はどのような立場に立ち、英字新聞と議論しているのであろうか。

この時期の内村は、不敬事件以後の不遇な時代を経て、明治三〇年（一八九七）二月に「萬朝報英文欄」の主筆として登場し、一年三か月に亙りジャーナリストとして、英語による社会評論活動を活発に展開した。この萬朝報英文欄はそれまで不遇であった内村が初めて安定した発表の場所を得て、執筆したものであり[6]、その後の彼の社会評論の基本を据えた時期として位置づけられる。萬朝報の一八九四年九月一一日付「英文欄を設くるの旨意」によれば、この欄は英字新聞にしばしば我が国に対する誤解や誤りがあるとき、日本人による英字新聞を発行して、日本の真価を外国に報道するという目的を持っていた。また萬朝報自体が著名人の偽善を暴くというスキャンダラスな記事を売り物にしていたこともあり、内村もこれに従った傾向があるのは否めない[7]。彼自ら、萬朝報を退くに当たり、偽善に満ちた社会に怒り、真情を持って批判したものだ[8]、とその意図を述べている。これらの点で、この萬朝報英文欄の記事は、内村が自分の思いのままに執筆した評論とは多少おもむきが異なる点に留意すべきであろう。

以上の諸点を踏まえて、本稿では、萬朝報英文欄と英字新聞との議論を検討し、特に英字新聞がいかなる視点で内村の評論を取り上げ、それに内村はどのような立場から反論を展開しているのかを相互方向から吟味し、萬朝報英文欄時代の内村の評論の特質を明らかにしたい。ここで取り上げる英字新聞は、長崎外国人居留地発行の *The Rising Sun and Nagasaki Express*（以下サンと略記）、及び *The Nagasaki Shipping List*（以下シッピングリストと略記）の二紙である[9]。

これら両英字新聞は、同じ RISING SUN PRINTING OFFICE から出版された同系列紙である[10]。この両紙の経営者は、一八七七〜一八九二年まではサットン（Sutton, Charles：英国人、荷役及び元請業[11]）であり、その後、ノーマン（Norman, Arthur：英国人、印刷出版業）が引き継ぎ、[12]一八九七年九月まで続いた。ノーマンは、これら両紙の編集長も兼ねた。ノーマンは英国人で、一八七七年以来長崎に居住し、専門的印刷技術を持っていた。彼がどの時点でこれら両英字新聞の編集・印刷発行に加わったのかは分明ではないが、長崎県外務課編『各国人員并戸数調表』には明治二〇年（一八八七）に「ノーマン・ライジングサン記者」とあり、サットンが社主であった頃からすでにこれら両新聞の発行に携わっていたのは確実である。[13]

一八九六年一一月九日に、ノーマンは、編集の協力者としてモルフィー（Morphy, Edward Alexander）を長崎に招いている。ところが、この直後からノーマンには、言動の異常が目立ち始め、一八九六年一二月二二日に英国領事館に拘留された。翌年四月二日から英国領事館法廷で彼の精神鑑定が行われ、[14]二人の医師、二〇年来の友人等の証言から、専門の精神病院での治療が必要との結論に達した（四月五日）。そして、一八九七年四月一五日、ノーマンは長崎から香港の精神病院に移送された。[15]

従って、ノーマンが英国領事館に拘留された一八九六年一二月二二日以降は、モルフィーが英国領事の監督下にサンとシッピングリストの経営と編集に携わっている。[16]彼は居留地のセントラルホテルを常宿としており、サンのVisitor's Listには、一八九七年七月二一日まで、シッピングリストのそれには同月一九日まで、モルフィーの名が途切れなく記載されている。また前掲『各国人員并戸数調表』の一八九六年一二月三一日付に、モルフィーは「新聞記者」と記載されているが、翌年同月日付には、彼の記載は消失しているのもこれに照応する。このような次第で、モルフィーは一八九六年一二月二二日から少なくとも翌年六月三〇日まではサンとシッピングリストの編集及び経営に携わっていたと推測される。時期的に見て、ここで引用した論説は彼の手によるものである可能性が高い。[17]モルフィーは一八九四年に来日し、一一年間、ジャーナリストとして職業経験を積んだ英国人であった。[18]

サンとシッピングリストの二紙[19]に加え、横浜、神戸の各居留地で発行された *The Japan Weekly Mail*, *The Kobe weekly Chronicle* も参考資料として用いた。

なお本稿で用いた上記英字新聞は、拙稿「内村鑑三『萬朝報』英文欄に対する英字新聞側の資料」(『内村鑑三研究』第三一号所収、一九九五年、一三一一一六一頁)で訳出し、訳注を付して紹介した。

また本文中の萬朝報英文欄はすべて『内村鑑三全集4』[20]からの引用であり、文中では萬朝報と略記し、訳文は拙訳によった。

第二節　サンと内村の日本人キリスト者に対する評価をめぐって

田村直臣の『日本の花嫁』事件に対して、サンは一八九三年九月二七日付記事(A LUCKY AUTHOR の見出し、日付の後の英文タイトルは見出しである、以下同)で、「この書物は、婚姻に関する日本の社会風俗や慣習を非常に興味深く記述しており、決して日本国民について不公正に論じられたものではない」と述べ、この騒動の原因を日本人の「さもしい虚栄心と神経過敏にある」と論評している。すなわちサンは、日本人が田村の著作自体の真偽を問うことより、それが日本人の名誉を汚したという「体面的」理由で論難されていることに日本人の特質と問題点を見ている。内村は、この事件に対して「田村氏に侮辱罪を宣言せし人は氏に類する罪跡なき人たるを要す」[21]と述べ、サンとは別の理由からではあるが同情的な態度をとっている。サンは日本のミッショナリーに関して、一八九五年七月一七日付記事(ARE THEY NOT TO BE PITIED ?)で、ジャパンガゼットの記事を転載している。その記事は、「日本のミッショナリーの多くはうまくいっているようには思えない」と言い、日本のキリスト教徒と米国のミッショナリーの関係が悪化した主な原因を「ミッショナリーから独立を欲している日本人キリスト者の感情にある」とし、「アメリカの会衆派教会は、年一〇万ドルを日本の宣教のために捧げているが、このような状態では、アメリカンボードは日本での宣教を放棄したほうが賢明だと判断するであろう」と結んでいる。

同年一〇月三〇日付（LOCAL AND GENERAL欄、サンフランシスコ・クロニクルの転載記事）では、日本人牧師とアメリカ人宣教師との論争を解決するために、アメリカの聖職者の代表団が日本に向かったが、この問題は解決が困難だろうと推測する。その理由は、「日本人キリスト者は『盲目の異教徒』の中から区別されることにうんざりし、しかも外国の宣教師の保護・監督から解放されることを求めている」ためであり、「問題が日本の文化、つまり天皇の臣民としての日本人とかかわるとき、それは決して妥協を許す雰囲気ではない」と観測する。つまり日本人キリスト者は日本国民から異端視されることを嫌い、キリスト教徒としてより、天皇の臣民の方に、より強い帰属意識を持たざるを得ない雰囲気が日本にあると見る。

一方、内村は一八九七年五月二〇日付の萬朝報で、「ある種の日本人の閉鎖的な愛国心と外国人の反日主義は、同じ利己主義に由来し、広い人間愛は両者の自発的な犠牲の奉仕の上に成立する」という。そして世界の改善につながる日本の改善こそが真の改善と言い得るものだと主張している。この主張は内村の愛国心が、「普遍と超越へと開かれたナショナリズム[22]」に支えられた世界的な視点に立っていることの一端を示している。

サンは一八九五年七月二四日付社説（THE YOUTHFUL NATIVE CHRISTIAN）で、日本人の若い神学生に対して次のような論評をする。

日本の若いキリスト者の大多数は、真理の探究者ではなく……アングロサクソンの言葉を身につけ、この世での立身出世の一手段とするための便宜的信者にすぎない。これを実証する無数の例があげられる。これが事実なのは、日本にいる福音の宣教者が憂いに満ちて、何度も我々にそう打ち明けたことからもわかる。これらの日本人キリスト者は平和と神の意思を繰り返し教えられ、その教えを実践するよう求められているにもかかわらずそうなのである。

この一例として、大阪の神学生一二人ほどが、博多に小さな蒸気船で旅行したときの、彼らの素行の悪さを詳細に描写し、「これら神学生たちは、西洋キリスト教宣教の成果であり、立派な服装をし、外国人より自分たちが優れていると思い込んでいるようだが、西洋ではこのような行為をする者はごろつき（hoodlums）と見なされる」という。また同乗していた日本人兵士からも彼らは軽蔑されていた。こんなことでは、「西洋の新しい教え（キリスト教）は真面目な日本人に敬遠されるのも無理からぬことであり、日本におけるミッショナリーの成果はゆっくりではあるが、確実に過去のものとなりつつある」と結んでいる。

他方、内村は一八九七年四月七日付の萬朝報（MISSIONARY METHODS）で、回心は純粋に個人的な事柄であるのに、欧米のミッションの宣教があまりに機械的・合理的になされ、洗礼者数の統計的増加でのみその成果を評価し、聖歌隊や雄弁術、パーティーなどの宣教技術が重視される傾向を、大農場経営にたとえて辛辣に批判している。また内村は、同年同月八日付（RICE-CHRISTIANS）では、魂の耕作はトウモロコシ畑を耕すのとは訳が違うと言い、西洋人キリスト者の猿真似信者がミッショナリーに称賛され、彼らにはＹＭＣＡ総主事やキリスト教大学学長の椅子が約束されると皮肉っている。つまり内村によれば、サンの言うような、自分の便益を求めて欧米人のキリスト教徒を外面的に真似るだけの日本人キリスト者の問題は、日本人の精神的特質ではなく、ミッショナリーの「大農場経営」的宣教方法にその責任の大半が求められるとする。以上見たように、内村とサンの日本人キリスト教徒に対する問題意識には、一脈相通じるものがある。

ともかく、内村は日本の西洋化の波に乗って欧米のキリスト教をそのまま無批判に真正なキリスト教と理解する宣教師並びに日本人キリスト教徒に疑念を抱いていたことが知られる。

第三節　サンのミッショナリー観

長崎外国人居留地の白人の国籍は、一八九六年一二月三一日で、露国二三一人、英国一二五人、米国八一人、仏国七〇人、独国二〇人（総人口は五九〇人）であり、露国を除けば英米両国を中心とするプロテスタント系住民が主体であった。[23] 英米両国居留民の職業で注目されるのは、宣教師がかなりの数を占めていることである。長崎県外務課編『各国人員并戸数調表』によれば、同年月日付けで、英国宣教師は四名、米国宣教師は一二名を占める。[24]

サンの宗教的基盤は、居留地内の英国教会であり、毎回礼拝式次や教会会議の内容を紙面で公告している。ただ長崎外国人居留地はキリスト教各派の混在したコスモポリタン的雰囲気を持ち、カトリックや米国宣教師に対する敵愾心は見られない。[25] サンは、英国のCMS派遣宣教師の礼拝サービスには感謝を表明するが、[26] ミッショナリーの「宣教の働き」には批判的である。例えば、朝鮮の宣教に英米のカトリックが莫大な資金を費やしている点を挙げ、「朝鮮のような神に見捨てられた半島をキリスト教化することが、欧米諸国の精神的満足につながるとしても、本国の貧しい人々は放置されており、本国の善良な人々の献金をもっと適正に配分してほしい」と批評する。[27]

サンの前身である *The Nagasaki Express* は、英国宣教師の「哀れな異教徒を救うための伝道」という独善性に疑問を提示し、英国も含み各派の宣教師が宗教的ドグマに陥り、その国の慣習や宗教を無視した宣教至上主義が種々の騒動の原因となっていると見る。[28] サンもこの伝統に立ち、ミッショナリーには距離を置いてはいるが、[29] のちに見るようにキリスト教国民としての文化的優越意識からは脱していない。

第四節　萬朝報英文欄と長崎の英字新聞の議論

以下の萬朝報英文欄の論説はすべて、主筆である内村鑑三のものと思われる。[30] 萬朝報英文欄、サン、シッピングリストの論説は年代を明記しているものを除き、すべて一八九七年のものである。また文中の「居留外国人」「居留民」は、第一義的には「居留英国人」を指す。

(一) 内村の文体と道徳論に対する英字新聞の嫌悪

サンは三月三日（A JOURNALISTIC SCAB）の社説で、萬朝報に新しい主筆が加わったとし「彼の最近の記事はあまりに下劣で、再録に耐えず、批評にも値しない。こいつは多分頭がおかしい（The creature is probably mentally unbalanced.）」と内村を紹介している。こう言いながらも、二月二四日（TWO KINDS OF ENGLAND）、二月二六日（ELEGANCE IN STYLE）の萬朝報の記事を長々と引用し、論評を加える。最初に、次の二四日付の萬朝報を引用する。それは、「英国は中国にアヘン貿易を押しつけるというような悪魔的で無慈悲な非キリスト教的側面がある。しかし英国はこれと反対の善の側面をも持つ。我々はこの後者の高貴な英国人と一致して道徳的な戦いを遂行しよう。我々のこの戦いは孤独なものではなく、神を愛し、悪を憎むすべての英国民の支援を得ると信じる」という論旨である。サンの論者が不快感を示しているのは、英国人を「悪魔的で無慈悲な英国人」と「神を愛する高貴な英国人」に分割して議論する点にある。この二分論への嫌悪は六月二日のサンの社説（AN INTERNATIONAL COURTESY）にも明瞭にあらわされている。ここでは、「彼（萬朝報）の人類愛は英国人への憎しみより大きく……彼の排外主義は、外国の聖人ではなく、外国の悪魔にのみ向けられている」（五月二九日付、JOHN-BULL-ISM）を引用し、「萬朝報の主筆はなんという博愛主義者か」と反発している。サンには、かかる内村の論評は自分を正義の立場に置き、高踏的に英国人を裁断する形式論であり、問題の単純化であると思われたのである。

この二分論は内村の評論の特質をなすが、ここでは英国人の「非キリスト教的」不道徳を非難するために、主張の明確化を意図したものであろう。

サンはさらに萬朝報を引用する。

我々の英語はミッションスクール臭がする？　そうあってほしい……汝は、母の膝にあった幼いとき、キリスト教徒の母から聞いた聖なる言葉の意味を全く忘れてしまっている……この汝が非難している日本においてさえ、汝の堕落に気づき、汝の善良な祖先が享受していた清い高みのもとに引き返せば、汝は幸福ではないか。この世界は、汝の不信仰で偏狭な心で想像するほど偽善に満ちているわけではなく、汝の善良な同胞の希望は無駄になってはいない。水が海の表面を覆っているように（イザヤ11・9の引用――筆者注）、正義は地の表面を覆いつつあることを知ればよい。汝もまた、ついにはそちら側にいることになるであろうか（二月二四日付）。

サン（三月三日付社説）はこの萬朝報の論評を「感傷的」であり、「最後の問いが、その正体を露呈している」と論じる。すなわち「不信仰で偏狭な心で考えれば、なぜついには正義の側にいることになるのか」と矛盾をつき、「萬朝報の意味を推し量るのはうんざりする」という。つまり、問題を唐突に聖書の引用によって結論づけるのは、読者の理解を無視した独り善がりな論理であると言いたいのである。

以上に見た萬朝報の論説は、治外法権下にある居留外国人の不道徳、醜行を念頭に置いていたとしても（萬朝報二月一七日のTHE SIGNIFICANCE OF THE CAREW CASE, 二月二七日のLICENTIOUS FOREIGNERSなど）[31]、居留英国人に対して、「母から聞いた聖なる言葉の意味を忘れている」「汝の堕落」「汝の不信仰で偏狭な心」という論難は唐突の観を否めない。この論評は、居留英国人のキリスト教信仰を一段上から一方的に裁断するものとサンの論者には映り、その誇りを著しく傷つけたと思われる。その中でも特に、居留英国人全般を指す「汝」の多用は嫌悪の対象となった。サンが地元新聞の鎮西日報との論争で繰り返していたのは、「一部の犯罪者のために、たまたま彼らが属していた共同体全体が無差別に侮蔑され、責任を問われるいわれはない」[32]との抗議であった。他方、内村は萬朝報の二月二三日付で、「新聞人は、天上と内心から聞こえる声のみに耳を傾ける福音宣教者と同様に神聖な秘密の部屋を持つべきである」と語り、キリスト教国としてその文明を誇り、我が国を見下している居留民の不品行には「良心と信仰に照らして」許し難い偽善を感じ、真面目にその所感を開陳したのであろう。この問題についてては、宣教師も婉曲ではあるが居留地での不道徳はキリスト教の評判を落とし、日本での宣教の妨げになるとの憂慮を表明していた。[33]またサンにも、日本人の妻子を捨てて帰国した英国人を「破廉恥な厚顔無恥」と非難した記事が見られる。[34]従って、この内村の論難自体はサンには取り立てて目新しかったわけではない。

長崎の英字新聞の内村の萬朝報に対する評論の特異性は、内村が主筆に就任する以前の萬朝報や鎮西日報に対する批評と比較すれば明瞭になる。シッピングリストは、「大晦日に居留外国人が騒ぐ慣習や国民が喪に服しているとき讃美歌を歌うのは望ましくない」との萬朝報の批判に抗議した（一月一一日・二月一日付）[35]。また地元紙である鎮西日報の、治外法権下にある長崎居留地での売春や女性の密航斡旋の非難に対し、サンは反論を展開している。[36]しかしこれらの反論は、居留民と日本人との慣習の違いや治外法権下での具体的な問題をめぐる議論であり、内村の評論に対して見られるような好奇の念や激しい嫌悪感は認められない。

サン（三月三日）は引き続いて、「萬朝報は文体的見地から自らの珍奇な倫理法則を提示している」とし、その記事を転載する。

我々は最初から流麗な文体を約束しなかった。もしそうできたとしても、極端な追従と見栄え重視のこの時代においてはそうするつもりはない。流麗な文体は、誠実さや率直な真正直さと手を携えるのは稀である。実際、正直であけすけである人には、そのような文体は不可能に思える（二月二六日付）。

さらに、サンは文体に関して萬朝報の主筆が、「その新しい文体の福音を伝道するために、再びsmacking（臭いがする）を提示していることに注釈する」とし、二月二六日付萬朝報の「ミッションスクール臭と、酒場・ビリヤード臭を放つ英語では、どちらがよいのか」を引用し、次のように論評する。「どちらでもない。なんらかの臭いを放つ英語を我々は知らない。メタファーの場合を除いて、なんらかの臭いを放つのは英語の特質ではない。smackは確かに良い響きだが、現代の我々はsmackの代わりにskelp（打ち叩く）を使う（smackは「打つ」という意味もある――筆者注）。従って"English that skelps a Mission School."とすれば、より良い意味を持たせ得る。これは先の文と正確に全く同じ意味である」と皮肉り、その道徳論を冷笑する。

このサンの社説に対して、萬朝報は三月一〇日の記事で再反論し、「『こいつは頭がおかしい』『厚かましい青二才』などの英国風挨拶が神戸、長崎などから寄せられている……我々が英国人の放蕩や不快な行動に対してなした批判に明確な諸事実を示して反駁すべきだ。同国人の無作法を許しておいて、我々の無作法のみを批判するのは公平ではない。彼らは萬朝報編集者の人格のありとあらゆる中傷を積み重ね続けるばかりである。しかし我々は、自分達の耳に届いた英国人の目に余る不道徳に対して乏しい英語を駆使して書き続けるであろう」と応じる。内村は、このような挑戦的反論を展開し、その主張は揺らいでいない。しかしサンの非難の焦点は、萬朝報論者の「同国人の無作法を許しておいて」というような連帯責任を問う道徳論や文体にあり、議論は擦れ違っている。

サンは「萬朝報は汚れたクズのようなものだ」と繰り返しながらも、これ以後も萬朝報を社説で頻繁に取り上げている。そこには、内村の論説に嫌悪と同時に無視できない好奇を感じていたことが推察できる。別の観点から見れば、サンがこれほどの嫌悪感を萬朝報に示したのは、日本人に対する英国人の優越感の強さを逆に暗示する。この優越感は、西洋文明の物質的先進性に加えて、キリスト教徒の立場で、日本人を非キリスト教文化の野蛮さの中にいると見る抜き難い偏見によって増幅されていたように思える。(37)

例えば、CMS宣教師モンドレル（Maundrell, H.）は、その一八九三年二月二二日付書簡で、治外法権撤廃に西洋諸国が同意し得ないのは、「非キリスト教国が外国人のかかわる事件で、法律を正しく執行できるのかとの疑念のためである」(38)と記している。また、サンは一八九四年七月の日英改正通商航海条約妥結調印後に、日本の法体系の問題、特に法の執行方法が恣意的だと事例を挙げて疑念を呈し、居留外国人に関係した裁判では外国人の裁判官を任用して欲しいと進言している。(39)

萬朝報の文体論に対する論評は、シッピングリストにもみられる。三月二七日付の社説（THE MOTE AND THE BEAM）では、「居留外国人への誇張した下劣な言葉、毒舌の連発は萬朝報論者の未熟さにのみ起因する」と断じる。さらに四月五日付社説（PROUD OF BEING DIRTY）で「萬朝報は、神戸や長崎などの紅毛碧眼の友人たちから多くの批判が寄せられていることに大得意で、その毒舌と猥雑さの評判を誇っている」と論難し、その記事（三月三一日付、THINGS BY THEIR TRUE NAMES）を転載している。これは、「萬朝報の編集方法はエドウィン・アーノルドや小泉八雲のような洗練された、あたりさわりのない英語ではなく、できる限り平明に物事をありのままに命名することである。放蕩な外国人が存在するから、我々は彼らを放蕩者と呼んでいる」と論じたものである。

これに対してシッピングリストは、「萬朝報編集長の未開人のような純粋さには感嘆するが、そこには野蛮な遺物がある」と言い、「この粗野な無作法さは思考の単純さに因る。それは、日本の公衆浴場で男女の混浴が禁止されたとき、真ん中にロープを張るような単純さである。彼らはなぜ混浴の禁止にロープが役立たないのかを理解していない」と評する。そして「機知に富むフランス人が説く如く、演説は自分の思想を隠してすべきだとの自明の理に全く同意するわけではない。しかし我々は一般には、剝きだしの真実は裸で姿を見せるのと同じくらい無作法であり、あからさまに述べることは上品な社会では許されないという見識を持っている……萬朝報が、その英語が許す限りの露骨さで語るのは、不快感を人に与えることを知らない彼の無遠慮で未熟な倫理的感性と品位に起因する」と説く。

さらに、「次の文章の最後の批評は悪臭を放ち続けている」として、再び同日付の萬朝報を引用し、論評する。「我々が真実の名で彼らを呼ぶという理由で、我々はクイーンズ・イングリッシュを無作法で、下劣なものに悪用していると批判される……萬朝報はその文体を改めなければならないのか……しかしそうすれば、だれがこの地域の苦々しい事どもの預言をするであろうか」。この最後の記述は、「居留民の道徳の番犬」[40]としての萬朝報の面目躍如であろうが、シッピングリストは、この「誇張した仰々しい表現」こそが鼻につき耐えられないと次のように結ぶ。「この地域で誰かが苦々しい事どもを預言する切迫した必要性は、我々の暗愚な知性にはいまだにわからない。しかし全ての人に理解されない資質は、萬朝報の誇らしく思っている才能の一つである」。

これら居留英国人の不道徳を暴くという姿勢および率直な非難が、英字新聞の憤激の種となった例は、*The Japan Weekly Mail* と *The Kobe Weekly Chronicle* にも見られる。例えば、*The Japan Weekly Mail*[41]は一八九七年七月一七日付（VARIOUS TOPICS）記事で、「萬朝報が特に我々を楽しませているのは、その説く道徳にある」とする。そして「我々は（萬朝報の）道徳的鈍感さは、将来極めて恥知らずな武器をとるだろうと覚悟していた……萬朝報は今や毒舌を言い募ることで、悪評を追い求めているように思える」という。

かくて萬朝報の道徳的説教は、その意図とは裏腹に「アメリカの絶対禁酒主義者が、酩酊がいかに嫌悪すべきものかを示すために、酔いつぶれた状態の自分自身を故意に観衆の前にさらしているような自己犠牲的役割を果たしているようなものだ」と述べ、萬朝報の論説が、罵りに類する語彙を頻繁に使用しながら、道徳を説く点を揶揄する。

The Kobe Weekly Chronicle も一八九八年五月二八日付記事（無題、整理番号四六二）で、内村が萬朝報社を去り、東京独立雑誌を主幹することになった次第を報じ、「これで萬朝報の道徳的トーンは、彼の理想の水準からはるかに堕落することであろう」と皮肉っている。

従って、我が国居留地の英字新聞の多くは、萬朝報が「罵りに類する語句」や「あからさまな文体」で、道徳を振りかざして居留民を論難する点に憤慨したことが指摘できる。自分の訴えたいことをそのまま明快に断言するのが内村流であったとしても、[42] 英字新聞にはその毒舌が論者の「道徳的感性の鈍さ・未熟さ」として認識されていたのである。

この文体の問題はこれら英字新聞の反発にもかかわらず、内村の強い確信だったことは、後の『聖書之研究』でも、「誠実の存するあれば文章を構はない」[43] と表明していることからもうかがえる。しかし、この文体に対する彼我の認識の相違が相互の対論にとって大きな障害となったのである。

これら内村の論評の大胆な断定的文体に基づく道徳論は、時として事実を踏まえない単なる誹謗中傷に陥る場合もあった。例えばシッピングリストの四月一五日付の社説（"FRIGHTFULLEST HOWLS"）では、萬朝報の四月一一日付（IN GOOD HUMOR）の全文を転載し、批評している。この萬朝報の内容は、「長崎から強飯が来る」[44] という諺を引用し、「長崎外国人居留地の白鬼が、ソドムでさえ見られなかったような邪悪なことをなしている」と批判し、サンとシッピングリストが萬朝報を非難していることを、「人は、その傷がひどいとき、大声でわめく」とし、「この事実は、『長崎は輸入された悪徳の温床』であるという我が国に広く流布している噂を確証しているように思われる」と述べたものである。これに対し、シッピングストは「長崎で我々がどんな忌まわしい邪悪をなしてきたのか、良心に照らして暫く考えよう」[45]と揶揄し、「悪臭ふんぷんたる萬朝報の編集者は、ブレット・ハート（Bret Harte）の *Truthful James* と同じくらい平易な言葉を好み、それを誇っている」とくさす。そして萬朝報が伝聞に基づいた「裏付けのない引用」で居留地を批判していることに憤激し、「ユーモアは厳粛さの唯一の試金石であり、真面目な検証に耐えられて」初めて真のユーモアと言い得るのに、萬朝報のIN GOOD HUMORの記事は「偽りの機知」であり、「軽率で滑稽な当て擦り」だと反駁する。また、この萬朝報の記事は「新興国日本国民の知的理解力の水準を忠実に映し出している」[46]と酷評する。

長崎の居留地内での不道徳、特に売春をめぐる議論はすでに一八九三年四月から、地元新聞の鎮西日報とサンとの間に数回にわたる論争があった。その際、サンの批判の焦点は、「単なる伝聞に基づいて記事を書くのは人権侵害だ……なぜ鎮西日報は居留地の道徳生活にこんなに関心を持つのか。長崎市中には少なからず売春宿が存在している。まず自分の家を整えてから、他人の欠点を批判すべきではないのか」[47]というものであった。これに関連して、サンは日本で売春が市民権を得てなんの嫌悪もなく公然と行われている点や普通の女性、愛情深い母親がそのような職業に従事している点が世界の諸地域とは異なると指摘し、日本人男性の無責任さへの批判を展開していた。[48]従って、萬朝報の非難は、長崎の英字新聞論者には、むしろ逆に日本人にこそ向けられるべき問題であった。

以上に見てきたような萬朝報に対する英字新聞の拒否反応は、本来なら実りある議論に展開すべき事柄でさえ皮相な揶揄の応酬に矮小化してしまう。次の議論はその一例である。シッピングリストの四月九日付の社説（JAPAN'S CHRISTIANITY）では、萬朝報の四月四日（JAPAN'S CASE）の「日本の場合、キリスト教抜きのキリスト教文明である」を引用し、「これは主人公抜きの芝居の見事な例示であり、萬朝報のほれぼれするような無定見の見本である」と批評する。さらにシッピングリストは、萬朝報の「サンやコウベ・クロニクルが反キリスト教主義、仏教擁護主義を提唱しているのはかつてない光景である。できることなら、英国を始めとするキリスト教諸国に日本からミッショナリーを派遣したい」と主張した文章（四月一日付）を転載し、この萬朝報のIN GOOD HUMORの見出しは「なんと馬鹿げた滑稽さ」かと嘲弄する。しかし、萬朝報のJAPAN'S CASEの論旨は、「日本は西洋文明を古来の規範に同化させようとしている。しかし西洋の政治的経済的体制はキリスト教文明の精華である個人主義の原理に基づいている。この個人主義を支えている自由は、人間を超えた父なる神との直接の交わりの中にある。これらキリスト教の生命を無視した西洋文明化は、利己主義の蔓延、社会の崩壊の運命を避けられない」と展開している。

サンはかつてその条約改正反対の議論のなかで、「わが読者の大多数の賛同を得る明敏な記事」として *The Peking and Tientsin Times* から、次の論説を引用していた。その論説は「日本の近代化は西洋の卑屈な模倣に過ぎず、日本人の本質的性質はかわらず、その精神性には野蛮さがあり、西洋文明が天皇の臣民に良心、誠実さをつくりだしたかどうか、真実や思いやりある正義が貫徹されているかどうかは疑問が残る」[49]と述べたものである。この日本人批判の背景には、サンの前紙である *The Nagasaki Express* が日本人の精神の後進性や人権意識の欠如の原因をキリスト教の不在に求めていたように[50]、日本の西洋化において、キリスト教による精神の啓蒙がなされていないという理解があったように思われる。サンの、日本人の精神性は前近代的で野蛮なままであるとの指摘は、内村による日本の西洋化批判と軌を一にし、本来なら実りある対論が期待できるところであった。しかしサンの子新聞ともいうべきシッピングリストの評論は、「キリスト教抜きのキリスト教文明」というアイロニカルな表現の字義的な矛盾の揚げ足取りに終始している。そして「萬朝報はどのような種類のキリスト教を説こうとしているのか。サンは、どのような点で異教徒の教義の利点を唱道したのか」[51]と問うことで、この論説を終えている。

（2）萬朝報英文欄と英字新聞との議論の進展

サンは既述の通り、萬朝報がいかに異様で下劣かを口を極めて批判してきたが、五月一九日（THE COMPLAINING FOREIGNER）の記事では、一転して萬朝報の魅力を語る。

冒頭に *Japan Times* が期待外れであることを述べ、それに対して萬朝報は「扇情的で猥雑、下劣で無定見、また誤報に満ちている」が、「*Japan Times* の魅力のない記事よりははるかに日本人の願望や特質を反映している」とし、その良例として五月一四日付（UNREASONABLE COMPLAINTS）の「鋭敏な記事」を転載し、「これは萬朝報の典型である」（Yorodzuesque）と注釈している。この萬朝報の記事は、「日本の外国人居留者や旅行者は、自ら我が国を選んでやってきたのに、我が国での処遇に悪態をつき、不平不満を言い募る。そんなに日本が嫌なら、他国に移住すればよかろう」というものである。これに対して、サンは「『いやなら出てゆけ』は、古き良き西洋的表現を東洋風に置き換えたものであり、我々は萬朝報の思考の筋道を完全に辿ることができる」という。しかし「ここには、萬朝報の見落としている生の歴史的諸事実がある」とし、萬朝報も認めているようにアングロサクソンは海外に進出し、そこに忍耐強くとどまり、その地域に英国の習慣や法律を根づかせ、「野蛮人を文明化してきた」と弁じる。そして日本についても、「萬朝報は西洋人が日本を開国させたことを後悔しているようだが、そのような後悔の表明は、分別のない不毛なものである……アングロサクソンのみが日本の国民、ないしは個人の未開で野蛮な習性に異議を唱えている。日本はこれらの習性を自力では除去できないと思われる」と説く。

サンはほぼ一年前に、「日本が西洋文明に門戸を開いて以来、それまでの奴隷のような国民の状態が飛躍的に改善されたのに、なぜ我々を憎悪するのか」とも語っており[52]、大英帝国の一員として、世界の文明化の指導者としての自負を露骨に表明している。確かに、サンの前身である*The Nagasaki Express*は、一八七〇年代初頭に民衆を啓蒙することの重要性や公衆衛生法制定の必要性を説いたりして、日本の西洋化に助言を惜しまなかった[53]。またサンのいうように英国が植民地化の過程で世界の文明化に貢献したのも一面の事実であろう。これらのサンの主張には一九世紀の大英帝国の異文化との広汎な接触の経験から得た自負が照らし出されている。この自負をサンは、「アングロサクソンの居住している地域に野蛮人は生存できない」と言明し、「米国のインディアンやオーストラリアの先住民（bushman）は白人の文明と接触しても、その未開な状態にとどまろうとしたが、結局は滅亡した」という「なまの歴史的事実」をあげる。そして「萬朝報もしばらくこの歴史的事実を考えてみたらよかろう」と結んでいる。

この「適者生存の法則」に対して、萬朝報は五月二九日付（JOHN-BULL-ISM OF THE NAGASAKI RISING SUN）で、英国人が先住民を殲滅させたことに異議を唱え、「適者生存の法則ではなく、正しく愛すべき者の生存の法則に従うべき用意はある」と切り返す。内村のこの指摘は理想主義に立脚しながらも、西洋文明優位の固定観念を離れ、欧米諸国の文化的侵略に対する犀利な批評となっており、現代的視点でみれば全くの正論である。なお、ジュール・ヴェルヌは英国によるかかる先住民殲滅政策を『ブラニカン夫人』（一八九一年）で、次のように痛烈に批判している。

オーストラリア人種は、部族間の虐殺戦争とアングロ＝サクソン流の手口のおかげで根絶やしへの道を歩んでいる。ときとしてこの手口は、口に出して言えないほど野蛮だった。白人たちは狩猟の獲物のように、この種のスポーツが引き起こす気取った感情を最大限味わいながら黒人を狩り立てた……このような行為を野蛮と呼ばずしてなんと呼ぶのか[54]。

もっともヴェルヌにしても、かかる植民地支配への批判的視点は、非フランス植民地に限られていたようである。(55)

ともかく、ここでのサンの評論には英国の文化を絶対視し、世界各地の土地に押しつけるという文化的侵略主義が見られる。このように、英国人が非西洋地域の歴史や文化の独自性を軽視し、野蛮なものと見なす限り、真に意味ある対話の生まれる余地はなかった。

内村の批判は、英国人がそのキリスト教文化の絶対的優位を無条件に前提とする、その独善性に向けられていたのである。

またここで、内村はサンのYorodzuesqueの造語を皮肉り、「*Webster* か *Worcester* に組み入れるべきだ」と主張し、「我が国の四千万人の魂をドードーやパイソンと比較するのはあまり親切とはいえない」と述べるなど、サンの皮肉に応じた機知を示しており、この辛辣な皮肉の応酬が両者の相互理解の接点となっている印象を受ける。

(3)　萬朝報の日本評への英字新聞の反応

サンやシッピングリストは、萬朝報が日本の国民性や社会体制を批評する場合には、概ね強い賛意を表明している。以下はその例である。

シッピングリストは、三月二七日付の社説（THE MOTE AND THE BEAM）で、「一貫性、汝は至宝である」との格言を引用し、萬朝報の変節を次のように指摘する。「萬朝報は日本の外国人を誰もかも下劣な人間とし、日本で外国人の犯している邪悪を悲嘆に満ちて描いてきたが、この編集者は外国人の小過失と格闘した後に、突然、日本人の大過失を発見したらしい」と述べ、「萬朝報が一か月前にあれほど強弁していた居留民をキリスト教化するという緊急を要する使命」はどうなったのかと問い、萬朝報の一貫性のなさを論難する。

これは、太田雄三が指摘するごとく、(56)内村が一方で英国人を中心とした居留民を手厳しく非難しながら、同時に日本のキリスト教精神の欠如を批判するという一見矛盾した立場が、シッピングリストにも読み取られたことを意味する。そんなにキリスト教国民が欠点に満ちているのなら、日本人にキリスト教を説く必要はない。しかし内村にはキリスト教国の理想があり、その理想から居留民を批判しており、西洋文化と真正なキリスト教を区別しているのである。

ここでの「居留民をキリスト教化する」については、萬朝報は三月一二日付で次のように言及している。「ミッショナリーは日本の異教徒の罪を暴き、悔い改めを説くためにだけ派遣されているのか……日本の異教をあまりにも陰欝に描く習慣があるが、居留英国人その他の不信者（heathens）にはまったく触れられていない。彼らに対する特別な宣教が是非必要だ。萬朝報は彼らに初歩的なキリスト教を宣教するという割りにあわない責任を担いたい」。

内村は、不道徳な居留キリスト教徒が存在するにもかかわらず、自分を正義の立場に置き、罪に満ちた異教徒である日本人にキリスト教の真理を教えるという英米宣教師のドグマに偽善と嫌悪を感じたのである。ここにはキリスト教を西洋のものではなく、あくまで世界的普遍的なものとして捉えようとする内村の特質が示されている。

内村は *How I became a Christian*, 1895で、米国の「非キリスト教的な特長《ママ》」(57)に失望し、「ヨーロッパとアメリカとの宗教だからという理由でキリスト教を弁護することだけはしないだろう」と述べ、「まだキリスト教に接していない異教国民には永遠の希望がある」とも語っているのである。(58)従って、この萬朝報での内村の批判の焦点は、英米を始めとする西洋人がその「非キリスト教的」側面を認識せず、その物質的先進性とキリスト教化を取り違え、キリスト教国民として、日本に対して文化的・精神的優越を当然の如く前提とする、その独善性に求められる。

この萬朝報の記事に対して、シッピングリストは、「(居留民をキリスト教化するという)これら一連の告発は熟考に値する素晴らしいものであり、その文体は一層そうである」と揶揄するだけに終始している。

この「一貫性」に対する批判の後に、シッピングリストは、萬朝報の三月二三日付(LACK OF JAPANESE MORALITY)の記事を引用する。この萬朝報の評論は、日本の忠・孝・貞・悌などの儒教的道徳観が身分的上下関係によって成立し、目下の者の義務ばかりが多く、目上の者の義務は等閑視されている点を批判し、この道徳の偏頗な在り方が社会の安定を阻害していると説いたものである。この批判に対して、シッピングリストはこれまでの論調から一転して、次のような強い賛意を示す。

この論評は「人間性の尊重に立脚し、日本に関心を持ち、理解しようとしている大多数の理性的な人間の賛同を得よう。この記事は、日本の外国人をキリスト教化する目的で書かれた最近のどんな記事よりも、支持を得る」ものである。そして「論調や文体から推察すれば萬朝報は、蛇が脱皮したように、居留外国人をキリスト教化するという奉仕を放棄したのか。もしくは、この奉仕の宣言の余りの不合理さに圧倒されたのか。ともかく以前のうんざりさせる膨大な二人称単数形の代名詞の使用や文体に頓着しない余分な抗議はこの英語欄から姿を消している」と述べ、萬朝報の内容、文体の変化に関心を寄せる。

この内村の論評は、のちには東洋道徳としての「義理人情」の考え方をより高尚な「義務」の観念に変えていくべきだというように[59]、キリスト教によって日本人の伝統的精神性を普遍化させていくべきだという方向に発展している。

さらにシッピングリストは、萬朝報(三月二三日付、LACK OF JAPANESE MORALITY)が「現在の代議制度は、個々人の尊重に基づいて成立しているのに、日本では閣僚は君主にのみ責任を負うと考え、この政治体制の理念と矛盾している。しかし、この考えは日本人の道徳の中心的教義とはぴたりと一致している」と述べた記事を引用し、賛意を寄せている。「萬朝報は紛れもなく正しい。日本人は、このような奇妙な道徳律に基づいて行動している。日本の如く政治体制と国民道徳が丸いプラグと四角いコンセントのように一致しないのは世界に類例がない」。

内村はかつては、孝・忠などを日本の精神的美質であり、キリスト教精神と一致するものと解していたが、[60]ここでは、それを日本の道徳的欠陥と論評する。これは太田の指摘の通り、この時期の内村の力点が日本の西洋化に移っていたことを示す。[61]しかし他方で、七月一三日付の萬朝報の「放蕩な外国人や日本の社会に対して萬朝報は多方面で戦っている」との言明に見られるごとく、萬朝報論説において内村は、国内外を問わず、その偽善を「真情」を持って批判する意図があった点も勘案すべきであろう。

シッピングリストは、四月二日の記事（RELIGION IN JAPAN）で、萬朝報（三月二五日付、ROYALTY AND PATRIOTISM）が「日本の国民性の奇妙な特質について述べている」とし、論評を加えている。この萬朝報の要旨は、「日本の宗教は仏教や神道ではなく、愛国心であるが、我が国の愛国心は排外感情などに見られるように、理性的信義を忘れ狂信に陥る傾向を持つ未熟なものである」と指摘し、「世界を愛することにつながらない愛国心をその基礎（headstone）とする国民は、粉々にされ再び立ち上がれない」と批評したものである。

この記事は、愛国心を宗教的、世界的観点から位置づけるという独創的で鋭利な文化批評といえる。この内村の論評は、サンが日本の排外主義者が理性的議論に応じず、感情的な狂信性を持っていると批判した論点と類似する。[62]そのためか、シッピングリストも「この萬朝報の主旨は我々には良く理解でき、同意できる」と述べ、「今後はメタファーをもう少し注意深く使って欲しい。headstone より keystone の方がよい」と助言している。

サンは四月二八日付（RELIGIONS MADE TO ORDER）で、木村鷹太郎が新神道を発足させ、それを井上哲次郎・元良勇次郎らの帝国大学教授が支持した次第を、日本で緊急に必要とされる宗教に対処したことと皮肉った萬朝報の記事（四月二二日付、RELIGIOUS NOTES）を興味深いと評して転載し、「国家の非常事態に対処するための宗教を提供する木村鷹太郎氏のような若者がいるとは素晴らしいことである。役所に立ち寄っている間に新宗教の信条を与えられるのは確かに気楽なことである」、と宗教を便宜的に提供できると考える日本人の宗教観を揶揄する。超越者とその啓示を特質とするキリスト教の伝統に立つサンから見れば、この「注文式の宗教」はあまりに馬鹿げたものに映ったのである。この点は内村も同様であろう。ただ内村には、かつての不敬事件の当事者としての経験から、宗教を国家の要請に迎合させることへの深刻な危惧もあったに違いない。

太田は、この時期の内村は「脱亜論者」「精神面での西洋化の唱道者」としての色合いが強いと指摘しているが(63)、それは以上見てきた長崎の英字新聞の萬朝報への強い賛意からも確認できる。つまり内村は西洋文化の視点、ないしは世界的視点に立って日本の社会を批評しているのであり、英字新聞の思考の枠組み、自己理解と重なるところも、また多かったのである。

むすび

キリスト教国民と自負し、日本の非キリスト教文化を嘆いていた長崎の英字新聞にしてみれば、「キリスト教の真理を求めていない」日本のキリスト教徒が居留英国人のキリスト教を批判するのは、いかにも筋違いの観を否めなかったであろう。ともかく萬朝報を社説で繰り返し取り上げ、激しい不快と嫌悪を示すのは、内村がキリスト教に準拠して居留民の道徳を批判する場合に顕著である。もちろん、内村は非キリスト教国民がキリスト教国民にキリスト教を説教するという「皮肉な諧謔」を十分に意識していたと思われる。

萬朝報英文欄に対する英字新聞の当初の戸惑いは、内村の評論の道徳論への強い傾斜にあった。小原信は、一九〇〇～一九〇三年にかけての内村の第二期萬朝報客員時代の社会評論が、政治社会的な次元での論評ではなく、キリスト教信仰に基づく個人の魂の変革の優位をいう道徳的宗教的なものであった点を指摘している。(64) この点は英文欄時代にも該当し、英字新聞は内村の毒舌を伴う道徳論に強い反発を示している。また英国人を善悪二分論から批判する論法には、激しい拒否反応を引き起こした。しかし内村にしてみれば、キリスト教国民であることを誇りながら、日本人の精神性を見下している居留外国人の不道徳な行為に許し難い欺瞞を感じ、それを自己のキリスト教信仰と良心に照らして率直に抗議したのである。

英字新聞は、萬朝報英文欄の文体の仰々しい誇張、剝きだしの無遠慮さ、主張の一貫性のなさ、預言者然とした主張、単純な善悪二分論などを批判する。太田は、内村の萬朝報英文欄時代の特色として、事実に十分な注意を払わない恣意的理想論、問題の極度の単純化、複数の価値体系の無自覚な共存による我が国と西洋に対するアンビヴァレンツな評価を指摘する。(65) この指摘は、英字新聞の萬朝報英文欄への上記の批判と照応する。ただ偽善を暴くという萬朝報社の編集方針もこの傾向に拍車をかけていたと思われる。

そしてここで見てきたように、長崎の英字新聞は、内村に劣らない毒舌、誹謗中傷、揚げ足取りで応酬しており、英字新聞の反論にも内村の批判を受け入れない偏狭さがあった点は新たに指摘できよう。

太田は、萬朝報英文欄時代の内村は「精神面での西洋化」の唱道者としての色合いを強めた時期であり、そしてそれにもかかわらず、英字新聞の批判に内村が過敏な反発を示したのは、外国人の批判に耳を傾けることができない内村の狭量な性格や無意識のうちに自国を正当化する彼の愛国心に起因するとしている。(66) この太田の指摘は、英字新聞が萬朝報の特色として論者の倫理的感性の未熟さを再三指摘していることと合致する。しかし内村はキリスト教を世界的な視点から捉えており、西洋文明と真実のキリスト教を一旦区別した上で、彼の理想とするキリスト教から「非キリスト教的」居留民を批判したのである。ここに内村の理想主義の真骨頂があった。

また太田の指摘する「内村の西洋化と土着的価値観の関係についての徹底した考察の欠如」は、日本には日本に独自なキリスト教の役割があると内村が考えた点に求められよう。すなわち、我が国独自のキリスト教が世界に貢献し得るためには、日本人の精神的美徳を称揚せざるをえず、そのため日本の伝統を無批判かつ性急に受け容れる傾向に陥ったのである。従って、内村の日本の伝統と西洋に対するアンビヴァレンツな評価は、彼の内的価値観の不統一というより、日本人としての誇り（アイデンティティ）に求められよう。別言すれば、萬朝報英文欄主筆時代の内村には、日本の伝統的精神性を生かしながら、自己の理想に叶う日本独自のキリスト教を目指そうとする萌芽が見られる。萬朝報との論争のなかで、サンもシッピングリストも萬朝報の記事を「日本人の願望や特質を反映した」興味深いものだと評価を変えている。それは、萬朝報になによりも内村の日本人としての主体的意志が明瞭に読み取られたからであろう。

萬朝報英文欄の基本的立場は「真の」キリスト教徒としての正義の立場に立って、英国人の偽善を暴き、良心を呼び起こそうとしたものであるが、この指導者的立場は、日本の文化、精神の後進性を指導してきたと自負する長崎の英字新聞論者の自己理解と真正面から衝突するものであった。内村の理想論は現実を踏まえない空論に陥る危険もはらんでいたが、他方あくまで理想主義に基づく高踏的立場に固執したことが、かえって逆に居留英国人への的を射た批判につながった側面も無視できない。英字新聞の内村への激しい嫌悪の一端は、内村の高踏的非難の仕方が逆に文明の優者を自負する居留英国人のカリカチュア化された鼻持ちならない姿を映し出す鏡としての役割を果たしたからだとも推測される。すなわち、彼らも萬朝報の理想論と同じく現実に基づいてその認識を修正し、変えるのではなく、大英帝国という文明の優者が未開国日本という劣者に真の文明を教え、指導するという思考の枠組み、西洋文明優位の固定観念に固執していた。

この文化的優越意識の構成要素として、当時の西洋文明の物質的先進性に加え、「盲目の異教徒」への宣教というキリスト教の人間観が根底に存在した。これは、サンが日本の精神の野蛮さと日本の非キリスト教的側面を結びつけて論じている点からも明らかである。

内村の批判の焦点は、西洋文明のみが真のキリスト教を保持しているという固定観念にあった。内村はこの思考の枠組みを拒否し、萬朝報自体が真正なキリスト教徒としての優者の側に立ち、居留民にキリスト教の本来の意義を思い起こさせるという逆転した論理によって、この文化的優越意識に真っ向から挑戦した。この萬朝報の論理は、理想論に基づくものであったが故に、五月二九日付の記事のように「未開・野蛮国対西洋文明国」という当時の一面的思考形態を打破し、英国の文化的侵略に対する犀利な批評ともなったのである。

このため、当初は議論によって互いの自己認識を改めるのではなく、双方が自己の先入観・固定観念から、高踏的に相手を論難するという一方的で不毛な議論や辛辣な皮肉の応酬に陥ったのである。このことは、萬朝報が日本を批判するときには、概してサン、シッピングリストが強い賛意を表明していることからもうかがえる。この批判においては、英字新聞と内村は同じ優越者の立場に立ち、日本の前近代性を批判するという点で、それぞれの正当性をともに再確認できたからである。

（1）内村鑑三「余はいかにしてキリスト信徒となりにしか」（山本泰次郎・内村美代子訳、亀井勝一郎編集『内村鑑三』所収、筑摩書房、一九六三年、二〇〇頁所引）。
（2）亀井勝一郎編集、前掲書、二〇〇頁所引。
（3）小原信『評伝　内村鑑三』（第六章　英文評論時代）（中公叢書、一九七六年）二五〇―二八四頁。
太田雄三『内村鑑三――その世界主義と日本主義をめぐって』（研究社、一九七七年）二〇一―二二六頁。
石原兵永『英文雑誌による内村鑑三の思想と信仰』（解説部分）（新地書房、一九八三年）

（4）亀井俊介『内村鑑三英文論説翻訳編上』（岩波書店、一九八四年）三二三―三二九頁。
亀井俊介「英文記者　内村鑑三(上)」（『英語青年』一九八〇年九月所収、研究社）二九一―二九四頁。

亀井俊介「英文記者　内村鑑三(下)」（『英語青年』一九八〇年一〇月所収、研究社）三三三―三三五頁。

川西進「『萬朝報』時代の内村の英文」（「内村鑑三全集　月報9」、一九八一年）一―三頁。

これらは、いずれも内村の英文評論を中心に扱い、英字新聞側の反論記事の実情には触れていない。

（5）小川圭治「日本のキリスト教受容をめぐって――内村鑑三の場合」（『季刊日本思想史』第二二号所収、ぺりかん社、一九八四年）八六―八九頁。

（6）太田雄三、前掲書、二一〇―二一三頁。

（7）小原信「内村鑑三の社会評論」（『論集』第二一号所収、青山学院大学一般教育部会論集、一九八〇年）一頁。

（8）亀井俊介「英文記者　内村鑑三(上)」（前掲注3）二九四頁では、この一例として萬朝報英文欄、一八九七年三月一六日付の記事をあげている。

（9）内村鑑三「退社の辞」（『萬朝報』一八九八年五月二二日付所収）。
道家弘一郎・亀井俊介編『内村鑑三全集5』（岩波書店、一九八一年）四二一―四二二頁より引用。

（10）*The Rising Sun and Nagasaki Express* は一八七四年に創刊した週間英字新聞であり、一八九七年九月まで続いた。*The Nagasaki Shipping List* は一八九五年九月より発行された日刊紙（水・日曜日除く）で、一八九七年九月まで続いた。ともに長崎県立図書館に所蔵されている。ただし、Rising Sun は一八七四年一月～七六年三月・一八七九年七月～一八八〇年一二月は欠如している。両紙とも五～六面よりなり、本章で引用した記事は、ほとんどが第二面からのものである。

（11）RISING SUN PRINTING OFFICE は、新聞の発行だけでなく、英語及び日本語の書籍も販売していた。さらに印刷業務（英語・ロシア語・日本語）も兼務していた。

（12）*The Rising Sun and Nagasaki Express*, May 4, 1892 には、CHARLES SUTTON の死亡記事がある。これによれば、彼はロンドン出身で、一八六〇年頃来崎した。荷役・元請業で成功し、一八七七年一月三一日から一八九二年四月一八日の病死時まで、RISING SUN の経営者を兼務した。なお彼は、一八六二年の夕刻に侍に襲われ、左腕を切断している。

(12) *Ibid.*, May 30, 1894. サットン所有のRISING SUN PRINTING OFFICEの経営権を同年五月一八日にノーマンに移管したとの告示がある。
Ibid., May 22, 1895. Notice欄に、私（A. Norman）がしばらく不在なので、その期間、H. R. Mountifieldが編集の代行をするとの記事がある。
(13) 長崎県外務課編『各国人員并戸数調表』（明治九年〜三三年）によれば、ノーマンが表れるのは明治一二年（一八七九）であり、明治一七年まで、彼の職業は商人となっているが、明治一八年以降は、「活版師」あるいは「出版人」となっている。
(14) 英国領事館でのNormanの精神鑑定の記事は、サンには一八九七年四月七日に掲載され、シッピングリストには四月三・八・九・一〇日にわたって掲載されている。
(15) *The Nagasaki Shipping List*, April 17, 1897, LOCAL AND GENERAL欄。
(16) *Ibid.*, April 10, 1897, Supplement.
(17) 萬朝報英文欄、一八九七年四月二三日付け記事では、ノーマンが精神異常で香港の病院に入院したことを伝え、「かつて我々の頭がおかしいと公言した人物が、現実に頭がおかしくなってしまった」と皮肉っている。しかしサンがその記事で、「こいつは頭がおかしい」と批判した時には（三月三日付）、ノーマンは英国領事館に拘留されていたことになる。萬朝報英文欄四月二五日付では、二三日の記事を掲載したことは不注意であったとし、ノーマンに同情するとともに、二三日の記事の非礼を謝罪している。
(18) *The Nagasaki Shipping List*, April 10, 1897, Supplement.
(19) *The Rising Sun and Nagasaki Express*, December 5, 1894. 第二面には、内村の著作*JAPAN AND THE JAPANESE*. の広告が掲載されている。この広告には目次と宣伝文があり、値段は二五銭となっている。
(20) 亀井俊介編『内村鑑三全集4』、岩波書店、一九八一年。
(21) 内村鑑三「豈惟り田村氏のみならんや」（『国民の友』明治二七年七月一三日）。小原信『評伝　内村鑑三』二三七頁より引用。
(22) 小川圭治、前掲論文、八九頁。
(23) 長崎県外務課編、前掲書による。その他の国籍別人口は、オーストリア二一人、デンマーク一四人、ポルトガル九人、オランダ八人、イタリア五人など。
(24) 英国人宣教師は一五名を数えるが、うち五名は福岡、三名は熊本、二名は鹿児島、一名は大分に旅行中とあり、旅券の関係で長崎外国人居留地に登録したものであろう。米国人宣教師はミッションスクール（活水女学校）の教師が多い。なお英国の宣教師は一八九七年一二月三一日には五名となっている。また仏国人宣教師は二六名、修道女一三名の多くを数える。
(25) 本篇第二章参照。
(26) CMSはChurch Missionary Society for Africa and the Eastの略。ロンドンに本部を持つ世界最大の宣教会。*The Rising Sun and Nagasaki Express*, May 6, 1896. LOCAL AND GENERAL欄では「午後八時に礼拝がもたれることを長崎の居留民一同は心から歓迎する」との記載がある。他にも、宣教師の奉仕に謝意を表する記事は多数ある。
(27) *The Rising Sun and Nagasaki Express*, March 3, 1897, MISSIONARY WORK IN KOREA.
(28) 本篇第二章参照。
The Nagasaki Express, July 9, 1870の社説。
(29) *The Rising Sun and Nagasaki Express*, June 28, 1893は、「宣教師の全国巡回を可能とするために、治外法権の撤廃を考えるべきだ」との英国聖公会日本伝道教区主教Bickerstethの主張に対し、「宣教師が妨げられずに全国に宣教し得るのと引き換えに、我々居留地の住民はありとあらゆる不利益や危険を引き受けねばならないのか」と憤激している。
(30) 前掲『内村鑑三全集4』では、本稿で引用した萬朝報英文欄の筆者は、全て内村鑑三のものとして扱っている。
(31) 横浜居留地の英国人カリュ夫人の夫殺しの事件は*The Rising Sun and Nagasaki Express*, January 20, 27, 1897の社説で取り上げられている。さらにFebruary 24では、この事件に対する萬朝報の論評を引用している。またMarch 3, 10.には*The Japan Daily Herald*による、この事件の解説書をRising Sun Officeで六〇銭で売り出すとの広告が掲載されている。
The Japan Weekly Mail, February 6, 13, 1897にはTHE CAREW CASEの見出しでそれぞれ長文の記事がある。

(32) *The Rising Sun and Nagasaki Express*, April 19, 1893 の ALLEGED TRAFFIC IN JAPANESE WOMEN 及び April 26, 1893, THE "CHINZEI" ON THE WAR-PATH AGEIN の記事。

(33) CMS宣教師 Burnside のCMS本部宛書簡 (December 2, 1872) には、「日本の英国人キリスト者の多くが不道徳な生活を送っている」と記されている。

(34) *The Rising Sun and Nagasaki Express*, May 20, 1876 では、長崎外国人居留地の前住人であった Malcomson, W.L. が日本人の妻子を捨て帰英し、アバディーンのYMCAで講演したことを伝え、彼のように厚顔無恥で破廉恥な人物を想像できようかと糾弾し、長崎の妻子に講演料を送金すべきだと憤激している。

(35) *The Nagasaki Shipping List*, January 11, 1897, "AS OTHERS SEE US" では、萬朝報英文欄が大晦日に居留外国人が踊り騒ぐ風習を忌むべきものと批判した記事に対して弁明している。

Ibid., February 1, 1897, "ROLLICKING LILTS" OF THE CHRISTIANS と題する社説では、萬朝報英文欄が "When in Rome, do as the Romans do" の諺を引用し、「讃美歌は快活な性格を持ち、旋律が陽気であるので、国民が喪に服しているときには、その声量を下げて欲しい」と要望したのに対し、シッピングリストは、この諺はラテン語の "quando hic sum, non jejuno sabbato; quando Romae sum, jejuno sabbato." (私はここにいる時には土曜日に断食せず、ローマにいる時には土曜日に断食する) とのアンブロシウスの格言に由来するという。つまり、この諺の起源は、アウグスティヌスがミラノからローマに移った時、断食の曜日がローマでは異なるのでどうしたらよいかという相談に対するアンブロシウスの回答である。そのため、讃美歌の声を落とせとする論拠にこのキリスト教由来の諺を引くのはおかしいとする。さらに、続けて「讃美歌は信仰の表明であり、英国のビショップが讃美歌の声を落とせと命じたなら、騒動になろう……信教の自由とは自分の好む場所で好むものを礼拝できる自由である」と論じ、文化・習慣の違いを認識して欲しいと述べている。

　両記事とも内村の萬朝報英文欄主筆就任以前のものである。

(36) *The Rising Sun and Nagasaki Express*, April 19, 1893. ALLEGED TRAFFIC IN JAPANESE WOMEN. *Ibid.*, August 16, 1893. "ILL-CONDUCT IN THE FOREIGN SETTLEMENT." 他

(37) *The Nagasaki Express*, April 16, 1870. この社説では「西洋諸国民はキリスト教文明に誇りを持っている」と述べる。詳細は本篇第二章参照。

(38) ＣＭＳ宣教師 Maundrell, H. の Fenn 宛書簡（一八九三・一一・二三）には次のようにある。
They (Japanese Government) insist on all foreigners coming under the jurisdiction of their own courts. To this the Foreign Ministers have not been able to give their consent hitherto, doubting on a non Christian country would administer the law justly, in cases when foreigners were concerned.

(39) *The Rising Sun and Nagasaki Express*, December 12, 1894. CIVIL LAW AND THE NEW TREATY.

(40) 萬朝報英文欄 WHAT WE CAN DO, February 17, 1897（前掲『内村鑑三全集４』所収）。

(41) *The Japan Weekly Mail*, June 5, 1897. THE ENGLISH OF JAPANESE JOURNALISTS は、「日本のジャーナリストの英語の大部分は苛立たしい」と論じたことに対して弁明している。それによれば、「日本の看板の英語表示や日本人の英作文は知識不足や文法上の誤りのために、真意が伝わらないことを批判したのであって、萬朝報の英語はこれらの心配は全くない」と記している。

(42) 小原信「内村鑑三の文明評論」（『紀要』第二二号所収、青山学院大学文学部、一九八〇年）二二七頁。

(43) 内村鑑三『聖書之研究』所収「本誌の為さざること」（小原信、同右論文、同頁より引用）。

(44) 「長崎から強飯が来る」は、「面白みのないことがだらだら長く続くこと」をいう。ここでの文脈では、むしろ「ながさきの怖い雑魚」の諺の方がよく合致する。これは、「小合雑魚」を「怖い」と誤解し、長崎が遙か遠い土地という語感を持つことと相まって、「極めて恐ろしいものの譬え」として用いられた。

(45) Harte, Francis Bret（一八三六－一九〇二）
Plain Language from Truthful James (or, the Heathen Chinee), 1870, Heathen Chinee は中国人の賭博師で、Truthful James らが賭けで彼を騙そうとして、かえって逆に騙されてしまうという軽妙な詩。

(46) ユーモアに関しての議論で、四月一四日の萬朝報英文欄 THE "KOBE CHRONICLE" は次のように述べている。「ユーモアの本質はあらゆる人間に対する温かく優しい共感にあり、物事の善を見ず邪悪さのみを見る人にはユーモアはない……*Kobe Chronicle* は（日本人の）排外感情に絶えず不満を表しているが、それは彼自身の性格の反映に過ぎない。あらゆる批判の根底には『愛する心』がなければ温かな交わりは望めない」。

(47) *The Rising Sun and Nagasaki Express*, July 5, 1893, "GOBLIN DENS IN THE SETTLEMENT" の記事、他。

(48) *Ibid.,* May 31, 1893, MR. CLEMENT SCOTTS TEAHOUSE IMPRESSIONS. その他 *Ibid.,* May 10, 1893, SHAM MORALITY など。
(49) *Ibid.,* October 24, 1894. THE ANGLO-JAPANESE TREATY.
(50) *The Nagasaki Express,* September 6, 1873 の社説。本篇第二章第二節参照。
(51) 「サンは、どのような点で異教徒の教義の利点を唱道したのか」については、萬朝報英文欄四月一日付で、*Kobe Chronicle* の「性道徳は倫理的規範よりも地理、風土により関係している」との記事を掲載し、Chronicle はその仏教擁護と倫理観の故に、本願寺からの支援が得られると皮肉を述べている。また時期はずれるが、萬朝報英文欄六月九日の「外国人のキリスト教嫌い」がある。これは、日本で仕事に従事している在留外国人がミッショナリーに全く無関心であり、軽蔑しているようにさえ見えると述べ、「キリスト教国民はキリスト教文明にその誇りを置いているのに、なぜキリスト教に強い嫌悪を示すのかは理解に苦しむ……この嫌悪は神官や僧侶のそれよりはるかに強烈である」という記述がある。また七月一三日付の萬朝報英文欄では「*Kobe Chronicle* は、反キリスト教、本願寺擁護で常に一貫している」と述べる。
(52) *The Rising Sun and Nagasaki Express,* August 26, 1896 の社説。
(53) 詳しくは本篇第二章参照。
(54) 杉本淑彦『文明の帝国』(山川出版社、一九九五年) 二六九頁所引。
(55) 杉本淑彦、前掲書、二七〇頁。
(56) 太田雄三、前掲書、二一六—二一七頁。
(57) 亀井勝一郎編集、前掲書、一三三—一三四頁。
(58) 亀井勝一郎編集、前掲書、一九六頁。
(59) 小原信「内村鑑三の文明評論」二三四頁。
(60) *The Methodist Review,* 1886. MORAL TRAITS OF THE "YAMATO-DAMASHII" ("SPIRIT OF JAPAN"). (太田雄三、前掲書、二〇四頁参照)。原文は『内村鑑三全集1』(岩波書店、一九八一年) 一一三—一三五頁。
(61) 太田雄三、前掲書、二〇四—二〇五頁。

(62) *The Rising Sun and Nagasaki Express*, May 16, 30, 1894, November 29, 1893, January 28, February 18, 1891. 宣教師への排外主義者の脅迫・暴行に対する論評。メイル、ジャパンガゼットからの転載記事もある。

(63) 太田雄三、前掲書、二〇五・二〇八頁。

(64) 小原信「内村鑑三の社会評論」一五頁。

(65) 太田雄三、前掲書、二〇八—二一七・二二一—二二三頁。

(66) 太田雄三、前掲書、二一七—二二一頁。

⦿著者略歴⦿

中村博武(なかむら　ひろむ)

1953年　静岡県生まれ
1977年　名古屋大学文学部卒業
1984年　同志社大学大学院神学研究科博士前期課程修了
1998年　京都大学大学院人間・環境学研究科博士後期課程
退学，京都大学博士(人間・環境学)取得.
現　在　京都大学総合人間学部研修員

［主要著訳書］
『聖書の視界』(共著，ソフィア研究会編)
『現代聖書注解　使徒言行録』(訳書，日本基督教団出版局)
『ハーパー聖書注解』(共訳，教文館)

宣教《せんきょう》と受容《じゅよう》――明治期《めいじき》キリスト教《きょう》の基礎的研究《きそてきけんきゅう》

2000(平成12)年２月20日　発行

定価：本体12,000円(税別)

著　者　中村博武
発行者　田中周二
発行所　株式会社思文閣出版
606-8203 京都市左京区田中関田町2-7
電話 075－751－1781(代表)

印　刷　同朋舎
製　本　大日本製本紙工

ISBN4-7842-1025-3　C3024

あとがき

本書は1998年6月4日に京都大学大学院人間・環境学研究科に提出した同名の学位論文をもとにしたものである（ただし資料篇の一部は省略した)。資料篇資料Ⅰの『コリャード懺悔録』へのフランス語の書き入れ、資料Ⅱの奥野昌綱のマタイ伝改訂草稿は収録するかどうか迷ったが、両書とも鉛筆の書き入れが消えかかり、今後、解読できなくなる可能性もあり、あえて本書に収めることとした。資料Ⅰは、宣教師のキリシタン用語習得への熱意の一端を物語り、資料Ⅱは横浜翻訳委員会において試行されたと思われる、マタイ伝の口語、通俗語への改編の実情を示すものである。とくに、奥野の改訂草稿は、それを校正しているうちに、そのやわらかで丁寧な言い回しが、平和な気持ちにさせてくれた。かつての日本人は、こんなに気持ちのやわらぐ、上品な言葉を用いていたのかと驚いた。

この論文を書いている過程で、しばしば思いに浮かんだのは、かつて訪れた潜伏キリシタン時代の墓地である。

潜伏キリシタンの霊山であった赤岳（長崎市樫山町）山麓に彼らの墓地がある。平たい石を幾つか積んだだけの墓が、生い茂った草木に抱かれるようにして、そこかしこに点在している。この光景の静けさは不思議ななつかしさを抱かせるものである。この墓地は信仰の秘匿を目的としたものだろうが、他方では日本古来の伝統への回帰でもある。都市の宗教として展開したキリスト教の受容がかくも簡素な墓地を生成せしめたことは皮肉である。この墓地は自然の懐に抱かれて生き、死ぬという彼らの生活そのものを象徴しているかのようであった。

日本の近代化はいうまでもなくキリスト教を抜きにしたものである。日本人は集団志向であり、個我意識は人と人との間柄に強く拘束される傾向が強

い。その理由として、集団を超えた価値や権威の不在が指摘されている。これに対して、西洋キリスト教の自我は、神と自己との個別的人格関係に基づいており、そこには、この世のいかなる権威や評価にも左右されない自我の根が存在する。

祖先や自然に取り巻かれた世界に住んでいた近代化以前の日本の民衆にとり、自然や他者と切り離されたキリスト教の自我意識は異質である。だが、このような日本の伝統の中にも、自己と世界との関係を普遍的な方向に開化させる萌芽はあるのではないか。

浦上信徒の信仰は、祖先と自然とを包含したムラ共同体の世界観の枠組みに位置づけられる。「我等ノ元祖ハ即デウスナリ」「万民草木天地間一切ノモノ皆デウスノ御恩ニテ成育ス」などの信徒の表白は、神が祖先・自然と密接な類縁性もって把握された次第をうかがわせる。日本人の宗教性は自然との関係を抜きにしては語れない。これを汎神論という西欧由来の概念でくくってしまうと、その宗教性の重大な核――超越的存在のメタファーとしての自然――が抜け落ちてしまう。日本人の自然観の中には、現世を超えた価値が伏在している。それは言語化されず、漠然としたものではあるが、我々の心性のなかに確固として流れている宗教性であり、人類の宗教性の根源につながるばかりか、現代の自然と人間のありかたに対しても示唆を与えるものではないだろうか。

本書に収録した論文の初出は、次の通りである。第一篇第三章は、「阿部眞造『告解式意見』の典拠本について」(『キリスト教史学』第51集所収、1997年)、第二篇第四章は、「内村鑑三の萬朝報英文欄と長崎外人居留地の英字新聞の議論」(『宗教研究』第301号所収、1994年)と「内村鑑三『萬朝報』英文欄に対する英字新聞側の資料」(『内村鑑三研究』第31号所収、1995年)に基づいている。また第二篇第二章では、「浦上信徒総流罪に対する長崎外人居留地の反応」(『キリスト教史学』第46集所収、1992年)を一部用いた。これらはいずれも大幅に書き改めた。とはいえ、本書を校正する過程でも、未熟なところや論考を深めなければならないところが目についた。初学者の著作とい

うこともあり、御諒恕たまわりたい。

本書が成るにあたっては、指導教官として御指導いただいた人間・環境学研究科の松田清先生に深く感謝したい。筆者の興味と自主性を尊重し、寛大に見守り、適切な助言を与えていただいた。また資料の探索や扱いについても懇切な手ほどきを賜った。資料編の「奥野昌綱改訂草稿」(神原文庫所蔵)は松田先生の御教示にしたがい調査したものである。博士論文審査にあたられた人間・環境学研究科の薗田稔先生、エンゲルベルト・ヨリッセン先生にも、本質的で示唆に富む御指摘を賜ったことをお礼申し上げたい。それらの御指摘を十分、本書に反映できなかった点に悔いは残る。

この研究のために、長崎県立図書館、長崎純心大学博物館キリシタン文庫、長崎聖三一教会、外海町立歴史民俗資料館、ド・ロ神父記念館、大村市立史料館、松浦史料博物館、横浜開港資料館、無窮会東洋文化研究所、津山基督教図書館、長崎大学附属図書館経済学部分館、香川大学附属図書館、京都大学附属図書館並びに経済学部・文学部図書館・人文科学研究所東方部図書館、上智大学附属図書館並びにキリシタン文庫、同志社大学神学部図書館、明治学院大学附属図書館、東京大学附属図書館、名古屋大学附属図書館、九州大学文学部図書館、東洋文庫、上海図書館及び別館、北京図書館、バーミンガム大学図書館を利用した。親切に対応してくださった関係各位に感謝したい。研究以外でも教えられるところが多かった。

本書の刊行にあたり、平成11年度日本学術振興会科学研究費補助金「研究成果公開促進費」の交付を受けた。思文閣出版編集長林秀樹氏には、数々の有益なご指摘を頂き、大変お世話になった。心よりお礼申し上げます。

平成11年12月　　著　者

索 引

【人 名】

あ 行

か　行

さ　行

た 行

な　行

は　行

ま 行

や　行

ら　行

わ 行

【書名・書簡】

あ 行

か 行

さ　行

た　行

な　行

は 行

ま 行

や　行

ら　行

わ　行

【事　項】

あ　行

か　行

さ　行

た　行

な 行

は 行

ま 行

や 行

ら　行

わ　行

資料・参考文献目録

※〔　〕内は請求記号

［Ｉ］一次資料

（１）邦文

ⓐ プティジャン版並びに類本

『聖教初学要理』（慶応四年八月）［長崎県立図書館〔11/20-2/1〕・長崎純心大学キリシタン文庫〔C00505〕・上智大学キリシタン文庫〔KBS/126-2/43-1044〕］

『聖教日課』（明治元年十月）［長崎純心大学キリシタン文庫〔C00706〕・上智大学キリシタン文庫〔KBS/157-21/43-1048〕］

『御久類寿道行のおらしよ』（明治二年正月）［ド・ロ神父記念館］

『胡無知理佐无之略』（明治二年二月）［長崎県立図書館〔11/26-2〕・長崎純心大学キリシタン文庫〔C01802〕］

『科除規則』（明治二年二月）［長崎県立図書館〔11/28-2〕］

『玫瑰花冠記録』（明治二年四月）［長崎純心大学キリシタン文庫〔C02101-02103〕］

『聖教初学要理』（明治二年八月）［長崎県立図書館〔11/20-2/2〕］

『彌撒拜禮式』（明治二年八月）［長崎県立図書館〔11/27-2〕・長崎純心大学キリシタン文庫〔C02401〕］

『聖教日課』（明治四年）［長崎純心大学キリシタン文庫〔C00701〕］

『聖教初学要理』（明治五年）［長崎県立図書館〔11/20-2/3〕］

『聖教日課』（明治七年）［長崎純心大学キリシタン文庫〔C00703〕］

『聖教日課』（明治十五年）［長崎純心大学キリシタン文庫〔C00704〕］

『再板　聖教理證』（1876年）［長崎純心大学キリシタン文庫〔C00602〕《「長崎大浦羅甸校印天主堂」の朱方印》］

ORASIYO NARABI NI WOSIHE（1878年, Printed at the Rising Sun & Nagasaki Express Office.）［長崎県立図書館〔2/98〕］

ⓑ潜伏キリシタン伝来書

『天地始之事』（『キリシタン書・排耶書』日本思想大系25所収、岩波書店、1970年）

『こんちりさんのりやく』（『キリシタン書・排耶書』日本思想大系25所収）

『御出世以来千六百三歳　こんちりさんのりやく　慶長八年四月下旬』（大浦天主堂

所蔵写本の複写本）［長崎県立図書館〔11/1068〕］
『こんちりさんのりやく』（写本）［外海歴史民俗資料館〔かくれキリシタン90〕］
「丸血留の道」（『キリシタン書・排耶書』所収）
片岡弥吉「隠れキリシタンのオラショ」（『日本庶民生活史料集成』18巻所収、三一書房、1972年）
船原末七、他『おらしよ』新原社、1969年
ⓒ 長崎奉行所関係
長崎奉行所公事方御手附『探索書』（慶応三年）［長崎県立図書館〔11/19-1〕］
長崎奉行所編（岡部駿河守）『異宗一件』（万延元年）［長崎県立図書館〔11/24-1〕］
長崎奉行所公事方掛『異宗一件書類』（慶応三年）［長崎県立図書館〔11/23-1〕］
『邪宗門之儀ニ付内密申上候書付』（慶応三年～四年）［長崎県立図書館〔11/22-1〕］
長崎奉行所『慶応三卯年　御用留』［長崎県立図書館〔14/7-1/23-2〕］
「浦上耶蘇宗徒処置一件　一～七」（外務省編纂『続通信全覧　類輯之部』巻27所収、雄松堂、1987年）［外務省外交史料館］
片岡弥吉「浦上異宗徒一件」（『日本庶民生活史料集成』18巻所収、三一書房、1972年）
ⓓ プロテスタントの翻訳聖書
ヘボン・ブラウン訳『馬太傳福音書』（1873年）［香川大学附属図書館・神原文庫〔193-62〕］
ヘボン・ブラウン訳『約翰傳福音書』（1872年）［長崎大学附属図書館経済学部分館・武藤文庫〔903-M102〕］
翻訳委員社中『新約聖書馬太傳』（1877年）［長崎大学附属図書館経済学部分館・武藤文庫〔903-M103〕］
ヘボン “Matai den fuku-in sho”［明治学院大学図書館］
ⓔ 一般
阿部眞造（貞方良輔）「浦上信徒の教皇ピオ九世への書簡草稿」（慶応三年七月付）［長崎純心大学キリシタン文庫〔マ-13〕］
阿部眞造『夢醒眞論』（明治二年三月）［長崎純心大学キリシタン文庫〔C01801〕］
阿部眞造『夢醒眞論』（写本）［無窮会東洋文化研究所・神習文庫〔1443〕］
阿部眞造『天主舊教告解式』（写本）［無窮会東洋文化研究所・神習文庫〔1429〕］
阿部眞造『コンチリサン之大意譯　一名悔罪説略』（写本）［無窮会東洋文化研究所・神習文庫〔1430〕］
『異宗徒　第貳号甲第八号』（長崎県立図書館〔11/27-1/8〕）
『維新史料』（長崎県立図書館〔14/414/521〕）

内村鑑三「求安録」1893年（『内村鑑三全集』第一巻所収、岩波書店、1932年）
内村鑑三「豈惟り田村氏のみならんや」（『国民の友』明治二七年七月一三日）
内村鑑三「余はいかにしてキリスト信徒となりにしか」（山本泰次郎・内村美代子訳、亀井勝一郎編集『内村鑑三』所収、筑摩書房、1963年）
内村鑑三「退社の辞」（『萬朝報』1898年５月22日付）
浦川和三郎『旅の話』長崎公教神学校、1938年
海老沢有道編著『スピリツアル修業』（キリシタン研究第31輯）、教文館、1994年
大塚光信『コリャードさんげろく私注』臨川書店、1985年
「海外新聞」（11・16・25・29号）［復刻版］
片岡弥吉「異宗門徒人員帳の研究」（『キリシタン研究』第14輯所収、吉川弘文館、1972年）
亀井俊介編『内村鑑三全集４』岩波書店、1981年
『崎陽茶話』［長崎県立図書館〔13/186-1〕、長崎大学附属図書館経済学部分館］
小畑進『切支丹探偵・阿部真造』新地書房、1985年
佐波亘編『植村正久と其の時代』第四巻、教文館、1966年復刻（初版は1938年）
純心女子短期大学編『プチジャン司教書簡集』聖母の騎士社、1986年
純心女子短期大学長崎地方文化史研究所編『耶蘇教ニ関スル書類』（聖母の騎士社、1991年）所収、「十二県御預異宗徒巡視概略」「巡視概略」［国立公文書館「公文録異宗徒之部」］
新村出・柊源一校注『吉利支丹文学集２』平凡社、1993年
鈴木俊郎・松沢弘陽・鈴木範久編『内村鑑三全集１』岩波書店、1981年
「仙右衛門覚書」（高木慶子『高木仙右衛門覚書の研究』サンパウロ、1993年）
高木慶子『高木仙右衛門覚書の研究』サンパウロ、1993年
高谷道男編訳『ヘボン書簡集』岩波書店、1977年
高谷道男編訳『ヘボンの手紙』有隣堂、1978年
高谷道男編訳『フルベッキ書簡集』新教出版社、1978年
高谷道男編訳『Ｓ・Ｒ・ブラウン書簡集』日本基督教団出版局、1980年
塚田信寿「浦上切支丹重次郎の改心と改心戻し」（『日本歴史』第251号所収、吉川弘文館、1969年）
徳重浅吉『維新政治宗教史研究』目黒書店、1935年
長崎カトリック教区発行『カトリック教報』（1976年８月号）
長崎県教育委員会編『キリシタン関係資料』1980年
長崎県外務課編『各国人員并戸数調表』（明治九年～三三年）［長崎県立図書館〔14/559-2〕］

林重雄編『ばうちずもの授けやう・おらしよの飜譯　本文及び総索引』笠間書院、1981年
マルナス，F.『日本キリスト教復活史』久野桂一郎訳、みすず書房、1985年
ムニクウ『聖教要理問答』(1865年)［上智大学キリシタン文庫〔KBS/126-1/43-1043〕］
「守山甚三郎覚書」(『日本庶民生活史料集成』18巻所収)［日本26聖人記念館］
楊光先『闢邪論』(杞憂道人による訓点本)［長崎県立図書館〔11/692〕］［上智大学キリシタン文庫〔KBS/189-55/44-3303〕］［長崎純心大学キリシタン文庫〔D00305〕］
『渡邊昇殿談話筆記第二』［大村市立史料館〔O/502/24〕］

(2) 欧文

ⓐ 一般

Chaillet, J. B., *Mgr Petitjean et la Résurrection Catholique du Japon au XIXe siècle,* 1919.［上智大学キリシタン文庫〔KB/580-1/41-238〕］
Church Missionary Society, Japan Mission 1868-1893.［The University of Birmingham University Library, Special Collections Department］
Greene, D. C., *Records of the Committee for the translation of the Bible into the Japanese Language,* 1874-1880.［日本聖書協会所蔵］［イエール，Z.,「明治初年の新約委員会訳に関する新資料」(『聖書翻訳研究』No. 23 所収、日本聖書協会、1985年) の翻刻を利用した］
エリア (Elie) 写本 (仏文)［長崎純心大学キリシタン文庫所蔵〔マ-12〕］
「教皇ピオ九世の浦上信徒への親書の写し」(ピオ九世に浦上信徒が奉呈した書簡への返書、ラテン文) 1868年1月28日付［長崎純心大学キリシタン文庫〔マ-14〕］
「教皇ピオ九世親書の写し」(1871年9月28日付、1872年1月17日写し作成、ラテン文)［長崎純心大学キリシタン文庫〔マ-16〕］
Marnas, Francisque, *La "Religion de Jésus" ressuscitée au Japon dans la seconde moitié du XIXe siècle, Tome I, II, Paris, 2 édition, 1931.*
Pagès, Léon, *Didaco Collado, NIFFON NO COTŌBANI YÔ CONFESION, Romae, 1632,* parisiis, 1866.［長崎大学附属図書館経済学部分館・武藤文庫〔903-M114〕］［上智大学キリシタン文庫〔KB211/43〕］［東洋文庫〔XVII-10-E-a-31〕］
Proceedings of the General Conference of the Protestant Missionaries of Japan, Yokohama, 1883.

Records of the General Conference of the Protestant Missionaries of China, held at Shanghai, May 10-24, 1877, Shanghai, 1878.

ⓑ 辞書

Collado, Didaco, *Dictionarivm sive Thesavri Lingvae Iaponicae Compendivm,* Romae, 1632.（コリャード『羅西日辞典』臨川書店、1966年）

Dictionarivm Latino Lvsitanicvm ac Iaponicvm, Amacvsa, 1595.（『羅葡日対訳辞書』勉誠社、1979年）

島正三編『吉利支丹版　羅葡日対訳辞書備考』第一・第二集、文化書房、1962, 1964年

Gonsalves, Joachimo Alphonso, *Lexicon Manuale Latino Sinicum,* Macai, 1839.（『辣丁中華合字典』）［長崎大学附属図書館経済学部分館〔706-312〕］

Hepburn, J. C., *A Japanese and English Dictionary with an English and Japanese Index,* Shanghai, 1867.［長崎大学附属図書館経済学部分館・武藤文庫〔706-M58〕］

Hepburn, J. C., *A Japanese-English and English-Japanese Dictionary,* Second Edition, Shanghai, 1872.［長崎大学附属図書館経済学部分館・武藤文庫〔706-M11〕］

Hepburn, J. C., *A Japanese-English and English-Japanese Dictionary,* Third Edition, Tokyo, 1886.（J・C・ヘボン『和英語林集成』講談社、1989年の復刻本を使用）。

Medhurst, Walter Henry, *An English and Japanese, and Japanese and English Vocabulary,* Batavia, 1830.［京都大学文学部図書館］

Pagès, Léon, *Dictionnaire Japonais-Français,* Paris, 1868.［長崎県立図書館〔2/199〕］

Petitjean, B. T., *Lexicon Latino-Iaponicum,* Romae, 1870.［長崎県立図書館〔2/238〕］［ド・ロ神父記念館］［長崎大学附属図書館経済学部分館〔706-322〕］

Vocabvlario da Lingoa de Iapam com a declaração em Portugues, Nangasaqui, 1603.（土井忠生・森田武・長南実編訳『邦訳日葡辞書』岩波書店、1980年）

ⓒ 英字新聞

The Japan Weekly Mail, 1870, 1871, 1872, 1873, 1897.［横浜開港資料館］

The Kobe Weekly Chronicle, 1898.［横浜開港資料館］

The Nagasaki Shipping List, 1897.［長崎県立図書館］

The Nagasaki Shipping List and Advertizer, 1861.［長崎県立図書館・京都大学経済学部図書館］

The Nagasaki Express, 1870, 1871, 1872, 1873, 1874. ［長崎県立図書館］
The New York Times, 1870, 1872. ［内川芳美・宮地正人監修『国際ニュース事典　外国新聞に見る日本』原文四巻・本編四巻所収、毎日コミュニケーションズ、1989～93年］
The North-China Herald and Supreme Court & Consular Gazette, 1870, 1881. ［横浜開港資料館］
The Rising Sun and Nagasaki Express, 1876, 1884, 1891, 1892, 1893, 1894, 1895, 1896, 1897. ［長崎県立図書館］
The Times, 1873. ［内川芳美・宮地正人監修『国際ニュース事典　外国新聞に見る日本』原文四巻・本編四巻所収、毎日コミュニケーションズ、1989～93年］

（3）漢籍

ⓐ カトリックの漢籍教義書

※文中で引用したもの以外に蔵書印のあるものも加えた

※所蔵先略号：＋は長崎県立図書館、＊は長崎純心大学キリシタン文庫を示す

艾儒畧『滌罪正規』（1849年重刊、司牧趙方濟准、初刊1633年）＋〔11/25〕＊〔F72-1〕
艾儒畧『聖體要理』（1849年重刊、司牧趙方濟准、初刊1644年）＊〔I67-3〕
艾儒畧『彌撒祭義』（1849年重刊、司牧趙方濟准、初刊1629年）＊〔I67-1〕
艾儒畧『三山論学紀』（1847年重刊、司教馬熱羅准、初刊1625年）＊〔F77-2〕
艾儒畧『萬物眞原』（1791年重訂、初版1628年）＋〔11/63〕
高一志訳『聖母行實』（1798年重刊、主教亞立山湯准、初刊1631年）＋〔11/147《「長崎大浦羅甸校印天主堂」の朱方印》〕
蘇如望『天主聖教約言』（1871年、金陵天主堂重刊、初刊1610年）＊〔F77-5〕
晁徳莅『敬禮聖心月』（1865年、主教亞弟盎郎准）＋〔11/170《「長崎大浦羅甸校印天主堂」の朱方印》〕＊〔I67-4〕
晁徳莅訳『取譬訓蒙』（1870年、上海慈母堂藏板）＋〔11/164《上中下巻に「長崎大浦傳道校印天主堂附属」の朱方印》〕＊〔F73-1〕
南懐仁『教要序論』（1867年重刊、慈母堂藏板、司牧趙方濟准、初刊1670年）［九州大学文学部図書館〔國史/8C/15〕］
白多瑪『聖教切要』（1842年重鐫、慈母堂藏板、大司牧羅類思准、初刊1705年）＊〔G79-5〕
潘國光『天主十誡勸論聖蹟』（1869年重刊、慈母堂藏板、主教亞弟盎郎准、初刊1650年）＋〔11/175〕＊〔F76-1〕

潘國光『天神會課』(1861年重刊、慈母堂藏板、成際理准、初刊1661年)＋〔11/152《「長崎大浦羅甸校印天主堂」の朱方印》〕

馮秉正『盛世芻蕘』(1863年重刊、代牧梅瑪都林准、初刊1733年)＋〔11/154《「救贖篇」「霊魂篇、賞罰篇」「異端篇」の各分冊には、「長崎大浦羅甸校印天主堂」の朱方印》〕

龐迪我『七克』(1798年重刊、京都始胎大堂藏板、主教湯亞立山准、初刊1614年)＋〔11/160《巻一、巻二・三、巻四・五、巻六・七の四分冊の各々に、「長崎大浦羅甸校印天主堂」の朱方印》〕＊〔F76-4〕

龐迪我『七克眞訓』(1857年重刊、司教沙勿畧顧准)＊〔F76-3〕

陽瑪諾『天主聖教十誡直詮』(1798年重刊、京都始胎大堂藏板、主教亞立山湯准、初刊1642年)＋〔11/177〕

陽瑪諾訳『天主降生聖經直解』(1790年重刊、京都始胎大堂重刊、主教亞立山湯准、初刊1636年)＋〔11/168《巻七に「長崎大浦傳道校印天主堂附属」の朱方印》〕＊〔H62, 68〕

羅雅谷訳『聖記百言』(1873年重刊、慈母堂、初刊1632年)＋〔11/174《「長崎大浦羅甸校印天主堂」の朱方印》〕＊〔H55〕

利瑪竇『畸人十篇』(1847年重刊、司教熱羅尼莫馬准、初刊1608年)＋〔11/57〕

利瑪竇『天主實義』(1868年重刊、慈母堂藏板、主教趙方濟准、初刊1595年)＋〔11/62《上巻より下巻の36丁オまで全頁にわたり訓点が施されている》〕＊〔G58-5〕

龍華民、他『聖教日課』(1854年重刊、京都始胎大堂鑒定、主教亞立山湯准、初刊1602年)＋〔11/156《「長崎大浦羅甸校印天主堂」の朱方印》〕＊〔C00708〕

不詳『聖教要理問答』(1869年重刻)＋〔11/165〕＊〔G79-7〕

不詳『聖教理證』(1852年、慈母堂藏板、斯徳範訂校)＊〔C00601〕

不詳『遵主聖範』(*Imitatio Christi* の中国語訳)＋〔11/153《巻一・二「長崎大浦傳道校印天主堂附属」の朱方印、巻三上・巻三下・巻四の各分冊には「長崎大浦羅甸校印天主堂」の朱方印》〕

ⓑ プロテスタントの漢訳聖書

ブリッジマン・カルバートソン訳『新約聖書』(蘇松上海美華書局蔵板、1863年)［津山基督教図書館］

ⓒ その他

『京報』同治9年(1870) 7月18日付(曽国藩・崇厚奏請「曽国藩誘拐事件調査処理」)［上海図書館］

[II]邦文参考文献

アウグスティヌス『告白』山田晶訳、中央公論社、1975年
秋山繁雄編『井深梶之助宛書簡集』新教出版社、1997年
姉崎正治『切支丹禁制の終末』同文館、1926年
姉崎正治『切支丹宗門の迫害と潜伏』同文館、1925年
阿部謹也『西洋中世の罪と罰』弘文堂、1989年
家近良樹『浦上キリシタン配流事件』吉川弘文館、1998年
池田敏雄『ビリオン神父』中央出版社、1965年
石原謙『日本キリスト教史論』新教出版社、1967年
石原兵永『英文雑誌による内村鑑三の思想と信仰』新地書房、1983年
井手勝美「校註　ハビアン著『破提宇子』」〔底本は京都大学付属図書館蔵本〕(『キリスト教史学』第51集所収、キリスト教史学会、1997年)
井上順孝『教派神道の形成』弘文堂、1991年
井上哲次郎『教育ト宗教ノ衝突』敬業社、1893年
入江湑「聖教日課雑考」(『国語国文』第34巻第1号所収、京都大学国語学国文学研究室、1965年)
入江湑「プティジャン刊『とがのぞき規則』雑考」(『キリシタン文化研究会会報』第6年第1号所収、1962年)
入江湑「『さからめんとの事』について」(『キリシタン文化研究会会報』第6年第3号所収、1962年)
上田賢治『神道神学論考』大明堂、1991年
上田敏「聖教日課」(『藝文』第3年第9・第10号所収、1912年)
浦川和三郎『浦上切支丹史』全国書房、1943年
海老沢有道『キリシタン南蛮文学入門』教文館、1991年
海老沢有道『切支丹典籍叢考』拓文堂、1943年
海老沢有道『維新変革期とキリスト教』新生社、1968年
海老沢有道『南蛮学統の研究』創文社、1958年
海老沢有道『日本の聖書』日本基督教団出版局、1981年
海老沢有道『洋楽伝来史』日本基督教団出版局、1983年
海老沢有道他校注『吉利支丹心得書』聖心女子大学カトリック文化研究所、1958年
海老沢有道『増訂切支丹史の研究』新人物往来社、1971年
遠藤宏「『御みさへんじ事』と彌撒聖祭」(『日伊文化研究』第七号所収、日伊協会、1942年)

『大隈侯八十五年史　第１巻』大隈侯八十五年史編纂会、1926年
太田淑子「阿部眞造の『告解式』」（岸野久・村井早苗編『キリシタン史の新発見』所収、雄山閣、1996年）
太田淑子「『コンチリサン之大意譯・一名悔罪説略』についての考察」（『キリスト教史学』第36集所収、1982年）
太田雄三『内村鑑三――その世界主義と日本主義をめぐって』研究社、1977年
大塚武松「佛國公使『レオン・ロッシュ』の政策行動について㈡」（『史学雑誌』46-8所収、1935年）
大庭耀「浦上切支丹崩れ聞書」（『長崎談叢』第一輯所収、長崎史談会、1928年）
小川圭治「日本のキリスト教受容をめぐって――内村鑑三の場合」（『季刊日本思想史』第22号所収、ぺりかん社、1984年）
小澤三郎『幕末明治耶蘇教史研究』亜細亜書房、1944年
小澤三郎『日本プロテスタント史研究』東海大学出版会、1964年
小原信『評伝内村鑑三』中公叢書、1976年
小原信「内村鑑三の社会評論」（『論集』第21号所収、青山学院大学一般教育部会論集、1980年）
小原信「内村鑑三の文明評論」（『紀要』第22号所収、青山学院大学文学部、1980年）
小山悳子『日本人の見出した元神』ぺりかん社、1988年
外務省調査部編『大日本外交文書　第三巻』日本国際協会、1938年
外務省調査部編『大日本外交文書　第五巻』日本国際協会、1939年
外務省調査部編『大日本外交文書　第六巻』日本国際協会、1939年
片岡弥吉「印刷文化史におけるド・ロ神父」（『キリシタン文化研究会会報』第９年第２号所収、1966年）
片岡弥吉「信者発見当時の最初の発言者について」（『キリシタン文化研究会会報』第９年３号所収、1966年）
片岡弥吉『浦上四番崩れ』ちくま文庫、1991年（初版は1963年）
片岡弥吉「阿部真造について」（『キリシタン研究』第六輯所収、1961年）
加地伸行『沈黙の宗教―儒教』筑摩書房、1994年
加藤周一・M.ライシュ・R.J.リフトン『日本人の死生観　下』矢島翠訳、岩波新書、1977年
門脇清・大柴恒『門脇文庫　日本語聖書翻訳史』新教出版社、1983年
紙谷威広『キリシタンの神話的世界』東京堂出版、1986年
亀井俊介『内村鑑三英文論説翻訳編上』岩波書店、1984年

亀井俊介「英文記者　内村鑑三(上)」(『英語青年』1980年９月号所収、研究社)
亀井俊介「英文記者　内村鑑三(下)」(『英語青年』1980年10月号所収、研究社)
川合貞一『恩』目黒書店、1935年
河合隼雄『河合隼雄著作集12　物語と科学』岩波書店、1995年
川西進「『萬朝報』時代の内村の英文」(「内村鑑三全集　月報９」、1981年)
姜在彦『朝鮮の西学史　姜在彦著作選第Ⅳ巻』鈴木信昭訳、明石書店、1996年
姜在彦『近代朝鮮の思想　姜在彦著作選第Ⅴ巻』明石書店、1996年
北根豊・鈴木雄雅編『日本初期新聞全集26』ぺりかん社、1989年
木村信一「C. M. S. の日本開教伝道」(『桃山学院大学キリスト教論集』第３号所収、1967年)
木村信一「C. M. S. の日本初期伝道」(『桃山学院大学キリスト教論集』第５号所収、1969年)
『キリシタン書・排耶書』日本思想大系25、岩波書店、1970年
久米邦武「神道と君道」(副島八十六編集『開国五十年史　下巻』所収、開国五十年史発行所、1908年)
黒田俊雄『日本の歴史８　蒙古襲来』中央公論社、1965年
コーエン，P. A.『知の帝国主義』佐藤慎一訳、平凡社、1988年
小島幸枝「漢訳ドチリナの音訳語について」(『キリシタン研究』第28輯所収、吉川弘文館、1988年)
小島幸枝「漢訳ドチリナ二種について(翻訳)」(『キリシタン研究』第28輯所収、吉川弘文館、1988年)
小島幸枝「『スピリツアル修業』における待遇表現」(『キリシタン研究』第22輯所収、1982年)
駒井洋編著『脱オリエンタリズムとしての社会知』ミネルヴァ書房、1998年
サイード，E. W.『オリエンタリズム』板垣雄三・杉田英明監修／今沢紀子訳、平凡社、1986年
佐伯好郎『支那基督教の研究３』春秋社、1944年
相良亨『日本人の死生観』ぺりかん社、1990年
相良亨『誠実と日本人』ぺりかん社、1998年
佐々木正哉「同治年間教案及び重慶教案資料(上)」(『東洋学報』第46巻第３号所収、1963年)
佐々木正哉「同治年間教案及び重慶教案資料(下)」(『東洋学報』第46巻第４号所収、1964年)
笹淵友一「聖書和訳史とその文学的影響」(『文学』Vol. 24 所収、岩波書店、1956

年)
佐波亘編『植村正久と其の時代』第四巻、教文館、1966年復刻（初版は1938年）
サミュエル・ハンチントン『文明の衝突』鈴木主税訳、集英社、1998年
重藤威夫「慶応・明治初年の浦上崩れと神仏分離政策」(『経営と経済』第86号所収、長崎大学経済学部研究会、1961年)。
重藤威夫『長崎居留地と外国商人』風間書房、1967年
市制百年長崎年表編さん委員会編『市制百年長崎年表』長崎市役所、1989年
島田裕巳『宗教の時代とは何だったのか』講談社、1997年
清水紘一「長崎裁判所の浦上教徒処分案をめぐって」(中央大学人文科学研究所編『近代日本の形成と宗教問題』所収、中央大学出版部、1992年)
ジャック・ジェルネ『中国とキリスト教』鎌田博夫訳、法政大学出版局、1996年
シュッテ，J.（柳谷武夫訳）「二つの古文書に現はれたる日本初期キリシタン時代に於ける『さんたまりやの御組』の組織に就いて」(『キリシタン研究』第二輯所収、キリシタン文化研究所、1944年)
肖朗「近代日中文化交流史の一断面」(『日本歴史』第603号所収、吉川弘文館、1998年)
新村出監修『海表叢書　第一巻』更生閣書店、1927年
新村出・柊源一校注『吉利支丹文学集１』平凡社、1993年
新村出『南蛮更紗』改造社、1924年
新村出『南蛮広記』岩波書店、1925年
杉本淑彦『文明の帝国』山川出版社、1995年
助野健太郎『キリシタンの信仰生活』中央出版社、1957年
鈴木雄雅「明治期英字新聞史考」(『新聞研究』№310所収、1977年)
鈴木裕子「明治政府のキリスト教政策」(『史学雑誌』86-2所収、1977年)
隅谷三喜男『近代日本の形成とキリスト教』新教出版社、1961年
『聖フランシスコ・ザビエル全書簡３』河野純徳訳、平凡社、1994年
高瀬弘一郎『キリシタンの世紀』岩波書店、1993年
高橋猛夫・永田友諒『長崎聖公会略史』長崎聖三一教会編、1971年
高橋猛夫・永田友諒他『長崎聖公会略史　続編』長崎聖三一教会編、1981年
高橋昌郎『中村敬宇』吉川弘文館、1988年
田川建三『書物としての新約聖書』勁草書房、1997年
田北耕也『昭和時代の潜伏キリシタン』日本学術振興会、1954年
武田清子『正統と異端の〝あいだ〟』東京大学出版会、1976年
武田清子『人間観の相剋』弘文堂、1959年

武田秀章「近代天皇祭祀形成過程の一考察」(井上順孝・坂本是丸編著『日本型政教関係の誕生』所収、第一書房、1987年)
田中用次郎「外海の伝説、バスチャンさん」(『長崎談叢』第64輯所収、長崎史談会、1981年)
谷泰『「聖書」世界の構成論理』岩波書店、1984年
チースリク，H.「殉教の精神」(『キリシタン文化研究会会報』第11年1号所収、1968年)
中央大学人文科学研究所編『近代日本の形成と宗教問題』中央大学出版部、1992年
塚田信寿「浦上切支丹重次郎の改心と改心戻し」(『日本歴史』第251号所収、吉川弘文館、1969年)
土屋博「直観と教説――F・マックス・ミュラーの教典論」(『宗教研究』第68巻第1輯所収、日本宗教学会、1994年)
土居健郎『甘えの構造』弘文堂、1980年
土居健郎『注釈「甘え」の構造』弘文堂、1993年
トインビー『歴史の研究　第10巻』「歴史の研究」刊行会、1969年
トインビー『歴史の研究　第15巻』「歴史の研究」刊行会、1970年
道家弘一郎・亀井俊介編『内村鑑三全集5』岩波書店、1981年
東田雅博『大英帝国のアジア・イメージ』ミネルヴァ書房、1996年
戸谷敏之『切支丹農民の経済生活』伊藤書店、1943年
土肥昭夫『日本プロテスタント・キリスト教史』新教出版社、1980年
豊田實『日本英学史の研究』千城書房、1963年
『長崎市史・地誌編神社教会部上巻』清文堂、1929年
中島昭子「フォルカード神父とカトリックの日本再布教」(岸野久・村井早苗編『キリシタン史の新発見』所収、雄山閣、1996年)
長沼賢海編『南蛮文集』春陽堂、1929年
中根千枝『タテ社会の人間関係』講談社現代新書、1967年
中村健之介『宣教師ニコライと明治日本』岩波新書、1996年
鳴岩宗三『幕末日本とフランス外交』創元社、1997年
仁戸田六三郎『日本人――新しい反論の角度から――』新潮社、1957年
『日本キリスト教歴史大事典』教文館、1988年
沼田次郎「開国と長崎」(長崎県史編集委員会『長崎県史・対外交渉編』所収、吉川弘文館、1986年)
野村政光「天津教案に就いて」(『史林』第20巻1号所収、1935年)
バジル・ウィリー『十九世紀イギリス思想』松本啓訳、みすず書房、1985年

パジェス，L.『日本切支丹宗門史　下巻』吉田小五郎訳、岩波文庫、1991年
浜崎国男『長崎異人街誌』葦書房、1978年
柊源一「東京国立博物館蔵『耶蘇教写経』攷」(『国語国文』第22巻第10号所収、京都大学国文学会、1953年)
平田篤胤『古史傳　一之巻』(井上頼圀・角田忠行監修『平田篤胤全集』所収、法文館書店、1913年)
『平田篤胤・伴信友・大國隆正』(日本思想大系50)、岩波書店、1973年
広瀬靖子「キリスト教問題をめぐる外交状況(1)」(『日本歴史』第290号所収、吉川弘文館、1972年)
広瀬靖子「キリスト教問題をめぐる外交状況(2)」(『日本歴史』第291号所収、吉川弘文館、1972年)
広瀬靖子「キリスト教問題をめぐる外交状況(3)」(『日本歴史』第303号所収、吉川弘文館、1973年)
藤井貞文『開国期基督教の研究』国書刊行会、1986年
古野清人『隠れキリシタン』至文堂、1959年
ベラー，R. N.『徳川時代の宗教』池田昭訳、岩波文庫、1996年
ボードウァン，A.『オランダ領事の幕末維新』フォス美弥子訳、新人物往来社、1987年
正木慶文「東樫山の隠れ切支丹(一)」(『長崎談叢』第42輯所収、長崎史談会、1964年)
増田廉吉「幕府時代に於ける外来思想取締と洋書輸入に関する取締概況」(『長崎談叢』第16輯所収、長崎史談会、1935年)
松岡洸司「『バレト写本』と『聖経直解』の対照と語彙』」(『キリシタン研究』第二十五輯所収、吉川弘文館、1985年)
松岡洸司「サルバトル・ムンヂの本文と索引」(『上智大学国文学論集６』所収、上智大学国文学会、1972年)
松田毅一監訳『イエズス会日本報告集』(第Ⅲ期第６巻) 同朋舎、1991年
松田毅一・川崎桃太訳『フロイス日本史６』中央公論社、1978年
松田毅一監訳『十六・七世紀イエズス会日本報告集』(第Ⅱ期第３巻) 同朋舎、1997年
松田毅一『ヴァリニャーノとキリシタン宗門』朝文社、1992年
マッテーオ・リッチ『中国キリスト教布教史　一』大航海時代叢書第Ⅱ期８、岩波書店、1982年
松本滋『父性的宗教・母性的宗教』東京大学出版会、1987年

マラン，J. M., リボー，M.『宣教師の見た明治の頃』チースリク訳、キリシタン文化研究会、1968年
『彌撒拜禮式』長崎切支丹文献刊行会、1931年
三谷博『明治維新とナショナリズム』山川出版社、1997年
宮崎賢太郎『カクレキリシタンの信仰世界』東京大学出版会、1996年
宮崎賢太郎「『天地始之事』にみる潜伏キリシタンの救済観」(『宗教研究』第70巻第１輯所収、日本宗教学会、1996年)
妙摩光代「『聖教初学要理』に見る外来語」(東京純心女子短期大学『紀要』創刊号所収、1984年)
ムアマン，J. R. H.『イギリス教会史』八代崇・中村茂・佐藤哲典訳、聖公会出版、1991年
武藤長蔵「長崎に保存され居る古き翻訳書及び著書中人口を論ずる書籍に就て」(『長崎高商学友会雑誌26』所収、1919年)
村上直次郎訳「耶蘇会年報」(『長崎叢書(上)』所収、長崎市役所、1926年)
メルキオール，J. G.『フーコー』財津理訳、河出書房新社、1995年
元田作之進『老監督ウイリアムス』京都地方部故ウイリアムス監督紀念実行委員事務所、1914年
森岡健二編著『改訂　近代語の成立　語彙編』明治書院、1991年
矢沢利彦『中国とキリスト教』近藤出版社、1972年
安丸良夫・宮地正人校注『宗教と国家』(日本近代思想大系５)、岩波書店、1988年
山田光雄編著『帰ってきた旅の群像』聖母の騎士社、1993年
山本秀煌『日本基督教会略史』前編、日本基督教大会事務所、1922年
山本秀煌『新日本の開拓者ゼー・シー・ヘボン博士』聚芳閣、1926年
山本博文『殉死の構造』弘文堂、1994年
山脇悌次郎『近世日本の医薬文化』平凡社、1995年
ユアン・デ・ルエダ『ロザリヨ記録』三橋健・宮本義男翻字註、平河出版社、1986年
結城了悟「天地はじまり」(『長崎談叢』第81輯所収、長崎史談会、1994年)
吉澤誠一郎「火会と天津教案(1870年)」(『歴史学研究』No. 698所収、青木書店、1997年６月)
吉田寅「『神道辨謬』とその反響」(『立正大学大学院紀要』第六号所収、1990年)
吉馴明子『海老名弾正の政治思想』東京大学出版会、1982年
吉野作造編『明治文化全集　第十一巻』日本評論社、1928年
吉野作造編『明治文化全集　第十五巻』日本評論社、1929年
ヨハネス・ラウレス「プティジャン司教とキリシタン伝統」(『カトリック研究』第

20巻２号所収、岩波書店、1940年）
ロペス・ガイ『キリシタン時代の典礼』井手勝美訳、キリシタン文化研究シリーズ24、キリシタン文化研究会、1983年
渡辺祐子「清末揚州教案」（『史学雑誌』103-11所収、1994年）
和辻哲郎『日本倫理思想史　上巻』岩波書店、1953年
和辻哲郎『日本倫理思想史　下巻』岩波書店、1953年
和辻哲郎『和辻哲郎全集　第十巻』岩波書店、1962年

［Ⅲ］中国語参考文献

李時岳『近代中国反洋教運動』人民出版社、1958年
劉海岩「有関天津教案的幾個問題」（四川省近代教案史研究会・四川省哲学社会学学会連合会合編『近代中国教案研究』所収、四川省社会科学院出版、1987年）
王文杰『中国近世史上的教案』私立福建協和大学中国文化研究会出版、1947年

［Ⅳ］欧文参考文献

Britton, Roswell S., *The Chinese Periodical Press 1800-1912,* Shanghai, 1933.
Cary, Otis, *A History of Christianity in Japan, Protestant Missions,* New York, 1909.
Catechism of the Catholic Church, 1994.
Charlevoix, P. F. X. de, *Histoire de l'Établissement, des Progrès et de la Décadence du Christianisme dans l'Empire du Japon,* Tome Second, Louvain, 1829. ［長崎県立図書館〔2-28〕］
The Chinese Repository, Vol. XV, Canton, Feb. 1846. (Maruzen, reprinted book)
The Chronicle & Directory for China, Japan, & the Philippines, For the year 1870, Hongkong, Daily Press Office.
Church Missionary Society, *Japan and the Japan Mission of the Church Missionary Society,* 4th ed., London, 1905.
Church Missionary Society, *One Hundred Years being the Short History of the Church Missionary Society,* 3rd ed., London, 1899.
Church Missionary Society, *The Centenary Volume of the Church Missionary Society for Africa and the East, 1799-1899,* London, 1902.
Cordier, Henri, *L'Imprimerie Sino-Européenne en Chine,* Paris, 1901.
Cordier, Henri, *Histoire des relations de la Chine avec les Puissances Oc-*

cidentales, 1860-1902, Tome I, Paris, 1901.
Courant, Maurice, *Bibliothèque Nationale, Département des Manuscrits, Catalogue des Livres Chinois, Coréens, Japonais, etc.,* Paris, 1912.
Fairbank, John K., ed., *The Cambridge History of China,* Vol. 10, Late Ch'ing, 1800-1911, Part 1, Cambridge, 1978.
Fairbank, John K. and Kwang-Ching Liu, eds., *The Cambridge History of China,* Vol. 11, Late Ch'ing, 1800-1911, Part 2, Cambridge, 1980.
Griffis, W. E., *Hepburn of Japan and His Wife and Helpmates,* Philadelphia, 1913.
Griffis, W. E., *Verbeck of Japan,* Edinburgh and London, 1901.
Hubrecht, Alphonse, *Les Martyrs de Tientsin, Une effroyable hécatombe, 21 juin 1870,* Péking, 1928. [東洋文庫〔III-10-E-cl-14〕]
Keen, Rosemary A., *Catalogue of the papers of the Mission of the East Asia Committee,* (Group1), Vol. 3, Japan Mission 1868-1934.
Latourette, Kenneth Scott, *A History of Christian Missions in China,* New York, 1929.
Launay, Adrien, *Histoire Générale de la Société des Missions-Étrangères,* Tome Troisième, Paris, 1894.
Laures, Johannes, *Kirishitan Bunko,* Sophia University, 1957.
Lehmann, Jean-Pierre, "French Catholic Missionaries in Japan in the Bakumatsu and Early Meiji Periods", *Modern Asian Studies,* 13, 3, 1979.
Letters from a Chinese Official being an Eastern View of Western Civilization, New York, 1904. [横浜開港資料館〔Y. II. 21〕]
Pagès, Léon, *Histoire de la Religion Chrétienne au Japon, depuis 1598 jusqu'à 1651,* Première Partie, Paris, 1869. [長崎県立図書館〔2-12〕]
Paske-Smith, M., ed., *Japanese Traditions of Christianity,* Kobe, 1930.
Pfister, Louis, *Notices Biographiques et Bibliographiques sur les Jésuites de l'Ancienne Mission de Chine, 1552-1773,* Tome I, XVIe & XVIIe siècle, Chang-hai, 1932.
Pfister, Louis, *Notices Biographiques et Bibliographiques sur les Jésuites de l'Ancienne Mission de Chine, 1552-1773,* Tome II, XVIIIe siècle, Chang-hai, 1934.
Smith, George, *Ten Weeks in Japan,* London, 1861.

資 料 篇

【資料Ⅰ】

パジェス版『コリャード懺悔録』へのフランス語書き入れ

『コリャード懺悔録』は、コリャードがローマにおいて日本文典・辞書と共に1632年に刊行したもので、外国人宣教師が日本語を学習し、告解を聴く手引き書として編集されたものである。書中に引用されている告解から、その当時のキリシタンの信仰生活が窺い知れるばかりでなく、日常俗語資料としても貴重なものである。

コリャードはスペイン人のドミニコ会士で、元和5年（1619）以来、長崎に3年ほど滞在したにすぎず、イエズス会版に比べ、表現や句読の区切りの未熟さが目につく。とくに、ローマ字文の単語、文節の分かち書きに誤りが散見される。しかし、この『懺悔録』は、ローマ字綴りの日本文とラテン文の対訳形式で記され、日本語の学習に益し、その内容も宣教師の職務内容に直結している。しかもこの書は、長崎の信徒に馴染み深いキリシタン用語で叙述されおり、来日宣教師の参考文献として有益であったと思われる。

長崎大学附属図書館経済学部分館の武藤文庫に、『コリャード懺悔録』（1632年、ローマ刊）のパジェスによる復刻本（1866年、パリ刊）が所蔵されている（Dídaco Collado, *NIFFON NO COTŌBANI YÔ CONFESION, Romae, 1632,* parisiis, 1866, 請求記号：903-M114）。

同書には、ローマ字文中、及び欄外に仏訳語、日本語用例の仏文による説明の書き入れ（鉛筆）が見られる（口絵写真6）。この復刻本は、武藤長蔵「長崎に保存され居る古き翻訳書及び著書中人口を論ずる書籍に就て」（『長崎高商学友会雑誌26』所収、1919年）から、古渡り本であることが判明した。

この『懺悔録』のローマ字語彙を Pagès, Léon, *Dictionnaire Japonais-Français,* Paris, 1868 で検索し、書き入れの仏訳語と照合したところ、仏単語、仏文の200余例が合致した。従って、この武藤文庫本の書き入れがパジェスの『日仏辞書』を参照したことの確証は得た。これらの事実から、武藤文庫本の書き入れは、長崎在任のパリ外国宣教会所属宣教師の手によるものである可能性が高い。残念ながら、筆跡から宣教師を特定するまでにはいたらなかった。

武藤文庫本の「書き入れ」は、本文のローマ字文の下、及び欄外（文中のローマ字併記）に仏訳語が記載されている。この武藤文庫本は、後に装丁が施されており、見開き部分の書き入れが確認できないものが数語あった。書き入れの内容は、①邦語ローマ字の仏訳語、②邦語用例の仏文による説明、③邦語の類語、派生語、活用形のローマ字綴りと仏訳語、④ダッシュによる単語間の連結のほぼ四種類に分類できる。なお日本語の書き入れが2箇所みられる。それは、xǜcqe:「出家」(p. 4)、iǒri:「ヨリ」(p. 4) であるが、「出家」は書き慣れた筆跡であるため、日本人によるものであろう。

パジェス版『懺悔録』の他の所蔵先を捜したところ、上智大学キリシタン文庫と東洋文庫に所蔵されていることが判った。上智大学キリシタン文庫所蔵のパジェス版『懺悔録』（請求記号：KB211/43）を調査したところ、鉛筆による分かち書きの訂正、仏訳語の書き入れがわずかながら見られ、タイトルページに、M. A. Salmon の署名が鉛筆書きされていた。M. A. Salmon は1868年に長崎に着任したパリ外国宣教会所属の宣教師である。彼はのちにドロ神父と共に外海で活動している。

また東洋文庫所蔵のパジェス版『懺悔録』（請求記号：XVII-10-E-a-31）には、ローマ字邦文の訂正、漢字の付記、仏訳語、羅典訳語の書き入れが見られた。古渡り本であるか否かは確認できない。漢字と仏語の筆跡から推して、西洋人によるものである。

東洋文庫本の書き入れは、本文中のローマ字に下線を引き、欄外にそれを訂正したローマ字、あるいは仏訳語・羅典訳語、文中のローマ字の下に漢字

をところどころ付記している。さらに、多くのページにわたりローマ字の分かち書きを訂正している。なお仏訳語とパジェスの『日仏辞書』の対応はあまり見られない。ローマ字邦語の訂正、漢字への変換の的確さから判断して、この書き入れをした人物は日本語にかなり精通しているのは間違いない。

以下の凡例に従い、A：武藤文庫本、B：東洋文庫本の書き入れをそれぞれ翻刻する。

凡　例

a　冒頭の日本語は、大塚光信『コリャードさんげろく私注』（臨川書店、1985年）の翻字によった。下線部分の日本語が書き入れの仏訳語に対応する部分である。次の(　)内は、Pagès 版のローマ字である。

b　ローマ字の単語の間のダッシュ(-)は、書き入れによるものである。

c　＊は仏語の書き入れが Pagès, Léon, *Dictionnaire Japonais-Français,* Paris, 1868（『日仏辞書』）の当該訳語、あるいは当該語の項目の用例文に一致するものに付した。

d　仏訳語、並びに用例解説が Pagès の『日仏辞書』と異同があるか、または略字が記載されている事例は、『日仏辞書』から検索した仏語を［　］内に記した。

e　《　》内は、本文の解釈。

f　〈　〉内は、ローマ字の文中への付加を示す。

g　○は、ラテン文、ないしはその文脈から解釈していると推察されるもの(すべてを網羅したものではない)。

h　×は、本文中の語の意味を誤って解釈しているもの（すべてを網羅したものではない)。

i　(…)は、薄くて読み取れない文字、及びのちの装丁により、見開き部分の書き入れが確認不能の単語を示す。

A：武藤文庫所蔵本

【p. 4】

様体(iódai): circonstance. [mode, manière]

為(tàme): conoitir(…) [pour]

御穿鑿(gō-xensá cu): *examen

談議者(dàngui-xà): *prédicateurs, *sermon. [danghi: sermon]

門派(mònpa): *religion, dévote, (…)tence.

出家(xùcqe): *religieux, 出家

より(iòri): ヨリ

御逼塞(fissòcu): cf. mis. emprison. [être caché, enfermé ou reclus, sans sortir en public.]

連々(rèn rèn): *un. gr. n. de fois. [un grand nombre de fois.] ×

才覚(saicàcu): expédient. [industrie, prudence]

お水(*vō* mizzu): *honor. [particule d'honneur.]

むさと(mùsàto): hocano

未だ(imāda): *encore. [pas encore.]

しかしか分別(xìca-xìca): chica-chica, ainsi et ainsi, une façon pl. au moins quelconque. [en tout, ou totalement.]

得心(tòcuxìn): assentim. [entendre ou percevoir.]

【p. 6】

携はつて(tā-zzusa-vàtte): prendre part à.

[s'occuper, ou s'embarrasser d'une chose.]

罷り(macàri)居て: macari, aller, prend. congé. emploi. (…)sent simple, (…) donner du air de (…)

[aller, venir, demeurer, etc. Uni à certains verbes, comme on le verra plus bas, il les rend plus civils, et plus élégants, en parlant à la 1re personne.]

心中(xingiŭ): ＊dans le cœur

信心(xinjin)の心を催し(mõio võxi): ＊dḗvotion. / ＊exciter.

合点し(gàttḕn xi): comprendre. [le fait d'entendre.]

身持(mimõchi): conduite. [œuvres, ou manière de vivre.]

精誠(xei-jei)を尽さいでは: ＊soins. chei, ＊force, pouvoir.

無道(butŏ): boutō, (mitchi naī), ＊déraison.

果報拙い(quafô tçutanãi): ＊bonheur, ignorant. [homme infortuné.]

いろはいで(jro vàīde)《気を配らない》: remel(…) de

悪癖(ãcu *fẽqi*): ＊habitude. [mauvaises mœurs ou habitudes.]

貪着(tōgiàcu): tōgacou, ＊étude prḗsente. ×

御恩を施し(fōdo, cõxi): faire couler. [donner, ou communiquer.], hodo, ciel.

照し(teràxi): ＊illuminer

言語に(gõngõni): language. [paroles]

【p. 8】

沙汰が(sàtāga): ＊rumeur, dḗcision. [discours, parole ou rumeur.]

御意(guioi): giyo-i, suiv. v. noble sentim.
[mandat, ordre d'une personne noble.]

承る(ùqe tamõru): tamō

語ってたもれ(*cattãte* tamõre): pour ramage. [catari: causer, converser.]

緩怠ながら(*Quantãi* nagàra): lent.
[incivilité, ou offense que l'on fait à quelqu'un par nḗgligence ou paresse.]

聞知に随って(bùnchi): bun, ＊part. [partie], / tchi, intellect. [savoir]

導かるる為(michi bicarũru tàme): mitchibiki

御安楽(anràcu): bonheur, un libertḗ de trouble, tarnquillitḗ.
[contentement et repos.]

御哀憐(airḕn): ＊miséricorde

御柔和(nhùvà): suavités. [douceur]

量り(facàri): ＊mesure

籠り(comòri): ＊être enfermé

明白ぢゃ(mei-fàcu gia): ＊claire, évident.

分別(funbet): wakimaye

名乗り(nanòri): dire un nom. [se nommer]

【p. 10】

ちゃうど(chōdo): ＊justement

下界(gùecai): ＊monde-inférieur

段々(dàndàn): ＊degrés

人体(jintài): ＊personn. honorab. [homme honorable, ou noble.]

数年(sunèn): q. q. années. [grand nombre d'années.]

比べてみれば(mirēba): essayer

前後左右(jèngò *sa-iu*): ＊sayou, gauche et droite. [parties gauche et droite.]

念気(nènqui)《意味未詳》: ＊nomb. d'années. [nombre d'années.]

微塵ほども(mijìn): poussière ×

ペルソナの後の御ことと、また(uon cóto to 〈gozaru〉, mata)

【p. 12】

パテレ・スピリツサント(padre 〈to〉 Spirito Sancto)

積り給ふ(tçumòri tamǒ): être réuni, ＊accumulé.

済度(saidô): ＊salut

種々千万(xujù *xen-man*): ＊milliers et centaines de milliers

辛苦(xincù): ＊tourments

苦労(curò): ＊épreuves et tourm. [épreuves et tourments.]

はたもの(fata-mòno),《磔の刑台》: hata, ＊bannière. hatamon, ＊gibet où l'on crucifie.

[gibet où l'on crucifie à la manière du Japon.]

人間の性体に当る(xŏtai): ＊subst. vĕritable. [substance vĕritable.]

人となならせられた(fito to naraxerareta): en deven. homme

辛労(xinrŏ): ＊épreuves

【p. 14】

逼迫(fippacu): ＊péril

窮り(qiuamari): ＊se consumer

終に(tçuini): se fixcer. [adv. en dernier lieu, ou finalement.]

無量無辺(muriŏ): muriyo, ＊sans mesure. / (…)iyo, prix, talent, capacitĕ.

懸り手の身(*cacarite* nŏmi): ＊se faisant caution. [caution]

勤め(tçutŏme): ＊faire, accomplir un devoir.

[accomplir de bonnes œuvres, faire son devoir.]

【p. 38】

三番のマンダメントに就いて

逼塞(fissocu): emprisonnem.

[être cachĕ, enfermĕ ou reclus, sans sortir en public.]

盛り(sacàri): point culminant, temps de la pl. gr. vigueur.

[force et vigueur d'une chose.]

是非(jefi): ＊bien et mal.

拝みまらせなんで(vōgàmi, maraxenàn de): ogamimachenande

携はって(tāzzusauatte): ＊m'occupant

四分一ほど欠かせ(xibuichi fōdo cacàxe): ＊le quart. [de quarte parties l'une.] / ＊manquer, cacachi, ＊manquer, cacache, ＊faire manquer.

【p. 40】

無信心(buxi njin): bou-chin-jin, ＊indĕvot, irrĕligieux [bouchinjinna: indĕvot.]

[mĕdiocre dĕvotion, ou tiĕdeur dans les choses du salut.]

念を散らいて(nen vo *chìraite*): tchirachi, ＊disperser.

態と(vazato): ＊exprès

平生色々のことにはまって(fei jei, famàtte): ＊toujours, / ＊être plongé.

迷惑致し(mei-vacu): avec déplaisir. [affliction, ou regret.]

辨へながら(vàqimaie nagara): ＊avec discernem. commun, wakar-inagara

罷り居たれども(macàri): macari, donne un ton de sévérité à ce qui est dit pas sans particule. [p. 6参照]

一日(fifitoi): ＊un jour

窮っておぢゃった(qiuamatte vōgiatta): kiwame, ＊se détermi. / odjiari, ＊être. [être (précéde de la particule Deデ)]

さかいに(*sacai* ni): ＊opposé, ＊contraire. [être contraire, opposé.] ×

四番の御掟に就いて

姑とおよそ仲違うて(xùtomè tovoioso nacachīgote): ＊belle-mère, / avec toujours. [en grande partie], / étant mal. naca, ＊dedans, ＊relations d'amitié. / tchigai, manquer, faillir, errer.

[le fait de différer, désaccord.]

異見(igen): igen s'ru, faire sentir l'autorité, parler avec arrog. ×

[montrer de la puissance et du faste, avec une certaine arrogance.]

折檻を加ゆる(xeccan, cùvaiuru): ＊réprimande, / couwayurou, m. à m. ＊augmenter, on dit de même. [accroître, augmenter.], ikenwo co-uwayerou, ＊donner un conseil.

renminwo couwayerou, ＊user de miséricorde.

あれえ堪えられいで(are ie): alle

泣き叫び(nàqi saqèbi): ＊pleuer, crier. [crier en pleurant.]

契り(chīguiri): ＊liaison. / tchigiri comourou, ＊avoir des relations charnelles.

【p. 42】

一向叱り(iccǒ xicari): ＊se fâcher. / icari, ＊colère. chicari, corriger, blâmer. [se fâcher, s'irriter en réprimandant.]

廿才(fatachi): ＊vingt ans. hatatchi. [âgé de 20 ans.] / tchi, contracté pour tochi./ misoji, âgé de 30 ans.

善悪主(*jèn ācu* nũxì): à tout prix ×

宿に止めう(iādo ni *tomeô*): ＊retenir. [retenir quelqu'un.] / tome, erou

言ひ付くる(iìtçucuru): iitcukeru

聞えぬ(qicoienu): -inoui

父(tete): ＊père

ぶしつけな(buxitçuqena): grossier. [incivilité]

永らゆる(nāgaraiuru): nagaraye, ＊vivre.

死ねかし(caxi): ＊part. ind. l'optatif. [particule indiquant l'optatif.]

細々(sai sai): souvent. [un grand nombre de fois.]

からかうて(caracǒte): ＊se disputer

陰でも(*cāguē* demo): ＊ombre, secret.

誇り(soxiri): calomnier, décrier, ＊murmurer.

散々に(sanzan): ＊vilainem. [chose mal faite, vilaine.]

沙汰とりなし(sata): ＊disc. [discours.]

言葉も交し(cavàxi): ＊conversé. [converser entre soi.] kawachi, changer des propos. [troc, échange.] de cawari, ＊changer.

無理に(murini): sans cause. [sans raison.]

頬(tçura): ＊face

棒(bō): ＊bâton

蹴倒し(qètavoxi): renverser av. le pied. / taochi, ＊renverser.

踏んで(funde): marcher sur. / funnde de fumi, / fumi-day, marche de escalier. fumitodomari, cesser de marcher. [foumitodomourou: fixer ses pieds.]

懐妊(quainin): ＊couaitai. [être enceinte.]

老体(rótai): ＊vieux/ Rōbo, ＊vieille mère/ rōba, ＊vieux cheval/ woi, ＊vieillir.

親衆(uǒia *xǜ*): syn. de domo.

身にむつかしう(mutçucàxǘ): ＊pénible

譲る(iūzzùru): hériter. [laisser, ou taransmettre en héritage.]

couwai: assemblée (該当語が文中に見当たらない)

若輩(jàcu-fai): jeune. [adolescent, ou qui est en bas âge.]

寄り合うて(iorì-ōte): s'associant. [se rassembler.], /iori-ai

嘲り(azaqeri): ridiculiser. [railler ou se moquer.] bakani s'ru, sochiri.

舎兄(xaqió): ＊frère aîné

【p. 44】

気遣ひ(qīzzucai): ＊peine

怪我(qēga): dommage. [erreur, ou désastre.] / kidz, ＊blessure

こころざし(cocorozaxī): désir. [bonne volonté, avoir intention.]

さのみ(sanomi): ＊autant que cela.

通り(touòri): toori

附合ひ(tçǜqi ai): ts'kiai, ＊commerce relations entre diff. personnes. [commerce, ou relations entre différents contrées ou différentes personnes.] ts' kiai, verbe, arriver à un même endr. de plusieurs côtés. [arriver plusieurs à un même lieu en venant de différentes parts.]/ t'ski, ＊s'attacher, appartenir, ＊-se consum. [se consumer] ＊frapper avec un objet pointu. [frapper avec la main sa poitrine, etc.]/ ＊pour s'appuyer, ＊pour s'attaquer.

結句同心して(*qêccu dôxin* xite): ＊au contr. [au contraire] / ＊consentir

とかく(tocàcu): tocacu, ＊en tout cas, de toute façon.

悪行(acūguiǒ): chose mauvaise. [Œuvres mauvaises]

扱うて(atçucòte): ats' cai, ＊traiter, une affaire entre deux parties.

雑談(zŏtan): discours. [conversation sur différents sujets.]
題目(daimocu): ＊matière.
透間(suqimā): sujet ×. [soukima: crevasse, ou fente.]
無うて(nŏte): négation. [nai: ne pas exister, ne pas y avoir.]
悋気な(rinqi na): ＊jaloux
相手(aite): rival. [compétiteur, partie adverse.]
毒でなりともうち殺さう(nari tòmo): naritomo, quoique, même de.
才覚(saicacu): diligence. [industrie, prudence]
ござらいで(gozàraīde): gozaranaide.
進退(xindai): ＊œuvres
形儀なんど(catāguì nàndo): ＊mœurs. / ＊combien de fois ×
構はいで(canavaīde): de canai
随分(zuibun): ＊avec soin

五番のマンダメントに就いて
見知らぬ(mi-xiranu): ＊connaître par la vue. [michiri: connaître]
手づから(tēzzucara): ＊avec les mains. [avec la propre main.]
淫楽(inracu): ＊plaisirs charnels
語り(catari): catari, parler, ＊causer/ catariai, converser avec q. q.
[converser ensemble.]
為様(xi-io); chiyō, chicata, manière de faire.

六番の御掟に就いて
【p. 50】
近付き(chìcāzzuqi): ＊amie
妾(tecaqe): ＊concubine
夫(vòtto): ＊mari
さうござれば(Sŏ gozarēba): Sō's reba, sonnara.

妨げ(samatāguē): ＊empêchem. [empêchement]

調備次第(chôbi): ＊occasion

続けて(tçūzzuqete): faisant sans interrupt. [faire aller en se continuant, ou continuer une chose.]

細々(saì-sai): souvent. [un grand nombre de fois.]

若輩(jàcufai): jeunesse. [adolescent, ou qui est en bas âge.]

女(vonago): ＊femme

遥々(faruba ru): loin, distant. [chose étendue ou longue.] / harui, uki: ＊éloigné. [faroucana: chose éloignée, ou lointaine.]

とかく(tocacu): (…) les rapp. [de quelque manière que ce soit, ou en tout cas, ou de manière ou d'autre.]

それを止めい(sore vo iamei): cette femme aband. totalem. ○ [yame: faire cesser une chose, ou omettre, négliger de la faire.]

仰せられて(voxerarete): ＊commandant, ou bien étant commandé. [wôche: commandement ou ordonnance.]

味方からも(micata càra): ＊de mon côté. [de notre côté.]

随分(zuibǜn): djubun, abondant, complet. [joǔboun: perfection d'une chose à laquelle il ne manque rien.]

弱い(iouai): yowai, ＊faible

推量(suiriǒ): ＊conjecture

契り(chīguirì): ＊relat. charnelles. [avoir des relations charnelles.]

それに随って(sore): qui. [celui, cela, etc.]

なり次第(nari *xidai*): façon. [narichidai: selon qu'il sera possible, ou selon ce qui pourra être.]

口を吸ひ、抱き(sui īdaqi): ＊baiser/ ＊embrasser, / vo suiidaqi.

恥を探る(fagi vo sāguru): ＊ p. honte. [parties honteuses du mâle ou de la femelle.] / ＊toucher

思ふまま(vomô mama): ＊selon le désir. [arriver, succéder selon le

désir ou la volonté.]

とかく(tocacu): sous t. les rapp. ○

身に任せて居らるる(iraruru): être,/ irare, pass. de iri *entrer, contenir.

心得させられよ(faxerare-io): hache, *faire courir. *en com. ajouter une idée de vivacité. × [fache: cette racine s'aoute à un grand nombre de verbes, comme on le verra plus loin, et ajoute au verbe une idée plus énergique de vivacité ou de promptitude.]

度々(dōdō): souvent, *plusieurs fois.

惣別生得の道(xǒtocu): naturel. [naturellement]

度ごとに(tabī gotoni): chaque fois. [toutes les fois.]/ couni gotoni, chaque contrée.

勇み悦び(isami-iorocobi): se réjouir [se divertir beaucoup.]

名残惜しさ(nāgoro voxi sa): nagoriochisa, *état de vifs regrets ou de souvenir agréable. [éprouver de vifs regrets.]/ nagori, *flots qui demeur. agités après la tempêtes. souvenir agréable ou regret. [flots qui demeurent agités après la tempête passée. ‖ (Métaph.) avoir du regret et un souvenir agréable de quelqu'un, ou un souvenir agréable, P. ex., du printemps, des fleurs, etc.]

自ら(vonōzzucara): *naturellem. [naturellement ou de soi-même, spontanément.]

【p. 52】

淫が漏れ(in ga mòre): *semence / *s'échapper / mori, *tomber goutte à goutte.

手づから(tēzzucara): *av. mains. [avec la propre main, ou par ses mains.]

漏らしまらした(moràxi maraxita): *fait échapper

以後(īgo): depuis. [après, ensuite]

【p. 56】

乗られた(norareta): nori, être monté à dos de cheval ou en voiture.
[nori: monter.]
去り外さう(*sari* fāzzusó): éviter, ＊s'éloign. de.
[sari: s'éloigner d'un lieu.]
【p. 58】
半(nacaba): moitié
ちゃうど(chǒdo): exactem. [justement, précisément, ou sans retrancher ni ajouter.]
かねて(canète): ＊auparav. [auparavant, d'avance.]
【p. 60】
常住不断(fundan): ininterrompu. [foudan: toujours, et sans interruption.]
引き寄せ(fiqi-ioxe): yoche, ＊faire approcher, syn. d'atsumeru.
念気(nenqì): apprenti. ×. [nen: pensée.]
恥(fāgi): (…)ghi, (…) ／ haji, honte.
漏らし(morȃ xi): faire s'échapper, ＊laisser échapper.
ただのもの(tāda-no): commune. [tada: seulement, mais, ainsi.]
多うて(vo vôte): owoi, owo, nombre, nombreux.
見知らぬ(mixirȃnu): connaître. [michiri: connaître.]
五・六人の(nino)初めの恥を: ninwo ×
【p. 62】
首を押し竦めて(sucumète): ＊contraindre
貪り(musabȍri): désir désord. [convoiter et désirer beaucoup.]
平生のことでござった(fei-jei): ＊ordinaire
【p. 64】
七番のマンダメントに就いて
地上(chi xǒ): ＊sur la terre
金嚢を見付けて(bucȕrȍ vo mitçuqète): ＊sac ／ ＊trouver

とかく(tocacu): tocacou, *de q. q. man. que ce soit. [de quelque manière que ce soit.]

使はうと(*tçuca* vǒ to): tçuca, (vǒ, ts'koō)

存じて居た(zonjite ita): pass. de i, / irou, être.

誰(tāre): *qui

とかく有らば遣らう(tocācu arāba iarǒ): S'il y a, si j'ai de q. q. façon que ce soit.

賃取りを雇うた(chin-tòri vo iatôta): *ouvrier. [ouvrier à la journée] *loué. / chintori, *mercen(…), [mercenaire]

その二日の賃を止めて(fùtçuca, tomète): deux jours, / détenant. [retenir quelqu'un, ou quelque chose.]

それは貧人(sǒre va): ces gens. ○

連々(ren ren): *nombre de foi. [un grand nombre de foi.] ×

wabi, burou, bita, wabi: *demander miséricorde, wabi: *joint à un autre verbe donne le sens de faire avec diffic. (対応する語が見当たらない)

[joint à la racine d'autres verbes.: faire avec difficulté ce que signifie le verbe auquel il se joint.]

人数が多うて(vovôte): owoi, couvrir, couvert. ×

立ち去りまらした(tàchi sàri): Je suis parti. [s'en aller, ou s'éloigner du lieu où l'on était.] / sari, *s'éloign., de abandonner.

さりながら(Sàri nagara): *cependant, syn. de keredomo.

客(qiàcu): kiacou, passager, visiteur. [hôte]

え戻さいで(ie modo saīde): iemodosanande

貧人に(finnin ni): hinninni, à des pauvres. [homme pauvre.]

なりとも(narì to mo): même-si/ nari-tomo, même si c'est, que ce soit.

行はせて(vocona-vaxete): oconawache

施いて(fōdocoite): hodocoite, *donnant.

【p. 66】

浅う言はれた(asŏ iuareta): ＊bas. [chose basse.] / être dit.

儲け(mŏqe): ＊gain

重ぬる(casanuru): augmenter. [casaneaghe: accumuler.]

絶間無う(taiema nŏ): ＊interrupt, sans. [tayema: espace, interruption.] taye, ＊cesser.

怪我(qēga): dommage. [erreur, ou désastre.] / kega, injure, blessure.

申し顕さいで(mőxi ara va saīde): moshi-arawasanande.

結句(qéccu): keccu, ＊au contraire, coin(…), / cayette.

様々に(sama zamani): ＊de div. façons. [diverses manières, ou façons.]

積って(tçumotte): ＊étant accumulées. [s'accúmuler] / ts'mori.

多うござり(uouô gozari): owō, nombreux. [considérable en quantité.]

しかも(xicamo): ＊en outre / chicamo

将棋のいっかい上手(*xŏgui* iccai *jŏzu*): peu d'échecs. [échecs] / ＊adroit.
(パジェス版には、「将棋の」の "no" に該当するローマ字が見当たらない)

参りに来て(mairi): ＊mairi à q. q. le sens de pouvoir de manger ou de boire en parl. d'une pers. honor. [manger ou boire (une personne honorable).] ×

初心な者(xoxin na mono): ＊novice

くっと取り尽しまらした(*cŭtto* tòri *tçucŭxi*): ＊totalem. [totalement], ＊épuiser.

都合は(tçūgo): ＊en somme, ＊en résumé.

某(sorēgaxī): moi. [Je], soregachi, v. d. parfois une certaine personne. [parole dont se servent ordinairement les personnes graves et respectables.]

眷族(qenzocu): ＊famille, / zocu, syn. de ts'uite qui appartenir à suj. zocou, vulgaire.

知音(chiin): ami intime. [ami]

頼うで(tanôde): tanonde

借銭はいかいこと(xacu-xen, icai còto): prêt. [dettes de deniers ou de Jeni.]

xacu xen, chacuchen ou chakkin. / *grand.

貸いた(cai ta): caita, carita de cari, *prêter.

乞はるれども(couarurēdomo): cuwauredomo, subj. rég. de cuware, passif de cui, recevoire, obtenir. [coi: demander] / cui v. d. aussi, *manger, *mordre, *se repentir, mais nous avons ici, cowari, être dure qui fait cowaru. redomo ou keredomo. [devenir une chose dure.]

叶うた分(canǒ *ta bun*): ta, beaucoups. / la pl. gr, partie. [partie]

【p. 68】

渡海(tǒcai): Tōcais'ru, *passer les mers. / tôcai, *mer de l'est.

衆(xũ): gens. / chu, *part. du pluriel. [tout le monde. ‖ particule du pluriel.]

質を取り預けて(xichi, āzzuqēte): *gage / *déposant.

上利(uiē ri): gēnēfice

帰朝して(qichǒ xite); serment par ecrit. × [retourner, revenir à son royaume.]

五穀を蒔く時分に(go co cu uo maquji bun ni): cinq cēréales. [les cinq semences.] maku, jibunni.

利倍(ribai): *usure

はやる(faiaru): hayari, *couler av. violence(rivière). [couler une rivière avec violence.] / être en usage. [être en usage une coutume.]

はず(fazu): hadz', *accord, *convention.

人並に(fito nami ni): *en commun

代官(daiquan): *intendant

知行(chiguiǒ): *terres. [terres de rente.]

裁判致し(saiban itaxi): ＊soin, ＊administr. [avoir le soin et l'administration d'une chose.]. / sai, ＊industr. [industrie, ou savoir.]

歎き(nagueqi): ＊peine

徳儀(tocūgui): récompense. [profit, ou fruit qui se perçoit, ou se recueille d'une chose.] / toku, ＊profit.

育つる(sodatçuru): faire vivre. / sodats'ru, sodateru, ＊élever.

過分(quanbun): gr. partie. [abondance ou quantité, plénitude.]

大略(tairi-acu): ＊à peu près, comme, okata. / riyakou, ＊abrégé. [riacou: abréger, ou récapituler.], [riyacou: sauver ou délivrer les hommes.]

賃が(chinga): ＊salaire

【p. 70】

大事な怪我(daijinaqēga): daiji, ＊chose importante, grande miséricorde.

損をめされてござる(mesarètē gozaru): mesarete, asobasare nasaru, honorif. qui désign. qu'une pers. noble perd leur sens tout ce que peut faire ou souffrir. [mesare: c'est un verbe d'honneur, et formé de Mechi. Mechi, sou, faire, et il a tout le sens du verbe.] [asobasare: action d'une personne noble ou honorable qui fait une chose, qui lit écrit, tire de l'are, etc.]

年貢(nèngu): taxe annuelle. [rente ou revenu annuels qui sont présentés au seigneur.]

八番の御掟に就いて

させらぬ地盤(saxeranu): sacheran de nulle importance. La forme, active affirm. ＊sacherou, ne s'emploie qu' avec un verbe négatif. [sacherou: verbe défectueux qui s'emploie toujours au négatif, ou joint avec un verbe négatif.]

【p. 74】

生得なり(xōtocu): *naturell.

随分(zuìbun): djuboun, *excellemm. [avec excellemment], complẽtem.

題目(dai-mòcu): *matière

比べて(curabete): *comparer

名聞(miô-mon): *hypocrisie

上に(vie ni): *au-dessus

武略(bu-ri-acu): *ruses de guerre

五番に就いて

【P. 76】

酔ひ浸って(ioi fitatte): yōi, ō, ōte, être ivre. [ivresse]/ *plongé.

さのみ(sanomi): *autant. [autant que cela.]

【p. 78】

嫉妬・猜みに就いて

ようて(iôte): heur., fortune.

俄に(nivacani): soudainem. [chose subite, ou soudaine.]

合力致さうと(coreocu *jtasŏ to*): × cuji, tasō de tachi, compléter.

過分の賄賂(quànbun, vairo): × Kuwan, officiel, gouvernem. [couan: charge, ou dignité.] / *présents pour suborner.

慈悲の所作に対して

兵糧(fiorŏ): hioro, *munitions et vivres des soldats.

鉄砲(teppô): *arquebuse

玉(tama): *boule

石火矢(ixibiia): *bombarde

転びキリシタン(corobi): *tomber

つずする(tçuzu suru)(?): ts'ji dz'ru, avior communication. × [tsoŭji: se communiquer.]

推察(sui-sat): supposition. [conjecture]

はやる(faiaru): ＊qui coule. [couler une rivière avec violence.]

【p. 80】

あたりへ(atari): voisinage. [près, auprès]

涯分(gaibun): ＊avec zèle

宿を貸し(cãxi): ＊prêter

同前(dôjen): ＊même. [de la même manière.]

言ひ付けられたさかいに(sacai): ＊limite ×

神・仏は荷に立たず(nini): ni, ＊charge ×

ついでに遂げいでも(tçuīde ni): ＊occasion

以下(īgue): autre. [et le reste.]

召し使はるる(mèxi-tçuca-varũru): ＊servir

村の老名(votonã): ＊chef. [chef de fiacouchos.]

奉行の代に(dai ni): ＊à la place. [celui qui est à la place d'un autre.]

無嗜み(butaxinami): ＊incurie

うきとした(ùqìto): ＊flottant. / uki, ＊flotter. ×

表面の(muqi): direction, muki, ＊tourner la acc. vers. [se tourner, ou se placer en face.]

自今以後(jingô nīgo): ＊fin. × [jingo: terme, ou fin.] ＊deux côtés. × [des deux côtés.]

【p. 82】

ゼンチヨ寺(dera): ＊tera

十念した(jŭnen): junen, ＊invoquer dix fois le nom d'Amida.

【p. 84】

諾はぬのみならず(vqēgavanu): donner l'assentim. [consentir]

あらうずる時(aiarŏzuru tôqi): aōdari / ＊heure.

明鏡(miŏqiŏ): myōkio, ＊miroir clair.

精を入れ(xei): ＊zèle. [employer de l'attention et du zèle.]

つい直さいで(tçũi): tsoui, ＊en composit. marque l'empressem.

[Mot qui, joint aux verbes, dénote l'empressement, ou une certaine énergie et vigueur, et quelquefois n'est employé que par pure élégance.]

損・仇(sonata): son, ＊perte / ata, injure, ＊dommage.

姑御(xutomēgo): ＊belle-mère

障り(savari): ＊empêchem. [empêchement ou trouble.]

こそ(coso): donner de l'emphase. (pàrticule précisém.) [auparavant, ou plutôt. ‖ souvent on s'en sert par pure élégance.]

気懸りが(qīgacarīga): division. ○ [scrupules, inquiétude, et afflictions intimes.]

情ない(nasaqe): ＊pitié.

【p. 86】

飢ゑても(catçuietemo): catsuye, souffrir du manque de nourriture ou de poisson.

[mourir de faim, ou éprouver une grande faim.] / catsu, soif.

落しあった(votoxiatta): otochi, faire tomber.

心得あれ(cocorȍieāre): savoir. [consentir, acquiescer, adhérer d'esprit et de volonté à ce qui se dit. ‖ faire attention, ou entendre.]

ただし様子変りが(tādaxi iosūgavarīga): chicachi, chang. de circonst.

[cawari: se changer.], [yǒsou: nature des affaires ou des événements.]

裁判(Saiban): ＊administr. [avoir le soin et l'administration d'une chose.]

【p. 88】

義絶(guijet): discorde. [rompre, briser l'amitié.]

為様(xiiǒ): manière de faire.

才覚して(saicàcu): ＊diligence

贔屓(fiiqi): partialité. [jouer le rôle de quelqu'un, ou prendre ses intérêts.]

賄賂(vāiro): ＊wairo, ＊syn. de mainai, ＊présents pour suborner.

御意(guioi): impériale volonté. [mandat, ordre d'une personne noble.]

奉行(buguiǒ): gouvernem. [officier du roi, ou d'un autre seigneur.]

御所様(goxǒ sama): mikado, gocho, parle de mikado.
[gocho: le coubǒ lui même.]

愛宕八幡(fachi mān): Hatchi-man, emper. du Jap. tous qui les classiq. chin purent introduct. Dieu de la guerre.

なんどに(nandoni): nado

南蛮(Nanban): barbar. du Sud. [régions, contrées du Sud.]

見限って(micāguitte): ＊se secandaliser

【p. 90】

おしなべて(voxinabete): généralem. [généralement, ou universellement.]

大略(tairiacu): probablem. [en grande partie, ou à peu près.] / tairyacou＝Okata.

分別(funbet): funbets', ＊intelligence, syn. de waki maye. [le fait de comprendre, et de discerner le bien et le mal, etc. ‖ founbetcha: homme intelligent et instruit.]

B：東洋文庫所蔵本

＊(ラ) はラテン語の訳語を示す。

＊？は書き込みのまま。

＊漢語の旧字体・異体字は改めたものもある。

＊装丁後の裁断により読み取れない単語であっても、残余のアルファベットから容易に推測できる単語は復元した。

【p. 8】

承る(ùqe-tamòru): tamawaru

お前で(vo de mâie): on mae de (パジェスの復刻版の誤り)

【p. 16】

返事(penji): henji

【p. 22】

端的(tanteqi): quando (ラ)

【p. 24】

札守(fūda *màburi*): mamuri

なほ深う(na vo fucǒ): nao fukaku

言ひ戻さいでならぬ(modo saīde naranu): modosanaide naran

【p. 26】

うち崩いて(ùchicūzzitte): uchikuzushite

日記(nìqi): ikki? ikko? ×

言ひ戻さいで(modo saīde): modosu

心中(xingiǔ): 心中

【p. 28】

堪えられ難う(coraierarē gato): (…)rae-gatai

【p. 30】

揃へねども(sorôienēdomo): (…)owanedo

無キリシタン(bu christian): non-chrétiens

【p. 32】

猛悪(mǒâcu): inmunde (ラ), *malice [grande malice]

【p. 34】

誓文(xèi mon): iuramento (ラ)

よう存じ(iô zònji): yoku

空誓文(sora jeimòn): *serment

別(bechi): bets

心中(xingiǔ): 心中

【p. 36】

無うて(nṓte): nakute

頼うで(tanôde): tanonde

非道(fido): 非道

守護人(xūgonin): judex (ラ)

一期の間(ichīgo no aīda): ＊toute la vie [pour toute la vie.]

賭けいで(caqeīde): kakenai

【p. 38】

腹中に祟った(fùcuchǔ ni *tatatta*): atatta

遣らせられたれば(iaraxerareta rēba): okoseraretareba ×

もどきまらせいで(mōdòqi maraxeīde): modokimasanaide

祝日に(iuabini): iwai-bi

【p. 40】

姑とおよそ(xùtomè *tovoioso*): to oyōso

母の言付(fàsa no ijtçuqè): haha no iitsuke, basan

【p. 42】

善悪(jèn àcu): zehi

早う(faio): hayaku

妻ぢゃ者(megia mòno): uxor (ラ)

むつかしう存じて(mutçucàxú zonjite): ＊ennuyé de les faire savoir. [chose ennuyeuse, savoir.]

財宝を譲る為に(zaifô uo iūzzùru tamenì): hériter de leurs biens. [héritage, richesses.]

宿老・貧人(xucurǒ, finnin): senes (ラ), ＊pauvres. [homme pauvre.]

罵詈・誹謗(meri fifô): muri ×, hibō

【p. 44】

寄合ひの人数(iòriai no ninju): yoriai no ninzu

雑談(zǒtan): jōdan ? ×

悋気(rinqi): 悋氣

才覚(saicacu): diligentia (ラ)

しかしか(xicaxică): xicajica

見知らぬ(*mi*-xiranu): 未

【p. 46】

犯させまらした(uoca saxe maraxita): okasasemashita

合力(cŏre ocu): kōryoku

細々口論 (*sai sai* côron): multoties (ラ)

兵法(feifō): 兵法

疵負(qizu *voi*): 負 *recevoir

快気(quaiqi): 挟氣

いかいこと(icai cŏto): 大

【p. 48】

失墜(xitçui): 失意 mécontentements, malheurs ×

よって(jotte): 言 ×

させらぬこと(saxeranu cŏto): tsumaran-koto

ちくちくと(chicuchicuto): diversement, impression-diverse. [peu à peu.]

意地(īgi): ìji

腹を捻って(fara vo nēgitte): nējitte

子(co): 子

からくり(caracŭri): invenio (ラ)

【p. 50】

調備(chôbi): 丁日? ×

くっと(cutto): kitto ? ×

惣別生得(sôbet xŏtocu): en général, 生得

名残惜しさ(nāgoro voxi sa): absence, *regret, nagori-oshi.

【p. 52】

帰朝(qichô): *retour au Japon

【p. 64】

よう知り(iô xiri): yoku

乞はれた(covarèta): kō wareru, être prié

つき合うた人数(tçuqi *óta ninju*): ō•ta ninzu, 大・多 × 人ズ

【p. 66】

浅う(asǒ): 淺

絶間無う(taiema nǒ): taema-naku

人数(ninju): ninzu

初心(xoxin): 初學, commençant. [novice]

二手(futate): 二手

取りたさ(tòri tasa): toritai, désir de prendre

だまいて(damaite): damashite

借銭(xacu-xen): shaku-sen

貸いた(cai ta): kashita

乞はるれども(couarurēdomo): kōwaredomo

【p. 72】

意地(igi): 意地

生まれのすきの(ùmare no suqi no): umaretsuki

悪う言ひ(varǔii): varuku-ii

義絶(guijet): 義絕

見分けず(miva qezu): 見-分-ズ

デウスの御前に有る如くに顕しまらする (Deus no mi maie ni arū gotoqu ni aravaxi marasuru): PÉCHÉS CAPITAUX

【p. 74】

褒められたさで(fomaretasāde): homaretai, homaretasa

公界に作り(cūgai ni tçucùri): *public, *faire.

何に就けても(nani nitçuqe mo): naini ni tsukete mo

武略(bu ri acu): 武畧 stratagème du guerre

【p. 76】

酔ひ浸って(ioi fitatte): (…) 浸, hitatte

相伴して(xŏban xite): (…)伴

ゼジユン(jejun): (…) 食, jejuno (ラ)

中庸(tçŭiô): chūyō (羅葡日辞書と一致)

【p. 78】

我等しきの者の符がようて(Varera *xiqi* no mono no *fŭga iôte*): 識 connaissance, ami, 風, yokutē

福人(fucujin): 福人

【資料II】

神原文庫所蔵、奥野昌綱手沢本『馬太傳福音書』の改訂書き入れ草稿

ここに翻刻する資料は、奥野昌綱がヘボン・ブラウン訳『新約聖書巻之一馬太傳福音書』(1873年刊) に書き入れをした草稿本2冊である。両書とも神原甚造の旧蔵書であり、現在は香川大学附属図書館神原文庫に所蔵されている。書き入れは、同一の『馬太傳福音書』2冊に見られる。2冊とも登録番号は［193-62］と同一であるため、この翻刻では、「昌綱」の署名のないものを甲本、署名のあるものを乙本と名づけることにする。甲本の筆跡は乙本と同一であるため、両書とも奥野による書き入れであろう。なお、乙本には神原甚造による書誌的解説文が添付されている。書誌は、第1篇第4章で略記したので (135・142頁参照)、ここでは省略する。

①甲本への書き入れ

凡　例

{　}→入れ替え　[　]→挿入　〈＿〉→削除　(　)→ふりがな　…→省略

第一章

一節　アブラハムのすゑ［なる］ダビテのすゑ

二節　アブラハム　イサクをうミ　イサクヤコブをうミ{む}ヤコブ　ユーダ{ユダ}とその兄弟をうミ{めり}

三節　ユーダ　タマルのはらに{によりて}パレスとザラをうミ

四節　アラン{アラム}…ナーソン{ナアソン}をうミ　ナーソン{ナアソ

ン｝

五節　サルモン　ラカブのはらに｛によりて｝ボーズ｛ボアズ｝をうミ｛む｝ボーズ｛ボアズ｝ルツのはらに｛によりて｝ヲベデをうミ　ヲベデイエツサイ｛エツサイ｝をうミ

六節　イエツサイ｛エツサイ｝ダビデ王をうミ｛む｝ダビデ王ウリヤの妻のはらに｛によりて｝ソロモンをうミ

七節　ソロモン　ロボアム｛レハベアム｝をうミ　ロボアム｛レハベアム｝アビアをうミ アビア　アサフ｛アサ｝をうミ

八節　アサフ｛アサ｝ヨサパテをうミ…ヨラム　ヲジヤ｛ウツズヤ｝をうミ

九節　ヲジヤ｛ウツズヤ｝ヨアタム｛ヨタム｝をうミ　ヨアタム｛ヨタム｝アカズをうミ　アカズ　エセキヤ｛ヘゼキヤ｝をうミ

十節　エゼキヤ｛ヘゼキヤ｝マナセをうミ…アモン　イヨシア｛ヨシア｝をうミ｛めり｝

十一節　バブロンにうつされたる｛るる｝とき　イヨシア｛ヨシア｝イエコニア｛ヨアハズ｝とその兄弟をうミ

十二節　バブロンにうつされたるのちイエコニヤ《(ママ)》｛ヨアハズ｝サラチエル｛シアテル｝をうミ　サラチエル｛シアテル｝ゾロバベル｛ゼルバベル｝をうミ

十三節　ゾロバベル｛ゼルバベル｝アビウデをうミ　アビウデ…

十四節　アゾル　ザドクをうミ　ザドク　アキン｛アキム｝をうミ　アキン｛アキム｝

十六節　ヤコブ　マリアの夫ヨセフをうミ｛めり｝…耶穌（イエス）うまれたまへり｛ひき｝

十七節　かくアブラハムよりダビデまでの｛にいたるまで｝〈歴代すべて〉十四代　またダビデよりバブロンにうつる｛うつさるるとき｝まで十四代〈また〉バブロンにうつりて｛されし｝よりキリストまで十四代なり

十八節　それ耶穌キリストのうまれたまふことさ｛左｝のごとし　その母マリアはヨセフと契約し｛娉（いひなづけ）をなせるのみに｝ていまだとも

にをらざるに｛ならざりしとき｝聖霊に感じてはらみしが［その懐孕（はらミ）たる］ことあらはれしが｛ければ｝

十九節　その夫ヨセフ〈ハ〉ただしき人なれバ｛るゆゑ｝これをはづかしむることをほつせず｛このまず｝ひそかに離縁せんとおもへり

二十節　かくてこのことをかんがへ居ける｛おもひめぐらせるをり｝にミよ主のつかひかれのゆめ｛夢｝にあらはれていひけるハダビデのすゑヨセフよなんぢ〈の〉妻マリアをめとるをおそるるな［かれ］〈いかにとなれバ〉かれに｛その｝はらみし｛めるところの｝ものハ聖霊によるなり

二一節　かれ子をうまんその名を耶穌となつくべしかれ｛そは｝その民を〈その〉つミ｛罪｝よりすくはんとすればなり

二三節　〈ミよ〉むすめ｛處女（むすめ）｝はらミて子をうまんその名をヱンマヌエル｛インマヌエル｝ととなふべしといひしに｛あるに｝…神われらとともにある｛をる｝とのいミ｛義（こころ）｝なり

二四節　ヨセフ目さめておき｛ねむりより起きて｝主のつかひの命ぜしごとくにして｛ことにしたかひ｝その妻をめとりしが｛たれど｝

二五節　初子のうまるるまで交合（まじはり）も｛牀をともに｝せざりきしかして｛そのうまれし子｝〈その名〉を耶穌ととなへ｛なつけた｝り

第二章

一節　さて｛それ｝耶穌ハは…ミよ｛そのとき｝博士たちひがしのかたよりヱロソルマ｛エルサレム｝にきたり〈て〉

二節　…うまれたまひし｛へる｝ものハいづこにゐま｛在｝すや〈こハ〉われら…拝せんとて｛ために｝きたれりと

三節　ヘロデ王これをききていためり｛む｝またヱロソルマ｛エルサレム｝の民もミなしかり

四節　…たミ｛民｝のがくしやらをあつめてそれに｛ヘロデ｝とひけるハ

五節　かれにいひ｛こたへ｝けるハ

＊上記の改訂は１箇所 {1：23，處女(むすめ)、委員会訳は處女(をとめ)} を除いて、すべて1877年刊行の横浜翻訳委員会訳『新約聖書馬太傳』と一致する。この甲本の改訂箇所は、人名の頻出するところであるため、固有名詞確定のための覚え書きともとれる。なお、委員会訳では、この改訂以外にも、「裔 (すゑ)」「學者」など漢語への変換が散見される。また比較的大きな改訂は、第一章十七節の冒頭部分、{かく⇨その世系 (よつぎ) をかぞふれば} が見られる。

②乙本への書き入れ

凡　例

⇨ ：入れ替え（下線は改訂箇所)

[　]：挿入

〈　〉：第二候補（改訂が２例見られるもの)

(　)：ふりがな

{　}：1877年横浜翻訳委員会訳『新約聖書馬太傳』

○ ：横浜翻訳委員会訳と一致

△ ：横浜翻訳委員会訳に一部一致

□ ：読み取りできないもの

＊本文中に散見される、節の区分の錯誤は訂正した。

＊振り仮名は奥野の改訂にかかわるもの以外は省略した。

＊漢字と振り仮名を含めた改訂か振り仮名のみの改訂かが判別できないものは振り仮名としてあつかった。

1：23　いミ⇨こころ△ {義 (こころ)}

1：25　となへり⇨となへました

2：1　博士 (はかせ) ⇨ (がくし)

2：2　いづこ⇨どこ、ゐますや⇨おいでなさるか、星をミたれバかれを拜せんとてきたれりと⇨ミましたからそのおこさまにおめどほりをつかまつ

りたくまゐりました
2：3　ききていためり⇨［こころを］いためました、民もミなしかり⇨ひとびともそのとほりでありました
2：4　うまるべきところハいづこなるや⇨うまれるところハどこなるや
2：5　よげんしやのしるされし⇨むかしのせいじん〈かミとしたしくせしひとびと〉のかきのこされし
2：6　君そのうちよりいでんといへり⇨てますといふてあります
2：9　そのうへにとどまりぬ⇨その［いへの］うへにとどまる
2：10　よろこびにたえず⇨かぎりなし
2：11　ひれふし⇨へいふくして、たからのはこ⇨たから［もの］のはこ、ささげたり⇨しんじやうしました
2：12　ヘロデへかへるなかれ⇨かへりて［はなすこと］なかれ、その國にかへれり⇨その［ひとの］國にかへりました
2：13　かれらさりて⇨かれら［たち］さりて、ミよ⇨ミなされ、にげさり⇨にげゆきて、わがなんぢにしめさんまで⇨われなんぢにしらせるまで
2：15　とどまれり⇨とどまりました、よびいだせり⇨よびいだす、かなへん⇨かなへる
2：16　あざむかれたるをしり⇨しりて、くはしくたづねたるときに⇨たづねしことハに、二歳より以下（いか）のもの⇨した○｛した｝、ころせり⇨ころしました
2：18　なぐさめずといひしに⇨［こころを］なぐさめることなしといひし［ことバ］に
2：20　その母とをたづさへて⇨つれて、いのちをもとむるものハはや死せり⇨とるものハはやしにました
2：21　地にいたるに⇨［土］地にまゐりてききましたるに
2：22　アルケラヲその父のヘロデにかはりて⇨アルケラヲ［といふひと］その父のヘロデのあとをついで、王たりと⇨王となりしを、おそれり⇨おそれました、ガリラヤのうちにさけ⇨うちにて

2：23　ナザレといへるむらにいたりて⇨いふむらにきたりて

3：2　悔（くひ）あらためよ⇨（くやミ）

3：5　ヨハン子にいたり⇨につきて△｛につき｝

3：6　ヨルダンにて⇨ヨルダン［のかは］にて

3：7　怒（いかり）をさくるを⇨怒（はらたち）を［とほ］ざくるを、たれかなんぢらにしめしたるぞや⇨おまへがたにはなしませんか

3：8　悔あらたむるにかなふべき實をむすべよ⇨［やうにきの］實のよくなりてあからミてよきあちをもて〈よきあちはひをもてよ〉

3：9　おもふなかれ⇨おもふ［こと］ないがよい、かたらん⇨はなしましよう、アブラハムの子となせバなり⇨いたします

3：10　斧ハ樹の根におかる⇨おいてある、實をむすばぬ樹ハ⇨實のならぬ樹ハ

3：11　まされり⇨まさります、履（くつ）⇨（ざうり）、さづけん⇨さづけます

3：12　庭（バ）⇨（にハ）

3：13　ヨルダンにきたりたまへり⇨おいてなされました

3：14　いなミて⇨ゑむりにして？、主（しゆ）⇨あなた、われにつきたまはんや⇨つき［てせんれいをうけ］たまはんや

3：15　いまゆるせよ⇨いまゆるしなされ、つくさざるべからず⇨ことことくいたしたいとおほせられました、ゆるせり⇨ゆるしました

3：16　あがりしに⇨あがりましたれは、ミよ⇨ミなされ

4：2　食（くらハ）ず⇨（くハ）ず

4：3　命ぜよ⇨おほせられよ

4：4　ぱんのミにていきず⇨いきてをらず

4：6　なんぢがためにそのつかひたちに命じ⇨あなたのためにかミのおつかひにいひつけ、石にふれぬ⇨さわらぬ、たすけんとしるされたり⇨たすけると［かき］しるされたり

4：7　しるされたり⇨［かき］しるされたり

4：8　いとたかき山に⇨はなハた、榮（さかえ）とを⇨さかえることを
4：9　ひれふして⇨へいふくして、拜（はい）さバ⇨おかむならバ、なんぢにあたへん⇨おまへにあげましよう、いへり⇨ました
4：10　しるさるれバなりと⇨しるされてあるなりと
4：11　はなる⇨はなれました△｛はなれ｝、ミよつかひたち⇨ミよ［かミの］つかひたち、かれにつかへり⇨ゑすのためにつとめました
4：15　異邦人（いほうじん）⇨（いこくじん）、ガリラヤ⇨ガリラヤ［ハ］
4：16　くらきにをる民（たミ）⇨をりますひと、をるものまでひかりハてらす⇨ものまで［も］、かなふためなり⇨かなひますわへ
4：17　ふれしめし⇨ふれしらせ、天國ハちかきにあれバくひあらためよ⇨あれバ［つミをくやミ］あらためよ、いひはじめたまへり⇨ました
4：18　漁師（すなどる）ものなり⇨（れうし）なり
4：19　となさん⇨といたしましよう
4：20　したがへり⇨ました
4：21　そのところよりすすみけるに⇨またゆきけるに、あミをつくろふをミてかれらをよびしに⇨つくろふ［てをる］をミてかれらをよびけれバ
4：22　舟と父とをおきて⇨とにわかれて、耶穌にしたがへり⇨ました
4：23　あまねくめぐり⇨ことごとく、民（たミ）⇨ひとひと、いやせり⇨なほしました
4：24　ひろまりたりしかバ⇨ましたれバ、かれらをいやせり⇨［ことごとく］なほしました
4：25　したがへり⇨ました
5：1　坐（ざ）したまひしに⇨すハりたまひけれバ△｛坐したまひければ｝、そのでしたちかれにきたりぬ⇨その［お］でしたちかれにきたりしかバ
5：2　くちをひらき⇨くちをひらき［て］○、をしへけるハ⇨をしへ［をのべぬ］
5：3　こころのうちへりくだるものハ⇨ていねいにてたかぶらぬものハ、

天國なれバなり⇨天國であるなり
5：4　なぐさめをうくべきもの⇨うけるもの
5：5　地球をあひつぐべきもの⇨地球においてしそんのつぐもの
5：6　飢渇（うゑかわく）ごとく⇨はらのへるのどのかわくごとく、盈（ミて）らるべき⇨じうふんになるべき
5：9　和睦（わぼく）⇨なかなほり
5：12　よげんしやのせめられたりしも⇨せめられましたのも、かくのごとく⇨その
5：13　そのしほにかへらん⇨かへることハてきません
5：17　きたれり⇨きました、かなへんためにきたれり⇨かなへるためにきました
5：19　いはれん⇨いはれます、いはるべし⇨いはれます
5：21　いにしへの人にころすなかれ⇨人［がまうしました］ころす［こと］なかれ△｛殺ことなかれ｝、審判（さばき）にあづからん⇨（さいばん）にあづかるてあらふ
5：22　たはけものよといふものハ⇨ののしるものハ
5：27　いにしへの人に⇨いにしへの人［のことバ］に
5：29　うしなふは⇨うしなふとも、なげいれられんにハまされり⇨なげいれられるよりハよろし△｛なげいれらるるよりハまされり｝
5：30　うしなふハ⇨とも、まされり⇨まさります
5：31　離縁じようをあたふべし⇨つかはすべし
5：42　なんぢにもとむるものにあたへよ⇨のぞむものに［ハ］くれてやれよ、借んとする⇨かりたいといふ、いなむなかれ⇨ことハりをいふなかれ
5：43　隣（となり）をいつくしミて⇨（となり）のひとかわゆがりて、あだ人⇨かたき、なんぢらききし⇨おまへかた［ハ］
5：44　あだ人をいつくしみ⇨あいし、汝らをのろふ⇨にたかりをなす、ねがへ⇨ねがつてやれ、なし⇨なしてやれ、さからふ⇨はむかふ、せむるもののためにいのれ⇨ために［なるやうに］いのりてやれよ

5：46　いつくしむ⇨うやまふ〈したしむ〉、ミつきとりもかくなさざらんや⇨うんじやうとるやくにんもそのとほりにするでハないか

5：48　父のよきをつくすがごとく⇨父の［かミの］よきをつくすとほりに、よきをつくすべし⇨よきことをできるたけハいたすべし

6：1　ただしき⇨しやうぢき、ミせん⇨ミせる、人のまへになすことをつつしめよ⇨人のまへにてものことすることをつつしむかよい、しからずんバ⇨そのとほりにいたしませんならバ、汝らの父よりのむくひをえじ⇨汝らの父［のかミさま］よりのおめくミかないぞ

6：2　ゆゑに⇨［その］ゆゑに△｛このゆゑに｝、ほどこしをなす⇨する、あがめをえん⇨あがめられん、會堂（くわいだう）や⇨ミだう［のまへ］や、まちにて⇨まち［のなか］にて、偽善（ぎぜん）しや⇨ぜんにんににせたふうをするひと、ごとくなす⇨ごとくにいたす、つげん⇨しらせます、かれらハそのむくひをうる⇨かれらハその［ために］ものをもらひます

6：3　ほどこしをなす⇨する○｛する｝、右の手のなす⇨する、しらするなかれ⇨しらせること

6：4　さすれバ⇨そうすると、ほとこしハかくるべし⇨ほとこしがあらハれません〈むたになります〉、かくれたるをミたまふ⇨かくれてほとこすものをごらんなさる、父ハ⇨父［の神］ハ、むくひたまはん⇨よきことをさつけてくださる

6：5　いのるとき⇨おかミをするとき、偽善しやのごとくなるなかれ⇨ぜんにんのふうをするひとのごとくにしなさるな、いかにとなれバ⇨とういふわけかといへバ、人にミられんため⇨人にミせるため、會堂（くわいどう）⇨ミだう、いのるをこのむ⇨おかむことをすきます、つげん⇨をしへます、そのむくひをうる⇨それについてよいものをもらひます

6：6　いのるときに⇨いのりをするときハ、室にいり⇨室に［は］いり、かくれたるにいます⇨かくれてござる、父に⇨父［のかミ］に、かくれたるにミたまふ⇨かくれたるものをごらんなさる、父ハ⇨父［のかミ］ハ、むくひたまはん⇨よいことをさつけてくださるぞ

6：7　いのるに異邦人（いほうじん）のごとく⇨おかむにこのをしへをしらぬ人の、ことばおほけれバ⇨ことば［を］おほくすれバ、きかれん⇨よくきこゆる、おもへバなり⇨ますからですか

6：8　ゆゑに⇨［その］ゆゑに、かれら⇨にせのぜんにん、汝ら⇨おまへさんら、父ハ⇨父［のかミ］ハ、なんじらの⇨おまへがたの、しりたまへり⇨しつておいてなさるよ

6：9　ゆゑに⇨［その］ゆゑに、なんぢらいのるべじ⇨おまへさんがたおかむべし

6：11　日びの糧を⇨なくてかなハざることの糧を△｛なくてならぬ糧を｝

6：12　つミをゆるすごとく⇨ふちうはふをゆるしますとほり

6：13　悪（あく）より⇨あしきなかより

6：14　父も⇨父［のかミ］も

6：15　ゆるさずバ⇨ゆるさぬならバ、たまはじ⇨たまひません

6：16　偽善しや⇨にせぜんにん、憂（うき）さま⇨うれいるかほつき、ミせん⇨ミせる、かほいろをそこなふ⇨あしくする、そのむくひをうる⇨そのためにものをもらふ

6：18　かくれたるにまします⇨かくれておいでなさる、父に⇨父［のかミ］に、あらはれん⇨ます、かくれたるにミたまふ⇨かくれてミておいでなさる、父あらはになんぢにむくひたまふべし⇨父［のかミさまハ］あらはしてなんぢによきことをたまふべし

6：19　たくはふる⇨たくはひる、蠹（しミ）⇨（むし）、ぬす人うがちて⇨ぬす人のめをつけて

6：20　たくはふべけれ⇨たくはひなされ、うがち⇨めをつけ、ぬすまざるところ⇨ぬすむことなき

6：21　こころもまたあるべけれ⇨そのところにあるべし

6：23　いかばかりぞや⇨いかほどのことぞや

6：24　いつくしミ⇨かわゆがること、したしみ⇨うやまひまたたふとミ、うとむ⇨かろしめまたないがしろにす、神とたからにかねつかふることあ

たはず⇨神とたから［ものと］ふたつのものにつかへることできません
6：25　衣んと⇨衣ると、おもひわづらふなかれ⇨くるしめることなかれ、いのちハ糧よりまさり⇨くひものきものどうぐよりもたつとく、身も衣よりまされるものにあらさるか⇨からだハ衣よりたつとくものにてありましよう
6：26　おもひミよ⇨おもひミなされ、いかにとなれバ⇨とかういふわけといへバ、蒔かずからず倉にたくはへず⇨［たねも］蒔かずかりいれもせず倉にもしまふておかず、これをやしなひたまふ⇨これらをやしなふてくたされます、いとすぐるるものにあらずや⇨はなはだすぐれたるものにてあります
6：27　おもひわづらふて⇨くるしむとも、そのいのち尺寸もよくのぶることをえんや⇨そのいのち［を］いつしやくかいつすんほどもよくのべることができますか○｛そのいのちを｝
6：28　衣（ころも）⇨（きもの）、わづらふ⇨くるしむ、ミよ⇨ミなされ、つとめず⇨つとめもせず、紡がす⇨［いとも］紡がす
6：29　ソロモンだに⇨でさへ、榮（さかえ）に⇨りつパなるにも、粧（よそ）ハざりき⇨けしやうハいたしません
6：30　爐（ろ）⇨（かまと）、よそはせたまへバ⇨よそほひさせ、ましてなんぢらをや⇨おまへさん□□□□□□おきなさらうや
6：31　おもひわづらふこと⇨おもふこと
6：32　異邦人⇨かミのをしへをしらざる人、もとむる⇨もとめる、そのものをなくてかなはざるものとしりたまへバなり⇨そのもののなくてかなはざるものハよくしりておいてなさるなり
6：33　神の國と⇨神の國［へゆくミち］と、そのただしきとをもとめよ⇨そのただしきことをもとめなされ、されバ⇨そうすれバ、そのものを⇨を［も］、なんぢらにくはへらるべし⇨またくたさるべし
6：34　わづらふなかれ⇨わづらふ［こと］なかれ、一日にたれり⇨一日だけにすべし

7：2　はかりをもつて⇨はかり［ごと］をもつて

7：3　おのれの目に梁木をおぼえず⇨おのれの目に［ある］梁木△｛おのが目にある梁木｝

7：5　偽善（ぎぜん）しや⇨（にせぜん）にん

7：6　聖（せい）なるもの⇨（きよらか）

7：7　もとめよさらバなんぢらにあたへられん⇨くだされましよう、ひらかるべし⇨ひらくべし

7：8　うけ⇨さづけられ、ひらかるべし⇨ひらくべし

7：9　あたへんや⇨あたへますや

7：10　あたへんや⇨あたへますや

7：11　なんぢち⇨なんぢら○｛なんぢら｝、あしきものながらよきものをなんぢらの子どもにあたふるをしる⇨あしきものよりも、あたふる［こと］をしる、父ハ⇨父［のかミ］ハ

7：12　これおきてと預言者なればなり⇨これかミのこころとむかしのせい人のおことバ

7：13　門よりいれ⇨門より［は］いれ、ほろぶるにいたるミち⇨ほろびにゆくミち△｛ほろびにいたる路｝、おほひなり⇨おほきくあるなり、いる⇨［は］いる

7：14　なやましく⇨なやミあり〈むつかしく〉、そのミちをうるものすくなし⇨こころにとめてしるものすくなし

7：15　綿羊（めんよう）のすがた⇨ひつしのことくのすがた、内心（うち）ハ⇨［こころの］内心ハ

7：16　あざみより⇨あざみより［も］

7：17　かくすべてよき樹ハ⇨かく［のごとく］すべてよき樹［へ］ハ

7：21　いるべし⇨［は］いるべし

7：24　たとへん⇨たとへる

7：25　磐をいしずゑとすれバ⇨磐をどだいとすれバ

7：26　たとへん⇨たとへる

7：29　たまへり⇨ました
8：1　したがへり⇨ました
8：2　きよくしたまふべし⇨きよくしてくだされ
8：3　手をのべ⇨のばして、いへり⇨ましたれバ、なれり⇨なりました
8：4　モーセがめいぜしところのそなへものをささげよ⇨モーセがおほせられしとほりのそなへものを［かみさまへ］あげよ
8：7　いやさん⇨なほしましやう
8：8　いゆべし⇨なほるべし
8：10　おほひなる信にあはず⇨信がうのひとにあはず
8：11　いふ⇨いひます、坐し⇨坐し［をり］
8：12　はがみをなす⇨する△｛切歯（はがミ）する｝
8：13　ゆけ⇨ゆきなされ、汝が信ずるごとくなんぢになるべしといひけれバ⇨信がうするごとくなんぢのいふとほりになほるべしと△｛信仰（しんかう）のごとくなんぢに成べしといひたまへる｝、いえたり⇨なほりました
8：14　ふしたるを⇨ねてをるを
8：16　いやせり⇨なほしました
8：17　預言者（よげんしや）⇨むかしのせいじん
8：18　おのれをめぐれるおほくの人びと⇨おのれのまハりをる、命ぜし⇨おほせられました
8：19　ひとりがくしや⇨ひとり［の］がくしや
8：23　したがふ⇨したがへました
8：24　ミよ⇨ミなされ、舟なミにておほはれんとするがごときおほひなるはやておこれり⇨舟なミをかふらんとするがごとき［の］おほかぜがおこりました、耶穌ハいねたり⇨ねました
8：25　いひけるハ⇨まうしまするに、ほろびんとす⇨しぬるハかりてあります
8：26　信うすきものよ⇨信かうの○｛信仰うすきものよ｝、なんぞおそるるや⇨おそるるや［と］、なれり⇨なりましたれバ

8：27　いかなる人ぞや⇨であるか
8：28　むかふのきしゲルゲセンの地にいたるに⇨むかふのきし［にふねをつけて］ゲルゲセンの地にゆきましたれば、墓よりいでて⇨墓［バ］よりいでました、これをむかふ⇨これをミるに、はなハだたけくして⇨あらあらしく〈つよく〉して、人そのミちをすぐることあたはず⇨とほることかなひません
8：29　あなたわれらにおいてなんぞあづからんや⇨あなたわれらをなんとしますか、せめんとて⇨せめるとて、きたるや⇨きましたか
8：30　はなれて食せり⇨はなれしバしよに食してをるをミて△｛食しゐければ｝
8：32　いへるに⇨いひけれバ○｛いひけれバ｝、豕のむれにいりぬ⇨とりつきたるを、死しぬ⇨死しけれバ
8：33　むらにいり⇨むらに［は］いり、つげぬ⇨しらせました、邑のものこぞつて⇨邑のものあつまりて、見にいで⇨でて、このさかひをいづるをねがへり⇨この［むらの］さかひをでることをねがへました
9：1　ふるさとにいたれり⇨まゐりましたれば
9：2　こころやすかれ⇨やすくおもへ
9：3　けがすことをいふ⇨まうすまじきことをまうす、おもへり⇨ました
9：4　耶穌そのおもはくを⇨耶穌その［ひとの］おもふことを
9：7　ゆけり⇨ゆきました
9：8　あがめり⇨あがめました
9：9　したがへり⇨ました
9：10　坐せり⇨すハつてをりました
9：11　なんぢの師ハ⇨師しやうハ、食するや⇨食［じを］するや
9：12　やまひあるもののミ⇨ばかり
9：13　あはれミをほつしてまつりをほつせず⇨あわれミをおもひますかまつりをおもひません、悔あらためさせんためなり⇨させる
9：14　師（し）のでし⇨あなたの［お］でし、いかにぞや⇨いかなるゆへ

ぞや△｛なにゆゑぞ｝
9：15　その友かなしむことあたはず⇨その友かなしいことハいたしません、ひきわけらるる日きたらん⇨わかれるときかきましたならば、禁食すべけれ⇨禁食をいたしましよう
9：16　ふるきころもをあたらしき布にてつくろふものなし⇨ふるききものにあたらしき布のつきあてするものなし、そのつくろふものハころもをさくゆゑ⇨ほかのところかかへりてさけるゆゑ、なれり⇨なります
9：17　ふくろもまたむなしからんかへつてあたらしきふくろにあたらしき酒をいれてふたつながらたもてるものなり⇨うしなへますからあたらしきふくろに［ハ］あたらしき酒をいれなハふくろも丈夫（じようぶ）さけもへらぬものなり
9：18　ミよ⇨ミなされ、ある宰きたり⇨あるおもだちたるひと、わがむすめいまはや死せんとすきたりて⇨わがむすめ［か］いましにそうであります［あなた］きて、手をつけたまはば生べし⇨手をつけてくださるならバいきます
9：19　耶穌たちて⇨耶穌［すくに］たちて、そのでしとともに⇨そのでしをつれ、かれにしたがへり⇨ともなはれてゆきます
9：20　ころものすそ⇨きもののすそ、さはりぬ⇨さはりました
9：21　ころもにだにも⇨きものになりと、いえん⇨なほる
9：22　汝の信（しん）汝をいやせり⇨汝の信かう汝をなほします△｛なんぢの信仰なんぢをいやせり｝、いえたり⇨なほりました
9：23　そのつかさの⇨そのおもだちたるひとの、家にいる⇨［は］いる
9：24　退（のけ）よ⇨どきなされ、死するにあらず⇨死にたる、いねたり⇨ねむりたるなり、あざわらへり⇨ました
9：25　人びといだされしのちいりて⇨人びと［を］いだしのち［へやには］いりて、手をとりしに⇨手をとれば、少女おきたり⇨少女おきあかりました
9：26　ひろまれり⇨ひろまりました

9：27　目しひしたがひ⇨めくら［これ］したがひ、よびていひけるハ⇨よびつけていひけるハ、ダビデのすゑや⇨ダビデのこ○｛ダビデの子よ｝

9：28　これハわがなしうることを信ずるか⇨おまへハわしがおこなふことを信ずるか、かれにいひけるハ⇨かれ［こたひて］いひけるハ△｛こたへけるハ｝、主さなり⇨主そのとほりにいたします

9：30　その眼あけられたり⇨その眼あきらかになりました、人のしらぬやうにつつしめよ⇨おまへこのことをひとに知らせぬやうにつつしめよ△｛つつしミて人にしらすなかれ｝

9：34　鬼のかしらによりて⇨鬼のかしらをたのミて、おひいだせり⇨おひだすのミ、いへり⇨ました

9：35　いやせり⇨なほしました

9：36　あはれミぬ⇨あはれミました

10：1　いやす⇨なほす、たまへり⇨たまハりました

10：8　うけたれバ⇨うけるならバ、ほどこすべし⇨ほどこすがよい

10：9　錢をととのふるなかれ⇨たくはえることなかれ△｛たくはへおぶるなかれ｝

10：10　杖もまたしかり⇨そのとほりなり、うくべきもの⇨もらひますもの

10：12　家にいる⇨［は］いる

10：16　狼（おほかミ）⇨（やまいぬ）

10：17　人にこころをつけよ⇨きをつけよ、むちうつべければなり⇨むちうつことあれバなり

10：18　王のまへにひかるべし⇨ひきだされるべし

10：20　父の靈（ミたま）汝らをしていはしむるなり⇨父のかミ汝らにいはせまするなり

10：22　しのぶもの⇨しんぼうするもの、すくはるべけれ⇨すくはれます

10：23　つくさじ⇨つくさず

10：24　師（し）⇨ししやう

10：25　足（たる）べし⇨じうふんなるべし

10：26　おそるるなかれ⇨おそるる［こと］なかれ○｛おそるることなかれ｝、しられざることなけれバなり⇨しられぬといふことなし

10：27　屋のうへ⇨屋（いへ）のうへ

10：28　身（ミ）⇨（からだ）、おそるるなかれ⇨おそるる［こと］なかれ、寧（むしろ）⇨（やすんじ）て、ほろぼすことをうるもの⇨するもの

10：29　一錢にてうらざらんや⇨うるにあらずや○｛うるにあらずや｝、ゆるさずんバ⇨ゆるしなけれバ△｛ゆるしなくバ｝、あるまじ⇨なし

10：30　汝らのかしらの髮も⇨あたまの

10：33　父のまへに⇨父の［かミさまの］まへに

10：34　われ地におだやかをいたさんためにきたるとおもふなかれ⇨われ地［のひと］におだやか［なる］をいたさ［せ］んためにきましたのでハありません、おだやかを⇨おだやか［なる］を、いたさん⇨いたさ［せ］ん、刃をいださん⇨いださ［せ］ん、きたれり⇨きました

10：35　きたれり⇨きました

10：36　仇（あだ）⇨（かたき）

10：37　父母をいつくしむもの⇨父母をあいすもの、われにかなはざるもの⇨よろしからざる〈よからざる〉、子女をいつくしむもの⇨子女をあいすもの、かなはざる⇨よろしからざる〈よからざる〉

10：38　かなはざるもの⇨よろしからざる〈よからざる〉もの

10：39　いのちをもとむるもの⇨いのちをほしがるもの、わがためにそのいのちをうしなふものハこれをもとむべし⇨いのちがあります

10：40　汝らをうくるもの⇨汝らをうけるもの、うくる⇨うける、うくる⇨うける、うくる⇨うける

10：41　うくる⇨うける、うくべし⇨うけます

10：42　うくる⇨うける、うくべし⇨うけます

11：1　をしへおはりしとき⇨をしへてしまひましたとき、ここをさりぬ⇨でました

11：2　獄（ひとや）⇨（ろうや）

11：4　ヨハン子にしめすべし⇨かたるべし
11：5　きかせり⇨きかせます
11：7　野にいでしや⇨でましたか
11：8　ころも⇨きもの、ころも⇨きもの
11：9　なにをミんとていでしや⇨ミるとてでましたか、實（げに）もなんぢらにつげん⇨まことに
11：10　道をそなふる⇨まうく
11：13　ヨハン子の時までよげんせしなれバなり⇨よげんしておきました
11：14　うくる⇨うける
11：16　童（わらべ）⇨（こども）
11：17　汝らむねうたずと⇨へいきでゐると
11：19　友なり⇨友［だち］なり、いへり⇨ました、さときハ⇨がてんすることはやきハ
11：22　シドンハ汝らよりもなほやすかるべし⇨なほかるくあるべし
11：23　冥途（よミぢ）⇨（めいど）
11：25　父よ⇨父［のかミ］よ
11：28　おもきを負（おふ）たるもの⇨おもきを［せ］負たるもの
11：29　やすきをうべし⇨おほゆ〈おほえ〉べし
11：30　かろけれバ⇨かるけれバ
12：4　餅をくらへり⇨餅をくひ〈たべ〉ました
12：10　かた手なへたる人⇨かた手のきかぬ〈かきた〉人
12：14　あひはかれり⇨はかりごとします
12：15　したがへり⇨ました、いやせり⇨なほしました
12：16　いましめり⇨ました
12：17　よげんしや⇨むかしのせいじん〈かミのともだちのやうなるひと〉、かなへり⇨ました
12：18　わが靈（たま）⇨（たましい）、異邦人にさばきをしめさすべし⇨しめさせましよう

12：19　かれハきそはじ⇨くらべることをいたしません、さけばじ⇨こゑをたてません、こゑをきくまじ⇨こゑをききますまい

12：20　ただしきを勝（かち）とげ⇨ただしきことの勝（かつ）やうにし、さする⇨させる

12：22　つれられ耶穌にきたれり⇨つれられ［て］、いやせり⇨なほしました

12：23　いへり⇨ました

12：25　おもはくをしりて⇨おもふやうす、國ハあらさるるなり⇨あらされます

12：29　その家をうばふべけれ⇨その家もうバハれます

12：30　われとともにあらざるものハ⇨をらざるものハ

12：31　ゆゑに⇨［その］ゆゑに△｛このゆゑに｝、ゆるされん⇨ゆるされましよう、ゆるさるべからず⇨ゆるされません

12：32　ゆるさるべからず⇨ゆるされません

12：33　しられたり⇨ます

12：34　善ことをいふべけんや⇨いひますることかてきますか、くちにいふものなれバなり⇨いひたきものてありますれバなり

12：35　よきことをいだし⇨い［ひ］だし、いだす⇨い［ひ］だす

12：36　人のいひし⇨人のいひける

12：37　せらるべければなり⇨せらるるはつなればなり

12：38　師（し）⇨ししやう、ほつす⇨おもふ〈のそむ〉

12：39　あたへられざるべし⇨あたへられません

12：42　きたれり⇨きました、ここにあり⇨あります

12：46　ものいはんとほつす⇨おもふやうすを

12：47　そとにたてり⇨そとにたつてをりますと

12：50　わが母なれ⇨わが母なり△｛わが母なればなり｝

13：1　坐せり⇨すハりました

13：2　坐し⇨すハりました、きしにたてり⇨たつてをります

13：3　蒔にいでたり⇨蒔にでたわい

13：4　啄（つひバ）ミつくせり⇨たべてしまひました

13：5　ただちにもえいで⇨ぢきにはえました△｛ただちにはえいで｝

13：6　かれたり⇨かれました

13：7　棘のなかにおちていばらそだちこれをふさげり⇨棘のなかにおちましたこのハいばら［が］そだち［て］○これをふさぎました｛いばらそだちてこれをふさげり｝

13：8　三十ばいみのれり⇨みをもちました

13：13　かれらにいへり⇨とききかせます

13：15　目ハとぢたり⇨とぢました、おそると⇨おそるると、かくいへるに⇨かくのごとくまうしたるに

13：16　汝らの目ハミ耳ハきく⇨目ハミえ耳ハきこゆる

13：17　きくことをえざりき⇨きくことがてきなかつた

13：21　みちにつまづく⇨けつまづく

13：22　たからにあざむかるる⇨おのれのこころとられる、をしへをふさぎて⇨をしへ［のミち］をふさぎて

13：23　ミのる⇨ミのなる〈ミのてきる〉

13：24　似たり⇨似てをります

13：25　敵（あだ）⇨（かたき）、されり⇨にけさりました

13：26　苗生じて⇨苗かはえて△｛苗はえいでて｝、あらはれたり⇨ました

13：27　からす麦あるハいづこよりぞや⇨からす麦のはえましたハとこからきましたか

13：28　あだ人これをなせりと⇨かたきかこれをそんなことしましたと、しもべあるじにいひけるハ⇨しもをとこあるじにまうしまするハ、しからバ⇨そうならバ、くきぎることをほつするや⇨ぬきとりましようか△｛ぬきあつむるハよきか｝

13：29　からす麦をくきぎりて⇨ぬくとて△｛抜あつめんとて｝、ぬかん⇨ぬくもしれぬ｛ぬくべし｝

13：30　そだておくべし⇨おくがよい、かりいるるとき⇨かりいれのとき○

{かりいれのとき}、やくやうにつかね⇨たきものにたハねさせ、いはん⇨まうしましよう

13：31　はたけにまける⇨まきたる

13：32　おほひなるものにして⇨おほきくなりますものにして、やどる⇨とまる、なれり⇨なります

13：33　天國ハ婦三斗の粉（こ）にとりいれて⇨粉（こな）のなかにいれて△{粉のなかにかくせバ}

13：34　かたり⇨をしへ、たまへり⇨ました

13：35　いひいでん⇨いひださん△{いひいださん}、かなへんためなり⇨かなふへき

13：36　家にいれり⇨［は］いれり

13：40　この世のおはりにおいてもかくのごとくなるべし⇨おはりになりますとそのとほりになりますぞ

13：41　すべてつまづかするもの⇨すべて［け］つまづかせるもの、そむくことをなす人⇨いたす人

13：42　火になげいるべし⇨なげいれましよう、あるべし⇨ありますぞ

13：46　買へり⇨ます

13：48　すてたり⇨すてます

13：49　かくのごとくなるべし⇨そのごとく

13：50　なげいるべし⇨なげいれます、あらん⇨ありましよう

13：51　ミなこのことをさとりしや⇨ミな［が］このことをさとりましたや、主しかり⇨主さとりました

13：52　天國について⇨天國［のこと］について、をしへられたるがくしやハ⇨をしへられた

13：53　ここをされり⇨たちさりました

13：54　をしへたまひけれバ⇨ましたれバ、ふしぎなるわざハいづれよりぞや⇨どこからもらひ〈さづかり〉ましたか

13：55　匠（たくミ）の子にあらずや⇨匠（たいく）の子てありますに、

ユーダといはずや⇨であります

13：56　われらとともならずや⇨とも［だち］ならずや、いづれよりぞや⇨とこからぞや

13：57　つまづけり⇨つまづきました

13：58　なしたまはざりし⇨へません

14：2　おこなへり⇨ますと

14：3　ひとやにいれたれバ⇨らうにいれました

14：4　そハ⇨そ［れ］ハ

14：5　民をおそれたり⇨ました、すれバなり⇨いたしますゆへなり

14：6　坐上（ざしやう）に舞て⇨坐上（ざのうへ）に［まひを］舞て、よろこばせたり⇨ました

14：7　あたへん⇨あげましよう、ちかひて約せり⇨ちかひをたてました〈やくそくしました〉

14：8　いへり⇨ました

14：9　席上（せきじやう）⇨ざしき、命ぜり⇨おほせられました

14：10　首をきらせたり⇨ました

14：11　母にささげたり⇨さしあけました

14：13　されり⇨さりました、したがへり⇨ました

14：14　あはれんて⇨あはれミて△｛あはれミ｝、いやせり⇨なほしました

14：15　食もつをもとむるためにいだしたまへ⇨つかハしたまへ

14：17　われらここにただ五のぱんとふたつの魚のミあり⇨われら［ハ］ここにただ五のぱんと［たつた］ふたつの魚のミあります

14：18　いへり⇨ました

14：19　命じて⇨おほせられて

14：20　ミなくらふて飽たり⇨じふぶんにたべましたれど、ひろへり⇨ました

14：21　くらひしものハ⇨たべましたるものハ、五千人なりし⇨ありました

14：22　わたらしめたり⇨わたらせました

14：23　人びとをかへしたまひけれバ⇨かへしたまひしより、山にのぼれり

⇨のぼりました、いませり⇨をりました

14：24　浪にただよはされたり⇨てをります

14：28　水のうへをゆかしめたまへ⇨ゆかせたまへ

14：30　いへり⇨ました

14：33　いへり⇨ました

14：34　地にいたれり⇨つきました

14：35　病（やめる）ものをたづさへきたれり⇨（びやうきの）ものをつれてきました

14：36　ねがへり⇨ました、さはるものハ⇨［□□の］ものハ、いやされたり⇨なほされました

15：6　神のおきてをむなしくせり⇨むなしくいたす

15：14　みぞにおつべし⇨おちます

15：21　ゆけり⇨ゆきました｛ゆきけるに｝

15：27　いへり⇨ました

15：28　ねがふごとく汝になるべし⇨汝になります、いえたり⇨なほりました

15：30　やまひあるものをともなひきたり⇨つれてきました

15：31　かたわハいえ⇨なほり、あがめたり⇨ました

15：32　なやまんとて⇨なやむとて、かれらを飢（うや）してさらすこと⇨かれらのはらのへりしままかへすこと

15：33　おほくの人にあかさんほどのぱんをえんや⇨ぱんがありましようか

15：36　あたへり⇨ました

15：37　ミなくらふて飽たりあまりのくづを七のかごにミつるほどひろへり⇨ミなしふぶんにたべまして［その］あまりのくづを七のかごに一はいヅツひろへました

15：39　人びとをさらしめて⇨かへらせて、舟にのぼり⇨舟にのりて○｛舟にのりて｝、いたれり⇨ゆきました

16：4　かれらをはなれてされり⇨ゆきました

16：20　たまへり⇨ました

16：21　たまへり⇨ました

16：24　十字架を負（おほ）ひ⇨せほひ

17：２　しろくなれり⇨なりました

17：３　あらはれたり⇨ました

17：12　おもふままをこれになせり⇨いたします、人よりくるしめられんとす⇨くるしめられましよう

17：13　さとれり⇨さとりました

17：15　くるしめり⇨くるしミます

17：18　鬼かれよりいでて⇨はなれて、いえたり⇨なほりました

17：21　いのりと断食にあらざれバいづることなし⇨はなれることなし

17：25　人税（にんぜい）⇨ひとのうんしやう

18：３　おさなごのごとくならずんバ⇨ならざれバ

18：12　たつねざるか⇨ましよう

18：28　咽（のんど）⇨むなぐら

18：29　あしもとにふして⇨［ひれ］ふして○｛俯伏（ひれふし）て｝

18：30　かれうけがハず⇨ききいれず

18：31　友そのなせしことを⇨そのごとくせしことを、なせしこと⇨いたせしこと

19：１　いたりけるに⇨ゆきけるに

19：２　したがひしかバ⇨ましたれバ、そこにて⇨そのところにて△｛このところにて｝、いやし⇨なほし

19：12　ききいるるものハ⇨ききいれるものハ、ききいるべし⇨ききいれるかよい

19：14　きんずるなかれ⇨ととめることなかれ、かくのごときもの⇨そのとほりのもの

19：15　さりぬ⇨たちました

19：21　よきをつくさんとほつせバ⇨おもはバ○｛おもはば｝

19：23　天國にいることかたし⇨むつかしくある

19：24　とめるもの⇨くめんのよきもの

19：27　したがへり⇨ました

19：29　いのちをつぐべし⇨うけます

20：２　金ひとつをあたへん⇨はらふべし、つかはせり⇨しました

20：３　ひまにてたちたるもの⇨ひまらしくたち［てゐ］たるもの

20：４　あたひをあたへん⇨ちんせんをはらふべし

20：５　なせり⇨いたしました

20：６　たちたるものにあひ⇨あひ［まして］、ここにたつハ⇨ここにたつ［てゐる］ハ

20：７　かれらにいひけるハ⇨こたへけるハ、價（あたひ）をうべし⇨ちんをとるべし

20：８　あたへをはらふ⇨ちん、頭注：〈あたひ／あるひハ／ちん／ちんせん／ねだん〉

20：９　うけたり⇨うけとりました

20：10　おほくうくるならんと⇨うけとるであらうと、おもひしに⇨おもひましたに、うけたり⇨うけとり

20：11　うけて⇨うけとりて

20：12　暑にあひたる⇨あひました、ひとしくこれをなせり⇨おなじやうにはらひをしますかと

20：13　友よ⇨友［だち］よ、やくそくをなさざりしや⇨いたしましたでハないか

20：14　汝のものをとりて⇨ものを［うけ］とりて、ゆけ⇨ゆくがよい、あとのものにも⇨へも、あたふべし⇨はらひます

20：15　なすハ⇨いたすハ、よからずや⇨よいでハなきか、あしきか⇨あしくあるか

20：19　わたされん⇨わたされます

20：22　洗禮をうくべきや⇨うけるや△｛うけうるや｝、よくすべし⇨きつといたします

20：23　うくる⇨うける、うくべし⇨うけなされ

20：24　兄弟をいきどほれり⇨兄弟にたいしてはらたちました

20：26　おほいならんとほつするものハ⇨おほきくならんとおもふものハ△｛大ならんとおもふものハ｝

20：27　ほつするものハ⇨おもふものハ○｛おもふものハ｝

20：28　あがなはんためにきたれる⇨つくのはんためにきたる

20：29　したがへり⇨ました

20：30　目しひ⇨目くら、耶穌のすぐるとき⇨とほるとき

20：31　人びとだまるべし⇨だまれ、いましめたり⇨すこししかりました、おほひにさけんで⇨おほごゑによばはり

20：34　したがへり⇨ました

21：3　主の入用（にうやう）なり⇨（いりやう）

21：5　かくなれり⇨このとほりなされました

21：7　耶穌をこれにのらしむ⇨のらせました

21：11　いへり⇨まうしました

21：14　いやせり⇨なほしました

21：19　かれぬ⇨かれました

21：21　海にいれ⇨海に［は］いれ、いふともなるべし⇨そうなります

21：22　ねがはばことごとく得べし⇨とんなことにてもてきましよう

21：23　權威をもて⇨權威をも［ち］て

21：26　おもへバなり⇨ますなり

21：27　いへり⇨まうしました

21：29　われハほつせすといひしが⇨ゆきたくないとまうしましたが、ゆきし⇨ゆきました

21：30　いひしかども⇨いひましたれども、ゆかざりし⇨ゆかなかつた

21：31　いづれが⇨どちらが、父のむねをなせしや⇨こころもちにかなふやうにいたしましたか、いひけるハ⇨いひまするにハ、國にいる⇨國に［は］いる

21：32　信ぜり⇨信しました、くひあらためざりし⇨ません
21：33　まがきをめぐらし⇨かきねをゆひまハし
21：34　農夫のもとへ⇨農夫のかたへ、つかはせり⇨つかはしました
21：35　石にてうてり⇨うちました
21：36　かれらにも⇨これらにも△｛これにも｝、まへのごとくなせり⇨まへのとほりにいたしました
21：37　うやまふなるべしといひて⇨うやまふべしとおもふて、つかはせしが⇨つかはしました
21：38　畑地（はたち）⇨（はたけ）
21：39　ころせり⇨ころしました
21：40　あるじきたらん⇨きました、なにをせんや⇨なにをいたしましよう
21：43　汝らよりうばはれ⇨うばひとり△｛うばひ｝
21：46　おそれしなり⇨おそれました
22：5　畑（はた）⇨（はたけ）△｛田（はたけ）｝、ゆけり⇨ゆきました
22：6　ころせり⇨しました
22：7　邑を焼たり⇨焼きはらひました
22：10　客充満せり⇨客はなはたおほくきました
22：17　人税（にんぜい）⇨ひとのうんしやう
22：19　もちきたれり⇨もちてきました
22：21　カヒサルのなりとかれにいへり⇨カヒサルなりとかれにまうしました｛カイザルなりといふ｝
22：25　そのつまを弟におくれり⇨そハせました
22：26　その二その三その七まで⇨そのじなんそのさんなんそのしちなんまで、ミなしかせり⇨ミなそのあとそのあととそハせました
22：27　死せり⇨死にましたが
22：28　これミなかれをめとりしものなれバなり⇨これしちにんともにかれをつまにいたしましたものでありますから
22：29　あやまれり⇨あやまりました

22：30　娶（めと）らず嫁（とつ）がず⇨よめにもゆかずよめもとらず、天にあるつかひたちのごとし⇨天にありておつかひをなさるおかたのごとし
22：31　神のつげたまひしことばに⇨神のおつげのおことばに
22：32　いけるものの神⇨いきてゐるものの神
22：33　おどろきたり⇨ました
22：34　閉口さするを⇨させるを、あつまりしに⇨あつまりしが {あつまりけるが}
22：35　教法師（きやうばうし）⇨（をしへのししやう）
22：36　おほひなるいましめハいづれぞや⇨なんであるぞや
22：37　汝の神なる主⇨おまへがかミさまの主
22：40　よれり⇨よります
22：41　とふていひけるハ⇨とひまするに
22：44　坐すべし⇨すハつてをるべし
22：46　こたゆるあたはず⇨こたゆることかなはず {こたふることあたはず}、とふものあらず⇨なし△ {なかりき}
23：2　位に坐す⇨をる
23：3　ごとく⇨とほり、おこなふことなけれバなり⇨がありません
23：4　かつぎがたき荷をくくりて⇨になひがたき荷をつくりて
23：8　うくる⇨うける
23：9　天にいますもの⇨天にある〈まします〉もの
23：10　うくる⇨うける
23：11　汝らのしもべ⇨つかふもの
23：13　偽善者（ぎぜんしや）⇨（にせのせんにん）、天國を人のまへにとぢて⇨天國のミちをふさきて、いらず⇨ゆかず、いらん⇨ゆかん、ゆるしいれざれバなり⇨ゆるし［て］いれません
23：14　いのりをなす⇨いたします、刑罪をうくべけれバなり⇨うけまするわい
23：15　ひとりでもひきいれんために海陸（かいりく）をめぐり⇨ひとりも

おほくなかまにいれるためにうミをわたりとちをめぐり、ひきいるれバ⇨なかまにはいれバ、地獄の子となせり⇨地獄におちるものといたします
23：16　いへり⇨ます
23：17　清浄（しやうじやう）にする⇨（きれい）にする〈(きよく）する〉△｛きよからしむる｝、いづれぞや⇨どちらであるか
23：18　ちかひとせず⇨ちかひとハいたしません、ちかふもの⇨ちかひをたてしもの、そむくべからず⇨まちがひてハならぬ、いへり⇨ます
23：19　おろかにして⇨どん、めしひ⇨めくら、清浄（しやうじやう）にする⇨（きよらか）にする△｛きよからしむる｝、壇（だん）なるか⇨壇てあるか、いづれぞや⇨どちらであるぞや
23：20　ちかふなり⇨ちかひをたてるのである
23：21　ちかふなり⇨ちかひをたてるのである
23：22　うへに坐するもの⇨ましますもの、ちかふなり⇨ちかひをたてるなり
23：23　これをすつ⇨すてます、これもおこなふべきものなり⇨これも［よよ］おこなハねバならぬものなり、かれもまたすつべからざるものなり⇨かれもまたすててハならぬものなり
23：24　めしひ⇨めくら、ぼうふり⇨ぼうふり［むし］
23：25　しへたげ⇨むさぼり〈むりとりし〉△｛貪欲（むさぼり)｝、淫欲(いんよく）⇨(いんじのよく)、ミてり⇨いつはいなり〈こほれしほどなり〉
23：26　めしひ⇨めくら、きよくなさん⇨きれいにする、そのうちをきよくすべし⇨そのなかのものをきれに〈いさきよく〉するがよい
23：27　にたり⇨にてをります、みてり⇨いつはいなり
23：28　偽善（ぎぜん）⇨いつはりのよきこと、不法（ふはう）⇨（むはふ)、ミてり⇨いつはいなり
23：29　義人（ぎじん）⇨（たたしき）人
23：30　預言者（よげんしや）⇨かミのおつげをうけしひと、荷擔（かたん）せざりし⇨いちミハ
23：31　汝らミづからに⇨おのれに、證據する⇨證據［に］する

23：34　汝らにつかはすに⇨おまへがたへあげましたれバ、會堂（くわいどう）⇨ひとのあつまるいへ、むちうち⇨うちたたき、くるしめん⇨くるしめ

23：35　義（ぎ）あるアベルの血より殿とまつりの壇のあひだにてころせしバラキアの子なるザカリヤの血まで土（つち）にながせし義（ぎ）あるものの血ハ⇨ただしくあるアベルの血より［も］殿とまつりの壇のあひだにてころしたバラキアの子なるザカリヤの血まで土（ち）にながしたただしきものの血ハ△｛地（ち）にながしたる｝

23：36　汝らにつげん⇨おまへかたにつげましう、このことミな⇨このこと［ハ］ミな、この代にむくひきたるべし⇨この代に［おいて］むくひ［が］きますぞ

23：37　あつむる⇨あつめる、ほつせし⇨おもへし、このまず⇨このミません

23：38　ミよ⇨ミるかよい

23：39　きたる⇨くる、ミざるべし⇨ミることハありません

24：1　ミせんとて⇨ミせるとて

24：2　見ざるか⇨見ませんか、汝ら⇨おまへがた、つげん⇨ます、のこるまじ⇨のこりますまい

24：3　坐するとき⇨すハりたまへしとき△｛坐したまへるとき｝、門徒人をさけて⇨門徒人を［とほ］ざけて、きたり⇨きて、あらんや⇨ありますか、あらんや⇨ありますか、つげたまへ⇨つげてくだされ

24：4　人汝らを⇨人［が］おまへがたを、あざむかぬやうにつつしめよ⇨あざむかぬやうに［きをつけて］つつしミなさい

24：5　いかにとなれバ⇨とういふわけかといへバ、おほくの人わが名によりてきたり⇨人がわたしなをなのりてきます、人をあざむくべし⇨たましますぞ

24：6　つつしめよ⇨つつしむがよい、これミなやむことをえざるものなれバなり⇨これ［ハ］ミなやめることのできませんことであります

24：7　疫病（ゑきべう）⇨（やくべう）、あるべけれバなり⇨あるべし

24：9　人汝らをなやミにわたし⇨なんきさせて、萬民（ばんミん）に悪ま

るべし⇨（よろつのひと）に悪まれましよう
24：10　つまづかされ⇨つまづかされ［て］、たがひにわたし⇨おとしあい
24：11　偽預言者（にせよげんしや）おほくおこり⇨いつはりのせいじんおほくできて、あざむくべし⇨たましましよう
24：12　愛情ひややかなるべし⇨愛情がさめましよう
24：13　おはりまでしのぶものハこれすくはるべし⇨まことのミちにしたがふものハこれすくはれます
24：14　萬民（ばんミん）に⇨（せかいのひと）、證據をなさんために⇨證據となるために、あまねく天下に⇨せかいのうちのこらず、いひひろめられん⇨られましよう、しかるのちおはりいたらん⇨そうしてのちおはりのひになりましよう
24：15　かんがへよ⇨かんがへなされ
24：17　おりるなかれ⇨おりることをするな
24：18　かへるなかれ⇨かへることをするな
24：21　かくのごときハなかりき⇨そんなことハありません、のちにもあるまじけれバなり⇨ありません
24：22　その日をミじかくせられずんバ⇨いたしませんならハ、ひとりもすくはるるものなかるべし⇨たすかるものありません、ゑらまるるものために⇨もの［の］ために○｛えらまれしもののために｝
24：23　信ずるなかれ⇨まことにすることなかれ
24：24　なさん⇨いたしましよう
24：25　つげおきぬ⇨つげておきます
24：26　ミよ⇨ミるがよい、いづるなかれ⇨でることなかれ
24：27　かくのごとくなれバなり⇨であるぞい
24：29　天のいきほひふるわるるべし⇨おそろしかるべし
24：30　地上（ちしやう）⇨（ちのうへ）、庶族（しよぞく）なげき⇨あらゆるひとびとのなげき
24：31　喇叭（らつぱ）のおほひなるこゑをして⇨おとのするとき、天のこ

のはてよりかのはてまで⇨こつちのはてよりあちらのはてまで
24：34　民（たミ）⇨（ひと）
24：35　天地ハうせんされどわがことバハうせじ⇨なくなるともわがことバハなくなりません
24：36　わが父のほか天のつかひだにもこれをしらず⇨わが父のほか［に］天のおつかひもこれをしりません
24：37　しからん⇨そのごとし
24：39　ほろぼすまでしらざるがごとく⇨ほろぼすまで［ハ］しるものなし、人の子のきたるもまたかかるべし⇨ときもそのとほりとしるべし
24：42　いづれのときぎたるかしらざれバ⇨きたるもしれざれバ
24：43　家のあるじ盗賊いづれのときぎたらんことをしらバ⇨盗賊のいつくるといふことがしれましたれば、家をやぶらせざらんことを⇨やぶらせませんといふことを
24：44　覺悟せよ⇨覺悟をするかよい、人の子きたらん⇨人の子もくるであらう
24：45　糧（かて）を⇨なくかなハざるものを、あたふるために⇨あたへるために、主人（しゆじん）⇨（だんな）、その家内のもののうへにおきたる忠義にして⇨うへにて忠義にして、しもべ⇨けらい、たれなるや⇨たれなるや［と］
24：46　主人きたりて⇨主人がきて、かくつとむるを見バ⇨よくつとむるをミるならバ、そのしもべハさいはひなり⇨そのけらいハさいはひであります
24：47　つかさどらせん⇨まかせましよう
24：48　しもべ⇨けらい、おそからんといひて⇨おそからうとおもひまして△｛おそからんとおもひ｝
24：49　傍輩をむちうち⇨うちたたき△｛うちただきて｝、飲食（いんしよく）をし初なバ⇨（のミくひ）をし初めましたならば○｛飲食（のミくひ）｝
24：50　しもべ⇨けらい、主人（しゆじん）⇨（たんな）

24：51　偽善者（ぎぜんしや）と分をおなじふして刑（つミ）せん⇨いつはりものと［その］分をおなじやうにしてしおきしましよう

25：３　ともし火をとるに油をたづさへず⇨ともし火のために油のよういかありません

25：４　器（うつハ）⇨（いれもの）、あぶらをたづさへり⇨もつてをります

25：５　ミなかりねにいねたり⇨うたたねにねました

25：６　夜なかばにミよはなむこきたりぬ⇨夜なかにミなされはなむこきましたから、むかひにいでよ⇨でよ、こゑありけれバ⇨こゑがしますと

25：７　ともし火をととのへぬるに⇨まするに

25：８　きえんとすれバ⇨きえますれバ、汝ら⇨おまへかた、わけあたへよ⇨わけてくたされ

25：９　かしこきものこたへていひけるハおそらくハわれらと汝らとにたるまじ⇨それハこまりますわれらと汝らとにハたりませんから、寧賣ものにゆきておのれのために買へ⇨□□賣もの［のかたへ］ゆきてしぶんのために買ふかよい

25：10　婚禮にいりしかハ⇨婚禮［のさしき］にはいりましたれバ

25：11　かかるのち⇨それののち、そのほかの娘きたりて⇨あふらかひにゆきし娘きまして、われらにひらきたまへ⇨われらにもんをあけてくたされ

25：12　いへり⇨いはれました

25：13　つつしめよ⇨つつしミなされ

25：15　たびだちぬ⇨たびだちました

25：16　金をうけしもの⇨あづかりしもの、はたらかし⇨はたらかせて、まうけたり⇨ました

25：17　二千をうけしもの⇨あづかりしもの、まうけたり⇨ました

25：18　うけしもの⇨あつかりしもの、かくせり⇨かくしておきました

25：19　かへり⇨かへり［まして］、計會（かんじやう）をなしけるに⇨いたしますに

25：20　ミよ⇨ミなされ、まうけたり⇨ました、いひければ⇨いひましたれば

25：21　いひけるハ⇨いひまするハ、善且忠（ぜんかつちう）なるしもべぞ⇨よいことまたちゆうぎなるものぞ、忠（ちう）になせり⇨ちゆうぎをしました、汝におほきものをつかさどらせん⇨汝におほき［なる］ものをしはいさせましよう、汝のあるじのよろこびにいれよ⇨をよろこばせよ
25：22　まうけたり⇨ました
25：23　善且忠（ぜんかつちう）なるしもべぞ⇨よいことまたちゆうぎなるものぞ、忠（ちう）になせり⇨ちうぎをしました、おほきもの⇨おほき［なる］もの、つかさどらせん⇨しはいさせましよう、よろこびにいれよ⇨よろこばせよ
25：24　われしりぬれバ⇨しりてをりますれバ
25：25　地にかくせり⇨かくしておきました△｛かくしおけり｝、あなたのものをえたり⇨うしなひません
25：26　且（かつ）⇨（また）
25：29　もつものまでもとるべしとなれバなり⇨とられるといへバなり｛もつものまでもとらるべけれバなり｝
25：31　聖（せい）なるつかひ⇨（きよらか）｛聖使（きよきつかひ）｝
25：32　品わけし⇨品わけをして
25：34　いはん⇨いひます
25：35　旅せしときにわれをやどらせ⇨とまらせ
25：36　獄（ひとや）⇨（ろうや）、きぬれバ⇨きたれバ○｛きたれバ｝
25：40　つげん⇨つげます、ひとりにおこなへるハ⇨いたしましたことハ、われにおこなひしなり⇨いたしましたもおなじことなり
25：41　いはん⇨いひます、火にいれよ⇨火に［は］いれよ
25：44　いはん⇨いへましよう、獄（ひとや）⇨（ろうや）
25：45　いとちいさき⇨はなハた、ひとりにおこなハざりしハすなはちわれにもおこなはざりしなり⇨ひとりに［も］いたしませんならハやはりわれにもいたさぬとおなじことなり
26：1　耶穌このさまざまのことばをいひおはりて⇨をしへをはなしてしま

つてから、いひけるハ⇨またはなしまするに

26：2　二日ののちにハ⇨すきると、まつりならん⇨まつりてあります、汝らしれるなり⇨おまへがたしつてゐるなり、十字架につけられんためにわたさるるなりと⇨つけられるためにとらハれてひかれます

26：3　祭司（さいし）のをさたち⇨おほきなるやくにん、民（たミ）の長老（としより）たち⇨（ひと）の長老のやくにん

26：4　詭計（たバかり）⇨（はかりごと）、はかり⇨はかりごとをしました

26：5　いひけるハ⇨そのはなしまするに、民（たミ）⇨（ひと）、亂（らん）⇨（さわぎ）、おそるる⇨おそれる、まつりの日にハすべからず⇨よすがよいと

26：7　もちきたり⇨もちてきました、耶穌食（しよく）するとき⇨耶穌ぜんにむかふてゐるとき、その首（かうべ）にかけしかバ⇨その［あふら］をつむにつけました

26：8　門徒（でし）見ていかりをふくみこの費（つひえ）のことハ⇨門徒見はらたちがほをしてこれを費やすことハ

26：9　金（きん）をえてまづしきものにほどこさるべきものをといひけるを⇨金（かね）になりますからびんぼうにんにほどこせばよいものをとまうしましたれバ

26：10　いひけるハ⇨いひまするハ、われになせしに⇨いたしましたに、このをんなをなやまするや⇨こまらせまするや

26：11　まづしきもの⇨びんばふなるもの、汝らとともなるに⇨おまへがたといつしよなるに

26：12　我のはうむりのためになせり⇨我をはうむるためになせり

26：13　福音のひろめらるるところ⇨ひろまるところ、をんなのなせしこと⇨いたしましたこと、その形見のためにいひつたへらるべし⇨その形見となりていへつたひられましよう

26：14　祭司のをさたちにゆきて⇨おほきいやくにんたちのかたへ

26：15　なにをあたふるや⇨くれますや、約（やく）せり⇨（やく）そくし

ました

26：16　うかがへり⇨ました

26：18　城下にいり何がしにいたりて師（し）いへるハわが時ちかづけバ⇨何がし［のかた］にゆきて（し）しやうがまうしますわが時ちかづきました、食事を汝の家になすべしといへ⇨いたしたいといへ［よ］

26：19　耶穌の命ぜしごとくして⇨おほせのとほり、そなへたり⇨ました

26：20　坐（ざ）したり⇨（すハ）りました

26：21　われをわたさん⇨われを［やくにんに］わたすだらう

26：22　耶穌にいひいでけるハ⇨まうしまするに

26：23　盂（はち）に手をつくるもの⇨手をいれるもの、わたさん⇨わたします

26：24　おのれについてしるされしごとくゆかん⇨おのれについて［むかしのせいじんかき］しるされしごとくゆきましやう、うまれざりしかば⇨うまれざれば

26：25　汝のいへるごとし⇨いふたとほり

26：26　取てくらへ⇨取てたべるがよい、これハわが身なり⇨わが身（からだ）｛わが身（ミ）なり｝

26：27　このさかづきよりのめよ⇨にてのめよ

26：28　ながさるるものなれバ⇨ながしますもの

26：29　父の國にのまん日まで⇨のむ日、のむまじ⇨のミますまい

26：30　ゆけり⇨ゆきました

26：31　いひけるハ⇨いひまするに、つまづかされん⇨まごつかされましう、そハ⇨それハ、われ牧（かふ）ものをうたんに群の綿羊（めんよう）ちらされん⇨うたば［ひと］群の綿羊（ひつじ）ちらされましう○｛うたハ｝、しるされしなれバなり⇨むかしのせいじんかきのこされました

26：32　汝らに先だちてガリラヤにゆくべし⇨おまへかたより先へガリラヤにゆきます

26：33　つまづかされまじ⇨ません

26：34　いはん⇨いふべし

26：35　いへり⇨ました

26：36　いたりて⇨まゐりまして、ここにをれとでしたちにいへり⇨ゐろよ、ました

26：38　こころいたくうれふる⇨いたミうれひる、目をさましをれ⇨てゐなされ

26：39　いのりいひけるハ⇨いのり［て］いひけるハ、抔をはならせたまへ⇨はなれさせたまへ、まかするなり⇨まかせます｛まかせたまへ｝

26：40　いねたる⇨ねむりたる、あたはざるか⇨てきませんか

26：44　三たびめも⇨三たびめ［に］も

26：45　時ちかし⇨時（とき）○｛時（とき）｝

26：47　長老よりきたれり⇨長老［のかた］よりきました｛長老のもとよりきたる｝

26：48　わが接吻（キツス）せんもの⇨われといへこたへするもの、いへり⇨いへて

26：49　かれに接吻せり⇨はなししました｛くちつけす｝

26：50　友よ⇨友［だち］よ

26：52　剣にてほろぶべし⇨しにます

26：56　にげたり⇨ました

26：57　ひきゆけり⇨ひきつれてゆきました△｛つれゆく｝

26：58　いり⇨［は］いり、坐したり⇨すはつてをりました

26：59　全公會（ぜんこうくわい）⇨まつたくの公會、もとむれどもえず⇨かなはず

26：60　えず⇨かなハず

26：64　人の子權勢（けんせい）の右に坐して⇨かミさま

26：65　いへり⇨ます、きけり⇨ききましたとほり

26：66　いへり⇨ました

26：67　かれをただき⇨うちたたき

26：69　耶穌とともなり⇨耶穌のともたちなるべし

26：71　耶穌とともなりし⇨耶穌ととも［だち］なりと

26：73　方言（くになまり）汝をあらハせバなり⇨くにのなまりことバが汝をあらハします

27：1　ハかれり⇨ハかりて

27：2　方伯（ほうハく）のポンテヲピラトにわたせり⇨（おもきやくにん）、わたしました

27：4　つみをなせり⇨なしました

27：6　賽錢箱にいるべからず⇨いれる

27：7　かひたり⇨ました

27：8　なづけられたり⇨ました

27：9　値積（ねづも）られし⇨ねだんをつもられし、ねづもられし⇨ねをつもられし

27：10　主のわれに命ぜし⇨おほせられし、かなへり⇨ます

27：14　あやしめるまでに⇨あやしむ、一言（しとこと）⇨（ひとこと）○{ひとこと}、こたへざりし⇨こたへをしません

27：15　例（ためし）あり⇨（れい）○{例（れい）}

27：17　汝らたれをゆるさんとほつするや⇨ゆるしたくおもひますか△{ゆるさんとおもふや}

27：18　娼嫉によりて耶穌をわたせしとしれハなり⇨ひきわたしましたゆへなり

27：19　坐（ざ）せしとき⇨（すハ）りしとき△{座にすわりたるとき}

27：21　いづれを⇨どちらを、ゆるすをほつするや⇨おもひますや

27：22　なにをなすべきや⇨いたすべきや

27：23　十字架につけよとさけびいひけれバ⇨よばハりました

27：25　すゑ⇨しそん△{子孫（すゑ）}

27：26　わたせり⇨わたしました

27：27　公廳（こうてう）⇨（おやくしよ）△{公廳（やくしよ）}、組中を

かれによびよせ⇨そこに△｛そのもとに｝
27：29　首（かうべ）に⇨（あたま）
27：30　その首（かうべ）をうてり⇨（あたま）をうち〈たたき〉
27：31　かれをひきゆけり⇨ひきゆく○｛ひきゆく｝
27：32　その十字架を負（おハ）せり⇨しよハせり
27：35　その衣をわかちぬ⇨わけました
27：36　耶穌をまもれり⇨ばんをしてをります
27：37　罪状標をその首（かうべ）のうへにたてり⇨（あたま）、たてておきました｛おけり｝
27：38　つけられたり⇨ました
27：39　耶穌をけがし⇨あくこうするに
27：40　殿をこぼちて⇨くづして
27：42　かれを信ぜん⇨信かうします
27：45　くらくなりぬ⇨なりて
27：46　いへり⇨ました、これを譯（とけ）ばわが神わが神なんぞわれをすてたまふやとなり⇨とまうしました
27：47　といへり⇨といひ
27：50　その魂（たま）をはなちぬ⇨いきかたえました△｛氣（いき）たえたり｝
27：51　地ふるひ磐（いは）さけ⇨ちしんがして磐もさけ
27：54　いへり⇨ました
27：55　はるかにのぞみて⇨のぞ［ミ］みて｛のぞミゐたる｝
27：57　でしなるヨセフと名つくるもの⇨でしなるものにて、きたれり⇨きたりて○｛きたりて｝
27：58　かれハピラトにゆき⇨ピラト［のかた］にゆきました、耶穌の屍をこひしに⇨はうむることをねかひました
27：64　先よりいやますべし⇨いよいよおほかるべし
28：2　地震ありし⇨がしましたれば、主（しゆ）のつかひ⇨かミの［お」

つかひ、天くだりきて⇨まして、石を門よりまろばして⇨ころがして、坐(ざ) すれバなり⇨ (すハ) つておいてなさる

28：3　容貌（ようぼう）⇨（かほかたち）△ {容貌（かたち）}

28：5　われしれバなり⇨しつてゐるなり

28：6　ここにいまさず⇨をりません、よミがへれり⇨りました、主のおかれしところを見⇨見［よ］○ {見よ}

28：7　汝らハかれを見んとつげよ⇨見る {見るべし}

28：8　とく墓をさり⇨はなれて、はしりゆけり⇨ゆきました

28：9　耶穌かれらにあふて⇨あひまして、そのあしをいだき拜せり⇨いだきておかミました

28：10　おそるるなかれ⇨おそるる［こと］なかれ、さりてガリラヤにゆけ⇨ここからガリラヤにゆけ［よ］、兄弟につげよ⇨しらせよ

28：12　銀（ぎん）を士卒（しそつ）にあたへ⇨（かね）を（あしがる）につかハし○ {かね}

28：13　いねしとき⇨ねむりたるとき、ぬすめり⇨ぬすみたり

28：14　こころづかひなからしめん⇨のないやうにいたします

28：15　ごとくせり⇨いへました、いひひろめられたり⇨ました

28：17　うたがひしものもありき⇨ありましたれば

28：18　たまはれり⇨りました

【資料Ⅲ】

長崎関係CMS資料：解説とエンソー書簡の翻刻

解　説

長崎に赴任したCMS宣教師はロンドンのCMS本部に夥しい書簡を送っており、それらはロンドンのCMS本部に保管されていた。この書簡のコピーが長崎聖三一教会にも所蔵されている。長崎聖三一教会の資料によれば、CMS本部に保管されていたこれら長崎関係の書簡は桃山学院大学の木村信一がコピーして持ち帰ったものである。そして長崎聖三一教会教会史編纂のために、これらの書簡の大部分は同教会会員である永田友諒と高橋猛夫によりタイプに起こされていた。これら各書簡には、整理番号が付けられていたが、無秩序に分散した状態にあった。それらを1993年6月、渡辺久美子・小川早百合・筆者の三名で整理したところ、欠落部分や散逸部分が見つかり、オリジナルを確認する必要性を感じた。

筆者がロンドンのCMS本部に問い合わせたところ、CMS資料はバーミンガム大学図書館に移管されているという回答を得たため、バーミンガム大学図書館に照会した結果、次の回答を得た。

「CMSは、バーミンガム大学図書館と契約し、その文書を漸次バーミンガム大学図書館に移管している。1979～80年に第一次移管が行われた。この移管文書は1935年以前のアフリカ（Group 3）ミッションに含まれる諸文書である。これら諸文書は、次の諸地域を包含している。西アフリカ

(シエラレオネ)、ナイジェリア、南アフリカ、ケニア、タンザニア、ウガンダ、ルワンダ、ブルンジ、エジプト、スーダン、地中海地域（パレスチナ、トルコと小アジア、ギリシアの島々、マルタとアビシニア)、ニュージーランドと西インド諸島。

1986年に第二次移管が行われた。これら移管文書は1935年以前の東アジア（Group 1）と西アジア（Group 2）のミッションであり、包含される地域は次の通りである。

Group 1: カナダ、中国、日本

Group 2: セイロン、モーリシャス、マダガスカル、ペルシャ、Turkish Arabia

CMS本部所蔵の上記以外の部局の資料は、1993年までに移管が完了する。これらには非公式の古文書が含まれる（宣教師及び職員の家族関係の書類、公文書以外のCMS関係資料）……1834~99年のインドと中国の The Female Education Society の記録、1880～1957年のインドと中国の The Church of England Zenana Society の記録もすでに移管されている。

これらの資料の目録は移管後のものはバーミンガム大学で利用可能である。これらには以下のものも含まれる。

The CMS Proceedings. Annual Report. Yearbook 1801-1986.

The CMS Historical Record 1919, 1922/3 －1957/7.

The Missionary Register 1813-54.

The CMS Annual Letters 1886 －1912.

The CMS Register of Missionaries and Native Clergy.

Stock's History of CMS. Hole's Early History of the CMS.

The Centenary Volume of the CMS.

CMS資料は、40年間は利用に供されない。しかし中国は例外で、1951年に宣教師が全員退去したため、すべて利用可能である」

1993年７月に筆者はバーミンガム大学図書館特殊資料室を訪問し、長崎関

係のCMS資料を探索し、筆者の研究に必要な書簡に関してはほぼ全てを確認し得た（ただし、3～4通の書簡はバーミンガム大学では見当たらなかった)。書簡はすべて、オリジナルなまま所蔵されていた。そのため、酸化し、脆くなっている書簡に関してはコピーができず、重要と思われるものは手写した。

次表は、長崎聖三一教会に保管されている長崎に滞在したCMS宣教師の書簡の一部である。太字はバーミンガム大学図書館特殊資料室（THE UNIVERSITY OF BIRMINGHAM UNIVERSITY LIBRARY, Special Collections Department）で新たに確認したり、発見したものである。現在、これらの書簡は、利用者の便を図って作成した整理表に従いファイルし、長崎聖三一教会所蔵されている。

なお最近、Adam Matthew PublicationsからCMS資料がマイクロフィルムとして出版され始めた。日本関係のCMS資料［Section I: East Asian Missions, Part 1～3 Japan (1869-1969)］も1997年に出版が完了している。

このため、ここでの長崎関係のCMS資料は、本稿に直接関係する書簡及びその周辺の書簡を摘記するにとどめた。

* 次表は、長崎聖三一教会に所蔵されているCMS資料である。この表は、聖三一教会で、整理のために渡辺久美子が作成した表に基づいている。
* Noは、便宜的に付けられていた整理番号である。
* 太字は、不明瞭な部分を確認した書簡、ないしは新たに発見した書簡である。
* 枚数の→は、「長崎聖三一教会所蔵枚数→バーミンガム大学図書館特殊資料室所蔵枚数」を示す。
* 表中の請求番号は、すべて次のカタログからのものである。*Catalogue of the papers of the Mission of the East Asia Committee,* (Group 1) Vol. 3, Japan Mission 1868-1934, Catalogued by Rosemary A. Keen.

No	日　付	差出場所	差出人	宛　先	枚数
1	1868. 2 .18	Ningpo	Ensor	［Journal］	6
2	1868.10.23	Ningpo	Ensor	Venn	3

3	1869. 2 . 4	長崎	Ensor	Venn	4
4	1870. 1 .14	長崎	Ensor	Venn	4
5	1869. 5 .12	長崎	Ensor	Venn	4
6	1869. 9 .20	長崎	Ensor	Venn	5
7	1870. 1 .15	長崎	Ensor	Venn	1
8	1870. 4 . 5	長崎	Ensor	Venn	4
9	9 .13	長崎	Ensor	Gentlemen	2
10	9 .15	長崎	Ensor	Hutchinson	1
*	11. 7	**長崎**	Ensor	不明	
11	4 . 9	Ningpo, China	Burnside	Fenn(London)	1
CJ/O 8/2	12.16	**長崎**	**Burnside**	**Secretaries** (CMS, London)	**8**
13	1871. 1 .16	長崎	Ensor	Gentlemen	3
14	10.14	長崎	Ensor	Hutchinson	1
15	12.15	長崎	Ensor	Sirs	5
16	5 .22	横浜	**Burnside**	[Petition]	2
17	7 .14	長崎	Burnside	Secretaries (CMS, London)	5
18	1872.12. 2	長崎	**Burnside** 筆跡より判定	Secretaries (CMS, London) Annual Letter	6
CJ/O 8/10	**1872.12. 2**	**長崎**	Burnside	**同上**	12→**30**
19	1873. 7 .31	長崎	Burnside	Secretaries (CMS, London)	9
20	12.18	長崎	Burnside	H. Wright (CMS, London)	7
21	1873.12. 2	長崎	Burnside	Committee (CMS, London)	12
CJ/O 9/1	**12.29**	**長崎**	**H. Wright**	**Dear Sir**	**4**
22	1874. 1 .15	函館	**R. Eusden**	Burnside	2

23	2 .22	長崎	Burnside	Henry Wright (CMS, London)	9
24	6 . 8	長崎	Burnside	Henry Wright (CMS, London)	3
25	9 . 1	長崎	Burnside	Henry Wright (CMS, London)	3
26	12.22	長崎	Burnside	Wright	2
27	1875. 4 . 5	長崎	Burnside	Committee (CMS, London)	1
27-2	3 .30	**長崎**	**In the charge of Goverment's Hospital at Nagasaki**	[Medical Certificate] **Burnside のもの**	**1**
28	6 月, 7 月	不明	不明	Maundrell's Journal	11
29	1875. 7 . 8	長崎	Maundrell	Wright	2
30	7 月	大阪	Evington	Wright	9
31	9 .16	長崎	Maundrell	Wright	1
CJ/0 14/30	**9 .16**	**長崎**	**Maundrell**	不明	**11**
32	12.13	長崎	Maundrell	Fenn **[Annual Letter]**	2
33	12. 6	大阪	Evington	Gentlemen	3
34 CJ/0 14/31	**1876. 2 .21**	**長崎**	**Maundrell** The Rising Sun, 1876. 2 .19の記事が挟み込んである。内容は Church Fund の件	**Wright**	3 →**15**
……（中略）……					
184	1893. 2 .22	6 Clipton Terrace Winchester	Maundrell	Fenn	2
（以下略）					

翻刻　CMS宣教師エンソー書簡(抄)

ここに翻刻する資料は、長崎に赴任した英国のCMS宣教師George Ensor のCMS本部宛書簡の中から重要と見られる書簡を選び出したものである。彼の着任時期との関係で浦上四番崩れに関連するものが多い。またこの浦上四番崩れとの関係で、在日プロテスタント宣教師が一致して全世界のキリスト教徒に訴えた「宣言書」の写しも加えた。これはHenderson Burnside が本部に送付したものである。これらの書簡は、英国バーミンガム大学図書館のSpecial Collections Department にオリジナルが所蔵されている。

なおCMSの日本への宣教全般については、Church Missionary Society, *Japan and the Japan Mission of the Church Missionary Society,* 4th ed. London, 1905が詳しい。またCMSの世界各地での活動の全貌を知るには、*The Centenary Volume of the CMS for Africa and the East, 1799-1899,* London, 1902が便利である。

CMSは、世界最大の海外宣教団体であり、英国から日本への初めてのミッションであった。また日本へのプロテスタント・ミッションとしても比較的初期に属する（Ensorの長崎上陸は、1869年1月23日―明治元年12月11日)。しかし、これらの書簡は、これまでほとんど紹介されておらず[(1)]、翻刻する意義があると考える。ここでは、すべてオリジナル書簡の複写に基づいて翻刻した。その際、高橋猛夫氏によるタイプ草稿（長崎聖三一教会所蔵）を参考にした。また長崎外国語短期大学のLoretta R. Lorenz 教授には、判読困難な箇所について貴重な御教授を賜った。

なおバーミンガム大学のSpecial Collections 所属のMr. Martin Killeen 並びにMr. Ken Osborne（The Archivist of the Church Missionary Archives at Partnership House in London）は、この翻刻に快諾を与えてくれた。記して、謝意を表したい。

I. George Ensor

①1869年2月4日（受領は1869年4月5日）

Nagasaki

Japan

Feb. 4. 1869

My dear Mr. Venn

I cannot sufficiently praise the goodness of our heavenly Father for having been brought in the enjoyment of so many mercies to the haven where we would be and I trust to enjoy that blessed time when we shall have gained not a temporary but a permanent resting place and have left the waves of this world for the peace of eternity. An unusually calm and favourable voyage brought us to the shores of China where we received much kindness and enjoyed much the society of our dear friends in Ningpo. During a residence in that city of just three months, I had an opportunity of seeing the native Christians and catechists every day and meeting with them in their house of prayer. In company also with Mr. Moule(2), I had the privilege of visiting nearly all the missionary stations in the outlying districts of Ningpo and was thus initiated into the circumstances of mission life in the Far East as much as it was possible in that short time and for one unacquainted with the language. My heart however was in Japan and most earnestly did I long for the arrival of Mr. Russell(3) under whose wisdom & guidance. I had the happiness to be placed by the committee. At last he came and to my great joy decided to dispatch me as soon as possible. Principally from the fact of Mr. Moule's departure to England approaching he thought it good to remain a season longer himself and to follow soon after. After a short delay in Shanghai where we enjoyed

the hospitality of that excellent friend of the society Mr. Krauss,(4) we left on 21st of January and after a very calm passage of 48 hours we found ourselves on the morning of the 23ad(sic) in the grey dawn approaching the beautiful country of rising sun 日本 from whence it has it's name. As we approached the land the sun hight shone over the fertile and even at this season, well cultivated hills which rose sharply from the water's edge. On the waves we could see the san-pans of the hardy fishermen on the larger junks laden with coal, which is here very good and cheap, bound to Hirado. A very picturesque and winding entrance opened out to us, soon a view of the beautiful land-locked bay which might have been the crater of a huge volcanoe(sic) were it not (that) the sides were ranges of hills bright with cultivation and wooded to their summits and instead of fiery lava tossing in seething foam there slept a calm and tranquil little sea of exquisite blue. But before we entered this delightful harbour we had to pass the beautiful little islet of Pappenberg(5) from whose frowning height many Christians were hurled "Mother with infant down the rocks" at the time of the fierce persecution fomented by the pride and intrigues of the Romish ecclesiastics and which have thrown such immense difficulties in the way of the teachers of a better and a purer faith. The sun was now shining hightly and we saw the excellent site of the foreign settlement on the right sketching on to the extensive Japanese town containing some 80,000 inhabitants; the low roofs extending to the head of the bay and overlooked by the overhanging hills on which rose the narrow tablets of the neatly kept tombs. Very different indeed from the marshy swamps and low paddy fields around Shanghai and Ningpo. The air too was bright and exhilarating and only one thing was needed to render the picture one of perfect beauty, liberty to listen to and embrace

the Gospel of Christ. We thought it better to proceed at once to the little residence set apart for us and as soon as possible we had our effects transported on the sturdy backs of a number of coolies to the summit of the hill adjoining the native town, where our residence formerly occupied by Bishop Williams,[(6)] is situated. Much of the inconvenience and discomfort of taking possession of a house without stove or fireplace was mitigated by the kindness of some of the residents and we are at last getting very comfortable.

Soon after my arrival, I met one of the Japanese whose acquaintance I had made in England; he expressed much pleasure at seeing me in Japan and a day or two afterwards sent us a couple of sea ducks with a kind note in English. It was indeed very gratifying to meet with such kindness on our arrival from a Japanese. Nor was this the only evidence of it, from another came a basket of oranges, from a third a large cake tastefully enclosed in a box. These are indeed valuable as evidences of kindly feeling and friendliness. This leads me to allude to what is to me a matter of intense interest, an interest in which I know the Committee and the Christian people of Britain so deeply share, the present state and prospects of mission work in Japan. You will naturally think that the experience of some ten days cannot be very accurate or profound and I should not feel justified in advancing the results of my own observation as furnishing reliable information. But I cannot refrain from bringing before you as much as I have collected on the spot from those whose words are substantiated by years of experience and acquaintance with this people. It is well known that there exists a most stringent edict adverse to Christianity and the fact cannot be concealed that this edict is no dead letter. True, blood as far as we know, has not been shed, but no man would consider his life safe were

he known to be a Christian. Consequently exceeding caution must necessarily be exercised in approaching the people as any act of imprudence might suspend at least for a time the opportunities at present possessed. Over against this may be set the encouraging fact that the natives are willing to hear; there are many means of access to them through the medium of their intense passion for the acquisition of the English language and sciences;(7) moreover were toleration once granted the only difficulty for the missionary would be to help out the rush which would ensue of masses who would consider it an honour to be named Christians and thus identified with the advance of science and civilization. In private intercourse the gospel may be preached and the consistency of a Christian life be silently urged as a living example of the truth taught. More than all it has proved a saviour of life to some. There are facts now which must be mentioned with bated breath in connexion with the Lord's work in Nagasaki and are not the first fruits but an earnest of the abundant harvest yet to be gathered in the Lord's time in this land. Bibles in Chinese, the Latin of the educated, and Christian tracts are given or sold and at times in large quantities without hindrance;(8) indeed the entrance of them into Japan is expressly guarded by an article in the American treaty. The door is in part open; the word of God is not bound and shall not God's people earnestly plead for this land that it may be filled with His glory and many precious souls be gathered into his fold. = Two Japanese youths called today to take me through the native town. I visited with them a large Buddhist temple the neatness and cleanliness of which contrasted very favourably with the negligence and untidiness of those in China. Standing on the steps before a stone image of Buddha (Dai Butsy), I spoke to them of the folly of the creature worship and the naturalness of

worshipping the only Creator; They at once told me they were not the victim of such superstition; indeed I have never found an intelligent Japanese believer in idolatry. Tomorrow morning I trust with God's blessing to commence my studies with my teacher and I have arranged to have a class for an hour on the evening of Japanese young men whom I have promised to assist in English. But I pray for the time when the sole instruction imparted by the missionary shall be that knowledge which maketh wise unto salvation. I am thankful however that this opportunity of intercourse is afforded me as I can thus freely and frankly unfold to them the truth----Since writing the above I have had my first lesson here from a Japanese teacher; He is a very intelligent old man and noted as a good teacher. I procured him through Mr. Verbeck(9) the only other missionary at this place; he expects a colleague by tomorrow's mail from America. I have also received an invitation from some Japanese friends to meet them at their homes; This very encouraging to meet with such a kindly reception here. =I must in conclusion add a word in reference to the conduct of the English service here. To meet the earnest wishes of the community I have undertaken to hold service once on Sunday, provided it does not interfere with my work amongst the natives which I feel to be my first duty. Nothing as yet has been arranged about remuneration though I understand the community are willing to supplement my salary by a definite amount. I shall be thus enabled to follow the precedent furnished by the mission at Peking and Ningpo and it is a matter of sincere joy to me that the expenses of the Japan mission shall be thus lightened by whatever sum the community are willing to contribute in return for the service which they are anxious to secure. I am thankful to say that my wife and little one are well. The former looks forward to opening a

school for little Japanese children as soon as she is acquainted sufficiently with the language. I trust this letter may find you well. England is perhaps today clothed with snow or parched with frost, in Nagasaki today roses bloom, beautifully scented flowers are bursting into blossom, oranges hang from the green boughs and daffodils rising from beds of green are in flower. Ere long I trust the sweet summer of Christ's reign shall appear, and this people beautiful in the Lord's loveliness shall rise from darkness and death and come to the everlasting light.

With Christian regards to the committee
I remain dear Mr. Venn
ever sincerely yours
George Ensor

The Revd. H. Venn

②1870年1月14日（受領は1870年5月8日）

Nagasaki Japan
Jan. 14th. 1870

My dear Mr. Venn

I take up my pen to address you, but it is difficult to find words sufficiently appropriate. I seem to be awaking from a horrible dream.

I am alternating between pity and sorrow, indignation and dispair (sic). While I endeavour to compose my thoughts, I scarecely dare to call to remembrance the facts my duty desires me to record. Perhaps I shall best prepare your mind and calm my own by recounting to you in order the events which have ushered in the painful scenes I am about to describe; they are calculated to throw considerable light upon the mournful sequel. It may be remembered by you that the country of

Japan was just emerging from the crisis of extreme political significance. What might virtually be termed a different dynasty was issuing from a disorder chaos of political confusion. Fortified by the prompt and early recognition of England's able minister the newly consolidated empire of the Mikado appeared to be successfully composing social agitation at home and rapidly strengthening foreign relations with the representatives of the western powers. An imperial parliment(sic) had been assembled under most favourable auspices in the old chief city of the Tycoon, now the eastern capital of the empire. In it questions affecting internal policy and external relations had been discussed with new and at times startling boldness. The voice of the people was making itself heard for the first time in the counsels of the empire. Intellectually, a remarkable era of progress had been inaugurated. Government schools for the acquisition of foreign science and western culture were in process of formation or in actual existence at the important cities of Yeddo, Osaka and Nagasaki, and foreign teachers were training their native pupils in the new and mysterious knowledge of the civilized world. But suddenly and in a moment all these encouraging evidences of progress seemed to be blighted. Japan has retrograded centuries in a single week and the good of years has been undone in a single day. And yet it came not without it's warnings. Though the imperial government had suffered the sword drawn two years ago against the Romish Christians to fall from it's grasp and had even given a positive guarantee that it should not without previous intimation to our minister, again be drawn, it had not once amidst the universal enthusiasm for foreign science and civilization evinced the slightest tendency toward the adoption of an enlightened faith. Again in the parliment(sic) summoned by the Mikado to discuss the welfare of the state, the introduc-

tion of the foreign element had given rise to questions which none composing the senate were prepared on desirous to solve. Indisposition and other pleas were quickly forthcoming, to call the princes to their homes and the conference abruptly terminated. Questions of finance too arose and commercial credit became seriously impaired. Leading men in the government were observed sending in their resignation and preferring retirement to accompanying it in a path in which they foresaw so many difficulties and those not far distant. Nature itself seemed not to be behind in furnishing significant portents. The usual rains falling in the spring were delayed and an impoverished crop gave rise to rice riots and in consequence fabulous prices for the commonest food. The slight shocks of earthquake commonly occurring in the early part of the year, were wanting but destined to be superseded by the far more formidable connections of the moral elements in the land. Thus closed the year sixty nine. The dawn of seventy ushered no scenes unsurpassed in the history of our time. On the second of the month intelligence was brought to the foreign community that bands of armed men had proceeded to the village of Urakami, some three miles distant from Nagasaki, and containing a population of about 4,000 souls almost exclusively Romish Christians; that they had siezed upon these poor and unsuspecting people and that they had instructions from government to embark them on Japanese steamers in waiting in the port and convey them where neither man nor message might return. In vain were the strongest consular remonstrances tendered. In vain did Her Majesty's minister plead for a delay of even fifteen days. Every effort was fruitless. Then were witnessed scenes which eyes in Christian England now have never seen. We deemed to have been transported to the days of Nero and Domitian again. Along the narrow streets by armed

soldiers were herded bands hundreds and hundreds in numbers of feeble women and inoffensive children. Infants borne at their mothers' breasts, aged women too infirm to walk carried on the backs of their captors. Driven into the government enclosures they were thence conducted along a line of guards to boats that bore them to the transports. By a bitter refinement of cruelty, families were carefully divided into different vessels; parent and child, husband and wife cruelly torn in sunder. From the morning of 8th these steamers with the living freight densely packed upon their decks passed onward from the port. There were eight of them. I myself counted six, one of them towing a junk also crowded with poor creatures who waved their mats as they disappeared from sight in a sad farewell to home, their former happiness and perhaps their life itself. Their number in all amounted to about 3,500 and I am informed through Japanese intimate with all classes that as to the future of these unfortunate beings we may apprehend the worst. Carried to some distant and desolate island, there to linger out the remains of a miserable existence, or more tolerable far, to find beneath the waves a home where the wicked cease from troubling and the weary are at rest. I am aware that rumours have been and will be industriously circulated by the government that their fate is not so terrible as it appears, nay that such rumours may find too facile a credence amongst a few; but all who know the temper and policy of these men will bear me out when I affirm that they will never sacrifice expediency to truth, nor will any guarantee be regarded which might affect their material interests. I visited myself one of these steamers; it was bound to Kaga one of the northern ports.(10) An English gentleman about to undertake the education of the youth there, was a passenger. So far we may expect to hear of them. What may befall them after is

unknown. Shall we not sympathize with these suffering members of our humanity? True they are diverse, from us in creed; their faith is darkened by error and overloaded with superstition. Shall we therefore deem them undeserving of our compassion? Shall we not pity them the more for they lack those sublime supports which Christianity in it's purity can alone afford? But there is a new and an important feature in this persecution, Heathenism in Japan has openly for the first time fastened it's deadly hold upon Protestant Christianity. A man of blameless conduct and gentle life who combined with the natural frankness and generosity of his people the more engaging features of the Christian character who ate of my bread and drank of my cup and was to me as a brother,(11) was apprehended at nightfall in his lodging. The strongest influences private and official were exercised to compass his release but without effect.(12) You will I know sympathize with me in my sorrow. I have derived a bitter satisfaction from the thought that in regard to him there is nothing worse left for me to apprehend. But what is my personal loss to that sustained by thousands of these poor people. Brothers and sisters ruthlessly sent asunder. Parents torn from their children, misses and mothers sentenced never to behold the objects of their love again. Shall English women hear the tale without a tear? Shall Englishmen listen and sit still! Shall they not rise in righteous indignation and determine that as long as England holds her proud place among the peoples of the earth, never again, shall history be disfigured by so foul a blot. We are not the advocates of strife. We deprecate bloodshed not we see no cause to dread it. The present government of Japan is notoriously impotent. This dictate of a blind and barbarous policy is no evidence of strength, it is a concession wrung from it's weakness by the bitterness of a priestly caste, themselves my

witnesses, idle, intolerant and vicious to a degree. Once the broad mandate of England empowers her minister to say "This shall not be" persecution forever shall perish from these shores and commerce, civilization and Christianity shall link our lands together in an indissoluble union of equity, concord and love.

I remain, dear Mr. Venn

Very sincerely your's

George Ensor

③1870年4月5日（受領は1870年5月，日付は判読不能）

Nagasaki

April 5th. 1870

My dear Mr. Venn

It is now about three months since I communicated to you the tidings of the persecution which had broken out in the commencement of the year. Perhaps you will think that I should have written again to gather up any events of interests which might have fallen out of my last account I have not seen reasons to modify greatly my remarks in reference to it; I have seen things which have impressed me with the connection that in some points I have underrated the account of the barbarities of that time. While as far we can gather they have not been cut off by any sudden fate, these poor natives have certainly been separted(sic) from their homes and families the house hold dismembered and divided; all consigned to labour on the public works in distant parts of the country and some too have been cruelly treated as is reported by those likely to be best supplied with information, which owing to the official reticence is most difficult to be gained.

The Protestant Christian I referred to in my letter still laguishes(sic)

in prison and through his guards secret information in reference to him has reached me. You will be disposed to conclude that the missionary operations in Japan of our Society, at any time considered only tentative, are for the present at least virtually suspended; I am even inclined to believe that my position here may be questioned by some who very rightly consider the expense connected with the conduct of missionary operations even on such a limited scale as the present mission in Japan. Hitherto I have not ventured to allude to the work going on here publicly, as I dreaded its coming to the ears of the local authorities, and yet I should most gladly have acquainted the committee with every onward step. In a late number of the Church Missionary Intelligencer,[(13)] a writer alluding to the Southal mission seems to blame somewhat the silence of the missionaries in regard to their work. Thinking I might possibly be one of those thus falling under censure I felt it would be well either to free (one)self from the imputation by a fuller disclosure of the condition of the mission work here, or at least to show good ground why for the present such a disclosure should not at all or only portionally be made. The recent persecution I think has shown that publicity and persecution must go hand and hand, and you will easily understand how I shrink from any unennable(sic) notoriety either for myself or those whose lives are in my hand. I question whether any mission in modern times with such limited agency and such powerful opposition to face has proved, in it's initial phase so rapidly or so deeply successful. In a previous letter I communicated to the committee the fact that already one had become a partaker of the privileges of the gospel. I fear I cannot say much good of him now. He was a very learned Japanese a teacher of teachers consequently occupying a peculiarly conspicuous position.[(14)] At the time I had every rea-

son to believe him possessed of a deep and at times critical acquaintance with holy writ and in addition an experimental acquaintance with the Holy Spirit's work. Since then he has gone back and has even reassumed his professional garb. Aware as I am of the intense and powerful opposition that might and most certainly would be brought to bear upon him, solitary in his stand on the side of truth a wife and children dependent upon him, can scarcely wonder that the foe before whom Cranmar and Jewel and even an apostle fell would prove too powerful for one with far less knowledge to resist. The year closed in despondency; the sword just drawn and still unsheathed; but since its commencement a period of but three months the success has been just fourfold. From double danger men have derived double strength and the Lord has demonstrated in a most remarkable manner that His word is not bound. If we have been cast down we have been comforted by the cunning of Titus.(15) The word of life has found a lodgement in three hearts certainly,(16) and I have strong reason for believing in two more. Surely we may say "What hath God wrought." The faith of this people is a most active one; once the truth becomes their own it cannot be concealed. Persecution dread, not anything can restrain it. Xavier's experience of the natives 200 years ago is eminently true at the present day and how delightful to realize that the gospel now is not the gospel that was then and to anticipate far more tangible and more enduring results. If there are men now not ashamed to enrol themselves under the banner of the King how much more when none shall dare to make them afraid, and yet there is a strong satisfaction in the thought that the church now is certainly most likely to be a genuine one. Very few if any birds of the air will build their nests in the branches of a tree at whose root they can only see the fire and the axe.

I trust ere long that help will come from England to Japan. We know not the day when the land will be opened and should we not be prepared to enter in. If we are not, certainly others are. Rome has its emissaries at nearly if not all available points; Nagasaki, Kobe, Yokohama, each emission well manned and that two with men qualified with natural abilities of no inferior order and fully prepared to speak once their lips are allured to be opened.(17) I tremble to think of the consequences if toleration be quickly granted as we pray it may. What can Christian England do against their well appointed staff of foreign workmen and numberless native agents with books printing presses etc. Can we pray that toleration should be granted when its only or certainly most probable and rapid result will be not the Christianizing but the Romanizing of this land? May not God be with holding the answer until we substantiate the earnestness and sincerity of our prayers by doing our own part in the work. Even at present I have sometimes more that I am able to perform. Certainly there should be one at Osaca at least, one at Niigata a lately opened port, and one before long at Yeddo. This would certainly not be too large a proportion of foreign agents in the field. From Nagasaki may and I trust ere long will be worked the large and important island of kiusiu comprehending its nine Kingdoms with their large and populous capital cities such as Kagosima in Satsuma; Saga in Hizen; Kokura in Buzen and Kumamoto in Higo: the last about four times as large as Nagasaki and containing I am told some 90,000 officials alone. The supervision of this sphere would constitute a very weighty task indeed.

Perhaps you will ask whether Christianity is divided in the popular conception into Roman Catholicism and Protestantism. In some cases certainly a difference is made, but yet the name of Christianity to far

the large proportion I fear is an object of aversion and disgust. Protestantism too has had her martyrs. A year or two ago a remarkably talented and influential officer was assassinated in the capital of the Mikado for too boldly vindicating the detested religion.(18) I fear that this is not a solitary instance. I forward by this mail two Yokohama papers in which is translated a native pamphlet containing allusion to Christianity. There is also an interesting apology for the late persecution emanating, I believe, from official native sources. You will be pleased to learn that the intervals I can secure from my intercourse with the natives and sometimes they are very small indeed are devoted to the translation of Matthew. Some translations have been accomplished by the American missionaries but nothing as yet has been published. I must not delay waiting for their work to be done, an independent version also may contribute something to the settling of the text of that which is finally to be decided upon. We are all I am most thankful to say in excellent health and enjoy our situation here much. I trust you will not give any undue publicity to one or two facts I mentioned in my letter. Should they be known here, I fear the door might mentally be closed.

I remain dear Mr. Venn

Very sincerely your's

Geroge Ensor

④1870年9月13日（受領は1870年11月7日）

Nagasaki Japan

Sept. 13. 1870

Gentlemen

I cannot take up my pen to address you without first acknowledging

the continued and unwearying goodness of our loving and heavenly father in preserving us through another eastern summer in health and peace. It was one of most unusual severity for even this one of the most southern spots in Japan. Predicted by extreme cold in the previous winter it fully atoned for the mildness of last summer. Once again the golden crops of wheat have been (..)nsed in the early spring and the barley harvest in common with Palestine early enough to date from it the approach of Easter Day. The plains are again rich with the beautiful rice of Japan which promises an abundant supply to the long exhausted garners of the poor and rich alike. The evenings are now closing in with a grateful and delicious coolness refreshing and invigorating the frames relaxed by the suns of a long and trying summer. We have been much cheered by the arrival of Mr. and Mrs. Burnside to give us the comfort of sympathy and assistance in our delightful, but hitherto comparatively solitary toil. They reside hard by in a dwelling formerly tenanted by us and vacated on entering on the first purchase of the Society's in Japan. England now for the first time owns Mission property in this country; may it be the earnest of an undying interest in this people. I am still principally engaged in the study of this most complicated and difficult language. Bp. Williams familiar with both it and Chinese decidedly affirms that at least in the written language it combines all the difficulties of Chinese with all these pecuriar to itself. It is my earnest endeavour and prayer to become so familiar with the language of books that I may be enabled to contribute something to a native Christian literature. Meanwhile I have not a few valuable opportunities of intercourse and consequent acquaintance with the people. Summer is generally spent by the people of the country at their homes. In the cool of Autumn they leave their abodes and find their way to

the open ports where they see and purchase the strange commodities of the foreign merchant and many a lesson of precious truth and many a leaf of holy writ finds its way to plots never yet visited by foreign feet. During the last year I have been engaged at the taranslation of St. Matthew's gospel which is at least finished, and Mark well commenced. I am far from being satisfied with my performance, but at least it may serve as a basis for future emendations and corrections. In Yokohama progress is being made by the learned author of the Jap. and Eng. Dictionary, Dr. Hepburn.(19) He has I think completed the Evangelists and kindly offered to communicate his translation to me; I still lack the best advantage of years of study and experience of an eastern tongue but that is a defect which with God's blessing time will remedy. America is sharing itself in earnest in desiring to benefit Japan. A new mission is now located at Kobe, an open and flourishing port in the Inland Sea. Another is expected at this port. Meanwhile the government seems fiercely bent or stamping out the smouldering elements of Christianity. Shintoo priests have been sent from the spiritual capital to explain the principles of the new and national faith and this has been followed by a large and sweeping injunction, for every member of Nagasaki to present himself for registration and worship at the principal Shintoo temple of Nagasaki, that dedicated to the patron deity of the place, Suwa.(20)

I am informed credibly that this is to be general throughout Japan. I seem to tremble for the results, for Christians are not few in this land. How long shall we see Satan rule here. I have thrown together a few thoughts in reference to the Shintoo creed and other matters which I trust will interest the readers of the Intelligencer if the committee should desire to publish them. My sources of information are purely

native.

I remain gentlemen

sincerely and obediently yours

George Ensor

⑤1871年1月16日（受領は1871年3月8日）

Nagasaki Japan

Jan. 16th, 1871

Gentlemen

In the winter of last year I forwarded to you an account of the arrest of three thousand native Romish Christians and their deportation accompanied by circumstances of peculiar severity and suffering from the village of Urakami in the immediate vicinity of this port. Herded like cattle, along the public streets, they were hurried on board the steamers waiting to receive them where, to add to their sufferings they found themselves isolated from their respective families, the different members of which had been carefully separated and distributed into distinct vessels. In my letter at that time I expressed to the committee my very grave fears as to the probable future of these unhappy people grounded on information derived from the most reliable and influential native sources. Among the number of those arrested I mentioned that a Protestant Christian with whom I had been most intimately associated, was unhappily included. I was deeply distressed by the circumstances of his seizure and nothing was left undone to secure his release.(21) But all was in vain. In the providence of God however, it has so happened, thus arrest has resulted in throwing light upon the mystery which hung over the fates of the captives and has unfolded a tale of suffering which no comment of mine can possibly exaggerate.

On the 7th of this month I received the following letter from the prison attached to the capital of the province of Omura where he is confined. I supply a literal translation. (letter)

It is not necessary for me to add anything to this simple tale which contains such a terrible record of the sufferings of these miserable creatures. It is enough to remark in explanation that the Urakami people to whom he refers are the Romish Christians who are companions of his captivity and represent a second band sent there at a later date. The amount of food he describes is one sixth of the quantitiy requisite for bodily support.

And now I may ask shall the narrative of these facts fall unheeded upon the ear of Christian lands. Shall the cry of the captives awaken no sympathy and evoke no effort on their behalf. Can Christians acquit themselves of their responsibility in this matter? If thou forbear to deliver them that are drawn unto death, and those that are ready to be slain; If thou sayest Behold we knew it not; doth not he that hindereth the heart consider it; and he that hopeth thy soul doth he not know it? And shall he not render to every man according to his works? Upon England devolves a weighty responsibility in this matter. Has she received from God exalted position of dignity and power to serve the mere purpose of her selfish aggrandizement and not also that she may loose the heavy burden and let the oppressed go free.(sic) But she has a peculiar responsibility in this matter. By her diplomatic action, England has very decidedly strengthened the present government of Japan. Her moral support contributed without doubt very largely to the successful termination of its struggle with the rival power of the Shogoon. On that account are we especially responsible for the righteous exercise of that power which we have conferred. If we place a naked

sword in the hands of an idiot or a child, are we not to a grave extent responsible for the injury which they may inflict upon others or upon themselves. Again England has united herself in a very important commercial covenant with this country. Is she not therefore responsible for her association with this people and the consequent influence she has acquired in their councils? We have a right to speak to them and in such a manner that our voice shall be heard. We cannot clear ourselves in this matter, by cloaking our indifference with mild protests and gentle remonstrances. Is it true that we shrink from displeasing them, dreading that it may be detrimental to our mometary(sic) interests.(sic) Such a course is damaging to our national dignity in the eyes of the heathen, and discreditable to our profession of regard for the interests of humanity and mercy. The Japanese thoroughly understand us and until we bring our language and our acts into more agreement, will receive our remonstrances with no more respect and regard than they are entitled to command. But it seems to me no mere surrender of principle to expediency but a blind and infatuated sacrifice of both. What right has England to enter into any compact commercial or otherwise with a nation which ignores the first principles of civilization and humanity? What if we clasp in unholy compact a hand red with the blood of it's victims who bore at least the name of Christ? Has not God a right to withhold His blessing from a covenant which disregards so flagrantly His interests? Again may we ask is it possible for Englishmen who have learnt for centuries the lesson of national liberty and its intimate connection with national prosperity to be ignorant that religious liberty is a fundamental condition of a country's commercial success? Are such principles of only local and not of universal application? Has religious persecution and intellectual coercion ever failed to

paralyze the energies and crush the powers of the state? Communications may facilitate and develop but they never can create a commerce which lives only in the element of individual and national liberty. Oh if England only knew what blessing would be bound up in an authoritative message to the rulers of this land! Not only life and liberty to the sorrowing captive in the cell but spiritual life and freedom to this beautiful country. Nor would this be all. The rivers of prosperity and abundance would unite with the nobler streams of righteousness and peace and England herself reap a rich return. Now is the time to act. Old treaties expire in the coming year. Within a month or two proposed amendments must be submitted to be inserted in the new. Shall England not cause her voice to be heard? We wait in faith and prayer that God will give her Grace to speak.

I am

Gentlemen

most sincerely your's

George Ensor

I trust the committee will take measures to publish my letter in their journals & elsewhere and urge Christians to use every means in their power by publishing these facts to arouse interest and action.

⑥1871年12月15日（受領は1872年２月15日）

Nagasaki

Dec. 15th. 1871

Dear Sir's

I cannot allow another mail to leave without forwarding to you some account of our position here and the state of the country in general, particularly with reference to the spread of Christianity. I doubt not

that you are from public sources generally acquainted with the exceedingly rapid and startling changes at present taking place, but I apprehend you will probably look for more accurate and definite information from your representatives on the spot. You will be glad to learn that we augur most favourable results as likely to accrue from these changes and believe that we can behold the finger of God revealed in the carrying out of His purposes where other eyes perceive the influence of personal and political motives alone. I am anxious to refresh your memories by a recapitulation of a few events which have conspired to prepare this country for changes which promise to prove still more decisive and beneficial. It was not a few years back that Japan was governed practically by a number of petty princes, bound by a very feeble theory of subordination to a Shogoon or hereditary minister of war, himself nominally subject to the real emperor, the Mikado. In such a condition the country was wholly incapable of any united action whether against the aggression of foreign powers, or any material advance in the path of progress and enlightenment. It was reserved for the minister of England in the formation of international treaties, to compel the Japanese to present in some one individual, a single representative of the national power; it was found that the adoption of this course was the only method of founding a safeguard against the ambiguous and evasive policy of the Japanese in declining to put forward any true plenipotentiary and consequently enabling themselves to disclaim all responsibility as to the ratification of promises which they were indisposed to fulfil. That led to the laying aside in the part of the Japanese of the old form of dual government and reposing the sole power in the person of a single sovereign, and that sovereign they elected, should be the Mikado. These results did not follow immediate-

ly, but from the commencement of foreign interference in the affairs of their country, the days of the Shogoonate were numbered. The next step was the renovation of all powers of independent jurisdiction which had from time to time been conferred upon the different princes, and the absorption of these in the central government. These independent powers were felt to be an evident source of weakness and the only hope of driving out foreigners or at least of imposing an effectual barrier to their further encroachments, seemed to be in the unification of these scattered fragments of strength. This latter result is now almost virtually accomplished; nearly all these princes have surrendered their authority to the Mikado and there are a few questions of mere detail to be settled before Japan is subject to the sceptre of a single power. It is thus that a period of general tranquility and repose is dawning after a long season of intestine strife and commotion, and foreigners are beginning to feel assured that no private prince or vassal is at liberty or likely on his own private account to molest their persons or property; the central government has also gladly admitted and cheerfully accepted the entire responsibility of restraining and disgracing any such offenders. And thus it has come to pass that any general movement towards Christianity once inaugurated will be universally felt, and an edict of toleration which under the former regime might and probably would be quietly ignored by private princes must now be respected and obeyed by every individual in the land. Thus in one very important respect, in the establishment of responsible authority and and(sic) general order, has the country in God's providence been prepared for Christianity. Another very remarkable movement has marvellously contributed to the same end, namely is the hostile attitude assumed by the present government toward's Buddhism. This attitude

has been induced by the strong desire of the party so lately come to power to invest the person and throne of the Mikado with the halo and prestige of divinity, which according to the state religion of Shintooism, he possesses by virtue of his lineal descent from the gods. Buddhism being associated as some suppose, more with the rival authority of the Shogoon has in consequence been discountenanced, while an attempt has been made to strengthen the power of the imperial party by the creation or rather revival of a superstitious reverence for the Son of Heaven. The anti-foreign feeling as well, has also lent it's influence to this movement, and the revival of the old conservative spirit of Japan has led to the evening of Buddhism and even Confucianism, although 1500 years established in the land, as an alien and exotic faith. Now wonderful to say Buddhism is the only religious system in Japan which possesses in a clearly defined moral code and a distinct enunciation of the existence of a future retribution of happiness or misery, the elements of strength calculated to command the faith and the affections of the mass of the people.

Shintooism is miserably deficient in these important characteristics and is adapted only to content the feeblest and most ignorant aspirations of the rudest and most unlettered barbarians, and so in spite of its patronage by the rulers and the persecution on the other hand of Buddhism, very few real converts to the state religion have been gained. Nevertheless Buddhism is everywhere on the wave; temples have been disestablished and disendowed with most sweeping severity; no new members are suffered to enter the priestly caste saving under particular conditions and restrictions, and more important than all the innumerable idols erected at crossroads and corners have been broken down and thus the props and remembrances of a sensuous religion

have been demolished and removed. Thus in the camp of our enemies God has set every man's sword against his fellow, and when the hour of toleration comes, we shall find scarcely any enemy prepared or able to contend with us. For in the third place there are symptoms already appearing that Shintooism itself is destined soon to perish. In God's providence it has fulfilled its mission and having done so is likely at any time to be thrown aside. Used by the new government to bolster up the extravagant pretensions of the throne, and thus in a hour of transitive and consequent weakness to consolidate and strengthen it's power, now that the throne is firmly established, it is felt to be no longer required and like a scaffolding, in the initial stages of the edifice all important and indispensable, it is felt when the construction is completed, to be but an unsightly source of weakness. The large increase of educational establishments under foreign supervision throughout the country and the consequent widespread of knowledge and information have rendered such pretentions(sic) on the part of the sovereign to divinity, absolutely untenable Shintooism is so entirely interwoven with these that the abandonment of the one necessarily entails the fall of the other.

Thus these three great movements to suit the consolidation of authority in a single head and consequent establishment of rule and order, the overthrow of Buddhism the only foe of Christianity worthy of the name, and lastly the suicidal destruction of the state—Shintooism by state institued(sic) education, have conspired in a most marvellous manner to bring about this wonderful preparation for Christianity, and to demonstrate that God rules in the earth whether through the loving and intelligent obedience of His people or the selfish impulses of sinful men.

During the summer of this year, I visited nearly all the open ports of Japan. Leaving Nagasaki in May, through the kindness of her commander Capt. Brown, we visited in the Imperial light-house-service's vessel the Thabor, the capital Kagoshima of the important province of Satsuma in this island, containing 200,000 inhabitants and known in Xavier's records under the name of Cangoxima. It is still closed to foreigners but under the Imperial flag we passed unmolested through the beautiful waters of it's spacious bay and after spending one day there, proceeded to Yokohama a distance of four days steam. There we remained 3 weeks, during which interval I had the opportunity of meeting the different members of the American mission bodies established there and at the capital of Yeddo. Leaving Yokohama through the kindness of Mr. Brunton the chief engineer of the Japanese government, in the same vessel, we after two or three days arrived at Hakodate, a treaty port in the island of Yezzo. During the three months of our stay there we received many acts of kindness from the few residents. Particularly were we indebted to the English consul who with Mrs. Eusden(22) most hospitably entertained us during almost the whole time. I had much interesting intercourse with the native inhabitants amounting to some 30 or 40 thousand the particulars of which it would be needly to mention here. They are preserved in my journal for future reference. Anxiously do we await the treaty revision in July next. A mission composed of the most able ministers of the government is on the point of starting for Europe to discuss with the foreign courts the nature of alterations to be made. The Japanese are prepared it is believed to make the largest and most liberal concessions. Especially in the matter of toleration, the conviction is generally abroad that this insuperable barrier to international intercourse will be

removed by the Japanese whose whole policy is one of complete and entire assimilation to foreign habits, institutions and laws.

I am especially grateful to the committee for their grant in aid of type and through them to the Religious Tract Society who have evinced so much interest in the matter. I look to local assistance for the supply of sufficient type to carry out our printing arrangements.

With respectful and sincere regards

I remain my dear sir's

Your obedient servant

George Ensor

II. Henderson Burnside

①1871年7月14日，ＣＭＳ本部宛書簡に同封（受領は1871年9月1日）

copy

Petition Yokohama

May 22. 1871

We, the undersigned, members of Protestant Missions, & persons not members of those Missions, in Japan, earnestly solicit united and vigorous efforts on the part of all Christians, to secure religious liberty to the people of this country. We believe that the recent revival of hostility to Christianity exhibited by the Japanese government is in (....) small degree attributable to the feebleness of the remonstrances made by the treaty powers. The ministers of those powers at the court of the Mikado, are not authorized to take effective measures against the persecution of Christians and consequently their faint protests are utterly disregarded by this government. Hence too, the old laws against Christians that were suffered to remain inoperative for more than 9 years following the opening of Japan, have not only been re-affirmed, but put

in execution with terrible severity. These laws are odious and cruel. Odious, because insulting to every Christian nation, and calculated to prejudice the Japanese against all foreigners, & cruel, because bitterly tyrannical & oppressive to native Christians. But however much a foreign minister might desire the repeal of these laws, he is so hampered by his instructions, that his appeals to the Japanese government are necessarily so little intensified, that the rulers of Japan feel that they may disregard them with impunity; What therefore is wanted, is the force of public opinions pressing upon the Governments that have treaty relations with Japan to demand the repeal of these anti-Christian laws, so insulting and prejudicial to themselves. Such a demand would be no (. . . .)tion of international comity & if successful, as we believe it would be, should the Japanese see fixed determination behind it, it would at the same time gain an inestimable boon for this nation, *freedom to worship God.* In the hope that Christians at home will consider this subject and bring their strong influence to bear upon their respective governments so as to induce them to instruct and empower their ministers at the Mikado's Court to use all proper means to achieve the revocation of the laws and edicts against Christianity now published & enforced by this government, we hereby commenced our brother and fellow labourer the Rev. David Thompson(23) to all, everywhere, who love our Lord Jesus Christ, he being about to visit Europe & America for the purpose of bringing this subject to the attention of the Christian world. May the good Lord, whose is the kingdom under the whole heaven prosper our brother in his endeavours and give him the reward of seeing deliverance won for the oppressed & persecuted, & religious liberty secured to all the dwellers in this land.

Here follow the signatures.

(1) 高橋猛夫・永田友諒ほか『長崎聖公会略史　続編』(長崎聖三一教会編、1981年) に、これらの書簡のごく一部が抄訳されている。また、Cary, Otis, *A History of Christianity in Japan, Protestant Missions,* New York, 1909 にもごく一部翻刻されている。なお、CMSの日本への宣教師派遣の経緯は、木村信一「C.M.S.の日本開教伝道」(『桃山学院大学キリスト教論集』第3号、1967年) と「C.M.S.の日本初期伝道」(同前第5号、1969年) に詳しい。

(2) Moule, A. E.　寧波派遣のCMS宣教師。当時、CMSの中国宣教拠点は、Ningpo (寧波) と北京にあった。寧波滞在のCMS宣教師は、彼のほかに Russell, W.A., Gough, F.F., Bates, J., Gretton, H. が着任していた。*The Chronicle & Directory for China, Japan, & the Philippines, For the year 1870,* Hongkong, Daily Press Office による。

(3) Russell, W. A. 寧波派遣のCMS宣教師であった。彼は、1869年5月に長崎の Ensor 宅に滞在し、横浜・東京を訪問し、CMS本部に日本の宣教方針を提案した。また、1872年には中国北部主教に就任した。

(4) Krauss, Alfred A. は，上海の商人で，Shaw, Brothers & Co. に勤務していた。

(5) Pappenberg. 島原の乱の時、多くのキリシタンが高鉾島の絶壁から海に突き落とされたとする伝説。*The Nagasaki Express* (Feb. 12, 1870) の社説でも、浦上信徒の流罪に触れ、「我々は Papenburg の絶壁を忘れることはできない」と結んでいる。

(6) Williams, Channing, Moore(1829-1910). アメリカ聖公会派遣の宣教師、1859年6月長崎に上陸し、日本聖公会の初代主教となった。

(7) Ensor 書簡 (1869年5月12日付) では、次のように述べている。

＊＊ Almost from the first I have been visited by men of almost all classes, physicians, samurais, priests & to all of these I have been enabled to address myself with confidence and without fear.

And these men are rarely natives of the place; from Higo, Hizen, Choshou & many other countries of Japan they have come, some of high repute as scholars, some fresh from the seat of the war in the north, some the servant's and teacher's of their Daimiyo's or Lords.

True the law against Christianity is still unrepealed, but with these men it is scarcely ever mentioned and alas for their loyalty by them

unnoticed and disregarded. Nor is the advantage of these visits, (so numerous that I have been compelled to restrict them to a fixed hour) confined to a casual conversation; they carry away with them Bibles and tracts in Chinese which as they are all educated men, they well understand; and thus the word of God is silently disseminated.

(8) Ensor（同上書簡）

＊＊＊ It was only today that I was paid 13 gold pieces for books; for I rarely offer them for nothing; among these books were two large 9 volume-bibles costing 6£ 5D. each, 10 new testaments and 400 copies of a tract in Japanese besides about 30 or 40 others of different kinds; these were to be sent for sale to Osaka a very large and important town, as I am sure you know, the Liverpool of Japan. I have sold altogether since I came about thousand or more Bible's tracts which have gone everywhere and the fruits of which who shall venture to determine.

(9) Verbeck, Guido H. Fridolin(1830-1898). 米国オランダ改革派宣教師。1859年11月に来崎し、1869年３月まで長崎で活動した。

(10) 1869年に英・仏・独語の教師として加賀藩に雇われたPercival Osborn (1842-1905) と思われる。

(11) 明治元年夏にVerbeckから洗礼を受けた清水宮内である。清水については第２篇第２章の注29参照。

(12) Ensorは長崎の英国領事Annesley, A. A. に働きかけ、清水の釈放を要求した。その抗議内容は、英国人の雇員を勝手に捕縛するのは条約違反になるというものであった。これに対し政府は、清水の捕縛は宗旨によるものではなく、無断で国元を出奔し、勝手に苗字帯刀したため取り調べていると回答したが、実際は「清水は邪宗の巨魁にして此侭差置候ては百端害を生し候事不少夫故他の罪に託し大村藩え相預候事」(『大日本外交文書』第３巻、415頁) との理由で捕縛したのである。

Ensorの *The Times* (Jan. 28, 1873) への投書は、彼が当局のこの詭弁を見破っていたことを示している。

＊＊＊ One other Japanese, who lived in my house, was seized in express violation of the spirit of Treaty rights, he being a domestic servant, and his loss occasioning much inconvenience. Some vague

charge of wearing two swords was trumped up against him. I was privately informed that he was that very night examined before a magistrate on the ground of his being a Christian. The last I heard of him was through an official document, stating that he was imprisoned in the capital.

(13) 1866年6月に刊行された*C.M.Intelligencer*は日本の宣教への関心を高め、その後一年で£4000の寄付が集まり、これがＣＭＳ宣教師の日本派遣費用に充てられた。

(14) 二川一騰（小島法竜）のこと。二川については第2篇第2章の注33参照。

(15) Titus. CMSの*Japan and the Japan Mission of the Church Missionary Society* (London, 1905, p. 84) には、Titusについて、次のように記録されている。Ensorが浦上信徒の迫害に心を痛め、絶望にさいなまれていた夜、刀を差した男が「キリスト教徒になりたい」といって彼を訪ねてきた。のちに彼はEnsorから授洗し、Titusという洗礼名を授けられた。その後、彼は大阪に移り、官立学校の教師となった。

(16) Ensorが洗礼を施した人物については、第2篇第2章の注37参照。

(17) この時点 (1870年) で、わが国におけるカトリックの聖職者は*The Chronicle & Directory for China, Japan, & the Philippines, For the year 1870*によれば、次の通りである（スペルの誤記は改めた)。横浜（Marin, J.M., Salmon, M.A.)、長崎（Petitjean, B.T., Laucaigne, J.M., Villion, A., Poirier, J.B.F., Evrard, F., De Rotz, M.M.)、神戸（Mounicou, P., Cousin, J.A., Plessis, M.J., Bouriau, E.F.)。なお、BurnsideもCMS宛書簡（1872年12月2日付）で、日本におけるカトリック・ミッショナリーの脅威を次のように述べている。

Cannot men be found who will come over and help "Japan" ? Rome is at work, hard at work. There is not an open port where her emissaries are not to be found, whilst England has but one representative at one port. What will be the consequence then, if Protestants are backward in fulfilling their sacred duty with regard to this land? Will it not be that Japan will either fall into hands of apostate Rome, or into the horrible nothingisms of infidelity? What the people now want is the Bible and men to teach it to them.

(18) 横井小楠（1809-1869）を指す。明治2年1月5日参朝の途上、暗殺された。刺客の斬奸状には、「此者……今般夷賊に同心して天主教を海内に蔓延せしめんとす」とあった。

(19)　Hepburn, James Curtis (1815-1911). 米国長老派宣教医。彼は、この時点で福音書の試訳稿を完成していたことがわかる。

(20)　1870年、長崎に施行された氏子改仮規則。

(21)　「妖僧エンソルより頻に出獄の儀願出候」（野村知事・渡邊大忠より参議宛書簡、明治3年3月12日付、『大日本外交文書』第3巻、411頁）からもEnsorが清水釈放のために尽力した様子がうかがえる。

(22)　函館の英国領事はEusden, R. であった。

(23)　Thompson, David (1835-1915). 米国長老派の宣教師。1863年5月横浜に上陸し、Hepburnらと共に聖書和訳に従事した。1870年には半年ほど大学南校で教えた。